국역 만화집

國譯 晩華集

유진한 지음
송하준 옮김

역자 약력

■ 옮긴이 송하준(宋河俊)

고려대학교 국어국문학과 졸업
동 대학원 국어국문학과 문학석사, 문학박사
고려대학교, 충북대학교, 순천향대학교 강사
고려대학교 초빙전임강사
선문대학교 중한번역문헌연구소 전임연구원
선문대학교 중한번역문헌연구소 연구교수(현)

국역 만화집(國譯 晩華集)

2013년 3월 25일 초판 1쇄 인쇄
2013년 3월 30일 초판 1쇄 발행

지은이 : 유진한
옮긴이 : 송하준
펴낸이 : 김병환
펴낸곳 : 학자원
주 소 : 서울시 강동구 성내동 110-3 (천호옛길 31)
전 화 : 02) 6403-1000
팩 스 : 02) 6338-1001
메 일 : hakjaone@daum.net
출판등록 : 제2011-14호
ISBN : 978-89-966625-3-2 93810

값 30,000원

이 책은 2011년 정부(교육과학기술부)의 재원으로 한국연구재단의 지원을 받아 수행된 연구임 (NRF-2011-413-A00004)

국역 만화집

國譯 晩華集

학자원

역자 서문

만화(晩華) 유진한(柳振漢, 1712~1791)은 충청도 목천현, 지금의 천안시 병천면에 살았던 문사(文士)이다. 그는 스스로의 시재(詩才)에 대한 자부심이 대단했고, 주위의 부러움과 기대를 한 몸에 받았지만, 불행히도 만년까지 과거에 급제하지 못했다. 유진한이 주목받기 시작한 것은 판소리 <춘향가>를 듣고 지은 200운의 장편 한시 <춘향가(春香歌)>가 알려지면서부터이다. 그가 1754년에 지은 "만화본 춘향가"는 판소리가 존재했다는 사실을 알려주는 가장 이른 시기의 기록으로, 판소리사(史)를 기술하는 데 빠뜨려선 안 되는 중요한 자료이다. 이 분야의 논문과 저서에서 그 동안 수없이 언급되어 온 것도 이 때문이다. 하지만 이들 논저에서도 단편적인 언급에 그쳤을 뿐, 유진한의 삶과 시 전반에 대한 관심은 여전히 부족한 실정이다. 이제라도 유진한의 작품세계를 전체적으로 살펴, 보다 깊은 이해와 종합적 평가에 이르러야 할 때이다.

『만화집』은 흩어져 있던 유진한의 유고를 후손들이 수습하고 정리해서 간행한 문집이다. 목천(木川) 읍지(邑誌)인 『대록지(大麓誌)』에 유진한의 문집이 10여 권이고 시 수천 수를 남겼다고 한 것에 비추어 보면, 우리는 이 문집을 통해서 그의 삶과 작품세계의 편린을 엿볼 수 있을 따름이다. 이 책에 수록된 유진한의 시 200여 수는 30대 중반에서 40대 중반까지의 약 9년간과 60대 이후 약 20년간의 작품들로, 팔십 평생 지은 글의 극히 일부에 불과하기 때문이다. 그러나 지금 남아 있는 것만으로도 아름다운 자연 속에서의 한정(閑情), 가족과 주변 인물들에 대한 관심과 속 깊은 정, 불우한 시인으로서의 삶에 대한 깊은 고뇌, 그리고 이를 아우르는 빼어난 서정성을 확인할 수 있다.

『만화집』은 3권 1책으로 구성되어 있다. 권1에는 유진한이 35세이던 1746년부터 세상을 떠나기 전까지 지었던 시 106제(題) 153수(首)와 그와 시를 수창(酬唱)한 사람들의 시[元韻] 25제 46수가 실려 있다. 여기에는 1748년 강원도 춘천에 있는 선영(先塋)에 다녀오며 만난 인물과 경물에 대해 읊은 시와 1753년 속리산과 계룡산을 유람하며 지은 시, 같은 해에 관향(貫鄕)인 전남 고흥에 다녀오는 여정에서 얻은 시, 그리고 1771년 이후 만년에 남긴 시가 들어 있다.

권2에는 주변 인물들이 세상을 떠났을 때 유진한이 지은 만사(輓詞) 28제 43수와 그가 만사를 지으면서 화운(和韻)한 타인의 시[元韻] 3수, 은석산(銀石山)에서 벗들과 노닐며 지은 연구(聯句) 3수(80운), 1758년에 목천의 문사들과 결성한 은석시사(銀石詩社) 때 수창한 시 26수와 연구(聯句) 1수(12운), 은석시사 시축(詩軸)의 서문 1편, 판소리 <춘향가>를 한시화한 가사(歌詞) <춘향가(春香歌)>와 고소설 <사씨남정기>를 한시로 옮긴 가사(歌詞) <유한림영사부인고사당가(劉翰林迎謝夫人告祠堂歌)>가 수록되어 있다. 여기에 먼저 세상을 떠난 동생에 대한 제문 한 편을 끝에 덧붙여 놓았다.

권3에는 1791년에 유진한이 세상을 떠났을 때 주변 사람들 51명이 그의 죽음을 애도하며 지은 만사(輓詞) 114수와 제문 10편, 유진한의 「행록(行錄)」과 「연보(年譜)」가 들어 있다.

이 책에 등장하는 사람들은, 몇몇을 제외하면, 대부분 유명 인사가 아니다. 또 널리 알려진 장소나 사물을 읊은 시도 있지만, 잘 모르는 곳이나 낯선 경물을 두고 지은 시도 무척 많다. 그런데 그들이 누구이며, 유진한과 어떤 관계인지, 또 그곳이 어디인지를 모르고서는 시를 온전히 이해하기 어렵다. 이 때문에 역자의 힘이 닿는 대로 자(字)나 호(號)로만 적어 놓은 인물들을 찾아 유진한과의 관계를 밝혀 놓았다. 아울러 시에 나오는 장소도 어지간한 곳은 다 직접 가보았다. 그것이 번역에 얼마나 반영되었는지는 자신할 수 없지만, 독자들이 유진한의 삶과 시를 이해하는 데 조금이라도 보탬이 되면 좋겠다.

역자는 박사과정에 막 들어갔던 1999년, 은사이신 인권환(印權煥) 선생님의 연구실에서 이 책을 처음 보았다. 언젠가 제대로 한 번 읽어보리라 마음먹고도, 더러 필요하다 싶은 부분만 보고 말았을 뿐, 전체를 찬찬히 살펴보지 못했다. 그러다가 재작년에야 이런저런 이유로 이 책을 다시 펼치게 되었다. 2011년 3월에 시작해서 6월에 번역을 마쳤는데, 인명·지명 고증 등을 보완하는데 두 달 가량이 더 걸렸다. 애초에는 곧바로 출간할 생각이었는데, 작년은 유진한이 태어난 지 300년 되는 해였기 때문이다. 하지만 주석을 몇 군데 보충하고 싶은 욕심과 여러 사정이 겹쳐 시간만 헛되이 보내다가 결국 해를 넘기고 말았다. 역자의 게으름이 하루 이틀에 없어질 성 싶지도 않고, 마냥 미루고 있을 수만은 없다는 생각에 부족하나마 우선 세상에 내놓기로 하였다. 훗날 좀 더 보완하고 다듬을 기회가 오기를 바랄 밖에.

이 책은 사실 힘겨운 시기를 잘 이겨내 준 우리 가족들의 희생의 산물이다. 그간 말로 표현하지 못했던 미안함과 고마움, 사랑을 전한다. 아울러 이 책을 낼 수 있도록 도와주신 분들께도 깊이 감사드린다.

2013년 2월

송하준

일러두기

1. 이 책의 국역 대본은 유진한(柳振漢)의 6대손인 유제한(柳濟漢)이 편집하여 1989년에 청절서원(淸節書院)에서 간행한 『만화집(晩華集)』(3권 1책)이다.
2. 편차(編次)는 대본을 따르되, 권3에 수록된 김동욱의 한글 묘갈명과 유제한의 한글 발문은 포함하지 않았으며, 원문에 별다른 구분 표시가 없는 제문(祭文)과 행록(行錄)에는 번호를 매겼다.
3. 번역은 원의(原意)에 충실하게 하되, 부분적으로 의역(意譯)하였다.
4. 원문은 서울대학교 중앙도서관 소장 『만화집(晩華集)』(2권 1책)과 대교하였으며, 분명한 오류는 바로잡고 주석에 밝혔다.
5. 맞춤법과 띄어쓰기는 한글 맞춤법에 따르는 것을 원칙으로 하였다.
6. 번역문에는 한자 노출을 최소화하였으며, 시(詩)의 원문은 병기(倂記)하고, 산문(散文)의 원문은 번역문 아래 제시하였다.
7. 이 책에서는 다음과 같이 부호를 사용하였다.
   1) (　) : 음과 뜻이 같은 한자를 묶는다.
   2) [　] : 음은 다르지만 뜻이 같은 한자를 묶는다.
   3) "　" : 대화 등의 인용문을 묶는다.
   4) '　' : 재인용이나 강조 부분을 묶는다.
   5) 『　』 : 번역문·주석에서 서명(書名)을 밝힌다.
   6) < > : 번역문·주석에서 시문(詩文)의 제목을 밝힌다.
   7) □□ : 원문에 빠진 글자를 표시한다.

차례

제 문 祭文 …… 311

만화집서

【晩華集序】

내가 일찍이 만화(晩華) 유진한[1] 공의 〈춘향가〉를 그 후손인 자경(子敬) 유제한[2]에게서 얻어 읽어보았더니, 길고긴 200운이 글자마다 아름다웠을 뿐만 아니라 구절구절이 아름다워 한시로도 뛰어났고, 〈춘향가〉의 효시(嚆矢)라는 데 의심이 없었다. 그러나 그 유집을 구해 읽을 수 없어 안타까웠는데, 이제 자경이 공의 시문을 정리해서 간행하려 하면서 내게 서문을 부탁하기에 그 전편을 볼 수 있게 되었다.

아! 공은 조선 영조·정조 시대 문장이 뛰어나던 때에 살았고, 재주가 빛나고 뜻이 맑았으며, 집안은 문한(文翰)으로 이름났다. 또한 그가 살았던 목천은 본래 글하는 선비가 많았으니, 김중산[3]·유도천[4] 등과 더불어 은석산[5]에서 시사(詩社)[6]를 결성했고, 일곱 고을의 많은

---

1) 유진한 : 유진한(柳振漢, 1712~1791)의 본관은 고흥(高興), 자는 중백(重伯), 호는 만화(晩華)이며, 초명은 정한(挺漢)이다.

2) 유제한 : 유제한(柳濟漢, 1908~1998)의 자는 자경(子敬), 호는 정수재(正修齋)·덕천(悳川)이다. 유진한의 장남 유집(柳琛集, 1731~1791)의 5대손이며, 유봉석(柳鳳錫, 1876~1948)의 아들로, 조선어문학회 이사를 지냈다.

3) 김중산 : 김중산(金重山, 1707~1757)의 본관은 안동(安東), 자는 공래(公來), 호는 무경(茂坰)이다. 김득여(金得礪, 1656~1714)의 아들이며, 부사과(副司果) 김득추(金得秋, 1636~1704)의 조카로, 명종(明宗) 때 안악군수(安岳郡守)를 지내다가 을사사화에 연좌되어 벼슬을 빼앗겼던 김충갑(金忠甲, 1515~1575)의 현손(玄孫)이다. 만년에는 삼성재(三省齋)를 짓고 지계산(志溪山)에 우거하였다.

4) 유도천 : 유도천(柳道天, 1727~1818)의 본관은 문화(文化), 자는 중묵(仲默), 호는 주은(酒隱)이다. 진사 유혼(柳混, 1693~1758)의 셋째아들이다. 그는 유진한과 함께 은석시사(銀石詩社)를 결성했고, 문집 『주은집(酒隱集)』을 남겼다고 한다.

5) 은석산 : 은석산(銀石山)은 충남 천안시 동남구 병천면 병천리와 북면 은지리·용암리 등의 경계에 자리한 산(457m)이다. 유진한이 살았던 만화동(晩華洞, 현재의 천안시 병천면 용두리 만화마을)에서 약 8km 떨어진 곳이다.

6) 시사 : 은석시사(銀石詩社)를 말하는데, 「연보(年譜)」에는 유진한이 47세이던 1758년(영조 34)의 일로 적었다. 그러나 이 때 참석했다는 인물 가운데 김양행(金養行, 1707~1755)과 김중산(金重山, 1707~1757)은 이미 세상을 떠난 뒤였기 때문에 맞지 않는다. 인명표기에 오류가 있거나, 시기를 잘못 밝힌 것이다. 이 책 권2에 실린 <은사수창(銀寺酬唱)>(12수)·<연구(聯句)>(12구)·<은사시축보연구운(銀寺詩軸步聯句韻)>·<은사차운(銀寺次韻)>(12수)·<보양관운작별(步陽關韻作別)>

선비들과 승천사[7]에 모여서 무리를 나누어 문예를 겨루며 깃발과 북을 벌여놓고 시령(詩令)을 서로 높였으므로 백 년 동안의 멋스런 일로 전해온다. 어질고 뛰어난 사람들 중 연배가 비슷한 이들을 살펴보면, 신광수[8] · 이현급[9] · 노명흠[10] · 채득순[11] 같은 사람들과 과장(科場)에서 만나 서로 의기를 인정하였으니, 온 세상에서 마치 은하수에 한 배를 타고 가는 듯[12] 우러렀다.

과 「은사동유시축서(銀寺同遊詩軸序)」가 이 때 지은 작품들이다. 은석사(銀石寺)는 은석산(銀石山)에 있는 절이다.

7) 승천사 : 승천사(昇天寺)를 『여지도서(輿地圖書)』에는 '승천사(勝天寺)'로 표기했는데, 흑성산(黑城山) 서쪽 기슭의 승적골(僧敵－)에 승천사터가 있다. 흑성산은 천안시 목천읍 남화리에 있는데, 독립기념관 뒤에 있는 산이다. 「연보(年譜)」에는 승천사에서의 모임을 유진한이 48세이던 1759년(영조 35)의 일이라고 했는데, 이 때 참석했다는 인물 가운데 김중산(金重山, 1707～1757)은 이미 세상을 떠난 후이므로, 시기를 잘못 밝힌 것이다.

8) 신광수 : 신광수(申光洙, 1712～1775)의 본관은 고령(高靈), 자는 성연(聖淵), 호는 석북(石北)·오악산인(五嶽山人)이다. 1750년(영조 26)에 진사가 되었고, 1772년(영조 48) 기로과(耆老科)에 장원하여 돈녕부도정(敦寧府都正)·우승지·영월부사를 역임하였다. 특히 과시(科詩)에 능했고, <등악양루탄관산융마(登岳陽樓歎關山戎馬)>·<관서악부(關西樂府)>가 유명하다.

9) 이현급 : 이현급(李賢汲, 1711～1770)의 본관은 광주(廣州), 자는 우정(禹井), 호는 국암(菊岩)이다. 안동진관병마동첨절제사(安東鎭管兵馬同僉節制使)를 지낸 이성지(李聖至, 1688～1750)의 아들로, 충주(忠州)에 살았다. 1738년(영조 14)에 진사가 되었고, 1745년(영조 21) 정시문과(庭試文科)에 급제했다. 대본에는 이현급(李賢級)이라고 썼으나, 오기(誤記)이므로 바로잡았다.

10) 노명흠 : 노명흠(盧命欽, 1713～1775)의 본관은 교하(交河), 자는 천약(天若)이다. 1759년(영조 35) 식년시에 진사가 되었고, 청주(淸州)에 살았으며, 야담집 『동패낙송(東稗洛誦)을 지었다.

11) 채득순 : 채득순(蔡得淳, 1717～?)의 본관은 평강(平康), 자는 중화(仲和)이다. 유학(幼學) 채이흠(蔡以欽)의 아들로, 충주(忠州)에 살았다. 1717년(숙종 43)에 진사가 되었는데, 문체(文體)로 일가를 이루었다는 평가를 받았다.

12) 은하수에 …… 듯 : 후한(後漢) 때의 명망가인 이응(李膺)이 곽태(郭泰)와 빈천(貧賤)을 잊고 낙양(洛陽)에서 서로 친하게 지냈다. 곽태가 고향으로 돌아가려고 하수(河水)를 건널 때, 전송하러 나온 사람들이 매우 많았는데, 곽태는 이응과 단 둘이서만 배를 타고 건넜다. 두 사람이 한 배를 타고 건너는 것을 보고 사람들이

이제 전편을 보니, 모두 운문이고 시가 아닌 것은 약간만 남아 있어, 공이 평소에 오로지 시에 힘을 쏟았음을 미루어 알 수 있다. 〈춘향가〉는 공이 42세이던 계유년(1753) 봄에 남쪽으로 호남을 유람하고 이듬해 집에 돌아와 지은 것인데, 도리어 당시 선비들의 놀림을 받았다. 〈유한림영사부인고사당가(劉翰林迎謝夫人告祠堂歌)〉는 소설 〈사씨남정기〉의 이야기에서 제재를 취한 것이다. 대개 극가(劇歌)와 소설은 모두 뛰어난 솜씨이되 곡조만 다를 뿐이어서 운문이 되면 극가요, 산문이 되면 소설이 되는 것이니, 공은 소설에 관해서도 일가견이 있었던 것이다. 대체로 공의 평생에서 가장 뛰어났던 것은 과시(科詩)였으니, 신광수·이현급·노명흠·채득순과 당시에 이름을 나란히 했다. 그러나 여러 차례 향시에 뽑히고도 끝내 회시(會試)에 입격하지 못하여 나은[13]의 슬픔을 안고 파수[14]에 눈물을 뿌렸다. 만년에 지은 자만시(自輓詩)[15]에 이르기를, "가련하다 시인의 뼈 청산의 무덤 되면, 원기 서려 봄바람에 풀도 나지 않으리라."라고 하였으니, 참으로 마음에 사무쳐 견디지 못해 한 말이다. 문집의 뒤에 붙인 친척과 벗들의 애도시

모두 부러워하면서 '두 신선이 한 배를 타고 가는 것 같다'고 했다고 한다.

13) 나은 : 나은(羅隱, 833~909)은 중국 당나라 말기의 시인이다. 과거에 낙방하여 불운하였으나, 절도사의 막료로 있는 동안에 인정을 받아 저작좌랑(著作佐郎)·간의대부(諫議大夫)·급사중(給事中)의 벼슬을 지냈다. 어려서부터 문재(文才)가 있었으며, 특히 시에 뛰어나 이름이 높았다.

14) 파수 : 한유(韓愈)의 시 <현재유회(縣齋有懷)>에 "책을 품고 황도를 떠나니, 눈물을 머금고 파수(灞水)를 건너네[懷書出皇都, 銜淚渡清灞]"라고 한 데서 온 말이다. 이 시는 한유가 795년에 박학굉사시(博學宏詞試)에 급제하였으나 등용되지 못하고 장안(長安)을 떠나 낙양(洛陽)으로 간 사실을 읊은 것이다. 파수는 섬서성(陝西省) 장안(長安)의 동쪽에 있는 강이다. 강 위에 있는 파교(灞橋)는 예로부터 장안에서 동쪽으로 가는 사람을 송별하는 곳이었다고 한다. 파수에 눈물을 뿌렸다는 것은 과거에 낙방했다는 말이다.

15) 자만시(自輓詩) : 유진한이 1788년 가을에 지은 <괴산감시방후감음(槐山監試榜後感吟)>을 가리킨다.

는 길게 탄식하고 눈물을 흘리지 않은 것이 없고, 슬픔과 흐느낌에 또 한 천도가 어두워져 그를 버렸다고 하지 않은 것이 없다. 그러나 나는 그렇지 않다고 생각한다. 과거(科擧)의 폐단이 나라와 사람을 병들게 하여, 권세로 사주하고 몰래 뇌물을 써서 과거를 맡은 관리의 눈을 그릇되게 하였으니, 공처럼 품성이 굳고 깨끗하여 청탁하는 것을 좋아하지 않아서야 급제할 수 있었으랴! 홍봉한[16]이 불러 보자고 하자, 공은 "나는 초야의 한미한 선비이니 청운(靑雲)과 진흙탕처럼 길이 전혀 다르다."라고 사양했다. 홍봉한이 말하기를 "지금 세상 선비로서 나와 교분을 맺지 않겠다니, 뜻이 높긴 높군. 암혈(岩穴)에서 글만 읽다가 죽는다 한들 어찌하랴?"라고 하였다.[17] 아! 이것이 실제 있었던 일이다. 공은 당시에 짝할 이가 없었으니, 어찌 하늘의 뜻이 아니겠는가.

무진년(1988) 세모에 진성(眞城) 이가원[18]이 삼가 짓다

---

16) 홍봉한 : 홍봉한(洪鳳漢, 1713~1778)의 본관은 풍산(豊山), 자는 익여(翼汝), 호는 익익재(翼翼齋), 시호는 익정(翼靖)이다. 사도세자(思悼世子)의 장인이며, 정조(正祖)의 외조부이다. 1744년(영조 20)에 문과에 급제했고, 관직은 영의정에까지 올랐다.

17) 홍봉한이 …… 하였다 : 자세한 내용은 이 책 권3 「행록(行錄)」【18】 참조.

18) 이가원 : 이가원(李家源, 1917~2000)의 본관은 진성(眞城), 호는 연민(淵民)이며, 퇴계(退溪) 이황(李滉)의 14대손이다. 국문학자·한문학자로, 성균관대와 연세대 교수를 지냈다. 저서로는 『연암소설연구(燕巖小說硏究)』·『조선문학사』·『한국한문학사』·『삼국유사신역(三國遺事新譯)』·『금오신화역주(金鰲新話譯註)』·『구운몽역주(九雲夢譯註)』·『춘향전주석(春香傳註釋)』 등이 있다.

晩華集序

余嘗得晩華柳公振漢所謂春香歌於其後孫濟漢子敬而讀之, 纚纚二百韻, 不第其字字圓明, 句句穠麗, 優爲漢綴, 春香歌之先河, 可自無疑. 然猶恨不得其遺集而讀之也, 今子敬裒稡公詩文釐定而將公刊之, 責余爲之序, 而乃得其全斑焉. 烏虖! 公生存李韓英正右文之代, 才瑩而志淸, 家禪翰藻紹厥芳緖, 又其所居木川, 素多文學之士, 與金重山柳道天等, 結社於銀石山, 與七邑多士, 會昇天寺, 分隊戰藝, 大張旗鼓, 詩令相高, 傳爲百年間勝事. 一省賢豪, 年相若者, 如申光洙李賢汲盧命欽蔡得淳諸子, 逆諸場屋, 輒意氣相詡, 擧世仰之, 若胥漢同舟. 今見全藁, 皆有韻之文, 而無韻者僅存, 公之平日嫥精於詩騷, 推可知也. 如春香歌, 是公四十二歲癸酉春, 南遊湖南, 歷覽山川文物, 翌年春, 還家而作, 而竟被時儒之譏. 如劉翰林迎謝夫人告祠堂歌, 則又取材於謝氏南征記小說中故事, 蓋劇歌與小說, 同工異曲, 韻則劇歌, 散爲小說, 然則公之於小說, 自操一家之見也. 槩公生平特長於科詩, 與申李盧蔡齊名於當世. 然而屢捷於鄕試, 而竟詘於禮闈, 抱羅隱之悲, 灑淸灞之淚. 逮厥晩年, 有自輓詩云, 自憐詩骨靑山塚, 寃氣春風草不生, 眞感慨不耐語也. 集之後, 拊有親戚知舊哀悼詩, 莫不長息流涕, 淸悲幽咽, 亦莫不以天道芒忽而廣之. 然余則曰非也. 科擧之弊, 病國病人, 非權嗾私賂, 則主司眼肉, 如公稟性介潔, 不憙干謁, 烏可得乎? 洪鳳漢當欲致之, 公辭之以我乃草野寒士, 雲泥路懸, 洪曰, "當今之世士之不欲交我者, 高則高矣. 其如枯死巖穴, 何?" 嗚呼! 此實事也. 公之無偶於時, 豈其天也.

戊辰歲暮, 文學博士眞城李家源謹撰

만화집 권지일

【晩華集 卷之一】

시【詩】

두견화【杜鵑花】

밤이면 천진의 달[1] 보며 통곡하고　　夜哭天津月
봄이면 금협[2]의 바람에 우는구나.　　春啼錦峽風
천 년의 원통함은 핏빛 되어　　千年冤血色
온 산을 붉게붉게 물 들였네.　　留作滿山紅

삼월의 삭강[3]【三月朔講】

공부하기 좋은 시간[4]은 넉넉하고　　絃誦三餘暇
온 세상 만물은 다 봄날이로다.　　乾坤萬物春

---

1) 천진의 달 : 송(宋)나라 사람 소옹(邵雍)이 지은 <한적음(閑適吟)>에 "봄에는 낙성의 꽃을 구경하고, 가을에는 천진의 달을 완상하고, 여름에는 숭산의 바람을 쐬고, 겨울에는 용산의 눈을 구경하네[春看洛城花, 秋翫天津月, 夏披嵩岑風, 冬賞龍山雪]"라고 하였다.

2) 금협 : 금협(錦峽)은 "금강(錦江)의 협곡(峽谷)"이라는 뜻인데, 촉왕(蜀王) 두우(杜宇)의 혼령이 변하여 두견새가 되었다고 한 전설에서 온 말이다. 중국 사천성(四川省) 중부를 흘러 양자강(揚子江)에 합류하는 민강(岷江)의 지류를 "금강(錦江)"이라고 하는데, 옛날 촉(蜀)의 도읍이었던 성도(成都) 동쪽으로 흐른다. 한편 유진한이 살았던 목천을 흐르는 아우내[并川川]가 금강(錦江)으로 합류된다는 점에서 뒤의 <감회(感懷)>의 둘째 수처럼 중의적 표현으로 볼 수도 있다.

3) 이 책의 작품 배열 순서로 보아, 1747년 3월 초하루에 있었던 영회당(英會堂)의 삭강(朔講) 때 지은 시인 듯하다. 권3 「연보(年譜)」에 유진한이 35세이던 1746년(영조 22)에 유광홍(柳光興, 1694~1760)·김운재(金運載, 1689~1756)·남취홍(南就興, 1718~1780)과 함께 영회당(英會堂)을 세워 학업에 힘썼다고 했다. 충남 천안시 병천면 용두리에 영회당(英會堂) 터가 남아 있다.

4) 공부하기 좋은 시간 : '삼여(三餘)'는 겨울, 밤, 비 올 때를 가리키는데, 독서하기에 좋은 시간을 뜻한다. '현송(絃誦)'은 거문고를 타고 시를 읊는 것을 말한다. 『예기(禮記)』「문왕세자(文王世子)」에 "봄에는 시를 외우고 여름에는 거문고를 탄다[春誦夏弦]"라고 하였다. 『시경(詩經)』을 배울 때 거문고·비파 등 현악기에 맞추어 노래로

우리 고을엔 유교 교화가 널리 퍼져　　我鄕儒化盛
글 읽는 이들에게 학업을 권장하네.　　勸課讀書人

우연히 읊다 2수【偶吟 二首】

맑은 물에 고운 모래 자그마한 연못[5]이　　淸水明沙半畝池
경치 좋은 정사[6]와는 정말 잘 어울리네.　　幽居勝地正相宜
이제 막 집 만들어 고기들을 풀어놨고　　新開窟宅群魚種
뒤엔 둑에 버들 다섯[7] 옮겨다 심으리라.　　終藉隄防五柳移
이슬비 지난 돌멩이엔 파랗게 이끼 꼈고　　岸石苔靑微雨後
이른 봄 물가 부들은 하얗게 싹이 텄네.　　渚蒲芽白早春時
가을 되면 부용꽃이 피는 것을 볼 터이니　　秋來可見芙蓉發
그 때 가서 붉은 꽃을 따도 늦지 않으리라.　　摘取紅葩且莫遲

상산[8]의 가을 달과 솔숲의 연기를　　常山秋月和松烟
사려고 돈 한 푼을 쓰기나 했으랴.　　買取何曾用一錢
지동[9] 들의 영초를 가져다가 바꾼다면　　若把芝田靈草換
삼신산의 약초 찾던 배[10]보다 더 나으리라.　　勝他蓬海採藥船

불렀는데, 이를 현가(絃歌)라고 하고, 악기의 반주 없이 낭독하는 것을 송(誦)이라고 했다. 이 둘을 합하여 현송이라고 불렀는데, 수업하고 송독(誦讀)하는 것을 말한다.

5) 연못 : 『대록지(大麓誌)』「부 향숙(附 鄕塾)」에 영회당(英會堂) 앞에 샘이 있고, 그 샘 아래 '세연지(洗硯池)'라는 연못이 있다고 했다.

6) 정사 : 정사(精舍)는 영회당(英會堂)을 가리킨다. 앞의 주) 3 참조.

7) 버들 다섯 : 진(晉)나라 사람 도연명(陶淵明)이 벼슬을 그만두고 집에 돌아와, 문 앞에 버드나무 다섯 그루를 심어 놓고, 스스로를 오류선생(五柳先生)이라 부르며 음주와 독서로 즐겼던 데서 온 말이다. 그 뒤로 지취(志趣)가 고상한 은사(隱士)를 가리킬 때 쓰는 표현이 되었다.

8) 상산 : 대본과 서울대본에 모두 '常山'으로 썼는데, '商山'의 오기(誤記)인 듯하다. 진시황(秦始皇) 때 난세를 피하여 상산(商山)에 은거했던 상산사호(商山四皓)의 고사에서 온 말이다.

9) 지동 : 유진한과 그의 재종조부(再從祖父) 유광흥(柳光興, 1694~1760) 등이 학문

지동 재종조부의 제석 시에 차운하여[11] 2수 【次芝洞除夕韻 二首】

오늘 저녁은 정묘년이요	今夕惟丁卯
내일 아침은 무진년일세.	明朝是戊辰
어머니[12]는 화갑이 지나셨고	萱堂花過甲
가관[13] 재가 날리면 정월이네.	葭管月回寅
백주[14] 빚는 삼해일이 다 가도록	栢酒經三亥

을 연마하고 후진을 양성하던 영회당(英會堂)이 있었던 지령리(芝靈里: 현 충남 천안시 동남구 병천면 용두1리)를 가리킨다. 병천면 용두리 만화마을에서는 약 1㎞ 떨어진 곳인데, 유관순(柳寬順) 열사의 생가가 있는 마을이다.

10) 약초 찾던 배 : 진시황(秦始皇)이 바다 가운데 있는 삼신산(三神山)에 신선과 불사약(不死藥)이 있다는 제(齊)나라 사람 서복(徐福)의 말을 믿고, 동남동녀(童男童女) 수백 명을 보내 불사약을 구해 오게 했다는 고사에서 온 말이다.

11) 유진한이 36세였던 1747년(영조 23) 섣달그믐 밤에 지은 시로, 그의 재종조부(再從祖父) 유광홍(柳光興, 1694~1760)의 시에 차운한 것이다. 유광홍의 자는 홍보(興甫), 호는 지와(芝窩)로, 유진한의 5대조인 유활(柳活, 1576~1641)의 3남 2녀 가운데 둘째아들인 부사과(副司果) 유지목(柳之霂, 1614~?)의 손자이다. 유진한은, 유활의 큰아들로 좌승지에 추증된, 유지림(柳之霖, 1608~1671)의 현손(玄孫)이다. 이 책 권2에 실린 <만지동청룡대부(輓芝洞靑龍大父)>(1760년 작)는 유광홍이 세상을 떠났을 때 유진한이 지은 만사이다.

12) 어머니 : 유진한의 모친 공인(恭人) 전주이씨(全州李氏, 1687~1767)는 진사 이시개(李始開, 1652~?)의 딸로, 통덕랑 이중석(李重奭, 1633~1702)의 손녀이다. 사예(司藝) 이이정(李以挺, 1610~?)의 증손녀이며, 부사(府使) 민성중(閔誠重, 1632~1683)의 외손녀이다. 『고흥유씨세보(高興柳氏世譜)』에는 전주이씨의 생년을 1697년이라고 했지만, 이 시의 내용과 권3에 실린 「행록(行錄)」【15】에 1767년에 81세로 세상을 떠났다고 기술한 것을 보면 1687년의 오기(誤記)가 분명하므로 바로잡았다.

13) 가관 : 가관(葭管)은 갈대의 얇은 막을 태워 그 재를 채워 넣은 율관(律管)으로, 절기가 돌아오면 그에 해당되는 관(管) 속의 재가 날아 올라간다고 한다. 하(夏)나라에서는 인월(寅月)을 1월로 삼았기 때문에 정월(正月)을 뜻한다. 대본의 '단관(葮管)'은 '가관(葭管)'의 잘못이므로 바로잡았다.

14) 백주 : 백주(柏酒)는 측백나무 잎을 담가서 빚은 술을 말하는데, 설날에 어른에게 세배를 드리며 사기(邪氣)를 쫓기 위해 가족들이 돌려가며 마시던 술로, 백엽주(柏葉酒)라고도 한다. 음력 정월의 세 해일(亥日)에 담근 술을 '삼해(三亥)', 또는 '삼해주(三亥酒)'라고 한다.

소반에다 오신채[15]를 올리리라. 蔬盤進五辛
시각이 유시[16] 술시[17] 지나가니 天時經酉戌
태운을 거듭거듭 하례하네. 泰運賀申申

초주[18] 잔도 못 다[19] 기울였는데 椒觴傾未已
태주[20]가 새해 첫날 알리네. 大簇告元辰
밤이 가고 닭 우는 축시[21]이니 夜去鷄鳴丑
봄이 오는 정월이 되었구나. 春來月建寅
등잔불[22]에 점괘가 나타나니 燈花占結子
오신채[23]를 기쁘게 맛보리라. 野菜喜嘗辛
어찌 다시 굶주림[24]을 호소하랴 豈復呼庚癸
새 일은 묘시 신시[25] 지킬 텐데. 新工着卯申

---

15) 오신채 : 원문의 오신(五辛)이란 파·마늘·생강 등 다섯 가지 매운 맛 나는 채소, 즉 '오신채(五辛菜)'인데, 새해를 축하하며 오장(五臟)의 기운을 돋우기 위해 소반에 담아서 먹던 풍습이 있었다.
16) 유시 : 유시(酉時)는 오후 다섯 시부터 일곱 시까지의 시각이다.
17) 술시 : 술시(戌時)는 오후 일곱 시부터 아홉 시까지의 시각이다.
18) 초주 : 초주(椒酒)는 새해 아침에 차례를 지내고 나서 웃어른에게 축수(祝壽)하고 하례하면서 올리는 술 이름이다. 백주(柏酒)와 아울러서 '초백(椒柏)', 또는 '초백주(椒柏酒)'라고 한다.
19) 못 다 : 대본에는 "미기(未己)"로 썼지만, 서울대본에는 "미이(未已)"로 적었다. 여기서는 서울대본에 따랐다.
20) 태주 : 태주[大簇]는 12율려(律呂) 가운데 하나로, 달로는 음력 정월의 별칭이다.
21) 축시 : 축시(丑時)는 오전 한 시부터 세 시까지의 시각이다.
22) 등잔불 : 원문의 등화(燈花)는 등잔불 심지 끝이 타서 맺히는 꽃 모양의 불똥인데, 등잔불의 불꽃이 꽃 모양으로 깜박이면 기쁜 일이 있을 조짐이라고 여겨 좋아했다고 한다.
23) 오신채 : 앞의 주) 15 참조.
24) 굶주림 : 원문의 '경계(庚癸)'는 양식과 마실 물을 보내 달라는 다급한 요청을 뜻한다. 『춘추좌전(春秋左傳)』 애공(哀公) 13년 조에, 오(吳)나라 신숙의(申叔儀)가 공손유산씨(公孫有山氏)에게 양식을 구걸하자, "경계(庚癸)라고 외치면 바로 가져다주겠다[呼曰庚癸則諾]"라고 한 데서 온 말이다. 경(庚)은 서방(西方)으로 곡식을 주관하고, 계(癸)는 북방(北方)으로 물을 주관하기 때문에 양식과 물의 은

원운(元韻)

쉰 넷에 이제 한 살 더 먹으니	六九今添一
해 바뀌어[26] 무진년 새해로다.	蓂書是戊辰
가관의 재는 정묘년이 간 걸 보이고	管灰看餞卯
북두자루[27]는 정월 온 걸 알려주네.	斗柄報回寅
초주로 갈증[28]을 달래고	椒酒忘回癸
소반의 오신채도 싫어 않네.	盤蔬不厭辛
이래도 백 년 살 수 있는 것을	百年從可得
구태여 양생법[29] 해 무엇 하랴.	何必事經申

애석해라 오늘 자정이 지나면	可惜今宵午
정묘년과 무진년이 갈린다네.	年分卯與辰
여생이 얼마일지 헤아리자니	推來餘幾甲
지나간 오십 년이 떠오른다네.	記往五經寅

어(隱語)로 사용한 것이라고 한다.

25) 묘시 신시 : 묘시(卯時)는 오전 5시에서 7시 사이이고, 신시(申時)는 오후 3시에서 5시 사이이다. 옛날에 관리들이 묘시에 출근하여 신시에 퇴근했으므로, 관청에 출근하여 직무에 종사하는 것을 말한다. 새해에는 꼭 과거에 급제하고픈 바람을 표현한 것이다.

26) 해 바뀌어 : 요(堯)임금의 궁궐 뜰에 명협(蓂莢)이란 풀이 났는데, 초하루부터 하루에 한 잎씩 피다가 16일이 되면 매일 한 잎씩 떨어지고, 작은달이어서 29일이면 한 잎은 시들기만 하고 떨어지지 않았다고 한다. 이것을 보고 달력을 만들었다고도 한다. 무진년은 1748년(영조 24)이다.

27) 북두자루 : 해가 진 후 북두칠성의 자루는 봄에는 동쪽, 여름에는 남쪽, 가을에는 서쪽, 겨울에는 북쪽을 가리킨다.

28) 갈증 : 원문의 '계(癸)'는 북방(北方)으로 물을 주관하기 때문에 물을 뜻한다. 앞의 주) 24 참조.

29) 양생법 : 원문의 '경신(經申)'은 도가(道家)에서 장생불사(長生不死)하기 위해 수련하는 도인법(導引法)인 웅경(熊經)·조신(鳥申)의 준말이다. 웅경이란 곰이 앞발로 나무를 부여잡고 매달리는 것같이 하여 기(氣)를 단련하는 것이고, 조신은 새가 목을 쭉 빼고 있는 것같이 하여 호흡을 단련하는 것이다.

아들[30] 녀석 혼자인 게 가여우니 有子憐單乙
도움[31] 없어 고생할까 걱정일세. 呼庚惻再辛
제 앞길은 내가 어찌 못하나니 窮通由我末
하늘이 돌보시길[32] 빌 뿐이네. 只祝自天申

무진년(1748) 2월에 춘천으로 길을 떠나다[33] 〖戊辰仲春發程向春川〗

사유씨는 이 때 외가에 머물고 있었다 士猷甫時寓居外宅

아침에 송정[34]에서 길을 떠나 朝自松亭發
저녁에 잣고개[35]를 넘어 왔네. 夕踰栢嶺來
장꾼은 돌을 보면 앉아 쉬고 市人逢石坐
관도는 산을 안고 돌아간다. 官道抱山回
먼 들판엔 긴 피리소리 퍼지는데 遠野通長管

---

30) 아들 : 유광홍(柳光興, 1694~1760)은 고령신씨(高靈申氏, 1692~1750)와의 사이에 1남 1녀를 두었다. 아들 유당(柳讜, 1725~1780)의 원래 이름은 열(說)이고, 자는 군약(君約), 호는 용계(龍溪)이며, 사복시정(司僕寺正)에 추증되었다. 유당은 유진한과 함께 영회당(英會堂)을 세웠던 남취홍(南就興, 1718~1780)의 팔촌형인 남취일(南就日, 1677~1653)의 딸과 결혼하여, 유명한(柳命漢)·유영한(柳永漢)·유홍한(柳洪漢) 등 3남 3녀를 낳았다.

31) 도움 : 앞의 주) 24 참조.

32) 하늘이 돌보시길 : 『시경(詩經)』「대아(大雅)」<가락(假樂)>에 "하늘이 보호하고 도우시며, 거듭거듭 하늘에서 돌보아 주시네[保佑命之, 自天申之]"라고 한 데서 온 말이다.

33) 선대의 묘소가 있는 강원도 춘천시 남면 가정리에 가려고 떠난 것이다. 자세한 내용은 권3에 실린 「행록(行錄)」【7】 참조.

34) 송정 : 송정(松亭)은 옛 청주목(淸州牧) 수신면(修身面) 송정리, 현재의 천안시 병천면 송정리이지만, 여기서는 만화동(晩華洞) 유진한의 집을 뜻한다. 뒤의 <화유조망운(和柳祖望韻)>에서는 유진한의 거처를 '송서(松墅)'라고 했고, 권3 「만사(輓詞)」【2】에서는 '솔 아래 집[松下第]'이라고 했다. 병천면 송정리는 병천면 용두리 만화마을에서 약 2km 거리에 있는 곳이다.

35) 잣고개 : 잣고개[栢嶺]는 목천에서 진천으로 가는 길목(충북 진천군 진천읍)에 있는 고개이다. 만화마을에서 잣고개까지는 약 18km 거리이다.

고향집의 늦매화는 보이지 않네.	故園阻晩梅
친척집을 두루두루 찾았더니	歷尋宗族宅
한 잔 술로 반갑게 맞아주네.	盃酒好顔開

낮에 친척 한씨 댁을 방문하다〖午訪韓戚家〗

영광[36]의 옛 집이 우뚝하니 남아 있어	靈光舊宅巋然存
상재[37] 심은 그늘 아래 외손[38]이 와 쉰다네.	桑梓遺陰憩外孫
이월이라 부들 싹은 북쪽 물가에 돋아나고	二月蒲芽生北渚
백 년 넘은 꽃나무는 서문에서 늙어가네.	百年花樹老西門
봄이 오니 보리밥[39]에 조상 묘를 생각하고	春來麥飯思先墓
해질녘에 솔잎주로 뒷마을을 찾아가네.	日暮松醪覓後村
이웃의 사람만이 세태를 닮지 않아	獨有隣人非世態
가져온 담배에다 정겨운 말 담았네.	手將烟草托情言

36) 영광 : 청주한씨(淸州韓氏) 6세손 고려 예빈경(禮賓卿) 한광윤(韓光胤)과 그 아들 한강(韓康)의 묘가 영광에 있다. 특히 전남 영광군 법성면 신장리에 있는 한광윤의 묘는 조선 8대 명당 가운데 하나로 꼽힌다. 청주한씨 후손들은 조선시대에 왕비 여섯과 문과급제자 280여 명, 재상 12명을 배출한 것을 이곳 묘소의 발음(發蔭)으로 본다고 한다. 한광윤(韓光胤)은 양절공파(襄節公派)의 파조(派祖)인 한확(韓確, 1403~1456)의 6대조이며, 유진한의 고조모 청주한씨는 한확의 5대손인 한광윤(韓匡胤, 1537~1632)의 손녀이다.

37) 상재 : 상재(桑梓)는 『시경(詩經)』「소아(小雅)」<소반(小弁)>에 "부모가 심은 뽕나무와 가래나무도 공경한다[維桑與梓, 必恭敬止]"라고 한 데서 온 말로, 부모가 살던 고향을 뜻한다. 여기서는 유진한의 고조모 청주한씨의 고향인 진천군 진천읍 장관리를 가리킨다.

38) 외손 : 유진한의 고조모 증(贈) 숙부인(淑夫人) 청주한씨(淸州韓氏, 1606~1635)는 군수 한옥(韓玉, 1537~1629)의 둘째딸로, 한확(韓確, 1403~1456)의 5대손인 한광윤(韓匡胤, 1537~1632)의 손녀이다. 한광윤은 임진왜란 때 군량을 조달한 공으로 통정대부(通政大夫) 첨지중추부사(僉知中樞府事)가 되었는데, 그가 진천군 진천읍 장관리 석화동에 이주하면서부터 청주한씨가 진천에 세거하게 되었다고 한다.

39) 보리밥 : 당(唐)나라 사람 주온(朱溫)의 어머니가 말하기를, "자손들이 한식날 무덤

저물어 사지촌[40]에서 묵다 〖暮投沙地村〗

사지촌은 진외가 마을이라 沙村眞外戚
밤 깊도록 담소를 나누었네. 談笑到深宵
목은 선생[41] 남긴 근원 크시고 牧老遺源大
가정 선생[42] 옛 문호가 높도다. 稼亭舊戶高
먼 여정에 날짜를 숙고하는데 遠程長計日
아침 전에 소나기가 내렸다네. 驟雨未崇朝
말을 몰아 길에 오르자 驅馬登前道
봄빛이 버들가지에 올랐네. 春光上柳條

토산[43]에서 자고 아침에 하령을 넘으며 〖夜宿土山朝踰夏嶺〗

춘천으로 가려고 欲向春川去
높다란 하령을 오르려 하네. 將登夏嶺高
약한 종은 여태 골 어귀에 있는데 弱僮猶谷口
야윈 말은 벌써 산허리를 돌아간다. 瘦馬已山腰
고목 아래선 산승이 다리를 쉬고 古樹山僧憩

앞에 보리밥[麥飯]이나 가지고 제사지내기를 바란다."라고 했던 데서 온 말이다.

40) 사지촌 : 사지촌(沙地村)은 충북 진천군 이월읍 사곡리 사지마을이다. 유진한의 부친 유창(柳諹, 1689~1755)의 생모(生母)인 한산이씨(韓山李氏, 1662~1732)의 증조부 이영진(李榮震, 1579~1674), 조부 이직(李稷, 1609~1669), 부친 이태형(李泰馨, 1630~1693) 등의 묘가 이곳 뒷산에 있다. 장관리에서 사지마을까지는 약 2㎞, 만화리에서 사지마을까지는 약 25㎞ 거리이다.

41) 목은 선생 : 유진한의 친생 조모 한산이씨의 부친 이태형(李泰馨, 1630~1693)은 목은(牧隱) 이색(李穡, 1328~1396)의 11대손이다.

42) 가정 선생 : 유진한의 친생 조모 한산이씨의 부친 이태형(李泰馨)은 가정(稼亭) 이곡(李穀, 1298~1351)의 12대손이다.

43) 토산 : 토산(土山/兎山)은 현재의 천안시 서북구 입장면 가산리이다. 원래 직산군 삼동면 지역이었으나, 토산리와 가좌리가 1914년 통합되면서 이름이 바뀌었다. 만화리에서 약 35㎞ 거리에 있다.

깊은 숲에선 촌로가 나무를 한다. 深林野叟樵
구름이 짙게 끼어 비라도 올 듯하니 密雲含雨意
머리를 긁적이며 하늘을 쳐다보네. 搔首望青霄

이천읍에서 고성현감을 지낸 이공의 집을 찾아가다【利川邑訪李固城家】

책이 쌓인 서안은 고요하고 群書猶靜几
살구 성근 행단[44]은 높다네. 疎杏亦高壇
정겹게 한 바탕 얘길 하니 款款一場話
구면인 듯 즐겁기 그지없네. 怳如舊面歡

밤에 이호[45]에서 자며【夜宿梨湖】

이호라는 명승지의 높은 정자 일컫는데 梨湖形勝說高亭
재상들의 전장 있는 넓은 들을 굽어보네. 卿相田園俯遠垧
뱃머리에 청작[46] 그린 큰 배들은 흔들리고 舸艦搖搖青雀舳

---

44) 행단 : 행단(杏壇)은 공자(孔子)가 제자를 가르쳤다는 곳인데, 지금의 산동성(山東省) 곡부현(曲阜縣) 공자묘(孔子廟)의 대성전(大成殿) 앞을 말한다. 공자의 후손이 그곳에 단을 만들어 살구나무를 심고 비석을 세웠다. 후에는 학문을 가르치는 곳을 이르는 말로 쓰인다.

45) 이호 : 이호(梨湖)는 현재의 경기도 여주군 금사면 이포리(梨浦里)이다. 조선시대에는 이포진(梨浦津)이 있었고, 현재는 이포대교가 놓인 곳이다. 여주군 흥천면과 금사면 일대는 동정(東亭) 염흥방(廉興邦, ?~1388), 둔촌(遁村) 이집(李集, 1327~1387)과 같은 고려의 문사들이 은거했고, 조선시대에는 택당(澤堂) 이식(李植, 1584~1647), 문곡(文谷) 김수항(金壽恒, 1629~1689), 백호(白湖) 윤휴(尹鑴, 1617~1680) 등이 우거(寓居)했던 곳으로, 둔촌(遁村) 이집(李集)의 봉서정(鳳棲亭), 모재 (慕齋) 김안국(金安國, 1478~1543)의 범사정(泛槎亭) 등 이름난 정자가 많았다.

46) 청작 : 청작(青雀)은 바람을 잘 견디고 날기 때문에 수환(水患)을 예방하는 의미에서 황룡(黃龍)과 함께 뱃머리에 그렸는데, 여기서는 화려하게 꾸민 놀잇배를 말한다. 왕발(王勃)의 「등왕각서(滕王閣序)」에 "큰 배들이 댈 곳을 찾아 헤매는데 뱃머리에는 청작, 황룡을 그린 배들이라네[舸艦迷津, 青雀黃龍之舳]"라고 한 데

백구 노는 물가에는 물과 구름 아스라해.	水雲杳杳白鷗汀
파사성[47] 바깥에는 천연 해자 한강이요	婆娑城外江天塹
추읍산[48] 앞으로는 지평[49] 가는 길이라네.	趨揖山前路砥平
듣자하니 남애에는 어진 처사 있다는데	聞道南崖賢處士
일찍부터 고기와 새에 한정을 부쳤다네.	早將魚鳥托閑情

밤에 굴업[50]에서 자고 아침에 홍천강의 여울을 건너며 3수

【夜宿屈業朝濟洪川灘 三首】

온 골짝에 우레 치듯 급한 여울 들썩이고	萬壑雷聲動急灘
봄눈 녹는 삼월인데 여태 한기 남아 있네.	春氷三月尙凝寒
맑은 물결 굽이굽이 구경함직 할 뿐더러	淸流曲曲堪遊玩
위쪽에는 무산의 십이봉[51]이 있다네.	上有巫山十二巒

서 온 말이다.

47) 파사성 : 파사성(婆娑城)은 경기도 여주군 대신면 천서리 남한강 동쪽 파사산 정상(235m)을 중심으로 능선을 따라 쌓은 산성이다. 한강 상류와 하류를 연결하는 전략적 요충지에 자리했는데, 원래 신라 때 축조한 것을 임진왜란 때 승병장(僧兵將) 의암(義巖)이 승군을 모아 늘려 쌓았다고 한다. 성의 일부가 한강변에 나와 있어 강줄기를 한눈에 볼 수 있기 때문에 상대를 제압하기 매우 좋은 요새이다. 지금은 예전 이포나루터와 현재의 이포대교, 이포보(梨浦洑) 공사현장이 내려다보인다.

48) 추읍산 : 추읍산(趨揖山)은 옛 경기도 여주목(驪州牧)·양근현(陽根縣)·지평현(砥平縣)의 경계(현 경기도 양평군 개군면)에 있는 산(583m)이다. 용문산(양평군 용문면)을 향해 읍하는 형상이라서 붙은 이름이라고 하며, 정상에서 일곱 개 읍(양근, 지평, 여주, 이천, 양주, 광주, 장호원)이 보인다고 해서 '칠읍산'이라고도 한다.

49) 지평 : 지평(砥平)은 옛 지평현(砥平縣: 현재의 양평군 지평면 일대)이다. 지평현과 양근현(楊根縣)을 합병한 것이 양평군(楊平郡)이다.

50) 굴업 : 굴업(屈業)은 현재의 강원도 홍천군 서면 굴업리이다. 경기도 여주시 이포에서는 약 35km 거리이며, 이 때 유진한이 다녀온 춘천시 남면 가정리에 있는 고흥유씨 선영에서는 약 26km 떨어진 곳이다.

51) 무산의 십이봉 : 무산(巫山)은 중국 사천성(四川省) 무산현(巫山縣)의 남동쪽에 자리잡은 파산산맥(巴山山脈) 속의 아름다운 봉우리 이름으로, 그 형세가 무자(巫字)와 같기 때문에 무산이라 일컫는다. 장엄한 산룽이 첩첩하여 하늘을 가리고 큰

차가운 물바람 소리 석종을 울리는 듯 風水寒聲聽石鍾
구불구불 좁은 길을 지팡이 끌고 가네. 羊腸細路引鳩笻
맑은 강물 굽이돌아 세찬 여울 이뤄 가고 淸流屈曲飛湍激
위론 무산 봉우리들 열두 겹을 둘러 있네. 上列巫峰十二重

옛 골짝의 외로운 솔 봄꽃을 비추는데 孤松古峽暎春花
길 위에서 미인 만나 주막을 물어보네. 路遇靑娥問酒家
바위 널린 찬 여울을 건널 수가 없어서 亂石寒灘難利涉
야윈 말을 다시 몰아 모래밭에 내려가네. 更驅瘦馬下平沙

낮에 홍천강의 여울에서 말에게 꼴을 먹이며 2수 〖午日秣馬洪灘 二首〗

홍천강 여울물은 서쪽으로 흐르는데 洪灘灘水西流去
물가의 외딴 집엔 단약 고는 노인 있네. 上有孤亭鍊藥翁
웃고 묻길 길손께선 어딜 가는 길이신지 笑問客從何處去
이 산길을 쭉 가시면 관동 땅에 닿는다오. 此山一路接關東

십리 안엔 인가 연기 끊어졌고 十里人烟斷
깊은 숲엔 새소리가 요란하네. 深林鳥語喧
해질녘에 나무꾼에게 묻노니 斜陽問樵客
어디에 산골마을이 있소이까. 何處有山村

연적 〖硯滴〗

하늘처럼 둥근 몸통 옥을 쪼갠 고운 색 其體天圓色玉分
하빈[52]의 옛 족속에게 후손이 있었다네. 河濱舊族有孫雲

강이 그 속을 꿰뚫어 무협(巫峽)을 이루며, 12개의 봉우리 밑에 신녀묘(神女廟)가 있다고 믿었다.

52) 하빈 : 순(舜)임금이 미천했을 때 하빈(河濱), 즉 황하(黃河) 가에서 질그릇을 만

뱃속에 가득한 건 은하수[53]의 물줄기니 滿腔渾是銀潢泒
아들을 낳는다면 흑수군[54]에 봉해지리. 生子猶封黑水君

구정[55]을 지나며 석불[56]을 보고 느낀 바가 있어 2수
【過鷗汀見石佛有感 二首】

지난 일이 아득하여 스스로 말을 않고 往事茫茫自不言
주인은 돌 아니니 길이 살 수 있으리오. 主人非石豈長存
수양버들 흐르는 물 백구 노는 물가에는 垂楊流水鷗汀上
바람과 달 처량한 양묵헌[57]이 서 있구려. 風月凄凉兩默軒

모래톱의 물새들은 물어도 말도 없이 汀鷗渚鷺問無言
석불이 서 있는 걸 묵묵히 바라보네. 默默相看石佛存
지금 섰는 길거리는 청정계가 아니니 街頭也非乾淨界
대웅전에 옮겨다가 둘 만도 하건만. 可堪移置大雄軒

들었다고 한다. 여기서는 연적이 도자기이므로 그 먼 후손이라고 한 것이다.

53) 은하수 : 원문의 은황(銀潢)은 밤하늘의 은하수인데, 왕실, 또는 왕실의 자손을 비유하기도 한다.

54) 흑수군 : 흑수군(黑水君)은 먹물을 왕실의 자손에 빗대어 의인화한 말이다.

55) 구정 : 구정(鷗汀)을 풀이하면 "백구가 노는 물가"라고 할 수 있는데, 곽진유(郭鎭維, 1685~?)의 시집 제목을 "구정만영(鷗汀謾咏)"이라 하였으므로 지명으로 보아야 한다. 곽진유에 대해서는 뒤의 주) 57 참조.

56) 석불 : 이 시는 천안시 수신면 장산리에 있는 석불입상을 보고 지은 것이다. 석불입상은 현재 병천천변의 도로 옆 보호각 안에 있는데, 유진한이 살았던 만화리에서는 2㎞ 남짓한 거리에 있다.

57) 양묵헌 : 양묵헌(兩默軒)은 곽진유(郭鎭維, 1685~?)의 집을 이르는 말인 듯하다. 곽진유의 본관은 청주(淸州), 자는 백강(伯綱), 호는 양묵당(兩默堂)이다. 통덕랑(通德郞) 곽재적(郭載績)의 아들로, 목천(木川)에 살았으며, 1723년(경종 3) 증광시(增廣試)에 입격했다. 옛 청주목 수신면 지역(현 천안시 수신면 신풍리)에 청주곽씨들이 살았다고 한다.

망해산[58]에 올라 2수 〖登望海山 二首〗

사방으로 펼쳐진 산천을 굽어보니	四方山水俯而臨
흰 강과 푸른 산이 굽이굽이 서려 있네.[59]	繚白縈青互淺深
오늘 처음 천리 땅을 누비고픈 꿈꾸나니	今日始窮千里夢
조선 천지 큰 뜻 품은 대장부의 마음일세.	大東磊落丈夫心

제일 높은 봉우리에 지팡이를 짚고 서니	最高峯上短筇臨
해질 무렵 깊은 숲엔 음산한 비 흩뿌린다.	夕照陰霏亂樹深
운무는 우리들을 놀리려고 하는 듯이	雲霧似爲吾輩戲
장관을 보려했던 평생 뜻을 저버리네.	百年虛負壯觀心

몽성재 진사 조상웅[60]의 시에 화운하여 〖和趙進士尚熊夢醒齋韻〗

국보[61]의 학업이 더디다고 걱정 마오	國寶休憂學業遲

---

58) 망해산 : 망해산(望海山)은 서운산(瑞雲山)을 가리킨다. 목천읍지(木川邑誌)인 『대록지(大麓誌)「산천(山川)」조에, "망해산은 서운산이라고도 하는데, 현 동쪽 30리에 있다. 돌목[石項: 현 충남 천안시 병천면 봉항리]에서 동남쪽으로 뻗어 나온다[望海山, 一名瑞雲山, 在縣東北三十里, 自石項東南來]"라고 했고, 또 "길상산은 현 동쪽 40리에 있는데, 망해산과 서로 이어져 있다. 태령산이라고도 하는데, 김유신의 태를 묻었기 때문에 붙은 이름이다[吉祥山, 在縣東四十里, 與望海相連, 一名胎靈, 以金庾信藏胎而名]"라고 했다. 서운산(瑞雲山)은 경기도 안성시 서운면과 충북 진천군 백곡면 경계에 있는 산(높이 547m)이다. 차령산맥의 중간지점에 있는데, 천안시 병천면 북쪽이다. 옛 목천현 관아는 현재의 목천초등학교(천안시 목천읍 서리) 자리에 있었다.

59) 서려있네 : 대본의 돌(湥)은 심(深)의 오기(誤記)이므로 바로잡았다.

60) 조상웅 : 조상웅(趙尚熊, 1682~?)의 본관은 풍양(豊壤), 자는 몽징(夢徵)이다. 우계(牛溪) 성혼(成渾, 1535~1598)의 문인인 풍옥헌(風玉軒) 조수륜(趙守倫, 1555~1612)의 현손(玄孫)이다. 참봉을 지낸 조석보(趙碩輔, 1646~1717)의 넷째아들로, 1705년에 진사가 되었다.

61) 국보 : 국보(國寶)는 조상웅(趙尚熊)의 장손 조진상(趙鎭常, 1737~?)의 자(字)

청춘은 무엇이든 할 수 있는 때인 걸요.	靑春況是有爲時
빈관에서 재주로 이름 처음 떨치셨고[62]	才華賓館譽初振
귀한 집안 음덕이 넉넉히도[63] 전해졌네.	德蔭高門裕以垂
책 상자를 등에 지고 먼 걸음 할 필요 있나	負笈奚勞千里步
뜰 지나다[64] 일찍부터 이남[65] 시를 배웠거늘.	趨庭早學二南詩
사부되길 마다 않는 사람들의 병통 있어	爲師不避人之患
근년에는 장로들이 생각한 일 힘쓴다네.	勗以年來丈老思

원운(元韻)

추운 날에 외로운 대 늦손자를 보았으니	天寒孤竹抱孫遲
뜰아래다 심으면서 때맞추지 못했다네.	庭下栽培未及時
혼란 깨친 편지 두 통 이미 잃어 버렸어도	二簡訓亂書已失
경서 한 권[66] 잘 가르쳐 전대를 다 전하리라.	一經勤敎橐全垂
이제부터 저버리지 말아 달라 부탁하니	從今付托無相負

이다. 그는 유진한의 생가 조부인 유광익(柳光翼, 1661~1720)의 증손녀 사위이다. 즉 유광익의 장남 유경(柳璥, 1683~1768)의 둘째아들인 유강한(柳綱漢, 1718~1775)의 딸과 결혼한 것이다. 조진상이 유진한의 문인(門人)이었던 듯하다.

62) 빈관에서 …… 떨치셨고 : 권2에 실린 <만조진사몽성재장(輓趙進士夢醒齋丈)>에 따르면, 첫 만남에서부터 몽성재의 학식과 인품에 머리가 숙여졌다고 했다.

63) 넉넉히도 : 『서경(書經)』「중훼지고(仲虺之誥)」에 "의로 일을 바로잡고 예로 마음을 제어해야 후손에게 넉넉함을 남겨줄 수 있습니다[以義制事, 以禮制心, 垂裕後昆]"라고 한 데서 온 말이다.

64) 뜰 지나다 : 공자(孔子)의 아들 리(鯉)가 뜰에서 공자 앞을 빠른 걸음으로 지나가다가 공자로부터 시(詩)와 예(禮)를 배웠느냐는 말을 듣고 그에 대한 가르침을 받은 일에서 온 말이다. 여기서는 조진상이 이미 훌륭한 가정교육을 받았다는 뜻이다.

65) 이남 : 이남(二南)은 『시경(詩經)』의 편명(篇名)인 「주남(周南)」과 「소남(召南)」으로, 모두 성군(聖君)이었던 문왕(文王)의 교화를 노래하였다.

66) 경서 한 권 : 한(漢)나라 때 경학자(經學者)인 위현(韋賢)이 네 아들을 잘 가르쳐 모두 현달(顯達)하게 하였으므로, 당시 사람들이 "황금이 가득한 상자를 자식에게 물려주기보다는 경서 한 권을 제대로 가르치는 것이 훨씬 낫다[遺子黃金滿籯, 不如一經]"라고 했던 데서 온 말이다.

어찌 다시 시 읽으라 권면함을 주저하랴.　那復躕躇勸以詩
예 올리고[67] 가르침을 받게 할 걸 생각하곤　坐想摳衣承誨地
이 마음 하루라도 생각 않은 날 없다오.　此心無日不相思

조진사[68]의 시에 화운하여〖和趙進士韻〗

높은 풍모 우러른 후 생각하면 망연하여　景仰高風思惘然
그 얼마나 고개 돌려 서쪽 하늘[69] 바라봤나.　幾多回首望西天
가르침을 받은 후론 정성이 더 극진했고　素忱益篤摳衣後
얼굴 알기 전부터도 맘이 서로 통했다네.　玄竅相通識面前
하루 종일 시 들으며 깊이 터득 한 바 있고　盡日聞詩深有得
밤새도록 얘기 하다 자는 것도 잊었다네.　連宵陪話了無眠
강석에서 모시면서 가르침을 받은 것이　自從丈几承淸誨
서재에서 독서했던 십 년보다 훨씬 낫네.　却勝書帷讀十年

원운 2수(元韻 二首)

만나고 헤어짐이 어찌 그리 빠르던지　別路逢場太篴然
저문 구름 봄날 나무[70] 하늘가에 아득하네.　暮雲春樹已遙天

---

67) 예 올리고 : 원문의 '구의(摳衣)'는 어른 앞에서 걸을 때 옷자락을 밟아서 넘어지는 실례를 피하기 위해 옷자락을 두 손으로 약간 들어 올리는 것을 뜻하는데, 스승 앞에 나아가 강론을 듣는 것을 이르는 말로 쓰인다. 『예기(禮記)』「곡례 상(曲禮·上)」에 "신발을 밟지 말고, 자리를 넘어가지 말며, 옷자락을 치켜 올리고 구석을 따라 종종걸음으로 가서 앉고, 반드시 응대를 삼가서 해야 한다[毋踐屨, 毋踖席, 摳衣趨隅, 必愼唯諾]"라고 한 데서 온 말이다.
68) 조진사 : 조상웅(趙尙熊, 1682~?)에 대해서는 앞의 주) 60 참조.
69) 서쪽 하늘 : 대본에는 '서천(西川)'으로 되어 있는데, 원운(元韻)의 운자가 연(然)·천(天)·전(前)·면(眠)·년(年)이므로 '서천(西天)'으로 바로잡았다. 조수륜(趙守倫)이 지은 풍옥헌(風玉軒)이 서천(舒川)에 있었고, 조상웅의 전·후배(前·後配) 두 부인의 묘가 모두 충남 서천군 비인면(옛 庇仁縣)에 있는 것으로 보아, 조상웅이 현재의 서천에 살았던 것으로 보인다. 서천(舒川)은 목천(木川)의 서쪽에 있다.
70) 저문 구름 봄날 나무 : 두보(杜甫)의 시 <춘일억이백(春日憶李白)>에 "위수 북쪽엔 봄날

흉금을 터놓은 뒤 하·이[71] 교분 깊어졌고 交深賀李開襟後
호연을 맺기 전에 주·진[72] 정분 두터웠네. 誼重朱陳托好前
이슬 알린[73] 외론 학의 지혜에 난 부끄럽고 警露吾慚孤鶴智
보주[74] 빼내 늙은 용의 잠을 그댄 깨운다네. 摘珠君弄老驪眠
시심을 울려 봐도 새 생각이 아니 나니 詩腸欲鼓無新思
백발에 읊어본들 소년에겐 무안해라. 白首狂吟愧少年

그대 집안 아직까지 명성 빛남 사랑하니 愛子家聲尙炳然
숱한 별이 천년토록 긴 하늘에 찬란하네. 繁星千載爛長天
시의 우열 따져보면 그대가 날 앞서는데 論詩鼓角君居右
나이로만 쓸모없이 내가 조금 더 많다네. 較齒粃糠我在前
만년의 귀한 만남 하늘이 허락하니 晩歲奇逢天借便
하룻밤 정담하다 객은 잠도 잊었다네. 一宵情話客忘眠
삼화수[75]가 지려는지 무서리가 내리는데 三華欲落霜華重
어안[76]이 전한 편지 몇 년이나 되었던가. 魚鴈傳書復幾年

의 나무요, 강 동쪽엔 해 저문 구름이로다. 어느 때나 한 동이 술을 두고, 다시 함께 글을 자세히 논해 볼까[渭北春天樹, 江東日暮雲, 何時一樽酒, 重與細論文]"라고 한 데서 온 말이다. '저문 구름'과 '봄날 나무'는 멀리 떨어져 있는 친구를 그리워할 때 쓰는 시어이다.

71) 하·이 : 하(賀)·이(李)는 당나라 현종(玄宗) 때의 시인들로, 시주(詩酒)를 대단히 즐겼던 하지장(賀知章)과 이백(李白)을 합칭(合稱)한 말이다.

72) 주·진 : 주(朱)·진(陳)은 당나라 때 서주(徐州)의 고풍현(古豊縣)에 주진(朱陳)이란 마을이 있었는데, 이 마을에는 주씨(朱氏)와 진씨(陳氏) 두 성씨만 살면서 대대로 두 성씨끼리 혼인을 하며 화목하게 지냈다는 데서 온 말이다. 여기서는 조상웅(趙尙熊)의 손자인 조진상(趙鎭常, 1737~?)이 유진한의 종제(從弟)인 유강한(柳綱漢, 1718~1775)의 딸과 결혼한 것을 뜻한다.

73) 이슬 알린 : 백로(白露)가 되어 이슬이 내리면 학이 소리를 내어 울면서 살기 좋은 다른 곳으로 옮겨 가라고 서로 경계한다고 한다.

74) 보주 : 보주(寶珠)는 '여주(驪珠)', 또는 '여룡주((驪龍珠)'를 가리킨다. 『장자(莊子)』「열어구(列御寇)」에 "매우 귀한 구슬로, 깊은 연못 속 여룡(驪龍)의 턱 아래 있다[夫千金之珠, 必在九重之淵, 而驪龍頷下]"라고 한 데서 온 말로, 흔히 아름다운 문장을 비유한다. 여기서는 유진한의 문장이 매우 훌륭하다는 뜻이다.

75) 삼화수 : 삼화수(三花樹)는 인도(印度)에서 나는 패다수(貝多樹)의 이칭(異稱)

다시 차운하여 〖又次韻〗

자리에는 향기가 아직 남았는데	坐席香猶在
이정[77]에선 말이 쉬지 않는구려.	離亭駕未停
귀로에 오르셔야 할 터인데	也應歸路上
손길은 복구정[78]을 가리키네.	指點伏龜亭

원운(元韻)

새로 사귄 즐거움에 밤이 짧아	夜短新知樂
말을 몰아 객은 길에 오른다네.	征驂啓客行
떠난 맘은 불러도 오지 않고	離魂招未得
아직까지 송정[79]에 남아 있네.	留在一松亭

인데, 1년에 꽃이 세 번 핀다고 해서 붙은 이름이다. 이백(李白)이 오애산(五崖山)으로 들어가는 자기 숙부를 전송한 시에 "가실 때 응당 숭소 사이를 들르시리니, 저를 생각하여 삼화수를 꺾어 보내소서[去時應過嵩少間, 相思爲折三花樹]"라고 한 데서 온 말로, 증별(贈別)을 뜻한다.

76) 어안 : 물고기[魚]와 기러기[雁]가 편지를 전해준다고 여겼는데, 물고기는 『문선(文選)』의 고악부(古樂府) <음마장성굴행(飮馬長城窟行)>에 나오고, 기러기는 『한서(漢書)』 「소무전(蘇武傳)」에 나온다.

77) 이정 : 이정(離亭)은 옛날 성곽 밖의 길가에 세웠던, 행인(行人)이 잠시 휴식할 수 있는 정자를 말한다. 옛사람들이 여기에서 서로 송별하였으므로, 길 떠나는 사람에 대한 송별의 자리를 뜻한다.

78) 복구정 : 복구정(伏龜亭)은 천안시 북면 연춘리에 있는 정자이다. 거북이 엎드린 것 같은 모양의 바위가 있어서 붙은 이름이라는 설도 있는데, 이상(李翔, 1620~1690)이 지은 「복구정기(伏龜亭記)」에는 거북모양의 바위 위에 이 정자를 지었기 때문에 '복구(伏龜)'라고 한다고 했다. 57번 지방도 연춘교에서 약 400m 지점, 천안시 입장면으로 통하는 도로변에 있다. 흑성산(黑城山)·은석산(銀石山)이 바라보이고 병천천(幷川川)으로 흘러드는 복구정천(伏龜亭川)이 감싸 도는 곳이다. 이곳은 옛 목천현에서 천안군·청주목·진천현으로 통하는 길목으로, 부근에 연춘역(延春驛)이 있었다. 김득신(金得臣, 1604~1684)이 지은 「복구정중창기(伏龜亭重創記)」에 따르면, 병자호란 때 불탄 것을 1654년에 중창했다고 한다. 만마루[晩華洞, 현 천안시 병천면 용두리]에서 복구정까지는 약 8km 거리이다.

79) 송정 : 송정(松亭)은 만화동(晩華洞)에 있는 유진한의 집을 뜻한다. 앞의 주) 34

여러 벗들과 얘기하며 은석사[80]로 가면서 5수

【將往銀寺與諸友會話 五首】

해질 무렵 걷고 걸어 물을 끼고 가노라니 向晩行行挾水去
이곳에선 마음마저 참으로 한가로워라. 此間心事正休休
저녁연기 나무에 걸려 해는 곧 지려하고 村烟籠樹知將暝
산길은 하늘에 닿아 바라보니 걱정일세. 山路隣天看始愁
술을 사올 파란 동전[81] 지팡이에 걸 만하고 沽酒靑錢宜掛杖
골짝 가득 쌓인 흰 눈 배를 띄워[82] 가고파라. 滿溪皓雪欲乘舟
뉘 집에서 잘 거냐고 하인이 내게 묻자 蒼頭問我誰家宿
절집에서 촛불 잡고 놀 거라며 웃고 답하네. 笑道禪窓秉燭遊

문 나서도 걸음은 더디더니 出門行步緩
끝없이 노을빛이 물들었네. 無限夕陽多
다리 위로 들판의 물 건너서 野水從橋渡
달빛 안고 골짝 마을 지난다. 峽村帶月過
환한 산엔 횃불이 돌아가고 山明歸夜火
어둔 숲엔 초가가 그쳤다네. 林暝歇樵歌

참조.

80) 은석사 : 은석사(銀石寺)는 목천 은석산(銀石山, 현 천안시 동남구 북면 은지리)에 있는 절이다. 이곳은 유진한이 젊은 시절 공부했던 곳인데, 김양행(金養行)·김중산(金重山)·권제성(權悌性)·황정(黃棖)·남취흥(南就興)·유철한(柳喆漢)·유도성(柳道成)·김원경(金遠慶)·유도행(柳道行)·유도천(柳道天) 등과 함께 은석시사(銀石詩社)를 결성했던 곳이기도 하다. 현재 있는 건물은 2009년에 지은 것이고, 수령 550년쯤 된 팽나무가 있을 뿐, 원래의 모습은 남아 있지 않다. 유진한이 살았던 만화리에서 약 8㎞ 거리에 있다.

81) 파란 동전 : 진(晉)나라 때 사람 완수(阮脩)가 외출할 때면 언제나 지팡이 끝에다 백 전씩을 걸고 주점(酒店)에 가서 혼자 즐기며 마셨던 데서 온 말이다.

82) 배를 띄워 : 진(晉)나라 사람 왕휘지(王徽之)가 눈 내린 밤에 친구 대규(戴逵)가 갑자기 보고 싶어서 산음(山陰)에서 배를 저어 섬계(剡溪)에 있는 그의 집 앞까지 갔다가 돌아왔다는 고사에서 온 말이다. 친한 벗을 만나고 싶다는 뜻이다.

벗님 만날 전약이 있었기에　文會有前約
술병 들고 절집을 향한다네.　提壺向佛家

대나무 숲속으로 저녁햇살 돌아간 뒤　竹林林下夕陽廻
막걸리 손에 들고 달빛 밟아 왔다네.　携得村醪踏月來
산 너머 사는 벗은 기약하고 오잖으니　山外故人期不至
지금의 내 마음을 누구에게 털어놓나.　此時懷抱與誰開

찬 나무에 연기 걸려 저문 빛이 내리는데　寒樹烟籠瞑色來
벗님께선 먼 곳에서 오시지를 않는구나.　故人不自遠方來
내일 아침 모이자던 예전 약속 분명하니　前期果是明朝會
호환을 무릅쓰고 부질없이 밤길 오리.　衝虎虛勞暮夜來

빈 뜰을 걸어오는 발소리가 들려와서　起聽跫音步虛庭
한낮에 절집에서 낮잠 자다 막 깼다오.　梵宮午日睡初醒
장다리꽃 흔들흔들 중의 머린 허옇고　菁華苒苒僧頭白
댓잎은 서걱서걱 객의 눈빛 정겹구나.　竹葉蕭蕭客眼青
하늘 가 뜬 구름은 작성산[83]을 감아돌고　天際浮雲回鵲岳
안개 속 먼 나무는 복구정[84]에 솟아 있네.　霧中遠樹出龜亭
아득한 산 너머선 소식조차 없건마는　蒼茫山外無消息
선루에 홀로 기대 무경[85]을 기다리네.　獨猗禪樓望茂坰

---

83) 작성산 : 작성산(鵲城山)은 충남 천안시 동남구 병천면 매성리와 북면 매송리 사이에 있는 산으로, 옛 목천현의 진산(鎭山)이다.

84) 복구정 : 복구정(伏龜亭)에 대해서는 앞의 주) 78 참조.

85) 무경 : 무경(茂坰)은 김중산(金重山, 1707~1757)의 호(號)이다. 김중산의 본관은 안동(安東), 자는 공래(公來)이다. 김득여(金得礪, 1656~1714)의 아들이며, 부사과(副司果) 김득추(金得秋, 1636~1704)의 조카로, 명종(明宗) 때 안악군수(安岳郡守)를 지내다가 을사사화에 연좌되어 벼슬을 빼앗겼던 김충갑(金忠甲, 1515~1575)의 현손(玄孫)이다. 만년에는 삼성재(三省齋)를 짓고 지계산(志溪山)에 우거하였다.

보령 영보정[86] 아래서 뱃놀이하며[87] 〖保寧永保亭下舡遊〗

오서산[88]에 달이 뜨니 해수는 하늘에 닿고	月出烏棲水拍天
강가 단풍 고깃배 불 안면도를 마주했네.	江楓漁火對安眠
고소성 밖에 있는 한산사에서는	姑蘇城外寒山寺
종소리 예와 같이 길손 배에 들려오네.	依舊鍾聲到客船

장공[89]의 손자에게 부치다 〖寄張之孫〗

문채 있고 풍류 아는 대장의 손자다워	文彩風流大將孫
강호에 떠돌아도 아직도 청빈하네.	江湖淪落尙淸門
소년이여 노력하여 집안 명성 이어가라	少年努力家聲繼
□□□[90] 기세 힘찬 필묵이 남아 있네.	□□淋漓醉墨痕

86) 영보정 : 영보정(永保亭)은 충청수영성(忠淸水營城: 충남 보령시 오천면 소성리) 안에 있던 정자이다. 1504년(연산군 11)에 수사(水使) 이량(李良)이 바다가 내려다보이는 절벽 위에 세웠다. 장유(張維, 1587~1638)는 영보정을 "호중(湖中)에서 첫 손가락 꼽히는 곳[永保亭勝槪冠湖中]"이라고 했고, 이긍익(李肯翊, 1736~1806)의 『연려실기술(燃藜室記述)』에도 최고의 명승이라고 했다. 보령시에서 2010년에 실시한 발굴 조사에서 영보정 터와 기단석이 확인되었다.

87) 권3에 실린 「연보(年譜)」에는 유진한이 37세이던 1748년(영조 24) 7월의 일이라고 했다. 이 시는 당(唐)나라 때 문인 장계(張繼)의 시 <풍교야박(楓橋夜泊)>을 변용하여 영보정(永保亭)의 정경을 묘사한 것이다. 풍교(楓橋)는 중국 강소성(江蘇省) 소주시(蘇州市)를 가로지르는 운하에 있는 다리이다. 장계가 과거에 낙방하고 고향으로 돌아가다가 밤늦게 한산사(寒山寺)에 도착하여 풍교 주변의 경치와 한산사의 종소리를 빌어 자신의 객수(客愁)를 읊은 시가 <풍교야박>이다. 그 시는 다음과 같다. 달 지고 까마귀 울고 서리는 하늘 가득한데, 강가의 단풍 고기잡이 불빛 보며 시름겨워 조는데, 저 멀리 고소성 밖 한산사에서, 한밤중 종소리가 나그네 배에 들려오네[月落烏啼霜滿天, 江楓漁火對愁眠, 姑蘇城外寒山寺, 夜半鍾聲到客船].

88) 오서산 : 오서산(烏棲山)은 충남 홍성군·보령시·청양군의 경계에 있는 산(791m)으로, 정상에서는 서해가 한눈에 내려다보인다.

89) 장공 : 장공(張公)은 미상.

90) □□□ : 대본과 서울대본 모두 두 글자가 빠져 있다.

기사년(1749) 정월 십팔일에 아버님[91]의 회갑연 시의 운자로 짓다

【己巳上元後三日堂上甲宴韻】

아버님의 화갑이라 기쁜 자리 열렸건만	高堂花甲喜開茵
봄볕 은혜[92] 갚지 못한 내 자신이 부끄럽네.	寸草微誠愧報春
부모님의 만수무강 말없이 늘 기도하니	父母萬年恒默禱
저 푸른 하늘이여 저희들을 도우소서.	彼蒼蒼者祐吾人

아내[93]가 복창[94]으로 여러 달 앓아서 약을 써보며 지은 축사 1751년

【室人以腹脹積月呻吟試藥祝詞 辛未】

약물로 사람 살릴 방법이 있을 듯해	藥餌扶人術有餘
영창의 환한 눈에 의서를 읽어보네.	暎窓明雪讀醫書
그늘진 산 봄기운에 고목도 생기 돌고	陰巖春氣生枯木
넓은 바다 가을 물결 미려[95]로 빠진다네.	大海秋波泄尾閭

---

91) 아버님 : 유창(柳誯, 1689~1755)의 자는 성유(聖兪), 호는 양덕재(養德齋)이다. 좌승지에 추증된 유비(柳芘, 1632~1711)의 손자이며, 유광익(柳光翼, 1671~1720)의 둘째아들로 태어나 백부(伯父)인 유광천(柳光天, 1658~1733)의 계자(系子)가 되었다.

92) 봄볕 은혜 : 당나라 시인 맹교(孟郊)의 <유자음(遊子吟)>에 "인자하신 어머니의 손에 쥔 실은, 길 떠날 아들의 옷을 짓는 거라네. 출발 전에 꼼꼼히 꿰매시며, 행여 더디 돌아올까 염려하시네. 한 치의 풀과 같은 맘으로는, 봄볕에 보답하기 어려워라[慈母手中線, 遊子身上衣, 臨行密密縫, 意恐遲遲歸, 難將寸草心, 報得三春暉]"라고 한 데서 온 말이다. 짧은 풀을 자식에 비유하고 따스한 봄볕을 부모에 비유하여 부모의 큰 사랑에 비해 보잘 것 없는 자식의 마음을 표현한 것이다.

93) 아내 : 유진한의 초배(初配) 고령신씨(高靈申氏: 1711~1751)는 증(贈) 통훈사복정(通訓司僕正) 신왕(申瀇, 1673~1732)의 딸로, 아들 셋을 낳았는데, 이 해 11월 29일에 세상을 떠났다.

94) 복창 : 복창(腹脹)은 장병으로 몸이 붓거나 배가 더부룩한 병이다.

95) 미려 : 미려(尾閭)는 바닷물이 빠져나가는 구멍인데, 바다의 동쪽에 있다고 한다. 『장자(莊子)』「추수(秋水)」에 "미려에서는 바닷물을 빼내, 한때도 그치는 일이 없는 데도 물이 마르지 않는다[尾閭洩之, 不知何時已, 而不虛]"라고 한 데서 온 말

팔의 피는 학처럼 야윈 다릴 낫게 하고　臂血能治傷脚鶴
국궁[96]은 배앓이를 면하게 할 수 있네.　鞠芎庶免痛腸魚
하늘이여 도우소서 제가 하는 맘속 기도　彼蒼默祐吾心禱
방안에 자주 들어 괜찮은지 물어보네.　入戶頻頻問起居

진사 남세강[97]의 회혼 잔치 시에 차운하여 1752년 3월 16일

【次南進士世綱重牢席韻 壬申三月旣望】

그 옛날 바로 이 때 우리 집에 장가들어　來聘吾門昔此時
평생을 해로하다 또 혼인날 맞으셨네.　百年偕老又佳期
신선의 좋은 술에 초례 의식 성대하고　仙翁玉液醮儀盛
서왕모의 복숭아[98]니 잔치 예법 기이하다.　王母氷桃讌禮奇
회혼연 합환주를 자부들이 받들었고　牢席卺盃諸婦奉
동방에 밝힐 화촉 손자들[99]이 들었다네.　洞房花燭衆孫持

이다.

96) 국궁 : 원문에서 '국궁(鞠芎)'이라고 한 것은 궁궁(芎藭)을 '산국궁(山鞠窮)'이라고도 하는 데서 온 것으로 보인다. 궁궁이[芎藭-]는 다년생 약초로 뿌리와 줄기를 약재로 쓰는데, 중국 사천(四川) 지방에서 난 것이 좋다고 하여 천궁(川芎)이라고 했다. 혈액 순환을 도와주어 여자의 월경이 순조롭지 못한 데나 타박상, 두통 따위에 주로 쓰는 약재이다.

97) 남세강 : 남세강(南世綱, 1675~1757)의 본관은 의령(宜靈), 자는 지경(持卿)이다. 지평(持平)을 지낸 남명익(南溟翼, 1602~1645)의 손자이고, 장흥고(長興庫) 직장(直長)을 지낸 남언필(南彥弼, 1638~1710)의 아들이며, 국봉(菊峰) 남취흥(南就興, 1718~1780)의 아버지이다. 유진한의 대고모부(大姑母夫), 즉 유진한의 증조부인 유비(柳芘, 1632~1711)의 사위이다. 대본의 목차와 권3에 실린 「연보(年譜)」에는 '세강(世綱)'으로 옳게 썼는데, 이곳에는 '세망(世網)'으로 잘못 적었다. 『고흥유씨세보(高興柳氏世譜)』와 『의령남씨족보(宜寧南氏族譜)』에 따라 바로잡았다.

98) 복숭아 : 원문의 빙도(氷桃)는 도교(道教)에서 말하는 신선의 과일[仙果] 중 하나인데, 1만 년 만에 열매가 열린다는 복숭아이다. 장수를 기원하는 의미로 복숭아를 올렸다는 말이다.

99) 손자들 : 남세강(南世綱)은 고흥유씨와의 사이에서 남취붕(南就鵬, 1700~1783)·

사위 맞던 오래전 일 오늘 다시 치른 줄을 東床古事今重設
증조부님[100] 정령께서 알고 기뻐하시겠네. 曾考精靈喜有知

속리산[101] 1753년 〖俗離山 癸酉〗

단장 짚고 나는 듯이 이 산 깊이 왔건마는 短筇飛入此山幽
좋은 경치 하루 새에 다 보기가 어려워라. 勝槩俱難一日收
문장대 안에서는 세 갈래[102]로 물 갈리고 文壯臺中三泒水
대웅전 아래에는 오층 누각[103] 서 있다네. 大雄殿下五層樓
복천암엔 남행하신 어가 자취[104] 남아 있고 泉庵法駕南巡蹟
봉우리엔 거북바위[105] 북녘을 바라보네. 峯石神龜北望頭
도처의 암석마다 새긴 글씨 참 많으니 到處蒼巖多壽刻
옛날의 선배들도 고상한 놀이 하셨구나. 百年前輩有淸遊

남취홍(南就興, 1718~1780) 등 4남 2녀를 낳았고, 남한귀(南漢龜)·남한혁(南漢爀)·남한묵(南漢默) 등 손자 여섯을 두었다.

100) 증조부님 : 유진한의 증조부 유비(柳芘, 1632~1711)의 자는 개세(蓋世), 호는 매헌(梅軒)이다. 의정부검상(議政府檢詳) 유활(柳活, 1576~1641)의 손자이며, 좌승지에 추증된 유지림(柳之霖, 1608~1671)의 장남으로, 남세강(南世綱)의 장인이다.

101) 이 시부터 <학소대·와룡암(鶴巢臺臥龍岩)>까지는 1753년 4월부터 보은(報恩) 속리산(俗離山)과 괴산(槐山) 화양계곡(華陽溪谷) 일대를 유람하면서 지은 시들이다.

102) 세 갈래 : 문장대에서 흘러내린 물이 동쪽으로 흘러 낙동강이 되고, 남쪽으로 흐른 물은 금강에 유입되고, 서북쪽으로 흐른 물은 달천(達川)이 되어 충주에서 남한강 상류에 합류된다. 원문의 '고(泒)'는 '파(派)'와 같은데, 다른 곳에서도 여기서와 같이 썼다.

103) 오층 누각 : 법주사(法住寺) 팔상전(捌相殿)을 가리킨다.

104) 어가 자취 : 1464년(세조 10) 2월에 세조가 사흘간 복천암(福泉庵)에 머물며 기도하고, 세심정(洗心亭) 부근의 목욕소(沐浴沼)에서 목욕한 후 피부병이 낫자 곡식과 노비를 하사하고 중수하도록 했던 일을 말한다.

105) 거북바위 : 법주사 서쪽 봉우리 중 거북바위[龜石]가 있다. 거북의 머리가 서촉(西蜀)을 우러르고 있는데, 중국의 술사(術士)가 와서 보고, 중국의 재화(財貨)

동대[106) 〖東臺〗

동대의 높은 곳에 부도[107) 둘이 서 있으니　　東臺高處兩浮啚
바닥엔 고운 모래 잔풀조차 없다네.　　滿地明沙細草無
듣자하니 신선이 전에 여길 왔다는데　　聞有仙人曾在此
저녁연기 소슬하고 향로는 어두하네.　　夕烟蕭瑟杳香爐

금강굴 〖金剛窟〗

금강굴 돌로 된 방 하나가 있으니　　金剛一窟石爲房
저절로 만들어져 대들보도 없다네.　　制度天然去棟樑
그 가운데 노승 있어 한가롭게 불경 외며　　中有老僧閑誦法
비 내려도 자리 위로 빗물 샐까[108) 걱정 않네.　　不憂天雨漏床床

중사자암[109) 〖中獅子庵〗

불당 앞 섬돌에는 돌로 만든 사자 있어　　佛殿前階石作獅
도량이 앉은 터전 굳건하게 지켜주네.　　道場基址好扶持
돌에 새긴 물상들은 어찌 그리 기괴할까　　盤陀物象何奇怪
천고에 암자 이름 처마 끝에 빛나누나.　　千古菴名耀畫楣

가 동쪽으로 빠져나간다고 하여 머리를 잘랐다는 전설이 있다.

106) 동대 : 동대(東臺)는 복천암에서 약 1㎞, 법주사에서는 약 4.5㎞ 거리에 있는 높고 좁은 바위로, 동북쪽의 천왕봉과 비로봉을 볼 수 있다.

107) 부도 : 오원(吳瑗, 1700~1740)이 1723년에 속리산 등지를 유람하고 쓴 「호좌일기(湖左日記)」에 "동대 정상에 쌍탑이 있다[臺頂有雙塔]"라고 했다.

108) 빗물 샐까 : 두보(杜甫)의 시 <모옥위추풍소파가(茅屋爲秋風所破歌)>에 "자리마다 빗물 새어 마른 곳이 없는데, 삼대 같은 빗발은 끊임없이 퍼붓네[床床屋漏無乾處, 雨脚如麻未斷絶]"라고 한 데서 온 말이다.

109) 중사자암 : 중사자암(中獅子庵)은 충북 보은군 내속리면 사내리에 있는 암자로, 인조(仁祖)가 사가(私家) 아버지인 원종(元宗)의 명복을 빌기 위해 창건했다고 한다. 동대에서 고개를 하나 넘어야 하며, 법주사에서 약 4.5㎞ 거리에 있다. 원래

문장대[110] 〖文壯臺〗

예전부터 들어오다 이제서야 와서 보니	卽今見過昔時聞
머리 위엔 푸른 하늘 발아래에 구름 있네.	頭上靑天脚下雲
최고봉에 곧장 올라 대석 위에 앉았자니	直向最高抬石坐
속리산이 멋진 유람 글을 지어 내어놓네.	俗離山出壯遊文

복천[111] 〖福泉〗

돌 틈에서 솟은 물이 졸졸졸 흐르니	石間流水細涓涓
선계의 옥액경장 이 샘물이 분명하리.	玉液瓊漿卽此泉
물을 마신 사람들은 수 늘리는 복을 얻어	飮者猶能延壽福
이곳에는 예로부터 신선들이 살았다네.	此中終古有神仙

감로수 〖甘露水〗

바위 안고 절벽에 기대앉아서	抱巖依壁坐
몇 길 되는 깊은 물을 굽어본다.	下臨幾丈深
표주박에 가득 담긴 감로수가	滿瓢甘露水
평생의 내 심사를 맑게 하네.	淸我百年心

상·중·하사자암이 있었는데, 상·하사자암은 1900년 경 폐사되었고, 중사자암은 6·25 때 소실된 것을 1957년에 복원한 것이다.

110) 문장대 : 문장대는 속리산의 최고봉인 천왕봉(1,058m)보다 4m 낮은 1,054m의 봉우리이다. 오원(吳瑗, 1700～1740)의 「호좌일기(湖左日記)」(1723), 김도수(金道洙, 1699～1733)의 「남유기(南遊記)」(1727)에는 '문장대(文莊臺)'라고 썼는데, 『신증동국여지승람(新增東國輿地勝覽)』·『여지도서(輿地圖書)』에는 '문장대(文藏臺)'라고 했고, 지금도 '문장대(文藏臺)'로 표기한다.

111) 복천 : 복천(福泉)은 법주사에서 약 3.4㎞ 거리, 복천암 북쪽 석벽 틈에서 솟아난다. 복천암은 720년에 창건되어, 고려 공민왕(恭愍王)이 '무량수(無量壽)'라는 친필 편액을 하사했고, 1464년에 세조가 사흘간 머물며 기도했던 곳이다. 1592년 불에 탔으나 곧 중건했다.

태평대〖太平臺〗

하산할 때 석문으로 들어가지 않았더니　　下山不入石門來
나무 그늘 물소리에 맑은 계곡 열리네.　　樹影泉聲玉洞開
숲의 새도 돌아갈 길 험한 줄을 아는지　　林鳥亦知歸路險
고운 소리로 지저귀며 보내주는 태평대.　　好音啼送太平臺

탈골암112)〖脫骨菴〗

그 옛날 귀하신 몸 영험한 이 곳 찾아　　神骨曾尋此地靈
해동청이 비상하듯 나는 듯이 오셨다네.　　飛來却似海東青
이 약수가 진실로 선액인 줄 알겠어라　　果知甘靈眞仙液
매의 머리 옛 모습을 마침내 벗었다니.　　脫去鷹頭舊日形

동관음113)〖東觀音〗

관음봉의 수려한 빛 하늘 동쪽 비추니　　觀音秀色暎天東
문장대 천왕봉과 다름없이 빼어나네.　　文壯天王大抵同
곧바로 봉황루에 올라가 앉았으니　　直向鳳凰樓上坐
온 산의 푸른빛이 눈에 가득 무르녹네.　　滿山蒼翠眼中濃

---

112) 탈골암 : 탈골암(脫骨菴)은 법주사에서 2.7㎞, 복천암에서 2㎞ 거리에 있는 암자이다. 이 시는 탈골암의 이름과 관련된 전설을 소재로 한 것이다. 전설에 따르면, 경주김씨의 시조 김알지(金閼智)는 원래 닭의 머리였는데, 이곳 약수를 먹고 사람의 머리로 바뀌었다고 한다.

113) 동관음 : 경북 상주시 화남면 동관리에 있다. 동관음사라는 절이 있었다고 해서 붙은 이름이 동관리이다.

청계산성[114)]【淸溪山城】

칼끝처럼 빙 둘러싼 뾰족한 바윗돌들 劍鋒周匝石崢嶸
견훤이 웅거하던 옛 성이라 하는구나. 云是甄萱舊據城
해질 무렵 과객들은 말을 몰아 지나는데 過客斜陽驅馬去
온 천지에 녹음 짙고 작은 시내 맑다네. 綠陰滿地小溪淸

황령[115)]【黃嶺】

황악루[116)] 앞에는 녹음이 짙건마는 黃嶽樓前綠樹陰
해질녘 돌아가는 객은 지쳐 읊조리네. 夕陽歸客倦遊吟
고향은 아득하여 천 리라도 될 듯하니 故園杳杳如千里
부모님 그리워서 북받치는[117)] 오늘 밤. 今夕思親感寸心

함릉[118)] 객사에서【咸陵旅舍】

함릉 객관 바깥에서 나그네가 서성대도 咸陵館外客彷徨
동각의 매화[119)]는 여태 피지 않았다네. 東閣梅花不放光

---

114) 청계산성 : 경북 상주시 화서면 화송리와 하남면 동관리에 있는 산성으로, 견훤산성(상주시 화북면 장암리)과는 다른 곳이다. 『여지도서(輿地圖書)』에 견훤산성은 희양산(曦暘山) 남쪽, 황령(黃嶺) 서쪽, 추풍령(秋風嶺) 북쪽에 있다고 했다. 견훤은 상주 가은(현 문경시 가은읍) 출신이다.

115) 황령 : 황령산(黃嶺山)은 경북 상주시 함창읍 서쪽에 있는 칠봉산(七峯山)의 옛 이름인데, 이 산에 있는 황령(黃嶺)을 넘어 십리를 가면 문경 땅에 닿았다.

116) 황악루 : 황악루(黃嶽樓)는 옛 함창현(咸昌縣) 서쪽 황령사(黃嶺寺: 현 경북 상주시 은척면)에 있던 누각 이름이다. 황악산(黃嶽山) 직지사(直旨寺: 경북 김천시 대항면)에 있는 황악루(黃嶽樓)가 아니다. 안석경(安錫儆, 1718~1774)이 이곳을 구경하고 읊은 <황령사등황악루(黃嶺寺登黃岳樓)>라는 시가 전한다.

117) 북받치는 : 원문의 촌심(寸心)은 부모의 은혜에 비할 수 없는 자식의 마음을 뜻하는 '촌초심(寸草心)'의 준말이다. 앞의 주) 92 참조.

118) 함릉 : 여정으로 보아 함릉(咸陵)은 옛 함창현(咸昌縣: 현 경북 상주시 함창읍 일대)인 듯하다. 함창은 북쪽으로 문경(聞慶)과 접해 있어서 조령(鳥嶺)과 황령

예로부터 인정이란 원래 쉽게 변하나니[120] 終古人情衣狗變
염량세태 이상하게 생각할 것 없어라. 不須怪此有炎凉

함릉 동헌에서 【咸陵東軒】

초면에도 한 잔 술을 은근히 권하는데 盃酒慇懃識面初
공갈못[121]의 물고기가 옥쟁반에 가득하네. 玉盤狼藉劍湖魚
세태가 다 이런 줄을 이제는 알았으니 始知世態滔滔是
산천 유람 하지 말고 일찌감치 독서하세. 不必遊山早讀書

(黃嶺)으로 통하는 길목이었는데, 옛 지명은 '고령(古寧)'·'함녕(咸寧)'·'고릉(古陵)' 등이다.

119) 동각의 매화 : 남조 양(梁)나라의 시인 하손(何遜)이 양주(揚州)에 부임했을 때 관사 앞에 매화 한 그루가 있는 것을 보고 매일 그 밑에서 시를 읊으며 노닐었다. 그는 낙양(洛陽)에 돌아오고 나서도 그 매화를 잊지 못해 다시 그곳으로 보내 줄 것을 간청하여 재차 부임한 뒤에 마침 활짝 핀 매화꽃 그늘 아래에서 하루 종일 소요(逍遙)하며 시를 읊었다. 후에 두보(杜甫)가 <화배적등촉주동정송객봉조매상억견기(和裴迪登蜀州東亭送客逢早梅相憶見寄)>에서 이 고사를 인용하여, "동각의 관매가 시흥을 일으키니, 하손이 양주에 있을 때와 같구나[東閣官梅動詩興 還如何遜在揚州]"라고 했다.

120) 쉽게 변하나니 : 원문의 '의구변(衣狗變)'은 두보(杜甫)의 시 <가탄(可歎)>의 "하늘에 뜬구름 흰옷인 듯하더니, 어느새 푸른 개로 모습을 바꿨다네[天上浮雲似白衣, 斯須改變如蒼狗]"라는 구절에서 온 말로, 세태의 변화가 무상(無常)하다는 뜻이다.

121) 공갈못 : 원문의 '검호(劍湖)'는 옛 상주목(尙州牧)의 북쪽, 함창현(咸昌縣)과의 경계 부근(현 경북 상주시 공검면 양정리)에 있는 '공갈못[恭檢池]'을 가리킨다. 공갈못은 고령가야국(高靈伽倻國) 시절에 처음 만든 연못인데, 둑을 쌓을 때 '공갈'이란 아이를 묻었다고 해서 붙은 이름이라고 하며, 문헌에 따라 '공검지(恭儉池)'·'검호(檢湖)·'경호(鏡湖)'·'사연(蛇淵)' 등으로 썼다. '갈'이 '칼[劍]'로, 다시 '검(劍)'과 음이 같은 글자인 '검(檢)'·'검(儉)'이 되었다고 한다.

둔재 신진사가 지어서 벽에 붙여놓은 시에 화운하여

〖和申進士遁齋壁上吟〗

깨끗한 초당에서 여생을 보내시니	茅堂蕭灑送餘生
궤안 기댄 높은 풍모 속태를 벗었다네.	隱几高風不世情
저자든 산림이든[122] 한가한 인 즐기나니	城市山林閑者樂
서울의 거리에서 소싯적에 이름났네.	京華輦轂小時名
금서 벗해 사는 것이 국록보다 나은지라	琴書計濶優鍾祿
꽃과 대를 키운다네 솥의 국 간[123] 맞추듯이.	花竹經綸試鼎羹
애석하다 영남에서 으뜸가는 그릇인데	可惜嶺南魁偉器
위수에서 고기 낚고 신야 밭을 갈며 늙네.[124]	老於渭釣與莘耕

긴 백사장[125] 〖長沙〗

십리 뻗은 백사장에 흰 갈매기 나는데	長沙十里白鷗飛
해질 무렵 나그네는 말에 실려 돌아가네.	過客斜陽信馬歸

---

122) 저자든 산림이든 : 진(晉)나라 사람 왕강거(王康琚)의 시 <반초은(反招隱)>에 “소은은 산림 속에 숨고, 대은은 조시에 숨는다[小隱隱陵藪, 大隱隱朝市]”라고 한 데서 온 말이다. 대은(大隱)은 도회의 저잣거리에 살면서도 뜻이 매우 고상한 것을 이르는데, 신진사가 높은 뜻을 품었기에 현실에 구애되지 않고 자유자재로 한가로이 즐기며 살았다는 말이다.

123) 국 간 : 솥에 든 국의 간을 맞춘다는 것은, 재상이 되어 국정을 주도하는 것을 말한다. 『서경(書經)』「열명 하(說命·下)」에, 은나라 고종(高宗)이 부열(傅說)에게 “너는 내 뜻을 가르쳐서, 내가 만약 술과 단술을 만들면 네가 누룩과 엿기름이 되고, 내가 간 맞춘 국을 끓이면 네가 소금과 매실이 되어야 한다[爾惟訓于朕志, 若作酒醴, 爾惟麴櫱, 若作和羹, 爾惟鹽梅]”라고 한 데서 온 말이다.

124) 위수에서 …… 늙네 : 위수(渭水)에서 낚시질을 하다가 80세에야 문왕(文王)을 만나서 등용된 강태공(姜太公)의 고사와 유신국(有莘國)의 들에서 농사를 짓다가 탕(湯)임금에게 재상으로 등용되었던 이윤(伊尹)의 고사에서 온 말이다.

125) 긴 백사장 : 경북 문경시를 동서로 가로질러 흐르는 영강(潁江)의 백사장을 가리키는 듯하다.

살구나무[126] 아득하고 목적 소리 들려오니	杏樹迷茫聞牧笛
주막집이 어디더냐 옷 잡히고[127] 술 마시리.	酒家何處典春衣

농암[128] 【籠巖】

해질녘 바람결에 주막 깃발 펄럭이고	酒旗飄拂夕陽風
아름다운 골짝에는 시냇물이 졸졸졸.	小澗淙淙玉洞中
이곳에서 멋진 경치 모양새를 말하자면	是處若論形勝勢
그림 같은 기암괴석 장롱처럼 쌓였다네.	畵中奇石疊如籠

웅령[129] 【熊嶺】

깊고 깊은 여름 숲에 꾸불꾸불 외길 하나	夏樹深深一逕斜
절벽 아래 깊은 골엔 인가마저 드물다네.	絶崖窮峽少人家
별[130]이 손에 잡힐 듯한 웅령을 넘노라니	捫參歷井經熊嶺
훗날 꿈에 지난대도 역시 겁이 나겠네.	更恸他時夢裡過

126) 살구나무 : 살구나무는 행화촌(杏花村), 즉 술집을 가리킨다. 두목(杜牧)의 시 <청명(淸明)>에 "어디 한번 물어보세 술집이 어딨는지, 목동이 멀리 가리킨 곳 살구꽃이 핀 마을[借問酒家何處在, 牧童遙指杏花村]"이라고 한 데서 온 말이다.

127) 옷 잡히고 : 두보(杜甫)의 시 <곡강(曲江)>에 "퇴청하면 날마다 봄옷을 전당 잡혀, 매일 강가에서 실컷 취해 돌아오네[朝回日日典春衣, 每日江頭盡醉歸]"라고 한 데서 온 말이다.

128) 농암 : 경북 문경시 농암면 농암리에 있는 농바위[籠巖]이다.

129) 웅령 : 『여지도서(輿地圖書)』「보은현(報恩縣)·산천(山川)」조에 "웅현은 현 북쪽 27리에 있다[熊峴, 縣北二十七里]"라고 한 웅현(熊峴)을 가리키는 듯하다.

130) 별 : 이백(李白)의 <촉도난(蜀道難)>에 "삼성(參星) 만지고 정성(井星)을 지나 우러러 숨 헐떡거리고, 손으로 가슴 쓸며 앉아서 길이 탄식하네[捫參歷井仰脅息, 以手拊膺坐長歎]"라고 한 데서 온 말이다. 삼성과 정성은 각각 28수(宿)의 하나이다.

송면[131] 【松面】

녹수 두 줄기 띠처럼 감아 돌고　綠水雙襟帶
청산 사방을 소나무가 둘렀다네.　青山四面松
신선 노닐던 골짜기는 어딜런가　仙遊何處洞
돌아갈 길을 흰구름이 막아서네.　歸路白雲封

파곶[132] 【巴串】

골짜기의 맑은 시내 파자(巴字)로 굽이돌고　玉洞淸溪巴字回
맑은 물 하얀 모래 돌엔 이끼 하나 없네.　水明沙白石無苔
신선의 도끼로 그 어느 때 깎았을까　不知神斧何年斲
아홉 굽이 옥 같은 물 한 곶(串)으로 내려오네.　九曲瓊流一串來

반석[133] 【盤石】

황금빛 구멍에서 달이 목욕하고　月浴黃金斛
백옥반[134]을 바위 위에 늘어놓았네.　石鋪白玉盤
명산 유람 여러 군데 해봤어도　山遊凡幾處
오늘 여기 풍광이 제일이로다.　今日最奇觀

---

131) 송면 : 송면(松面)은 옛 청주목 청천면 지역으로, 지금의 충북 괴산군 청천면 송면리이다. 소나무가 무성하다고 해서 붙은 이름인데, 괴산 쪽의 화양동(華陽洞)과 내선유동(內仙遊洞), 문경 쪽의 외선유동(外仙遊洞)으로 통하는 곳이다.

132) 파곶 : 파곶(巴串)은 화양구곡(華陽九曲) 가운데 제9곡이다. 계곡 전체에 흰 바위가 넓게 펼쳐져 있고, 그 위로 물이 세차게 흐르는 모습이 말 그대로 압권이다.

133) 반석 : 파곶에 있는, 백여 명이 앉을 수 있을 만큼 넓은 바위이다.

134) 백옥반 : 계곡물이 오랜 세월 소용돌이쳐 흐르면서 바위를 깎아내어 동그랗게 움푹 패인 곳이 많은데, 이를 묘사한 것이다.

우는 바위[135) 【鳴巖】

명승지는 사람 덕에 드러나고　勝地因人顯
기암괴석은 물로 인해 소리 내네.　奇巖得水鳴
붉은 글씨를 푸른 절벽에 써놓으니　丹書蒼壁字
비바람도 그 이름을 못 지우리라.　風雨不磨名

학소대[136)와 와룡암[137) 【鶴巢臺臥龍巖】

대에는 학의 둥지 흔적 있고　臺留巢鶴跡
바위는 와룡 형상 띠고 했네.　巖帶臥龍形
곳에 따라 날고 숨는 이치[138)가　隨處飛潛理
바윗돌 두 군데에 새겨져 있네.　得於兩石銘

홍양현감을 지낸 이공을 찾아가서 【訪李興陽】

꾀꼬리가 재잘대는 여름날은 길고 긴데　黃鳥嚶嚶夏日長
속리산서 돌아오다 홍양현감 찾았다네.　俗離歸路訪興陽
벗님이 묵향 담아 마음으로 주신 부채[139)　故人墨箑中心貺
맑은 바람 불어주니 오월에도 서늘하네.　吹得淸風五月凉

---

135) 파곶 주변 바위마다 이곳을 유람한 사람들의 이름이 새겨져 있는 것을 두고 읊은 것이다. 권3 「행록(行錄)」【15】에 나오는 충청도 병마절도사(兵馬節度使) 구병훈(具秉勳)의 이름도 이곳에 새겨져 있다.

136) 학소대 : 학소대(鶴巢臺)는 화양구곡(華陽九曲) 중 제8곡으로, 백학이 둥지를 짓고 새끼를 쳤다고 해서 붙은 이름이다.

137) 와룡암 : 와룡암(臥龍巖)은 화양구곡(華陽九曲) 가운데 제7곡으로, 용이 꿈틀거리는 듯한 열 길 정도 되는 바위이다.

138) 날고 숨는 이치 : 원문의 '비잠(飛潛)'은 본래 조류와 어류를 가리키는 말인데, 여기서는 새와 물고기, 동물과 식물 등 만물을 통칭하는 '비잠동식(飛潛動植)'의 의미로 써서, 만물의 이치를 뜻한다.

139) 부채 : 단옷날 친지들에게 나눠주던 단오부채[端午扇]를 말한다.

최승정에서 〖最勝亭〗

해질 무렵 나그네가 최고정에 올라서서 斜陽客上最高亭
명승지의 저녁놀에 눈을 맑게 씻는구나. 勝地烟霞拭眼靑
산대나무 꽃수풀은 경국제세 할 뜻인데 山竹林花經濟志
작은 시내 물가에서 조각배나 손질하네. 片舟料理小溪汀

거원 최재호[140]와 함께 계룡산을 유람하며 수창하다 동혈고개[141]에서 〖與崔載浩巨源遊鷄龍酬唱 東穴峴〗

동쪽 영혈[142] 돌아보니 바위틈에 문 열렸고 東遊靈穴石開門
흐드러진 복사꽃이 작은 마을 비치네. 爛熳紅桃暎小村
예서 시를 읊조리며 푸른 장막 바라보고 是處吟風看翠幕
뉘 집에서 달을 볼까 황혼이 되었는데. 誰家乘月到黃昏
조각배로 금강 건너 먼저 둑에 올라서니 片舟錦水先登岸
구슬 꽃 핀 쌍수[143]가 진정한 반혼수[144]라. 雙樹瓊花正返魂

---

140) 최재호 : 최재호(崔載浩)의 본관은 전주(全州), 자는 거원(巨源)이며, 최탁(崔鐸, 1690~?)의 아들이다. 최재호의 아버지인 최탁은 유진한의 종증조부(從曾祖父)인 유협(柳莢)의 둘째 사위이다. 최탁의 자는 사진(士振)이며, 32세이던 1721년(경종 1)에 생원시에 입격했는데, 지령리(芝靈里)의 처가에서 살았다고 한다. 목천읍지(木川邑誌)인 『대록지(大麓誌)』「고사(古事)」조에 최탁 부자가 모두 시로 이름이 났다고 하였다.

141) 동혈고개 : 동혈(東穴)고개는 옛 전의현(全義縣: 현 충남 연기군 전의면 일대)에서 공주(公州)로 가는 길목이다.

142) 동쪽 영혈 : 동쪽 영혈(靈穴)은 공주 주변 동서남북에 있던 사혈사(四穴寺) 가운데 하나였던 동혈사(東穴寺) 뒤쪽 암벽에 난 구멍을 뜻한다. 원래의 동혈사(東穴寺)는 충남 공주시 의당면 월곡리 천태산(天台山) 중턱에 터만 남아 있고, 현재의 동혈사는 원 위치에서 좀더 올라간 곳에 세운 것이다.

143) 쌍수 : 쌍수(雙樹)는 공주 공산성(公山城)에 있는 나무인데, 인조(仁祖)가 이괄(李适)의 난(1624) 때 나무 두 그루에 기대어 북쪽 궁궐을 바라보다가, 난이 평정되었다는 소식을 듣고 두 나무에 금대와 통정대부(通政大夫)의 작위를 내렸다고 한다. 그 후 공산성(公山城)을 '쌍수산성(雙樹山城)'이라고 바꿔 부르기도 했다.

천 길 높은 계룡산이 눈앞에 푸르르니　千仞鷄峰當眼碧
이곳에서 그대와 문장을 논하리라.　文章於此與君論

　쌍수는 어느 산에서 북문을 받들었나[145]　雙樹何山拱北門
　강 건너 저 멀리서 공주성을 가리키네.　隔江遙指錦城村
　오늘 아침 꽃 아래엔 봄빛이 따스한데　今朝花下春光暖
　어제는 솔숲 사이로 밤빛이 어두웠네.　昨日松間夜色昏
　작은 주막 막걸리로 마른입을 축이자니　小店新醪沽渴吻
　먼 숲에서 우는 새가 시인의 혼 부르누나.　遠林啼鳥喚吟魂
　바라 뵈는 계룡산은 일천 겹 푸르르니　望中鷄岳千層碧
　최고봉에 올라가서 승경을 논하리라.　최재호[146]　將上最高勝槪論

짚신 신고 공주성을 걸어서 나오자니　芒鞋步出錦江城
세상 근심 싸인 반생 너무도 부끄럽네.　半世多慚俗慮縈
꿈에 그린 계룡산이 눈앞에 푸르르니　夢裡鷄峰當眼碧
한 평생 오늘에야 내가 여기 오게 됐네.　百年今日有吾行

　지팡이를 짚고 걸어 공주성을 나서는데　步步遊筇出錦城
　계룡산의 고운 빛깔 그림을 두른 듯.　鷄山秀色畵圖縈
　남은 꽃과 연한 잎엔 아직까지 봄이 남아　殘紅軟綠春猶在
　시인이 오늘 오길 기다리고 있었구나.　최재호　應待騷人是日行

---

144) 반혼수 : 반혼수(返魂樹)라는 나무가 서해(西海) 먼 바다 속의 취굴주(聚窟洲)에 있는데, 이 나무 뿌리에서 채취한 향의 냄새를 맡으면 죽은 자도 바로 살아난다는 전설이 있다. 해질 무렵에 금강을 건너고 나서야 겨우 마음이 놓였다는 뜻이다.
145) 북문을 받들었나 : 원문의 공북문(拱北門)은 중의적 표현이다. 공북(拱北)은 임금에 대한 충성을 뜻하는 한편, 공산성(公山城)의 북문으로, 금강 남쪽 강변으로 바로 통하는 공북루(拱北樓)를 아울러 가리킨다.
146) 최재호 : 대본에는 최재호(崔載浩)의 자(字)인 '거원(巨源)', 또는 '원(源)'을 썼는데, 여기서는 번역문에 이름으로 표시하고, 원문에는 생략한다. 이하 같다.

제승루[147]에서 차운하다 【制勝樓次韻】

난간에서 휘파람 불다 돌아갈 걸 잊었더니	倚欄長嘯却忘還
들창에는 달빛 들고 온 세상이 한가롭다.	月戶風窓世界閑
하얗게 핀 물안개가 강물에 띠 둘렀고	白白烟波橫帶水
푸르른 비단 절벽[148] 산의 멋진 얼굴일세.	蒼蒼錦壁好顏山
풍진 세상 멀리한 아스라한 난간에는	浮埃逈絶危欄際
아름다운 경치가 벽 한쪽에 남아 있네.	勝景分留半壁間
지금 같은 성대에는 무예 쓸 일 없으니	聖代卽今無用武
제융이란 멋진 편액 실로 관련 없어라.	制戎華額實非關

지쳐버린 나그네는 돌아가려 하지 않고	倦客遊筇不肯還
강가 누각 맑은 날에 잠시 한정 찾는다네.	江樓晴日暫探閑
처마는 일천 이랑 금강 물결 굽어보고	軒臨錦浪千層水
난간은 사방 산의 안개 놀을 마주했네.	檻對烟霞四面山
이 맑은 경치는 대체 어떤 세계일까	淸勝是爲何世界
내 참된 인연은 이 세상에 없어라.	眞緣吾不在人間
처마 앞의 제승 편액 그 누가 걸었을까	楣頭制勝扁誰揭
성대의 태평함과 아무 상관 없는 걸. 최재호	聖代昇平此不關

---

147) 제승루 : 제승루(制勝樓)는 충청도 관찰사 이익보(李益輔, 1708~1767)가 주도하여 1753년에 완공했는데, 이름이 둘이었다. 「관찰사이공사적비(觀察使李公事蹟碑)」에 따르면, 남쪽에는 '제승루(制勝樓)', 동쪽에는 '벽허정(碧虛亭)'이라는 편액을 걸었다고 한다. 제승루(벽허정)는 현 충남 공주시 소학동 오얏골나루(금강 남쪽 강둑에 난 창벽로변에 있는 '금강나루'라는 음식점 앞 가로수 사이에 '오얏골 나루터'라는 작은 표지판이 있다) 부근에 있었을 것으로 추정하고 있다.

148) 비단 절벽 : 계룡산 줄기가 뻗어 나와 금강에 닿아 있는 모습을 묘사한 것이다. 공주시 반포면 도남리 금강수목원 부근부터 청벽대교를 지나 약 3㎞ 정도 금강 남안(南岸)에 깎아지른 절벽이 이어지는데, 금강수목원 부근부터 청벽대교까지의 구간을 '청벽[靑壁: 창벽(蒼壁)이라고도 한다]'이라고 하여 금강의 절경으로 꼽는다. 제승루(벽허정)가 있던 자리로 추정되는 곳으로는 산자락을 절개하여 길을 낸 창벽

막걸리는 술동이에 가득하고　薄酒盈樽白
벗님은 반갑게[149] 맞아주네.　故人拭眼青
산을 보며 한없는 감회에 젖어　看山無限意
벽허정에 다 함께 올라선다오.　共上碧虛亭

봄 물결은 파란 구름을 적시고　春水涵雲碧
층봉들은 푸른 절벽을 안았네.　層峰擁崖青
남아의 한평생 그 흥취는　男兒百年興
천지간 외로운 정자에 있네.　최재호　天地一孤亭

널치[150]를 넘으며 〖踰板峙〗

노란 꾀꼬리 갑사 찾아 날아들고　黃鸝尋甲寺
붉은 기러기 진가촌에서 운다네.　朱鴈聽陳村
예 왔으니 남아임이 분명하거늘　到此男兒是
노파 말에 부끄러워 할 일 있나.　何羞老嫗言

구름 속 절엔 누각이 우뚝하고　樓屹雲間寺
냇가 마을엔 솔가지가 늘어졌네.　松垂澗上村
대장부가 늦게야 여기 오니　男兒來此晚
노파 말에 참으로 부끄러워라.　최재호　良愧老婆言

부용봉의 빼어난 자태 칼끝처럼 뾰족한데　芙蓉秀色劍鋩尖
폭포에 걸린 다리 객은 겁을 먹고 보네.　巖瀑砯松聳客瞻

로가 지나간다.

149) 반갑게 : 진(晉)나라 사람 완적(阮籍)이 달갑지 않은 사람에게는 백안(白眼)을 보이고 반가운 사람에게는 청안(青眼)을 보였던 고사에서 유래한 말이다.

150) 널치 : 널치[板峙]는 현 공주시 계룡면 봉명리에 있는 고개로, 공주에서 계룡산으로 가는 길목이다.

아래 있는 절집에는 누각이 웅장하고 下有招提樓閣壯
물방아와 높은 탑이 계곡 동남에 있다네. 水砧雲塔澗東南

석고에 쓰다 〖題夕鼓面〗

한 · 유151)는 당나라 때 이름났고 韓柳唐時響
반 · 양152)은 한나라 때 날렸다네. 班楊漢代鳴
내가 와서 네 얼굴에 글 써주니 我來書爾面
한 번 울려 좋은 이름 떨치리라. 一鼓振英聲

이름 글자를 넣어 읊었으니, 뜻이 있다 以姓名字入詠, 有意

오동잎에 빗물 듣는 맑은 소리 淸音梧雨滴
황학의 울음처럼 고상한 노래. 高詠鶴樓鳴
뱃속 가득 우레 소리 일어나니 滿腹雷霆發
영원토록 내 이름을 퍼뜨리리라. 최재호 播吾百代聲

---

151) 한·유 : 원문의 한유(韓柳)는 당나라 때 사람인 한유(韓愈, 768~824)와 유종원(柳宗元, 773~819)을 아울러 이르는 말이다. 한유의 자는 퇴지(退之), 시호는 문공(文公)이며, 하남성(河南省) 회주(懷州) 수무현(修武縣) 출생이다. 유종원 등과 함께 고문(古文)을 창도하여 후대 문장의 모범이 되었고, 문집으로『창려선생집(昌黎先生集)』(40권)이 있다. 유종원의 자는 자후(子厚)이며, 유하동(柳河東)·유유주(柳柳州)라고도 부른다. 섬서성(陝西省) 장안(長安) 출생으로, 당송팔대가(唐宋八大家)의 한 사람이다.『유하동집(柳河東集)』(45권)과『외집(外集)』(2권)을 남겼다.

152) 반·양 : 원문의 반양(班楊)은 한나라 때의 반고(班固, 32~92)와 양웅(揚雄, BC 53~AD 18)을 아울러 이른 말이다. 양(楊)은 양(揚)과 통한다. 반고의 자는 맹견(孟堅)이며, 산서성(山西省) 함양(咸陽) 출생으로, 서역도호(西域都護) 반초(班超)의 형이며, 여류문인 반소(班昭)의 오빠이다. 저서로『한서(漢書)』가 있으며, 문학 작품으로는 <양도부(兩都賦)> 등이 있다. 양웅의 자는 자운(子雲)이며, 사천성(四川省) 성도(成都) 출생으로, 성제(成帝) 때 궁정문인이 되었다. <감천부(甘泉賦)>·<하동부(河東賦)>·<우렵부(羽獵賦)>·<장양부(長楊賦)>, <해조(解嘲)>·<해난(解難)> 등의 작품과 철학서『태현경(太玄經)』·『법언(法言)』 등을 지었다.

신원사[153) 〖神院寺〗

선루의 금벽에는 제천[154)]이 번쩍이고 禪樓金碧輝諸天
한낮의 향로에선 연기가 모락모락. 午日香爐起點烟
봉안된 진용은 그림 뚫고 나올 듯 箇裡眞容如畵出
층봉이 뒤 가리고 앞엔 들이 열렸네. 層峯擁後野開前

아스라한 선루는 청정한 세계이니 縹緲禪樓寶界天
난간 두른 푸른빛은 구름 연기에 비치네. 繞欄蒼翠暎雲烟
지팡이 손에 쥐고 고봉 위에 올라가서 携笻欲陟高峰上
강산을 모두 담아 눈에 넣고 싶어라. 최재호 盡取江山入眼前

운장암 〖雲藏菴〗

푸른 산은 은은하게 흰 구름에 가렸으니 靑山隱隱白雲藏
땅이 숨기고 하늘이 감춰 빛을 내지 않는구나. 地秘天慳不放光
복사꽃이 다 떨어져 비단 물결 사라지니 落盡桃花無錦浪
도원 찾은 어부의 배 그 어디에 있으려나. 不知何處泝漁檣

---

153) 신원사 : 신원사(神院寺)는 계룡산 남서쪽 기슭(공주시 계룡면 양화리)에 있는 절이다. 동학사(東鶴寺)·갑사(甲寺)와 함께 계룡산 3대 사찰이라 불리는데, 651년 열반종의 보덕(報德)이 창건했고, 940년에 도선이 중창하였으며, 조선 초에 무학(無學)이 삼창(三創)했다고 한다. 『여지도서(輿地圖書)』에는 '신원사(神院寺)'로 적었는데, 1880년 관찰사 심상훈이 중수하면서 어수선한 나라가 일신하여 신기원을 이루기를 염원하는 뜻에서 현판을 고쳐 건 후 현재까지 '신원사(新元寺)'로 표기한다.

154) 제천 : 여기서 제천(諸天)은 불상을 뜻하는데, 국보 229호인 「신원사노사나불괘불탱(新元寺盧舍那佛掛佛幀)」을 가리키는 것으로 보인다. 화엄종의 주불인 비로자나불을 대신하여 노사나불이 영취산에서 설법하는 장면인 영산회상을 그린 괘불로, 1664년에 조성한 것이다.

제천155)은 어디일까 흰 구름이 감췄으니	諸天何處白雲藏
산 서쪽에 가지 않고 좋은 경치 구경하네.	不向山西玩景光
오로지 제일봉에 오르기만 서두나니	只爲催登峰第一
저 멀리 백마강에 뜬 고깃배 바라보려. 최재호	遙看白馬泛漁檣

고왕암156) 〖古王菴〗

꽃이 지고 연기 걷히니 옛 임금이 생각나서	花落烟消憶古王
멋진 누각 옛 터에다 용당을 세웠다네.	鳳樓遺址起龍堂
가련하다 백제의 황량한 성가퀴에	可憐百濟荒凉堞
이제는 무성하게 묵은 풀만 자라네.	惟有離離宿草光

무슨 일로 절 이름을 고왕이라 했을까	何事寺名說古王
지금의 봉물은 용당이 분명커늘.	卽今鳳物是龍堂
스님 말이 백제의 천 년 전 자취라는데	僧言百濟千年跡
황량한 성가퀴엔 조문하는 달빛 뿐. 최재호	殘堞荒凉吊月光

산허리를 두른 바위 병풍157) 〖山腰石屛〗

산을 두른 겹겹 바위 병풍을 펼쳐둔 양	疊石橫山若列屛
붉은 꽃과 푸른 이끼 단청을 칠해둔 듯.	花光苔色幻丹靑
서풍 부는 한쪽 면을 능히 막을 수 있으니	西風一面猶能障
조화옹의 멋진 솜씨 가장 신령하도다.	造化奇功最效靈

155) 제천 : 여기서 제천(諸天)은 절집, 곧 운장암(雲藏菴)을 뜻한다.
156) 고왕암 : 고왕암(古王菴: 공주시 계룡면 양화리)은 공주 마곡사(麻谷寺)의 말사인 신원사(新元寺)의 부속암자이다. 의자왕(義慈王)의 명으로 660년에 창건했는데, 의자왕은 완공을 보지 못했고, 백제가 멸망할 때 왕자 륭(隆)이 피신했다가 이곳에서 붙잡혔다고 한다.
157) 바위 병풍 : 계룡산 관음봉(觀音峰: 816m)에서 삼불봉(三佛峰: 775m) 사이에

누구일까 신령 도끼로 깎아 병풍 만든 이는 誰將神斧斲爲屛
나무 그늘 이끼 문양 푸른색을 칠한 듯. 樹影苔紋畵色靑
알겠도다 여와씨[158]가 하늘 구멍 꿰매던 날 也識媧皇補天日
한 폭을 남겨 놓아 산신령을 보호한 줄. 최재호 分留一帖護山靈

마명암[159] 【馬鳴菴】

일천 척 높은 누대 옥을 깎아 지었으니 千尺高臺削玉成
백제의 옛 왕성을 발아래로 굽어보네. 下臨百濟古王城
암자명에 계룡이란 글자마저 안 썼건만 菴名不用鷄龍字
늙은 중은 아직까지 옛 말 울음 전해주네. 老釋猶傳舊馬鳴

바위에 돌계단 놓아 작은 누각 지었으니 巖架石梯小閣成
산하를 굽어보면 의자왕성 보이누나. 山河俯覽義慈城
절의 중은 여태껏 백제 때 일 얘기하니 居僧尙說前朝事
신마가 구름 열치고 이곳에서 울었다네. 최재호 神馬披雲此地鳴

마치 성곽 능선처럼 펼쳐져 있는 '자연성릉(自然城陵)'이라고 볼 수도 있으나, 여정으로 보아 고왕암 뒤편 바위 절벽을 두고 읊은 것으로 보인다.

158) 여와씨 : 여와씨(女媧氏)는 황토를 뭉쳐서 인간을 만들고, 하늘에 난 구멍을 보수했다고 하는 중국의 천지 창조 신화에 나오는 여신이다. 어느 날 수신(水神)인 공공(共工)과 화신(火神)인 축융(祝融)이 큰 싸움을 했는데, 싸움에 진 공공이 부주산(不周山)을 머리로 들이받아 하늘을 떠받치는 기둥이 부러지고 땅을 묶어 둔 줄이 끊어졌다. 구멍 뚫린 하늘에서 폭우가 쏟아져 하천이 범람하자, 여와씨가 급히 강 속에서 오색 돌을 따서 불에 녹여 반죽을 한 다음, 하늘에 뚫린 큰 구멍을 막았다고 한다.

159) 마명암 : 고왕암(古王庵)에서 쌀개봉 쪽으로 올라가면 마명암(馬鳴庵) 터가 있다. 고왕암은 의자왕이 창건했다는 설도 있고, 백제가 멸망할 때에 의자왕이 이곳에 숨었다는 이야기도 있다. 전설에 백제의 왕자 륭(隆)이 고왕암에 숨었다가 신라군에게 붙잡혀가는 모습을 쌀개봉에서 보던 그의 애마가 크게 운 다음 벼랑 아래로 떨어졌는데, 마명암은 그 말의 혼을 달래기 위해 말이 죽은 자리에 세운 암자라고 한다.

계룡산 상봉160)에서 【鷄山上峯】

저 멀리 계룡산의 제일봉에 오르나니	遠上鷄山第一峰
바라뵈는 멋진 풍경 가슴이 탁 트이네.	望中形勝豁心胷
연천봉161) 위에 앉아 숨 고르고 바라보니	座連天上通呼吸
호서를 누른 형세 으뜸가는 산이로다.	勢壓湖西作祖宗
험한 바위 우뚝우뚝 늙은 범이 웅크린 양	危石崢嶸蹲老虎
층층구름 뭉게뭉게 서린 용을 보호하듯.	層雲葱蔚護盤龍
봄바람은 갔건마는 꽃은 아직 남았으니	春風已去花猶在
시인이 오늘 올 걸 기다리고 있었구나.	留待騷人是日笻

덩굴 잡고 절벽 올라 최고봉에 다다르니	攀蘿緣壁最高峰
꼭대기에 오른 순간 가슴이 탁 트이네.	纔得登臨却豁胷
동쪽을 향해 서니 천지가 조그맣고	東指乾坤如是小
북쪽에 뵈는 강물 어디로 흘러가나.	北瞻江漢向誰宗
눈앞의 술잔에는 해와 달이 가라앉고	眼前盃海沈烏兎
무릎 아래 봉우리엔 범과 용이 얽혀 있네.	膝下蹄岑錯虎龍
만약에 우리에게 참 인연이 없었다면	吾輩若非眞分在
어떻게 이런 곳에 노닐 수가 있으리오. 최재호	何能於此到遊笻

용추162) 【龍湫】

백 척이나 나는 물결 병풍 같은 사방 절벽	百尺飛湍四壁屛
휘돌아서 소가 되니 물이 맑고 푸르다네.	滙而爲沼瀅然靑

160) 상봉 : 계룡산의 최고봉인 천황봉(天凰峰: 845m)을 뜻한다.
161) 연천봉 : 연천봉(連天峰: 공주시 계룡면 하대리)은 계룡산 서쪽에서 가장 높은 봉우리이다. 천황봉, 쌀개봉, 관음봉, 문필봉에 이어 계룡산에서 다섯 번째로 높은 봉우리(739m)로, 신원사에서 약 2.9km, 갑사에서 약 2.6km 거리에 있다.
162) 용추 : 신도안에서 신원사 쪽으로 2km 지점에 용이 승천하였다는 숫용추가 있고,

구지산163)의 작은 구멍 깊이를 모르니 仇池小穴深無底
그 가운데 있는 잠룡 가장 신령하리라. 中有潛龍必最靈

폭포 날아 산 열리고 옥이 병풍 되었으니 瀑飛山闢玉爲屛
움푹 패인 깊은 연못 색이 맑고 푸르도다. 汨地幽湫色瀅靑
종일토록 맑은 우레 바람과 싸워대니 盡日晴雷風共鬪
여기 사는 늙은 용이 신령한 줄 알리라. 최재호 此間知有老龍靈

동학사164)〖東鶴寺〗

청학은 동으로 날아 옛 바위165)에 앉았고 靑鶴東飛止古岩
물가 누각 높은 탑은 아침 이내에 잠겼어라. 水樓雲塔鎖朝嵐
돌아올 때 철쭉꽃은 아직 피어 있으리니 歸來躑躅花枝在
꺾어놓아 돌아갈 길 이정표로 삼으리라. 折作歸程一指南

깎아지른 백 척 절벽 창연하게 서있으니 蒼然百尺立危岩
학 떠난 후 천 년 동안 푸른 이내에 잠겨 있네. 鶴去千年鎖翠嵐
그래도 용당에는 멋진 편액이 전해오고 只有龍堂傳美額
형승이 동남에서 제일가고 남는다네. 최재호 剩敎形勝擅東南

동북쪽 용화사(龍華寺) 쪽으로 3.2km 지점에 암용추가 있는데, 용추(龍湫)는 이 두 폭포를 아울러 이른다.

163) 구지산 : 구지산(仇池山)은 중국 감숙성(甘肅省) 성현(成縣) 서쪽에 있는데, 사방이 천길 절벽으로 이루어진 고원지대로, 너비가 반경 20리에 이르고, 그곳 연못에서 자라는 고기를 먹으면 신선이 된다고 전한다. 구지산으로 들어가는 작은 구멍은 동쪽과 서쪽 두 군데에 있다고 한다. 여기서는 암용추의 구멍이 그 깊이를 알 수 없을 만큼 깊다는 말이다.

164) 동학사 : 동학사(東鶴寺)는 충남 공주시 반포면 학봉리, 계룡산 상봉 북동쪽 골짜기에 있는 절이다. 724년에 상원화상(上願和尙)이 창건했다고 하며, 우리나라의 대표적인 비구니 수련 도량으로 손꼽힌다.

165) 바위 : 절 동쪽에 학바위[鶴巖]가 있어서 '동학사(東鶴寺)'라고 했다고 한다.

삼기[166]를 지나며 〖過三岐〗

원수봉[167]은 전월산[168]과 이어져 있는데	元帥峰連戰鉞山
임장군[169]이 옛날에 그 사이서 나왔다네.	林將軍昔出其間
천추의 지난 자취 찾는 사람 없으니	千秋往跡無人問
강물은 아득하게 가고 오지 않아라.	江水茫茫去不還

원수 섰던 봉우리는 전월산보다 높은데	元帥峰高戰鉞山
큰 강물이 일렁이며 그 앞으로 흐르네.	大江層浪又其間
장군께서 가신 뒤에 남아 있는 풍물이	將軍去後餘風物
계룡산서 돌아오는 지친 객을 위로하네. 최재호	差慰鷄山倦客還

---

166) 삼기 : 삼기(三岐)는 옛 공주목(公州牧) 삼기면(三岐面) 나성리와 연기현(燕岐縣) 내·외삼기리(內外三岐里)를 가리키는데, 현재의 충남 연기군 남면 나성리·양화리·진의리·월산리·송담리 일대이다. 부여 일대의 금강(錦江)을 '백마강(白馬江)'이라고 하는 것처럼, 충북 음성·진천·청주 등지에서 흘러내린 미호천(美湖川)과 금강 본류가 합류하는 이곳 일대를 '삼기강(三岐江)'이라고 불렀다. 현재 세종시를 건설하고 있는 곳이다.

167) 원수봉 : 원수봉(元帥峰)은 원수산(元帥山, 260m)을 가리키는데, 충남 연기군 남면 중심부에 있는 산이다. 고려 충렬왕 때 원나라에서 반란을 일으켰다가 고려로 쳐들어온 합단(哈丹)을 한희유(韓希愈, ?~1306)가 무찌를 때 주둔했던 곳이다.

168) 전월산 : 전월산(轉月山, 254m)은 충남 연기군 남면, 원수산의 동남쪽 금강변에 있다. 대본의 '전술산(戰鉞山)'은 '전월산(戰鉞山)'의 오기(誤記)이므로 바로잡았다.

169) 임장군 : 임장군은 1374년(공민왕 23)에 최영(崔瑩, 1316~1388)과 함께 탐라를 정벌하는 데 큰 공을 세웠던 임난수(林蘭秀, 1342~1407)를 가리킨다. 그는 고려 말에 공조전서에까지 올랐는데, 조선이 개국하자 한 하늘 아래 두 임금을 섬길 수 없다면서 옛 공주목(公州牧) 삼기촌(三岐村), 현 충남 연기군 남면 양화리로 낙향하여 은거하다가 세상을 떠났다.

독락정170) 벽에 걸린 시에 차운하여171) 〖獨樂亭次壁上韻〗

별천지의 산자락은 강기슭을 향하는데	別區林麓向江低
물가에는 안개가 껴 보는 눈이 흐릿하네.	洲霧磯烟望眼迷
난간 밖엔 뾰족하게 원수봉이 우뚝 섰고	檻外尖峰元帥立
벽에 걸린 좋은 시는 거장들172)이 읊은 걸세.	壁間佳句鉅公題
산은 홀로 주추 되어 높은 기단 떠받치고	山孤一柱撑高砥
세 갈래 물 합쳐져서 여러 냇물 거두었네.	水合三岐納衆溪
무슨 일로 정자명을 독락이라 지었을까	何事亭名稱獨樂
뜰 가득한 도리화는 꽃길이 되었는데.	滿庭桃李有芳蹊

푸른 강가 나무에는 들녘 구름 낮게 깔려	蒼蒼江樹野雲低

170) 독락정 : 독락정(獨樂亭)은 충남 연기군 남면 나성리에 있는 정자로, 주변 경관이 뛰어나 '금강팔정(錦江八亭)'·'연기팔경(燕岐八景)' 중의 하나로 꼽힌다. 1번 국도 금남교 북단에 있는 부안임씨가묘(扶安林氏家廟) 옆, 금강이 내려다보이는 곳에 있는데, 임난수(林蘭秀)가 은거했던 연기군 남면 양화리에서 서쪽으로 약 4km 떨어진 곳이다. 남수문(南秀文, 1408~1443)이 지은 「독락정기(獨樂亭記)」에 따르면, 임난수의 둘째아들인 임목(林穆, 1371~1448)이 낙향하여 독락정을 세웠다고 한다. 정자 이름을 '독락(獨樂)'이라고 한 것은 송나라 사람 사마광(司馬光)이 벼슬을 그만두고 하남성(河南省) 낙양현(洛陽縣)에 정원을 만들고 '독락원(獨樂園)'이라고 했던 데서 가져온 것이다.

171) 이 시는 『사가집(四佳集)』과 『동문선(東文選)』에 '공주독락정(公州獨樂亭)'이라는 제목으로 실려 있는 서거정(徐居正, 1420~1488)의 시에 차운한 것인데, 지금도 "독락정시병서(獨樂亭詩幷序)"라 쓴 시판(詩板)을 남수문(南秀文)이 지은 「독락정기(獨樂亭記)」와 마주보게 걸어 놓았다. 원운은 다음과 같다. 이름난 정원 금강 위에 나직이 자리하여, 내가 전에 찾으려다 길을 잃고 헤맸네. 하씨의 임정이 최고인 줄 알았지만, 두릉의 동엽에 시를 쓰지 못했네. 수레에 기름 쳐서 반곡에 못 따름은 한스럽지만, 눈 온 밤 거룻배로 섬계는 꼭 찾아가야지. 부디 여울 감추고 안개 거두지 말지어다, 듣자니 도리 밑에 이미 길이 났다 하네[名園峛壓錦江低, 我昔相尋路自迷, 何氏林亭知最勝, 杜陵桐葉不曾題, 膏車恨未從盤谷, 雪艇終須訪剡溪, 莫遣藏湍仍斂霧, 似聞桃李已成蹊].

172) 거장들 : 서거정(徐居正, 1420~1488)·최립(崔岦, 1539~1612)·윤증(尹拯, 1629~1714) 등이 독락정에 제영(題詠)한 시들이 각자의 문집에 남아 있다.

원수봉의 맑은 모습 난간에 비쳐 흐릿하네. 元帥晴容映檻迷
누가 고산[173] 차지하고 한정을 즐겼던가 誰擅孤山閑放趣
나는야 황학루[174]에 시 지은 걸 자랑하리. 吾誇黃鶴上頭題
흘러가는 비단 물결 파협[175]인가 싶더니 江流錦水疑巴峽
포구에서 만난 서시 월계[176]인 줄 알겠네. 浦接西施認越溪
처마 끝에 독락이라 썼단 말은 하지 마오 莫道楣頭書獨樂
정자 앞엔 와 보는 이 벌써 길을 만들었네. 최재호 亭前來玩已成蹊

야트막한 층봉들이 푸르르고 一拳層巘碧
십리 뻗은 큰 강은 파랗구나. 十里大江青
다른 이는 못 묻게 하였으니[177] 不許他人葬
이 때문에 독락정이라 한다네. 是稱獨樂亭

---

173) 고산 : 송(宋)나라의 처사(處士) 임포(林逋)가 절강성(浙江省) 항주(杭州) 서호(西湖) 근처에 있는 고산(孤山)에 초막을 짓고 은거했다.

174) 황학루 : 황학루(黃鶴樓)는 호북성(湖北省) 무한(武漢) 서쪽의 한양문(漢陽門) 안에 있는 황학산(黃鶴山) 위에 있던 누각이다. 현존하는 황학루는 문헌에 근거해서 1984년에 재건한 것으로, 고관산(高觀山)으로 위치도 옮겼다. 여기서는 독락정(獨樂亭)을 황학루에 비겼는데, 당(唐)나라 사람 최호(崔灝)의 시 <황학루(黃鶴樓)>를 염두에 둔 것이다. 독락정을 지은 임목(林穆)과 임포(林逋)가 같은 임씨이고, <황학루>를 쓴 최호와 최재호(崔載浩)가 같은 최씨이기 때문에 이렇게 말한 것이다.

175) 파협 : 파협(巴峽)은 파현(巴縣) 동쪽의 석동협(石洞峽)·동라협(銅鑼峽)·명월협(明月峽)을 가리키는데, 지금의 장강삼협(長江三峽) 일대이다. 중국 사천성(四川省) 중부를 흘러 양자강(揚子江)에 합류하는 민강(岷江)의 지류를 금강(錦江)이라고 하는데, 독락정 앞을 흐르는 금강(錦江)과 이름이 같기 때문에 이렇게 말한 것이다.

176) 월계 : 월계(越溪)는 중국 절강성(浙江省) 소흥시(紹興市) 남쪽 약야산(若耶山)에서 흘러내리는 약야계(若耶溪)를 가리키는데, 월나라 미녀 서시(西施)가 빨래를 했다는 곳이다. 여기서는 독락정 앞 금강(錦江)의 경관이 파협과 월계처럼 매우 빼어나다는 말이다.

177) 다른 …… 하였으니 : 1419년(세종 1)에 고려의 유신(遺臣)으로 조선조에 벼슬하지 않은 임난수(林蘭秀)의 사당에 치제(致祭)하고 불천지위(不遷之位)로 모

금강을 건너면서 성 쌓는 것을 보고 읊다[178) 【渡錦江見築城吟】

활원[179)에서 마신 술에 발그레 취기 올라	半面微醺弓院酒
해질녘에 겨우 와서 금강 다리[180) 건넜다네.	夕陽來渡錦江橋
가련하다 성 아래선 어유곡[181)이 들려오니	可憐城下魚遊曲
나그네는 소릴 듣고 머리를 긁적이네.	過客聞之首亦搔

널치[182)를 넘다가 영규대사의 의병장 비각[183)을 보고 느낀 바 있어서 읊다 【踰板峙見靈圭師義兵將碑閣感吟】

국난 만나 떨친 무용 세상 누가 견주리오	臨危奮武世誰稱
그런 충절 유자라도 행한 이가 드물었네.	忠節吾儒亦罕能

시도록 명하고, 아울러 독락정 주변의 나성리(羅城里) 일대 땅을 사패지(賜牌地)로 내렸던 것을 두고 한 말이다.

178) 이 시부터 <송일림사치원화상(送日林寺致遠和尙)>까지는 1753년에 전남 고흥과 호남지방을 다녀오면서 지은 시들이다.

179) 활원 : 활원[弓院]은 옛 천안군(天安郡)에서 차령(車嶺)을 넘어 공주목(公州牧)으로 통하는 대로(大路)에 있던 역원으로, 현재의 공주시 정안면 장원리에 있었다.

180) 다리 : 『여지도서(輿地圖書)』에 금강기교(錦江杞橋)는 겨울에 놓았다가 봄이면 철거한다고 했다. 공주대교 부근에 있었던 금강진(錦江津)을 건넌 듯하다.

181) 어유곡 : 어유곡(魚遊曲)은 매우 위태로운 상황에 이른 처지를 노래하는 것을 말한다. 남조(南朝) 양(梁)나라 사람 구지(丘遲)의 「여진백지서(與陳伯之書)」에 "마치 물고기가 끓는 솥 속에서 노니는 것과 같고, 제비가 날아가는 장막 위에다 둥지를 트는 것과 같다[魚游于沸鼎之中, 燕巢于飛幕之上]"라고 한 데서 온 말이다.

182) 널치 : 널치[板峙]에 대해서는 앞의 주) 150 참조.

183) 비각 : 영규대사비각(靈圭大師碑閣)은 "증가선대부 동지중추부사 의승 진위장군 영규대사지려(贈嘉善大夫同知中樞府事義僧振威將軍靈圭大師之閭)"라고 쓴 정려(旌閭)와 그 옆에 '의병승장영규지문(義兵僧將靈圭之門)'이라 새겨놓은 비석을 말하는데, 현재 공주시 계룡면사무소(계룡면 월암리) 앞 주차장에 있다. 영규대사는 계룡산 갑사에서 출가하여 서산대사 휴정(休靜)의 문하에서 수도했는데, 임진왜란이 일어난 후 최초로 승병을 규합했던 인물이다. 그는 조헌(趙憲)과 함께 청주성 탈환에 큰 공을 세웠으나, 금산성 전투에서 중상을 입고 1592년

비에 새긴 글자들은 비바람도 못 지우고	風雨不磨碑面字
오랜 세월 지났어도 의병 스님 얘기하네.	百年猶說義兵僧

저녁에 은진에 도착하여 〖夕到恩津〗

첫새벽에 효포[184]에서 출발하여	淸晨發孝浦
어스름에 은진[185]땅에 도착했네.	薄暮到恩津
석탑 앞엔 부처[186]가 높이 섰고	石塔高蹲佛
사다리[187]엔 사람들이 바삐 건너네.	沙橋競渡人
이내 낀 산자락은 밤빛이고	積嵐山似夜
잔설 속 대나무는 봄빛일세.	殘雪竹猶春
하늘가에 흰 구름[188]이 일어나니	天末白雲起
고개 돌려 북녘을 자주 보네.	回頭北望頻

8월 20일 현재 비각이 있는 자리에 와서 숨을 거두었다고 한다.

184) 효포 : 효포(孝浦)는 현재의 공주시 금학동 효포마을에 있던 조선시대의 역이다.

185) 은진 : 은진(恩津)은 현재의 논산시 은진면 연서리 일대를 말한다. 옛 도로를 따라 효포에서 널치[板峙: 공주시 계룡면 봉명리], 경천(敬天驛: 공주시 계룡면 경천리), 노성(魯城: 논산시 노성면 읍내리), 풋개다리[草浦橋: 논산시 광석면 초포마을], 사다리[沙橋: 논산시 부적면 신교리]를 거쳐 은진까지는 약 40㎞ 거리이다.

186) 부처 : 흔히 '은진미륵'이라고 부르는 관촉사(灌燭寺, 충남 논산시 관촉동) 석조미륵보살입상을 가리킨다. 불상 앞으로는 보물 제232호인 관촉사 석등(石燈), 오층석탑, 배례석(拜禮石)이 차례로 자리하고 있다.

187) 사다리 : 사다리[沙橋]는 충남 논산시 부적면 신교리와 은진면 사이로 흐르는 논산천을 건너던 다리이다. 신교리는 1914년 행정구역 통합 전에는 사교리(沙橋里)였는데, 현재는 '신교리', 또는 '새다리마을'이라고 한다. 원래는 '사다리[沙橋]'였는데, '사'가 '새'로 모음이 바뀌어 '새다리'로, 다시 '새다리[新橋]'로 바뀐 것이라고 한다.

188) 흰 구름 : 객지에서 고향의 어버이를 생각하게 하는 매개물이다. 당(唐)나라 때 사람 적인걸(狄仁傑)이 병주(幷州)의 법조참군(法曹參軍)으로 부임할 때 태항산(太行山)에 올라 남쪽으로 흰 구름이 떠가는 것을 보고, 저 구름 아래에 부모님이 계실 것이라면서 한참 동안 바라보며 생각하다가 구름이 보이지 않게 된 뒤에야 떠나갔다는 고사에서 온 말이다.

남원 광한루에 올라 〖登南原廣寒樓〗

작은 섬[189]엔 대나무가 빽빽하고　　小島千竿竹
연못에는 조각배[190]가 떠 있네.　　方塘一葉舟
남녘에 와 감개가 무량하여　　南來無限意
혼자서 광한루에 올랐다네.　　獨上廣寒樓

오작교 〖烏鵲橋〗

달과 별이 밝으니 남으로 오작 날아　　南飛烏鵲月星明
백장을 가로질러 무지개다리 되었네.　　化作虹橋百丈橫
오늘은 인간세상 칠석날도 아니니　　此日人間非七夕
뉘 집에서 직녀가 베틀 내려와 맞을까.　　誰家織女下機迎

영주각[191] 〖瀛洲閣〗

대섬이 봉래섬인 듯하니　　竹嶼疑蓬島
연정은 백옥루가 아닐까.　　蓮亭恍玉樓
올라서면 신선이 될 듯한데　　登臨如羽化
영주라는 편액이 걸려 있네.　　華板揭瀛洲

---

189) 섬 : 광한루 앞 호수는 은하수를 상징하고, 그 가운데 있는 섬은 삼신산(三神山)을 뜻한다. 서쪽에 있는 섬은 방장산(方丈山)을, 가운데 있는 섬은 봉래산(蓬萊山)을, 동쪽에 있는 섬은 영주산(瀛州山)을 각각 상징한다.

190) 조각배 : 물 위에 떠 있는 배는 견우가 은하수를 건널 때 탄 배를 의미한다.

191) 영주각 : 영주각(瀛州閣)은 광한루(廣寒樓) 앞 호수에 떠있는 세 섬 가운데 동쪽의 영주산을 상징하는 섬에 있는 누각이다.

보성 천봉산 봉갑사[192]암자가 열 넷인 큰 절로, 방이 열 하나이다에 도착하여

〖到寶城天鳳山鳳岬寺菴子十四大刹十一房〗

우화루[193] 위로는 종이 몇 번 울리는데	雨花樓上數聲鍾
먼 길 온 객의 발길 하룻밤을 머문다네.	一日留連遠客蹤
나는 듯한 산세는 하늘서 봉황 내린 듯	山勢飛來天降鳳
굽이져 흐르는 물 땅에 용이 서린 양.	水流屈曲地蟠龍
절집에선 황금 불상 새로이 조성했고	梵宮新鑄黃金佛
병풍에는 백옥봉[194] 글 여태껏 전해 오네.	屛筆猶傳白玉峰
때마침 스님 만나 가야할 길 묻다보니	時遇禪徒前路問
고향을 그리는 맘 백운처럼 짙어지네.	故山歸意白雲濃

보성 성남에 사는 안선달에게 부치다 〖寄寶城城南安先達〗

호서에서 천리 먼 길 남녘으로 왔는데	西來千里遠遊南
찬비는 추적추적 객의 말을 멎게 하네.	寒雨蕭蕭滯客驂

---

192) 천봉산 봉갑사 : 천봉산(天鳳山)은 전남 보성군의 북쪽(보성군 문덕면과 복내면의 경계)에 있는 산(609m)이다. 『여지도서(輿地圖書)』에는 보성군 북쪽 40리 중봉산(中峯山)에 봉갑사(鳳岬寺)가 있다고 했고, 『보성군읍지』「산천(山川)」조에는 "중봉산을 천봉산이라고 부른다"라고 했는데, 대원사(大原寺)의 남쪽에 있었다. 천봉산 밑에 문덕면 봉갑리가 있는데, 아마도 이 부근에 있었을 것으로 추정된다.

193) 우화루 : 우화(雨花)는 석가모니가 법화경(法華經)을 설법할 때, 하늘에서 만다라화(曼陀羅華)·마하만다라화(摩訶曼陀羅華)·만수사화(曼殊沙華)·마하만수사화(摩訶萬殊沙華) 네 가지 꽃비가 내렸다는 데서 온 말이다. 우화루(雨花樓)는 이를 기리는 뜻으로 지은 건물이며, 스님이 불경을 설하는 곳을 우화대(雨花臺)라고 부르기도 한다.

194) 백옥봉 : 옥봉(玉峰)은 백광훈(白光勳, 1537~1582)의 호이다. 백광훈의 본관은 해미(海美), 자는 창경(彰卿)이며, 장흥에서 태어났다. 그는 백광홍(白光弘, 1522~1556)의 동생이며, 박순(朴淳)의 문인으로, 양응정(梁應鼎)·노수신(盧守愼) 등에게 수학했다. 최경창(崔慶昌)·이달(李達)과 함께 '삼당시인(三唐詩人)'으로 불렸고, 글씨에도 일가를 이루어서 영화체(永和體)에 빼어났다고 한다.

듣자니 그대 집이 멀지 않다 하는데　　聞有仙庄知不邈
건넌 숲 송죽에는 옅은 이내 끼었네.　　隔林松竹暎輕嵐

장흥 보림사[195]에 도착해서 청풍루에서 자며 2수

【到長興寶林寺入宿淸風樓 二首】

청풍루 누각을 객이 와서 찾으니　　淸風樓閣客來尋
비탈진 눈길이 굽이도는 깊은 계곡.　　雪逕斜回玉洞深
스무 채 절집은 참 웅장한 전각이요　　二十法宮眞雄殿
삼천의 보계는 역시 기림정토로다.　　三千寶界亦祇林
오래도록 보지 못한 친구 얼굴 그리워서　　長時未見親朋面
한나절을 안절부절 먼 길을 온 나그네 맘.　　半日難寬遠客心
추위가 끝나면 봄 오는 게 천도이니　　寒盡春生天道是
남방의 눅눅한 안개 비로소 걷히리라.　　南方瘴霧始開陰

도량은 넓고 큰데 송죽이 우거졌고　　道場寬豁竹松蕃
누각은 우뚝하고 석탑은 드높아라.　　樓閣崔嵬石塔尊
천불전은 구석구석 단청이 곱디곱고　　面面丹靑千佛殿
사천왕은 울뚝불뚝 기세가 등등하다.　　頭頭氣勢四王門
종소리는 천둥 치듯 뎅뎅뎅 울려오고　　法鍾雷打轟轟響
샘물은 바람 불듯 퐁퐁퐁 솟아나네.　　泉水風鳴混混源
고향 가는 꿈속에선 호수가 먼 줄 몰라　　歸夢不知湖水遠
밤이면 만화촌에 고이 가 닿는다오.　　夜來猶到萬花村

---

195) 보림사 : 보림사(寶林寺)는 전남 장흥군 유치면 봉덕리에 있는 절로, 통일신라시대인 9세기에 창건된 가지산파(迦智山派)의 근본도량이다.

감회 2수 【感懷 二首】

내 발길은 어이하여 하늘가에 왔을까 　我行何事到天涯
세상살이 기구한 줄 뼈저리게 알겠네. 　世路崎嶇乃以知
천리를 와 기다려도 사람은 오지 않고 　千里待人人不至
하늘에는 찬비만 하염없이 내리네. 　彼天寒雨亦支離

머나먼 고향 땅은 아스라한 천 리 밖 　故園迢遞一千里
약한 말 몰아 온 지 반년이 다 돼가네. 　弱馬長驅强半年
이번 길엔 남녘땅 끝 바닷가에 왔다가 　行色南臨蠻海右
호서로 돌아갈 길 금강[196]가서 막혔네. 　歸程西阻錦江邊
밤이면 달빛 밟다 부모 생각에 멈춰 서고 　淸宵步月思親立
낮에는 구름 보다 아우 그리며 꾸벅 조네.[197] 　白日看雲憶弟眠
강개하여 슬프게 노래하는 지금 선비 　慷慨悲歌今世士
아마도 조·연[198]에서 온 듯도 하여라. 　怳然來自趙兼燕

두보의 시에 보운[199]하여 　步杜律韻

---

196) 금강 : 이 시의 원운인 두보(杜甫)의 <한별(恨別)>에서, 두보가 돌아갈 길이 막혀 머물던 곳이 금강[錦江: 중국 사천성(四川省) 중부를 흘러 양자강(揚子江)에 합류하는 민강(岷江)의 지류]이었는데, 유진한의 고향인 목천을 흐르는 아우내[并川川]가 미호천(美湖川)에 흘러들어 금강(錦江)으로 합류되기 때문에 나온 말이다.

197) 밤이면 …… 꾸벅 조네 : 두보(杜甫)의 시 <한별(恨別)>에 "집 생각에 달 아래 거닐다 맑은 밤에 우뚝 서고, 아우를 그리다가 구름을 보며 한낮에 꾸벅 조네[思家步月淸宵立, 憶弟看雲白日眠]"라고 한 데서 온 말이다. 부모님이 생각나서 밝은 달빛 아래 서성이다가 넋을 잃고 우두커니 서 있기도 하고, 아우가 그리워 고향 쪽으로 떠가는 구름을 바라보다가 한낮에 꾸벅꾸벅 졸기도 한다는 뜻이다.

198) 조·연 : 한유(韓愈)의 <송동소남서(送董邵南序)>에 "연·조 지방에는 예로부터 (뜻을 얻지 못해) 비분강개하여 슬피 노래하는 선비들이 많다더군요[燕趙, 古稱多感慨悲歌之士]"라고 한 데서 온 말이다. <송동소남서>는 과거에 계속 낙방한 동소남에게 인의(仁義)를 숭상하는 기풍이 있는 연조(燕趙) 지방에 내려가면 의기투합하는 선비들을 만날 수 있고, 곧 벼슬할 수 있게 될 것이라고 권면하는 한편, 그 지방 선비들에게도 출사(出仕)하도록 일깨워 주기를 당부하는 내용이다.

율보를 보다가 붓을 들어 나그네의 회포를 적다
【閱律譜揮洒紙筆以寫旅懷】

율보의 여러 시가 눈을 맑게 씻어주어　　律譜諸篇拭眼青
객지에서 마주하니 내 마음에 맞는구나.　　客中相見有怡情
문방의 네 벗들도 함께 나를 따라와서　　文房四友兼隨我
형제처럼 간 데마다 맘 터놓고 얘기하네.　　到處論心若弟兄

청학료 · 백학료 · 청풍료 · 명월료[200] 2수
【靑鶴寮白鶴寮淸風寮明月寮 二首】

청학은 동으로 날고 백학 서로 나는데　　靑鶴東飛白鶴西
나는야 그 등에서 붉은 지팡이 쉰다네.　　我於其背住丹藜
청풍명월 원래부터 따로 주인 없으니　　淸風明月元無主
내가 잠시 차지하고 몸 맡긴들 어떠랴.　　管領何妨暫寄棲

구름 낀 창가 빌어 자노라니　　借此雲牕臥
고요해 맘이 통할[201] 듯하더니　　寂寥一點犀

여기서 유진한은 동소남과 자신의 처지가 같다고 말하는 것이다.

199) 보운 : 보운(步韻)은 타인의 시에 화답하여 매 연(聯)에 모두 그 원래의 운을 써서 짓는 방식을 말한다. 이 시는 두보(杜甫)가 안록산의 난 때 멀리 피난 가 머물면서 고향을 그리워하며 쓴 <한별(恨別)>의 운자인 '년(年)'·'변(邊)'·'면(眠)'·'연(燕)'을 그대로 따랐다.

200) 청학료 …… 명월료 : 모두 장흥 보림사(寶林寺)에 있던 요사채[寮舍]의 이름이다. 이 절의 승려였던 충면(忠勉)이 1692년에 남긴 기록에 따르면, 17세기 후반에 법당·전각·요사채의 중창이 대대적으로 이루어졌다고 한다. 청학료(靑鶴寮, 1661), 명월료(明月寮, 1663), 백학료(白鶴寮, 1668), 탕진료(蕩塵寮, 1669), 송월료(松月寮, 1669), 용천료(涌泉寮, 1670), 매월료(梅月寮, 1676), 향적전(香積殿, 1676), 청풍각(淸風閣, 1678), 관음전(觀音殿, 1679) 중창 등의 불사가 이어졌다. 그러나 일제 강점기 때부터 쇠퇴하여, 6·25 때 일주문과 천왕문, 영각을 제외한 나머지는 모두 소실되었고, 현재의 절은 1980년대 이후 중창한 것이다.

새벽종에 나그네는 꿈이 깨어　曉鍾驚客夢
호서에는 가닿지도 못했다네.　不得到湖西

장홍부에 머무르며 느낀 바를 읊다 8수, 오로지 사람을 기다리는 마음을 담았다
〖滯長興府感吟 八首 專以待人寓意〗

지는 달과 새벽별은 제 갈 길로 흩어지고　去月晨星各散離
관산[202] 객관에선 또 기약이 어긋났네.　冠山客館又愆期
구름이 떠가는 곳 모습은 아득하고　儀形杳杳雲飛處
눈발이 흩날릴 때 소식조차 없다네.　音信茫茫雪落時
북녘 보며 흰머리를 긁적인 지 오래인데　北望回頭搔白久
남녘까지 왔건마는 반가운 인 오지 않네.　南來開眼拭靑遲
그 중에 어떤 것이 한사코 날 속였을까　箇中何物偏欺我
주렴 밖엔 거미가 게으르게 줄을 치네.　簾外蜘蛛謾下絲

남녘 여행 몇 달이 너무나도 지루한데　南行數月太支離
일 마치고 돌아갈 날 기약이 전혀 없네.　了事旋歸杳莫期
어린 딸은 몇 날이나 아비를 찾았을까　幼女呼爺知幾日
노친께서 아들 그린 시간 또한 오래라네.　老親念子亦長時
서가 위의 덮인 책엔 먼지 쌓인 지 오래고　群書束閣棲塵久
어린 아들 기다려도[203] 달빛 가려 더디다네.　穉子候門閉月遲

---

201) 통할 : 당(唐)나라 때 시인 이상은(李商隱)의 시 <무제(無題)>에 “몸에는 아름다운 봉황의 날개 없어도, 마음엔 무소뿔 있어 한 점이 통하네[身無彩鳳雙飛翼, 心有靈犀一點通]”라고 한 데서 온 말로, 몸은 비록 멀리 떨어져 있어도 마음은 서로 그리워한다는 뜻이다. 무소뿔이 머리에 통하는 것처럼 고향의 부모형제를 그리는 간절한 마음이 전해질 것 같다는 말이다.

202) 관산 : 관산(冠山)은 고려 말까지 장흥부(長興府)의 치소(治所)가 관산(冠山 : 현 전남 장흥군 관산읍)에 있었기 때문에 생긴 장흥(長興)의 별호(別號)이다. 장흥군 관산읍에 천관산(天冠山, 723m)이 있다.

세상의 모든 일이 마음에 달렸건만　　萬事關心天地內
시름겨운 온갖 생각 얽힌 실과 같다네.　　百端愁緖亂如絲

하인은 한 번 간 후 도무지 오지 않고　　蒼頭有去摠無來
장홍부사[204] 높은 문은 대낮에도 안 열리네.　　府使高門晝不開
날 저물어 백사장엔 어시장이 들썩여도　　日晚平沙漁市鬧
술 한 잔을 사서 마실 돈 한 푼도 없다네.　　可奈無錢買酒盃

천리 밖 남녘에 와 십주[205]를 찾았다가　　千里南來訪十州
저문 구름 잔설 덮인 두류산[206]을 바라본다.　　暮雲殘雪望頭流
강호에선 청평검[207]도 값을 높이 안 쳐주니　　江湖短價靑萍劍
백설루[208]에 앉아서 천지간에 높이 읊네.　　天地高吟白雪樓
해가 가도 몸은 여태 관산[209] 객관에 남아서　　歲去身留冠岳館

---

203) 어린 아들 기다려도 : 도연명(陶淵明)의 <귀거래사(歸去來辭)>에 "머슴 아이 기뻐하며 맞이하고, 어린 자식 문 앞에서 기다리네[僮僕歡迎, 稚子候門]"라고 한 데서 온 말이다.

204) 장홍부사 : 이 때 장홍부사는 정삼품(正三品) 통정대부(通政大夫) 이광운(李光運, 1693~1757)이었다. 이광운의 본관은 광주(廣州), 자는 근보(近甫), 초명(初名)은 서형(敍馨)이다. 첨지중추부사(僉知中樞府事) 이지하(李祉遐, 1601~1681)의 손자이며, 삼척부사를 지낸 이상성(李相成, 1663~1723)의 아들이다. 1718년(숙종 44) 정시문과(庭試文科)에 급제하여 좌승지를 지냈다.

205) 십주 : 십주(十洲)는 신선들이 산다는 선경(仙境) 열 곳을 말하는데, 고흥유씨(高興柳氏)의 관향(貫鄕)인 흥양(興陽: 현 전남 고흥군)의 옛 지명이 영주(瀛州)였기 때문에 이렇게 말한 것이다.

206) 두류산 : 두류산(頭流山)은 지리산(智異山)의 다른 이름이다.

207) 청평검 : 청평검(靑萍劍)은 옛날 보검의 이름이다.

208) 백설루 : 백설루(白雪樓)는 중국 호북성(湖北省) 종상현(鍾祥縣) 영주(郢州)에 있는 백설루(白雪樓)를 말하는데, 여기서는 노래 잘하기로 이름난 '영주 사람들이 부른 백설가[郢中白雪]'라는 뜻으로 쓰였다. <백설가(白雪歌)>는 송옥(宋玉)의 「대초왕문(對楚王問)」에서 <양춘(陽春)>과 함께 고아한 악곡으로 거론되었다. 세상이 자신의 재주를 알아주지 않아도 높은 뜻을 간직하고 있다는 말이다.

209) 관산 : 앞의 주) 202 참조.

밤이 오면 꿈속에서 금강[210] 물에 배 띄우네.　　夜來夢泛錦江舟
실 끊어진[211] 낙질마저 구할 수가 없으니　　斷編敗冊知無得
아들이 커 나에 앞서 장한 유람 하겠네.　　子長先吾以壯遊

가을에 호서를 멀리 떠나 왔건마는　　荷桂西湖遠別離
바다 구름 산의 눈에 돌아갈 기약 없네.　　海雲山雪杳歸期
제천의 삼천세계 경치를 구경해도　　諸天翫景三千界
날마다 열두 때에 집 생각이 간절하다.　　每日思家十二時
세상천지 슬픈 노래 춥디추운 세모에　　宇宙悲歌寒歲暮
강호의 외론 배엔 좋은 바람 불지 않네.　　江湖孤帆好風遲
여관의 잔등 아래 긴 칼을 퉁기면서　　殘燈旅舘彈長鋏
늙은 어부 얘기하며 낚싯줄을 감는다.　　報道漁翁捲釣絲

손을 꼽아 긴 여정을 헤아리다　　屈指長程計
말을 몰아 보름이나 달려왔네.　　一鞭半月徂
이번 길은 얼마나 멀었던가　　今行凡幾許
칠백 리를 떠나온 호남일세.　　七百里南湖

행색은 끝없이 멀어지고　　行色悠悠去
세월은 덧없이 흘러간다.　　年光苒苒徂
고향에선 처자식[212]이 원망할 텐데　　故園梅鶴怨
호서 땅엔 언제나 돌아가려나.　　何日返西湖

---

210) 금강 : 유진한의 고향인 목천을 흐르는 아우내[幷川川]가 미호천(美湖川)에 흘러들어 금강(錦江)으로 합류되기 때문에 나온 말이다.

211) 실 끊어진 : 실이 끊어졌다는 것은 죽간(竹簡)을 엮는데 썼던 끈이 끊어졌다는 뜻으로, 책이 온전하지 않다는 말이다. '단편잔간(斷編殘簡)' 또는 '단간잔편(斷簡殘編)', 줄여서 '단편(斷編)' 혹은 '단간(斷簡)'이라고 한다. 객지에서 사람을 기다리는 동안 읽을 만한 책도 없다는 말이다.

212) 처자식 : 원문의 '매학(梅鶴)'은 아내와 자식을 뜻한다. 송(宋)나라의 처사(處士) 임포(林逋)가 중국 절강성(浙江省) 항주(杭州) 서호(西湖) 근처에 있는 고산

달이 뜨니 까마귀는 남으로 날고　　夜月烏南過
얼음 풀려 기러기는 북으로 가네.　　春氷鴈北徂
아 내가 오갈 곳은　　嗟吾來去地
저 잔잔한 호수인데.　　惟彼一平湖

일림산[213]의 스님을 만나 호남의 사찰에 대해 묻다

〖逢日林山僧問湖南寺刹〗

먼 길 온 나그네가 겨우 며칠 틈을 얻어　　遠客纔偸數日閑
죽창 아래 마주하여 화로 끼고 앉았다네.　　火爐相對竹窓間
관군은 범 잡으러 어느 산에 갔으려나　　官軍獵虎何林去
바닷배는 고기 팔러 먼 시장에 갔다 오네.　　海舶沽魚遠市還
모든 일은 하늘의 뜻 순명해야 마땅하고　　萬事有天宜聽命
술 한 동이 없어도 활짝 웃을 만하도다.　　一樽無地可開顔
스님을 만난 김에 호남 경치 물었더니　　逢僧試問湖南景
지리산을 빼놓고도 한없이 얘기하네.　　無限頭流以外山

객창에서 회포를 달래며 〖旅窓遣懷〗

이내 몸은 그 언젠가 귀양을 온 신선일라　　此身曾是謫仙曺
방장산과 영주산을 눈 아프게 쳐다보네.　　方丈瀛洲望眼勞
이 세상은 무정하여 반기는 이 드물건만　　今世無情靑眼小
옛 사람은 의리 있어 흰 구름[214]이 높이 떴네.　　古人有義白雲高

(孤山)에 은거하면서 매화를 가꾸고 학을 기르면서 독신으로 살았으므로, '매화를 아내로 삼고 학을 자식으로 삼았다[梅妻鶴子]'라고 했다는 고사에서 온 말이다.

213) 일림산 : 일림산(日林山)은 전남 보성군 웅치면과 장흥군 안양면 경계에 있는 산(667.5m)으로, 보성읍 서남쪽(장흥읍 동쪽)에 있다.

214) 흰 구름 : 당(唐)나라 사람 최호(崔顥)의 시 <황학루(黃鶴樓)>에 "옛사람이 이미 황학을 타고 떠났는지라, 이곳에는 공연히 황학루만 남았네. 황학이 한번 가서

영혼은 쌍학 타고 십도[215] 위에 노닐고 魂遊十島驂雙鶴
꿈속에 자라[216] 타고 삼신산을 지나네. 夢過三山駕六鰲
속사에 아니 매여 티끌세상 벗어나서 俗務不牽塵臼脫
장부가 예 왔으니 영웅호걸 분명할세. 丈夫到此是英豪

괴로이 읊조리다〔良苦吟〕

냇물이 흘러가듯 덧없이 가는 세월 荏苒光陰若逝川
이 달이 지나가면 새해가 되는구나. 若經此月是新年
하늘이 보살피사 정다운 벗 만났어도 蒼天下照開靑眼
괜스레 머물기에 빈주먹만 불끈 쥐네. 白地中留奮赤拳
이백은 화음현을 취한 김에 받들었고 李白醉供華陰縣
소진은 낙양 밭[217]이 없는 것을 한했다네. 蘇秦恨乏洛陽田
언제나 양주 학[218]에 곧바로 올라 앉아 何時直跨楊州鶴
허리에 십만 냥을 한꺼번에 빗겨 찰까. 腰下兼橫十萬錢

다시 오지 않으니, 흰 구름만 천년토록 부질없이 오가네[昔人已乘黃鶴去, 此地空餘黃鶴樓, 黃鶴一去不復返, 白雲千載空悠悠]"라고 한 데서 온 말이다.

215) 십도 : 십도(十島)는 십주(十洲)라고도 하는데, 조주(祖洲)·영주(瀛洲)·현주(玄洲)·염주(炎洲)·장주(長洲)·원주(元洲)·유주(流洲)·생주(生洲)·봉린주(鳳麟洲)·취굴주(聚窟洲)를 가리키고, 아래의 삼신산(三神山)은 봉래산(蓬萊山)·방장산(方丈山)·영주산(瀛洲山)을 가리킨다. 이곳은 모두 신선들이 산다는 곳이다.

216) 자라 : 원문의 '여섯 자라[六鰲]'는 발해(渤海)의 동쪽 바다에서 대여(岱輿)·원교(員嶠)·방호(方壺)·영주(瀛州)·봉래(蓬萊) 등 다섯 선산(仙山)을 머리로 이고 있다는 자라 여섯 마리를 뜻한다.

217) 낙양 밭 : 전국시대(戰國時代)에 소진(蘇秦)이 합종책(合縱策)으로 육국(六國)의 제후를 설득하여 종약장(縱約長)이 된 뒤에 고향인 낙양에 돌아와서, 별 볼일 없던 시절에 자신을 괄시했던 형수에게, "내가 낙양성 교외에 좋은 땅 두 마지기만 있었다면, 어떻게 여섯 나라 정승의 도장을 꿰찰 수 있었겠소[且使我有洛陽負郭田二頃, 吾豈能佩六國相印乎]"라고 했던 고사에서 온 말이다.

218) 양주 학 : 여러 사람이 모여 각자 자기 소원을 말했는데, 한 사람은 경치 좋은 양주

밤에 앉아 회포를 적다 2수 〖夜坐寫懷 二首〗

빈천이 수치인 건 도가 있는 나라건만	貧賤爲羞有道邦
호서인이 오래도록 강남땅에 머문다네.	西湖人久滯南江
시 있으니 구태여 먼지 서 말[219] 마실쏘냐	有詩豈飮塵三斗
술 없으니 창 가득한 달만 그저 바라본다.	無酒虛當月一窓
장한 뜻은 하늘 나는 붕새처럼 크건마는	壯志天飛鵬鳥大
짧은 편지 가져다 줄 잉어 물길 끊어졌네.	尺書河斷鯉魚雙
언행이 충후하고 독실한 참 군자이니	言忠行篤眞君子
덕화가 미치잖는 남방 풍속 항복하네.	化外蠻風自乞降

어저께 지은 시를 이군에게 부쳤는데	昨日題詩寄李君
빈 객관은 고요하여 발소리도 안 들리네.	跫音虛舘寂無聞
새 정으로 좋은 술 석 잔을 보내오고	新情美露三盃送
오래 전에 약속했지 화산 반을 나누기로.[220]	舊約華山一半分
잠자기 좋아하는[221] 이 사람을 뉘 놀리랴	此漢誰嘲長渴睡
하늘을 찌를 듯한[222] 내 재주가 애석하네.	我才自惜撫凌雲

(楊州)의 자사(刺史)가 되고 싶다고 했고, 한 사람은 재물이 많았으면 좋겠다고 하고, 한 사람은 신선이 되어 학을 타고 하늘로 오르고 싶다고 했는데, 어떤 사람이 "허리에 십만 관의 돈을 차고서 학을 타고 양주 고을을 날고 싶다[腰纏十萬貫, 騎鶴上楊州]"라고 했다는 고사에서 온 말이다. 매우 욕심이 많다는 뜻으로도 쓰이지만, 여기서는 답답한 현실에서 벗어날 수 있는, 기막히게 좋은 일이 일어나기를 바라는 마음을 표현한 것이다.

219) 먼지 서 말 : '먼지 서 말[三斗塵]'은 참기 힘든 억울함을 뜻한다. 굴욕을 참을 필요가 없다는 말이다.

220) 화산 반을 나누기로 : 만년(晩年)에 한 마을에서 살자는 약속을 뜻한다. 원(元)나라 초기의 학자 김이상(金履祥)과 그의 제자 허겸(許謙)이 무주(婺州) 금화산(金華山)을 남북으로 나누어 살았다는 데서 온 말이다.

221) 잠자기를 좋아하는 : 잠자기를 좋아하는 사람[渴睡漢]이란 송(宋)나라 문목공(文穆公) 여몽정(呂蒙正)이 과거에 오르기 전에 잠자기를 좋아한 데서 온 말이다.

222) 하늘을 찌를 듯한 : 원문의 능운(凌雲)은 구름 위에 치솟는다는 뜻으로, 문재(文

명성 들은 곳마다 항복 깃발 오르는	風聲到處降旛竪
시단에서 고각 울린 대장군이었거늘.	鼓角騷壇大將軍

계유년(1753) 12월 15일 밤에, 장흥 동문 밖 조산을 걸어 올라갔다. 높이는 여러 길이고, 넓이는 일천 보나 되었는데, 남대는 네모반듯하고, 북단은 둥글었다. 네모난 것은 땅이 평평한 것을 상징하고, 둥근 것은 하늘의 모습을 본뜬 것이다. 달 아래에서 삼신산 자라가 이른 비를 맞는데, 두 무더기 개미집은 먼저 모래가 두둑한 곳으로 옮기고 안을 돌로 채워 쌓았기에 뚫어 보면 견고하였다. 맑은 밤에 홀로 밝은 달빛 아래 멋진 곳을 걸으며 화공의 솜씨에 매우 감사했다.[223)]

癸酉臘月十五夜, 步上長興東門外造山. 其高數仞, 其廣千步. 南臺方正, 北壇圓, 此象地平, 彼體天. 月下, 三神鰲戴早雨中, 雙垤蟻封先移沙貯腹處, 而實築石, 開顔鑽則堅. 淸夜, 獨乘明月步勝觀, 多謝化工權.

홍양[224)]에 있는 영밀공의 옛터[225)]를 생각하며 【憶興陽英密公遺墟】

여기서 홍양까지 백여 리 길이니	此去興陽百里間
백운 너머 동쪽으로 검단산이 보이네.	白雲東望儉丹山
아 시조께서 사시던 고향 땅에	嗚呼鼻祖鄕居地
언제나 후손이 금의환향 하려나.	何日遺孫晝錦還

才)가 출중함을 이를 때 쓰는 말이다. 『사기(史記)』「사마상여열전(司馬相如列傳)」에 "사마상여가 대인부(大人賦)를 지어 아뢰자, 천자가 크게 기뻐하여 표표히 구름 위에 치솟는 의기가 있다[相如旣奏大人之頌, 天子大說, 飄飄有凌雲之氣]"라고 했던 데서 온 말이다.

223) 대본에는 이 부분을 본문과 구별하지 않고 적었는데, 편말주(篇末註)로 처리해야 마땅하므로 바로잡았다. 서울대본에는 서너 글자 정도 쓸 만한 공간을 비우고 시작해서 시 본문과는 다르게 처리해 놓았다.

224) 홍양 : 홍양(興陽)은 전남 고흥군(高興郡)의 옛 이름이다.

225) 영밀공의 옛터 : 영밀공(英密公)은 유청신(柳淸臣, 1257~1329)을 가리킨다. 유청신의 원래 이름은 비(庇)인데, 원나라 황제로부터 '청신(淸臣)'이라는 이름을 하사받아 개명하였다. 영밀(英密)은 그의 시호이다. 전남 고흥군 풍양면(豊陽面) 한동리(寒東里) 양류동(楊柳洞)에 유허가 있다.

나주에 사는 동성[226]의 시에 화운하여 〖和羅州同姓韻〗

홍양에 있는 양류정은 시조께서 사시던 곳이었는데, 지금은 다른 사람들이 살고 있다[227]
興陽有楊柳井, 始祖所居, 今爲他人所居

양류정 우물가에 시조께서 사셨는데	楊柳井邊鼻祖居
오래된 옛터에는 갈바람에 시든 풀 뿐.	秋風衰草百年墟
남녘 나는 채봉에겐 화려한 깃 있으니	南飛彩鳳奇毛在
단산[228]의 옛 둥지로 돌아가고 싶어라.	欲訪丹山返舊棲

원운(元韻)

시조께서 어느 해에 여기 터를 잡으셨나	鼻祖何年此卜居
후손이 오늘에야 유허에 와 뵙는다네.	後孫今日拜遺墟
우물가엔 버드나무 예전처럼 있으니	依舊井邊楊柳在
까막까치 제멋대로 둥지치지 말게 하리.	莫敎烏鵲任來棲

---

226) 나주에 사는 동성 : 유충정(柳忠貞, 1509~1574)의 차남 온(溫)의 후손인 주부공파(主簿公派)가 전남 나주시 다시면에 대대로 살았고, 3남 은(溵)의 후손인 승지공파(承旨公派)가 나주와 보성에 산다.

227) 고흥유씨의 시조인 유영(柳英)과 그 자손들이 살았던 고흥군 풍양면(豊陽面) 한동리(寒東里) 양류동(楊柳洞)에는 수백 년 전부터 성주이씨(星州李氏)들이 살고 있다. 대본에는 이 부분을 시제(詩題)에 부기(附記)해 놓았으나 소서(小序)로 처리해야 마땅하다.

228) 단산 : 단산(丹山)은 봉황이 산다는 전설상의 산 이름인데, 여기서는 시조(始祖)의 고향마을을 뜻한다.

장홍에 머물면서 꿈에 남사정[229] · 최거원[230] · 김장경[231]과 종제 문백[232]을 보고 감회를 읊다

〖滯長興夢見南士禎 · 崔巨源 · 金長卿 · 從弟文伯感吟〗

꿈속에서 돌아가 네 사람을 만났더니	夢中歸見四人顔
긴 여정에 언제쯤 돌아올까 내게 물어	問我長程幾日還
천리 남녘 노닌 얘기 반도 말을 못했는데	千里南遊言未半
깨고 보니 관산[233] 객사 이부자리 속이라네.	覺來枕席是冠山

성남의 정진사에게 부치다 〖寄城南鄭晋士〗

객지 밥이 맵고 시어 입에 맞지 않는데	旅食酸辛也不甘
관산에 머문 채로 한 해가 다 저문다네.	冠山留滯歲將淹
촌 삽사리 눈을 보고 솔 창가서 짖어대고	村尨吠雪當松牖

---

229) 남사정 : 사정(士禎)은 남취흥(南就興, 1718~1780)의 자(字)이다. 남취흥의 본관은 의령(宜寧), 호는 국봉(菊峰)이다. 지평(持平)을 지낸 남명익(南溟翼, 1602~1645)의 증손이고, 직장(直長) 남언필(南彦弼, 1638~1710)의 손자이며, 유진한의 대고모부(大姑母夫)인 진사 남세강(南世綱, 1675~1757)의 넷째아들이다. 『국서취묵(菊墅醉墨)』·『금지잡영(金池雜詠)』 등을 지었다고 한다. 남세강에 대해서는 앞의 주) 97 참조.

230) 최거원 : 거원(巨源)은 최재호(崔載浩)의 자(字)이다. 최재호에 대해서는 앞의 주) 140 참조.

231) 김장경 : 장경(長卿)은 김가진(金可晉, 1713~1779)의 자(字)이다. 김가진의 본관은 안동(安東)이며, 김시민(金時敏, 1554~1592)의 동생인 김시진(金時進)의 현손으로, 부사과(副司果) 김득추(金得秋, 1636~1704)의 손자이며, 김중일(金重鎰, 1673~1717)의 아들이다. 유진한의 생가 조부인 유광익(柳光翼, 1661~1720)의 장남 유경(柳璥, 1683~1768)의 사위이므로 유진한에게는 종매부가 되며, 유진한과 함께 은석시사(銀石詩社)를 결성했던 김중산(金重山, 1707~1757)의 당질(堂姪)이다.

232) 종제 문백 : 문백(文伯)은 유장한(柳章漢, 1713~1783)의 자(字)이다. 유장한의 본관은 고흥(高興), 호는 덕암(德菴)이다. 유진한의 생가 조부인 유광익(柳光翼, 1661~1720)의 장남 유경(柳璥, 1683~1768)의 큰아들이다.

233) 관산 : 앞의 주) 202 참조.

들오리는 구름 보고 대 처마로 숨어든다. 野鶩瞻雲避竹簷
북녘 가는 마음 따라 하늘의 달 차건마는 北去心隨天月滿
남녘 오는 발자취는 지뢰[234]처럼 잠잠하네. 南來蹤與地雷潛
객사 밥은 담백할 뿐 맛이 전혀 없으니 客盤淡泊無兼味
눈인 듯 꽃인 양 그저 하얀 소금 뿐. 若雪如花但白塩

일림사[235]의 치원화상을 보내며 2수 【送日林寺致遠和尚 二首】

한 스님이 내게 묻네 남관에 머무냐고 有僧問我滯南關
나이를 따져 보니 나와 한 살 차이라네. 相校行年一歲間
석장 날려 가는 곳이 어딘 줄을 모르니 飛錫不知何處去
저녁 구름 일어났다 흩어지는 일림산. 暮雲明滅日林山

남녘에 온 여행길이 너무나도 괴로워 南來行色最間關
삼신산 아닌 산도 모두 다 다녔다오. 踏盡三神以外山
내일은 길에 올라 앞길로 쭉 가시면 明日若登前路去
올해는 고향땅에 돌아갈 수 있으리다. 是年猶得故鄕還

조단천의 회혼 잔치 시에 차운하여 2수, 1771년 4월
【次趙端川重牢宴韻 二首 辛卯四月】

평생을 해로하여 혼인한 해 돌아오니 偕老今回合巹年
저 어진 하늘에는 수성[236]이 반짝이네. 壽星垂彩彼仁天

---

234) 지뢰 : 지뢰(地雷)는 『주역(周易)』 「복괘(復卦)」의 상전(象傳)에 "우레가 땅속에 있는 것이 복이다[雷在地中復]"라고 한 데서 온 말이다. 복괘(䷗)는 음(陰) 5획이 위에 있고 양(陽)은 한 획만 아래에 있는데, 우레가 땅 속에 있는 것처럼 때가 아직 오지 않았다는 말이므로, 소식을 전해줄 사람이 오지 않는다는 말이다.
235) 일림사(日林寺) : 전남 보성군 회천면 봉강리에 있는 절이다.
236) 수성 : 수성(壽星)은 수명과 장수를 맡은 별자리인 남극노인성(南極老人星)을

백발 되어 꽃밭 앞에 다시 화촉 밝히고	白頭再設花前燭
붉은 실을 다시 묶어 부부인연 거듭 맺네.	紅線重成月下緣
번쩍번쩍 금띠 두르고 초례를 치르고	爛爛腰金行醮禮
반짝반짝 옥관자 하고 화연에 춤춘다.	煌煌頂玉舞華筵
영감 할미 금새 변해 신랑 신부 됐으니	翁姑翻作新夫婦
보는 이들 너도나도 지상선이라 한다네.	觀者爭稱地上仙

백년해로 깊은 맹세 육십년을 지켰으니	偕老深盟六十年
높은 집안 크나큰 복 하늘에서 받았다네.	高門景福儘由天
지초 난초[237] 가득한 뜰 즐거움이 무궁하고	芝蘭庭上無窮樂
금슬의 줄 가운데 인연은 끝없어라.	琴瑟絃中未了緣
향낭 수건 다시 놓고 옛 초례를 치르고	褵帨更陳修舊禮
합환상을 다시 차려 첫 잔치를 이어 하네.	巹牢重設續初筵
목공과 금모[238]도 홀아비와 과부이니	木公金母皆鰥寡
인간세상 살고 있는 신선을 부러워하리.	應羨人間別有仙

가리키는데, 추분(秋分) 때 남쪽 하늘에 나타나는 유난히 밝고 큰 별이다. 장수한 노인의 상징으로, 이 별이 비치는 지방에 사는 사람은 장수한다는 전설이 있다.

237) 지초 난초 : 지초와 난초처럼 훌륭한 자녀를 뜻한다. 진(晉)나라 때 큰 문벌을 이루었던 사안(謝安)이 아들과 조카들에게 "어찌하여 사람들은 자기 자제가 출중하기를 바라는가?"라고 묻자, 조카 사현(謝玄)이 "비유하자면 마치 지란(芝蘭)과 옥수(玉樹)가 자기 집 뜰에 자라기를 바라는 것과 같습니다[譬如芝蘭玉樹, 欲使其生於階庭耳]"라고 한 데서 유래한 말이다.

238) 목공과 금모 : 목공(木公)은 선도(仙道)를 체득한 남자를 일컫는다. 보통 선인(仙人)을 말할 때, 금모(金母), 즉 서왕모(西王母)와 목공을 함께 말한다.

삼성당[239] 향사례에[240]

삼성당에서 향사례를 할 때, 내가 국봉[241]을 찾아갔더니, 전의현감 홍건[242]과 아차산의 과재 이휴가 나와서 함께 마시고, 절구를 지어 서로 화답했다 1777년

三省堂鄕射時, 予訪菊峰, 則全義倅洪楗, 與峨嵯山課齋李休, 出來同飮, 因賦絶句酬和. 丁酉

우리 만남[243] 어찌 이리 늦었을까　識荊何太晩
세의 있어 당시 일을 얘기하네.　世誼話當時
풍류를 아시는 어진 태수님　風流賢太守
습가지[244]에 와서 취하시네.　유진한[245]　來醉習家池

관직에 오른 지 겨우 두 해　莅官纔二歲
보리 익어 향음주례 행한다네.　鄕飮麥秋時
태평시절 모두 함께 즐기려 하니　太平同樂意
남은 흥이 금지[246]에 있다네.　전의현감 홍건[247]　餘興在金池

---

239) 삼성당 : 충남 연기군 전의면 원성리에 있다.

240) 대본의 시제(詩題)는 아래 소서(小序)로 처리한 것인데, 너무 길기 때문에 제목을 임의로 뽑은 것이다.

241) 국봉 : 국봉(菊峰) 남취흥(南就興, 1718~1780)에 대해서는 앞의 주) 229 참조.

242) 홍건 : 홍건(洪楗, 1726~1805)의 본관은 남양(南陽)이다. 진사 홍희적(洪熙績, 1683~1735)의 손자이며, 홍구수(洪龜壽, 1706~1756)의 아들로, 영의정 홍섬(洪暹, 1504년~1585)의 8대손이다. 그의 5대조인 홍석(洪錫, 1604~1680)은 청음(淸陰) 김상헌(金尙憲)과 신독재(愼獨齋) 김집(金集)의 문인이고, 증조인 홍익상(洪翊相, 1645~1723)은 우암(尤庵) 송시열(宋時烈)의 문인이다.

243) 만남 : 원문의 식형(識荊)은 평소 흠모하던 사람을 처음 만나서 영광이라는 말이다. 이백(李白)이 형주자사(荊州刺史)인 한조종(韓朝宗)에게 보낸 편지「여한형주서(與韓荊州書)」에 "살아서 만호후(萬戶侯)에 봉해지지 못하더라도, 오직 한번 한형주를 만나고 싶다[生不用封萬戶侯, 但願一識韓荊州]"라고 한 데서 온 말이다.

244) 습가지 : 진(晉)나라 사람 산도(山濤)의 아들 산간(山簡)이 정남장군(征南將軍)으로 양양(襄陽)에 있을 때, 그 지방의 호족(豪族)인 습씨(習氏)네 집 연못가를 자주 찾아가 술을 마시고 번번이 취해서 부축을 받고 돌아왔던 고사에서 온 말이다.

245) 유진한 : 대본에는 '만화(晩華)'라고 유진한의 호(號)를 적었는데, 여기서는 이름으로 표시하고, 원문에는 밝히지 않는다.

태수께서 삼 년을 다스리시고　　太守三年政
향음주례 행할 때 왕림하셨네.[248]　　賁臨射飮時
태고 적의 바람이 불어와서　　吹嘘風太古
과분하게 금지를 위로해주네.　남취홍[249]　　違禮慰金池

태고 적의 석 잔 술[250]로　　太古三盃酒
여러 손님이 즐길 때에　　衆賓風竹時
사또님 홍이 아직 남았으니　　使君餘興在
가약을 어기지 마시옵소서.　이휴[251]　　佳約莫差池

---

246) 금지 : 금지(金池)는 일반적인 연못의 미칭(美稱)으로 쓰이거나, 송(宋)나라 수도였던 개봉부(開封府) 서쪽에 있던 '금명지(金明池)'를 가리키기도 하지만, 여기서는 전의현(全義縣: 현 충남 연기군 전의면 일대)을 가리킨다. 원래 백제의 구지현(仇知縣)이었는데, 신라 경덕왕(景德王) 때 금지(金池)라고 했다가, 고려 태조 때부터 전의(全義)로 고쳤다.

247) 홍건 : 대본에는 '금지쉬정고(金池淬貞皐)'라고 전의현감 홍건의 호(號)를 적었는데, 여기서는 이름으로 표시하고, 원문에는 밝히지 않는다.

248) 왕림하셨네 : 『시경(詩經)』「소아(小雅)」<백구(白駒)>에 "깨끗하고 흰 망아지 빛나고 환하게 타고 오면, 그대를 공(公)과 후(侯)로 삼아 한 없이 편히 즐겁게 하리라[皎皎白駒, 賁然來思, 爾公爾侯, 逸豫無期]"라고 한 데서 온 말이다. 비연(賁然)은 광채가 나는 모양인데, 화려하게 꾸미고 오는 것을 말하므로, 비림(賁臨)은 귀한 사람이 왕림하는 것을 뜻한다.

249) 남취홍 : 대본에는 '국봉(菊峰)'이라고 남취홍의 호(號)를 적었는데, 여기서는 이름으로 표시하고, 원문에는 밝히지 않는다.

250) 석 잔 술 : 향사례(鄕射禮)에서 주빈(主賓)이 서로 예(禮)를 행하고 제자리를 잡으면 술을 세 순배 돌리고 사례(射禮)를 시행하는 것을 말한다.

251) 이휴 : 대본에는 '과재(課齋)'라고 이휴의 호(號)를 적었는데, 여기서는 이름으로 표시하고, 원문에는 밝히지 않는다.

남국봉[252]과 전의현감[253]이 만나 이야기 나누며 지은 시에 화운하여[254]

6수, 1778년 겨울

【和南菊峰與金池倅會話韻 六首 戊戌冬】

비암사[255]의 청명한 달밤에 碑寺淸宵月
금지[256]에는 태고적 바람이 부네. 金池太古風
매헌에서 함께 취할 궁리하고 梅軒謀醉共
난실에선 향기를 같이 쐬네. 蘭室襲香同
금란계를 맺은 반가운 친구 論契青眸友
나일 잊은 백발의 늙은이들. 忘形白髮翁
산속에는 이상한 일 없으니 山中無怪事
허공에 글자 쓸 일[257] 없으리라. 應不咎書空

내 겨우내 틀어박혀 있느라 我自三冬蟄

---

252) 남국봉 : 국봉(菊峰) 남취흥(南就興, 1718~1780)에 대해서는 앞의 주) 229 참조.
253) 전의현감 : 홍건(洪楗, 1726~1805)에 대해서는 앞의 주) 242 참조.
254) 권3에 실린 「연보」에는 이 때 유진한이 국봉(菊峰) 남취흥(南就興), 전의현감 홍건(洪楗)과 함께 비암사를 유람했다고 하였다.
255) 비암사 : 비암사(碑岩寺)는 충남 연기군 전의면 다방리 비암골에 있는, 백제 때 창건해서 도선(道詵)이 중창했다는 절이다. 옛 전의현에서 공주목으로 통하던 비암치(碑岩峙)로 오르는 길목 옆에 있는데, 극락보전(極樂寶殿) 앞 삼층석탑에서 국보로 지정된 '아미타불삼존석상(阿彌陀佛三尊石像)'과 보물 두 점이 나왔다. 이 절에는 원래 비구니들이 거처했는데, 매일 해질녘이면 와서 해가 뜰 무렵까지 탑돌이를 하다 사라지는 청년이 있었다. 이를 이상히 여긴 비구니가 몰래 청년을 따라갔더니 바위틈으로 사라졌다고 한다. 비구니가 굴에 들어가 보았더니 구렁이 한 마리가 울면서, 하루만 더 채웠으면 100일이 되어 구렁이 몸을 벗고 사람이 될 수 있었는데, 영원히 그럴 수 없게 되었다고 했다고 한다. 이에 비구니는 자기 때문에 인간이 되지 못한 구렁이의 수발을 들며 일생을 보냈다고 한다. 이러한 사찰연기설화(寺刹緣起說話) 때문에 비암사를 '뱀절'이라고도 불렀다.
256) 금지 : 앞의 주) 246 참조.
257) 허공에 글자 쓸 일 : 진(晉)나라 사람 은호(殷浩)가 조정에서 쫓겨난 뒤 종일토록 공중에 손으로 뭔가를 쓰곤 했는데, 가만히 살펴보니 "놀랍고 기이한 일이로고[咄咄怪事]"라는 네 글자였다는 고사에서 온 말이다.

만나자던 기약을 못 지켰네. 未叅一會期
등불 아래 술을 보니 침이 흐르고 流涎燈下酒
시축에 든 시를 보니 눈이 뜨이네. 開眼軸中詩
얼굴을 마주한 듯 눈에 선해 顏色依依對
마음을 속속들이 알 것 같네. 心襟歷歷知
아 쇠미한 세상이여 猗歟衰世界
온 고을에 좋은 풍속 퍼져가리라. 百里好風移

한가한 하루가 너무나도 좋아서 萬事不如一日閑
눈 들어 흰 구름이 걸린 산을 바라보네. 青眸遙望白雲山
지난 밤 산음 땅에 소복이 눈 내렸으니[258] 前宵若遇山陰雪
작은 배 노를 저어 다녀와도 좋으련만. 小棹猶堪暫往還

한 줄기 맑은 시내 아홉 굽이 돌아가는 一路清溪九曲回
별천지 멋진 곳에 옛 누대가 있다네. 別區佳景古樓臺
뉘 집에서 죽장 짚고 구름 뚫고 왔을까 誰家竹杖穿雲至
몇 군데나 짚신 신고 달빛 밟아 오려나. 幾處芒鞋踏月來
등 아래서 마신 술이 번뇌를 씻어주고 燈下酒應煩惱洗
눈 속에서 지은 시는 기분을 좋게 하네. 雪中詩亦好懷開
벽사[259]가 조만간에 붉은 벽에 걸릴 테니 碧紗早晩籠丹壁
옛 절의 묵은 비석엔 이끼 끼지 않으리라. 古寺荒碑不蝕苔

---

258) 산음 …… 내렸으니 : 앞의 주) 82 참조.
259) 벽사 : 당(唐)나라 사람 왕파(王播)가 어려서 가난했으므로 양주(楊州) 혜소사(惠昭寺) 모란원(木蘭院)의 식객이 되어 글을 읽으면서 승려들의 잿밥을 얻어먹었는데, 승려들이 싫어하여 재(齋)가 모두 파한 뒤에야 종을 치곤 했다. 20여 년이 지난 후에 왕파가 높은 지위에 올라 그 절을 찾아갔더니, 자기가 예전에 벽에다 써 놓았던 시를 푸른 비단으로 감싸 놓고 있었으므로, "이십 년 동안 먼지를 뒤집어쓰고 있다가, 오늘에야 푸른 깁으로 장식되었구나[二十年來塵撲面, 如今始得碧紗籠]"라고 써넣은 고사에서 온 말이다.

강산은 쓸쓸한데 세모에 시름하다　搖落江山歲暮愁
우리가 선루에서 모인단 말 들었다네.　忽聞吾黨會禪樓
시 없으니 황학루 시[260]에 스스로 열없어도　無詩自愧黃樓詠
술 있으니 적벽 놀이[261]에 누구를 따를까나.　有酒誰從赤壁遊
산사[262]에 가서 노니 취미가 한가롭고　蕭寺去遊閑趣味
습가지[263]에 와 취하니 풍류가 좋을시고.　習池來醉好風流
바둑판엔 국수들이 모두 좋은 수를 두니　枰中國手皆高着
구경하는 늙은이들 절로 자릴 양보하네.　局外衰翁自讓頭

고향으로 돌아가면 새 집은 어떠실지　新寓何如故土歸
금지에서 몇 해 동안 편지도 드물었네.　金池數歲尺書稀
꽃향기가 날릴 때면 봄술 담궈 놓았건만　花香每備春缸酒
행장 차려 떠나더니 금의환향 더디었네.　行色猶遲晝錦衣
어느 산엔 농사지을 작은 밭이 없을까만　何處山無聞鳫圃
이 마을엔 시냇가에 낚시터가 있답니다.　此村溪有釣魚磯
별장에서 좋은 이웃 맞으시길 바라오니　惟祈別墅芳隣接
올가을에 만날 약속 행여 어기지 마소서.　或恐今秋舊約違

지난해에 남녘 갔다 이제서야 돌아오니　去歲南遊始北歸
강호에는 기러기 없어 소식조차 드물었네.　江湖鴈盡尺書稀
금지의 우안에는 모두 다 주옥인데　金池寓案皆瓊韻
눈 온 골짝 타향살이 여전히 포의라네.　雪峽僑居尚布衣

---

260) 황학루 시 : 당(唐)나라 사람 최호(崔顥)의 시 <황학루(黃鶴樓)>를 가리킨다.
261) 적벽 놀이 : 호북성(湖北省) 황주(黃州)에 유배되었던 소동파(蘇東坡)가 1082년의 가을(7월)과 겨울(10월)에 황주성 밖의 적벽(赤壁)에서 놀면서 <적벽부(赤壁賦)>를 지은 것을 말한다.
262) 산사 : 원문의 '소사(蕭寺)'는 절을 뜻한다. 성이 소씨(蕭氏)인 양무제(梁武帝)가 불교를 숭상하여 절을 많이 지은 데서 유래한 말이다.
263) 습가지 : 앞의 주) 244 참조.

얼마 전 찾았더니 농사하려 하신다니	近日訪謀聞爲圃
언제나 마주하여 물고기를 낚으려나.	幾時相對釣魚磯
만화동 옛 마을엔 남은 땅이 많으니	萬花古洞多餘地
좋은 이웃 다시 찾고 저버리지 마소서.	更接芳隣莫相違
이 한 수는 철종264)이 지었다	右一首喆從作

유조망265)의 시에 화운하여 〖和柳祖望韻〗

같은 고을 십여 리가 떨어져 있는 마을	相距同鄕十里餘
석탄 송서266) 두 집 모두 한적한 곳이라네.	石灘松墅兩閑居
종자기와 백아처럼 산수에서 지음했고	鍾牙山水知音後
한유와 유종원처럼 문장 운명 타고났네.	韓柳文章賦命初
매화 하얀 창 아래선 소식 듣지 못하였고	梅白窓前消息阻

---

264) 철종 : 철종(喆從)은 유진한의 종제(從弟)인 유철한(柳喆漢, 1719~1794)을 가리킨다. 유철한의 본관은 고흥(高興), 자는 철보(喆甫), 호는 오오제(五吾濟)·어은(魚隱)이다. 그는 유광익(柳光翼, 1661~1720)의 셋째아들인 유적(柳迪, 1700~1771)의 장남이다. 유진한의 부친 유창(柳諿, 1689~1755)은 유광익의 둘째아들로 태어나 백부인 유광천(柳光天)의 계자(系子)가 되었기 때문에 이 책에서는 유철한을 종제라고 부르고 있다. 권2 끝부분에 실린 <은사동유시축서(銀寺同遊詩軸序>에서는 자를 철부(徹夫), 이름을 철한(徹漢)으로 쓰기도 했으나, 여기서는 『고흥유씨세보(高興柳氏世譜)』에 따라 표기했다.

265) 유조망 : 조망(祖望)은 유도술(柳道述, 1724~1798)의 자(字)이다. 유도술의 본관은 문화(文化)이며, 후에 광복(匡復)으로 개명했다. 진사 유혼(柳混, 1693~1758)의 둘째아들이고, 유진한과 함께 은석시사(銀石詩社) 활동을 한 유도천(柳道天, 1727~1818)의 형이다. 『문화유씨세보(文化柳氏世譜)』에는 이름이 '광복(匡復)'으로 올라 있다. 이 책 권3 「만사(輓詞)」【1】을 쓴 사람이다.

266) 석탄 송서 : 석탄(石灘)은 유도술(柳道述)의 거처를 뜻하는데, 도원골(桃源－: 현 천안시 동남구 병천면 도원리)을 가리키는 듯하다. 도원리 입구 도원교(桃源橋) 옆에 강릉김씨(江陵金氏) 문중에서 세운 도원정(桃源亭)이 있는데, 그 아래 여울에 '백석탄(白石灘)' 세 글자를 새긴 바위가 토사와 풀에 덮여 있다. 병천면 용두리 만화동에서 도원리까지는 4km 남짓한 거리이다. 송서(松墅)는 유진한의 집을 가리킨다.

괴화[267] 노란 산 밑으론 왕래하지 않았다네. 槐黃山下往來虛
애석해라 그대가 과거볼 맘 접었다니 哀翁已斷觀光意
서울에서 열 번이나 글 올린 일[268] 꿈결 같네. 影事秦京十上書

원운(元韻)

나이는 공이 내게 여러 살 많으신데 公歲於吾幾籥餘
시냇가 동쪽 북쪽 가까이에 산다네. 一川東北近相居
이응 두밀[269]과 이름을 나란히 하려 했고 敢追李杜齊名後
공융과 예형[270] 교분 맺던 그 때가 생각나네. 徒憶融衡托契初
책만 보며 흐른 세월 몸은 함께 늙어가고 黃卷光陰身共老
벼슬하여 공을 세울[271] 계획은 다 허사됐네. 青冥勳業計俱虛

---

267) 괴화 : 음력 7월이 되면 과거 시험이 있었는데, 이때 괴화(槐花)가 누렇게 피었으므로 당(唐)나라 때 속어에 "괴화가 누렇게 피면 과거 보는 선비가 바쁘다[槐花黃, 擧子忙]"라고 하였다.

268) 서울에서 …… 일 : 진(秦)나라에 가서 벼슬을 하려고 진왕(秦王)에게 열 번이나 글을 올려 설득하려 했지만 뜻을 이루지 못했던 전국시대의 유세객(遊說客) 소진(蘇秦)의 고사에서 온 말이다. 유도술이 과거에 대한 미련을 접었다는 말을 듣고, 여러 차례 과거에 응시했지만 끝내 급제하지 못했던 지난 일들이 떠올랐다는 말이다.

269) 이응 두밀 : 후한(後漢)의 환제(桓帝)·영제(靈帝) 때 환관들이 발호하자 진번(陳蕃)·이응(李膺)·두밀(杜密) 등 학자들이 공격하였는데, 도리어 이들에게 붕당을 결성하여 조정을 비방한다는 죄목을 씌워 수백 명을 죽이고 유배시킨 당고(黨錮)의 화(禍)가 일어났다. 이 때 범방(范滂)이 죽게 되어 모친에게 마지막 인사를 드렸는데, 그 모친이 "네가 이제 이응·두밀과 이름을 나란히 할 수 있게 되었으니, 죽는다 한들 무슨 여한이 있겠느냐[汝今得與李杜齊名, 死亦何恨]"라고 했다고 한다.

270) 공융과 예형 : 공융(孔融, 153~208)은 중국 후한(後漢) 말기의 학자로, 자는 문거(文擧)이며, 건안칠자(建安七子)의 한 사람인데, 조조(曹操)를 비판하고 조소하다가 처형되었다. 예형(禰衡, 173~198)은 후한(後漢)의 평원(平原) 사람으로, 재주가 출중했으나 성격이 너무 강퍅하고 오만하여 마음 맞는 이가 별로 없었다. 공융은 예형의 문재(文才)를 아껴 스무 살이나 어린 그와 교우(交友)하고 친하게 지냈으며, 조정에 상소하여 천거해 주었다. 여기서는 유진한을 공융에, 유도술(柳道述) 자신을 예형에 비유한 것이다.

271) 공을 세울 : 두보(杜甫)의 시 <투증가서개부한이십운(投贈哥舒開府翰二十韻)>에 "훈업은 청운 위에 있고, 친교는 기개 중에 있네[勳業青冥上, 交親氣槩中]"라

부질없이 이러저런 맘에 걸린 일이 있어 空將多少關心事
동녘 구름에 서찰 한 장 띄워서 보낸다오. 寄送東雲一幅書

순암 안정복의 읍지[272] 시에 화운하여 1779년

【奉和安順菴鼎福邑誌韻 己亥】

사또[273]께서 목천 고을에 유교 교화 행하시고 二天儒化木州鄉
고을 역사 간추려 쓴 필법이 마땅하도다. 輿史提綱筆法當
산의 정기 바르기에 백성들의 맘이 곧고 五姓貞心山氣正
물소리가 길게 나니 고을 풍속 순박하네. 八坊淳俗水聲長
사문의 북학 연원 거슬러서 올라가니 斯文北學淵源泝
오도가 동으로 와 일월처럼 빛나네. 吾道東來日月光

고 한 데서 온 말이다.

272) 읍지 : 목천읍지(木川邑誌)인 『대록지(大麓誌)』를 가리킨다. 안정복(安鼎福, 1712～1791)은 1776년 9월부터 1779년 4월까지 목천현감을 지냈다. 「대록지서(大麓誌序)」와 「순암선생연보(順菴先生年譜)」에 따르면, 『대록지』는 그가 현감을 그만두기 직전인 1779년 2월에 편찬되었다. 「대록지서」에서 안정복은 이전에 있던 읍지(邑誌) 1권이 너무나 미비해서 상고할 만한 것이 없었으므로 이 때 『동국여지승람(東國輿地勝覽)』의 체제에 따라 부족한 부분을 대폭 증보한 것이라고 했다. 안정복이 체귀(遞歸)되고 3개월 후에 도임한 황윤석(黃胤錫, 1729～1791)이 지은 「발안후정복대록지(跋安矦鼎福大麓誌)」가 그의 문집인 『이재유고(頤齋遺藁)』 권12에 실려 있다. 『대록지』는 1817년에 중간(重刊)되었는데, 이 책 권3의 「행록(行錄)」을 지은 유진한의 막내아들 유금(柳琹, 1771～1835)이 유사(有司)로 참여했다.

273) 사또 : 원문의 "이천(二天)"은 다른 사람의 특별한 은혜를 하늘에 비겨 이르는 말인데, 여기서는 고을의 수령, 즉 목천현감 안정복(安鼎福)을 뜻하는 말로 쓰였다. 후한(後漢) 순제(順帝) 때 소장(蘇章)이 기주자사(冀州刺史)로 부임했을 때 그의 옛 친구가 관할 구역인 청하(淸河)의 태수(太守)로 있으면서 부정행위를 범한 사실을 알았지만, 친구를 불러 함께 술을 마시면서 우정을 나누었다. 그러자 그 친구가 기뻐하며 "사람들은 모두 하늘 하나가 있지만 나만은 하늘 둘이 있다[人皆有一天 我獨有二天]"라고 했다. 그러나 소장은 "옛 친구를 만나 술을 마시는 것은 사은(私恩)이요, 기주자사로서 사건을 처리하는 것은 공법(公法)이다."라고 말하고 그를 처벌했다는 고사에서 온 말이다.

시와 예를 닦은 옛 집 충효 행한 일[274]이 적힌　詩禮古家忠孝事
사또의 책상 위에 놓인 책을 막 보았네.　始看書在使君床

사또 자재 원중거[275]가 체직되어 돌아가기에 작별하며 1780년
【贈別元使君重擧子才遞歸 庚子】

유교 교화 흘러넘쳐 목천 고을에 가득하고　儒化洋洋滿木川
맑은 물 한 잔으로 가벼운 배 전송하네.　一盃淸水送輕船
수레 앞에 드러누워[276] 붙잡고픈 백성 마음　攀轅臥轍居民意
어진 원님 오 년만 더 머무시게 하고파라.　願挽賢侯更五年

---

274) 시와 …… 일 : 『대록지(大麓誌)』의 「인물(人物)」·「문예(文藝)」·「제영(題詠)」·「효자(孝子)」·「고사(古事)」 등에 유진한의 5대조 유활(柳活, 1576~1641)부터 유진한에 이르기까지 고흥유씨 집안 사람들의 행적이 자세히 들어 있는 것을 두고 한 말인 듯하다.

275) 원중거 : 원중거(元重擧, 1719~1790)의 본관은 원주(原州), 자는 자재(子才), 호는 현천(玄川)·손암(遜菴)·물천(勿川)이다. 그는 1750년(영조 26)에 생원이 되었으나, 10여 년간 실직(實職)을 제수 받지 못하다가 40세가 넘어서야 장흥고봉사(長興庫奉事)라는 종8품에 보임되었다. 이후 1763년(영조 39)에 계미통신사의 서기로 사행을 다녀왔고, 송라도찰방(松羅道察訪)·장원서주부(掌苑署主簿)를 지냈다. 이덕무(李德懋)·성대중(成大中)·박제가(朴齊家)·유득공(柳得恭)·홍대용(洪大容)·황윤석(黃胤錫)·남공철(南公轍) 등과 교유하였으며, 『해동읍지(海東邑誌)』의 편찬에 참여하였고, 1780년 6월 목천현감에 제수되어, 같은 해 12월까지 재임했다.

276) 수레 앞에 드러누워 : 수레가 가지 못하도록 수레바퀴를 붙잡는 것으로, 어진 수령을 유임시켜 달라고 청하는 것을 말한다. 동한(東漢)의 후패(侯霸)가 회양태수(淮陽太守)가 되었을 때 조정의 사신이 회양에 들어가자, 백성들이 수레 아래에 누워 수레바퀴를 잡고서 가지 못하게 하고는 후패를 1년 동안 더 유임시켜 주기를 청하였다.

유양원[277]의 시에 화운하여[278]

신축년(1781) 10월에 춘천에 사는 족종(族從) 양원 유인한이 와서 영밀공 할아버지의 사우[279]에 참배하고, 초정 제사[280]에 참례했다. 만화동으로 나를 찾아와 며칠간 정담을 나누다가 풍세[281]로 가서 족보를 중수하느라 섣달까지 머물면서 오언절구 15수를 보내왔기에 졸작이라는 것을 생각하지 않고 화운하여 보냈다.

辛丑十月, 春川族從柳寅漢(陽元)來謁英密公先祖祠宇, 仍叅初丁祀事, 來訪晩華, 數日情話, 轉往豊世, 重修族譜, 留至臘月, 寄示五絶十五, 忘拙和送.

빛난 공훈은 고려사에 드러났고 豊勳麗史著
높은 은전은 성조에 밝았어라. 崇典聖朝明
옛 사당엔 제사가 정성스럽고 古廟精禋禮
후손들은 영모의 정이 깊다네. 後孫永慕情

효의 근원 팔영산[282]서 비롯되어 孝源從八影
충절이 하늘[283]까지 닿았다네. 忠節揭三光
우리 집안 높고 크게 하셨으니 高大吾門戶
누대 쌓은 덕의 향기 전해오네. 留傳世德香

---

277) 유양원 : 양원(陽元)은 유인한(柳寅漢, 1722~1804)의 자(字)이다. 유인한의 본관은 고흥(高興), 호는 송고(松皐)이며, 유진한의 6대조 유몽표(柳夢彪, 1543~1616)의 장남인 유숙(柳潚, 1564~1636)의 5대손이다. 유진한은 유몽표의 셋째아들인 유활(柳活, 1576~1641)의 5대손이다.

278) 대본의 시제(詩題)는 아래 소서(小序)로 처리한 것인데, 너무 길기 때문에 제목을 임의로 뽑은 것이다.

279) 사우 : 영밀공(英密公) 유청신(柳淸臣, 1257~1329)의 사우(祠宇)는 충남 천안시 광덕면 매당리에 있는 충효사(忠孝祠)이다.

280) 초정 제사 : 매년 음력 10월 첫 번째 정일[丁日: 초정(初丁)]이 향사일이다.

281) 풍세 : 사우인 충효사(忠孝祠)가 있는 곳은 옛 천안군 원일면 당하리(堂下里: 현 천안시 광덕면 매당리)인데, 고려 때 풍세현(豊世縣)이 있었다가 폐현(廢縣)되었다. 광덕면 매당리는 현재의 천안시 풍세면과 바로 이웃해 있다.

282) 팔영산 : 원문의 팔영(八影)은 고흥유씨의 관향(貫鄕)인 고흥군(高興郡)에 있는 산 이름이다. 『여지도서(輿地圖書)』에는 '팔전산(八顚山)'이라고 적었다.

283) 하늘 : 원문의 삼광(三光)은 해[日]와 달[月]과 별[星]을 말한다.

달은 밝고 가을 강물 잔잔할 때　月露秋江淨
먼지 닦아 옛 거울[284]이 환해졌네.　塵磨古鏡明
원 조정의 장상공이 지은 글[285]에　元朝張相筆
바른 신하의 정상을 잘 그렸네.　善寫正臣情

목은이 지은 제문[286] 예스럽고　李誄文猶古
양촌이 지은 비문[287] 더 새롭네.　權銘序更新
그대가 쓴 성대한 업적을 보니　見君鋪盛績
좋은 글귀가 마음까지 전해주네.　佳句果傳神

풍성에다 의리장[288]을 지내며　豊城衣履葬

---

284) 옛 거울 : 원문의 "옛 거울[古鏡]"은 사람의 몸과 마음을 바르게 하는 표준이 되는 것을 말하는데, 거울[鏡]과 옛날[古]과 사람[人]으로써 거울삼는 것을 "삼경[三鏡]"이라고 한다.

285) 장상공이 지은 글 : 유청신이 1307년에 3년간 원나라에 머물고 있던 충렬왕을 귀국하게 해달라고 호소하자, 원나라 성제(成帝)가 '청신(淸臣)'이라는 이름을 내리고, 지제고(知制誥) 장상공(張相公)에게 이를 찬양하는 시를 짓게 했던 일을 말한다. 충효사(忠孝祠) 앞 묘정비의 비문 중에 그 시의 내용이 들어 있다. "성주께서 어진 재상 알아보시고, 친히 불러 옛 이름을 고치셨네. 천금을 잎새처럼 가벼이 여겨도, 한 글자가 무거워 헤아릴 수 없네. 달 밝고 가을 물결 고요한데, 묵은 때를 닦아내니 옛 거울이 밝아지네. 그대에게 바라노니 이 덕을 남겨, 후손들이 훗날 영광을 보게 하라[聖主知賢相, 親呼改舊名, 千金輕似葉, 一字重難衡, 月白秋江淨, 塵磨古鏡明, 願君遺此德, 孫後見孫榮]." 기구(起句)와 승구(承句)는 이 시를 원용한 것이다.

286) 제문 : 손자인 유탁(柳濯, 1311～1371)이 영밀공 유청신(柳淸臣)의 영정을 봉안하기 위해 지은 진종사(眞宗寺)의 낙성식(1366년)에 목은(牧隱) 이색(李穡, 1328~1396)이 지은 「진종사기(眞宗寺記)」를 말하는데, 『목은문고(牧隱文藁)』 권1에 실려 있다.

287) 비문 : 권근(權近, 1352～1409)이 지은 「고고려국문하시중유공탁신도비명병서(故高麗國門下侍中柳公濯神道碑銘竝序)」를 말하는데, 『양촌집(陽村集)』 권39에 실려 있다.

288) 의리장 : 1329년에 유청신(柳淸臣)이 원나라에서 세상을 떠난 후, 옷[衣]과 신발[履]로 시신을 대신하여 장례를 치렀던 것을 말한다.

군부인도 한 곳에 합장[289]했네.	同穴郡夫人
제수[290]를 나란히 진설하여	幷設蘋蘩莒
매년 시월 상순[291]에 제사하네.	每於十月旬
사신 가서 북녘 땅에 머무시다가	朝天曾滯北
돌아가시고도 고국에 못 오셨네.	捐舘未還東
영원토록 후손에게 한이 되니	永世遺孫恨
산은 깊고 물은 다함이 없네.	山深水不窮
시호를 영밀이라 칭하시고	徽謚稱英密
큰 공훈을 태상[292]에 기록했네.	偉勳紀太常
청고함이 화상[293]으로 남았으니	淸高遺像畵
옛 사당에 봉안하고 싶어라.	願奉古祠堂

289) 합장 : 옛 풍성현(豊城縣: 현 개성시 개풍군) 미륵산(彌勒山) 남쪽 진종사(眞宗寺) 서쪽 산등성이에 해주군부인(海州郡夫人) 해주오씨(海州吳氏)와 의리장(衣履葬)으로 합장(合葬)했다.

290) 제수 : 개구리밥과 마름풀[蘋蘩]은 마름과 흰 쑥으로, 변변찮은 물건이지만 정성을 다하면 제물(祭物)로 쓰이는 것을 가리킨다. 『춘추좌전(春秋左傳)』「은공(隱公) 3년」에 "진실로 마음이 광명하고 신의가 있으면, 시내나 못에서 자라는 수초(水草)와 부평이나 마름 같은 야채와, 광주리나 솥 같은 용기와 웅덩이나 길에 고인 물이라도, 모두 귀신에게 제물로 바칠 수 있고 왕공에게 올릴 수 있다[苟有明信, 澗溪沼沚之毛, 蘋蘩薀藻之菜, 筐筥錡釜之器, 潢汙行潦之水, 可薦於鬼神, 可羞於王公]"라고 한 데서 온 말이다.

291) 시월 상순 : 앞의 주) 280 참조.

292) 태상 : 태상(太常)은 태상시(太常寺)의 준말로, 조선시대 봉상시(奉上寺)의 별칭으로 쓰이는데, 봉상시는 종묘(宗廟)·사직(社稷)과 그 밖의 나라에서 지내는 제사를 관장하고, 시호(詩號)와 훈공(勳功)을 논의하여 정하던 관청이다. 그러나 원운(元韻) 제7수에 '기상(旂常)'이라고 했으므로, 여기서 태상(太常)은 왕의 깃발, 즉 해와 달을 그려 넣고 술을 12개 드리운 깃발을 뜻한다. 이 구절은 신하 가운데 국가에 공덕이 있으면 이 깃발에 적었던 데서 온 말이다. '기상(旂常)'에 대해서는 뒤의 주) 308 참조.

293) 화상 : 충효사(忠孝祠) 앞에 서 있는 묘정비(廟庭碑)에 따르면, 원나라 황제가 이사증(李師曾)에게 유청신(柳淸臣)의 화상 두 점을 그리게 하고 한림학사 조맹

사우에는 새 기와를 얹었고	祠屋新縫瓦
정려각[294]엔 옛 비석이 있다네.	旌閭舊刻碑
고려 조정 중신[295]의 음덕으로	前朝喬木蔭
후손에게 넉넉함[296]을 남기셨네.	留與後昆垂

한양에서 호남으로 가는 길	漢北湖南路
풍세 전장 옛날 역[297] 바로 옆	豊庄古驛傍
옛 터에서 성대를 생각하자니	遺墟思聖代
새로운 해 부상에서 솟아오르네.	新日上扶桑

시조께서 흥양에서 일어나셨으니	始祖興陽起
고향에다 사우를 세울 만한데	故鄉可建祠
풍세의 장원에 오가신 뒤로	豊庄來往後
자취가 이곳에 남아 있다네.	遺跡在於斯

우리나라 삼한의 겨레붙이로	東國三韓族

부(趙孟頫)에게 찬(贊)을 짓게 했는데, 그 가운데 한 점을 유청신의 손자인 유탁(柳濯)에게 주었다고 한다.

294) 정려각 : 천안시 광덕면 매당리에 있는 충효사(忠孝祠) 동쪽 약 100미터 지점에 있는 정려각을 말한다. 유청신(柳淸臣)과 그 후손인 유의신(柳義臣)·유홍우(柳興雨)·유연(柳淵)에게 내린 정려가 함께 있다.

295) 중신 : 원문의 교목(喬木)은 몇 대에 걸쳐서 크게 자란 나무라는 뜻으로, 여러 대에 걸쳐 경상(卿相)을 배출한 명가(名家)를 비유할 때 쓰는 말이다.

296) 넉넉함을 : 앞의 주) 63 참조.

297) 옛날 역 : 현재 충효사(忠孝祠)가 있는 천안시 광덕면 매당리는 옛 천안군 원일면 당하리(堂下里: 당깨울)로, 매당리에서 가장 큰 마을이다. 당깨울 앞 들에 고려 때 풍세현(豊世縣)의 읍치(邑治)가 있었고, 매당리 90번지의 논을 '옥거리[獄街]', 91번지의 논을 '네거리'라고 하는 것으로 보아, 이 부근에 옛 역이 있었을 것으로 추정된다. 조선시대에는 천안삼거리를 지나 차령(車嶺)으로 가는 역로가 현재의 연기군 소정면과 천안시 광덕면 행정리를 지났는데, 충효사는 조선시대 역로에서는 약 4.5km 거리에 있다.

중국에는 만류장[298]이 있다 하네.	中州萬柳庄
자손들을 찾아보게 하고파도	欲令尋世派
나라가 다르니 어찌 하리오.	其奈異封疆
정원의 홰나무[299]엔 길손이 쉬고	庭槐憩過客
사당 앞엔 초동들이 못 지나가네.	廟陌禁樵兒
충절이 북두처럼 빛이 나니	忠節懸星斗
사람들이 모두 다 우러르네.	人皆景仰之
중국에서 받들어 온 신주에는	神主自中國
왼쪽 옆에 효손[300]이라 썼더라네.	傍題以孝孫
제사는 장손이 지내야 하나	祀宜宗子奉
권도[301]로 고관이 모신 거라네.	權用顯官尊

298) 만류장 : 만류장(萬柳莊)은 버드나무 만 그루를 심었다고 하여 붙은 이름으로, '만류촌(萬柳村)'이라고도 했는데, 사실 만류장은 고흥유씨와는 아무 상관없는 유적이다. 광록경(光祿卿)을 지낸 이원(李瑗)이 은퇴하여 노년을 보낸 별장으로, 산해관(山海關) 서쪽에 있는 영평부[永平府: 현 하북성(河北省) 당산시(唐山市)]의 동문 밖에 있었다. 이곳은 북경으로 가는 사신들이 지나던 길목이었다. 「조경일록(朝京日錄)」을 쓴 김육(金堉, 1580~1658)이 1636년에 이곳에 들렀는데, 1630년에 만주족이 버드나무를 몽땅 찍어 버려 한 그루도 남은 것이 없고, 옛 저택과 높은 누각만 남아 있었다고 했다. 또 김창업(金昌業, 1658~1721)이 이곳을 찾았던 1713년에는 개울가에 버드나무 몇 그루만이 남아 있는 황무지로 변해 있었다고 한다.

299) 홰나무 : 송(宋)나라 병부시랑(兵部侍郎) 왕호(王祜)는 재상의 덕망이 있었는데, 직언(直言)을 하다가 끝내 재상이 되지 못했다. 그가 뜰에 홰나무 세 그루를 심고, "내 자손 가운데 반드시 삼공(三公)이 되는 이가 있을 것이다."라고 했는데, 아들인 왕단(王旦)이 재상이 되었다는 고사에서 온 말이다.

300) 효손 : 원문에서 '옆에 썼다[傍題]'는 것은 신주의 아래 왼쪽에 제사지내는 사람의 세대와 이름을 쓰는 것을 말한다. 제사 지내는 사람이 종자(宗子)가 아닐 경우에는 '효(孝)'라고 칭할 수 없고, 다만 '증손(曾孫)' 또는 '현손(玄孫)'이라고 칭해야 한다.

301) 권도 : 1337년 손자인 유탁(柳濯, 1311~1371)이 신주를 받들고 귀국했는데, 유

왕께서 연북으로 어가 돌리니	王旋燕北駕
공께선 초남관302)을 쓰셨다네.	公戴楚南冠
한스러운 건 충신의 절의가	最恨忠臣節
간교한 혀끝에 무함받은 것.	受誣巧舌端

전에 듣길 태조께서 꿈속에서	昔聞太祖夢
우리 공의 모습을 친견하시고	親見我公儀
치제하고 시호를 내리셨다니303)	致祭兼頒謚
슬픔과 영광304)이 다 성상 자애로다.	哀榮摠聖慈

원운(元韻)

훈업은 고려조에 위대했고	勳業前朝大
포장은 성대305)에 밝았어라.	褒揚聖代明

탁은 영밀공(英密公) 유청신(柳淸臣)의 다섯째아들인 유유기(柳有奇, 생몰년 미상)의 아들이기 때문에 한 말이다. 유탁은 장손이 아니었으므로 신주를 모시는 것이 예에 합당하지는 않지만, 당시 고관이었기 때문에 편의상 취한 방편이었다는 것이다.

302) 초남관 : 초남관(楚南冠)은 남방, 즉 초(楚)나라의 관을 뜻한다. 춘추시대 초나라의 악관(樂官)인 종의(鍾儀)가 진(晉)나라에 잡혀가서 갇혀 있었는데, 그는 그곳에서도 자기 고향인 초나라의 관을 쓰고 초나라의 음악을 탔다는 고사에서 온 말로, 여기서는 타국 땅(원나라)에 갇혔다는 의미이다. 1320년(충숙왕 7)에 원나라가 충선왕(忠宣王)을 토번(吐蕃) 땅에 유배시키자, 유청신이 원나라에 들어가 머물면서 구명 운동을 했다는 말이다.

303) 태조께서 …… 내리셨다니 : 권근이 지은 「고고려국문하시중유공탁신도비명병서(故高麗國門下侍中柳公濯神道碑銘竝序)」에 따르면, 1397년(태조 6) 겨울에 태조의 꿈에 유탁(柳濯, 1311~1371)이 나타나 그 아들 유습(柳濕, 1367~1439)에게 벼슬을 내려달라고 청했는데, 태조가 이를 이상히 여겨서 유탁에게 보국숭록대부고흥백(輔國崇祿大夫高興伯)을 추증하고, '충정(忠靖)'이란 시호를 내렸으며, 아들 유습(柳濕)의 관직을 올려주었다고 한다.

304) 슬픔과 영광 : 『논어(論語)』 「자장(子張)」에 "살아 계실 때에는 모두 영광스럽게 여기고, 돌아가셨을 때에는 애통해 한다[其生也榮, 其死也哀]"라고 한 데서 온 말이다. 여기서는 치제(致祭)하고 시호를 내려 사후에도 영광스럽게 해 준 것이 모두 임금의 은혜라는 뜻이다.

천 년 후 고풍스런 사당에 古祠千載下
사모하는 후손이 왔다네. 感慕小孫情

선조께서 다니시던 천년 옛터 杖屨千年址
사당에는 단청 빛깔 곱디곱다. 丹靑廟貌光
모습을 뵐 수 있을 것처럼 儀容如可拜
골짜기엔 향기가 남아 있네. 林壑有餘香

충과 효를 행하신 우리의 선조 忠孝吾先祖
정려[306] 내려 기리신 성상의 은혜. 旌褒荷聖明
기린이여 대체 어떤 자가 있어 麟兮何許者
함부로 바른 이를 무함하리오. 誣正任其情

목은의 제문[307]은 단청처럼 밝았고 牧誄丹靑皎
성상의 기림은 날로 달로 새로웠네. 聖褒日月新
선조의 평생 자취 믿을 만하니 信祖平生績
귀신에게 물어도 의심 없으리. 無疑質鬼神

아 우리 선조 덕이 높으사 猗歟吾祖德
자손이 만여 명이 된다네. 子姓萬餘人
제물 차려 조상을 받드는 예 籩豆奉先禮
매년 시월 상순에 올린다네. 孟冬每上旬

연북의 객사에서 돌아가시어 館舍捐燕北
의관만 우리 땅에 장사지냈네. 衣冠葬我東

---

305) 성대 : 성대(聖代)는 조선 왕조를 뜻한다. 조선시대에 포상(褒賞)하고 장려(獎勵)하는 은전이 내려졌다는 말이다.
306) 정려 : 앞의 주) 294 참조.
307) 목은의 제문 : 앞의 주) 286 참조.

영성에는 유묘가 남아 있으니 寧城遺廟在
제사가 영원토록 무궁하리라. 祀事永無窮

지위 높아 재상 벼슬 역임하셨고 位高居鼎鼐
공이 커서 기상[308]에 기록되었네. 功大著旂常
지금은 가문의 명성이 적막하니 家聲今寂寞
누가 나서 선대 유업을 이으려나.[309] 誰任肯構堂

사당의 오른쪽엔 정려가 있고 祠右旌閭在
정려 앞엔 오래된 비석이 있네. 閭前有古碑
백세토록 사모의 정이 간절하여[310] 百世羹墻慕
매만지자 눈물이 절로 흐르네. 摩挲淚自垂

분위기도 숙연한 상공의 사당 肅肅相公廟
역로 옆에 우뚝하게 서 있다네. 嶷然驛路傍
신물의 가호인 줄 정녕 알지니 定知神物護
상전벽해 되는 세월 지내왔다네. 閱歷幾滄桑

여계에는 복파묘[311]를 만들었고 濾溪伏波廟

308) 기상 : 기상(旂常)은 왕실의 깃발인데, 용의 형상을 서로 어긋나게 그린 것을 기(旂)라고 하고, 해와 달을 그린 것을 상(常)이라고 했다. 공신(功臣)의 업적을 여기에 기록하여 드러내 밝혔다.

309) 이으려나 : 원문의 긍구당(肯構堂)은 '긍구긍당(肯構肯堂)'과 같은 말로, 선조의 유업(遺業)을 이어 완성한다는 뜻이다. 『서경(書經)』「대고(大誥)」에 "아버지가 집을 지으려고 모든 방법을 강구해 놓았는데, 아들이 집터를 닦으려고도 하지 않는다면, 나아가 집을 얽어 만들 수가 있겠는가[若考作室, 旣底法 厥子乃不肯堂, 矧肯構]"라고 한 데서 온 말이다.

310) 간절하기에 : 원문의 갱장(羹墻)은 요(堯)임금이 세상을 떠난 후에 순(舜)임금이 요임금을 앙모(仰慕)한 나머지, 앉아 있으면 요임금이 담장[墻]에서 보이고, 밥 먹을 때는 국[羹]에서 보였다는 데서 온 말로, 선왕(先王)을 우러러 사모하는 것을 이른 말이다. 여기서는 선조(先祖)를 사모하여 못내 그리워하는 마음을 뜻한다.

금성에는 무후사[312]를 세웠다네.	錦城武侯祠
큰 공적을 사람들이 잊지 않으니	豊功人不忘
예로부터 참으로 이와 같았네.	從古固如斯
선조께서 후손에게 남기신 유업	吾祖貽孫業
지금은 강씨[313]들의 농장 되었네.	今爲姜氏庄
천운은 막혔다가 좋아지는 법	天運否而泰
언제나 옛 땅을 되찾으려나.	幾時復舊疆
어머니를 모시고 왜구 피할 때[314]	奉母避南寇
공은 겨우 열 살 먹은 아이였네.	公方十歲兒
적의 칼날 몸으로 막고 나서니	凶鋒身以蔽
도적들도 감동하고 불쌍해했네.	賊亦感憐之
왕을 따라 원나라로 가시던 날	從王入元日
손자[315]가 곁에서 모셨다네.	侍側有賢孫
구름과 물 천 년 동안 흰빛이었고	雲水千年白
곽분양[316]의 묘우는 우뚝하도다.	汾陽廟宇尊

---

311) 복파묘 : 복파묘(伏波廟)는 후한(後漢) 광무제(光武帝) 때 촉(蜀)을 공격하여 함락시키고 복파장군(伏波將軍)이 된 마원(馬援)의 사당이다.

312) 무후사 : 무후사(武侯祠)는 제갈공명(諸葛孔明)을 기리는 사당인데, 사천성(四川省) 성도시(成都市)에 있다. 원문의 금성(錦城)은 성도의 별칭이다.

313) 강씨 : 현 천안시 풍세면 풍서리 일대에 진주강씨(晉州姜氏)들이 대대로 살았다.

314) 왜구 피할 때 : 영밀공(英密公) 유청신(柳淸臣)이 아홉 살 되던 1266년에 남해안을 침범해온 왜구(倭寇)를 피해 고흥군에 있는 팔영산(八影山) 안양동(安養洞)에 있는 석굴(石窟)로 피난했다. 왜적이 칼을 빼 들고 달려드는데, 자신의 몸으로 모친을 가리며 대신 죽여 달라고 애원하자, 왜적도 그 효심에 감동하여 해치지 않고 물러갔다고 한다. 뒷날 이 사실이 임금에게 알려져 효아려(孝兒閭)를 내렸는데, 이 정려(旌閭)가 지금 충남 천안시(天安市) 광덕면(廣德面) 매당리(梅堂里) 충효사(忠孝祠) 옆에 있는 것이다.

315) 손자 : 1321년(충숙왕 8) 4월에 충숙왕(忠肅王)이 원나라에 들어가게 되었을 때

왕은 이미 고려로 돌아왔는데 王旣返東國
공은 어찌 타국에 머무셨을까. 公胡滯南冠
조정에선 참소하는 말이 많아 朝著饒讒舌
온갖 무함 갖가지로 난무했네. 構誣卽百端

영령의 밝으심이 남아 있어서 英靈存不昧
임금님 꿈[317]에 공이 나타나셨네. 宸夢見公儀
시호 내리고 관작 회복 해주시니 賜諡官仍復
저승에서 성상 은혜 입으셨네. 泉臺荷聖慈

권인첨[318]에게 부치다 1782년 정월 【寄權郞人瞻 壬寅元月】

겨우내 한유의 글 읽었단 말 들리더니 三冬消息讀韓文
은하수 같은 문장[319] 손에 나눠 쥔 듯하네. 雲漢天章手可分

유충신(柳忠臣)·원충(元忠) 등이 시종(侍從)했는데, 이 때 다섯째아들 유유기(柳有奇, 생몰년 미상)와 그 아들 유탁(柳濯, 1311~1711)이 함께 따랐던 것을 말한다.

316) 곽분양 : 원문의 분양(汾陽)은 안록산의 난을 평정하고, 토번(吐藩)을 무찔러 분양왕(汾陽王)에 봉해졌던 곽자의(郭子儀)를 가리킨다. 그는 당나라 최고의 공신으로서 영광을 누렸을 뿐만 아니라, 아들 여덟과 사위 일곱 명이 모두 입신·출세하여 장수와 번영의 상징이 된 인물이다. 유청신이 고려 조정에 세운 공훈으로 공신이 되었을 뿐만 아니라, 아들 일곱을 두어 복록을 누렸던 것을 두고 한 말이다. 여기서 '곽분양의 묘우'는 유청신의 사당인 '충효사(忠孝祠)'를 가리킨다.

317) 임금님 꿈 : 앞의 주) 303 참조.

318) 권인첨 : 이름과 자(字)의 관계로 보아 손녀사위 권엄(權儼, 1763~?)인 듯한데, 『안동권씨세보(安東權氏世譜)』에 자호(字號)를 밝혀놓지 않아 확인할 수 없다. 권엄의 본관은 안동(安東)이며, 권교언(權喬彦, 1730~?)의 아들로, 정유재란 때 고급사(告急使)로 명나라에 다녀온 길창군(吉昌君) 권협(權悏, 1542~1618)의 7대손이다. 그는 유진한의 장자인 유집(柳璂, 1731~1791)의 큰 사위인데, 1785년에 초배(初配)인 고흥유씨와 사별했다. 이 책 권3에 실린 「제문(祭文)」【七】은 유진한이 세상을 떠났을 때 권엄이 쓴 제문이다.

319) 은하수 같은 문장 : 『시경(詩經)』「대아(大雅)」 <역박(棫樸)>에 "찬란한 저 은

송궁한다 하기 전에 미숫가루 먼저 싣고[320]	語到送窮前糗載
부지런히 공부하여 낮을 이어 불 밝히네.[321]	業勤繼晷油膏焚
붓 앞에선 조주 바다 악어가 쫓겨 가고[322]	筆前潮海能驅鱷
책상머리 형산에 낀 구름이 곧 걷히리라.[323]	案右衡山倏捲雲
이 세상에 가장 슬픈 연과 조의 선비[324]이니	今世最悲燕趙士
나를 위해 망저군께 조문해야 마땅하리.[325]	爲吾宜吊望諸君

하수여, 밤하늘을 수놓았네[倬彼雲漢, 爲章于天]"라고 한 데서 온 말로, 글이 훌륭하다는 뜻이다.

320) 송궁한다 …… 먼저 싣고 : 한유(韓愈)의 「송궁문(送窮文)」은 자신을 곤궁하게 만든 다섯 궁귀(窮鬼), 즉 지궁(智窮)·학궁(學窮)·문궁(文窮)·명궁(命窮)·교궁(交窮)을 내쫓으려다 포기했다는 내용이다. 이 글에서 수레와 배를 마련하고 미숫가루와 양식을 실은 다음 궁귀(窮鬼)에게 떠나달라고 했다.

321) 불 밝히네 : 한유(韓愈)의 「진학해(進學解)」에 "기름을 태워 낮을 이어가면서, 항상 부지런히 힘써 해를 마치니, 선생의 학업은 근면하다고 이를 만하다[焚膏油以繼晷, 恒兀兀以窮年, 先生之業, 可謂勤矣]"라고 한 데서 온 말이다. 대본에는 "업근계귀전고분(業勤繼晷田膏焚)"이라고 했는데, '전(田)'은 '유(油)'의 오기(誤記)이므로 바로잡았다.

322) 조주 …… 쫓겨 가고 : 조주(潮州)는 지금의 광동성(廣東省) 조주시(潮州市)로, 헌종(憲宗)이 불골(佛骨)을 모신 것을 간하다가 한유가 좌천되었던 곳이다. 그곳 악계(惡溪)에 사는 악어가 가축을 마구 잡아먹자, 한유가 「제악어문(祭鱷魚文)」을 지어서 물에 던졌는데, 며칠이 지나자 그 물이 다 말라서 악어들이 그곳을 떠나 60리 밖으로 옮겨 갔다는 고사에서 온 말이다.

323) 형산에 …… 걷히리라 : <알형악묘수숙악사제문루(謁衡嶽廟遂宿嶽寺題門樓)>에, 한유가 형산(衡山)에 올랐을 때 구름이 끼어서 볼 수 없자 정성껏 기도했더니 운무(雲霧)가 걷혀 봉우리를 볼 수 있었다고 한 것을 두고 한 말이다.

324) 연과 조의 선비 : 한유(韓愈)의 <송동소남서(送董邵南序)>에 "연·조 지방에는 예로부터 뜻을 얻지 못해 비분강개하여 슬피 노래하는 선비들이 많다더군요[燕趙, 古稱多感慨悲歌之士]"라고 한 데서 온 말이다. 앞의 주) 198 참조.

325) 나를 …… 마땅하리 : 한유(韓愈)의 <송동소남서(送董邵南序)>에 "저를 대신해 망저군의 묘에 조문해 주십시오[爲我弔望諸君之墓]"라고 한 데서 온 말이다. 망저군(望諸君)은 전국시대(戰國時代) 연(燕)나라의 장수 악의(樂毅)의 봉호(封號)이다. 악의는 어질고 군사를 좋아하여 소왕(昭王) 때 상장군(上將軍)에 제수되어 연(燕)·조(趙)·초(楚)·한(韓)·위(魏) 다섯 나라의 군사를 이끌고 제(齊)나라의 70여 성을 함락시켜 창국군(昌國君)에 봉해졌다. 그러나 소왕이 죽은 후 혜

만화의 풍격이 사문을 일깨우니　　晩華風格起斯文
반폭에 담은 정신 흡사하게 그려냈네.　　半幅精神畫七分
화답할 땐 동파 시율 군센 줄을 잘 알아도　　和處果知蘇律勁
술 마실 땐 두보 시심 타오름과 같겠는가.　　飮時何似杜詩焚
국화꽃[326]은 삼청의 달 아래서 몇 번 폈나　　秋花幾發三淸月
속된 눈은 오색구름에 끝끝내 미혹됐네.　　俗眼終迷五色雲
백발의 큰 선비를 뉜들 아니 우러르랴　　白首宿儒誰不仰
지금의 제일로는 그대를 꼽는다네.　취헌[327]　　當今第一數夫君

지난 겨울에 처음으로 한유의 글 읽었더니　　前冬始讀退之文
은과 근[328] 두 글자를 조금 구별하게 됐네.　　二字銀根一半分
맑은 날엔 허랑하게 노는 것이 버릇이고　　淸晝浪遊猶舊習
깊은 밤엔 잠만 자니 기름 태워 공부하랴.　　深宵渴睡況膏焚
붓 놀리면 조주 악어 바다로 옮겨가고[329]　　筆驅潮鱷能移海

왕(惠王)에게 쫓겨서 조나라로 도망쳤는데, 조나라에서 그를 봉하여 '망저군(望諸君)'이라고 불렀다. 과거에 급제하지 못한 유진한 자신의 처지가 투사되어 있기도 하지만, 제자인 권엄(權㒞)이 부지런히 공부하여 벼슬길에 나아가기를 축원하는 말이기도 하다.

326) 국화꽃 : 원문의 가을꽃[秋花]은 국화를 가리키는데, 그 품성을 '만절향(晩節香)'으로 표현한다. '늦게 핀다'는 뜻이 만화(晩華)와 같아 취한 것으로 보인다.

327) 취헌 : 권엄(權㒞, 1763~?)의 부친인 권교언(權喬彦, 1730~?)의 호(號)인 듯한데, 『안동권씨세보(安東權氏世譜)』에 자호(字號)를 밝혀놓지 않아 확인할 수 없다. 대본에는 '우취헌(右醉軒)'이라고 썼는데, 원문에는 생략한다.

328) 은과 근 : 당(唐)나라 문장가 한유(韓愈)의 아들이 집현교리(集賢校理)의 벼슬에 있으면서 '금근거(金根車)'를 '금은거(金銀車)'로 고쳤다가 세상 사람들의 비웃음을 받았던 데서 온 말이다. 금근거는 황금으로 장식한 근거(根車)인데, 근거는 일반적인 왕의 수레를 범칭하기도 하지만, 자연적으로 둥글게 된 나무로 바퀴를 만든 수레를 뜻한다. 제왕에게 성덕(盛德)이 있을 때 근거가 나오므로 상서(祥瑞)로운 징조로 여겼다. 여기서 '은(銀)'과 '근(根)'의 차이를 안다는 것은 글을 아주 조금이나마 알게 되었다는 겸양의 말이다.

329) 붓 놀리면 …… 옮겨가고 : 앞의 주) 322 참조.

맘은 장해 연못 용이 구름을 안고[330] 날 듯. 心壯池龍欲擁雲
대로[331]여 연과 조의 선비들[332]을 한탄 마오 大老莫嘆燕趙士
바람이 곧 일어나 밝은 임금 만날 테니.[333] 권엄[334] 風期早晩遇明君

갑진년(1784) 겨울에 쓴 입춘첩【甲辰冬春帖】

얼음 풀리고 눈이 녹는 정월이 돌아오니 氷解雪消月建寅
만화의 큰 복으로 새해를 맞이하네. 晩華景福歲迎新
북산의 우공[335] 계획 아들에게 전하니 北山愚計傳兒子
남극의 밝은 별[336]은 노인을 비춰주네. 南極明星照老人

---

330) 용이 구름을 안고 : 한유(韓愈)의 「잡설(雜說)」에 "용이 기를 불어서 구름을 이루나니, 구름은 진실로 용만큼 신령하지 못하다. …(중략)… 그러나 용이 구름을 얻지 못하면, 그 영을 신령하게 할 수 없다[龍噓氣成雲, 雲固弗靈於龍也, …(중략)… 然龍弗得雲, 無以神其靈矣]"라고 한 데서 온 말이다.

331) 대로 : 대로(大老)는 『맹자(孟子)』 「이루 상(離婁·上)」에서 백이(伯夷)와 태공(太公)을 가리키던 말로, 덕과 명망이 높은 나라의 큰 어른을 뜻하는데, 여기서는 유진한에 대한 존칭이다.

332) 연과 조의 선비들 : 앞의 주) 198 참조.

333) 바람이 …… 테니 : 『주역(周易)』 「건괘(乾卦)」에 "구름은 용을 따르고 바람은 범을 따른다[雲從龍, 風從虎]"라고 한 데서 온 '풍운제회(風雲際會)'라는 말로, 명군(明君)과 양신(良臣)이 서로 만나는 것을 뜻한다. 여기서는 유진한에게도 뜻을 펼칠 기회가 올 것이라는 말이다.

334) 권엄 : 권엄(權𡺊, 1763~?)에 대해서는 앞의 주) 318 참조. 대본에는 '우권랑(右權郞)'이라고 썼는데, 원문에는 생략한다.

335) 우공 : 『열자(列子)』 「탕문(湯問)」의 우화에서 나온 고사성어 '우공이산(愚公移山)'에서 온 말이다. 북산에 사는 우공(愚公)이라는 노인이 자기 사는 곳을 가로막고 있는 태항산(太行山)과 왕옥산(王屋山)을 옮기려고 했는데, 하곡(河曲)의 지수(知叟)가 그 말을 듣고, 어리석은 짓 하지 말라며 말렸다. 그러자 우공이, "내가 하다가 죽으면 내 아들이 하고, 아들은 또 손자를 낳을 것이고, 그 손자는 또 아들을 낳을 것입니다. 그렇게 하다 보면 산이 더 높아질 이치는 없고 우리 자손은 끝이 없을 것이니, 못해낼 게 뭐란 말이오"라고 하였다. 이에 상제가 그의 성의에 감동하여 과아(夸蛾)를 시켜 두 산을 옮겨주었다고 한다. 여기서는 평생 과거에 응시했으나 끝내 급제하지 못했던 자신의 꿈을 아들이 대신 이루어주기를 바란다는 말이다.

이즈음 따뜻해 매화는 섣달을 지냈고 暖候此時梅過臘
지난밤 추위에 계수나무는 땔감 됐네.[337] 寒愁前夜桂爲薪
우리 집엔 매번 금년 경사가 있었는데 吾家每有今年慶
두 시냇물 먼저 울어 을사년 봄 알려주네. 霅澗先鳴乙巳春

국봉의 시에 차운하여[338] 1779년【次菊峰韻 己亥】

저무는 세월은 냇물처럼 흘러가니 晼晚光陰似逝川
때로 주역 보면서 가는 세월 점쳐보네. 時看羲易驗流年
경문의 묘한 이치 주의 성인[339] 생각나고 經文妙理思周聖
주석의 참된 공부 송의 현인[340] 떠오르네. 註釋眞工想宋賢
구슬은 돌려주고 궤짝만 사들이니[341] 還去蚌蛛徒買櫝

---

336) 남극의 밝은 별 : 수명과 장수를 맡은 별자리인 남극노인성(南極老人星)을 가리킨다. 앞의 주) 236 참조. 이 입춘첩은 유진한이 74세가 될 때 쓴 것이다.

337) 계수나무는 땔감 됐네 : 전국시대(戰國時代) 사람 소진(蘇秦)이 초(楚)나라를 떠나려고 하면서 "양식은 옥을 구하기보다 어렵고, 땔감은 계수나무보다도 구하기 어렵다[食貴于玉, 薪貴于桂]"라고 했다는 데서 온 말이다.

338) 이 시는 창작 순서대로 배열한 이 책의 편집 원칙에서 벗어나 있다. 국봉(菊峰) 남취흥(南就興, 1718~1780)에 대해서는 앞의 주) 229 참조.

339) 주의 성인 : 주(周)의 성인은 문왕(文王)·주공(周公)·공자(孔子)를 가리킨다. 『주역(周易)』은 복희씨(伏羲氏)가 팔괘를 만들고, 신농씨(神農氏)가 64괘를 나누었으며, 주(周)나라 문왕(文王)이 괘에 사(辭)를 붙여 『주역』이 이루어진 뒤에, 그 아들 주공(周公)이 효사(爻辭)를 지어 완성되었고, 여기에 공자(孔子)가 심오한 원리를 풀이한 십익(十翼)을 붙였다고 한다.

340) 송의 현인 : 송(宋)의 현인은 주돈이(周惇頤)·정이(程頤)·주희(朱熹)를 가리키며, 이 세 사람을 '삼현(三賢)'이라고도 한다. 주돈이(周惇頤)의 『태극도설(太極圖說)』, 정이(程頤)의 『역전(易傳)』, 주희(朱熹)의 『주역본의(周易本義)』는 모두 『주역(周易)』의 주석서(註釋書)인데, 이 가운데 우리나라에 가장 많은 영향을 준 것은 주희의 『주역본의』였다.

341) 구슬은 …… 사들이니 : 춘추시대(春秋時代)에 초(楚)나라 사람이 정(鄭)나라에서 구슬을 팔면서 겉을 화려하게 꾸민 상자에다가 구슬을 담아서 팔았는데, 정나라 사람이 옥을 담은 상자만 사 가고 안에 든 구슬은 되돌려주었다는 고사에서 온 말이다. 참으로 귀하게 여겨야 할 근본을 버려두고 말단만 좇는 현실을 비판한 말

거북등을 긁어본들 털방석이 될까보냐.[342]	刮來龜背豈成氈
음양의 묘한 이치 누구에게 물어볼까	陰陽奧理從誰問
남쪽 구름 바라보는 늙은이 눈 뚫어질 듯.	瞻望南雲老眼穿

구계 이사호의 시에 차운하여[343] 1785년 6월【次龜溪李士皞韻 乙巳六月】

진사 죽동 이인실,[344] 승지 석북 신성연[345]과는 모두 동갑인데, 편지와 시가 이 때 왔다[346]

竹東李進士仁實 · 石北申承旨聖淵, 皆同庚, 而簡與詩及此.

아침엔 죽동의 편지를 읽고	朝翫竹東簡
밤에는 석북의 시를 읊네.	夜吟石北詩

이다.

342) 거북등을 …… 될까보냐 : 소식(蘇軾)의 시 <동파팔수(東坡八首)>에 "거북의 등에서 털을 긁어모아 봤자, 어느 때에 털방석을 만들 수 있으랴[刮毛龜背上, 何時得成氈]"라고 한 데서 온 말로, 아무리 해봤자 헛수고만 할 뿐 보람이 없다는 뜻이다.

343) 안정복이 편찬한 목천읍지(木川邑誌)인 『대록지(大麓誌)』 「문예(文藝)」조의 이세열(李世烈, 1712~1786)에 대한 기사에 아래의 원운을 그의 작품으로 소개하면서 이 시와 나란히 실어 놓았다. 이세열의 본관은 한산(韓山)으로, 토정(土亭) 이지함(李之菡, 1517~1578)의 후손이다. 사헌부 지평 이만(李滿, 1660~1730)의 손자이며, 통덕랑 이용등(李龍登, 생몰년 미상)의 계자(系子)로, 생부는 이선등(李先登, 1691~1774)이다. 한산이씨로는 처음으로 목천현(木川縣) 북면(北面)에 터를 잡은 사람인데, 일찌감치 과거공부를 그만두고, 바둑과 술을 즐겼다고 한다.

344) 이인실 : 이인실(李仁實, 1712~?)의 본관은 전주(全州), 호는 죽동(竹東)이다. 권3의 「만사(輓詞)」【2】를 지었다.

345) 신성연 : 성연(聖淵)은 신광수(申光洙, 1712~1775)의 자(字)이다. 신광수의 본관은 고령(高靈), 호는 석북(石北)·오악산인(五嶽山人)이다. 1750년(영조 26)에 진사가 되었고, 1772년(영조 48) 기로과(耆老科)에 장원하여 돈녕부도정(敦寧府都正)·우승지·영월부사를 역임하였다. 특히 과시(科詩)에 능했고, <등악양루탄관산융마(登岳陽樓歎關山戎馬)>·<관서악부(關西樂府)>가 유명하다.

346) 권3 「연보(年譜)」에는 유진한이 74세이던 1785년(정조 9) 6월에 이인실(李仁實)·신광수(申光洙)·이세열(李世烈)과 함께 복구정(伏龜亭)에서 노닐며 시를 수창(酬唱)했다고 적었다. 그런데 신광수(申光洙, 1712~1775)가 1775년 4월 26일에 세상을 떠났으므로 「연보」와 이 시에서 밝힌 창작시기는 맞지 않는다.

삼복중에 동갑친구 지은 시가　三庚庚友韻
유월 달이 뜰 적에 온 거라네.　六月月來時
촛불 그림자 무심히 비추는데　燭影無心照
바둑돌 소리 귓가에 들려오네.　碁聲有耳知
구계가 유수곡[347]을 노래하니　龜溪流水曲
그대 시에 화답 늦어 부끄러워라.　慚我和君遲

원운(元韻)

동녘에 달뜨기를 기다리며[348]　坐待東來月
벌목시[349]를 소리 높여 노래하네.　高歌伐木詩
높은 산 너른 물[350] 십여 리 길에　峨洋餘十里
구름과 나무[351] 보면 항상 그리워.　雲樹憶三時
촛불 잡은 그대가 왜 바쁜지　秉燭君何苦
바둑에 빠진 내가 알고말고.　潛碁我自知

---

347) 유수곡 : 유수곡(流水曲)은 '고산유수곡(高山流水曲)' 또는 '아양곡(峨洋曲)'이라고도 하는 거문고 곡조명이다. 춘추시대 사람인 백아(伯牙)가 거문고를 타면서 높은 산[高山]을 생각하자 종자기가 "높디높기가 마치 태산과 같구나[峨峨兮若泰山]"라고 하고, 또 흐르는 물[流水]에 뜻을 두자 "넓디넓기가 마치 강하와 같도다[洋洋兮若江河]"라고 했다는 고사에서 유래했다.

348) 기다리며 : 『대록지(大麓誌)』에는 "홀로 동녘 달뜨기를 기다리며[獨待東來月]"라고 썼다.

349) 벌목시 : '벌목시(伐木詩)'는 친구를 그리워하는 마음을 담은 시로, 친척과 벗들을 모아 놓고 잔치를 할 적에 부르는 노래이다. 『시경(詩經)』「소아(小雅)」 <벌목(伐木)>에 "저 새를 보니, 새도 벗을 부르는데, 하물며 우리 사람들이 벗을 찾지 않을쏘냐[相彼鳥矣, 猶求友聲, 矧伊人矣, 不求友生]"라고 하였다.

350) 높은 산 너른 물 : 앞의 주) 347 참조.

351) 구름과 나무 : '구름'과 '나무'는 멀리 떨어진 곳에서 지우(知友)를 그리워할 때 쓰는 시어(詩語)이다. 두보(杜甫)의 시 <춘일억이백(春日憶李白)>에 "위수 북쪽 봄날의 나무요, 장강 동쪽 해질녘 구름이로다. 언제나 한 동이 술을 두고서, 우리 함께 글을 자세히 논해 볼까[渭北春天樹, 江東日暮雲, 何時一樽酒, 重與細論文]"라고 한 데서 온 말이다.

동갑 친구 다들 함께 늙어가는데 同庚同老朽
시름겨워 벗들 모임[352]에 늦으시나. 愁絶盍簪遲

스스로를 조롱하며〖自嘲〗

삼십여 년 허랑하게 떠돌며 지냈으니 三十餘年謾浪遊
조선 땅 천지에서 한심한 풍류였네. 大東天地拙風流
경서 읽는 서당에선 아이 적부터 게을렀고 經書講舍從兒懶
쌀과 땔감[353] 없는 부엌 아내 근심[354] 안겨줬네. 桂玉寒廚任婦愁
팍팍한 삶 가련하다 시축엔 시 가득해도 苦業自憐詩滿軸
주머니가 비었으니 술도 많이 못 마시네. 空囊其奈酒多籌
아우[355]는 붓 던지며 자주 나를 조롱하네 季方投筆頻嘲我
만리후에 봉해진 건 범 머리 상[356] 때문이오. 萬里封候在虎頭

---

352) 벗들 모임 : 『주역(周易)』「예괘(豫卦, ䷏)」구사(九四)의 효사(爻辭)에 "구사는 자기 때문에 즐거워하므로 크게 얻는 것이 있으니, 의심하지 않으면 벗들이 모여들 것이다[九四, 由豫, 大有得, 勿疑, 朋盍簪]라고 한 데서 온 말이다. 왕필(王弼)의 주(注)에 "합(盍)은 모임[合]이고, 잠(簪)은 빠르다[疾]는 뜻이므로, 여러 친구들이 빨리 와서 모이는 것을 이른다."라고 하였다.

353) 쌀과 땔감 : 앞의 주) 337 참조.

354) 아내 근심 : 두보(杜甫)의 시 <병적(屛跡)>의 세 번째 수에 "아이 때부터 게을러 배움을 놓쳐, 늘 가난하니 아내의 시름 안겨줬네[失學從兒懶, 長貧任婦愁]"라고 한 데서 온 말이다.

355) 아우 : 한(東漢) 때 사람 진기(陳紀)는 자(字)가 원방(元方)이었고, 동생인 진심(陳諶)은 자(字)가 계방(季方)이었는데 모두 현명하였으므로 '난형난제(難兄難弟)'라는 고사성어가 생겼다. 여기서 유래하여 '계방'은 아우를 가리키는 말로 쓰인다.

356) 범 머리 상 : 후한(後漢) 때 한 관상쟁이가 반초(班超)에게, "그대는 제비의 턱에 범의 머리라 날아서 고기를 먹는 상이니, 이는 곧 만리후에 봉해질 상이오[燕頷虎頭, 飛而食肉, 此萬里侯相也]"라고 했다. 집안이 가난했던 반초는 관청에서 글품을 팔아 연명했는데, "대장부가 별다른 지략이 없으면, 그래도 부개자(傅介子)나 장건(張騫)처럼 이역(異域)에서 공을 세워 봉후(封侯)가 된 일이라도 본받아야 할 것이다."라고 하고, 붓을 던지고[投筆] 나가, 서역(西域)의 50여 나라를 평

조롱에 해명하여357) 【解嘲】

예로부터 문장이란 장유에서 나왔으니	從古文章在壯遊
반백의 서생 또한 재주만은 걸출하지.	二毛措大亦英流
일찌감치 공부해서 애가 글을 잘 읽으면	學須早就兒能讀
어찌 늘 가난할까 여보 걱정 하지 마오.	家豈長貧婦莫愁
지금은 시를 빼면 모두 천한 일이니	今世除詩皆賤業
근래엔 하릴없이 술이나 마실 밖에.	近來惟酒是良籌
새해에 꾼 길몽으로 마음을 달래나니	新年吉夢寬心事
계화와 연꽃이 내 머리에 빛나리라.358)	桂萼蓮葩耀我頭

아들 림359)**이가 나갔다가 나무꾼 아이가 진흙 구덩이에 빠진 것을 보자 즉시 부축해 일으켰다는 말을 듣고 느낀 바가 있어서**

【聞琳子出見樵兒伏泥溝, 卽時扶起, 感吟】

깊은 도랑에 거꾸러진 나무지고 가던 아이	深溝倒臥負薪兒
엉금엉금 기는 것이 샘에 빠질 애360) 같았네.	匍匐依然入井時
마른 땅에 파닥이는 붕어 아니 가련하랴	處涸堪憐搖尾鮒
진흙탕에 빠진 꼴이 목 움츠린 거북이라.	沒泥還似縮頭龜

정하는 큰 공훈을 세워 서역도호(西域都護)가 되고 정원후(定遠侯)에 봉해졌던 데서 온 말이다. 유진한이 부귀하게 될 관상을 타고나지 못했다고 동생이 놀렸다는 말이다.

357) 이 시는 앞의 <자조(自嘲)>와 같은 운(韻)을 썼다.

358) 계화와 …… 빛나리라 : 과거에 급제할 것이라는 말이다.

359) 아들 림 : 유림(柳琳, 1760~1827)의 자는 계헌(季獻), 호는 인당(忍堂)으로, 유진한의 넷째아들이다. 태어난 해가 권3 「연보(年譜)」에는 1759년(영조 35)으로 되어 있는데, 여기서는 『고흥유씨세보(高興柳氏世譜)』에 따라 영조 경진년(1760)으로 표기했다.

360) 샘에 빠질 애 : 『맹자(孟子)』 「공손추 상(公孫丑·上)」에 나오는 비유에서 온 말로, 어린아이가 우물에 빠지려는 것처럼 위태로워 보여서 측은지심(惻隱之心)을 불러일으켰다는 뜻이다.

흙이 점점 무너질 때 손 내밀어 붙들어서 手扶漸漸將崩土
끊어지려 하던 명줄 계속 잇게 해주었네. 命續綿綿欲絶絲
아느냐 네 어진 맘 죽을 목숨 구한 줄을 知爾仁心能救死
백성들을 도탄에서 건져냄도 이렇단다. 濟民塗炭亦如斯

삼월 삼십일에 아우내를 지나다가 우연히 짓다 1788년
【三月三十日, 過幷川偶題 戊申】

아흔 날 봄빛도 저물어 가는 이 때 九十韶光欲暮天
청려장 부여잡고 아우내를 건너가네. 强扶藜杖渡幷川
내일도 봄날이게 할 수만 있다면야 若將明日爲春節
쇠약한 늙은이도 다시 소년 되련마는. 庶望衰翁更少年

괴산에서 치른 감시의 방이 난 후에 느낀 바가 있어서 1788년 가을
【槐山監試榜後感吟 戊申秋】

소년들만 죄다 뽑고 늙은이는 버려두니 盡取少年棄老生
조화옹은 무슨 일로 내 인생에 야박할까. 化翁何事薄吾生
가련하다 시인의 뼈 청산의 무덤 되면 自憐詩骨靑山塚
원기 서려 봄바람에 풀도 나지 않으리라. 寃氣春風草不生

병중에 아들 력[361]이가 보내온 약물을 보고 【病中見瓅兒送藥物】

남방의 약물이 내 몸을 다 부지하니 南方藥餌摠扶吾
가을바람 불기 전에 어서 병을 낫고파라. 不待秋風病欲蘇

361) 아들 력 : 유력(柳瓅, 1741~1799)의 자는 맹명(孟明), 호는 용곡(龍谷)이다. 유진한의 둘째아들로 태어나, 족숙(族叔) 유지한(柳祉漢, 1715~1777)의 계자(系子)가 되었다. 유지한은 유진한의 5대조인 유활(柳活, 1576~1641)의 종형(從兄) 유광(柳洸, 1562~1620)의 5대손이다. 전라도 고산현(高山縣: 현 전북 완주

죽력[362]을 섞어 넣은 맑은 꿀 담은 그릇　竹瀝和來淸蜜器
솔잎주를 다려낸 연금하는 화로에다　松醪煎出鍊金爐
정신을 번쩍 나게 해주는 빙어회와　精神發動氷魚膾
맛이 서로 잘 어울린 석합으로 만든 요리[363]　氣味相須石蛤需
평지 길도 걷기 힘든 비쩍 마른 다리라서　瘦脚平途難步出
부모 먹일 까마귀가 숲에 온 걸 누워 듣네.　臥聞反哺在林烏

석우[364]에 사는 첨지 김시원에게 안경을 보내며

【贈石隅金僉知時元送眼鏡】

머리 빠지니 시벗들이 끊어지고　髮短詩朋絶
귀 먹으니 얘기 나눌 이도 없네.　耳聾語客踈
눈마저도 안경 따라 가버리니　眼精隨鏡去
다시 낮에 책 보기도 어렵겠네.　難復晝看書

병중에 회포를 달래며 1788년 겨울【病中遣懷 戊申冬】

한 번 든 병 지리하여 구 년 세월 보냈건만　一病支離度九年
죽지도 아니하고 새해가 다가오네.　又何不死近新年
하늘이 해묵은 병 낫게 하려 하심인지　皇穹欲使沈痾療
우리나라 대경년[365]을 쾌히 보게 하는구나.　快見吾東大慶年

군 고산면 일대)에 살았다.

362) 죽력 : 죽력(竹瀝)은 푸른 대쪽을 불에 구워서 받은 진액으로, 성질이 차가워 열담(熱痰)이나 번갈(煩渴)을 치료하는 데 쓰는 약재이다.

363) 요리 : 원문의 '수(需)'는 '음식'을 뜻한다. 『주역(周易)의 「수괘(需卦, ䷄)」에 "구름이 하늘로 올라가는 것이 수괘이니, 군자가 이것을 보고서 음식을 만들어 먹으며 즐긴다[雲上於天, 需, 君子以飮食宴樂]"라고 했는데, 수괘(需卦)는 구름을 상징하는 감(坎: ☵)과 하늘을 상징하는 건(乾: ☰)이 합해진 괘로, 음식을 만들 때 김이 피어올라 하늘로 올라가는 모양이기 때문이다.

364) 석우 : 석우(石隅)는 옛 천안군(天安郡) 소동면(小東面) 석우리(石隅里), 현 천

우연히 읊다 〖偶吟〗

뒤에는 명산 있고 앞에는 대천이니	後有名山前大川
필경하는 사람에겐 벼루가 밭이라네.	筆爲耕者硯爲田
찬 부뚜막 곳곳마다 땔감[366] 없어 근심하고	寒廚處處愁薪桂
목마른 꿈 집집마다 샘물 먹고 즐긴다네.	渴夢家家樂飮泉
골짜기엔 여염집이 다닥다닥 붙어 있고	洞陜閭閻紛撲地
숲이 열려 나무들은 하늘을 찌를 듯.	林開樹木欲叅天
문을 나서 지팡이 짚고 마을 풍경 바라보니	出門倚杖觀村色
해질 무렵 서쪽 집엔 저녁연기 피어나네.	日暮西隣起夕烟

만화헌 마을 이름이 예전에는 만화(萬花)였는데, 지금은 만화(晩華)로 고쳤다

〖晩華軒 村名舊稱萬花, 今改以晩華〗

푸른 솔이 우리 집에 그늘을 드리워서	松檜蒼蒼蔭我家
늘그막의 세월은 봄꽃보다 더 낫다네.	暮年光景勝春花
찬 창에서 해맑은 매화꽃을 바라보고	寒窓淡色看梅蘂
옛 정원서 향기 맑은 국화꽃을 사랑하네.	老圃淸香愛菊葩
눈이 와도 꼿꼿한 대 병풍 그림 마음 나누고	畫障論心凌雪竹
서리에도 푸른 갈대[367] 시경 시 뜻 생각하네.	詩經思義帶霜葭

안시 풍세면 두남리 돌모루[石隅]를 가리킨다.

365) 대경년 : 대경년(大慶年)은 나라에 큰 경사가 있는 해라는 뜻이다. 나라에 경사가 있으면, 특별히 과거를 실시했으므로, 그에 대한 기대를 드러낸 것이다.

366) 땔감 : 앞의 주) 337 참조.

367) 서리에도 푸른 갈대 : 『시경(詩經)』「진풍(秦風)」 <겸가(蒹葭)>에 "긴 갈대 푸르른데, 흰 이슬이 서리가 되었네. 저기 바로 저 사람이 물 저편에 있네. 물길 거슬러 올라 따르려 해도, 길이 막히고 멀기도 하네. 물길 따라 내려가 따르려 해도, 완연히 물 가운데 계시네[蒹葭蒼蒼, 白露爲霜, 所謂伊人, 在水一方, 遡洄從之, 道阻且長, 遡游從之, 宛在水中央]"라고 한 데서 온 말이다. 이 시는 어진 사람을 만나려고 애를 써도 끝내 만나지 못하는 것을 아쉬워하여 부른 노래이다.

못의 연꽃 산의 계화 가을 되어 다퉈 피면 池蓮山桂秋爭發
그 후에야 뜨락에 핀 철 늦은 꽃[368] 알게 되리. 然後門庭驗晚華

서리 맞은 갈대가 시들지 않고 푸른 것은 변함없는 지조를 비유한다. 자신을 알아 주는 어진 사람을 만나고 싶은 마음을 표현한 것이다.

368) 철 늦은 꽃 : 만화(晩華) 유진한 자신을 비유한 말이다.

만화집 권지이

【晩華集 卷之二】

시 〖詩〗

천장 이규석[1]에 대한 만사 20운, 1746년 겨울

〖輓李奎錫天章 二十韻 丙寅冬〗

황국 피어 청등 아래 밤늦도록 얘기할 때　黃菊青灯夜話時
그대 올해 한양에서 지은 시를 읽어봤지.　見君今歲洛陽詩
위부인[2]을 울렸던 왕희지의 필법이요　衛夫人哭羲之筆
하지장[3]이 칭송했던 이태백의 시 같았네.　賀老翁稱白也詩
강하의 재명[4]은 나날이 높아갔고　江夏才名隨日就
금낭[5]에 담던 글은 거문고 줄 끊게 했지.　錦囊文軸碎琹貽
나일 잊고 기뻐하며 금란계를 맺었고　忘年喜托金蘭契
술 마시며 옥수 자태 흐뭇하게 바라봤네.　對酒欣瞻玉樹姿

---

1) 이규석 : 이규석(李奎錫, 1721~1746)의 본관은 한산(韓山), 자는 천장(天章)이며, 진사 이사엄(李思儼, 1701~?)의 아들이다. 이사엄은 유진한이 젊은 시절에 시를 배웠던 사람이다. 이규석은 당시 청주목(淸州牧) 가좌동(跏坐洞), 현재의 충북 청원군 오창읍 가좌리에 살았는데, 유진한이 살았던 천안시 병천면 용두리 만화마을에서는 약 6km 거리인 곳이다.

2) 위부인 : 위부인(衛夫人)은 진(晉)나라 사람 위관(衛瓘)의 딸이며, 이구(李矩)의 아내로, 이름은 삭(鑠), 자는 무의(茂猗)이다. 종요(鍾繇)의 필법을 전수받아서 예서(隸書)와 정서(正書)를 잘 썼는데, 왕희지(王羲之)·왕헌지(王獻之)가 모두 그에게서 글씨를 배웠다.

3) 하지장 : 하지장(賀知章)은 당(唐)나라 현종(玄宗) 때 비서감(祕書監)·예부시랑(禮部侍郎)을 지냈던 사람으로, 이태백(李太白)을 추켜올려 '적선(謫仙)'이라고 일컬었다. 이백의 시 <대주억하감(對酒憶賀監)>에 "장안에서 한 번 만나고는, 나를 귀양온 신선이라 불렀지[長安一相見, 呼我謫仙人]"라고 하였다.

4) 강하의 재명 : 진(晉)나라 강하(江夏) 사람인 맹가(孟嘉)는 젊었을 때 재명(才名)이 있어서 태위(太尉) 유량(庾亮)이 강주(江州)를 다스릴 때 그의 종사관이 되었고, 나중에 정서대장군(征西大將軍) 환온(桓溫)의 참군(參軍)이 되어 남다른 풍류와 문장으로 사랑 받았다. 여기서는 이규석(李奎錫)을 맹가에게 견준 것이다.

5) 금낭 : 금낭(錦囊)은 27세에 요절한 당(唐)나라 때의 시인 이하(李賀)가 명승지를 유람하면서 시를 지어 비단 주머니에 담았던 고사에서 온 말이다.

사마상여 지은 글은 양득의를 만났고[6]	司馬賦辭楊意遇
소노천의 가문은 소동파가 보전했네.[7]	老泉門戶子瞻持
겨울 되면 다시 한 번 만나볼까 여겼더니	重逢擬做三冬會
영결을 하게 되니 만고 이별 돼버렸네.	永訣因成萬古離
왕발 운명 기구해도 하늘이 안 도왔고[8]	王勃命奇天不助
안연이 단명하니 이치 알기 어려워라.[9]	顔淵壽短理難知
홍안의 홀로된 부인 거울 보며 눈물짓고	孤鸞鏡裡紅顔泣
백발의 늙으신 부모 고당에서 슬퍼하네.	老鶴堂中白髮悲
천상 누각 새로 지어 지금 그댈 불러가니[10]	天上新樓今喚子
강남의 한가한 달 다시 뉘게 보낼까.	江南閑月更輸誰
낭성의 거벽[11]과 오래도록 얘기하고	琅城巨擘長時說

---

6) 사마상여가 …… 만났고 : 원문의 사마(司馬)는 한(漢)나라 때의 사마상여(司馬相如)이고, 양의(楊意)는 양득의(楊得意)를 가리킨다. 사마상여는 같은 촉(蜀) 지역 출신인 양득의가 <자허부(子虛賦)>를 무제(武帝)에게 올린 것이 계기가 되어 문재(文才)를 높이 인정받았다.

7) 소노천의 …… 보전했네 : 원문의 노천(老泉)은 북송(北宋)의 문학가 소순(蘇洵)의 호(號)이고, 자첨(子瞻)은 그의 큰아들 소식(蘇軾)의 자(字)이다. 소식은 소철(蘇轍)의 형으로, 대소(大蘇)라고도 불렀으며, 호는 동파(東坡)이다.

8) 하늘이 안 도왔고 : 「등왕각서(滕王閣序)」로 유명한 당(唐)나라 초기의 시인 왕발(王勃)이 교지령(交趾令)에 좌천된 아버지에게 가려고 남해(南海)를 건너가다가 27세의 나이에 물에 빠져 죽은 것을 두고 한 말이다.

9) 이치 알기 어려워라 : 『논어(論語)』「옹야(雍也)」에 "어진 사람은 오래 산다[仁者壽]"라고 했는데, 공자(孔子)가 가장 아끼던 제자인 안회(顔回)가 32세에 죽은 것을 두고 한 말이다.

10) 천상 …… 불러가니 : 당(唐)나라 때의 천재 시인 이하(李賀)는 27세에 요절했는데, 그가 죽을 때 천상에서 붉은 옷을 입은 사람이 붉은 용을 타고 내려와서, "상제(上帝)가 백옥루를 완성하고, 지금 그대를 불러다가 기문(記文)을 짓도록 명하셨다"라고 하고 데려갔다는 전설에서 온 말이다.

11) 낭성의 거벽 : 망자 이규석(李奎錫)의 아버지인 이사엄(李思儼, 1701~?)을 가리킨다. 권3에 실린 「행록(行錄)」【4】에 따르면, 이사엄은 당시 이 일대에서 시로 독보적인 존재였다고 하는데, 유진한도 젊은 시절에 그에게서 시를 배웠기 때문에 이처럼 말한 것이다. 낭성(琅城)은 충북 청주(淸州)의 옛 이름이다.

은석사[12]서 공부한 일 한 조각 꿈결 같네.	銀寺同硏片夢疑
기개는 일찌감치 고사들을 넘어섰고	氣槩已超高士輩
문장은 황천 사람 스승 됨직 하여라.	文章將作泉人師
수천의 시와 예는 기러기 발자국[13] 돼버렸고	三千詩禮泥鴻跡
이십 년 세월은 말이 틈새 지나간 듯.[14]	二十光陰隙馬馳
봄 햇살에 난초는 싹도 미처 못 틔웠고[15]	春日芳蘭芽未吐
가을바람에 좋은 약도 병을 낫게 못했네.	秋風良藥病難醫
애 끊어진 지극한 한 슬픈 원숭이 눈물이고	斷腸至恨哀猿淚
눈길 닿는 유고는 다 죽은 표범 가죽[16]일세.	觸目遺篇死豹皮
가의[17]는 소년으로 재주를 못 펼쳤고	賈誼少年才未試

---

12) 은석사 : 은석사(銀石寺)는 옛 목천현 은석산(銀石山: 현 천안시 북면 은지리)에 있던 절이다. 유진한이 살았던 만화리에서 약 8㎞ 거리에 있는데, 젊은 시절 벗들과 함께 공부했던 곳이다. 권1의 주) 80 참조.

13) 기러기 발자국 : 기러기의 발자국[泥鴻跡]은 소식(蘇軾)의 시 <화자유민지회구(和子由澠池懷舊)>에 "인생살이 이르는 곳 무엇과 같을까, 나는 기러기가 눈 녹은 진흙 밟는 것과 같네. 진흙 위에 우연히 자취를 남겼어도, 기러기가 날아가면 어찌 동서를 헤아리랴[人生到處知何似, 應似飛鴻住雪泥, 泥上偶然留指爪, 鴻飛那復計東西]"라고 한 데서 온 말로, 아무 흔적도 없이 사라져 버린 사물처럼 덧없는 인생을 비유한다.

14) 말이 틈새 지나간 듯 : 말이 틈새를 지나간다는 것은 세월이 빨리 흐르는 것을 비유하는 말이다. 『장자(莊子)』「지북유(知北遊)」에 "사람이 천지간에 살아가는 것은 마치 흰 망아지가 틈을 지나가는 것과 같다[人生天地之間, 若白駒過隙]"라고 한 데서 나왔다.

15) 난초는 …… 틔웠고 : 망자(亡者)는 26세의 젊은 나이에 세상을 떠났는데, 후사를 남기지 못한 듯하다. 이규석의 계자(系子)인 이원재(李遠載, 1742~?)는 그의 중부(仲父)인 이사항(李思沆, 1693~1771)의 손자로, 생부는 이규현(李奎顯)이다.

16) 표범 가죽 : 송(宋)나라 사람 구양수(歐陽修)가 지은 「왕언장화상기(王彦章畫像記)」에, "공은 본래 무인으로 글을 알지 못했으나, 그 말이 질박하여 평생 사람들에게 말하기를, '표범은 죽어서 가죽을 남기고, 사람은 죽어서 이름을 남긴다'고 했다[公本武人, 不知書, 其語質, 平生嘗謂人曰, 豹死留皮, 人死留名]"라고 한 데서 유래하여, 아름다운 이름을 죽은 후에 남기는 것을 비유하는 말이다.

17) 가의 : 한(漢)나라 때의 천재 문사(文士) 가의(賈誼)는 33세에 세상을 떠났다.

등유[18]는 후사 없어 세인들이 탄식하네. 鄧攸無嗣世堪咨
이승에는 교분 맺은 정겨운 이[19] 남아 있고 人間交誼餘青眼
지하서도 서로 따를 뛰어난 이 있으리라. 地下追隨有白眉
애석해라 규성[20]이 광채를 잃었으니 可惜奎星淪寶彩
들보의 달[21] 바라보다 그대 본 듯 놀란다네. 忽驚樑月對淸儀
친구들은 부음 듣고 탄식하며 슬퍼하고 親朋聞訃皆嗟悼
길 가던 모르는 이도 눈물 줄줄 흘리네. 行路無知亦涕洏
남은 눈 저녁 구름에 해로가[22]가 구슬프고 殘雪暮雲悲薤露
높은 산 흐르는 물[23] 거문고 줄 끊겼구나.[24] 高山流水斷琴絲

---

18) 등유 : 진(晉)나라 때 하동태수(河東太守) 등유(鄧攸)가 석늑(石勒)의 병란 때 아들과 조카를 데리고 피난하다가 둘을 모두 보호할 수 없게 되자, 자기 아들은 버려두어 죽게 하고 먼저 죽은 동생의 아들을 대신 살렸다. 그 뒤에 끝내 후사를 이을 아들을 얻지 못하자 사람들이 안타까워하며 "하늘이 무지해서 백도에게 아들이 없게 했다[皇天無知, 使伯道無兒]"라고 탄식했다는 고사가 전한다. 백도(伯道)는 등유의 자(字)이다.

19) 정겨운 이 : 진(晉)나라 사람 완적(阮籍)이 달갑지 않은 사람에게는 백안(白眼)을 보이고 반가운 사람에게는 청안(靑眼)을 보였던 고사에서 유래한 말이다.

20) 규성 : 규성은 28수[宿]의 하나로, 문운(文運)을 관장하는 별이다. 규성이 광채를 잃었다는 것은 문재(文才)가 뛰어났던 이규석의 죽음을 비유한 말이다.

21) 들보의 달 : 들보에 걸린 달[樑月]은 친구 생각이 간절한 것을 나타내는 말이다. 두보(杜甫)의 시 <몽이백(夢李白)>에 "지는 달빛이 집 들보에 가득하니, 마치 그대 얼굴을 비춘 듯하네[落月滿屋梁, 猶疑照顔色]"라고 한 데서 온 말이다.

22) 해로가 : 해로가(薤露歌)는 한나라 고조(高祖)에게 반기를 들었다가 패망한 전횡(田橫)이 죽자 그를 따르던 무리가 지은 만가(輓歌) 중에, "부추 위에 맺힌 이슬 어이 쉽게 마르나. 이슬은 말라도 내일이면 다시 내리지만, 사람은 죽어 한번 가면 언제나 돌아오나[薤上朝露何易晞, 露晞明朝更復落, 人死一去何時歸]"라고 한 것을 말하는데, 일반적으로 상여가 나갈 때 부르는 상엿소리를 뜻한다.

23) 높은 산 흐르는 물 : 높은 산 흐르는 물[高山流水]은 '고산유수곡(高山流水曲)' 또는 '유수곡(流水曲)'·'아양곡(峨洋曲)'이라고도 하는 거문고 곡조명이다. 춘추시대 사람인 백아(伯牙)가 거문고를 타면서 높은 산[高山]을 생각하자 종자기(鍾子期)가 "높디높기가 마치 태산과 같구나[峨峨兮若泰山]"라고 하고, 또 흐르는 물[流水]에 뜻을 두자 "넓디넓기가 마치 강하와 같도다[洋洋兮若江河]"라고 했다는 고사에서 유래했다.

내년 한식날에 청산에 비가 오면	明年寒食靑山雨
누가 봄바람에 밥에 눈물 뿌리려나.	誰是東風洒飯兒

세상을 떠난 아내 고령신씨[25]에 대한 만사 20운, 1752년 봄[26)]

【輓亡室高靈申氏 二十韻 壬申春】

이십 년 전 어릴 적에 서로 짝을 맺은 후로	二十年前早結縭
반평생을 밥상 들 땐 눈썹까지 올렸다네.[27]	半生擧案必齊眉
집안에선 온화한 얼굴로 응대했고	家庭應對和愉色
띠와 수건 받들 때는 삼가고 존경했네.	鞶帨周旋肅敬儀
지어미의 도를 닦아 지아비를 섬겼고	婦道有修巾櫛奉
여자의 일 놓지 않아 바느질을 계속했네.	女工無曠綿針持
베를 끊은[28] 밝은 경계 공부하길 권면하니	斷機炯戒須勸學

24) 거문고 줄 끊겼구나 : 종자기(鍾子期)가 죽은 뒤에 자기의 음악을 알아줄 사람이 없음을 슬퍼하며 백아가 거문고 줄을 끊어버렸다는 고사에서 온 말이다.

25) 아내 고령신씨 : 유진한의 초배(初配) 공인(恭人) 신씨(申氏, 1711~1751)는 증(贈) 통훈사복정(通訓司僕正) 신왕(申瀇, 1673~1732)의 딸로, 아들 셋과 딸 둘을 낳았다. 유진한이 세상을 떠난 후에 합장되었다.

26) 대본과 서울대본에는 '1751년 봄[辛未春]'에 지은 것이라고 했는데, 1752년 봄[壬申春]으로 바로잡았다. 『고흥유씨세보(高興柳氏世譜)』에 고령신씨(高靈申氏)가 1751년 11월 29일에 세상을 떠났다고 했으므로, 이 만사(輓詞)를 지은 때는 1752년 봄이어야 맞다.

27) 밥상 …… 올렸다네 : 후한(後漢) 때의 은사(隱士) 양홍(梁鴻)의 아내인 맹광(孟光)이 남편을 매우 존경하여 밥상을 항상 눈썹 높이로 들어 올렸다는 데서 온 말이다. 『후한서(後漢書)』「일민열전(逸民列傳)·양홍(梁鴻)」에 "아내가 늘 식사를 준비하되, 양홍의 앞에서는 감히 얼굴을 쳐들어 보지 않았고, 밥상을 눈썹 높이까지 들어 올렸다[妻爲具食, 不敢於鴻前仰視, 擧案齊眉]"라고 하였다.

28) 베를 끊은 : 맹자(孟子)가 공부하다가 중간에 집에 돌아오자, 그 어머니가 짜고 있던 베틀의 베를 칼로 자르면서 말하기를, "네가 배움을 그만두는 것은 내가 이 베를 자르는 것과 같다[子之廢學, 若吾斷斯織也]"라고 하였다. 이에 맹자가 깊이 각오하고 부지런히 배웠다는 데서, 중도에 하던 일을 그만두지 않게 경계하는 것을 뜻하는 말이다.

초심을 얘기하며 시재를 팔려 했지. 示舌初心欲售詩
반평생을 가난해도 한탄하지 않았건만 半世長貧猶不歎
요 몇 해는 병이 많아 낫지를 않았다네. 近年多疾奈難醫
동심결로 남은 수는 당시 맺은 그대로고 同心纔有當時結
연리지엔 남은 봄이 옛 가지에 여전한데 連理春殘舊日枝
군자와 백 년 동안 해로하자 기약하더니 君子百年偕老約
유인은 이월에 먼 길을 떠나셨네. 孺人二月遠歸期
마음속은 집이 없는 나그네와 한가진데 心中一半無家客
슬하에는 세 아이가 어미를 찾는다네. 膝下三雙叫母兒
정갈한 제수[29] 담던 광주리는 텅 비었고 潔色蘋蘩空舊筥
음 맞추던 거문고는 예전 줄이 끊어졌네.[30] 和音琴瑟斷前絲
무엇보다 가련한 건 예쁜 신부 시집온 날 最憐佳婦新歸日
그게 바로 어머니와 영결한 때 되고 만 것. 正是阿姑永訣時
유순하고 말이 적어 안채가 조용했고 柔順先言閨壼靜
엄숙하고 화락하여 집안 화목[31] 힘썼다네. 肅雍更勉室家宜
귓가에는 아직도 좋은 말씀 들리는 듯 耳邊尙在其言善
소매에 흐르는 눈물 주체할 수 없어라. 袖上那禁我淚垂

---

29) 정갈한 제수 : 개구리밥과 마름풀[蘋蘩]은 마름과 흰 쑥으로, 변변찮은 물건이지만 정성을 다하면 제물(祭物)로 쓰이는 것을 가리킨다. 『춘추좌전(春秋左傳)』「은공(隱公) 3년」에 "진실로 마음이 광명하고 신의가 있으면, 시내나 못에서 자라는 수초(水草)와 부평이나 마름 같은 야채와, 광주리나 솥 같은 용기와 웅덩이나 길에 고인 물이라도, 모두 귀신에게 제물로 바칠 수 있고 왕공에게 올릴 수 있다[苟有明信, 澗溪沼沚之毛, 蘋蘩薀藻之菜, 筐筥錡釜之器, 潢汙行潦之水, 可薦於鬼神, 可羞於王公]"라고 한 데서 온 말이다.

30) 거문고는 …… 끊어졌네 : 지음(知音)이었던 아내의 죽음을 안타까워한 말이다. 앞의 주) 24 참조.

31) 집안 화목 : 원문의 '실가의(室家宜)'는 『시경(詩經)』「주남(周南)」 <도요(桃夭)>에 "싱싱한 복사꽃이 화사하게 피었도다. 이 아가씨 시집가서 그 집안에 잘 하리라[桃之夭夭, 灼灼其華, 之子于歸, 宜其室家]"라고 한 데서 온 말이다.

손님 와도 술대접을 나는 할 줄 모르는데	待客吾難謀斗酒
등잔 그을음 앉은 책을 애들 뵈줄 이 누굴까.	訓兒誰復示煤帷
홀로 자는 베갯맡엔 닭소리 일찍 들릴 텐데	孤眠夜枕聞鷄早
게을리 걷다 들판에서 기러기 늦게 잡겠지.[32]	倦步春郊弋鴈遲
화촉동방 삼일 동안 합환하던 생각하면	追憶洞房三日合
저승길에 영영 이별 어찌 할 수 있으리오.	詎堪泉路萬年離
남은 향기 상자 속의 바느질하던 옷에 남고	餘香篋有縫衣線
옛 자취는 종이에 그린 바둑판[33]에 남았다네.	舊跡枰留畫紙碁
집안이 쓸쓸하니 말은 내가 한다 해도	家內踽凉言則我
부엌의 음식 맛은 누구에게 맡길까나.	廚中甘旨屬之誰
어린 아들은 아비를 어미라고 믿고 있고	稚兒恃父爲慈母
어린 딸은 언니를 스승[34]으로 삼는다네.	幼女呼兄作姆師
집안엔 명성 있어 문호 보전 하겠지만	家有賢聲門必保
인자 수에 인색한 하늘 이치 모르겠네.[35]	天慳仁壽理難知
산 좋고 물 맑은 창뜰[36] 땅이니	山明水麗倉坪地
밝으신 영혼이여 이 땅에 깃드소서.	不昧魂兮可托斯

---

32) 홀로 …… 잡겠지 : 『시경(詩經)』「정풍(鄭風)」<여왈계명(女曰鷄鳴)>에 "아내가 닭이 울었다고 말하니, 남편은 날이 새려 한다고 하네. 그대여 일어나 밤하늘을 보세요, 샛별이 찬란히 빛나고 있으니, 어서 떨치고 나가서 오리와 기러기를 주살로 잡아오세요[女曰鷄鳴, 士曰昧旦, 子興視夜, 明星有爛, 將翱將翔, 弋鳧與雁]"라고 한 데서 온 말이다. <여왈계명>은 어진 아내가 늦잠 자는 남편을 경계한 것인데, 여기서는 아내가 세상을 떠나 자신을 일깨워줄 사람이 없다는 뜻이다.

33) 바둑판 : 두보(杜甫)의 시 <강촌(江村)>에 "늙은 아내는 종이에 그려 바둑판을 만들고, 어린아이는 바늘을 두들겨 낚싯바늘을 만드네[老妻畫紙爲棊局, 稚子敲針作釣鉤]"라고 한 데서 온 말이다.

34) 스승 : 무사(姆師)는 여자의 덕[婦道]을 가르치던 여자 스승을 뜻하는 말이다.

35) 인자 …… 모르겠네 : 어진 아내가 일찍 세상을 떠난 것에 대한 안타까움을 표현한 말이다. 앞의 주) 9 참조.

36) 창뜰 : 원문의 창평(倉坪)은 충남 천안시 병천면 탑원리의 창뜰[창들]로, 앞으로 병천천(并川川)이 흐른다. 병천면 용두리 만화동에서는 1km가 채 되지 않는 곳이다.

지동[37] 청룡대부[38]에 대한 만사 20운, 1760년

【輓芝洞靑龍大父 二十韻 庚辰】

조부님[39]이 공에게는 재종형이 되시는데	王考於公再從兄
시문으로 옛 집안의 명성을 이으셨네.	詞華重襲古家聲
만년에는 강당[40] 열어 이치를 궁구했고	晩年講肆兼窮理
젊어서는 시단에서 홀로 맹주 되셨다네.	少日詞垣獨主盟
사람됨을 살피시어 후학들을 열어 주니	已見規模開後學
두건 신발 받들면서 스승으로 섬겼다네.	早陪巾屨事先生
근검하게 제가하여 선조 유훈 받들었고	齊家勤儉承先訓
온화하게 뜻 받든 건[41] 지성에서 나왔네.	養志和愉出至誠
거문고 줄 튕기면서 홍취를 즐겼을 뿐	一拂桐絲惟得趣
버들잎을 꿰뚫어도 이름 얻지 못했다네.[42]	七穿楊葉尙無名

---

37) 지동 : 지동(芝洞)은 천안시 병천면 용두1리 지령(芝靈)마을을 가리킨다.

38) 청룡대부 : 청룡대부(靑龍大父)는 유진한의 재종조부(再從祖父) 유광홍(柳光輿, 1694~1760)을 가리킨다. 유광홍의 자는 홍보(輿甫), 호는 지와(芝窩)이며, 유활(柳活)의 3남 2녀 가운데 둘째아들인 부사과(副司果) 유지목(柳之霂, 1614~?)의 손자이다. 유진한은 유활의 큰아들로 승지에 추증된 유지림(柳之霖, 1608~1671)의 현손(玄孫)이다. 권1에 실린 <차지동제석운(次芝洞除夕韻)>은 유광홍이 지은 시에 유진한이 차운한 것이다.

39) 조부님 : 유진한의 조부 유광천(柳光天, 1658~1733)의 자는 덕응(德應), 호는 영주옹(瀛洲翁)으로, 좌승지에 추증된 유비(柳芘, 1632~1711)의 장남이다. 그는 58세이던 1715년 식년시에 생원이 되었고, 후에 호조참판에 추증되었다.

40) 강당 : 강당[講肆]은 1746년(영조 22)에 유광홍이 유진한·김운재(金運載, 1689~1756)·남취홍(南就輿, 1718~1780) 등과 함께 세운 영회당(英會堂)을 가리키는데, 천안시 병천면 용두리에 터가 남아 있다.

41) 뜻 받든 건 : 원문의 양지(養志)는 부모님의 뜻을 잘 받들어 마음을 흡족하게 해드린다는 말이다. 물질적으로 생활에 불편함이 없게 해 드리는 양체(養體)와 대비되는 것으로, 『맹자(孟子)』「이루 상(離婁·上)」에 나오는 말이다.

42) 버들잎을 …… 못했네 : 춘추시대 초(楚)나라의 대부였던 양유기(養由基)가 활을 매우 잘 쏘아서, 100보 밖에서 버들잎을 쏘아 백발백중했다는 고사에서 온 말이다. 유광홍이 향시(鄕試)에 아홉 번 뽑히고, 고을의 추천[州薦]을 두 번 받았으나, 끝내

친족에게 정성 다해 친지의 정 두터웠고　諸宗款款敦親誼
아우들[43]과 화합하여 형제 우애 정다웠네.　群季融融友愛情
정□년에 부러진 옥 조서방[44] 죽음 슬퍼했고　玉折丁年悲趙婿
해맥에다 산소를 쓴 최생[45] 때문에 맘 아팠네.　山尋亥脉感崔甥
옛 벽에다 시를 적어 유언을 남기셨고　題詩古壁遺言記
맑은 창가 주역 공부 온갖 이치 밝히셨네.　翫易晴窓衆理明
팔기 전엔 궤짝 안에 옥이 든 줄 뉘 알리오[46]　待價誰知藏玉櫝
경서 한 권 가르침이 금 광주리보다 낫네.[47]　教經猶勝滿金籯
뜰엔 가여운 고니 하나[48] 푸른 대에 머물고　庭憐一鵠停蒼竹

생원·진사과에도 입격하지 못했던 것을 두고 한 말이다.

43) 아우들 : 유광홍은 유협(柳莢, 1667~1735)의 3남 4녀 중 장남이다. 손위 누이가 둘이고, 남동생으로는 유광원(柳光元, 1696~1756)과 유광추(柳光樞, 1699~1755)가 있었으나, 둘 다 먼저 세상을 떠났다. 이 중 유광원은 유관순(柳寬順, 1904~1920) 열사의 7대조이다.

44) 조서방 : 유광홍(柳光興)은 고령신씨(高靈申氏)와의 사이에 1남 1녀를 두었다. 딸은 조신형(趙愼衡)에게 시집가서 아들 조우대(趙羽大)를 낳았다. 조신형이 일찍 세상을 떠난 듯하다.

45) 최생 : 원문의 생(甥)은 조카를 뜻하는데, 최생(崔甥)은 권1에서 유진한과 함께 계룡산을 유람하며 시를 지었던 최재호(崔載浩)를 가리키는 듯하다. 최재호(崔載浩)의 본관은 전주(全州), 자는 거원(巨源)이며, 유광홍(柳光興)의 둘째누이가 최탁(崔鐸, 1690~?)에게 출가하여 낳은 아들이다.

46) 궤짝 …… 알리오 : 자공(子貢)이 공자(孔子)에게, "아름다운 옥이 여기에 있는데, 궤에 담아서 감춰 두시겠습니까, 좋은 값을 받고 팔아야겠습니까?[有美玉於斯, 韞櫝而藏諸, 求善賈而沽諸]"라고 묻자, 공자가 "팔겠다, 팔겠다. 그러나 나는 좋은 값을 기다리는 사람이다[沽之哉沽之哉! 我待賈者也]"라고 한 데서 온 말이다.

47) 경서 …… 낫다네 : 한(漢)나라 때 경학자(經學者)인 위현(韋賢)의 네 아들이 모두 훌륭하게 되었는데, 그중에서도 막내아들 위현성(韋玄成)이 명경(明經)으로 승상(丞相)에까지 올랐으므로, 당시 속담에 "자식에게 바구니에 가득한 황금을 남겨 주는 것이 경서 한 권을 가르치는 것만 못하다[遺子黃金滿籯, 不如一經]"라고 했다는 데서 온 말이다.

48) 고니 하나 : 고니[鵠]는 훌륭한 자제의 모습을 표현한 말이다. 한유(韓愈)의 <전중소감마군묘명(殿中少監馬君墓銘)>에서, "물러나 소부(少傅)를 보니, 푸른 대와 벽오동에 난새와 고니가 우뚝 선 듯하여, 능히 그 가업을 지킬 만한 사람이었다[退見

들판엔 슬픈 할미새 둘[49] 자형수[50]에 앉았네.	原悼雙鴒落紫荊
마판에 엎뎠어도 천리 달릴 뜻 있으니[51]	伏櫪猶存千里志
하늘이 구고에서 봉황 울게 할 거라네.[52]	聞天將有九皐鳴
하루 세 때 슬하의 두 손자[53]를 안았고	三時膝下雙孫抱
십 년 동안 몸엔 병[54]이 떠나지를 않았네.	十載身邊二豎嬰
어찌하랴 단약도 효험이 없는 것을	可奈丹爐無藥效
하늘에는 규성 정기 갑자기 흐려졌네.[55]	忽見蒼昊晦奎精

少傅, 翠竹碧梧, 鸞鵠停峙, 能守其業者也]"라고 한 데서 온 말이다. 여기서는 유광홍의 외아들 유당(柳讜, 1725~1780)을 가리킨다.

49) 할미새 둘 : 할미새[鴒]는 『시경(詩經)』 「소아(小雅)」 <상체(常棣)>에 "저 할미새 들판에서 호들갑 떨듯, 급할 때는 형제들이 서로 돕는 법이라오[鶺鴒在原, 兄弟急難]"라고 한 데서 온 말로, 형제의 우애를 비유할 때 흔히 쓴다. 여기서는 유광홍보다 먼저 세상을 떠난 두 동생 유광원(柳光元, 1696~1756)과 유광추(柳光樞, 1699~1755)를 뜻한다.

50) 자형수 : 자형수(紫荊樹)는 형제간에 서로 우애하면서 함께 지내는 것을 비유하는 말이다. 옛날 전진(田眞)의 삼형제가 재산을 나누면서, 마지막으로 집 앞에 있는 자형나무까지 삼등분하여 갖기로 했더니, 그 나무가 갑자기 말라 죽었다. 이것을 본 전진의 형제들이 사람이 나무만도 못한 짓을 했다고 뉘우치고 다시 재산을 분배하지 않기로 하자, 그 나무가 다시 살아났다는 고사에서 유래하였다.

51) 마판에 …… 있으니 : 조조(曺操)의 시 <보출하문행(步出夏門行)>에 "늙은 준마는 마판에 엎드려 있어도 뜻은 천 리 밖에 있고, 열사는 늘그막에도 장한 뜻이 끝없어라[老驥伏櫪, 志在千里, 烈士暮年, 壯心不已]"라고 한 데서 온 말로, 큰 뜻을 펴지 못하고 칩거하는 것을 비유한다.

52) 하늘이 …… 거라네 : 구고(九皐)는 깊숙한 늪을 가리키는데, 『시경(詩經)』 「소아(小雅)」 <학명(鶴鳴)>에 "학이 구고에서 우니 소리가 하늘에 들린다[鶴鳴于九皐, 聲聞于天]"라고 한 데서 온 말이다. <학명>은 어진 사람이 깊이 은거하더라도 그 덕행(德行)이 알려져 임금까지 알게 된다는 것을 비유하는 시이다. 유광홍의 재주와 뜻이 언젠가는 알려질 것이라는 말이다.

53) 두 손자 : 유명한(柳命漢, 1750~1820)과 유영한(柳永漢, ?~1831) 형제를 말한다. 이때 셋째손자인 유홍한(柳洪漢, 1764~1813)은 아직 태어나지 않았다.

54) 병 : 원문의 이수(二豎)는 '병마(病魔)'를 뜻한다. 진(晉)나라 경공(景公)이 병으로 누워 있을 때, 병마가 두 아이로 화신(化身)하여 왔다는 고사에서 온 말이다.

55) 규성 …… 흐려졌네 : 규성(奎星)의 정기가 흐려졌다는 것은 문사(文士)가 세상을 떠났다는 뜻이다. 규성은 28수[宿]의 하나로, 문운(文運)을 관장하는 별이다.

집안에 액운 닥쳐 다시 떨치기 어려워서 門當厄運難重振
하늘이 준 문재로도 소과조차 못하셨네. 天假文章未小成
애석해라 인자 향년 겨우 회갑 넘기다니 可惜仁齡才過甲
그 누가 가여워하랴 나라님[56]과 동갑일세. 誰憐聖壽是同庚
지촌[57]을 오늘부터 어떻게 지나갈까 芝村日後何心過
매서[58]의 지난 일이 꿈길처럼 아련하네. 梅墅年前若夢行
서가 채운 시서들은 어진 자제 사업이니 滿架詩書賢子業
높은 가문 음덕으로 후손들이 번창하리. 高門德蔭後孫榮
옛 나루[59]선 다시 만나 용천검이 울리고 古津會合鳴龍劍
새 무덤이 봉긋 솟아 작성산[60]을 마주보네. 新隴嵯峨對鵲城
세 칸 백옥에는 검은 장막이 텅 비었고 白屋三間空墨帳
사월 청산에는 붉은 만장이 걸렸네. 青山四月揭丹旌
우리 집안 사람들은 이제 누굴 우러를까 吾宗自此將安仰
만사 짓다 흘린 눈물 주체할 수 없어라. 題輓難禁淚滿纓

---

56) 나라님 : 당시 임금인 영조(英祖, 1694~1776)와 망자(亡者)인 유광홍이 같은 해에 태어났다.

57) 지촌 : 지촌(芝村)은 천안시 병천면 용두1리 지령(芝靈)마을을 가리키는데, 유광홍이 살았던 곳이다.

58) 매서 : 천안시 병천면 용두리 일대를 '만매촌(晩梅村)'이라고 했던 것으로 보아, 매서(梅墅)는 유광홍의 집을 가리키는 듯하다. 『대록지(大麓誌)』에 유광홍이 퇴계(退溪) 이황(李滉)이 지은 매화시에 차운하여 지은 <문매시(問梅詩)>와 <답매시(答梅詩)>가 실려 있다.

59) 나루 : 진(晉)나라 때 사람 뇌환(雷煥)이 용천(龍泉)과 태아(太阿)라는 두 보검을 얻어서 그중 하나를 장화(張華)에게 주었는데, 후에 장화가 주살(誅殺)당하자 그 칼의 소재를 알 수 없게 되었다. 뇌환이 죽은 뒤 그 아들이 칼을 가지고 연평진(延平津)을 지날 때 칼이 갑자기 손에서 벗어나 물에 떨어져서 사람을 시켜 물속을 찾게 하였더니, 두 마리 용이 서리어 있을 뿐이고 보검은 보이지 않았다고 한다. 여기서 두 칼이 다시 합하게 되었다는 것은 세상을 떠난 유광홍이 앞서 사별한 부인과 저승에서 만날 것이라는 말이다.

60) 작성산 : 작성산(鵲城山)은 충남 천안시 병천면 매성리와 북면 매송리 사이에 있는 산으로, 옛 목천현의 진산(鎭山)이다.

몽성재 조진사[61] 어른에 대한 만사 20운 【輓趙進士夢醒齋丈 二十韻】

높은 집안 우러른 지 수십 년이 되었는데	景仰高門數十年
뒤늦게야 혼인[62]으로 두 집안이 이어졌네.	晩因姻婭兩家連
시를 논한 뒤로는 맑은 회포 존경했고	淸襟逈挹論詩後
얼굴 알기 전부터 맘이 서로 통했다네.	玄竅相通識面前
소자는 뒤따르며 만년 보낼 계획했고	小子從遊存晩計
대빈의 가르침에 첫 만남서 복종했네.[63]	大賓垂誨服初筵
온밤을 만화동서 촛불 잡고 따랐는데	通宵秉燭隨花洞
지난해에 목천으로 이사해 오셨다네.	去歲移家到木川
동쪽 산[64]에 봉황 온 걸 기쁘게 바라보고[65]	快覩朝陽祥鳳至

61) 조진사 : 조상웅(趙尙熊, 1682～?)의 본관은 풍양(豊壤), 자는 몽징(夢徵), 호는 몽성재(夢醒齋)이다. 그는 우계(牛溪) 성혼(成渾)의 문인인 풍옥헌(風玉軒) 조수륜(趙守倫, 1555～1612)의 현손(玄孫)이며, 참봉을 지낸 조석보(趙碩輔, 1646～1717)의 넷째아들로, 1705년에 진사가 되었다. 권1에 실린 <화조진사몽성재운(和趙進士夢醒齋韻)>과 <화조진사운(和趙進士韻)>·<우차운(又次韻)>은 유진한이 조상웅과 수창(酬唱)한 시이다.

62) 혼인 : 조상웅(趙尙熊)의 장손인 조진상(趙鎭常, 1737～?)은 유진한의 생가 조부인 유광익(柳光翼, 1661～1720)의 증손녀 사위[曾孫壻]이다. 조진상은 유광익의 장남인 유경(柳璥, 1683～1768)의 둘째아들 유강한(柳綱漢, 1718～1775)의 딸과 결혼했다.

63) 첫 만남서 복종했네 : 자신보다 30년 연장자인 조상웅과의 첫 만남에서부터 그의 학식과 인품에 유진한의 머리가 숙여졌다는 것이다.

64) 동쪽 산 : 원문의 조양(朝陽)은 해가 떠오르는 동쪽 산을 가리킨다. 『시경(詩經)』「대아(大雅)」 <권아(卷阿)>에 "저 높은 산봉우리에 봉황이 울고, 동쪽 산등성이에 오동나무가 서 있구나[鳳凰鳴矣, 于彼高岡, 梧桐生兮, 于彼朝陽]"라고 한 데서 온 말이다.

65) 기쁘게 바라보고 : 한유(韓愈)의 「여소실이습유서(與少室李拾遺書)」에 "조정의 선비들이 목을 쭉 빼고 동쪽을 바라보기를, 마치 상서로운 별이나 봉황이 처음 나타났을 적에 서로 다투어 먼저 보는 것을 유쾌하게 여기듯이 한다[朝廷之士, 引頸東望, 若景星鳳凰之始見也, 爭先覩之爲快]"라고 한 데서 온 말이다. 상서로운 별이나 봉황은 걸출한 인재를 비유한 말인데, 여기서는 망자(亡者)가 그런 훌륭한 인물이라는 것이다.

큰 나무에 옮겨 앉은 꾀꼬리[66] 되길 기약했네.	自期喬木晩鸎遷
모시고 소요해볼 틈이 외려 많아졌고	周旋杖屨還多暇
문하에 출입해볼 인연 용케 생겼다네.	出入門庭幸有緣
장적의루[67] 좋은 시를 전하여 외웠고	長笛倚樓傳傑句
유수곡[68] 옛 가락을 청현으로 연주했네.	古琴流水奏淸絃
이웃간[69]의 돈독한 정 주씨 진씨 집[70] 같았고	鄕憐好誼朱陳宅
은하수[71]의 맑은 놀이 곽태 이응 배[72] 같았네.	霄漢淸遊郭李船
풍월호에 마주앉아 빈객들과 담론했고	對客談論風月戶

---

66) 꾀꼬리 : 깊은 골짜기에서 나와 높은 나무로 '꾀꼬리가 옮긴다는 것[鶯遷]'은 과거 급제나 신분 상승을 뜻한다. 『시경(詩經)』「소아(小雅)」 <벌목(伐木)>에 "쩡쩡 나무 찍는 소리, 꾀꼬리는 꾀꼴꾀꼴. 깊은 골짜기에서 날아와, 큰 나무에 옮겨 앉네[伐木丁丁, 鳥鳴嚶嚶, 出自幽谷, 遷于喬木]"라고 한 데서 온 말이다. 유진한은 자신을 "해질녘 꾀꼬리[晩鸎]"로 비유했는데, 조진사와 같은 훌륭한 사람과 교유하다보면, 비록 늦었지만 자신도 과거에 급제할 수 있을 것이라고 기대했다는 말이다.

67) 장적의루 : "점점이 희미한 별빛 아래 기러기는 변방을 질러가고, 한 가락 긴 피리소리에 사람은 누각에 기대 서있네[殘星幾點雁橫塞, 長笛一聲人倚樓]"라고 한 당나라 때 사람 조하(趙嘏)의 시 <조추(早秋)>를 가리킨다.

68) 유수곡 : 유수곡은 '고산유수곡(高山流水曲)' 또는 '아양곡(峨洋曲)'이라고도 하는 거문고 곡조명이다. 앞의 주) 23 참조. 시와 음악으로 조진사와 함께 즐겼던 때를 회상하는 구절이다.

69) 이웃간 : 원문의 '이웃[鄕憐]'의 '린(憐)'은 '린(隣)'과 통용했다.

70) 주씨 진씨 집 : 중국 강소성(江蘇省) 풍현(豐縣) 동남쪽에 주진(朱陳)이라는 마을이 있었는데, 그 마을은 주(朱)와 진(陳) 두 성씨만 살면서 계속 자기들끼리만 혼인을 했다고 한다.

71) 은하수 : 대본의 '소한(宵漢)'은 은하수를 뜻하는 '소한(霄漢)'의 잘못이므로 고쳐서 번역했다.

72) 곽태 이응 배 : 후한(後漢) 때의 명망가인 이응(李膺)이 곽태(郭泰)와 빈천(貧賤)을 잊고 낙양(洛陽)에서 서로 친하게 지냈다. 곽태가 고향으로 돌아가려고 하수(河水)를 건널 때, 전송하러 나온 사람들이 매우 많았는데, 곽태는 이응과 단 둘이서만 배를 타고 건넜다. 두 사람이 한 배를 타고 건너는 것을 보고 사람들이 모두 부러워하면서 "두 신선이 한 배를 타고 가는 것 같다."라고 했다고 한다. 이를 '이곽선주(李郭仙舟)' 또는 '이곽선(李郭船)'·'이곽주(李郭舟)'라고 하는데, 친한 친구가 한곳에 있는 것을 뜻한다.

설화전에 쓴 문장은 사람들을 놀래켰네. 驚人詞翰雪花牋
남은 향이 사흘 동안 빈자리에 머무르니 虛筵餘馥留三日
어진 이를 얻었다고 온 고을이 기뻐했네. 擧邑歡心得一賢
이슬 소식 알려주는 학의 지혜[73] 길이 좇고 警露長追孤鶴智
구슬[74]을 빼내려다 여룡의 잠 깨웠다네. 摘珠時弄老驪眠
꿈속에서 깨어난다 높은 서재 이름하고 高齋喚夢心醒醉
만년에도 추상[75]하니 하늘이 낸 효자라네. 暮境追喪孝出天
글을 쓰면 사람들은 송설체[76]라 칭송했고 書壁人稱松雪筆
창을 열면 귀신들이 월하편에 울었다네. 開窓鬼泣月霞篇
풍옥헌[77]의 벽옥 같은 가문 명성 진동하고 風軒碧玉家聲振

---

73) 학의 지혜 : 백로(白露)가 되어 이슬이 내리면 학이 소리를 내어 울면서 살기 좋은 다른 곳으로 옮겨 가라고 서로 경계한다고 한다. 여기서는 유진한보다 30년 연장자인 조상웅의 가르침을 뜻한다.

74) 구슬 : 여룡(驪龍)의 보주(寶珠)를 '여주(驪珠)', 또는 '여룡주(驪龍珠)'라고 하는데, 『장자(莊子)』「열어구(列御寇)」에 "매우 귀한 구슬로, 깊은 연못 속 여룡의 턱 아래 있다[夫千金之珠, 必在九重之淵, 而驪龍頷下]"라고 한 데서 온 말로, 흔히 아름다운 문장(文章)을 비유한다.

75) 추상 : 추상(追喪)이란, 상제 역할을 제대로 할 수 없는 어린 나이에 상을 당했을 경우, 나중에 소급해서 상제 노릇을 하는 것을 말한다.

76) 송설체 : 송설체(松雪體)는 원(元)나라의 저명한 서화가인 송설도인(松雪道人) 조맹부(趙孟頫)의 서체인데, 그가 오흥(吳興) 출신이라서 오흥체(吳興體)라고도 한다.

77) 풍옥헌 : 풍옥헌(風玉軒)은 조수륜(趙守倫, 1555~1612)의 호이다. 조수륜의 본관은 풍양(豊壤), 자는 경지(景至)이다. 홍문관 정자를 지냈고, 병조참판에 추증되었으며, 서천(舒川)의 건암서원(建巖書院)에 제향되었다. 성혼(成渾)의 문하에서 단아한 행실로 명성을 얻었고, 경학에도 조예가 깊었으며, 여러 동문들과 함께 『우계집(牛溪集)』을 편찬했다. 풍옥헌이란 건물은 조수륜이 임진왜란 후에 서천 용학촌(龍壑村)에 세웠는데, 1607년 '만귀당(晩歸堂)'으로 이름을 바꿔 벼슬에서 물러나 이곳에서 만년을 보내려 하였으나, 부모를 모셔야 했으므로 뜻을 이루지 못했다고 한다. 1844년에 무너진 후 그 터에 비석을 세웠고, 1889년에 후손들이 중건했다. 대본에는 '풍헌(風軒)' 아래 소자쌍행(小字雙行)으로 "조수륜의 호가 풍옥헌이며, 벼슬은 남상에 올랐다[趙守倫號風玉軒, 官南床]"라는 협주(夾註)를 달아 놓았다. 남상(南床)은 조선시대 홍문관(弘文館)의 정9품 관직인 정자(正字)를 달리 이르

먼지 쌓인 상자에는 청전[78] 가업 전해오네.	塵篋靑氈世業傳
형제간에 우애 있어 화락하여 즐거웠고[79]	友愛鴒原湛樂在
문장으로 금마[80]에 올라 명성이 높았다네.	文章馬籍美名懸
당쟁의 화 경계하여 멀리 자취 감췄지만	戒深黨禍藏蹟遠
관군을 격려하고 창의[81]에도 앞장섰네.	語激官軍倡義先
동방고사 열전에도 들어가고 남을 텐데	剩列東方高士傳
남극노인 별자리[82]가 홀연 잠겨 버렸다네.	忽沈南極老人躔
봄꽃 피던 지난날엔 두공부[83]를 걱정했고	春花往日愁工部
한가한 달 금년에는 이적선[84]을 조문했네.	閑月今年吊謫仙

는데, 홍문관의 벼슬아치들이 자리를 잡고 앉을 때 정자가 남쪽에 앉게 된 데서 유래한 말이다.

78) 청전 : 청전(靑氈)은 '청전구물(靑氈舊物)'의 준말로, 벼슬하는 집안에서 대대로 전해 내려온 푸른 담요인데, 선조의 으뜸가는 유물이라는 뜻이다. 진(晉)나라 사람 왕헌지(王獻之)의 집에 도둑이 들었는데, 다른 물건을 훔칠 때에는 그가 가만히 누워 있다가 도둑이 푸른 털방석[靑氈]에 손을 대려 하자, "그 털방석은 우리 집안의 구물(舊物)이니 그냥 놔둘 수 없겠는가[靑氈我家舊物, 可特置之]"라고 하자, 도둑이 물건을 놓아 둔 채 도망쳤다는 고사가 전한다.

79) 화락하여 즐거웠고 : 원문의 영원(鴒原)은 『시경(詩經)』「소아(小雅)」 <상체(常棣)> 3장에 "할미새가 언덕에 있으니, 형제들이 급난을 구하네[脊令在原, 兄弟急難]"라고 한 데서 온 말이다. '척령(脊令)'은 '척령(鶺鴒)'과 같다. '화락하여 즐겁다[湛樂在]'는 말은 같은 시 7장에 "형제가 이미 화합하여 화락하고 즐긴다[兄弟旣翕, 和樂且湛]"라고 한 데서 온 말이다.

80) 금마 : 원문의 '마적(馬籍)'은 '금마적(金馬籍)'을 뜻한다. 금마(金馬)는 한(漢)나라 미앙궁(未央宮)의 대문인데, 문 앞에 구리로 만든 말이 있었으므로 이렇게 불렸다고 한다. 조칙(詔勅)을 작성하는 일을 맡는 문학에 뛰어난 인재가 벼슬하여 드나들던 곳으로, 후세의 한림원(翰林院)을 일컫는 말이 되었다.

81) 창의 : 1728년(영조 4)에 일어난 무신란(戊申亂: 이인좌의 난) 때 조상웅의 행적을 언급한 것으로 보인다.

82) 남극노인 별자리 : 남극노인성(南極老人星)은 추분(秋分) 때 남쪽 하늘에 나타나는 유난히 밝고 큰 별의 이름인데, 수명과 장수를 맡은 별자리이다. 남극노인성이 잠겼다는 것은 노인의 죽음을 에둘러 표현한 말이다.

83) 두공부 : '두공부(杜工部)'는 공부원외랑(工部員外郎)을 지낸 당나라 시인 두보(杜甫)를 가리킨다.

무릎 가의 손자[85] 셋이 선대 유업 계승하고　繞膝三孫前緖繼
집안 전할 아들 하나 옛 경전을 공부했네.[86]　傳家一子古經硏
대록[87]에도 유택[88]을 마련할 수 있는데　大麓猶堪幽宅定
혼령이여 고향땅에 가셔야만 하오리까.　不須魂去故山邊

한여함에 대한 만사 1769년 1월 【輓韓汝涵 己丑正月】

단아한 사람됨과 박식하고 고상한 말씀　愷悌之人博雅談
매당은 깔끔하여 옛 초당[89]의 모습일세.　梅堂蕭洒古茅菴
상 위에서 거문고 타며[90] 기쁘게 해로했고　床琹以鼓歡偕老
단에서는 아가위 꽃 화락하고 즐거웠네.[91]　壇棣其華樂且湛
제수[92]를 정성들여 받들어줄 효부 있고　蘋藻薦誠惟孝婦
가업[93]을 이어나갈 훌륭한 아들 있네.　弓箕繼業卽奇男

---

84) 이적선 : '이적선(李謫仙)'은 당나라 시인 이백(李白)을 가리킨다. 적선은 인간 세상으로 귀양 온 신선이라는 뜻으로, 하지장(賀知章)이 이백의 시 <촉도난(蜀道難)>을 읽고 찬탄하여 '적선'이라고 부른 데서 유래한 말이다.

85) 세 손자 : 조상웅은 1남 3녀를 두었는데, 아들인 조양(趙媺, 1711～?)에게서 조진상(趙鎭常)·조진장(趙鎭章)·조진창(趙鎭昌) 세 손자를 보았다.

86) 경전을 공부했네 : 앞의 주) 47 참조.

87) 대록 : 대록(大麓)은 신라 때 목천(木川)의 지명인데, 안정복(安鼎福)이 편찬한 『대록지(大麓志)』처럼, 이 고을의 별칭으로 썼다.

88) 유택 : 조상웅의 증조 이하 선대와 전·후배(前·後配) 부인의 묘는 모두 충남 서천군(舒川郡)에 있는데, 조상웅의 묘는 목천에 있다.

89) 초당 : 대본에는 '서암(芧菴)'으로 표기되어 있으나, '모암(茅菴)'의 오기(誤記)이므로 고쳐서 번역했다. 다른 곳에서도 이와 같다.

90) 거문고 타며 : 거문고를 탔다는 것은 부부의 금슬이 좋았다는 뜻이다.

91) 화락하여 즐거웠네 : 『시경(詩經)』「소아(小雅)」<상체(常棣)>에서 온 말이다. 앞의 주) 79 참조.

92) 제수 : 원문의 개구리밥과 마름풀[蘋藻]은 변변찮은 물건이지만 정성을 다하면 제물(祭物)로 쓰이는 것을 가리킨다. 앞의 주) 29 참조.

93) 가업 : 원문의 궁기(弓箕)는 『예기(禮記)』「학기(學記)」에 "활을 잘 만드는 집안의 자식은 반드시 배워서 키를 만든다[良弓之子, 必學爲箕]"라고 한 데서 온 말로, 부자(父子)가 대대로 이어가는 가업(家業)을 이른다.

붉은 만장 흰 상엿줄 선산가는 길 오르니 丹旌素紼先山路
너무도 짧기만 한 공의 향년 육십 삼세. 倏忽公年六十三

공과 나의 나이는 여섯 살이 차이 나도 公我行年校六年
야윈 얼굴 흰머리는 둘이 서로 비슷했네.[94] 蒼顏白髮共隨肩
화갑을 넘기신 지 이제 겨우 삼년인데 壽踰花甲纔三歲
금단의 약 구해다가 아홉 번을 고았다네.[95] 藥取金丹謾九煎
효부의 모친 봉양 후손에게 전해졌고[96] 孝婦奉姑其裕後
조카를 양자 삼아 대를 이어 놓으셨네. 賢咸爲子以承先
단아하고 순화한 자질 아직 눈에 선한데 依俙愷悌淳和質
곡하다 본 빈 들보엔 지는 달이 걸려 있네. 哭對空樑落月懸

말세에는 알아주는 이 없으니 末路無知己
깊은 정이 공 같은 분 또 있을까. 情親孰似公
나이가 몇 살 차로 비슷했고 壽齊年乙丙
사는 곳도 이웃하여 가까웠네. 住近巷西東
밤엔 자주 나란히 누워 잤고 夜宿多聯枕
낮엔 늘 지팡이 들고 찾았다네. 晝尋每擲筇

---

94) 비슷했네 : 원문의 '수견(隨肩)'은 조금 뒤처져서 어깨를 나란히 하고 걷는다는 뜻의 견수(肩隨)와 같은 말이다. 『예기(禮記)』「곡례 상(曲禮·上)」에 "나이가 배나 더 많은 사람은 아버지처럼 섬기고, 10년이 더 많으면 형처럼 모시고, 5년이 더 많은 사람과는 어깨를 나란히 하고 따라간다[年長以倍則父事之, 十年以長則兄事之, 五年以長則肩隨之]"라고 한 데서 온 말이다.

95) 아홉 번을 고았다네 : 구전금단(九轉金丹)은 도교(道敎)에서 아홉 번 고아 만든다는 선약(仙藥)으로, 이것을 복용하면 신선이 된다고 한다. 선약을 먹고 신선이 되었다는 것은 죽음을 표현한 것이다.

96) 후손에게 전해졌고 : 원문의 유후(裕後)는 '수유후곤(垂裕後昆)'을 줄인 말로, 훌륭한 도(道)를 후손에게 물려준다는 뜻이다. 『서경(書經)』「중훼지고(仲虺之誥)」에 "의로 일을 바로잡고 예로 마음을 제어해야 후손에게 넉넉함을 남겨줄 수 있습니다[以義制事, 以禮制心, 垂裕後昆]"라고 한 데서 온 말이다.

문장은 원래 집안 미덕이고	詞華元世德
효도하고 우애한 건 가풍일세.	孝友即家風
산수경치 거문고의 곡에 얹고	山水琴絃上
흐드러진 봄꽃 보며 술 마셨네.	烟花酒席中
집안 경사를 보셔야 할 터인데	佇看家有慶
어찌 그리도 병에 시달리셨을까.	胡使病纏躬
송백들도 오래 살기 어려우니	松柏猶難壽
삼령[97]마저 끝내 효험 없었다네.	蔘苓竟未功
명령[98]이 선대 유업 잇겠지만	螟兒先緖繼
기러기[99]는 옛 행렬이 비게 됐네.	鴈影舊行空
친족은 다 눈물을 흘리고	宗黨皆流涕
벗들은 아픈 맘이 더하네.	親朋倍感衷
백발 되어 상엿줄도 못 잡으니	白頭未執紼
옛 생각에 한스럽기 그지없네.	懷曩恨無窮

97) 삼령 : 삼령(蔘苓)은 약재(藥材)인 인삼(人蔘)과 복령(伏苓)을 함께 이르는 말인데, 몸의 원기(元氣)를 보호하는 데 효험이 있다고 한다.

98) 명령 : 원문의 '명아(螟兒)'는 '명령(螟蛉)'과 같은 말로, 양아들을 뜻한다. 명령(螟蛉)은 뽕나무 벌레의 유충인데, 옛사람들은 나나니벌이 이 유충을 물어다가 양자로 삼아 길러서 나나니벌을 만든다고 믿었다고 한다. 『시경(詩經)』「소아(小雅)」 <소완(小宛)>에 "들녘에 콩 열렸더니 서민들이 거둬가네. 명령이 애벌레를 낳으니 나나니벌이 업어가네. 그대도 아들을 가르쳐서, 좋게 그대 닮게 하라[中原有菽, 庶民采之, 螟蛉有子, 蜾蠃負之, 敎誨爾子, 式穀似之]"라고 한 데서 온 말이다.

99) 기러기 : 원문의 안영(鴈影)은 줄지어 나는 기러기의 그림자란 말로, 형제를 이르는 말이다.

동덕[100]에 살던 이덕중[101]에 대한 만사 2수, 1771년 봄[102]

〖輓同德李德仲 二首 辛卯春〗

전주이씨 왕실 후손 덕문(德門) 물길[103] 열리니	璿源餘派德溪開
효우하는 가풍에다 박식하고 고아했네.	孝友家風博雅才
여러 아들 글 솜씨는 한 세상을 주름잡고	多子文章當世擅
지난해엔 나에 앞서 회갑을 맞으셨네.	先吾花甲去年回
시서로 가업 이은 뜰 건너던 아들[104]이고	詩書繼業趍庭鯉
안석에서 색동옷에 춤을 추던 노래자[105]라.	几席承歡舞菜萊

---

100) 동덕 : 옛 목천현 일원동면(一遠東面) 동덕리(同德里), 현 천안시 동면 화계리이다.

101) 이덕중 : 덕중(德仲)은 이신중(李愼中, 1711~1770)의 자(字)이다. 이신중의 본관은 전주(全州)이며, 광평대군(廣平大君)의 12대손이다. 유진한의 매부인 이언중(李言中, 1721~?)을 비롯해서 유진한의 장남 유집(柳𤨏, 1731~1791)의 장인인 이수중(李受中, 1706~1747), 유진한과 함께 사마소(司馬所)를 건립했던 이언중의 종질(從姪)인 이의일(李義一, 1734~1799) 등 유진한의 집안과 전주이씨 광평대군파 후손 사이에는 오랜 세의(世誼)가 있었다. 이 책 권3에 실린 「만사(輓詞)」【二十五】를 지은 이의돈(李義敦, 1736~1802)은 이신중의 계자(系子)인 이의태(李義泰, 1744~1816)의 친형이다.

102) 대본의 원주(原註)에는 임진년(1772) 봄에 이 만사(輓詞)를 지은 것으로 되어 있으나, 『전주이씨광평대군파세보(全州李氏廣平大君派世譜)』에는 이신중(李愼中)이 1770년 12월 25일에 세상을 떠났다고 했으므로, 이듬해인 1771년 초에 지은 것으로 보아 바로잡았다.

103) 덕문(德門) 물길 : 원문은 덕계(德溪)인데, 덕계는 이득하(李得夏, 1648~1719)의 호이다. 이득하의 본관은 전주(全州), 자는 지경(持卿)이며, 광평대군(廣平大君)의 10대손으로, 1687년에 진사가 되었다. 그런데 이득하는 담양부사를 지낸 이극태(李克泰, 1607~1677)의 손자이고, 이신중은 이극태의 종형(從兄)인 이극승(李克升, 1606~1663)의 현손이다. 따라서 여기서는 '덕계(德溪)'를 이득하의 호로 보지 않았다.

104) 뜰 건너던 아들 : 공자(孔子)의 아들 리(鯉)가 뜰에서 공자 앞을 빠른 걸음으로 지나가다가 공자로부터 시(詩)와 예(禮)를 배웠느냐는 말을 듣고 그에 대한 가르침을 받은 일을 말한다. 대대로 시문(詩文)에 힘써온 가업을 이었다는 뜻이다.

105) 노래자 : 노래자(老萊子)는 춘추시대 초(楚)나라 사람으로, 칠십의 나이에 어버이를 기쁘게 해드리려고 색동옷을 입고 재롱을 떨었다는 고사가 전한다. 망자(亡者)가 노래자 같은 효자였다는 말이다.

춘부장[106]이 눈물 훔치며 내 손 잡고 말씀하네 春府泣摻余手語
너의 혼도 알겠구나 네 친구가 예 왔단다. 死魂應識爾朋來

노란 괴화[107] 붉은 단풍 항상 같이 노닐었고 槐黃楓赤每同遊
시문으로 나눈 교분 사십 년을 이어왔네. 翰墨交情四十秋
나를 두고 공은 지금 어디로 가신 게요 棄我公今何處去
조정에선 이제 급히 노성한 이 구하는데. 聖朝方急老成求
이때 노인과가 있었기 때문에 한 말이다 時有老人科故云

최군서에 대한 만사 2수, 1775년 【輓崔君瑞 二首 乙未】

바둑의 적수로서 우열을 못 가렸던 高碁敵手自難分
동학의 고풍스런 선부군이 계셨다오. 同學古風先府君
연성[108]의 값나가는 옥 품으니[109] 가련하고 價重連城憐抱玉
기둥에 썼던 계획[110] 어긋나니 아까워라. 計違題柱惜凌雲

---

106) 춘부장 : 이명제(李命濟, 1687~1772)의 자는 군즙(君楫)이다. 광평대군(廣平大君)의 11대손이며, 선조(宣祖) 때 영릉참봉(英陵參奉)에 제수된 이극승(李克升, 1606~1663)의 증손으로, 수직(壽職)으로 첨지중추부사(僉知中樞府事)가 되었다.
107) 괴화 : 음력 7월이 되면 과거 시험이 있었는데, 이때 괴화(槐花)가 누렇게 피었으므로 당(唐)나라 때 속어에 "괴화가 누렇게 피면 과거 보는 선비가 바쁘다[槐花黃, 擧子忙]"라고 하였다.
108) 연성 : 연성(連城)은 '연성벽(連城璧)'의 준말로, 전국시대 때 진(秦)나라 소왕(昭王)이 성(城) 열다섯 개와 바꾸자고 청했던 조(趙)나라에 있던 '화씨벽(和氏璧)'을 말한다. 초(楚)나라 사람 변화(卞和)가 형산(荊山)에서 박옥(璞玉)을 캐서 여왕(厲王)과 무왕(武王)에게 올렸다가 두 발 뒤꿈치가 잘리고 말았는데, 문왕(文王)이 즉위하자 박옥을 안고 사흘 밤낮을 울어 사정을 말한 후에 다듬어 얻은 것이 '화씨벽(和氏璧)'이다.
109) 옥 품으니 : 옥을 품었다는 것은 재주를 품고도 펼칠 기회를 얻지 못한 것을 비유한 말이다.
110) 기둥에 썼던 계획 : 한(漢)나라 때 촉군(蜀郡) 성도(成都) 사람인 사마상여(司

회갑을 지내고도 사 년을 더 살았는데 四籌添壽重回甲
일찍부터 글 했건만 성공하지 못했다네.[111] 一簣虧功早綴文
하늘도 여한이 남은 줄을 안다면 玄昊若知遺恨在
고인의 무덤에 응당 계화 피리라. 桂花應發故人墳

여경을 볼 아들이 다섯이요 餘慶五男子
쓸쓸한 형제가 둘이로다. 孤形兩弟兄
유명간에 정은 한이 없는데 幽明無限意
나만 홀로 동갑친구 잃었다네. 惟我失同庚

중묵 유도천[112]이 보내온 시에 화운하여 만사를 짓다 2수

【和柳仲默道天寄示韻, 仍爲輓詞 二首】

산천의 영기가 한꺼번에 돌아가니 山川靈氣一時還
부자가 닷새 만에 모두 돌아가셨다네. 父子同歸五日間

馬相如)가 촉(蜀)을 떠나 장안(長安)으로 향할 때, 성도(成都)의 승선교(昇仙橋) 다리 기둥에 "네 마리 말이 끄는 붉은 수레를 타지 않고서는 이 다리를 건너오지 않겠다[不乘駟馬高車, 不復過此橋]"라고 써서 공명(功名)에 대한 포부를 밝혔던 고사를 말한다.

111) 성공하지 못했다네 : 『서경(書經)』「여오(旅獒)」에 "작은 행실을 삼가지 않으면 마침내 큰 덕에 누가 되어, 아홉 길의 산을 만들 적에 흙 한 삼태기가 부족하여 이루지 못하는 것과 같다[不矜細行, 終累大德, 爲山九仞, 功虧一簣]"라고 한 데서 온 말이다.

112) 유도천 : 유도천(柳道天, 1727~1818)이 본관은 문화(文化), 자는 중묵(仲默), 호는 주은(酒隱)이다. 진사 유혼(柳混, 1693~1758)의 셋째아들로, 유도성(柳道成)의 동생이다. 그는 유진한과 함께 은석시사(銀石詩社)를 결성했고, 문집 『주은집(酒隱集)』을 남겼다고 한다. 유도천은 유진한의 종매부 김가진(金可晉, 1713~1779)의 아들 김한점(金漢漸, 1750~1799), 유진한의 종질(從姪) 유성(柳珹, 1749~1822)과 동서간이다. 이 세 사람의 아내는 각각 김호균(金好均, 1708~1765)의 첫째, 셋째, 넷째 딸이다. 유도성(柳道成)에 대해서는 뒤의 주) 299 참조.

시문에 뜻 품었던 옛 약속은 구슬프고　　翰墨襟期悲宿契
문사 집안 문호가 적막공산에 닫혀있네.　　文章門戶閉空山
하늘로 봉황 떠나 멋진 깃털 사라졌고　　丹霄鳳去奇毛閟
채석강서 고래 타던[113] 조각달도 한가롭네.　　采石鯨飛片月閑
시운이 사납다고 고을 사람 탄식해도　　鄉黨共嗟時運否
오래살고 못 살고는 하늘에 달렸다네.　　短脩無奈彼天關

좋은 시를 내게 주고 한공[114]께도 보였는데　　投我瓊琚兼示韓
우연히 만나고는 다시는 못 만났네.　　一時奇會再逢難
촉주에서 남긴 시[115]에 이제 와서 답하려니　　蜀州遺作追酬地
눈물 솟아 그윽한 시 차마 볼 수 없어라.　　迸淚幽吟不忍觀

원운 2수(元韻 二首)

야인의 옷 초라해도 돌아가길 기약하고　　蕭然野服有期還
절간에서 함께 자며 산수간에 노닐었네.　　共宿招提雲樹間
세모의 등잔불은 옛 벽에 걸려 있고　　歲暮燈花棲古壁
깊은 밤 바둑돌 소리 빈 산에 울리누나.　　夜深碁響落空山

---

113) 고래 타던 : 이백(李白)이 채석강(采石江)에서 취중에 뱃놀이를 하다가 달을 잡으려고 물에 뛰어들어 고래를 타고 하늘로 올라갔다는 전설에서 온 말이다. 송나라 때 문인 마존(馬存)의 시 <연사정(燕思亭)>에 "이백이 고래를 타고 하늘에 오르고 나자, 강남의 풍월이 한가해진 지 오래로구나[李白騎鯨飛上天 江南風月閑多年]"라고 하였다.

114) 한공 : 원문의 한(韓)은 한여함(韓汝涵)인 듯하다.

115) 촉주에서 남긴 시 : 두보(杜甫)가 이미 고인이 된 고적(高適)이 예전에 부친 시를 읽으면서 지은 <추수고고촉주인일견기(追酬故高蜀州人日見寄)>의 소서(小序)에 "시문을 뒤적이며 잊고 있던 것을 찾다가 고(故) 상시(常侍) 고적(高適)이 예전에 성도(成都)에 촉주자사(蜀州刺史)로 있으면서 인일(人日: 음력 정월 초이레)에 내 생각이 나서 부쳐준 시를 발견하고 눈물이 흘러 행간을 적셨다[開文書帙中, 檢所遺忘, 因得故高常侍, 人日相憶見寄詩, 淚灑行間]"라고 한 데서 온 말이다.

술 못 먹는 이런 때는 참선하기 딱 좋건만　　時因戒酒參禪好
시를 잊을 요량으로 손님 맞아 한가롭네.　　意欲忘詩對客閑
눈 덮인 냇가 마을에 홀로 누워 시름하니　　雪壓溪村愁獨臥
지금껏 맑은 꿈은 솔사립을 싸고 도네.　　祇今淸夢繞松關

성채를 마주하여 적수 한공 만났으니　　對壘相逢敵手韓
삼백 병졸116) 특출하여 대적하기 어렵네.　　牙兵三百出奇難
공연히 거록117)까지 제후 군사 오게 하니　　空教鉅鹿諸候至
진과 초를 덮은 전운 성벽 위서 바라보네.118)　　秦楚風雲壁上觀

해촌119)에 살던 홍성채에 대한 만사 1778년 겨울【輓海村洪聖采 戊戌冬】

눈 속을 노 저어서120) 봄에 해촌 찾았더니　　雪棹今春訪海村
여러 해 못 본 한이 몇 마디에 다 풀렸네.　　數年離恨片言溫
지음으로 일찍부터 줄 고르는 친분 맺고　　知音早結調絃契
옥을 품은121) 억울함을 손 맞잡고 얘기했네.　　摻袖同論抱玉冤

---

116) 삼백 병졸 : 삼백 병졸은 시어(詩語)를 비유한 말이다. 서로 시를 주고받으며 그 높고 낮음을 겨루는 것을 전투에 비유한 것이다.
117) 거록 : 하북성(河北省)에 있는 거록(鉅鹿)은 초(楚)나라 항우(項羽)가 진(秦)나라 장감(章邯)의 군사를 격파한 곳이다.
118) 진과 …… 바라보네 : 『사기(史記)』「항우본기(項羽本紀)」에 진(秦)나라 대군에게 포위되어 있던 조(趙)나라를 구원하기 위해 "거록(鉅鹿)으로 달려온 제후군(諸侯軍)이 십여 진영이었으나, 감히 군사를 움직이지 못했고, 항우가 진군(秦軍)을 공격할 때도 여러 장수들은 자신의 진영에서 보기만 했다[諸侯軍救鉅鹿下者十餘壁, 莫敢縱兵, 及楚擊秦, 諸將皆從壁上觀]"라고 한 데서 온 말이다.
119) 해촌 : 해촌(海村)은 옛 청주목(淸州牧) 수신면(修身面) 대해리(大海里), 현 천안시 수신면 해정리(海亭里) 대해마을이다.
120) 눈 속을 노 저어서 : 눈빛 같이 흰 물결을 헤치고 노를 저어간다는 뜻이다. 진(晉)나라 사람 왕휘지(王徽之)가 눈 내린 밤에 친구 대규(戴逵)가 갑자기 보고 싶어서 산음(山陰)에서 배를 저어 섬계(剡溪)에 있는 그의 집 앞까지 갔다가 왔다는 고사에서 유래하여 매우 친한 친구를 찾는 것을 말한다.
121) 옥을 품은 : 앞의 주) 109 참조.

그래도 방안 가득 난초 향기 나서 좋고　　却喜芳蘭盈謝室
문 앞에 고관 수레 찬란한 걸 바라보리.　　佇看華轂爛于門
하늘이 인자에게 수를 주지 않았으니　　皇天不假仁人壽
그대 얼굴 어른어른 달그림자 지고 있네.　　顏色依依落月痕

인척 여즙 김섭[122]에 대한 만사 2수【輓金戚汝楫涉 二首】

영지는 쓸쓸하고 작은 집이 비었으니　　靈芝蕭瑟小堂空
오호라 모든 일이 한 조각 꿈이로다.　　萬事嗚呼一夢中
평생토록 뜻 품었던 사마록[123]에 못 들었고　　志業有違司馬錄
글재주는 용 낚는 데 아무 소용 없었다네.　　文章無賴釣龍工
뜰의 난초[124] 향긋한 잎 맑은 그늘 드리우고　　庭蘭香葉留淸蔭
마을 대숲 높은 가지 바람에 흔들리네.　　村竹高枝帶厚風
어진이의 수명을 이월까지 늘렸던들　　仁壽若延春二月
초시에서 유종의 미 거둘 수가 있으련만.　　有其初試有其終

---

122) 김섭 : 김섭(金涉, 1730~1785)의 본관은 안동(安東), 자는 여즙(汝楫), 호는 삼수당(三秀堂)이다. 유진한의 5대조인 유활(柳活)의 장인 김계종(金繼宗, 1556~1614)의 현손이며, 통덕랑 김대로(金大老, 1620~1662)의 증손이고, 김화재(金華載, 1692~1740)의 아들이다. 1779년에 유진한·황전(黃瑱)·이의일(李義一, 1734~1799) 등과 함께 지역의 생원·진사들이 오가면서 유숙할 수 있도록 사마소(司馬所)를 중건한 사람이다. 유진한과 함께 영회당(英會堂)을 세웠던 백부(伯父) 사일암(思一庵) 김운재(金運載, 1689~1756)에게 수학하여 문장에 능했다. 여기 실린 만사(輓詞) 두 수는 이 책에서 작품을 창작시기별로 배열하는 원칙에서 벗어나 있다.

123) 사마록 : 사마록(司馬錄)은 사마시(司馬試), 즉 생원·진사과에 입격한 사람들의 명부를 말한다.

124) 난초 : 난초는 훌륭한 자녀를 뜻한다. 진(晉)나라 때 큰 문벌을 이루었던 사안(謝安)이 아들과 조카들에게 "어찌하여 사람들은 자기 자제가 출중하기를 바라는가?"라고 묻자, 조카 사현(謝玄)이 "비유하자면 마치 지란(芝蘭)과 옥수(玉樹)가 자기 집 뜰에 자라기를 바라는 것과 같습니다[譬如芝蘭玉樹, 欲使其生於階庭耳]"라고 한 데서 유래한 말이다. 여기서는 김섭(金涉)의 아들 김종주(金宗柱)·

아랫마을 윗마을에 오대째를 함께 살아 五世同居上下村
사귄 정과 인척 정분 예나 이제나 돈독하네. 交情戚誼古今敦
백발에도 다정하게 만나려고 했건마는 白頭靑眼相逢意
불행히도 공은 가고 나만 홀로 남았네. 不幸公亡我獨存

이영술에 대한 만사 【輓李永述】

손가락 피 흘린 정성 하늘도 감동해서 血指深誠感彼旻
북당의 자당께선 바로 건강 회복했네. 北堂萱草卽回春
일마다 잘 계승하니[125] 다 효자라 불렀건만 事皆善述爭稱孝
삼십오 년 짧은 생은 인자 징험 아니라네. 壽半稀年未驗仁
어진 명성 이어나갈 세 아들은 나어리고 繼體賢聲三稚子
애끊어져 눈물짓는 양친은 연로하네. 斷腸哀淚兩衰親
세상에는 안 없어질 공론이 있으니 世間不泯惟公論
조만간에 정려 윤음 대궐에서 내려오리. 早晩旌綸降紫宸

계심 김계옥[126]에 대한 만사 2수 【輓金啓沃季心 二首】

좋은 약도 효험 없어 병근이 깊어져서 刀圭無效病根深
불행히도 이제 우리 계심을 잃었다네. 不幸今亡我季心
오래도록 집 떠나와 난실[127]에서 공부했고 蘭室久携遊子笈

김종적(金宗樀)·김종정(金宗楨)을 가리킨다.

125) 계승하니 : 『중용(中庸)』에서 공자(孔子)가 무왕(武王)과 주공(周公)의 효에 내해 말하면서, "효라는 것은 선대의 뜻을 잘 이으며, 선대의 일을 잘 따르는 것이다[夫孝者, 善繼人之志, 善述人之事者也]"라고 한 데서 온 말이다.

126) 김계옥 : 김계옥(金啓沃, 1747~1778)의 본관은 강릉(江陵), 자는 계심(季心)이다. 김상지(金尙址, 1694~1740)의 손자이며, 김형진(金亨鎭, 1722~1759)의 아들이다. 김상지는 유진한의 장인인 김상균(金尙均, 1695~1782)의 형이므로, 김계옥은 유진한의 처종질(妻從姪)이 된다. 김상균에 대해서는 뒤의 주) 138 참조.

127) 난실 : 난실(蘭室)은 난초 향기가 그윽한 방인데, 책상자를 가져간다[携笈]는 것

일찍부터 수선조[128]를 봉호[129]에서 연주했네. 蓬壺早奏水仙琴
시서를 강론하길 옥 다듬듯 공들였고 詩書講業工磨玉
나일 잊고 교분 맺어 쇠 끊을 듯[130] 단단했네. 老少論交利斷金
덕을 매우 좋아했던 그대 진정 악성이니 好德伊人惟樂聖
붓을 잡아 만사 짓다 눈물로 옷깃 적시네. 把毫題輓淚滿襟

위로 슬픈 어머니와 슬하에는 어린 자식[131] 上哀慈母下孤兒
젊은 아내 영결할 땐 하물며 또 어땠을까. 況復靑孀永訣時
애석하다 어진 사람 외려 (원문 缺) 可惜仁人猶□□
아득한 하늘 이치 참으로 알 수 없네. 蒼茫天理信難知

덕촌[132]에 살던 삼회당 곽공[133] 어른에 대한 만사 1779년 8월

【輓德村郭丈三悔堂 己亥八月】

우리 조부 왕래하던 대원의 벗님네들 吾祖笻鞋大院儕

은 스승을 찾는다는 말이므로, 좋은 스승과 글벗이 있는 곳을 뜻한다. 여기서는 유진한 등이 학문을 닦기 위해 세운 영회당(英會堂)을 가리킨다. 김계옥의 집은 옛 목천현 호덕리(好德里), 현 천안시 북면 용암리 호덕마을이었는데, 약 12㎞ 떨어진 영회당에 와서 공부했던 것으로 보인다.

128) 수선조 : 수선조(水仙調)는 백아(伯牙)가 스승인 성련자(成連子)를 따라 섬에 갔다가 물새가 우는 것을 듣고 연주했다는 거문고 곡조이다.

129) 봉호 : 봉호(蓬壺)는 바다에 있는 삼신산(三神山) 가운데 하나인 봉래산(蓬萊山)이다.

130) 쇠 끊을 듯 : 『주역(周易)』「계사전 상(繫辭傳·上)」에서, "두 사람이 마음을 같이 하면 그 단단함이 쇠도 자를 수 있다. 마음을 함께한 말은 그 향기가 난초와 같다[二人同心, 其利斷金, 同心之言, 其臭如蘭]"라고 한 데서 나온 말인 '금란지교(金蘭之交)'를 뜻한다.

131) 어린 자식 : 김학종(金學宗, 1765~1816)을 가리킨다.

132) 덕촌 : 덕촌(德村)은 옛 목천현(木川縣) 북면(北面) 호덕리(好德里), 현 천안시 북면 용암리 호덕마을로, 군수를 지낸 곽희진(郭希震, 1589~?)이 처음 살기 시작한 이후로 청주곽씨(淸州郭氏)가 이곳에 세거했다.

133) 삼회당 곽공 : 거주지와 생몰년, 만사의 내용으로 볼 때 삼회당(三悔堂) 곽공(郭

선인들의 모습은 한결같이 빼어났네. 先人顔髮白眉齊
팔십 다 된 고령이라 복어 등[134]이 되었어도 高齡近八方鮐背
사향노루 배꼽 물 듯 밤마다 세 번 뉘우쳤네.[135] 晦悔成三便麝臍
지성으로 눈의 꼬리 받들 줄을 알았으니 已識純誠供雪尾
여경이 준마[136] 앞에 펼쳐짐을 다시 보리. 更看餘慶展霜蹄
우리 고을 장로들이 모두들 떠나시니 我鄕長老凋零盡
가을 창가에서 짧은 만사 눈물 섞어 짓노라. 短誄秋牕和淚題

덕촌[137]에 사시는 김첨지[138]를 대신해서 지은 삼회당에 대한 만사

【代德村金僉知輓三悔堂】

대대로 좋은 이웃 골목길을 마주했고 世接芳隣巷北南
조석으로 함께 하며 맘껏 정담 나누었네. 相隨朝暮劇情談

公)은 곽진의(郭鎭儀, 1701~1779)인 듯하다. 곽진의의 본관은 청주(淸州), 자는 숙첨(肅瞻), 호는 삼회당(三悔堂)이다. 『청주곽씨대동보(淸州郭氏大同譜)』에는 '삼회당(三晦堂)'으로 썼는데, 이 시와 아래 시의 내용으로 보아 '삼회당(三悔堂)'의 오기(誤記)일 가능성이 높다. 따라서 여기서는 대본의 표기를 따랐으며, 아래도 이와 같다.

134) 복어 등 : 노인의 등에 복어의 무늬처럼 검은 점이 생긴 것을 말하는데, 노인을 형용하거나 장수(長壽)를 뜻하는 말로 쓴다.

135) 사향노루 배꼽 물 듯 : 사향노루가 사냥꾼에게 잡혀 죽게 되자, 배꼽 근처에 있는 사향 주머니 때문인 줄 알고 배꼽을 물어뜯으려 해도 입이 닿지 않는다는 뜻의 '서제막급(噬臍莫及)'에서 온 말이다. 원래는 후회해도 소용이 없다는 뜻이지만, 여기서는 매일 스스로를 돌아보았다는 말이다.

136) 준마 : 원문의 상제(霜蹄)는 준마(駿馬)의 발굽을 이른 것으로, 두보(杜甫)의 <취가행(醉歌行)>에 "옛사람이 활을 쏴서 버들잎을 꿰뚫은 것처럼 진정 스스로를 알 테니, 준마가 잠시 발굽을 헛디뎠어도 실족한 건 아니네[舊穿楊葉眞自知, 暫蹶霜蹄未爲失]"라고 한 데서 온 말이다.

137) 덕촌 : 앞의 주) 132 참조.

138) 김첨지 : 시의 내용으로 보아 유진한의 장인인 김상균(金尙均, 1695~1782)을 가리키는 듯하다. 유진한의 처백부(妻伯父) 김상지(金尙址, 1694~1740)와 처숙부(妻叔父) 김상현(金尙賢, 1721~1774)은 이 때 이미 세상을 떠났고, 처숙부

수를 누려 태공[139]보다 한 살 적은 나이였고 遐籌渭釣年差一
생업 서툰 이윤[140]처럼 세 번이나 후회했네. 疎業莘耕悔至三
손 깨물어 피를 냈던 지성스런 두 효자[141]와 血指純誠雙孝胤
연혼해서 세의 깊은 두 조카[142]가 있다네. 連姻厚誼兩賢咸
하늘이 감응하여 길이 회춘 했더라면 天如感應回春永
맛난 음식 드시면서 자손 봉양 받으련만. 榮養餘年奉旨甘

(妻叔父)인 김상장(金尙章, 1714~1787)은 첨지(僉知)의 수직을 받지 못했기 때문이다. 이 책 권3의 「묘갈명병서(墓碣銘幷序)」와 「연보(年譜)에는 유진한의 후배(後配) 강릉김씨를 김일휘(金日輝)의 딸이라고 했지만, 『강릉김씨한림공파대동보(江陵金氏翰林公派大同譜)』에는 김상균(金尙均)으로 적었다. 김상균은 충무위부사직(忠武尉副司直) 김순(金珣)의 5대손으로, 자(字)는 여휘(汝輝)이며, 수직(壽職)으로 첨지중추부사(僉知中樞府事)가 되었다.

139) 태공 : 강태공(姜太公)이 위수(渭水)에서 낚시질을 하며 때를 기다리다가 80세에 문왕(文王)을 만나서 등용되었던 고사에서 온 말이다. 대본의 '위조(謂釣)'는 '위조(渭釣)'의 오기(誤記)이므로 바로잡았다.

140) 이윤 : 유신국(有莘國)의 들에서 농사를 짓다가 탕(湯)임금에게 재상으로 등용되었던 이윤(伊尹)을 말한다. 앞의 강태공과 이윤의 고사를 아울러 이르는 '신경위조(莘耕渭釣)' 또는 '위조신경(渭釣莘耕)'은 시에서 흔히 함께 쓰인다.

141) 두 효자 : 곽진의(郭鎭儀)의 아들 곽원제(郭遠濟, 1725~1762)와 곽이제(郭利濟, 1738~1790)를 가리킨다.

142) 두 조카 : 곽진의(郭鎭儀)의 조카 곽정제(郭貞濟, 1734~1792)와 곽수제(郭秀濟, 1751~1813)를 가리킨다. 곽정제는 곽사적(郭嗣績, 1665~1707)의 계자(系子)가 된 곽진의의 중형(仲兄) 곽진항(郭鎭恒, 1699~1770)의 둘째아들로, 유진한의 처백부(妻伯父)인 김상지(金尙址, 1694~1740)의 사위이다. 곽수제는 곽진의의 동생 곽진명(郭鎭明, 1710~1777)의 장남으로, 김상지의 셋째아들인 김학진(金鶴鎭, 1726~1794)의 사위가 되었다.

청안[143]에 사시는 숙부님[144]을 대신해서 지은 삼회당에 대한 만사

【代淸安叔主輓三悔堂】

그대와 난 나이가 겨우 한 살 차이라서	與子行年校一年
반평생을 맘 터놓고 어깨를 나란히[145] 했지.	論襟半世幾隨肩
거문고로 늘 화답하며 아양곡[146]을 연주했고	瑤絃每和峨洋奏
은석사[147]서 함께하며 문장을 연마했네.	銀寺同工筆硯硏
백원[148]의 과거 급제 이미 축하해주었고	已賀百源科大闡
삼회당[149] 일 어긋난 걸 못내 탄식했다네.	竟歎三悔事難圓
우리들이 불행하여 공이 먼저 가버리니	吾儕不幸公先逝
여든 다 된 늙은이가 두 줄 눈물 흘리네.	八耋餘生兩涕漣

국봉 남취흥[150]에 대한 만사 2수, 1780년 【輓南菊峰就興 二首 庚子】

그대의 선대인이 우리 집안 사위시니	君家先考聘吾門
성이 다른 오촌이요 증조부의 내외손[151]이라.	異姓同堂內外孫

143) 청안 : 청안(淸安)은 옛 충청도 청안현(淸安縣), 현재의 충북 괴산군 청안면 일대이다.

144) 숙부님 : 유진한의 종증조부(從曾祖父) 유강(柳茳, 1651～?)의 손자인 유섭(柳燮, 1702～1786)을 가리킨다.

145) 어깨를 나란히 : 앞의 주) 94 참조.

146) 아양곡 : 아양곡(峨洋曲)에 대해서는 앞의 주) 23 참조. 유섭(柳燮)과 곽진의(郭鎭儀) 두 사람이 백아와 종자기 같은 지기지우(知己之友)였다는 뜻이다.

147) 은석사 : 은석사(銀石寺)는 목천 은석산(銀石山, 현 천안시 북면 은지리)에 있는 절이다. 앞의 주) 12 참조.

148) 백원 : 백원(百源)은 서몽우(徐夢遇)의 호(號)인 듯하다. 서몽우는 선조(宣祖) 때의 무신(武臣)인 서득형(徐得亨)의 후손으로, 무과에 급제하여 훈련원주부(訓練院主簿)·종포만호(從浦萬戶)를 지냈다. 이천서씨(利川徐氏)는 현감(縣監) 서행원(徐行遠, 1655～?)이 처음 목천현(木川縣) 북면(北面) 백원(百源)에 자리잡은 뒤로부터 이곳에 세거했다.

149) 삼회당 : 앞의 주) 133 참조.

150) 남취흥 : 남취흥(南就興, 1718～1780)의 본관은 의령(宜寧), 자는 사정(士禎),

시율은 정음에 맞춰 후세 사업 드리웠고　律協正音垂後緖
필법은 진법 이어 전대 연원 찾았다네.[152]　筆傳眞法泝前源
초가집에 살면서도 시렁 가득 책을 두고　經營茅屋群書架
오동 농막 단장하여 채마밭을 일궜다네.　粧點桐庄數畝園
백형 중형 두 형님[153]이 상여 잡고 슬퍼해도　伯仲兩兄悲執紼
아우님을 데려가니 다시 무슨 말하리오.　天亡賢季復何言

남씨는 우리나라 명망 있는 집안인데　吾東淸閥姓稱南
불행히도 공의 향년 겨우 육십삼 세로다.　不幸公年六十三
대를 이은 문장은 결코 아니 끊기리니　繼世文章終不斷
고가의 여운 있어 여러 아들[154] 두었다네.　古家餘韻又多男

호는 국봉(菊峰)이다. 지평(持平)을 지낸 남명익(南溟翼, 1602～1645)의 증손이고, 직장(直長)을 지낸 남언필(南彦弼, 1638～1710)의 손자이며, 진사 남세강(南世綱, 1675～1757)의 넷째아들이다. 『국서취묵(菊墅醉墨)』·『금지잡영(金池雜詠)』 등을 지었다고 한다. 그의 아버지인 남세강은 유진한의 대고모부(大姑母夫)이다. 뒤에 나오는 <만남한혁대부인(輓南漢爀大夫人)>은 남취홍의 부인인 풍양조씨가 세상을 떠났을 때 유진한이 지은 만사이다.

151) 내외손 : 남취홍(南就興)은 유진한의 증조부 유비(柳芘, 1632～1711)의 외손이다. 대본의 '주당(周堂)'은 사촌형제를 뜻하는 '동당(同堂)'의 오기(誤記)인데, 유진한과 남취홍은 오촌간이다.

152) 찾았다네 : 대본의 '기(沂)'는 '소(泝)'의 오기(誤記)이므로 바로잡았다. 다른 곳도 이와 같다.

153) 두 형님 : 남취홍은 원래 4형제 가운데 막내였는데, 셋째형인 남취등(南就登, 1708～1762)은 먼저 세상을 떠났다. 두 형은 남취붕(南就鵬, 1700～1783)과 남취승(南就升, 1706～1787)을 가리킨다.

154) 여러 아들 : 남한혁(南漢爀, 1748～1792)·남한호(南漢皓)·남한묵(南漢默, 1760～1828)이 남취홍의 아들들인데, 둘째인 남한호는 남취홍의 둘째형인 남취승(南就升이, 1706～1787)의 계자(系子)가 되었다.

백전[155]에 살던 김선여[156]에 대한 만사 2수 【輓栢田金善汝 二首】

일곱 살이 많았기에 내가 뒤를 따른 데다	七年之長我隨肩
인척의 정 사귄 교분 여러 대를 이어왔네.	戚誼交情累世傳
사촌들이 한 데 모여 집들이 붙어 있고	棠從同堂連白屋
아드님이 가통 이어 청전[157]을 보존하리.	賢兒承統保靑氈
틈이 나면 지팡이 짚고 매서[158]를 찾아왔고	有時杖屨尋梅墅
한가한 날 술잔 들러 백전[159]에서 만났다네.	暇日盃樽會栢田
팔십 년의 세월마저 한 조각의 꿈같은데	八耋光陰如一夢
늘그막의 깊은 교분 백아의 줄 끊어졌네.[160]	暮齡深契斷牙絃

우리 마을 네 늙은이 마주보며 살았는데	吾村相對四衰翁
그대까지 왔을 때는 다섯 노인 되었다네.	君亦來時五老翁
자리에 유익한 벗 셋[161]을 자주 맞이하니	座上頻迎三益友
술 마실 때 여덟 신선[162] 무엇이 부러우랴.	飮中何羨八仙翁

155) 백전 : 옛 목천현 근동면(近東面) 백전리(栢田里)로, 현재의 천안시 병천면 가전리(佳田里) 백전마을인데, 안동김씨가 이곳에 세거했다.

156) 김선여 : 선여(善汝)는 김가검(金可儉, 1705~1781)의 자(字)이다. 김가검의 본관은 안동(安東)이며, 김득형(金得衡, 1638~1685)의 손자이고, 김중명(金重明, 1673~1727)의 아들이다. 종사랑(從仕郎) 김굉(金紘, 1608~1670)의 증손으로, 김충갑(金忠甲, 1515~1575)의 5대손이다. 『대록지(大麓誌)』에 문행(文行)이 있었다고 했다.

157) 청전 : 앞의 주) 78 참조.

158) 매서 : 매서(梅墅)는 유진한의 집을 가리키는 말이다.

159) 백전 : 김가검(金可儉)의 집이 있던 곳이다. 앞의 주) 155 참조.

160) 백아의 줄 끊어졌네 : 백아(伯牙)가 지기(知己)였던 종자기(鍾子期)가 죽자 거문고 줄을 끊었다는 고사[伯牙絶絃]에서 온 말이다.

161) 유익한 벗 셋 : 원문의 익우(益友)는 유익한 벗을 뜻하는데, 『논어(論語)』「계씨(季氏)」에 "유익한 벗이 세 가지가 있고, 해로운 벗이 세 가지가 있으니, 벗이 정직하고 신실하고 문견이 많으면 유익한 것이다[益者三友, 損者三友, 友直, 友諒, 友多聞, 益矣]"라고 한 데서 온 말이다.

162) 여덟 신선 : 술을 즐기는 여덟 신선이란 뜻으로 '음중팔선(飮中八仙)' 또는 '주중팔

만년에 다행히도 가업 전할 아들[163] 보니 殘年幸有傳家子
성대[164]에 한가로이 땅 두드린 노인[165]이라. 壽域閑爲擊壤翁
금년 봄에 술 마시러 만날 약속 하였건만 盃酒今春團會約
가련하다 머리 허연 노인 하나 줄었구나. 可憐少一白頭翁

이익채[166]에 대한 만사 【輓李益采】

인자 수명 칠십이니 누대 쌓은 공덕이요 仁壽稀年世德存
왕실의 귀한 성씨 양녕대군 후손일세. 璿源寶派讓寧孫
호서의 초당에서 속절없어 늙었어도 白頭虛老湖西墅
한양서는 반기는 이 자주자주 만났다네. 靑眼頻逢洛北村
타고난 높은 재주 홀로 못내 애석했고 賦撫凌雲堪自惜
공들인 옥[167] 내던지니 깊은 원한 맺혔으리. 工抛懷玉即深冤
공의 여러 아들들이 집안 명성 잇는다니 聞公諸子家聲繼
지하서도 밝은 영혼 위로가 되시리라. 庶慰泉臺不昧魂

선인(酒中八仙人)'이라고 한다. 두보(杜甫)의 시 <음중팔선가(飮中八仙歌)>에 등장하는 이백(李白)·하지장(賀知章)·이적지(李適之)·여양왕(汝陽王)·이진(李璡)·최종지(崔宗之)·소진(蘇晉)·장욱(張旭)·초수(焦遂)를 가리킨다.

163) 아들 : 김한두(金漢斗, 1753~1820)의 본관은 안동(安東), 자는 사앙(士仰)이다.

164) 성대 : 원문의 '수역(壽域)'은 '인수지역(仁壽之域)'의 준말로, 천수(天壽)를 다하며 살 수 있는 태평성대를 뜻한다.

165) 땅 두드린 노인 : 요(堯)임금 시대에 격양가(擊壤歌)를 불렀던 노인처럼 고인(故人)의 노년이 편안했다는 말이다.

166) 이익채 : 이익채(李益采, 1710~?)의 본관은 전주(全州)이며, 증 호조참판 이회로(李檜老, 1638~1707)의 손자이고, 이천개(李天階, 1672~1746)의 아들로, 양녕대군의 10대손이다.

167) 공들인 옥 : 앞의 주) 109 참조.

서산군수를 지낸 사장 김도혁[168]에 대한 만사 2수, 1784년

【輓金瑞山道爀士章 二首 甲辰】

그대 집안 큰일에는 수고를 마다 않아　君家大事不辭勞
저 높은 하늘까지 정성에 감동했네.[169]　誠感蒼蒼在上高
경서에다 공을 들여 가업을 계승했고　功積經書營世業
문무 재주 겸비하여 나라님 상 받았다네.　才兼文武荷天褒
백발에 늦복 있어 거북 도장 셋[170]을 찼고　白頭晚福三龜印
단혈[171]에는 상서 있어 봉황[172] 하나 깃을 쳤네.　丹穴奇祥一鳳毛
칠십여 년 한 평생도 외려 짧게 느껴지니　七十餘年猶短壽
복숭아를 심어 뒀던 도원[173]이 어디더냐.　仙源何處舊栽桃

그대의 세 가지 한 들으면 다 가련한데　聞君三恨摠堪憐
종손이 선대 유업 못 이은 게 제일일세.　最是宗孫未繼先

---

168) 김도혁 : 김도혁(金道爀, 1713~1784)의 본관은 강릉(江陵), 자는 사장(士章)이다. 무겸선전관(武兼宣傳官)이었던 김성구(金聖耉, 1690~1749)의 아들로, 온성부사(穩城府使)를 지낸 김도환(金道煥, 1724~1793)의 형이다. 대정현감(大靜縣監)·안의첨사(安義僉使)·진주영장(晋州營將)·서산군수(瑞山郡守)를 지냈다. 병천면 도원리의 <구암전설(口巖傳說)>에도 등장하는 인물이다.

169) 정성에 감동했네 : 선전관을 지낸 부친이 유배되자, 김도혁이 10년 동안 귀양길 500리를 왕래하며 부친을 모셨으며, 부친의 억울함을 혈서로 상소하고, 좌의정 송인명(宋寅明, 1689~1746)의 집 앞에 자리를 깔고 부친을 석방해줄 것을 청원하여 유배에서 풀려났다고 한다. 1819년(순조 19)에 내려진 효자 정려(旌閭)가 천안시 병천면 도원리(桃源里)에 있다.

170) 거북 도장 셋 : '거북 도장[龜印]'은 거북이 모양으로 된 도장으로, 관인(官印)을 뜻한다. 김도혁이 세 곳의 지방관을 지냈다는 말이다.

171) 단혈 : 단혈(丹穴)은 원래 봉황(鳳凰)이 사는 곳을 이르는데, 여기서는 김도혁(金道爀)의 집을 뜻한다.

172) 봉황 : 김도혁의 아들인 김시주(金時冑, 1776~1824)와 김시백(金時白, 1780~1837)을 가리킨다. 이 중 둘째인 김시백은 후에 선대의 충효열(忠孝烈) 사적을 기록한 『삼강세편(三綱世編)』 3권을 지었다.

173) 도원 : 김도혁이 살던 곳이 옛 목천현 근동면(近東面) 도원리(桃源里), 현재의 천안시 병천면 도원리였기 때문에 한 말이다.

그대 아우 멀리 있고[174] 아이 아직 어리기에 令季遠離兒尙穉
지금은 조카들이 영연을 지킨다네. 此時諸姪侍靈筵

회촌[175]에 살던 이재복[176]에 대한 만사【輓檜村李載馥】

가련하다 그대의 글 구름보다 높은 재주 憐君詞賦撫凌雲
공훈을 못 세운 건 운명이라 할 수밖에. 命也嗟乎未樹勳
푸른 노송 산골에다 띠풀 엮어 집짓더니 蒼檜山村茅結屋
백양나무[177] 황천길엔 묘에 계화 피었네. 白楊泉路桂生墳
처량하다 술 마시며 노닐던 날 멀어지고 凄涼盃酒前遊遠
쓸쓸히도 아양곡[178]이 내 귓가에 들려오네. 寂寞峨洋我耳聞
천제께서 백옥루를 다시 세운 것일까 天帝玉樓重建否
그대 불러 갔으니 상량문을 짓겠구려.[179] 喚歸應作上樑文

174) 멀리 있고 : 이 때 김도혁의 동생 김도환(金道煥)은 금위영천총(禁衛營千摠)으로 있다가, 입직 군사들이 소란을 피운 일 때문에 도형(徒刑)에 처해져서 배천현[白川縣: 현재의 황해도 연백군]에 있었다.

175) 회촌 : 옛 목천현(木川縣) 북면(北面) 회촌(檜村), 현재의 천안시 북면 용암리(龍巖里) 회촌마을이다.

176) 이재복 : 이재복(李載馥, 1728~1784)의 본관은 한산(韓山), 자는 자후(子厚)이다. 한산이씨로는 처음으로 회촌(檜村)에 자리를 잡은 용양위(龍驤衛) 대호군(大護軍) 이몽열(李夢說, 1551~1637)의 5대손이며, 이유형(李惟馨, 1670~1707)의 손자로, 이해량(李海亮, 1694~1755)의 아들이다.

177) 백양나무 : 버드나무와 비슷한 교목(喬木)으로, 옛날 무덤가에 이 나무를 심었다.

178) 아양곡 : 함께 했던 시절이 생각났다는 말이다. 아양곡에 대해서는 앞의 주) 23 참조.

179) 상량문을 짓겠구려 : 27세에 요절한 당나라의 천재 시인 이하(李賀)의 고사에서 온 말이다. 앞의 주) 10 참조.

남한혁의 대부인[180]**에 대한 만사** 【輓南漢爀大夫人】

대부인은 우리 증조 매헌공[181]의 외손부니	梅軒吾祖外孫婦
풍옥헌[182]의 후손으로 숙덕이 어질었네.	風玉淸門淑德賢
아름다운 모범 보여 친척의 정 두텁게 해	徽範已敦親戚誼
시부모의 연세만큼 장수[183]하실 만했다네.	壽籌當繼舅姑年
문사의 짝이 되어 영화를 기약했고	榮華會待文章耦
효열편을 잠훈으로 한결같이 따르셨네.	箴訓惟遵孝烈篇
부모님 뜻 받들면서 몸소 방아 찧었고	養志高堂親井臼
지음과 함께 살며 거문고줄 벗 삼았네.	知音同室友琴絃
맹광[184]도 이웃하여 스승 삼고 싶었을 듯	孟憐幸接從師地
도모[185]의 반찬으로 손님 대접 공손했네.	陶饌常欽待客筵

180) 남한혁의 대부인 : 남한혁(南漢爀, 1748~1792)의 대부인은 유진한과 함께 은석시사(銀石詩社)를 결성했던 남취흥(南就興, 1718~1780)의 부인 풍양조씨(豊壤趙氏, 1719~1784)를 가리킨다. 풍양조씨는 풍옥헌(風玉軒) 조수륜(趙守倫, 1555~1612)의 5대손인 조상룡(趙尙龍, 1678~1736)의 딸인데, 조상룡은 조상웅(趙尙熊, 1682~?)의 중형(仲兄)이다. 조상웅에 대해서는 앞의 주) 61 참조. 남한혁의 본관은 의령(宜寧), 자는 시회(時晦)이다. 남세강(南世綱, 1675~1757)의 넷째아들인 남취흥의 장남이다. 남세강은 유진한의 증조부인 유비(柳芘, 1632~1711)의 사위이다.

181) 매헌공 : 매헌공(梅軒公)은 유진한의 증조부 유비(柳芘, 1632~1711)를 가리킨다. 유비의 자는 개세(蓋世), 호는 매헌(梅軒)이다. 의정부검상(議政府檢詳) 유활(柳活, 1576~1641)의 손자이며, 좌승지에 추증된 유지림(柳之霖, 1608~1671)의 장남으로, 좌승지에 추증되었다.

182) 풍옥헌 : 풍옥헌(風玉軒)은 조수륜(趙守倫, 1555~1612)의 호이다. 조수륜에 대해서는 앞의 주) 77 참조.

183) 장수 : 풍양조씨의 시부모인 남세강(南世綱, 1675~1757)과 고흥유씨(高興柳氏, 1674~1755)가 각각 83세·82세까지 장수했는데, 풍양조씨(豊壤趙氏, 1719~1784)는 66세에 세상을 떠났기에 한 말이다.

184) 맹광 : 거안제미(擧案齊眉)의 고사로 유명한 맹광(孟光)은, 동한(東漢)의 은사(隱士) 양홍(梁鴻)의 처로, 궂은일을 마다하지 않고 남편을 깍듯이 모셔서 현부(賢婦)로 칭송받았다.

185) 도모 : 도모(陶母)는 진(晉)나라 사람 도간(陶侃)의 어머니인 담씨(湛氏)를 가리

가문 명성 이어가라 세 아들[186]을 격려했고　　每以家聲三子勉
눈감을 땐 모친 교훈 두 딸[187]에게 전했네.　　終敎慈訓二嬌傳
돌아가신 뒤에라도 유감이 없으리니　　不須餘憾遺身後
손자들이 눈앞에 가득한 걸 보셨다네.　　且看諸孫滿眼前
구월의 가을날 청산의 한 모퉁이서　　一片靑山秋九月
연평진의 두 명검[188]이 전생 인연 이어가리.　　延津雙劍續前緣

벗 사호 이세열[189]에 대한 만사 2수, 1787년 9월

【輓李友士皞世烈 二首 丁未九月】

동갑에다 뜻도 같아 서로 가장 친했는데　　同庚同志最相親

키는데, 도간의 친구인 범규(范逵)가 집에 왔는데 대접할 것이 없자, 자신의 머리카락을 잘라 돈을 마련해서 대접했다는 고사가 전한다. 고인이 은사(隱士)의 아내로서 맹광·도모 같은 부덕(婦德)을 갖추었다는 말이다.

186) 세 아들 : 남한혁(南漢赫, 1748~1792)·남한호(南漢皓)·남한묵(南漢黙, 1760~1828)을 가리킨다. 이 책 권3에 실린 「만사(輓詞)」【三十六】과 【四十三】은 유진한이 세상을 떠났을 때 남한혁·남한묵 형제가 쓴 것이다.

187) 두 딸 : 남취흥(南就興)의 두 딸은 각각 최광현(崔光鉉)과 한영복(韓永復)에게 시집갔다.

188) 연평진의 두 명검 : 앞의 주) 59 참조. 먼저 세상을 떠난 남편 남취흥과 저승에서도 부부의 인연을 이어갈 것이라는 말이다.

189) 이세열 : 대본에는 이세희(李世熙)로 되어 있지만, 이세열(李世烈)의 오기(誤記)이므로 바로잡았다. 이세열(李世烈, 1712~1786)의 본관은 한산(韓山), 자는 사호(士皞), 호는 구은(龜隱)이다. 사헌부 지평 이만(李滿, 1660~1730)의 손자이며, 통덕랑 이용등(李龍登, 생몰년 미상)의 계자(系子)로, 생부는 이선등(李先登, 1691~1774)이다. 토정(土亭) 이지함(李之菡, 1517~1578)의 후손인데, 한산이씨로서는 처음으로 목천현(木川縣) 북면(北面) 백원(百原)에 자리 잡은 사람이다. 일찌감치 과거공부를 그만두고, 바둑과 술을 즐겼다고 한다. 권1에 실려 있는 1785년작 <차구계이사호운(次龜溪李士皞韻)>에서 언급한 인물이다. 이곳 원문과 권3 「연보(年譜)」에 1787년의 일로 적었는데, 『한산이씨문열공파세보(韓山李氏文烈公派世譜)』에는 이세열이 1786년 7월 8일에 세상을 떠났다고 했다. 그런데 시에서 "열여섯 해"라고 한 것에 따르면 1787년의 일로 볼 수도 있어서 원주(原註)의 내용은 그대로 두었다.

회갑을 지낸 후에 열여섯 해 봄꽃 봤네.	過甲看花十六春
대를 이은 높은 덕망 호서 제일 선비였고	世德咸稱湖上士
문장이 멀리 퍼져 서울사람도 알았다네.	詞華遠播洛中人
좌은[190]을 자주 찾아 바둑 적수 없었고	頻尋坐隱碁無敵
편지를 볼 때마다 필법이 신묘했네.	每閱情書筆有神
은석사[191]의 청등 아래 문회에서 읊은 시축	銀寺青燈文會軸
먼지 쌓인 남은 자취 눈물지으며 바라보네.	淚瞻遺跡已成塵

인간의 오복 중에 그댄 셋을 가졌는데	人間五福子兼三
궁벽한 시골에서 단사표음[192] 달게 여겼네.	窮巷簞瓢意味甘
늦가을의 차가운 향[193] 황국이 핀 꽃밭과	晩節寒香黃菊圃
시사에서 잔 기울인 백련암[194]의 멋진 흥취.	社樽佳興白蓮庵
신성서 한 구학에다 북녘서도 노닐어서	新城舊學曾遊北
어둔 세상 길 밝히는 지남거[195]가 되었다네.	明軌昏衢更指南

190) 좌은 : 좌은(坐隱)은 바둑 두는 것을 뜻한다. 『세설신어(世說新語)』「교예(巧藝)」에 "왕중랑은 바둑 두는 것을 앉아서 숨는 것이라 하였고, 지공은 바둑 두는 것을 손으로 이야기하는 것이라고 했다[王中郎以圍棋是坐隱, 支公以圍棋爲手談]"라고 한 데서 온 말이다. 왕중랑은 중랑장(中郎將)을 지낸 왕탄지(王坦之)이고, 지공은 고승(高僧) 지둔(支遁)을 가리킨다.

191) 은석사 : 은석사(銀石寺)는 목천 은석산(銀石山, 현 천안시 북면 은지리)에 있는 절이다. 앞의 주) 12 참조.

192) 단사표음 : 대본의 '단표(單瓢)'는 『논어(論語)』「옹야(雍也)」에서 안빈낙도(安貧樂道)를 표현한 '단사표음(簞食瓢飮)'을 뜻하므로 바로잡았다.

193) 늦가을의 차가운 향 : 송(宋)나라의 명신 한기(韓琦)가 중양절(重陽節)에 후원에서 동료들과 잔치를 열고 지은 시 <구일수각(九日水閣)>에 "노포의 맑은 가을빛에 부끄러울 것 없고, 또한 찬 국화 만절향을 구경하네[不羞老圃秋容淡, 且看寒花晩節香]"라고 한 데서 온 말로, 만년에 절의를 온전히 지키는 것을 비유했다.

194) 백련암 : 동진(東晉)의 고승 혜원(惠遠)이 여산(廬山)의 동림사(東林寺)에서 유유민(劉遺民)·뇌차종(雷次宗) 등 명유(名儒)를 비롯하여 승속(僧俗)의 18현(賢)과 함께 염불결사(念佛結社)를 맺었는데, 그 절의 연못에 백련(白蓮)이 있기 때문에 백련사(白蓮社)라 일컬었다고 한다. 여기서는 은석사(銀石寺)에서 결성한 시사(詩社)를 두고 한 말이다.

공의 영령 위로하려 만사를 짓다 보니	欲慰公靈題輓語
고문의 여경을 두 아들196)이 보겠구려.	高門餘慶在雙男

장보197)에 살던 도사를 지낸 김덕원198)에 대한 만사 2수

【輓長保金都事德元 二首】

세상에 공도가 없어 높은 지위 못 올랐고	世無公道位難尊
초야에 십 년 묻히더니 만년에는 누명썼네.	十載棲遲晩抱寃
사적은 하릴없이 삼례역에 남아 있고	事蹟徒留參禮驛
공명은 관아의 차관199)에서 그쳤다네.	功名惟止貳衙門
빈 들보에 지는 달은 정미년200)에 닿았고	空樑落月丁年面
유택에는 찌푸린 구름 을좌 언덕에 드리웠네.	幽宅愁雲乙坐原

---

195) 지남거 : 원문의 지남(指南)은 지남거(指南車)의 약칭으로, 방향을 제시해 주는 물건을 비유한다. 황제(黃帝)가 치우(蚩尤)와 탁록(涿鹿)의 들판에서 싸울 때 치우가 큰 안개를 일으켜 병사들이 길을 잃자 황제가 지남거(指南車)를 만들어 방위를 찾아서 마침내 치우를 사로잡았다는 전설이 있다.

196) 두 아들 : 이세열은 이규(李逵, 1730~1808)와 이달(李達, 1745~1816) 두 아들을 두었다.

197) 장보 : 장보(長保)는 옛 목천현 일원동면(一遠東面) 장보리(長保里)로, 현재의 천안시 동면 장송리이다.

198) 김덕원 : 김덕원(金德元, 1717~1787)의 본관은 안동(安東), 자는 선장(善長)이며, 초명(初名)은 극남(極南)이다. 1750년(영조 26) 식년 문과에 급제하여, 충청도사(忠淸都事)·전적(典籍)을 역임한 후, 10여 년을 초야에 묻혔다가, 1779년부터 1782년까지 삼례찰방(三禮察訪)을 지냈다. 그러나 백성에게 빌려주었던 곡식을 거두어들이는 과정을 제대로 관리하지 못했다 하여 도(徒) 3년에 황해도 보산역(寶山驛, 현재의 황해도 평산군)에 정배되었다가 약 9개월 후에 무죄 방면되었다.

199) 차관 : 김덕원은 충청도사(忠淸都事)를 지냈는데, 도사는 장관인 감사(監司) 다음가는 직책이다.

200) 정미년 : 정미년은 1787년(정조 11)인데, 바로 앞의 <만이우사호(輓李友士皥)>를 1787년(정미) 9월에 지었으므로, 이 만사는 같은 해 9월부터 12월 사이에 지은 것이다.

향당에선 지극한 효성 모두 다 일컬었고 鄕黨咸稱誠孝篤
생가에는 계자 있고 양가에는 손자 있네. 生家繼子養家孫

불행히도 남녘에서 내 아우가 죽었을 때 不幸南鄕舍弟亡
친구간의 정분으로 초상[201]에 와 통곡했고 故人情誼哭臨喪
참마 풀던 옛 부의[202]를 병조[203]에서 또 행하고 脫驂古賻騎曹又
검은 일산[204] 펴고 와서 대소상에 참례했네. 皂盖來叅大小祥

엄촌[205]에 살던 은로 홍인서[206]에 대한 만사 2수

【輓嚴村洪殷老仁瑞 二首】

덕문의 두터운 복 연원이 있었으니 德門厚福有淵源
달존[207]이신 선부군께 하례를 드렸다네. 先府君前賀達尊
옛 사업이 면면하여 여경이 있으리니 舊緖綿綿餘慶在

---

201) 초상 : 1780년에 유진한의 동생인 유부한(柳扶漢, 1727~1780)이 고산현(高山縣: 현 전북 완주군 고산면 일대)에서 세상을 떠났다. 이 때 삼례찰방(三禮察訪: 현 전북 완주군 삼례읍에 있던 삼례역의 관원)으로 있던 김덕원이 와서 조문했다는 말이다.

202) 부의 : 공자(孔子)가 위(衛) 나라를 지날 때, 옛날 여관 주인의 상(喪)을 만나자 수레에 매인 참마를 풀어 부의(賻儀)로 내게 했던 고사에서 온 말이다. 참마(驂馬)는 수레를 끄는 네 마리 말 중에서 바깥쪽에 메운 말 두 필이다.

203) 병조 : 원문의 '기조(騎曹)'는 병조(兵曹)의 별칭이다.

204) 검은 일산 : '검은 일산[皂蓋]'은 한(漢)나라 때 지방 수령들이 수레 위에 검은빛의 일산을 쳤다는 데서 유래한 말로, 지방 수령의 행차를 뜻한다.

205) 엄촌 : 엄촌(嚴村)은 옛 청주목(淸州牧) 수신면(修身面) 엄정리(嚴亭里), 현 천안시 수신면 해정리(海亭里) 엄정마을이다.

206) 홍인서 : 홍인서(洪仁瑞)의 본관은 남양(南陽)이다. 유진한의 종제(從弟)인 유달한(柳達漢, 1725~1804)의 사돈, 즉 유달한의 장남인 유각(柳珏, 1754~1775)의 장인이다.

207) 달존 : 달존(達尊)은 『맹자(孟子)』 「공손추(公孫丑)」에 "천하에 모두 존중하는 것이 세 가지가 있으니, 벼슬·연치·덕이다[天下有達尊三, 爵一齒一德一]"라고 한 데서 온 말이다.

집안 이을 효자와 귀한 손자가 있다네. 承家孝子又奇孫

반평생을 교분 맺어 서로 제일 친했으니 半生交誼最相親
고헌에서 취했을 땐 순주 마신 듯했다네.[208] 挹醉高軒若飮醇
유적이 황량하니 어디에서 찾으려나 遺跡荒凉何處訪
오월의 청산에다 어진이를 묻는구나. 靑山五月葬仁人

인척 조광옥[209]에 대한 만사 〖輓曺戚光玉〗

오래 전 내 나이 열네다섯에 昔我十四五
선부군[210]께 나아가 수학했지. 受學先府君
의리로는 존사의 중함이 있고 義重尊師位
정으로는 척질[211]로 친근했네. 情親戚姪群
공도 나와 나이가 비슷했기에 公亦年相若
함께 살며 같이 시를 공부했네. 同居同學文
맘가짐은 빙옥처럼 깨끗했고 操心氷玉潔

---

208) 순주 마신 듯했다네 : 삼국시대 오(吳)나라 사람인 정보(程普)는 평소 자신보다 나이 어린 주유(周瑜)를 모욕했는데, 나중에 그의 인품에 감복하여, "공근[주유의 자(字)]과 만나면, 마치 순주(醇酒)를 마신 것과 같아, 나도 모르게 취한다[與周公瑾交, 若飮醇醪, 不覺自醉]"라고 했다. 후대에 '좋은 술을 마신다[飮醇醪]'는 말은 너그럽고 후한 대접을 받아 기뻐하며 진실로 복종하는 것을 뜻하게 되었다.
209) 조광옥 : 조광옥(曺光玉, 1711~?)의 본관은 창녕(昌寧), 자는 하서(夏瑞)로, 조윤문(曺潤文, 1680~?)의 둘째아들이다. 그의 고조부인 조경철(曺敬轍, ?~1663) 때부터 목천현 북면 변정리(卞正里), 지금의 천안시 북면 양곡리(陽谷里)에 창녕조씨가 세거했다.
210) 선부군 : 조광옥의 부친 조윤문(曺潤文, 1680~?)의 자는 군욱(君郁)이며, 조석윤(曺錫胤, 1661~1683)의 아들로, 창녕조씨의 목천 입향조인 조경철(曺敬轍, ?~1663)의 증손이며, 선교랑(宣教郎) 조성립(曺成立)의 현손이다. 『대록지(大麓誌)』에 문행(文行)이 있었다고 했다.
211) 척질 : 『창녕조씨족보(昌寧曺氏族譜)』에는 조윤문(曺潤文)의 재종제인 조윤종(曺潤宗, 1705~?)의 딸이 유광천(柳光天)에게 출가했다고 했으나, 『고흥유씨세보(高興柳氏世譜)』와 일치하지 않는다.

방에 들면 지란향이 풍겼다네.　　入室芝蘭薰
오래도록 한 마을에[212] 살자더니　　長期居□巷
구름처럼 흩어질 줄 알았으랴.　　豈知散如雲
자식 교육은 선대 교훈 계승했고　　教子先訓繼
형님[213]과는 화락하여 즐거웠네.[214]　　陪兄湛樂云
병 없어도 조섭하며 삼갔고　　無病調攝謹
틈만 나면 부지런히 왕래했네.　　有時往來勤
도원에는 남은 땅이 있어서　　桃源有餘地
화산[215] 반을 나누려고 하였지.　　華山擬半分
팔십 다 돼 둘 다 늙고 병들어서　　望八俱衰病
한 번도 은근하게 못 찾았네.　　無一訪慇懃
구천에 공이 먼저 도착해서　　九原公先到
장례 때 내 울음소리 들으시리.　　葬禮我泣聞

사돈 모일 이공[216]에 대한 만사 【輓慕逸李査】

내 조카가 고문에 장가를 들게 되어　　我家猶子聘高門
지난해에 멋진 말이 만화촌에 왔다네.　　去歲華驂訪晚村

---

212) 한 마을에 : 대본에 한 글자가 빠져 있다.
213) 형님 : 조광옥(曺光玉)의 형인 조광덕(曺光德, 1705~?)의 자는 달삼(達三)이다.
214) 화락하여 즐거웠네 : 『시경(詩經)』「소아(小雅)」 <상체(常棣)>에서 온 말이다. 앞의 주) 79 참조.
215) 화산 : 원문의 화산(華山)은 금화산(金華山)을 가리킨다. 원(元)나라 초기의 학자 김이상(金履祥)과 그의 제자 허겸(許謙)이 무주(婺州) 금화산(金華山)을 남북으로 나누어 살았다는 데서 온 말이다. 만년(晚年)을 함께 보내려 했다는 것이다.
216) 이공 : 이채(李採, 1726~1789)의 본관은 전주(全州)이다. 그는 이한장(李漢章, 1693~1759)의 아들이며, 충의위(忠義衛) 이우재(李宇梓, 1666~1711)의 손자이고, 진남군(鎭南君)의 11대손으로, 유진한의 조카인 유박(柳璞, 1753~1793)의 장인이다. 여기서는 이채가 1789년(정조 13, 기유) 5월 14일에 세상을

신선 집에 일사가 사는 것을 흠모했고 幾慕仙庄棲逸士
맑은 근원이 선원에 닿은 걸 늘 칭송했네. 每稱淸泒接璿源
창천이 어진 사람 수를 허락 하지 않아 蒼天不假仁人壽
흰 장막선 효자 혼을 부르지도 못한다네. 素幄難招孝子魂
듣자니 뜰의 난초 모두 빼어나다 하니 聞道庭蘭皆拔萃
훗날의 영화와 경사 마땅히 많으리라. 後來榮慶尙應蕃

우리 집 며느리가 그대의 딸이니 吾家佳婦君家女
혼인해 사돈 된 지 두 해가 돼가네. 瓜葛連親近二年
해마다 서로 찾자던 기약도 못 이루고 未遂年年相訪計
갑자기 허망하게 먼 이별을 당하였네. 忽當草草遠離筵
붉은 만장 아래서 자당께서 영결하니 慈顔永訣丹旐下
하얀 장막 앞에서 효자 혼이 모시리라. 孝魄將陪素幄前
세 아들이 선대의 유업을 이으리니 惟有三男承緖業
하늘이 여경 내림을 멀리서 바라보리. 佇看餘慶降仁天
이 한 수는 정구[217]가 지었다 右一首鼎九

주부 이계원에 대한 만사 2수, 1788년 10월 【輓李主簿啓源 二首 戊申十月】

하늘이 인자의 수와 존영 아낀지라 天慳仁壽與尊榮
문장으로 일찍이 소과밖에 못하였네. 惟以文章早小成

떠났다고 한 『전주이씨진남군파선원속보(全州李氏鎭南君派璿源續譜)』의 기록을 따랐지만, 유부한(柳扶漢, 1727~1780)이 지었다는 다음 수의 편말주(篇末註)와 시의 내용으로 보아 오기(誤記)일 가능성이 있다.

217) 정구 : 정구(鼎九)는 유진한의 동생 유부한(柳扶漢, 1727~1780)의 자(字)이다. 유부한의 호는 하곡(荷谷)이며, 『대록지(大麓誌)』에 풍도(風度)가 아름답고 기개가 있어 사우들이 귀하게 여겼다고 했다. 유부한이 1780년 10월에 세상을 떠났기 때문에, 이 만사는 1780년 10월 이전에 지은 것이다. 따라서 이 책에서 작품을 창작시기별로 배열하는 원칙에서 벗어나 있다.

듣자니 뜰의 난초 세 이파리 빼어나다니	聞道庭蘭三葉秀
고문에 여경 있어 집안 명성 이어가리.	高門餘慶繼家聲
나이 잊고 교분 맺어 뜻이 서로 같았으니	老少論交志調同
그대 관직 기뻐했고 내 곤궁함 한탄했네.	喜君官號歎吾窮
연전에 낙방한[218] 날 찾아와 주었건만	年前訪我孫山外
검은 홀[219]로 함께 성공 못 고한 게 한스럽네.	恨不玄圭並告功

벗 성중 나치화[220]에 대한 만사 2수, 1790년 봄 【輓羅友致和聖中 二首 庚戌春】

사귄 정과 오랜 정분 둘의 마음 같았고	交情世誼兩心同
군자의 맑은 의표 장자 풍모 있었다네.	君子淸儀長者風
시단에서 하루라도 잊은 날이 없었고	無日相忘詩壘上
때가 되면 과장[221]에 함께 들어가곤 했네.	有時俱入禮羅中
글 잘하는 선비라는 명성 가장 높았건만	聲華最說文章士

---

218) 낙방한 : 낙방했다[孫山外]는 말은 손산(孫山)이라는 사람이 과거에서 최하등으로 합격했는데, 그와 함께 응시했던 사람의 아버지가 아들의 합격 여부를 묻자, "합격자 명단 끝이 제 이름이고, 댁의 아드님은 제 이름보다 밖에 있습니다[解名盡處是孫山, 賢郎更在孫山外]"라고 했다는 고사에서 온 말이다.

219) 검은 홀 : 검은 홀[玄圭]은 우(禹)임금이 홍수를 다스리고 순(舜)임금에게 성공을 고할 때 바친 검은 옥으로 만든 홀(笏)이다. 『서경(書經)』 「우공(禹貢)」에 "우임금이 현규를 바쳐서 순임금께 성공을 고했다[禹錫玄圭, 告厥成功]"라고 한 데서 온 말이다.

220) 나치화 : 나치화(羅致和, 1721～1790)의 본관은 안정(安定)이며, 자는 성중(聖中)이다. 나경(羅炅, 1681～1750)의 아들이며, 세자시강원설서(世子侍講院說書) 나만기(羅萬紀, 1595～1632)의 현손으로, 유철한(柳喆漢, 1719～1794)의 장손인 유영주(柳榮柱, 1771～1819)의 장인이다. 유철한은 유진한의 종제(從弟)이다. 대본에는 나치화의 자(字)를 '성중(聖仲)'으로 썼는데, 여기서는 『안정나씨세보(安定羅氏世譜)』에 따라 '성중(聖中)'으로 적었다.

221) 과장 : 원문의 '예의 그물[禮羅]'은 그물로 새나 물고기를 잡듯이 예로써 인재(人才)를 맞아들여 등용하는 것을 뜻한다. 여기서는 고인(故人)과 함께 과거 시험장[科場]에 들어갔다는 말이다.

곤궁함과 현달함은 조화옹에게 달렸다네.　　窮達徒緣造化翁
불행히도 이제 공이 나에 앞서 떠나시니　　不幸公今先我逝
두 눈에 눈물지으며 나는 기러기 바라보네.　　淚添雙眼望飛鴻

회시 때의 응제시는 이름 날릴 만했건만　　會闈應製庶揚名
뜻 못 펴고 높은 재주로 소과도 못했다네.　　落魄高才未小成
뜰아래의 난초 둘은 여경이 원대하여　　庭下雙蘭餘慶遠
시문으로 옛 가문의 명성을 이어가리.　　詞華剩繼古家聲

은석사에서 지은 연구[222] 무경 김중산[223] · 국봉 남취흥[224]과 함께 읊다 30구

〖銀寺聯句 與金茂埛重山南菊峰就興同吟. 三十句〗

골이 깊어 산은 더욱 빼어나고　　谷深山競秀
물들 모여 깊은 연못 되었다네.　　김중산[225]　　衆水滙而潭
풀의 본성 푸르러서 참아내고　　草性青能忍
구름 마음 하얀 것이 불법일세.　　유진한[226]　　雲心白是曇

---

222) 권3의 「연보(年譜)」에는, <은사연구(銀寺聯句)>와 이어지는 <우연구(又聯句)>(30구)·<우연구(又聯句)>(20구)를 지은 때를 유진한이 39세이던 1750년(영조 26)이라고 하였다. 은석사(銀石寺)는 목천 은석산(銀石山, 현 천안시 북면 은지리)에 있는 절이다. 앞의 주) 12 참조.

223) 김중산 : 김중산(金重山, 1707~1757)의 본관은 안동(安東), 자는 공래(公來), 호는 무경(茂埛)이다. 김득여(金得礪, 1656~1714)의 아들이며, 부사과(副司果) 김득추(金得秋, 1636~1704)의 조카로, 명종(明宗) 때 안악군수(安岳郡守)를 지내다가 을사사화에 연좌되어 벼슬을 빼앗겼던 김충갑(金忠甲, 1515~1575)의 현손(玄孫)이다. 만년에는 삼성재(三省齋)를 짓고 지계산(志溪山)에 우거하였다.

224) 남취흥 : 국봉(菊峰) 남취흥(南就興, 1718~1780)에 대해서는 앞의 주) 150 참조.

225) 김중산 : 원문에는 김중산의 호(號)인 '무경(茂埛)'으로 썼으나, 여기서는 이름으로 적고, 원문에는 생략한다. 이하 같다.

226) 유진한 : 원문에는 유진한의 호(號)인 '만화(晩華)'로 썼으나, 여기서는 이름으로 적고, 원문에는 생략한다. 이하 같다.

학은 창천 구만리를 지탱하고		鶴霄蒼撐九
자라[227]는 벽해 삼신산을 띄우네.	남취홍[228]	鰲海碧浮三
막힌 뒤론 북녘 하늘 가리웠고		障後天無北
트인 앞엔 남쪽 땅이 열려 있네.	김중산	虛前地坼南
봄날 숲엔 나물 캐는 아낙 없고		春林無採女
여름 밭엔 밭을 가는 사내 있네.	유진한	夏畝有耕男
아욱[229]은 도연명의 국화[230] 같고		葵露當陶菊
홰[231] 그늘은 두보 남목[232]보다 낫네.	남취홍	槐陰勝杜楠
풀 우거져 돌길에서 헤매이고		草深迷石逕
숲 무성해 초당을 못 찾았네.[233]	김중산	林茂失茅庵

227) 자라 : 『열자(列子)』「탕문(湯問)」에 발해(渤海)의 동쪽 바다에서 대여(岱輿)·원교(員嶠)·방호(方壺)·영주(瀛州)·봉래(蓬萊) 등 다섯 선산(仙山)을 자라 여섯 마리가 머리로 이고 있다고 한 데서 온 말이다.

228) 남취홍 : 원문에는 남취홍의 호(號)인 '국봉(菊峰)'으로 썼으나, 여기서는 이름으로 적고, 원문에는 생략한다. 이하 같다.

229) 아욱 : 이슬 젖은 아욱[露葵]은 당(唐)나라 사람 왕유(王維)의 <적우망천장작(積雨輞川莊作)>에 "산중에서 고요함 익히며 아침 무궁화를 보고, 소나무 아래서 맑게 재계하며 이슬 젖은 아욱을 꺾는다[山中靜習觀朝槿, 松下淸齋折露葵]"라고 한 데서 온 말이다.

230) 도연명의 국화 : 도연명이 국화를 좋아했던 데서 비롯된 말이다.

231) 홰 : 송(宋)나라 태조를 섬겼던 왕우(王祐)가 자기 집 마당에 홰나무 세 그루를 심고서, 자기 자손 중에 반드시 삼공의 자리에 오를 자가 나올 것이라고 했는데, 후에 그의 둘째아들 단(旦)이 진종(眞宗) 때 18년간 재상의 자리에 있었던 고사에서 온 말이다. 주(周)나라 때 궁정 밖에 홰나무 세 그루를 심고 삼공(三公)이 천자에게 조회할 때는 이 나무를 보고 섰으므로 삼괴(三槐)는 삼공(三公)을 비유하는 말이다.

232) 남목 : '남나무[枏木]'는 남방(南方)에서 나는데, 잎이 소 귀만큼 크다고 한다. 두보(杜甫)가 성도(成都)의 완화초당(浣花草堂)에 있을 때 자신이 좋아하던 남목이 바람에 넘어진 것을 두고 지은 <남수위풍우소발탄(枏樹爲風雨所拔歎)>에서 "범이 넘어지고 용이 엎어지듯 잡목 숲에 버려졌으니, 피눈물이 흘러 내 가슴 얼룩지네[虎倒龍顚委榛棘, 淚痕血點垂胸臆]"라고 하였다.

233) 숲 …… 찾았네 : 대본의 '술(茂)'과 '서(茅)'는 각각 '무(茂)'·'모(茅)'로 바로잡아 옮겼다.

넝쿨들이 산허리를 둘렀고		藤葛山腰束
구름 놀은 골 어귀서 피어나네.	유진한	雲霞谷口含
연기 깔려 빨간 불씨가 파묻혔고		烟沈丹火宿
비 지나니 푸른 이끼가 촉촉하네.	남취홍	雨過碧苔涵
맑은 가락이 대나무를 스쳐가고		爽韻風梳竹
환한 달빛은 이내 뚫고 새어드네.	김중산	淸光月漏嵐
하늘 꽃은 봐도 싫증 아니 나고		天花看不厭
금은 기운[234] 잘 알기에 탐하지 않네.	유진한	銀氣識非貪
책을 지고 맑은 놀이 마련하고		携笈淸遊辦
붓 놀리며 좋은 경치 찾는다네.	남취홍	揮毫勝賞探
학과 봉황이 간 누대는 기울었고[235]		樓臺傾鶴鳳
어부 잠총[236]도 잔도는 험하다네.	김중산	梯棧險鳧蠶
산수를 사랑함은 고질이고		泉石膏肓痼
시 짓기 좋아함은 버릇일세.	유진한	詩篇性癖耽
도량은 참으로 별천지니		諸天眞別界
몇 달간 청담파가 반은 됐네.[237]	남취홍	數月半淸談

234) 금은 기운 : 두보(杜甫)의 시 <제장씨은거(題張氏隱居)>에 "탐하지 않으니 밤엔 금은의 기를 알아보고, 해치지 않으니 아침엔 미록이 노니는 것을 본다[不貪夜識金銀氣, 遠害朝看麋鹿遊]"라고 한 데서 온 말이다.

235) 학과 …… 기울었고 : 이백(李白)의 <등금릉봉황대(登金陵鳳凰臺)>에 "봉황대 위에서는 봉황이 놀았는데, 봉황은 가버리고 빈 대 앞에 강물만 홀로 흐르네[鳳凰臺上鳳凰遊, 鳳去臺空江自流]"라고 한 것을 원용한 말이다.

236) 어부 잠총 : 어부(魚鳧)와 잠총(蠶叢)은 촉(蜀)의 왕이었다고 하는 사람들의 이름이다. 이백(李白)의 <촉도난(蜀道難)>에 "촉으로 가는길 어렵다더니, 하늘로 오르기보다 더 어렵구나. 잠총 어부 두 임금이, 나라를 세운 지 얼마이던가[蜀道之難, 難於上靑天, 蠶叢及魚鳧, 開國何茫然]"라고 했고, <송우인입촉(送友人入蜀)>에는 "듣자니 잠총이 만든 길은 하도 험해 가기 쉽지 않다네[見說蠶叢路, 崎嶇不易行]"라고 하였다.

237) 청담파가 반은 됐네 : 진(晉)나라 때의 죽림칠현(竹林七賢)과 같이 자연 속에서 시와 술로 세월을 보낸다는 뜻이다.

향로전에는 새벽 향이 은은하고　　　　爐殿晨香穩
운대관[238]에선 낮잠이 달구나.　김중산　　雲臺攤飯甘
백규장[239]을 매일 세 번 외워 봐도　　　　白圭三有復
내 천성은 일곱 가지[240] 감당 못해.　유진한　　素性七難堪
돌 틈에는 옥 울리는 물소리　　　　石齒波鳴玉
산머리에선 남빛이 피어나네.　남취홍　　山顏色吐藍
서로 따라 정이 본래 친밀하여　　　　追隨情素密
왁자지껄 흥이 새삼 무르익네.　김중산　　唵囈興初酣
비결을 화개에서 찾고　　　　秘訣尋華蓋
장년에 노자를 배우네.　유진한　　長年學老聃
손님 맞는 중의 습속 좋지 않아　　　　待賓僧俗惡
중생에게 불공하라니 부끄럽네.　남취홍　　導衆佛功慚
술맛을 그댄 너무 좋아하고　　　　酒味君偏愛
한정을 나는 훤히 알고 있네.　김중산　　閑情我飽諳
금싸라기[241]는 함께 맛을 봐야 하고　　　　金沙要共賞
죽순[242]은 같이 먹을 수가 있네.　유진한　　玉版許同參

---

238) 운대관 : 송(宋)나라 초기의 은사(隱士)인 진단(陳摶)은 무당산(武當山)을 비롯하여 화산(華山)의 운대관(雲臺觀), 소화(少華)의 석실(石室) 등에서 은거했는데, 길게는 100여 일씩이나 일어나지 않고 계속 잤다고 한다.

239) 백규장 : 백규장(白圭章)은 『시경(詩經)』「대아(大雅)」 <억(抑)> 중에 "흰 옥돌의 흠결은 깎아서 없앨 수나 있지만, 말은 한 번 잘못하면 어떻게 할 수가 없네[白圭之玷, 尙可磨也, 斯言之玷, 不可爲也]"라고 한 것을 가리킨다. 『논어(論語)』「선진(先進)」에 공자의 제자인 남용(南容)이 매일 이 구절을 세 번씩 반복해서 외우자, 공자가 이를 가상하게 여겨 자신의 조카딸을 시집보냈던 고사가 있다.

240) 일곱 가지 : 삼국시대 위(魏)나라 사람인 혜강(嵇康)이 당시 집권자인 사마소(司馬昭) 등을 싫어했는데, 그 일당인 산도(山濤)가 그를 벼슬에 추천하자, 감당할 수 없는 일곱 가지 사유를 들어 거절하면서 산도와 절교한 데서 온 말이다. 흔히 시문에서 자신의 게으름이나 무능력을 일컫는 말로 쓰이는데, 여기서는 늘 마음에 새겨도 천성이 게을러서 생각대로 되지 않는다는 뜻이다.

241) 금싸라기 : 금싸라기는 불교의 진리를 뜻한다.

탑을 보니 아득한 세월 겪었는데		看塔經雲劫
침상 맞대 이슬 노래를 부르누나.	남취홍	連床詠露湛
시 지을 땐 수호243)와도 싸울 텐데		吟風鬪繡虎
비에 막혀 꽃수레를 세웠다네.	김중산	滯雨立花驂
걸음마다 짚신이 끌리고		行步芒鞋曳
어깨에는 비단상자244) 얹혔네.	유진한	吟肩錦笥擔
염불 소리가 끊이지 않으니		梵音長不絶
유교 교화도 미치기 어렵네.	남취홍	儒化亦難覃
늙은 전나무는 바람에도 끄떡없는데		老檜凌風健
남은 연꽃은 비 괴로워 휘늘어졌네.	김중산	殘荷惱雨毿
재주가 높아 계화 꺾을245) 기약하니		高才期折桂
호시절에 귤 나눠줄246) 자리에 가리.	유진한	佳節趍頒柑
훗날에 다시 와서 노닐 적엔		他日重遊地
깁 초롱247)이 석탑에 빛나리라.	남취홍	紗籠輝石龕

242) 죽순 : 원문의 옥판(玉版)은 죽순(竹筍)의 별칭이다.

243) 수호 : 삼국시대 위(魏)나라 사람 조식(曹植)이 일곱 걸음을 걷는 동안 시를 지어 냈으므로 사람들이 '수호(繡虎)'라고 불렀던 데서 온 말이다. '수(繡)'는 수를 놓은 것처럼 화려한 글을, '호(虎)'는 호랑이처럼 민첩한 솜씨를 뜻한다. 수호와 싸운다는 것은 화려한 시문(詩文)을 민첩하게 짓는 것을 말한다.

244) 비단상자 : 당(唐)나라 때의 시인 이하(李賀)가 명승지를 유람하면서 시를 지을 때마다 비단 주머니에 담았던 고사에서 온 말이다.

245) 계화 꺾을 : 계화를 꺾는다는 것은 과거에 급제한다는 말이다.

246) 귤 나눠주는 : 소과에 입격하여 해마다 제주도에서 진상(進上)하는 황감(黃柑)을 성균관과 사학(四學) 유생들에게 내리고 시행했던 과거, 즉 황감제(黃柑製) 또는 황감과(黃柑科)에 응시하고 싶다는 말이다.

247) 깁 초롱 : 당(唐)나라 사람 왕파(王播)가 어려서 가난했으므로 양주(楊州) 혜소사(惠昭寺) 모란원(木蘭院)의 객이 되어 글을 읽으면서 승려들의 잿밥[齋食]을 얻어먹었는데, 승려들이 싫어하여 재가 모두 파한 뒤에야 종을 치곤 했다. 20여 년 후에 왕파가 높은 지위에 올라 그 절을 찾아갔더니, 예전에 자기가 벽에다 써 놓았던 시를 푸른 비단으로 감싸 놓고 있었으므로, "이십 년 동안 먼지를 뒤집어쓰고 있다가, 오늘에야 푸른 깁으로 장식되었구나[二十年來塵撲面, 如今始得碧

또 연구 30구 【又聯句 三十句】

우리들은 다 뛰어난 인재들		吾儕皆俊傑
성스럽고 밝은 시절에 태어났네.	김중산	生際聖明朝
필력은 큰 솥 번쩍 들 만하고[248]		筆力能扛鼎
문장은 칼꿈[249] 일찍 꾸었다네.	유진한	詞鋒早夢刀
명성은 이응 두밀[250]과 나란하고		聲名齊李杜
기교는 장량 소하[251]가 하찮다네.	남취홍	技巧陋張蕭
초에 가서 옥을 세 번 바쳤고[252]		入楚三呈玉

紗籠]"라고 써넣었던 고사에서 온 말이다.

248) 필력은 ……… 만하고 : 시문의 기상이 웅장하고 힘이 있다는 말이다. 이 구절은 한유(韓愈)의 시 <병중증장십팔(病中贈張十八)>에 "용무늬 새겨진 백곡을 담는 큰 솥을, 홀로 불끈 들 만한 필력을 가졌다오[龍文百斛鼎, 筆力可獨扛]"라고 하여, 장적(張籍)의 시를 칭찬한 것을 원용한 표현이다. 『사기(史記)』 「항우본기(項羽本紀)」에는 "항우는 힘이 세서 세 발 달린 솥을 두 손으로 불끈 들 만했다[力能扛鼎]"라고 하였다.

249) 칼꿈 : 진(晉)나라 사람 왕준(王濬)이 칼 세 개가 서까래에 걸려 있는 꿈을 꾸고, 다시 칼 하나가 더해지는 꿈을 꾸었는데, 삼도(三刀)는 '주(州)'를 뜻하고 더해진 것은 '익(益)'을 의미한다는 해몽대로 익주자사(益州刺史)에 부임했던 고사가 있다. 여기서는 고관(高官)이 될 것을 기약했다는 말이다.

250) 이응 두밀 : 후한(後漢)의 환제(桓帝)·영제(靈帝) 때 환관들이 발호하자 진번(陳蕃)·이응(李膺)·두밀(杜密) 등 학자들이 공격하였는데, 도리어 이들을 붕당을 결성하여 조정을 비방한다는 죄목을 씌워 수백 명을 죽이고 유배시킨 당고(黨錮)의 화(禍)가 일어났다. 이 때 범방(范滂)이 죽게 되어 모친에게 마지막 인사를 드렸는데, 그 모친이 "네가 이제 이응·두밀과 이름을 나란히 할 수 있게 되었으니, 죽는다 한들 무슨 여한이 있겠느냐[汝今得與李杜齊名, 死亦何恨]"라고 했다는 데서 온 말이다.

251) 장량 소하 : 원문의 장소(張蕭)는 한(漢)나라 개국의 공신인 장량(張良)과 소하(蕭何)를 아울러 이르는 말이다. 한(漢)나라 고조(高祖)가 천하를 평정한 뒤, "장막 가운데서 계책을 내어 천 리 밖에서 승리를 결정하는 데는 내가 장량보다 못하고, 백성을 진무(鎭撫)하고 군량을 공급하는 것은 소하보다 못하다[夫運籌帷幄之中, 決勝千里之外, 吾不如子房, 鎭國家, 撫百姓, 給餽饟, 不絶糧道, 吾不如蕭何]"라고 하여, 그들의 작전 참모와 군수책임자로서의 역량을 높이 평가했다.

252) 초에 …… 바쳤고 : 앞의 주) 108 참조.

진에 갖옷 해지도록 유세했네.[253]　　김중산　　遊秦幾弊貂
꽃과 눈과 달[254]을 두루 완상하고　　　　品題花雪月
석창포[255]를 약 삼아서 먹었다네.　　유진한　　服餌石菖蒲
지주[256]는 우뚝 천 갈래 물을 맞고　　　　砥屹當千派
그물[257]을 펼쳐 팔조를 거두었네.　　남취흥　　網張取八條
돌을 쌓던 부열의 꿈[258]은 더디고　　　　築岩遲夢說
땅 두드린 요임금 노래[259] 게으르네.　　김중산　　擊壤謾歌堯
잣초당선 낮에 바둑 구경하고　　　　栢墅觀碁晝

---

253) 진에 …… 유세했네 : 전국시대의 유세객(遊說客) 소진(蘇秦)이 진(秦)나라에 가서 벼슬을 하고자 진왕(秦王)에게 열 번이나 글을 올려 설득하려 했지만, 그의 말이 먹혀들지 않아서 벼슬을 얻지 못한 채, 검은 담비 가죽옷이 다 해지고 여비로 가져간 황금 100근도 다 떨어져서 고향으로 돌아왔다는 고사에서 온 말이다.

254) 꽃과 눈과 달 : '바람과 꽃과 눈과 달[風花雪月]'은 주관적 인식을 완전히 배제하고 이(理)에 입각하여 객관적으로 사물을 관찰하는, '관물(觀物)'의 세계를 시적으로 표현한 말이다.

255) 석창포 : 숭산(嵩山)의 선인(仙人)이 한무제(漢武帝)에게 창포 뿌리를 캐서 먹으면 장생(長生)한다고 일러 주자, 무제가 3년 동안 먹어보다가 싫증을 내고 그만두었는데, 왕흥(王興)이라는 사람이 그 말을 듣고는 오래도록 계속 복용한 결과 장생했다는 전설이 있다.

256) 지주 : 지주(砥柱)는 황하(黃河)의 중류(中流)에 마치 기둥처럼 우뚝 서 있는 산 이름인데, 격류 속에 꼼짝도 하지 않고 서 있으므로, 흔히 난세(亂世)에 처하여 의연히 지조를 지키는 선비의 비유로 쓰인다.

257) 그물 : 『사기(史記)』「은본기(殷本紀)」에, "탕왕이 밖에 나갔다가, 들판 사방에 그물을 넓게 펼쳐 놓고, '천하 사방에서 모두 내 그물로 들어오라'고 비는 것을 보았다. 탕왕이 말하기를, '아! 다 잡겠다니!' 하고, 세 쪽을 터주게 하고 빌기를, '왼쪽으로 가려면 왼쪽으로 가고, 오른쪽으로 가고 싶으면 오른쪽으로 가라. 명을 따르지 않으려면 내 그물로 들어오라.'라고 했다. 제후들이 듣고 말하기를, '탕의 덕이 지극하니, 금수에게까지 미쳤구나.'라고 했다[湯出, 見野張網四面, 祝曰, '自天下四方皆入吾網.' 湯曰, '嘻, 盡之矣!' 乃去其三面, 祝曰, '欲左, 左. 欲右, 右. 不用命, 乃入吾網.' 諸侯聞之曰, '湯德至矣, 及禽獸]"라고 한 데서 온 말이다.

258) 부열의 꿈 : 부암(傅巖)의 들판에서 무너진 길을 쌓던, 은(殷)나라 고종(高宗)의 신하인 부열(傅說)의 고사에서 온 말이다. 고종이 어느 날 꿈을 꾸고 나서 꿈에 본 사람의 모습을 그려서 찾게 했는데, 부암의 들판에서 그를 찾았다고 한다.

259) 요임금 노래 : 요임금 때의 태평성대를 노래한 격양가(擊壤歌)를 말한다.

솔창에선 밤에 촛불 잡고 노네. 유진한 松窓秉燭宵
한가로이 십 년 세월 노닐다가 優遊經十載
높이 올라 삼청궁[260]에 닿았다네. 남취홍 騰步到三霄
경쇠 소리 듣고서야 절밥 먹고 聽磬謀僧飯
도끼 자루 썩는 줄도 모른다네. 김중산 爛柯忘客樵
주머니[261]는 날로 두둑해지는데 奚囊隨日富
불가 말은 인사 등져 교만하네. 유진한 梵語背人驕
학이 울면 하늘까지 막힘 없고[262] 鶴唳天無阻
대붕이 날면 바다도 멀지 않네.[263] 남취홍 鵬騫海不遙
계책은 다 세상일을 맡을 만하고 策皆擔世務
시는 때로 풍요로 뽑힐 만하지. 김중산 詩或採風謠
과객 중엔 아는 얼굴이 드물고 過客稀知面
중은 허리 숙이는 걸 싫어하네. 유진한 居僧懶折腰
채식만 해야 호불인 건 아닐 테고 咬蔬非好佛
육미 모른들 순의 음악 들었으랴.[264] 남취홍 忘肉豈聞韶

---

260) 삼청궁 : 원문의 삼소(三霄)는 도가(道家)의 말로, 삼청(三淸)과 같은 뜻이다. 옥청(玉淸)·상청(上淸)·태청(太淸)을 삼청이라 하는데, 모두 선인(仙人)이 사는 곳이다.

261) 주머니 : 원문의 해낭(奚囊)은 당(唐)나라 시인 이하(李賀)가 명승지를 돌아다니며 지은 시를 뒤따르는 아이 종[奚奴]을 시켜 주머니[囊]에 담게 했던 고사에서 온 말이다.

262) 학이 …… 없고 : 『시경(詩經)』「소아(小雅)」 <학명(鶴鳴)>에 "학이 구고에서 우니, 소리가 하늘에 들리네[鶴鳴于九皐, 聲聞于天]"라고 한 데서 온 말이다. 여기에서 학은 곧 은거(隱居)하는 현자(賢者)를 가리킨다.

263) 대붕이 …… 않네 : 『장자(莊子)』「소요유(逍遙遊)」에 나오는, 대붕(大鵬)이 북해[北溟]에서 남해[南溟]로 구만 리 장천을 날아가는 것을 말하는데, 보통 포부가 원대하여 앞길이 창창한 것을 비유한다.

264) 육미 …… 들었으랴 : 원문의 소악(韶樂)은 순(舜)임금의 음악이다. 『논어(論語)』「술이(述而)」에 "공자(孔子)가 제(齊)나라에서 소악을 배우고는 하도 좋아서 석 달 동안 고기 맛을 몰랐다[子在齊, 聞韶, 三月不知肉味]"라고 한 데서 온 말이다. 불가에서는 육식을 하지 않지만, 유가의 도를 알아서 그런 것은 아니라는 말이다.

위수는 아직 달빛을 감추었고[265] 渭水猶藏月
기산에는 표주박을 걸 만하네.[266] 김중산 箕山可掛瓢
장차 난실 벗들과 손잡고 將携蘭室友
함께 옥당 동료가 되리라. 유진한 俱作玉堂僚
용과 자벌레처럼 굽히고 펴며[267] 伸屈隨龍蠖
봉과 꿩처럼 날아오르리라. 남취홍 翥騰擬鳳鷮
화려한 명성이 빛나리니 聲華應奕奕
문호가 쓸쓸하지 않으리라. 김중산 門戶不寥寥
청운의 길엔 화려한 말이 울고 雲路鳴珂馬
마음 밭엔 배움의 싹이 자란다네. 유진한 情田秀學苗
계책 올려 보필할[268] 생각하니 獻猷思補袞
무리 감싸 다투는 게 부끄럽네. 남취홍 護黨愧爭杓
청백리로 후세까지 남으리니 淸白當遺後
전원에서 배부르길 바라리오. 김중산 田園豈願饒
뉜들 큰 집 받칠 동량이 아니랴 誰非扶廈棟

265) 위수는 …… 감추었고 : 강태공(姜太公)이 위수(渭水)에서 80세까지 낚시질을 하며 때를 기다리던 고사에서 온 말이다. 옛 시 가운데 "위수는 부질없이 달빛을 감추었고, 부암은 안개를 깊이 가두었네[渭水空藏月, 傅巖深鎖烟]"라는 구절이 있다. 부암(傅巖)은 은고종(殷高宗)을 만나기 전에 부열(傅說)이 무너진 길을 고치던 곳이다.

266) 기산엔 …… 만하네 : 요(堯)임금 때의 은사(隱士) 허유(許由)가 기산(箕山) 아래 영수(潁水) 북쪽에 은거하면서 손수 농사를 지어 먹고 손으로 물을 움켜 마셨는데, 어떤 사람이 표주박 하나를 주어 그것을 나무에 걸어 두었더니, 바람이 불 때마다 덜그럭거리는 소리가 나자 그 표주박을 내버렸다는 고사에서 온 말이다.

267) 용과 …… 펴며 : 상황에 따라 자기의 뜻을 굽히기도 하고 펴기도 하면서 융통성을 발휘하는 것을 말한다. 『주역(周易)』「계사전 하(繫辭傳·下)」에 "자벌레가 몸을 굽히는 것은 장차 몸을 펴기 위함이요, 용과 뱀이 숨는 것은 자신의 몸을 보전하기 위함이다[尺蠖之屈, 以求信也, 龍蛇之蟄, 以存身也]"라고 한 데서 온 말이다.

268) 보필할 : 원문의 보곤(補袞)은 왕을 보필하는 것을 말한다. 『시경(詩經)』「대아(大雅)」 <증민(蒸民)>에 "곤직이 잘못되면 중산보가 보필한다[袞職有闕, 惟仲山甫補之]"라고 하였는데, 그 주(註)에 '곤직은 왕의 직책이다.'라고 하였다.

모두 냇물 건네 드릴 배[269]라네.	유진한	俱是濟川橈
바다는 평온하여 물결이 자고		海晏風浪靜
하늘은 높디높아 일월이 밝네.	남취홍	天高日月昭
자미궁 봉각[270]에서 벼슬하며		紫薇官鳳閣
분황 교지[271] 교초[272]로 만들리라.	김중산	黃誥製鮫綃
성군 아래 신하들은 다들 곧아		主聖臣皆直
나라가 평안하고 근본이 서네.	유진한	邦寧本不撓
시운을 타 뛰어오르길 기약할 뿐		只期乘運躍
거문고 곡조[273] 아시기를 바라리오.	남취홍	敢擬解絃調
꿈에라도 괴안국[274]을 얘기하랴		夢豈述槐國
이 몸 응당 절강 물결[275]을 경계하리.	김중산	身當戒浙潮

269) 배 : 『서경(書經)』「열명 상(說命·上)」에 은(殷)나라 고종(高宗)이 부열(傅說)을 재상으로 삼으면서, "(내가) 큰 냇물을 건널 때는 너를 배와 노로 삼겠다[若濟巨川, 用汝作舟楫]"라고 했던 데서 온 말이다. 제왕을 보필할 훌륭한 신하의 자질을 가지고 있다는 말이다.

270) 봉각 : 봉각(鳳閣)은 황제의 궁궐 안에 있는 누각을 말하는데, 예문관(藝文館)의 별칭이다.

271) 분황 교지 : 선조에게 증직(贈職)이 내려지면 사령장[官誥]과 부본(副本)을 발급하는데, 누런 종이에 쓴 부본을 추증된 조상의 묘에 가지고 가서 고한 뒤에 불사르는 것을 분황(焚黃)이라고 한다. 선조를 추증하는 높은 관직에 올라 자신의 조상을 영화롭게 하겠다는 포부를 밝힌 것이다.

272) 교초 : 교초(鮫綃)는 남쪽 바다에 사는 인어[鮫人]가 짠다는 비단이다.

273) 거문고 곡조 : 중웅(仲雄)이 초미금(焦尾琴)으로 <오농곡(懊儂曲)>을 지어 어전에서 "늘 내 마음 변할까 걱정하시더니, 낭군이 지금 하시는 일은 어떤가요[常歎負情儂, 郎今果行許]"라고 노래하자, 남제(南齊)의 명제(明帝)가 그 뜻을 바로 알아차렸다는 고사에서 온 말이다.

274) 괴안국 : 당(唐)나라 사람 순우분(淳于棼)이 괴목(槐木)의 남쪽 가지 아래 누워서 잠이 들었는데, 꿈속에 괴안국(槐安國)에 가서 부귀영화를 누리다가 꿈을 깨어 괴목 아래를 보니 큰 개미굴이 있더라는, 남가일몽(南柯一夢)의 고사를 두고 한 말이다.

275) 절강 물결 : 춘추시대 사람인 오자서(伍子胥)가 자결한 뒤에 오왕(吳王) 부차(夫差)가 그의 시신을 자루에 담아 절강(浙江)에 버렸는데, 후에 파도의 신[濤神]이

단비 내려 새 은택이 넉넉해지니		甘霖新澤洽
눈 녹으면 옛 재앙도 없어지리라.	유진한	殘雪舊灾消
백발 되면 다 조용히 물러나		白首共恬退
술잔 들고 서로 불러 주세나.	남취홍	酒盃相見招

또 연구 20구【又聯句 二十句】

가을 산새 짹짹짹 산골 물은 졸졸졸		秋山磔磔山淙淙
층대를 걸어올라 지팡이에 기대 쉬네.	김중산	步上層臺倚短笻
찬 경쇠소리 높아지니 꿈에서 급히 깨고		冷磬聲高驚夢急
날던 새는 날개 젖어 둥지로 더디 오네.	유진한	飛禽翅濕返巢慵
절집은 땅에 가득 중들의 힘 다 모았고		琳宮滿地殫僧力
돌길은 하늘까지 나그네 발길 인도하네.	남취홍	石棧連天引客蹤
바람결에 천둥치듯 흰 폭포소리 들려오고		風外殷雷聞白瀑
안개 속엔 상투 같은 푸른 봉우리 보이네.[276]	김중산	霧中高髻見靑峰
한정은 푸른 풀이 뜰에 가득 자라나듯		閑情翠草生庭茂
돌아갈 맘은 청운이 굴에서 짙게 피듯.[277]	유진한	歸意靑雲出峀濃
큰 꿈은 꽃이 피듯 큰 솥을 들 필력[278] 얻고		大夢花生扛鼎筆
장한 뜻은 무지개 뜨듯 칼끝을 드러내리.[279]	남취홍	雄心虹吐發硎鋒

되었다는 전설이 있다. 이 때문에 절강의 물결[浙江潮]을 '서도[胥濤]'라고 하는데, 거친 파도를 뜻하기도 한다.

276) 찬 경쇠소리 …… 보이네 : 목천읍지인 『대록지(大鹿誌)』「산천(山川)」의 은석산(銀石山)조에 세 사람의 시구를 소개해 놓았다.

277) 굴에서 짙게 피듯 : 도연명의 <귀거래사(歸去來辭)>에 "구름은 무심히 산에서 나오고, 새는 날기에 지쳐서 돌아온다[雲無心而出岫, 鳥倦飛而知還]"라고 하였는데, 자기가 구름처럼 무심히 나갔다가 지친 새처럼 돌아왔다고 비유한 것이라 한다.

278) 큰 솥을 들 필력 : 앞의 주) 248 참조.

279) 칼끝을 드러내리 : 예리한 칼끝을 드러낸다[發硎鋒]는 것은 포부를 처음으로 펼쳐 보이거나 자신의 재주를 드러낸다는 뜻이다. 두보(杜甫)의 시 <진주견칙목설삼거

하늘에는 저물녘에 기러기[280]가 지나는데		雲霄夕過隨陽鳥
꽃술에는 봄인데도 한낮 벌도 오지 않네.	김중산	花蘂春稀報午蜂
겁화도 금불 그림은 태우지 못하고		劫火不消金象畵
업풍도 진흙 옷[281]은 찢을 수 없네.	유진한	業風難裂瓦衣縫
꽃잎 날리는 맑은 골엔 붉은 물결 저물고		花飄玉洞紅流晩
고목 서있는 봉우리엔 푸른빛이 짙어가네.	남취홍	樹老瑤岑翠色重
석수[282] 먹어 선골(仙骨)로 바꾸리라 기약하고		石髓自期金骨換
고담[283]에선 유주[284] 만나 하례해야 마땅하리.	김중산	高潭宜賀柳州逢
호리병 속 신선은 하늘 남쪽에서 오고		壺中仙客天南自

필사요천관겸술색거(秦州見敕目薛三璩畢四曜遷官兼述索居)>에 "칼을 캐내 옥 바닥에 묻힌 줄 알고, 칼을 들어 숫돌에서 나온 걸 보네[掘劍知埋獄, 提刀見發硎]"라고 한 데서 온 말이다. 이는 칼이 번쩍이는 것처럼 막 관직을 받아 빛나기 시작한다는 뜻이다.

280) 기러기 : 원문의 '태양을 따르는 새[隨陽鳥]'는 계절에 따라 이동하는 철새, 그 중에서도 기러기를 뜻한다.

281) 진흙 옷 : 당(唐)나라 고종(高宗)이 사냥을 나갔다가 길에서 비를 만나 간의대부(諫議大夫) 곡나율(谷那律)에게 "유의(油衣)를 어떻게 하면 비가 새지 않게 할 수 있는가?"라고 묻자, "진흙으로 구워서 옷을 지어 입으면 반드시 비가 새지 않을 것입니다."라고 대답하니, 고종이 느낀 바가 있어 그 후로는 사냥을 나가지 않았다는 고사에서 온 말이다.

282) 석수 : 석수는 석종유(石鐘乳)라고도 하는데, 500년 만에 한 번 나온다고 하는 돌의 진액(津液)으로, 선가(仙家)에서는 사람이 이것을 복용하면 장생(長生)한다고 한다. 진(晉)나라 때 왕렬(王烈)이 깊은 산에 들어갔다가 갈라진 바위틈에서 이 진액을 채취해 먹고 328세가 되도록 젊은이의 얼굴과 같았는데, 태항산(太行山)에 들어간 후로는 종적을 알 수 없었다고 한다.

283) 고담 : '고담(高潭)'은 '고무담(鈷鉧潭)'을 염두에 둔 표현이다. 당(唐)나라 사람인 유종원(柳宗元)의 「고무담서소구기(鈷鉧潭西小丘記)」에, 고무담 서쪽에 조그만 언덕이 있는데, 경치가 매우 뛰어나서 이곳을 사들여 친구들과 함께 노닐면서, 예초(穢草)와 악목(惡木)을 모두 베어 버리고 가목(嘉木)과 미죽(美竹) 등을 구경하며 즐겼던 데서 온 말이다. 현재는 연못이 없지만, 당시에는 은석사에 연못이 있었던 듯하다.

284) 유주 : '유주(柳州)'는 유종원(柳宗元)이 유주자사(柳州刺史)로 관직을 마쳤으므로 그를 가리키는 말로 쓰인다.

골짜기 안 선재동자 냇물 북쪽에서 오네.	유진한	峽裡才童水北從
맑은 시로 수작하니 거벽의 덕택이고		淸詠相酬蔭巨手
고담이 활기 띠자 답답한 속 탁 트이네.	남취홍	高談轉激豁煩胷
삼천계의 앞면을 붉은 연꽃이 가렸고		三千界面紅蓮掩
소나무285)의 전신을 푸른 대286)가 둘렀네.	김중산	十八公身碧鮮封
녹음이 짙어 맑은 그늘 전나무에 이어졌고		灃綠淸陰連栢檜
청라가 둘러 고운 경치 부용을 깎아놓은 듯.	유진한	繚靑秀色削芙蓉
중은 풀잎 먹지 않아 모두 진세 낯빛이고		僧無食葉皆塵色
유자들은 종소리 듣고 도통한 모습일세.	남취홍	儒有聽鍾是道容
자벌렌287)들 긴긴 날을 구부리고 있을쏘냐		蠖豈將腰長日屈
붕새는 나래치고 하늘로 솟구치리라.	김중산	鵬應擧翮九霄衝
머리에 계화 꽂아 영광을 자랑하고		榮光庶詫頭邊桂
배에서 솔이 나는 길몽288)을 꾸리로다.	유진한	吉夢將占腹上松
안개비를 이레 맞아 표범 가죽289) 윤기 내고		霧雨七日將變豹
바람 우레 아홉 계단 등용문290)에 다다르리.	남취홍	風雷九級會登龍

---

285) 소나무 : 원문의 십팔공(十八公)은 소나무[松]의 파자(破字)이다.

286) 대 : 원문의 벽선(碧鮮)은 대나무의 이칭(異稱)인데, 그 색깔이 벽옥(碧玉)처럼 선윤(鮮潤)한 데서 온 말이다.

287) 자벌레 : 앞의 주) 267 참조.

288) 길몽 : 삼국시대 오(吳)나라 사람인 정고(丁固)가 자기 배에 소나무가 나는 꿈을 꾸고 나서 말하기를, "송자(松字)를 파자(破字)하면 십팔공(十八公)이 되니, 18년 뒤에 내가 공(公)이 될 것이다."라고 했는데, 과연 뒤에 그 말대로 재상[三公]이 되었던 데서 온 말이다.

289) 표범 가죽 : 『열녀전(列女傳)』「도답자처(陶答子妻)」에 "남산에 검은 표범이 있으니, 안개비 내리는 이레 동안 내려가 사냥하지 않는 것은 털을 윤기 나게 하여 문채를 이루기 위함이다[南山有玄豹, 霧雨七日而不下食者, 欲以澤其毛而成文章也]"라고 한 데서 온 말이다. 숨어 살며 문덕(文德)을 닦는다는 말인데, 여기서는 시문을 힘써 갈고 닦아 과거를 통해 입신할 것을 기약한다는 말이다.

290) 등용문 : 황하(黃河)의 상류에 있는 용문(龍門)의 여울에는 폭포가 세 단계로 나

형산에선 화로에다 토란 구워 먹었으니[291] 衡山已啖爐中芋
모란원서 공양 후에 종 친다고[292] 뭐라 하랴. 김중산 蘭寺寧嘆飯後鍾
비 지나간 산 앞으로 돌아갈 길 나타나고 雨後山前歸路出
안개 짙은 대숲에선 물 듣는 소리 들리네. 유진한 竹林雲確水聲春

은석사[293]에서 수창하다 【銀寺酬唱】

약속했던 사람은 다 시로 이름 얻은 이들 約中俱是有詩名
젊은이와 늙은이가 해질녘에 걸음 했네. 暮屧青春與老生
풍류 아는 벗님 셋이 나보다 먼저 와서 先我風流三友至
그대들과 우스개로 한 바탕 웃어보네. 共君諧笑一場成
좋은 술이 오자마자 식전부터 취했더니 芳醪到卽飯前醉
밝은 달이 떠올라서 앉은 곳을 비춰주네. 朗月來全坐處明

뉘어 있는데, 대어(大魚)가 그곳을 뛰어오르면 용이 된다는 고사에서 유래하여, 과거에 급제하는 것을 비유할 때 보통 '삼급풍뢰(三級風雷)', 또는 '풍뢰삼급(風雷三級)'이라고 한다. 원문의 '구급(九級)'은 1품에서 9품에 이르는 관리의 등급을 말하기도 하지만, 여기서는 많은 어려운 과정을 뛰어넘어 과거에 급제하겠다는 의지를 표현한 것이다.

291) 형산에선 …… 먹었으니 : 당(唐)나라 때 형악사(衡岳寺)의 고승(高僧)인 명찬(明瓚)은 게으르고 남은 밥이나 채소를 먹기 좋아하였으므로 사람들이 그를 나잔(懶殘)이라고 불렀다. 명상(名相) 이필(李泌)이 소싯적에 형악사에서 글을 읽다가 나잔을 비범한 사람으로 여겨 한밤중에 들어가 봤더니, 명찬이 화롯불을 뒤적여 토란을 꺼내 먹으면서 이필에게 이르기를, "신중히 하여 말을 많이 하지 말라. 십 년 재상(十年宰相)이 될 것이다."라고 했다고 한다.

292) 모란원서 …… 친다고 : 당나라 사람 왕파(王播)가 양주(楊州) 혜소사(惠昭寺) 모란원(木蘭院)에서 글을 읽으면서 승려들의 잿밥을 얻어먹었는데, 승려들이 이를 싫어하여 재(齋)가 모두 끝난 뒤에야 종을 쳤다는 고사에서 온 말이다. 앞의 주) 247 참조.

293) 은석사 : 은석사(銀石寺)는 목천 은석산(銀石山, 현 천안시 북면 은지리)에 있는 절이다. 앞의 주) 12 참조.

어두운 숲 조각구름 모두 다 절경이니	暝樹斷雲皆絶勝
수서사[294]에서 내려갈 길 까맣게 잊었다네.	水西渾忘下山程
이 시는 사호 이세열[295]이 지었다.	右李世烈士皡

산수가 빼어난 곳 이름 듣기 오래더니	烟霞勝地久聞名
산길이 다한 곳에 저녁 종이 울리누나.	行盡山蹊暮磬生
모습은 신선들이 학을 타고 온 듯하고	容似群仙驂鶴至
술은 마치 청액에다 경장을 섞어논 듯.	酒疑淸液和瓊成
바람에 우는 대는 시심을 맑게 하고	風鳴疎竹詩襟冷
깊은 밤 외론 등불 불전을 환히 비추네.	夜轉孤灯佛殿明
속유들이 우리들의 즐거움을 어찌 알랴	俗士何知吾輩樂
신계[296]에선 한양 간다고 비웃지 마시구려.[297]	新溪却笑洛陽程
이 시는 철지 김무행(양행으로 개명했다)[298]이 지었다.	右金茂行哲之 改名養行

---

294) 수서사 : 수서사(水西寺)는 안휘성(安徽省) 경현(涇縣) 수서산(水西山)에 있던 절로, 당나라 때 경치 좋기로 이름난 곳이었다. 송(宋)나라 사람 임포(林逋)의 시 <송사제상인지선성(送思齊上人之宣城)>에 "고요하고 한적한 수서사에, 지팡이 내려놓고 돌아가길 잊었네[蕭閑水西寺, 駐錫莫忘歸]"라고 하였다. 여기서는 은석사의 절경과 모임의 흥취에 빠져 돌아가기를 잊었다는 말이다.

295) 이세열 : 대본에는 이세희(李世熙)로 되어 있으나, 이세열(李世烈, 1712~1786)의 오기(誤記)이므로 바로잡았다. 이세열에 대해서는 앞의 주) 189 참조.

296) 신계 : 신계(新溪)는 충남 천안시 목천읍 신계리(新溪里)로, 독립기념관과 이웃한 곳이다.

297) 이 시의 원문 끝에는 "이 때 주서 황성보가 막 한양에 갔으므로 마지막 구에 언급한 것이다[時黃奏書成甫, 方入漢陽, 故末句及之]"라는 원주(原註)가 있다. 성보(成甫)는 황성(黃椷, 1719~1815)의 자(字)이다. 황성의 본관은 창원(昌原)으로, 당진현감 황만(黃鏋, 1660~1739)의 손자이며, 생원 황붕하(黃鵬河, 1691~1726)의 둘째아들이고, 황정(黃棖, 1711~1773)의 동생이다. 1747년(영조 23) 식년 문과에 급제하여 세자시강원설서(世子侍講院說書)를 지냈다. 『창원황씨세보(昌原黃氏世譜)』에는 이름을 '황계(黃棨)'로 적었으나, 『국조문과방목(國朝文科榜目)』에 따라 대본 그대로 두었다. 황정에 대해서는 뒤의 주) 306 참조.

298) 김양행 : 김양행(金養行, 1707~1755)의 본관은 안동(安東), 자는 철지(哲之), 호는 동수(桐叟)이다. 원래 이름은 무행(茂行)이었는데, 후에 개명하였다. 그의

이곳은 호서제일이란 이름을 날렸는데	境擅湖西第一名
와서 보니 묘한 재미 한층 더 솟아나네.	到頭奇翫別層生
물과 돌도 전생 인연 있는 줄을 알겠나니	應知水石前緣在
이제 용케 시와 술로 좋은 자리 만들었네.	今幸詩樽好會成
눈 온 골짝 단풍은 낙엽 되어 떨어지고	雪峽楓多殘葉落
하늘의 달도 역시 반만 남아 비춰주네.	曇天月亦半輪明
표연히 훨훨 날아 허공에 뜰 생각하니	飄然怳有憑虛思
세상길이 어디인지 도통 알 수 없어라.	不識那邊是世程
이 시는 대집 유도성[299]이 지었다.	右柳道成大集

눈 쌓인 봉우리에 달이 떠서 비추니	雪嶽聳銀也副明
산음의 멋진 홍취[300] 밤들어 일어나네.	山陰佳興夜來生
돌아갈 맘 은은한데 종소리는 드문드문	歸意隱隱踈鍾逗
휘영청 달빛 아래 좋은 시가 지어지네.	過月飄飄逸韻成
반짝이는 서릿대는 골물처럼 차가웁고	霜竹精神通澗冷
흐드러진 하늘꽃은 술통에 져 선명하네.	天花爛熳落樽明
선경에서 풍류객을 만나게 돼 즐거우니	仙區喜接風流士
돌다리에 새벽길을 재촉하지 마시구려.	石磴休催曉發程
이 시는 사정 남취흥[301]이 지었다.	右南就興士禎

부친인 절곡(節谷) 김시관(金時觀, 1677~1740)은 우의정 김상용(金尙容, 1561~1637)의 현손으로, 학행(學行)으로 지평(持平)에 추승되었다. 김양행은 일찌감치 과거 공부를 그만두고 학문에 전념했는데, 안정복(安鼎福, 1712~1791)으로부터 진정 학문하는 선비라는 높은 평가를 받았다고 한다.

299) 유도성 : 유도성(柳道成)의 본관은 문화(文化), 자는 대집(大集)이다. 진사 유혼(柳混, 1693~1758)의 장남이며, 뒤에 나오는 유도천(柳道天, 1727~1818)의 형이다. 유도천에 대해서는 앞의 주) 112 참조.

300) 산음의 멋진 홍취 : 앞의 주) 120 참조.

301) 남취흥 : 앞의 주) 150 참조.

장자들과 이름을 나란히 하고파도 吾於長者願齊名
워낙에 게으르니 후생이 두려울 뿐. 自是踈慵畏後生
청등 아래 한 잔 술은 마시기 딱 알맞은데 一盞靑灯宜酒進
찬 종소리 세 번 울려 시 짓기를 재촉하네. 三聲冷磬促詩成
설월 비친 창가에서 읊는 맘이 상쾌하고 窓當雪月吟襟爽
아양곡을 연주하니 듣는 귀가 밝아지네. 絃奏峨洋側耳明
예전엔 이 밤 같은 모임 한번 없었으니 疇昔了無今夜會
산사의 십 년 공부 헛했다고 할 수밖에. 等閑蕭寺十年程
이 시는 내가 지은 것이다. 右自家

골짝의 바윗돌은 좋은 이름 자랑하고 谷中岩石擅嘉名
솔과 대와 바람 안개 모두 다 생기 있네. 松竹風烟面面生
좋은 술에 흥이 넘쳐 맑은 얘기 무르익고 興溢芳醪淸語轉
풍경소리 재촉하자 좋은 시가 지어지네. 聲催佛磬好吟成
하늘에는 해가 지니 산빛이 멀어지고 三天暮日山光遠
한쪽 벽에 걸린 찬 등 야경을 비춰주네. 半壁寒燈夜景明
짧은 시와 긴 노래를 주고 또 받는데 短律長歌酬復酢
구름 너머 돌아갈 길 있단 말씀 마시구려. 不言雲外有歸程
이 시는 종제 철부[302]가 지었다. 右從弟喆夫

동남방이 하찮대도 이곳만은 이름났고 東南雖賤此區名
골어귀에 들어오니 저녁 안개 피어나네. 谷口投笻晚靄生
계곡물은 굽이쳐서 마음마저 씻어줄 듯 泉壑逶迤心可濯

302) 종제 철부 : 유철한(柳喆漢, 1719~1794)의 본관은 고흥(高興), 자는 철보(喆甫), 호는 오오제(五吾濟)·어은(魚隱)이다. 그는 유광익(柳光翼, 1661~1720)의 셋째아들인 유적(柳迪, 1700~1771)의 장남이다. 유진한의 부친 유창(柳諿, 1689~1755)은 유광익의 둘째아들로 태어나 백부인 유광천(柳光天)의 계자(系子)가 되었기 때문에 이 책에서는 유철한을 종제라고 부르고 있다. 권2 끝부분에 실린 <은사동유시축서(銀寺同遊詩軸序)>에서는 자를 철부(徹夫), 이름을 철

안개와 놀 아득해서 그리기도 어렵다네. 烟霞縹緲畫難成
술기운이 얼큰해도 마음은 상쾌하고 淋漓酒力襟懷爽
산빛은 희미한데 은하수는 반짝이네. 隱約山光河漢明
듣자하니 운사가 지금은 없다지만 聞說雲師今不在
어찌 감히 묵방에 올 수가 있으리오.303) 詎堪來踏墨房程
이 시는 중묵 유도천304)이 지었다. 右柳道天仲黙

은석사가 제일이란 말을 많이 들었는데 慣聽銀庵第一名
구름 뚫고 올라오니 흥이 절로 나는구나. 騰雲輕策興牽生
등나무와 상수리나무 오랜 세월 우거졌고 耇藤壽櫟深幽見
솟은 돌과 층층바위 온갖 조화 부려놨네. 危石層岩造化成
산새는 무슨 일로 객 가는 걸 몰래 보나 山鳥何心窺客去
불등은 다정히도 사람들을 비춰주네. 佛燈多意向人明
누에 올라 기쁜 맘에 고향 친구 손을 잡고 登樓喜握同鄉友
약속한 데 찾아나서 계곡 길로 먼저 왔네. 尋約先從澗畔程
이 시는 광보 유도행305)이 지었다. 右柳道行光甫

이 산의 물과 바위 평소에도 유명한데 此山水石素多名
더구나 눈 온 후엔 물색이 또 어떻겠나. 況復精神雪後生
길손아 가을 풍경 다했다고 불평 마소 客意莫嫌秋景盡

한(徹漢)으로 쓰기도 했으나, 여기서는 『고흥유씨세보(高興柳氏世譜)』에 따라 표기했다.

303) 유사가 … 있으리오 : 은석사(銀石寺)의 주지가 사리에 없다고 하지만, 있다고 해도 시로 수작하는 자리에 낄 수 없다는 말이다.

304) 유도천 : 앞의 주) 112 참조

305) 유도행 : 유도행(柳道行, 1725~1789)의 본관은 문화(文化), 자는 광보(光甫), 호는 석계(石溪)이다. 『문화유씨세보(文化柳氏世譜)』에는 광의(匡誼)라는 이름으로 실려 있다. 그의 부친인 유온(柳溫, 1701~1756)은 원래 유도술(柳道述, 1724~1798)·유도천(柳道天, 1727~1818) 형제의 아버지인 유혼(柳混, 1693~1758)의 동생인데, 유응서(柳應瑞, 1680~1700)의 계자(系子)가 되었다.

이제는 세밑 풍경 한창인 걸 보실 테니.　　天時方看歲功成
종소리는 은은하게 찬 솔숲에 머물고　　鍾雲老處寒松暗
병속 달이 높이 걸려 정토를 비추네.　　瓶月懸來淨界明
깊숙한 골짝 문은 진세에서 멀리 있어　　深幽洞門塵世遠
다시 또 중을 불러 돌아갈 길 묻는다네.　　更呼緇衲問歸程
이 시는 강보 황정[306]이 지었다.　　右黃棖剛甫

시격으론 일찍부터 누구누구 이름 듣다　　詩格曾聞某某名
하룻밤[307] 마주앉아 평생 얘기 나누었네.　　一□相對話平生
만추 풍경 읊조리며 마음을 털어놓다　　因吟晩景心懷討
어느새 화전에다 짧은 율시 지었다네.　　却把華牋短律成
산 구름이 걷히자 홍이 점점 오르고　　乘輿正依山雲靄
마음을 살피는데[308] 불등조차 밝구나.　　觀心況有佛燈明
오늘부터 금란계를 맺은 줄을 알겠으니　　始知蘭契從今托
우리 모두 동서로 십리 길에 산다오.　　俱在東西十里程
이 시는 여홍 김원경[309]이 지었다.　　右金遠慶汝弘

난정[310]의 멋진 일은 옛 시절의 풍류인데　　蘭亭好事昔風流
여홍이 여태 남아 후생에게 전해졌네.　　餘輿分留與後生

---

306) 황정 : 황정(黃棖, 1711~1773)의 본관은 창원(昌原), 자는 강보(剛甫)이다. 당진현감 황만(黃鏋, 1660~1739)의 손자이며, 생원 황붕하(黃鵬河, 1691~1726)의 장남이고, 설서(說書)를 지낸 황성(黃棫, 1719~1815)의 형이다. 황정의 아들인 황인건(黃仁騫, 1738~1786)은 역천(櫟泉) 송명흠(宋明欽, 1705~1768)의 문인이다. 황성에 대해서는 앞의 주) 297 참조.

307) 하룻밤 : 대본과 서울대본에 한 글자가 빠져 있다.

308) 마음을 살피는데 : 원문의 관심(觀心)은 자기 마음의 본성(本性)을 밝게 관조(觀照)하는 것을 뜻하는 불교 용어이다.

309) 김원경 : 김원경(金遠慶)의 자는 여홍(汝弘)이다. 김항오(金恒五)의 아들이며, 김인경(金麟慶)의 형이다.

310) 난정 : 난정(蘭亭)은 중국 절강성(浙江省) 소홍현(紹興縣) 서남쪽에 있는 정자이다. 동진(東晉) 목제(穆帝) 때인 353년 3월 3일에, 왕희지(王羲之)와 사안(謝安)

백련사[311]의 맑은 놀이 성에 차지 않아서	蓮社淸遊猶未足
은석사의 좋은 모임 여름부터 만들었네.	銀寺佳會夏追成
시인들은 운율 다퉈 좋은 밤은 끝이 없고	騷人競韻良宵永
공양에선 불경 얘기 밝은 해를 가렸다네.	齋釋談經彗日明
예서 만나 단란하니 참으로 즐거운데	這裡團圓眞可樂
집 생각에 돌아갈 길 물어 무엇 하리오.	思家何必問歸程
이 시는 군평 유후[312]가 지었다.	右柳漚君平

이 산과 이 절 이름 예전부터 들었더니	此山此寺昔聞名
모두 다 멋진 경치 별천지가 생겼구나.	到底奇觀別處生
한가로움 좋아하여 읊조리지 말려 해도	性癖耽閑吟欲廢
눈보라가 흥을 돋워 시가 외려 지어지네.	雪風催興句還成
어스름한 하늘에는 뭇 봉들이 어렴풋하고	諸天夜色群峰暗
맑은 빛은 땅에 가득 반달이 환하다네.	滿地淸光半月明
선창에 고요히 앉아 세상일을 잊었으니	靜坐禪窓忘世事
돌아보면 어느 곳이 돌아가는 길이더냐.	回頭何處是歸程
이 시는 사순 권제성[313]이 지었다.	右權悌性士順

등 명사(名士) 42명이 이곳에서 곡수에 술잔을 띄워 마시고 시를 읊으며 풍류를 즐겼다. 이때 지은 시들을 모아 만든 시집이 『난정집(蘭亭集)』이고, 왕희지가 그 서문을 썼다.

311) 백련사 : 동진(東晉)의 고승 혜원(惠遠)이 여산(廬山)의 동림사(東林寺)에서 당시의 현사(賢士) 유유민(劉遺民)·뇌차종(雷次宗) 등과 혜영(慧永)·혜지(慧持)·도생(道生) 등의 고승을 합해 123명을 규합하여 염불결사(念佛結社)를 맺었는데, 절의 연못에 백련(白蓮)이 있었기 때문에 백련사(白蓮社)라고 일컬었다.

312) 유후 : 유후(柳漚, 1710~1775)의 본관은 문화(文化), 자는 군평(君平), 호는 낙기와(樂棄窩)이다. 현감 유인수(柳仁壽, 1604~1669)의 증손이며, 유태서(柳泰瑞, 1674~1735)의 아들로, 유도성(柳道成)·유도천(柳道天) 형제의 종숙부(從叔父)이다.

313) 권제성 : 권제성(權悌性)의 본관은 안동(安東), 자는 사순(士順)이다. 손자인 권중복(權中復, 1783 ~?)이 예산(禮山)에 살았고, 『대록지(大麓誌)』「문예(文

연구 12구 【聯句 十二句】

사호[314]가 새 술동이를 열자 　　 士皡開新釀
외딴 암자는 우리들을 부르네. 　 김양행[315] 　 孤庵喚我儕
거친 안주 산나물을 차려놓고 　　 野肴山蔌並
수인사와 염불소리가 뒤섞이네. 　 유후 　 客話梵音偕
달빛은 깊은 절로 들어오고 　　 月色來深院
솔바람 소리 절벽에서 들려오네. 　 권제성 　 松聲送斷崖
술 마시며 길고 짧은 시를 짓고 　　 盃成長短律
등 아래서 맘 속 얘기 털어놓네. 　 황정 　 燈討淺深懷
언덕 너머엔 폭포 소리가 요란하고 　　 隔岸喧飛瀑
바위에 기대 늙은 괴목이 누워 있네. 　 이세열 　 依巖臥老槐
얽힌 덩굴 쑥쑥 자란 대나무들 　　 藤縈兼竹秀
물빛 곱고 산빛까지 아름답네. 　 유진한 　 水麗並山佳
맑은 얘기가 한없이 이어지니 　　 淸話猶無極
오랜 회포가 어찌 끝이 있으랴. 　 남취홍 　 長懷豈有涯
설산에는 하얀 장삼이 돌아가고 　　 雪山歸白衲
시단에는 푸른 짚신[316]이 모였네. 　 유철한 　 墨壘集靑鞋
선계에서 노니니 참 좋을시고 　　 好是遊仙界

藝)」조에 목천현(木川縣) 남면(南面) 신기(新基)에 우거(寓居)했다고 한 것으로 보아, 예산 출신으로 목천에 와 살았던 것으로 보인다.

314) 사호 : 사호(士皡)는 이세열(李世烈, 1712~1786)의 자(字)이다. 이세열에 대해서는 앞의 주) 189 참조.

315) 김양행 : 대본에는 해당 구를 지은 사람의 자(字)를 써놓았는데, 여기서는 모두 번역문에 이름을 적고, 원문에는 생략한다. 이하 같다

316) 푸른 짚신 : 푸른 짚신과 베버선은 은자(隱者)나 평민의 차림을 뜻하는데, 두보(杜甫)의 <봉선유소부신화산수장가(奉先劉少府新畵山水障歌)>에 "어이해 나만 홀로 진흙 속에 묻혀 있으랴, 푸른 짚신 베버선으로 지금부터 시작하리라[吾獨胡爲在泥滓, 靑鞋布襪從此始]"라고 한 데서 온 말이다. 모임에 참석한 자신들이 은자(隱者)라고 자부한 것이다.

세상길을 물어서 무엇 하리오. 유도성 何須問世街
늦단풍은 서리 맞아 빛깔 곱고 晚楓霜後秀
뭇 봉들은 안개 속에 묻혔다네. 김원경 群岳霧中埋
찬 풍경소리가 석양을 재촉하고 冷磬鳴催晚
짙은 놀은 섬돌 가득 내려앉네. 유도행 濃霞落滿堦
난간에 기대 호탕하게 노래하니 憑欄因浩唱
술기운이 골짝 서리를 밀어내네. 유도천 酒力峽霜排

은석사 시축의 연구에 보운[317]하다 【銀寺詩軸步聯句韻】

절집이 시사를 겸하였으니 梵宇兼詩社
고상한 놀이는 우리들의 몫. 淸遊屬我儕
아홉 지팡이가 술동이를 가져왔고 九筇携酒至
두 나막신은 약속 지켜 함께 왔네. 二屐踐期偕
달도 따라 동쪽 언덕에 떠오르고 月亦隨東陌
구름은 먼저 북쪽 기슭에 닿았네. 雲先到北崖
훤한 얼굴에 늘어뜨린 커다란 띠 偉標鞶帶緩
보배 옥[318]을 베옷 속에 품고 있네. 寶瑾布衣懷
선분으론 계화를 잡아[319] 마땅한데 仙分宜攀桂

---

317) 보운 : 보운(步韻)은 타인의 시에 화답하여 매 연(聯)에 모두 원래의 운을 써서 짓는 방식을 말한다. 바로 앞에 있는 연구(聯句)와 똑같은 운자(韻字) 12개를 써 시 지은 시이다.

318) 보배 옥 : 훌륭한 자질을 갖고 있으면서도 그 능력을 발휘할 기회를 얻지 못한 인물들을 말하는데, 스스로에 대한 자부심을 표현했다. 굴원(屈原)의 『초사(楚辭)』「회사(懷沙)」에서, "옷 속에 옥을 품고 손에 옥을 지녔어도 곤궁해서 보여 줄 길 없다네[懷瑾握瑜兮, 窮不知所示]"라고 한 데서 온 말이다.

319) 계화를 잡아 : 계수나무를 부여잡는다는 것은 문과에 급제하는 것을 뜻한다. 굴원(屈原)의 『초사(楚辭)』「초은사(招隱士)」에 "계수나무 가지를 부여잡고 눌러앉아 지낸다네[攀援桂樹兮聊淹留]"라고 한 데서 온 말이다.

진세에선 어찌 괴화를 꿈꾸는가.[320] 塵心豈夢槐
풍류 있어 한 잔 가득 들이키고 風流盃引滿
성질이 좋은 시구만 탐낸다오.[321] 性癖句耽佳
필세는 큰 산을 뒤흔들 만하고 筆勢爭搖岳
글의 물결은 끝이 보이지 않네. 文瀾不見涯
누가 시로 붉은 깃발[322] 세웠을까 吟風誰赤幟
달빛 아랜 모두 푸른 짚신[323]일세. 步月共青鞋
오늘밤은 난실에서 향기를 쐬고[324] 今夕薰蘭室
내일 아침엔 길가 버들을 꺾겠지.[325] 明朝折柳街
학을 타고 바람 위로 날으리니 鶴驂風可馭
기러기 발자국[326]은 눈에 아니 묻히리라. 鴻跡雪難埋

---

320) 어찌 괴화를 꿈꾸는가 : 대과(大科)인 문과(文科)에 급제할 만한 재주와 포부를 지녔으나 현실에서는 소과(小科)에 입격하는 것도 녹녹하지 않은 상황임을 말한다. 괴화에 대해서는 앞의 주) 107 참조.

321) 성질이 …… 탐낸다오 : 두보(杜甫)의 시 <강상치수여해세료단술(江上値水如海勢聊短述)>에 "나는 성질이 좋은 시구만 너무 좋아하여, 사람들 놀랠 말 아니면 죽어도 그만두지 않네[爲人性癖耽佳句, 語不驚人死不休]"라고 한 데서 온 말이다.

322) 붉은 깃발 : 한(漢)나라는 붉은 깃발을 썼는데, 한신(韓信)이 조(趙)나라를 칠 때, 조나라의 군사를 유인해서 성벽을 비우고 나와 싸우게 한 뒤에, 재빠른 기병(騎兵)을 가려 성벽으로 달려 들어가 조나라의 깃발을 뽑고 한나라의 붉은 깃발을 세우게 해서 결국 함락시켰던 데서 온 말이다. 붉은 깃발을 세웠다는 말은 스스로 일가를 이룬 것을 뜻한다.

323) 푸른 짚신들 : 앞의 주) 316 참조.

324) 난실에서 향기를 쐬고 : 훌륭한 벗들과 함께 한다는 말이다.

325) 버들을 꺾겠지 : 버들가지를 꺾는다[折柳]는 것은 이별을 뜻한다. 한(漢)나라 사람들이 전별(餞別)할 때 장안(長安) 동쪽에 있던 파교(灞橋)에 이르러 버들가지를 꺾어 주었던 데서 유래한 말인데, 석별의 마음을 노래한 <절양류(折楊柳)>라는 고대의 악곡이 있다.

326) 기러기 발자국 : 기러기의 발자국[鴻跡]은 소식(蘇軾)의 시 <화자유민지회구(和子由澠池懷舊)>에서 온 말로, 아무 흔적도 없이 사라져 버린 사물처럼 덧없는 인생을 비유한다. 앞의 주) 13 참조. 여기서는 자신들의 시와 발자취가 쉽사리 없어지지 않을 것이라는 말이다.

거문고 곡조 따라 주옥같은 글 나오고 琴碎珠生軸
술동이엔 맑은 술 섬돌에는 대 그림자. 尊淸竹暎階
시 짓기엔 재주가 너무 없어 沈吟才太拙
끝 운자[327]를 맞추기가 어려워라. 競病韻難排

은석사[328]에서 차운하다 【銀寺次韻】

솟은 산은 층층이 빼어나고 山立層層秀
오는 길손 점점 더 많아지네. 客來漸漸多
한 소리로 우저시[329]를 읊조리고 一聲牛渚詠
세 번 웃고 호계[330]를 지나가네. 三笑虎溪過
그 누가 능설부를 매만지랴 誰撫凌雪賦

---

327) 끝 운자 : 남조(南朝) 양(梁)나라 때 조경종(曹景宗)이 북위(北魏) 군대를 대파하고 개선한 뒤 열린 연회에서 운자(韻字)를 서로 나누어 연구(聯句)를 지었다. 마지막으로 가장 험운(險韻)인 '경(競)'과 '병(病)' 두 글자만 남았을 때 조경종이 자청하여, "떠날 때는 아녀자들이 슬퍼했는데, 돌아오니 풍악 소리 다투어 울리누나. 길손이여 어디 한번 그대에게 물어보세, 나의 공이 곽거병과 비교해서 어떠한지[去時兒女悲, 歸來笳鼓競, 借問行路人, 何如霍去病]"라고 하자, 좌중이 모두 찬탄했다는 고사에서 온 말이다.

328) 은석사 : 은석사(銀石寺)는 목천 은석산(銀石山, 현 천안시 북면 은지리)에 있는 절이다. 앞의 주) 12 참조.

329) 우저시 : 진(晉)나라 사람 원굉(袁宏)은 젊었을 때 가난하여 조운선(漕運船)에서 노역하며 살았는데, 문장이 매우 뛰어나 영사시(詠史詩)를 지어 자신의 마음을 담았다. 그 때 진서장군(鎭西將軍) 사상(謝尙)이 우저(牛渚)에서 배를 띄우고 달구경을 하는데, 원굉이 탄 배에서, "성조(聲調)는 청화(淸和)하고, 사조(辭藻)는 출중하네[聲旣淸會, 辭又藻拔]"라고 하였다. 사상이 그 소리를 한참 듣다가 알아보게 했더니, 원굉이 영사시를 지은 것이라고 하므로, 밤새 이야기하고 그 재주를 높이 인정했다고 한다. 여기서 유래하여 '우저영(牛渚詠)'은 다른 사람이 지은 시를 높여 부르는 말로 쓰인다.

330) 호계 : 진(晉)나라 때 여산(廬山) 동림사(東林寺)의 혜원법사(慧遠法師)가 도잠(陶潛)과 육수정(陸修靜)을 전송할 때에 그들과 서로 의기가 투합해서 이야기에 마음이 팔려 자기도 모르는 사이에 호계(虎溪)를 건너가 범이 우는 소리를 듣고서야 비로소 정신을 차리고 세 사람이 서로 크게 웃었다는 고사에서 온 말이다.

나는야 백설가[331]를 노래하네. 我吟白雪歌
누각에 올라서도 기다리나니 登樓猶有待
일찌감치 집에 갈 걸 잊었다네. 유진한[332] 忘却早歸家

어둑할 때 산길로 들어서니 薄暮當山逕
범종소리가 점점 자주 들리네. 寺鍾漸覺多
새는 하늘 가로질러 날아가고 鳥穿天色去
사람은 물소리 듣고 지나간다. 人抱水聲過
짧은 율시 세 구를 지었더니 短律成三句
긴 회포를 한 노래로 화답하네. 長懷和一歌
밤은 깊고 길마저 끝난 곳에 夜深行盡處
지는 달이 절집 위에 떠있네. 남취홍 歸月半僧家

술을 끼고 달빛을 따라서 佩酒兼乘月
올라오니 맑은 경치가 좋아라. 登高霽景多
삽살개를 구름 속에 보냈는데 山猇雲裡送
호랑이는 눈 속으로 지나가네. 林虎雪中過
천천히 긴 얘기를 하며 걷고 緩步酬長語
한정을 짧은 노래로 화답하네. 閑情和短歌
황혼에 풍경소리 맑게 울리니 黃昏淸磬落
머잖은 데 절집이 있으리라. 유철한 不遠是僧家

우리들은 진정한 호걸이라 吾輩眞豪客

---

331) 백설가 : <백설가(白雪歌)>는 <양춘곡(陽春曲)>과 함께 옛날 초(楚)나라의 가곡(歌曲) 이름인데, 이 가곡은 곡조가 매우 고상하여 화답하는 사람이 아주 드물었다고 한다. 지기지우(知己之友)끼리 시를 주고받을 때 상대의 시를 높여 이르는 말이다.

332) 대본에는 유진한만 '자가(自家)'라고 쓰고, 나머지 시를 지은 사람은 각각 자(字)를 적어놓았다. 여기서는 이름을 밝히고, 원문에는 생략한다.

그동안 이 모임이 많았다네.　　邇來此會多
지팡이 짚고 절집을 찾느라고　　一節蕭寺訪
맑은 시내 몇 굽이를 지났던가.　　幾曲淸溪過
달빛 아래 잔을 돌려 술 마시고　　得月行盃酒
누에 올라 마음껏 노래한다네.　　登樓任嘯歌
반갑게도 명사들을 만났으니　　喜遇名下士
시와 예에 일가가 절로 되리.　　김양행　　詩禮自成家

벗과 함께 옛 골짝을 찾아드니　　携朋尋古峽
이곳에는 안개 놀이 짙게 꼈네.　　此地烟霞多
고목에는 산새들이 지저귀고　　樹老晴禽語
찬 냇물엔 이른 눈이 내렸네.　　溪寒早雪過
산 구름이 피어나니 저녁 종이 울리고　　峀雲宜暮磬
누각에 달이 들면 긴 노래를 부르고파.　　樓月欲長歌
흥에 겨워 돌아가길 잊고서　　佩興忘歸去
같이 남아 절집에 누웠다네.　　이세열　　相留臥佛家

천공이 조화를 부려서　　天公造化力
이곳의 산수가 좋다네.　　山水此間多
홍취를 누가 먼저 차지했던고　　趣味誰先得
풍류가 내겐 벌써 과분하다네.　　風流我已過
누에 올라 바로 길게 읊조리다　　登樓方永嘯
술 마시고 또 홍겨워 노래하네.　　遇酒又狂歌
눈 온 뒤의 새 홍취가 맑으니　　雪後淸新興
절간에만 가만있을 수가 있나.　　황정　　不全任佛家

그 이름도 유명한 은석사　　有名銀石寺
경치 좋단 말을 많이 들었다네.　　奇翫昔聞多
깊은 골은 짙은 구름에 잠겨 있고　　谷邃曇雲鎖

봉우리는 안개가 걷혀 드러나네.　峯呈宿霧過
종 그치자 범패소리가 들려오고　磬殘因梵唄
시에 취해 술기운에 또 노래하네.　詩醉又酣歌
세상 근심이 깨끗이 사라지니　世慮全消地
한정 찾아 집안일을 잊는다네.　유후　探閑却忘家

은석사에 찾아와 보았더니　來尋銀石寺
외진 곳에 깊은 정취가 가득하네.　地僻幽情多
해지자 산들은 어둑어둑해지고　落日群山暗
퇴락한 누각은 억겁이나 지난 듯.　頹樓浩劫過
얕은 언덕에서 솔바람 소릴 듣고　聽松依短岸
맘껏 술 마시며 긴 노래를 부르네.　縱酒發長歌
이 모임이 즐겁다고 하여도　此會雖云樂
일찌감치 집에 감만 하리오.　권제성　不如早下家

물은 굽이치고 산은 첩첩한데　水轉山回處
아스라이 구름 위로 솟은 나무들.　微茫雲樹多
벗님들이 서로들 불러 대서　高朋爭喚取
멋진 경치를 여러 번 지나쳤네.　佳景數看過
마주 앉아 금란계를 맺고는　對榻成蘭稧
잔을 들고 고아한 시[333]로 화답하네.　持盃和郢歌
옛이야기 나누다가 술이 깨면　話舊因醒醉
푸른 깃발 주막집을 다시 찾네.　유도성　更問碧帘家

---

333) 고아한 시 : 원문의 영가(郢歌)는 고아(高雅)한 시문(詩文)을 가리키는 말이다. 당나라 사람 허혼(許渾)의 시 <수두보궐초춘우중주차횡강희배낭중상영견기(酬杜補闕初春雨中舟次橫江喜裴郎中相迎見寄)>에 “고아한 시 묻지 마라 청산리에게, 물고기는 깊은 못에 새는 조롱에 있다네[郢歌莫問青山吏, 魚在深池鳥在籠]”라고 한 데서 온 말이다.

일찍이 산사의 모임 약속해서 預爲蕭寺約
오늘은 벗님들이 많으시네. 今日故人多
올해도 삼추가 다 지나가고 歲色三秋盡
산에는 가는 눈발 흩뿌렸네. 山容小雪過
서로 만나 반갑게들 인사하고 逢迎皆好意
시와 술에 또 긴 노래 부르네. 詩酒又長歌
이 마당에 어찌 이별을 재촉하랴 此境寧催別
이틀 밤을 산사에서 잘 거라네. 유도행 兩宵宿梵家

벗과 함께 은석산 길 오르니 携友銀山路
걸음걸음 홍취가 넘치누나. 行行興味多
지팡이엔 성근 잎이 떨어지고 杖頭踈葉下
산길에는 짙은 구름 지나가네. 山逕宿雲過
돌에 앉아 다리를 쉬어가고 坐石因休脚
물가에선 목청껏 노래하네. 臨流忽放歌
염불소리가 숲 저편서 들려오니 梵音林外近
여기가 선가인 줄 알겠네. 김원경 知是有禪家

정자진[334]을 곡구에서 부르니 子眞呼谷口
앞길에는 저녁 산빛이 짙구나. 前路晩山多
비탈길에 지팡이를 짚고 가며 磴仄須笻去
기암괴석에 눈길 주고 지나가네. 岩奇留眼過
골물소리가 산기운을 불어오고 澗聲吹峽氣
해질녘에 목동노래가 들려오네. 暮色起樵歌

334) 정자진 : 자진(子眞)은 한(漢)나라 성제(成帝) 때의 고사(高士) 정박(鄭樸)의 자(字)이다. 그가 섬서성(陝西省) 순화현(淳化縣) 서북쪽에 있는 곡구(谷口)에서 농사를 지으며 은둔했으므로 곡구자진(谷口子眞)이라고 불렀다. 이 때문에 곡구는 현자들이 은둔하는 곳을 이르는 말로 쓰인다.

시흥의 근원을 다 찾으려고 詩興窮源盡
유마힐[335]은 절집을 묻는다네. 유도천 維摩問佛家

양관곡[336]에 보운하여 작별하다 【步陽關韻作別】

마음이 깨끗하니 티끌조차 하나 없고 襟懷洒落了無塵
모두들 정겨운 이 더러더러 새 얼굴들. 拭眼皆靑或面新
새 벗님들 옛 친구와 시사를 만드나니 新情故契結詩社
시축에 든 새로운 시 그게 바로 친구라네. 軸裡新詩還故人

335) 유마힐 : 원문의 유마(維摩)는 중생이 병들었으므로 자신도 어쩔 수 없이 병들었다면서 보살들에게 교화를 행한 유마힐(維摩詰)이다. 또한 당(唐)나라 때의 시인이자 화가로, '시불(詩佛)'이라고 불리는 왕유(王維)를 가리키기도 한다. 그의 이름인 유(維)와 자(字)인 마힐(摩詰)은 『유마경(維摩經)』에 나오는 거사(居士) '유마힐(維摩詰)'의 이름에서 비롯된 것이다. 여기서는 은석사에서 모임을 갖는 시인들, 특히 이 시를 지은 유도천(柳道天) 자신을 가리키는 것으로 보인다.

336) 양관곡(陽關曲) : 양관곡(陽關曲)은 이별노래의 대표작 중 하나인 당나라 시인 왕유(王維)의 <송원이사안서(送元二使安西)>를 가리킨다. <송원이사안서>는 다음과 같다. "위성의 아침 비 가벼운 먼지 적시니, 객사에는 푸릇푸릇 버들 빛도 싱그럽네. 그대에게 권하노니 다시 한 잔 드시오. 서쪽으로 양관을 나서면 친구가 없다오[渭城朝雨裛輕塵, 客舍靑靑柳色新, 勸君更盡一盃酒, 西出陽關無故人]."

가 사[337] 【歌詞】

춘향가 200구, 지(支)운으로 압운하여 【春香歌 二百句, 押支韻】

광한루 앞에 있는 다리가 오작교니　廣寒樓前烏鵲橋
이 몸은 견우이고 직녀는 너로구나.　吾是牽牛織女爾
세상 제일 멋진 일은 수의어사 낭군님과　人間快事繡衣郎
월노가 연 맺어준 예쁜 기생 얘기라네.　月老佳緣紅粉妓
전라도 남원고을 용성관[338] 동대청에서　龍城客舍東大廳
이날 다시 만나니 한량없이 기쁠시고.　是日重逢無限喜
남원 고을 책방에서 글을 읽던 이도령이　南原冊房李都令
절세미인 춘향이를 처음으로 만났다네.　初見春香絶代美
당현종[339]의 양귀비도 너에게야 비할쏘냐　三郎愛物比君誰
이선[340]이 요지에서 찾은 숙향이 너로구나.　二仙瑤池淑香是

---

337) 가사 : 대본에는 시체(詩體)를 구분해서 권2의 끝에 수록했다. 서울대본에는 '부록(附錄)'이나 '가사(歌詞)'와 같은 별도의 표지 없이, <은사동유시축서(銀寺同遊詩軸序)> 뒤에 실었고, <유한림영사부인고사당가(劉翰林迎謝夫人告祠堂歌)> 이하의 내용은 수록하지 않았다.

338) 용성관 : 용성(龍城)은 대방(帶方)·고룡(古龍)과 함께 전북 남원(南原)의 옛 지명 가운데 하나이다. 남원부 객사의 이름은 원래 '휼민관(恤民館)'이었는데, 정유재란 때 불탄 후, 부사였던 정동설(鄭東卨)에 이어 부사 정협(鄭悏)이 다시 세우고 '용성관(龍城館)'이란 편액을 걸었다고 한다. 그러나 6·25 때 불탔고, 현재는 전북 남원시 동충동에 계단과 기단만 남아 있다.

339) 당현종 : 원문의 삼랑(三郎)은 당(唐)나라 현종(玄宗)의 소자(小字)이다. 현종은 원래 육형제였는데, 한 사람은 일찍 죽었고, 영왕(寧王)·설왕(薛王) 두 형과 동생 셋이 있었다.

340) 이선 : 원문의 '이선(二仙)'은 고소설 <숙향전(淑香傳)>의 남주인공 이선(李仙)을 가리키는데, '삼랑(三郎)'과 대를 맞추기 위해 이렇게 쓴 듯하다. 난리 중에 부모와 떨어져 떠돌던 숙향은 장승상의 수양딸이 되었다가 시비의 모함을 당해 쫓겨난 후, 마고할미의 집에 의탁하여 수를 놓았는데, 이 수를 본 이선이 마고할미의 집에서 숙향과 인연을 맺었다.

내 나이는 열여섯 너는 지금 열다섯	吾年二八爾三五
도리화의 꽃망울도 봄빛 맞아 아양 떤다.	桃李芳心媚春晷
남쪽 길가 잔디밭엔 파릇파릇 새싹 나고	晴莎南陌欲抽綠
동쪽 울의 모란꽃은 자줏빛 꽃 터뜨리네.	牧丹東籬方綻紫
물색도 번화한 곳 대방국의 옛 땅에	繁華物色帶方國
봄나들이 하러 가는 오늘은 삼짇날.	是時尋春遊上巳
붉은 비단 수 논 치마 풀잎을 스쳐가고	紅羅繡裳草邊曳
하얀 모시 얇은 적삼 꽃잎을 열치누나.	白紵輕衫花際披
청계수 해질녘에 제비가 물을 차듯	淸溪夕陽蹴波鷰
벽도화 꽃그늘에 걸음마다[341] 향기 나네.	碧桃陰中香步鞋
고야산의 처녀[342]가 향기를 일으키듯	姑山處子惹香澤
백옥경의 선녀가 패옥을 울리는 양.	玉京仙娥鳴佩玘
향긋한 땀방울은 금방 씻고 나온 모습	蘭膏粉汗洗浴態
만복사[343] 앞 봄 물결은 넘실넘실 일렁이네.	萬北寺前春水瀰
유리 같은 물가에서 그림자를 보고 웃다	玻瓈小渚顧影笑
하얀 살결 고운 얼굴 씻고 나서 고개 드네.	雪膚花貌淸而頩
은근슬쩍 허리 아래 남이 볼까 걱정해도	慇懃腰下怕人見
물에 비친 고운 자태 연꽃처럼 어여쁘다.	水面嬌態蓮花似
푸른 버들 언덕 위엔 한 줄기 향풍 일고	香風一陣綠楊岸

---

341) 걸음마다 : 대본의 와(蛙)는 혜(鞋)의 오기(誤記)이므로 바로잡았다.

342) 고야산의 처녀 : 『장자(莊子)』「소요유(逍遙遊)」에 "막고야산에 신인이 사는데, 살결은 얼음이나 눈빛 같고, 얌전한 자태는 처녀 같으며, 오곡은 먹지 않고 바람과 이슬을 마시며, 구름을 타고 나는 용을 몰아서 사해의 밖에 노닌다[藐姑射之山有神人焉, 肌膚若冰雪, 淖約若處子, 不食五穀, 吸風飮露, 乘雲氣, 御飛龍, 而遊乎四海之外]"라고 하였다.

343) 만북사 : 고려 문종 때 남원 기린산(麒麟山) 남쪽에 창건한 절인데, 정유재란 때 불타고 남원시 왕정동에 터가 남아 있다. 『신증동국여지승람(新增東國輿地勝覽)』에는 '만복사(萬福寺)'로 적었고, 『여지도서(輿地圖書)』에는 '만북사(萬北寺)'로 표기했다.

그네에 다시 올라 묘한 재주 자랑하네.　　復上鞦韆誇妙技
푸른 난새 날아올라 자주 비단 수를 놓고　　靑鸞飛動紫羅繡
울긋불긋 그넷줄은 백 척이나 늘어졌네.　　百尺長繩紅纚纚
강비[344]가 물결 차듯 한 몸이 가뿐하고　　江妃踏波一身輕
월궁 항아 구름 타듯 두 발을 구른다네.　　月娥乘雲雙足跂
조붓한 비단 버선 외씨 같은 버선코에　　尖尖寶襪似苽子
가지 끝의 높은 꽃잎 부딪혀서 떨어지네.　　衝落枝邊高處蘂
활짝 핀 복사꽃에 비단 치마 어른대니　　桃花團月掩羅裙
봄날 성안 모든 눈이 다 함께 쳐다보네.　　萬目春城皆仰視
기루 출입 십 년 동안 보지 못한 미색이라　　紅樓十載所未見
사나이의 춘정이 슬그머니 동하누나.　　男子風情潛惹起
청조가 훨훨 날아 잠깐 새에 가고 오니　　翩翩靑鳥乍去來
옷매무새 여미고서 단정하게 꿇어앉네.　　整頓衣裳端正跽
앵두꽃 피어 있는 주렴 걷힌 집 가리켜　　櫻桃花下捲簾家
계집이 멀잖다 하니 사내는 알았다네.　　女曰無遐男曰唯
온갖 새들 지저귀는 오솔길은 꼬불꼬불　　鶯嗔鸎猜路如絲
시냇가를 걷노라니 풀냄새도 향긋하네.　　步踏溪邊靑白芷
창문 열면 붉은 살구 뜰 가에는 벽오동　　窓開紅杏碧梧庭
병풍에 그린 그림 청산과 녹수로다.　　屛畵靑山綠水沚
푸른 장막 드리우고 촛불 밝힌 신방에는　　靑帷紅燭洞房中
경대 위에 화장 도구 올망졸망 놓여 있네.　　鏡臺粧奩何櫛枇
안주로는 울산장어 푸짐하게 차려놓고　　肴陳蔚鰑爛登盤

---

344) 강비 : 강비(江妃)는 유향(劉向)이 지은 『열선전(列仙傳)』에 나오는 전설 속의 신녀(神女)이다. 주(周)나라 사람 정교보(鄭交甫)가 초(楚)나라 한고대(漢皐臺) 아래에서 강비(江妃)인 선녀 두 사람을 만나 사랑의 표시로 패옥(佩玉)을 달라고 청하자, 그 선녀들이 허리에 찬 패옥을 풀어주고 홀연히 사라졌다는 전설이 있다.

항아리엔 봄술 익어 새로 체에 걸러놨네.	酒熟壺春新上篵
그림 그린 유리잔을 호박대에 벌여놓고	琉璃畵盞琥珀臺
생강향 꿀 경단을 권하고 또 권하네.	勸勸薑椒香蜜餌
화전지를 펼쳐놓고 불망기를 써서 주니	花牋書出不忘記
좋은 약속 분명키에 춘향이가 절을 한다.	好約丁寧娘拜跪
인간 세상 오늘 밤이 대체 어떤 밤이더냐	人間今夕問何夕
우임금이 도산[345] 맞던 신임계갑 오늘일세.	大禹塗山辛壬癸
원앙 이불 잣베개를 차례차례 펼쳐놓고	鴛衿栢枕次第鋪
수를 놓은 꽃 장막에 실타래가 엉킨 듯이	繡帶花帷雜絲枲
야삼경 한밤중에 비녀 빼고 촛불 끄니	三更釵股撲燈火
양대의 향기 구름[346] 꿈속을 떠다니네.	楚臺香雲浮夢裡
내 마음은 나비 되어 봄꽃 찾아 맴돌고	吾心蝴蝶繞春花
너의 맘은 원앙이니 녹수를 만났구나.	爾意鴛鴦逢綠水
나이 아직 어리지만 풍류 속은 대단하니	童年風度濶手段
깊고도 깊은 정을 무엇으로 보일까나.	欲表深情何物以

345) 도산 : 도산(塗山)은 중국 안휘성(安徽省)에 있는 산으로, 우(禹)임금이 왕비인 도산씨(塗山氏)를 맞이한 곳인데, 여기서는 우임금의 왕비를 가리킨다. 『서경(書經)』「익직(益稷)」에 "저는 이와 같이 될까 경계하여 도산씨(塗山氏)에게 장가들고는 겨우 신임계갑(辛壬癸甲) 나흘을 지내고 치수(治水)에 나아갔습니다[予創若時, 娶于塗山, 辛壬癸甲]"라고 하였다. 우임금이 신일(辛日)에 장가들고, 사흘 후인 갑일(甲日)부터 다시 치수에 힘썼는데, 이를 '도산사일(塗山四日)'이라 하여 '장가들어 아내를 맞이한 기간'을 뜻하는 말로 쓴다. 여기서는 이도령과 춘향이 가연(佳緣)을 맺은 날을 뜻한다.

346) 양대의 향기 구름 : 전국시대 초(楚)나라 시인 송옥(宋玉)의 <고당부(高唐賦)>에 초(楚)나라 양왕(襄王)의 선왕(先王)인 회왕(懷王)이 고당(高唐)에 노닐다가 꿈속에 아름다운 여인과 정을 나누었다. 여인이 작별할 때 말하기를, "소첩은 무산 남쪽 언덕에 사는데, 아침에는 구름이 되고 저녁에는 비가 되어 언제나 양대 아래에 머물러 있을 것입니다[妾在巫山之陽, 高丘之岨, 旦爲朝雲, 暮爲行雨, 朝朝暮暮, 陽臺之下]"라고 하였다. 이튿날 아침에 무산을 바라보니, 과연 높은 봉우리에 아침 햇살에 빛나는 아름다운 구름이 걸려 있었다고 한다.

금으로 능화 문양 아로새긴 옥거울에　菱花玉鏡打撥金
죽절 모양 은비녀를 왜관장서 사다주고　竹節銀釵倭舘市
오동 쇠로 자루 만든 통영의 은장도와　烏銅鐵柄統營刀
자주 명주 운두[347] 장식 평양 신발 네게 주마.　紫紬雲頭平壤履
주고 또 주어도 조금도 아깝잖고　投之贈之少無惜
다시 한이 되는 것은 돈이 많지 않은 거라.　復恨金錢無億梯
사내 놈이 입만 열면 장가 전에 첩 둔 얘기　男兒口情娶前妾
내아에서 시시때때 누이에게 자랑하네.　內衙時時誇伯娣
길고 긴 정의 끈이 두 몸을 얽었으니　長長情緖絡兩身
큰 나무에 칡넝쿨이 칭칭 감긴 꼴이라네.　笑說喬林縈葛藟
봄 오이가 다 익어서[348] 북녘 가실 때가 되니　春瓜苦滿北歸期
이날에야 별안간에 이별을 서두르네.　此日遽然離別襈
붉은 술통 푸른 술도 기쁘지 아니하고　紅樽綠酒不成歡
한 가락 슬픈 노래 곡조 위에 오르네.　一曲悲歌騰羽徵
장성에선 차마 어찌 갈희 눈을 잊었으랴　長城忍忘葛姬眼
제주에선 배비장[349]이 앞니를 남길 테지.　濟州將留裵將齒
서방님 왈 이별 한에 간장이 찢어진다　郎言別恨割肝腸
춘향 답은 깊은 은혜 골수에 새기겠소.　女道深恩銘骨髓
이별하는 자리에서 위로하고 권면하니　離筵相慰復相勉
낭랑한 너의 말이 내 귓가에 가득하다.　爾言琅琅吾側耳
이제 한양 돌아가면 글공부를 좋이 해서　今歸洛陽好讀書
밝은 조정 입신하여 벼슬길에 나아가마.　立身明廷終出仕

---

347) 운두 : 운두(雲頭)는 여자 신발의 앞 코에 꽃 모양으로 수놓은 부분을 말한다.
348) 오이가 다 익어서 : 『춘추좌전(春秋左傳)』에 제(齊)나라 양공(襄公)이 연칭(連稱)과 관지부(管至父)를 규구(葵丘)로 보내 지키게 했는데, 이때가 오이철[瓜時]이었으므로 "내년 오이철에 교대시켜 주겠다[及瓜而代]"라고 했다는 데서 온 말이다. 지방관의 임기가 다 찬 것을 뜻한다.
349) 배비장 : 고소설 <배비장전(裵裨將傳)>의 주인공인 배비장을 가리킨다.

이 고을의 태수 자리 혹시라도 못 된대도	玆州太守或不能
전라도의 감사라면 외려 될 수 있으리라.	此道監司猶可擬
언젠가는 좋은 바람 불어올 게 분명하니	分明他日好風吹
묵정밭을 다시 갈고 봄풀 벨 날 올 것이다.	復墾陳田春草薙
헤어질 땐 또 다시 석별의 정 애틋한데	臨分更有惜別意
희담을 자꾸 하니 남도 풍속 속되구나.	戱談層生南俗俚
동해바다 큰 바다가 물이 말라 먼지 날고	方壺大海涸生塵
백두산 높은 산이 닳고 닳아 평지 되고	白頭高山平似砥
병풍에 그린 닭이 나래치고 울거들랑	屛風畵鷄拍翼鳴
우리 님 오시는 배 문 밖에 와 닿으리라.350)	公子歸船門外艤
봄날 꽃핀 누각에서 머뭇대다 말에 올라	花樓春日上馬遲
교룡산351)을 돌아보니 산세도 험하구나.	回首蛟龍山磈礧
한양으로 가는 길에 채찍질로 재촉 않고	征鞭不促北去路
해질녘에 탄식하며 슬치352)를 넘어간다.	歎息斜陽踰瑟峙
한양 집에 돌아와선 멍하니 앉아서	惘然歸坐洛中宅
남녘 하늘 바라보려 창문을 노상 여네.	注目南天窓每闢
말치재353) 구름 너머 너의 모습 아련한데	音容黯黯斗峙雲

350) 동해바다 …… 닿으리라 : 이 대목은 <춘향가(春香歌)>의 삽입가요인 <황계사(黃鷄詞)>를 압축한 것이다.

351) 교룡산 : 교룡산(蛟龍山)은 남원(南原)의 진산(鎭山)으로, 옛 남원부 서쪽(현 전북 남원시 산곡동)에 있는 산(518m)이다.

352) 슬치 : 슬치(瑟峙)는 옛 소치역(掃峙驛)이 있던 고개로, 전라좌도(全羅左道)와 우도(右道)의 경계였는데, 현재의 전북 임실군 관촌면 슬치리(전북 완주군 상관면과의 경계)에 있다. 삼례(參禮)에서 전주·임실·남원·함양·산청을 거쳐 통영으로 가던 대로가 지났으며, 현재는 전주와 남원·구례를 연결하는 17번 국도가 지나간다.

353) 말치재 : 말치재[斗峙]는 현재의 전북 임실군 임실읍 감성리와 오수면 봉천리를 연결하는 통로인데, 고달산(高達山)과 두만산(斗滿山)을 잇는 산줄기 사이의 말안장처럼 오목한 부분에 있다. '말치'·'마치(馬峙)'라고도 하는데, 『대동여지도(大東輿地圖)』에는 '마치(馬峙)'로 적었다. 당시에는 오수(獒樹)가 남원도호부(南原都護府)에 속했으므로, 임실현(任實縣)과 남원도호부의 경계였다.

한강에는 잉어 없어 편지도 오지 않네.[354]	書信茫茫漢江鯉
아녀자와 맺은 약속 혹시라도 늦을세라	紅閨後約恐或晩
매일같이 한양에서 지필묵을 펼쳐놓네.	每日長安開墨壘
국풍 이소[355] 시에 대해 송옥[356]에게 물어보고	風騷句裡問宋玉
사기[357]의 글을 두고 이회[358]와 얘기하네.	史記篇中談李悝
이월이라 춘당대서 알성과를 보이시니	春塘二月謁聖科
아홉 단계 등용문[359]을 뛰어오른 고기 되네.	身作龍門九級鮪
소동파의 문체에다 왕희지의 필법으로	東坡文體右軍筆
제일 먼저 글을 지어 시지를 올렸다네.	一天先場呈試紙
문과에 급제하여 장원랑이 되었으니	文臣及第壯元郎
어사주에 어사화가 영화롭기 그지없네.	御酒恩花榮莫比
향명이 자자하여 한림으로 부르시니	香名藉藉翰林召
교방의 기생들이 학사님을 노래하네.	敎坊群娥歌學士

354) 잉어 : 후한(後漢) 채옹(蔡邕)이 지은 <음마장성굴행(飮馬長城窟行)>에 "먼 곳에서 찾아온 나그네, 내게 잉어 두 마리를 주기에, 아이 불러 잉어를 삶으라 했더니, 뱃속에 한 자 편지 들어 있었네[客從遠方來, 遺我雙鯉魚, 呼童烹鯉魚, 中有尺素書]"라고 한 데서 온 말이다.

355) 국풍 이소 : 『시경(詩經)』의 「국풍(國風)」과 굴원(屈原)의 『초사(楚辭)』「이소(離騷)」는 시문(詩文)의 대명사로 쓰였다.

356) 송옥 : 송옥(宋玉)은 전국시대 초(楚)나라의 시인인데, 여기서는 초회왕(楚懷王)과 무산(武山) 신녀(神女)의 사랑이야기를 그린 <고당부(高唐賦)>를 두고 말한 것이다. 앞의 주) 346 참조. 이몽룡이 <고당부(高唐賦)>를 지은 송옥(宋玉)과 같은 글재주가 있다는 말이다.

357) 사기 : 사마천(司馬遷)의 『사기(史記)』는 역사서를 대표하는 것으로 쓰였다.

358) 이회 : 이회(李悝)는 전국시대 위(魏)나라 사람으로, 농업을 중시하고 상업을 경시하는 정책을 입안했고, 농사의 풍흉에 따라 쌀값을 조절하는 평조법(平糶法)을 창안하여 나라를 부강하게 했던 사람이다. 이몽룡이 이회처럼 치국의 계책을 품었다는 뜻이다.

359) 등용문 : 과거(科擧)에 급제한 것을 비유한 말이다. 황하(黃河)의 상류에 있는 용문(龍門)의 여울에는 폭포가 세 단계로 나누어졌는데, 대어(大魚)가 그곳을 뛰어오르면 용(龍)이 된다는 고사에서 유래했다. 앞의 주) 290 참조.

교서관 빛난 벼슬 정자에 제수되고　芸臺華職拜正字
홍문관 맑은 직책 교리에 올랐다네.　玉署淸班登校理
평생에 바라던 일 뜻한 대로 되려는지　平生所願輒如意
호남의 신임 어사 특지로 제수하네.　特除湖南新御史
연영전 앞에 가서 숙배하고 돌아와서　延英殿下肅拜歸
돈화문 밖에 나서 어사 행장 차리누나.　敦化門前啓行李
파루를 치자마자 말을 채쳐 길 떠나니　征驂躍出罷漏頭
여기서 남원까지 몇 백리 길이더냐.　此去南州幾百里
양성 직산 오리 단정 십리 장정[360] 모두 지나　陽城稷山短長亭
풋개다리[361] 사다리[362]로 깊고 얕은 물 건넜네.　草浦恩津深淺涘
완산주 객사[363]에서 하룻밤을 묵어가니　完山客舍一宵枕
생각 못한 미인에겐 비단 옷이 가까우리.　念外靑蛾幾羅綺
공무 보러 가는 이 길 내 일 또한 볼 참인데　公中得私此行色
남쪽 땅에 다 와 가니 님도 점점 다가오네.　地漸南時人漸邇

---

360) 양성 …… 장정 : 양성(陽城)은 옛 양성현(陽城縣), 지금의 안성시 원곡면 내가천리 역말에 있던 가천역(加川驛)을 가리키며, 직산(稷山)은 현 천안시 직산읍 직산초등학교 자리에 있던 직산역(稷山驛)을 이른다. 정(亭)은 여행 중인 사람들을 위한 휴식 공간, 또는 적의 움직임을 살피거나 연락하기 위하여 설치한 시설로, 5리마다 단정(短亭)을 설치하고 10리마다 장정(長亭)을 두었다.

361) 풋개다리 : 원문의 초포(草浦)는 논산시 광석면 항월리 초포마을 앞 노성천을 건너던 풋개다리[草浦橋]를 말한다.

362) 사다리 : 원문의 은진(恩津)은 논산시 은진면 신교리와 부적면 사이로 흐르는 논산천을 건너던 사다리[沙橋]를 가리킨다. 신교리는 1914년 행정구역 통합 전에는 사교리(沙橋里)였는데, 현재는 '신교리', 또는 '새다리마을'이라고 한다. 원래는 '사다리[沙橋]'였는데, '사'가 '새'로 모음이 바뀌어 '새다리'로, 다시 '새다리[新橋]'로 바뀐 것이라고 한다.

363) 완산주 객사 : 전라도 관찰사가 집무하던 선화당(宣化堂) 동북쪽에 자리한 풍패관(豊沛館)을 가리킨다. 풍패(豊沛)는 왕조의 본향(本鄕)을 뜻하는데, 전주가 조선왕조의 발원지라는 말이다. 선화당은 1951년에 화재로 소실되었고, 전주시 중앙동에 있는 풍패관은 보물 583호로 지정되어 있다. 전주부(全州府)에는 풍패관 외에 현도관(玄都館)이라는 객관(客館)이 선화당 서쪽에 있었다.

뱃사공을 불러다가 오원천[364]을 급히 건너	呼船急渡五院溪
한 잔 술로 목 축이고 오수[365] 물가 바삐 간다.	喚酒忙過獒樹坻
헌옷 입고 몰래 가니 범숙[366]과 한가지라	潛行弊衣等范叔
대로에선 수레 못 타고 산길에선 나막신 신네.	陸路無車山着樏
남원 고을 관아 소식 오는 사람에게 묻자	官門消息問來人
따비질을 하다 쉬며 늙은 농부 말을 한다.	有一田翁閑負耟
새로 오신 사또 양반 너무나도 광망하여	新官城主太狂妄
곱디고운 그 색시가 거의 죽게 되었다오.	其也佳人蟄萬死
곧은 맘에 수절한 걸 그것으로 죄를 삼아	貞心守節以爲罪

364) 오원천 : 오원천(烏院川)은 전북 진안군 중대산(中臺山)·마이산(馬耳山)에서 흘러내린 물이 모여 이룬 섬진강 상류이다. 임실군을 지나는 구간을 '오원천'이라 하고, 남원시 대강면에서부터 '섬진강'이라고 부른다. 원문에는 '오원계(五院溪)'로 썼는데, 『여지도서』에는 '오원대천(烏院大川)'으로 적었고, 『신증동국여지승람』과 『임실읍지(任實邑誌)』에는 '오원천(烏原川)'으로 표기했다. 오원원(烏原院: 현 임실군 관촌면 관촌리) 앞에서 물을 건넜다는 말이다.

365) 오수 : 오수(獒樹)는 현재의 전북 임실군 오수면인데, 불에 타 죽을 뻔한 주인을 구하고 대신 죽은 의견(義犬), '오수의 개' 전설로 유명한 곳이다. 조선시대에는 남원도호부(南原都護府)에 속했다가, 1914년에 임실군에 편입되었다. 창본(唱本)에서 변학도의 신연 행차가 오수역에 도착하자 지경포(地境砲)를 쏘는 것도 이곳이 남원의 초입이었기 때문이다. 당시 오수역(獒樹驛)은 현재의 오수면 오수리에 있었는데, 섬진강의 지류인 오수천(獒樹川)의 물줄기가 감싸고 있다. 말치[馬峙]를 넘어 오수역을 지나 금암(현 오수면 금암리) 쪽으로 오수천을 건넌 후에는 산길을 올라 밤치[栗峙: 현 17번 국도 춘향터널 남쪽 출구 부근]를 넘어야 관아가 있는 남원 중심부가 나왔다. 말치[馬峙/斗峙]에 대해서는 앞의 주) 353 참조. 마음이 바빠서 술 한 잔으로 목만 축이고 오수역을 지나갔다는 말이다.

366) 범숙 : 범숙(范叔)은 전국시대 진(秦)나라의 재상 범수(范雎)를 가리키는데, 그의 자(字)가 숙(叔)이었다. 범수는 원래 위(魏)나라 사람인데, 위나라 중대부(中大夫) 수가(須賈)와 함께 위나라를 섬기다가 수가의 훼방을 받아 모진 곤욕을 당하고 진나라로 도망가서 재상이 되었다. 뒤에 진나라가 위나라를 치려고 하자 위나라의 수가가 진나라에 사신으로 왔는데, 범수가 해진 옷차림으로 객관(客館)에 있는 수가를 찾아갔다. 수가는 범수의 신분을 알지 못하고 그의 헐벗은 모양을 불쌍히 여겨 솜 둔 옷을 주었다고 한다. 대본의 '포숙(苞叔)'은 '범숙(范叔)'의 잘못이므로 바로잡았다.

한 달이면 세 번씩을 동헌에서 매를 치오.	一月官庭三次箠
어떤 놈 때문인지 옥중 귀신 되려하니	緣誰將作獄中鬼
그때 당시 총각 녀석 얄밉고 또 괘씸하오.	可憎當年總角氏
하나를 미뤄보면 열을 알 수 있다 하니	推之一事可知十
남원 고을 백성들은 유비[367] 사람 신세로다.	闔境之民同有庳
뒤숭숭한 내 마음을 겨우겨우 억누르고	輪囷我膽强自制
월매 처지 생각하며 맘속으로 요량하네.	睨視月梅心暗訾
꽃 사이 난 버들 길은 이미 익히 알고 있어	花間柳邊路已慣
화촉동방 옛 자취를 우선 먼저 찾아간다.	先訪粧閨舊基址
분벽사창 좋던 집이 문살 몇 개 남았는데	紗窓粉壁若箇邊
이리 오라 소리치니 늙은 어미 나와 보네.	喚出阿娘老阿嬰
정처 없는 이내 신세 수모 당해 마땅하니	棲遑蹤跡使人侮
늙은 어멈 삐죽한 입 새 부리를 닮았구나.	老婦尖脣如鳥觜
속절없이[368] 귀한 딸을 감옥에다 넣었으니	空然愛女納圜扉
이 지경이 되어서는 뜨물조차 줄 이 없네.	到此無人供滫瀡
딸랑 몇 입 식구조차 입에 풀칠 못했으니	簫條數口不自糊
이웃집에 가거들랑 싸라기나 달래 보소.	或向隣家掃糠粃
딸 낳을 때 좋던 태몽 얘기하며 눈물지니	奇祥泣說虺蛇夢
새끼 핥는 어미 소의 지극한 정 그지없네.	至情難堪牛犢舐
듣다보니 저도 몰래 코끝이 찡하는데	聞來不覺鼻孔酸

---

367) 유비 : 유비(有庳)는 순(舜)임금이 자신을 죽이려고 했던 이복동생 상(象)을 봉(封)했던 땅이다. 『맹자(孟子)』「만장 상(萬章·上)」에 "상(象)은 매우 불인(不仁)한데, 그를 유비(有庳)에 봉했다면, 유비의 사람들이 무슨 죄입니까[象, 至不仁, 封之有庳, 有庳之人, 奚罪焉]"라고 한 데서 온 말이다. 남원 백성들이 포악한 수령을 만나서 아무 죄도 없이 고통을 받는다는 뜻이다.

368) 속절없이 : 대본에는 "공연(公然)"으로 되어 있다. 서울대본에도 역시 "공연(公然)"으로 되어 있으나, 본문 상단에 "공(空)"으로 바꾸라는 표시를 해놓았다. 여기서는 서울대본에 따랐다.

이게 누구 잘못이랴 모두 나의 탓이로다.　是誰之愆吾所使
정이 있든 없든 간에 옥문 밖에 오셨으니　無情有情獄門外
얼굴이나 한번 보러 오늘 밤에 가봅시다.　相面今宵第往矣
누더기 옷 찢어진 갓 영락없는 거지꼴로　鶉衣鷗冠一乞人
긴 허리를 구부리고 쫄레쫄레 따라간다.　局束長腰行觖觖
서성대다 문틈으로 춘향이를 부르더니　徘徊門隙喚春香
해질녘에 마주 서서 고운 손만 매만지네.　對立黃昏摻玉指
처량한 신세 되니 너는 무슨 까닭이냐　凄凉身世爾何故
초라한 내 모습이 나도 역시 부끄럽다.　落魄行裝吾亦耻
고운 자태 가녀린 몸 껍데기만 남았으니　娉婷弱質只存殼
하얀 살결 예쁜 얼굴 저다지도 상했구나.　玉膚花貌如彼毁
천만 가지 슬픔과 한 가슴이 먼저 막혀　千悲萬恨臆先塞
다시 무슨 말을 하랴 시운이 안 좋은 걸.　夫復何言時運否
휘청휘청 병든 몸을 칼에다가 의지하고　搖搖病體依三木
그간 일의 자초지종 울면서 얘기한다.　泣說中間事終始
서방님이 가신 후에 소첩은 소원하며　郎君去後小妾願
부귀해져 오시기를 밤낮으로 기다렸소.　富貴南還日夜俟
재상 집안 홍전 속에 꼭꼭 쌓인 명월주로　紅氈明月宰相門
평생토록 맛난 음식[369] 먹을 거라 내 믿었소.　食肉終身吾亦恃
전생에 이내 몸은 무슨 큰 죄 지었을꼬　前生作何至重罪
온갖 재앙 들러붙어 지지리도 복도 없네.　百殃纏身無一祉

369) 맛난 음식 : '맛난 음식을 먹는다[食肉]'는 것은 고관(高官)의 많은 녹봉[厚祿]을 비유하는 말인데, 여기서는 호의호식하며 부귀영화를 누린다는 뜻이다. 후한(後漢) 때 한 관상쟁이가 반초(班超)에게, "그대는 제비의 턱에 범의 머리라 날아서 고기를 먹는 상이니, 이는 곧 만리후에 봉해질 상이오[燕頷虎頭, 飛而食肉, 此萬里侯相也]"라고 했는데, 서역(西域)에 종군(從軍)하여 만년에 정원후(定遠侯)로 봉해졌던 데서 온 말이다.

이 세상에 당신 같이 좋은 재주 가진 이가	如君才器此世界
누더기로 내려올 줄 정녕 생각 못했다오.	弊袍南來實不揣
화려한 관 좋은 옷은 분에 맞지 않으신지	華冠麗服倘無分
누덕누덕 기운 옷에 온통 흙을 묻히셨네.	百結鶉衫半泥滓
어느 누가 죄 없는 날 사지에다 몰았을까	誰令無罪致死地
지금 고을 원님 양반 욕심 많고 비루하오.	卽今官司只貪鄙
고을 백성 모두 다들 살 벗겨져[370] 아파해도	劦民俱被剝膚患
염치 좋아 제기 닦을[371] 생각일랑 도통 않소.	廉耻渾忘飾簠簋
장탕[372]의 후신인지 봐주는 게 하나 없고	張湯後身木强人
매질[373]하는 모습은 쇠망치와 화로 같죠.	鍛鍊規模等鑪鍾
옥사를 처리할 땐 인정머리 아예 없고	人情全沒對獄時
잔인한 그 마음은 승냥이나 들소[374] 같소.	殘忍其心若豺兕
버젓이 서방 있는 아녀자를 탐내더니	居然生慾有夫女
백주에 위세 부려 겁탈하려 하더이다.	白日風稜肆姦宄

370) 살 벗겨져 : 당(唐)나라 사람 한유(韓愈)의 「운주계당시서(鄆州溪堂詩序)」에, "살을 깎고 골수를 부순다[剝膚椎髓]"라고 한 데서 온 말로, 가혹한 수탈을 뜻하는 말이다. '주민(州民)'을 원문에서는 '리민(劦民)'으로 썼는데, 진(晉)나라 사람 왕준(王濬)의 꿈에 보인 칼 세 개[三刀]를 '주(州)'로 해몽한 데서 나왔다. 이 책에서는 모두 같은 방식으로 표기하고 있다. 앞의 주) 249 참조.

371) 제기 닦을 : 보궤(簠簋)는 제사지내는 그릇[祭器]이다. 옛날에는 관원이 청렴하지 못하여 뇌물을 받는 등 탐오죄(貪汚罪)를 범했을 경우, 죄가 있어도 바로 그 죄명을 말하지 않고, 제기를 정결하게 간수하지 못했다는 뜻으로 '보궤불칙(簠簋不飭)', 또는 '보궤불식(簠簋不飾)'이라고 하여 완곡하게 표현하였다.

372) 장탕 : 장탕(張湯)은 한(漢)나라 무제(武帝) 때의 태중대부(太中大夫)로, 율령(律令)을 만드는 데 참여했다. 어사대부(御史大夫)가 되어서는 옥사를 다스릴 때 법조문을 너무 가혹하게 적용하여, 뒤에 주매신(朱買臣) 등의 무함을 받고 자살하기에 이르렀다.

373) 매질 : 원문의 단련(鍛鍊)은 본래 쇠붙이를 불에 달구어 쇠망치로 두드리는 것을 말하는데, 여기서는 죄인에게 매질하는 것을 말한다.

374) 승냥이나 들소 : 승냥이와 들소는 모두 사나운 동물이므로 흉악하고 사나운 사람을 비유하는 말이다.

위엄으로 아녀자의 절개를 못 뺐더니	嚴威莫奪匹婦節
분한 맘이 치밀던지 두 손바닥 마주치며	憤氣撐膓雙掌抵
추상같이 호령해도 범새끼가 울부짖고	如霜號令乳虎吼
소경이 발로 똥을 밟은 것과 같았다오.	彷佛盲人足踐屎
벌떼 같은 나졸들이 소매 걷고 나오더니	蜂飛邏卒袒裼來
수도 없이 동헌 뜰에 기러기처럼 늘어섰오.	無數中庭鴈鶩峙
삼모장과 곤장들이 산처럼 쌓였으니	三稜棍朴積如山
곤장 세는 소릴 듣고 넋이 벌써 나갑디다.	檢杖聲中魂已褫
연한 살결 무른 뼈가 순식간에 바스라져	柔皮軟骨暫時碎
온 다리에 상처 자국 검은 멍이 들었지요.	萬脛瘡痕皆黑痏
매화주 다섯 말을 매일 먹고 취해서는	梅樽日醉五斗酒
매우 치라 말을 할 뿐 그칠 줄을 몰랐다오.	輒曰加刑不知止
곤장 맞아 흘린 피로 비단 치마 물들이니	羅裳染盡杖頭血
더운 달에 구더기가 허벅지에 생겼지요.	署月虫蛆生股髀
창기로 태어나서 미천하다 할지라도	生於娼妓賤微地
치마 걷고 진수 유수 건너지는 않는다오.[375]	非昧褰裳涉溱洧
열녀는 두 지아비 안 섬김을 잘 알기에	方知烈女不更二
몸 허락한 그때부터 죽음으로 맹세했죠.	許身當初以死矢
끓는 솥에 들어가도 일편단심 그대로니	投身湯鑊尙且丹
본성이란 버들[376]처럼 바꾸기가 어렵다오.	本性難回柳與杞

375) 진수 …… 않는다오 : 『시경(詩經)』「정풍(鄭風)」<진유(溱洧)>에 "진수와 유수 한창 넘실넘실, …(중략)… 건너서 구경할까요, 유수 밖은 즐겁고 재미있을 거예요[溱與洧, 方渙渙兮, …(중략)… 且往觀乎, 洧之外, 洵訏且樂]"라고 한 데서 온 말이다. 이 시는 남녀가 음란하게 수작하는 것을 노래한 것이다. 그러나 여기서는 자신의 신분은 천하지만, 남자가 꾄다고 해서 쉽게 넘어갈 만큼 어리석지 않다는 말이다.

376) 버들 : 『맹자(孟子)』「고자 상(告子·上)」에서 고자가 말하기를, "성(性)은 고리버들과 같고 의(義)는 나무로 만든 그릇과 같으니, 사람의 본성으로 인의를 행하는

조금 전에 장님이 간밤 꿈을 묻기에 村盲昨訊夜來夢
천명도 무상하니 살펴[377] 달라 했더이다. 天命無常云顧諟
경대 거울 깨지는데 소리가 아니 나랴 粧臺鏡破豈無聲
뜰의 나무 꽃 날리니 응당 열매 맺으리라.[378] 庭樹花飛應結子
조선통보 휙 던져서 돈점을 치는구나 朝鮮通寶擲錢占
신명님께 비옵나니 밝게 보여 주옵소서. 伏乞神明昭示俾
하늘이 겹친 건괘 청룡이 움직이니[379] 重天乾卦動靑龍
귀인을 만날 것을 기약할 수 있다 했소. 貴人相逢云可企
부운천리 머나먼 곳 떠나셨던 서방님이 浮雲千里遠外郞
이제 오셔 지척에서 만날 줄은 몰랐어요. 不意今來逢尺咫
이 몸 이제 죽는대도 무슨 한이 있으리까 身今溘死更何恨
좋은 약을 먹은 듯이 묵은 체증 내려갔소. 如服良劑痊宿痞
천신만고 오실 적에 배는 곯지 않으셨나 間關行路得無飢
저희 집에 머무시고 돌아갈 길 재촉 마오. 且留吾家歸莫駛
꽃무늬 비단치마 상자 속에 넣어뒀고 輕花寶裙置諸篋
소합향 주머니는 궤짝에다 간직했소. 蘇合香囊藏在匭
우리 노모 부르셔서 장에 가서 팔아다가 呼吾老母向市賣

것은 고리버들로 그릇을 만드는 것과 같다[性猶杞柳也, 義猶桮棬也, 以人性爲仁義, 猶以杞柳爲桮棬]"라고 한 데서 온 말이다.

377) 살펴 : 『서경(書經)』「태갑 상(太甲·上)」에 "선왕께서 이 하늘의 밝은 명을 살피시어 천지신명을 받드시고[先王, 顧諟天之明命, 以承上下神祇]"라고 한 데서 원용한 표현이다.

378) 경대 거울 …… 맺으리라 : 마을에 사는 장님이 춘향이 꾼 꿈을 풀이해 준 말이다. 춘향은 옥창(獄窓)에 앵두꽃이 어지러이 떨어지고, 단장하던 거울 한복판이 깨지고, 허수아비가 문 위에 달려 있는 꿈을 꾸었다. 춘향은 자신이 죽을 것을 암시한 꿈이라고 생각했는데, 장님은 길몽이라고 이렇게 해몽해주었다.

379) 하늘이 …… 움직이니 : 하늘[天]이 겹쳐 있는 괘[☰]이므로 '중천건괘(重天乾卦)'라고 한 것이다. 건(乾)은 만물의 시초에 해당하며, 자연의 섭리에 따라 변화하는데, 봄에는 만물의 삶이 시작되듯 일을 시작하게 되므로 청룡이 움직인다고 한 것이다.

아궁이에 불 지펴서 밥 해 달라 하옵소서.	一飯宜炊廚下錡
내일 아침 본관사또 축수연을 하게 되면	明朝本府壽宴開
취한 뒤끝 미친 맘에 가만 두지 않겠지요.	醉後狂心應不罷
이미 상처 난 데다가 다시 한 번 매를 치면	如將瘡上復加杖
이내 몸은 진토 속에 묻힐 것이 틀림없소.	此身分明塵土委
끌려갈 때 칼머리를 부디 한 번 들어주고	須從拿路護我械
죽기 전에 꼭 한 번만 봉두난발 거둬주오.	一番生前頭角掎
초종염습 모든 절차 서방님이 손수 하고	初終斂襲以郎手
거친 들에 뼈 묻을 때 제문이나 지어주오.	埋骨荒原爲作誄
굳센 마음 스스로를 대장부라 여겼건만	剛腸自以丈夫許
이 말 듣고 저도 몰래 가슴 속에 불이 난다.	聽此不覺胷如燬
맘속으로 이를 갈며 본관 죄를 헤아리길	心中切齒黑倅罪
내일 아침 봉고하고 저 놈을 파직하리.	封庫來朝可擠彼
이날 밤엔 춘향집서 등불 짝해 자려 하니	娘家是夜伴燈宿
벌레 소리 쓸쓸한데 갈거미[380]가 줄을 치네.	蕭瑟虫聲壁間蟢
날이 밝자 관아 뜰에 과연 잔치 열리는데	天明府庭果開宴
붉은 명주 노란 적삼 온갖 춤이 이어진다.	紅紬黃衫萬舞比
살진 고기 하얀 회는 요천의 은어[381]이고	腥鱗白膾蓼川魚
귀한 과일 빨간 감은 연곡의 홍시[382]라네.	珍果紅登燕谷柿

---

380) 갈거미 : 이규경(李圭景)의 『오주연문장전산고(五洲衍文長箋散稿)』「풍속(風俗)」에 “갈거미[蟢]가 내려오면 기쁜 일이 생긴다는 속설이 있다”라고 했다.

381) 요천의 은어 : 요천(蓼川)은 옛 남원부(南原府)의 동쪽, 현재의 남원시를 관통해 흐르는 하천이다. 전북 장수군과 경남 함양군의 경계에 있는 백운산(白雲山)에서 발원하여 전남 곡성군과의 접경지역에서 섬진강에 합류하는데, 광한루(廣寒樓) 앞에 있는 호수는 요천의 물을 끌어들인 것이다. 요천의 은어는 임금에게 진상했던 남원의 특산물이었는데, 당시에도 잘 잡히지 않아 경남 하동 등지에서 사다가 공물로 바치기도 했다.

382) 연곡의 홍시 : 지리산 연곡사(燕谷寺: 전남 구례군 토지면 내동리) 부근에서 나는 홍시를 뜻한다. 대본의 시(市)는 시(柿)의 잘못이므로 바로잡았다. 서울대본에도

화전지로 촘촘하게 수파련을 꽃 피웠고[383]　牋花簇簇八蓮開
수란은 둥글둥글 바둑돌을 쌓아둔 듯.　水卵團團棊子纍
잔에 술이 넘쳐나니 마음마저 흠뻑 취해　盃樽餘瀝醉飽心
냄새 맡고[384] 몰려들어 비굴하게 아첨하네.[385]　逐臭諸人等舐痔
난간 머리에는 임실현감 앉아 있고　欄頭任實縣監憑
기둥 옆으로는 순창군수 기대 있네.　楹角淳昌郡守倚
굴뚝에서 불이 몰래 타는 것을 어찌 알랴[386]　安知竈突火暗燃
중당에선 축하하며 환호성이 끝이 없네.　鷰賀中堂歡未已
남원 관아 문 밖에선 걸식하는 나그네가　公門以外乞食客
남루한 차림으로 무너진 담 넘어오네.　襤褸衣巾來自垝
무명실 한 타래로 어지러이 갓끈 했고　綿絲一紽亂結冠
짚새기 들메끈[387]이 아직 반은 걸쳐 있네.　草履雙綦半掛趾
말석에서 고개 숙여 턱을 괴고 앉았어도　低面末席故躲頤

"시(市)"로 되어 있는데, 누군가 본문 하단에 만연필로 "柿?"라는 표시를 해놓았다.

383) 수파련을 꽃피웠고 : 잔치 때 쓰는 종이로 만든 연꽃인 수파련[綉八蓮]으로 화려하게 장식했다는 뜻이다.

384) 냄새 맡고 : 『여씨춘추(呂氏春秋)』에 어떤 사람이 몸에서 너무 냄새가 나서 가족도 곁에 있으려 하지 않아서 바닷가에 홀로 살았는데, 그 냄새를 좋아한 사람이 밤낮으로 떠나지 않고 따라다녔다는 고사가 있다.

385) 아첨하네 : 원문의 '지치(舐痔)'는 등창을 빨고 치질을 핥는다는 뜻인데, 비굴하고 악착같이 윗사람에게 아첨하는 행위를 말한다. 『장자(莊子)』「열어구(列禦寇)」에서 진(秦)나라 왕이 병에 걸려 의원을 불러 모았는데, 종기를 째고 고름을 빼는 자는 수레 한 대를 얻었고, 치질을 핥은 자는 수레 다섯 대를 얻었다고 한 데서 온 말이다.

386) 굴뚝에서 …… 어찌 알랴 : 『여씨춘추(呂氏春秋)』「유대(諭大)」에 "굴뚝이 무너져 불이 기둥으로 올라가도 제비는 안색도 변하지 않는 것은 무엇 때문인가? 화가 자기에게 미칠지 모르기 때문이다[竈突決則火上焚棟, 燕雀顔色不變, 是何也, 乃不知禍之將及己也]"라고 한 데서 온 말이다. 원래는 나라가 잘못되는 것을 모르고 있는 상황을 풍자한 말인데, 여기서는 잔치에 참석한 사람들이 앞으로 닥칠 일을 모르고 있다는 뜻이다.

387) 들메끈 : 들메끈은 신이 벗어지지 않도록 신을 발에다 동여매는 끈이다. 들메끈이 걸쳐 있다는 것은 잔치 자리에 짚신도 벗지 않은 채 올라갔다는 말이다.

마음속엔 가을매가 꿩 사냥할 생각이라. 意中秋鷹將獵雉
절름발이 비웃었던 평원군의 계집년이[388] 平原門下笑躄姬
다시 보니 술동이 앞 술 따르는 종이 됐네. 復見樽前傳酒婢
먹던 잔에 남은 술과 식은 고기[389] 푸대접은 殘盃冷炙草待接
촌사람이 차려놓은 뜬것 상[390]과 다름없네. 彷佛村氓浮鬼庋
좋은 대접 받고나서 어찌 사례 않을쏘냐 躬逢勝餞豈不謝
새로 지은 시 한 수엔 깊은 뜻이 담겨 있네. 一聯新詩藏奧旨
천 사람이 흘린 눈물 촛농 되어 떨어지고 千人有淚燭燃蠟
만백성의 기름 짜내 술동이엔 밥풀[391] 떴네. 萬姓無膏樽泛蟻
운봉영장 한 사람만 홀로 보는 눈이 있어 雲峰營將獨有眼
물살 보고 모랫둑이 터질 줄을 아는구나. 見水能知沙岸圮
한 바탕 거센 바람 잔치판에 불어오니 長風一陣自飣來
뜻밖에도 현문에는 마패가 걸렸구나. 意外玄門馬牌捶
청파역의 역졸들이 고함치며 들어온다 青坡驛卒大叫入

388) 절름발이 …… 계집년이 : 『사기(史記)』 「평원군우경열전(平原君虞卿列傳)」에 나오는 고사이다. 평원군의 집 이웃에 절름발이가 살았다. 평원군의 애첩이 그를 보고 비웃자 분을 못이긴 이웃 사람이 찾아와 애첩의 목을 달라고 했다. 평원군은 그렇게 하겠다고 약속하고도 끝내 애첩을 죽이지 않았다. 그 후 자신의 문객들이 반나마 떠나간 이유가 이 일 때문인 것을 알게 되자, 애첩의 목을 치고 평원군이 직접 이웃 사람에게 사과한 후에야 그의 문하에 다시 선비들이 모여들었다고 한다. 여기서는 잔치 자리의 불청객이 된 이몽룡이 담뱃대에 불을 붙여달라고 하자, 본관사또의 수청을 드는 기생임을 내세워 구박했던 관기(官妓)를 두고 한 말이다.
389) 남은 술과 식은 고기 : 두보(杜甫)의 시 <증위좌승(贈韋左丞)>에 "나귀 타고 삼십 년 동안, 장안의 봄을 나그네 신세로 살아왔으니, 아침이면 부잣집 문을 찾아가고, 저녁이면 살찐 말 뒤를 따랐는데, 남은 술과 식은 불고기에, 가는 곳마다 남몰래 서러웠네[騎驢三十載, 旅食京華春, 朝扣富兒門, 暮隨肥馬塵, 殘杯與冷炙, 到處潛悲辛]"라고 한 데서 유래하여, 치욕 당하는 것을 비유할 때 쓰는 말이다.
390) 뜬것 상 : 임자 없이 떠도는 귀신을 '뜬귀신'·'뜬것'·'객귀(客鬼)'·'부귀(浮鬼)'라고 하는데, '뜬것 상'은 제사를 지낼 때 이런 객귀들을 위해 마루에 차려 놓는 상을 뜻한다. 상차림이 볼품없고 초라하다는 말이다.
391) 밥풀 : 술이 다 익어서 흰 밥풀이 둥둥 뜬 것을 말한다.

암행어사 출도야 암행어사 출도야.	暗行使道臨於此
마른하늘 날벼락이 이 아니고 무엇이랴	晴天無乃霹靂動
바람에 풀 쓸리듯 사방에서 허둥댄다.	四座蒼黃風下靡
창문 넘길 다투다가 갓 거꾸로 쓴 놈에다	爭投窓隙倒着冠
술상 차서 엎어놓고 수저 떨군 놈도 있네.	或蹴盃樽忙失匕
위풍을 크게 떨쳐 범도끼를 잡고 서니	風威高動執斧虎
본관사또 신세 변해 우리 속의 돼지 됐네.	主官翻同牢下豕
닭들 모인 가운데로 선학이 내려와서	群鷄叢裡降仙鶴
중헌의 교의 위에 높이 걸터앉았구나.	高踞中軒一交椅
약주 석 잔을 차례차례 올리는데	三盃藥酒進次第
여덟 폭 은 병풍을 쭉 둘러쳐 놓았구나.	八帖銀屛列逶迤
무명 도포 대 갓끈은 감쪽같이 사라지고	綿袭竹纓去無痕
기린 띠에 오사모가 잠깐 새에 번쩍이네.	獜帶烏紗俄忽侈
영주산 열 누각에 선관들이 앉은 듯이	瀛洲十閣坐仙官
어사또[392] 위의 차려 해치관[393]을 쓰고 있네.	栢府威儀冠以豸
군뢰와 사령들이 나는 듯이 내달리니	軍牢使令走如飛
난데없는 위풍이 몇 곱절은 더하다네.	卽地風威生倍蓰
관원들은 이리저리 샛길로 달아나고	官員奔竄左右徑
기녀들은 이쪽저쪽 모퉁이에 엎드렸네.	妓女俯伏東西戺
온 고을 짖던 개도 두려워서 다릴 떠니	倉羊邑犬亦戰股
곤양에 비 쏟아져 치천에 물 넘치듯.[394]	疑是昆陽雨下滍

---

392) 어사또 : 원문의 '백부(柏府)'는 한(漢)나라 때 어사대(御史臺)에 잣나무를 많이 심은 데서 온 말로, 보통 사헌부(司憲府)의 별칭으로 쓰이지만, 여기서는 암행어사를 뜻한다.

393) 해치관 : 해치(獬豸)는 뿔이 하나인 신수(神獸)의 이름인데, 곡직(曲直)을 잘 분변할 뿐만 아니라, 사람들이 서로 싸우는 것을 보면 그중에 사악하고 부정한 자를 뿔로 받아버린다고 한다. 그래서 어사 등 집법관(執法官)들은 해치의 모양으로 장식한 관을 썼는데, 이를 '해치관(獬豸冠)', 또는 '치관(豸冠)'이라고 한다.

남원 고을 공사 처결 편의대로 하온 일로	便宜南邑處置事
장계[395]를 먼저 지어 임금님께 올렸다네.	先屆封章呈玉几
장강[396]의 곧은 명성 낙양을 뒤흔들고	張綱直聲動洛陽
복파장군[397] 빛난 위엄 교지를 진동하듯.	伏波神威震交趾
대부 삶은[398] 옛 법으로 본관 죄를 다스리니	烹阿舊律本官罪
지도에서 진왕 자영[399] 목줄 맨 것 다름없네.	無異秦嬰繫頸軹
어찌하여 죄 없는 일 그리 오래 가뒀더냐	如何無罪久滯囚

394) 곤양에 …… 물 넘치듯 : 훗날 동한(東漢)의 광무제(光武帝)가 된 유수(劉秀)가 왕망(王莽)의 난을 평정할 때, 곤양(昆陽)의 전투에서 비바람이 몰아쳐서 치천(滍川)의 물이 범람하여 수많은 적군이 빠져죽고, 적장 왕심(王尋)·왕읍(王邑)이 도망간 고사를 말한다. 치천((滍川)은 현재 중국 하남성(河南省) 노산현(魯山縣)과 엽현(葉縣)을 흐르는 사하(沙河)인데, 옛 곤양성(昆陽城)의 북쪽으로 흘렀다.

395) 장계 : 옛날에 신하가 임금에게 시정(時政) 등에 대해 글로 아뢸 때 비밀스러운 일인 경우에는 검은 주머니에 넣어 봉함했는데, 이를 봉장(封章)이라 한다. 여기서는 왕명을 받은 어사가 왕에게 보고하는 장계(狀啓)를 밀봉했다는 뜻이다.

396) 장강 : 후한(後漢) 순제(順帝) 때에 장강(張綱)이 지방 풍속을 순찰하는 순안어사(巡按御史)가 되었는데, 타고 갈 수레의 바퀴를 낙양(洛陽) 교외에 묻고, "승냥이와 늑대가 큰길을 막고 있으니, 여우와 살쾡이 따위야 굳이 따질 것이 있겠는가[豺狼當路, 安問狐狸]"라고 하고는, 곧바로 당시 국권을 전횡하던 대장군 양기(梁冀)를 탄핵했던 고사가 있다.

397) 복파장군 : 복파장군(伏波將軍)은 후한(後漢)의 명장 마원(馬援)을 말하는데, 교지(交趾)를 정벌하고 그곳에 구리기둥[銅柱]을 세워 한(漢)나라의 경계로 삼았다.

398) 대부 삶은 : 춘추시대 제(齊)나라 위왕(威王) 때 아(阿) 땅의 대부(大夫)는 땅을 개간하지 않고 백성을 보살피지도 않으면서 왕의 측근에게 뇌물을 써서 좋은 평을 하게 하였다. 이를 알게 된 위왕이 자신을 속인 대부와 뇌물을 받고 그를 칭찬했던 측근들을 모두 삶아 죽인 고사에서 온 말로, 탐관오리(貪官汚吏)를 처벌하는 극형을 뜻한다.

399) 자영 : 『사기(史記)』「진시황본기(秦始皇本紀)」에 따르면, 진(秦)나라 2세 호해(胡亥)가 자살하고 나서 즉위한 진왕(秦王) 자영(子嬰)이 목에 끈을 맨 채 백마(白馬)에 소거(素車)를 타고 나와 천자의 옥새와 부절을 바치고, '지도(軹道)'라는 정자(亭子) 곁에서 한왕(漢王) 유방(劉邦)에게 항복했다[子嬰卽係頸以組, 白馬素車, 奉天子璽符, 降軹道旁]고 한다.

옥에 갇힌 사람들을 지금 당장 풀어줘라.	當刻圜墻其禁弛
옥중 춘향 영문 몰라 관아 뜰로 나오는데	圜墻玉娘忽官階
작은 뜰의 꽃그늘에 걸음 옮길 힘도 없네.	小庭花陰未暇徙
칼과 차꼬 채운 경첩 이로 뜯어 풀게 하니	桁楊接摺使齒决
여러 기생 입 내밀어 쥐뿌린 양 물어뜯네.	衆妓尖脣穿似虆
어린 듯 꿈인 듯 기쁨을 주체 못해	如痴如夢喜不勝
저도 몰래 중계에서 신 거꾸로 신고 맞네.	未覺中階迎倒屣
임금 명을 받든 나는 벼슬 중에 좋은 벼슬	千般好官别星我
구사일생 살아난 몸 너는 예쁜 기녀로다.	九死餘生佳妓儞
쌍룡을 그려 넣은 반달 모양 참빗으로	雙龍畫帖半月梳
열두 발 검은머리 빗질해서 머릴 트네.	十二雲鬟催櫛縰
어느 누가 알았으랴 어젯밤의 걸인 행색	誰知昨暮丐乞行
관아 대청 교의 위에 떡하니 앉을 줄을.	飛上公堂官爵敉
한양 가던 그 시절의 더벅머리 그 총각이	京師去時一總丱
하얀 얼굴 훤한 이마 백옥처럼 말끔하네.	白晳踈眉玉色玼
동헌의 계집종들 가소롭기 그지없다	東軒資婢極可嗤
양반서방 만났으니 나는야 좋기만 해.400)	兩班書房其樂只
월매 집엔 광채가 일순간에 솟아나고	粧樓光彩一時生
이날 와선 환호성에 남원고을이 들썩이네.	卽日歡聲動南紀
활짝 웃는 얼굴에는 온갖 정이 담겼다네	油然笑靨淺深情
넓디넓은 동해바다 일렁이는 물결만큼.	請量東溟波瀰瀰
오늘부터 네 이름을 기적에서 뺄 터이니	從今妓籍割汝名
한 평생 내 집에 와 차 시중401)을 들거라.	百年吾家歸奉匜

400) 양반서방 …… 좋기만 해 : 춘향이 다른 사내를 상대하지 않자 양반서방을 얻어서 그런다고 비아냥거리며 월매에게 인사도 하지 않았기 때문에 나온 말이다.

401) 차 시중 : 송(宋)나라 때 한림학사(翰林學士)를 지낸 도곡(陶穀)이 태위(太尉) 당진(黨進) 집의 기녀를 데려가 첩으로 삼고 차를 끓이게 했던 고사에서 온 말이다.

곱디고운 화화주를 잘라 띠를 만들고	禾花寶紬裂爲帶
깃털 같이 얇은 비단 바느질해 이불 해서	卽羽輕紗縫作被
구슬 난간 백옥 주렴 좋은 집에 함께 살며	珠欄玉簾所居室
다시 한번 서교에서 호치 밭402)을 갈자꾸나.	復欲西郊營好畤
관청과 지청에서 여섯 시각403) 밥 때마다	官廳支廳六時饍
노루 삶아 진수성찬 공손하게 올리네.	跪進珍羞烹野麃
맑은 술 술동이엔 포도알이 동동 떴고	清醪樽上泛葡萄
꿀물을 탄 잔에는 율무가루 섞었다네.	甘蜜盃中和薏苡
실올처럼 가늘게 썬 진안에서 난 담배404)를	絲絲細切鎭安草
관노에게 분부하여 눌러 담아 올린다네.	分付官奴其貢底
삼문405) 밖 저잣거리 국이 끓듯 요란한데	三門外街沸如羹
육방 관속 음낭들은 졸아들어 탱자 같네.	六房陰囊撐似枳
한양 가는 역로에다 노문406)을 바삐 놓고	如天驛路路文飛
춘향이와 수레 타고407) 나란히 돌아가네.	有女同車歸並軌

402) 호치 밭 : 호치(好畤)는 장안(長安) 서쪽 교외에 있던 땅 이름이다. 한(漢)나라 효혜제(孝惠帝) 때 여태후(呂太后)가 권력을 휘두르자, 육가(陸賈)가 병을 핑계로 벼슬을 그만두고 물러난 후, 땅이 기름진 이곳에 집을 짓고 농사를 지었다고 한다. 여기에서 유래하여 '호치의 밭[好畤田]'은 은거하면서 농사짓는 것을 비유하는 말로 쓰인다.

403) 여섯 시각 : '육시(六時)'는 불교에서 하루를 여섯으로 나눈 시간으로 새벽·정오·석양·초야(初夜)·중야(中夜)·후야(後夜)를 말하는데, 정토(淨土)에 왕생(往生)하기를 기원하는 이는 매일 주야 육시로 부처님께 예배한다고 한다.

404) 진안에서 난 담배 : 이유원(李裕元)의 『임하필기(林下筆記)』에, 담배 중 최상품은 광주(廣州)에서 나는 '금광초(金光草)'와 선라도의 '상관초(上官草)'라고 하고, 진안에서 나는 담배는 상관 담배의 영향으로 재배하는 것이라 했다. 상관초는 지금의 전북 완주군 상관면에서 난 담배를 말하는데, 상관면은 전주와 임실의 경계이다.

405) 삼문 : 삼문(三門)은 대궐이나 관아 앞에 있는 문으로, 정문(正門)·동협문(東夾門)·서협문(西夾門) 세 문으로 된 것을 말한다.

406) 노문 : 노문(路文)은 공무로 지방에 나가는 벼슬아치에게 역마와 음식 등을 제공해 주라고 연도의 관아(官衙)에 알리는 공문을 말한다.

쌍교에는 푸른 장막 공중에 높이 치고　雙轎靑帳半空擧
두 귀에 바람 일게 준마408)를 몰아가네.　兩耳生風駈綠駬
나각 부니 여섯 말이 앞뒤에서 따라 울고409)　吹鑼六騎響前後
청도기410) 깃발 둘이 펄럭펄럭 나부낀다.　淸道雙旗影旖旎
감관411)과 색리412)들이 장막을 높이 치고　監官色吏設供帳
좌수와 군교들은 채찍과 활413) 들고 섰네.　座首軍校執鞭弭
긴 굴레 짧은 고삐 늘어선 길 내달리니　長羈短轡夾路馳
어사또 이번 길은 정승414) 행차 다름없네.　使客之行卿相儗
화용월태415) 고운 아씨 백옥 같은 서방님과　花容之女玉貌郎
신선이 함께 자수416) 건너듯이 가는구나.　望若神仙同渡沘

---

407) 춘향이와 수레 타고 : 원문의 '유녀동거(有女同車)'는 『시경(詩經)』「정풍(鄭風)」의 편명으로, 정(鄭)나라 태자 홀(忽)을 풍자한 시인데, 여기서는 시의 의미와 관계없이 그 첫머리를 인용한 것이다. 원시는 다음과 같다. "아가씨가 함께 수레를 타니 얼굴이 무궁화처럼 예쁘도다. 가벼이 움직이니 패옥소리 아름답게 울리네. 아름다운 맹강이여 진실로 아름답고 얌전하네[有女同車, 顔如舜華, 將翶將翔, 佩玉瓊琚, 彼美孟姜, 洵美且都]."
408) 준마 : 원문의 '녹이(綠駬)'는 귀가 푸른 천리마로, 주목왕(周穆王)의 팔준마(八駿馬) 가운데 하나인 '녹이(騄駬)'를 뜻한다.
409) 여섯 …… 울고 : 백아(伯牙)가 거문고를 타면 소리가 매우 아름다워서 꼴을 먹고 있던 말 여섯 마리가 일제히 고개를 들고 하늘을 우러러 울었다는 고사에서 온 말이다.
410) 청도기 : 청도기(淸道旗)는 행군할 때 앞에 서서 '길을 비켜라'는 뜻을 나타내는 군기(軍旗)이다. 보통 한 쌍을 쓰는데, 바탕은 남빛이고 가장자리와 화염(火焰)은 붉은빛이며, '청도(淸道)' 두 글자를 썼다.
411) 감관 : 감관(監官)은 관아와 관방(官房)에서 돈이나 곡식을 간수하고 출납을 맡아보던 관리이다.
412) 색리 : 색리(色吏)는 감영(監營)이나 군(郡)·현(縣)의 아전을 말한다.
413) 채찍과 활 : 말채찍[鞭]과 꾸미지 않은 활[弭]은 왕의 행차 때 쓰던 도구들인데, 전하여 임금의 곁에서 모시는 것을 말한다. 여기서는 어사의 행차를 수행한다는 뜻이다.
414) 정승 : 대본의 '향상(鄕相)'은 '경상(卿相)'의 잘못이므로 바로잡았다.
415) 화용월태 : 대본의 '화객지녀(花客之女)'는 '화용지녀(花容之女)'의 잘못이므로 바로잡았다.

경국지색 아리따운 월매의 딸 춘향이는　傾城傾國月梅女
칭찬이 자자하여 흠잡을 데 하나 없네.　百譽喧喧無一譭
정렬부인 봉하시고 자급을 올리시어　夫人貞烈好加資
교지가 내려오니 옥새 자국 찬란하네.　敎旨踏下金泥璽
부부가 화목함은 가문의 경사이니　床琹並和室家慶
사당의 조상님께 참배를 하는구나.　拜謁廟堂祖考妣
은대 옥당 벼슬 지낸 귀한 집안 따님들과　銀臺玉堂貴閥女
동성붙이 한 집안에 동서가 되었다네.　同姓同門作妯娌
늙은 어미 집안 지체 덩달아 높아지니　門楣亦高老孀家
깊은 효성 호유[417] 같다 일컬을 만하다네.　孝誠堪稱同虎蜼
섬섬옥수 고운 손이 일 없이 앉았으니　纖葱玉手坐無事
봄밭에서 수고로이 나물 캐지[418] 않는다네.　不使春田勞採芑
하얀 쌀밥 가득 담아 같은 상에 앉아 먹고　盈盈玉粒共案食
하인에게 분부하여 농기구를 준비하네.　分命家奴田器庤
금병풍 친 내실에는 홍옥이 쌓여 있고　金屛內室貯紅玉

---

416) 자수 : 『산해경(山海經)』에 자수(沘水)는 숭오산(崇吾山) 서북쪽 삼백 리에 있는 장사산(長沙山)에서 나와 북으로 흘러 유수(泑水)로 유입된다고 하였다.

417) 호유 : 종묘(宗廟)에 제사 지낼 때 쓰는 술그릇을 '종이(宗彝)'라고 하는데, 여기에 호랑이[虎]와 원숭이[蜼] 문양을 새기기 때문에 '호유(虎蜼)'라고도 한다. '유[蜼]'는 중국 남방 귀주(貴州)에 사는 꼬리가 긴 원숭이의 일종인데, 효성이 매우 깊다는 전설이 있다. 나무 위에 사는 이 원숭이는 늙으면 위쪽으로 올라가고 그 자손들이 차례로 그 밑에 사는데, 늙으면 자손들이 구해온 과일을 먹고, 그 남은 것을 차례로 아래에 사는 자손들이 먹는다고 한다. 종묘의 술그릇[宗彝]은 제왕의 옷에 들어가는 아홉 가지 무늬, 곧 구장(九章) 가운데 하나인데, 이것은 '호랑이와 원숭이의 효성'이라는 뜻을 취한 것이다. 대본의 '호유(虎帷)'는 '호유(虎蜼)'의 잘못이므로 바로잡았다.

418) 나물 캐지 : 주(周)나라 선왕(宣王)이 형만(荊蠻)을 정벌한 것을 읊은 『시경(詩經)』「소아(小雅)」 <채기(采芑)>를 두고 한 말이다. 전체가 4장 12구로 되어 있는 이 시의 의미와는 관계없이, "씀바귀를 뜯으러 새 밭으로, 묵은 밭으로 간다[薄言采芑, 于彼新田, 于此菑畝]"라고 한 첫머리를 따온 것이다.

남산[419]으로 문을 내니 기암괴석 볼 만하다. 門對終南石磈硊
빼어난 글재주는 설도[420]와 나란하고 能文又是等薛濤
절세미녀 한가지나 매희[421]와는 다르다네. 尤物元非似妹嬉
봄날 꽃과 가을 달에 합환주를 마시려고 春花秋月合歡酒
옥항아리 금 단지에 검은 기장 술[422]을 빚네. 玉壺金甁釀黑秠
천원 기수 생각나서 잊을 수가 없으니[423] 泉源淇水不盡思
이따금씩 언덕 올라 호남 땅을 바라보네. 時望南湖頻陟圮
아름다운 너의 모습 웃음 속에 향기나고 嬌姿爾有笑中香
나는 귀격 자랑하니 눈썹 위에 점[424]이 있네. 貴格吾誇眉上痏
왕비 나는 아미사[425]요 정승 나올 고축사[426]라 蛾眉好砂誥軸峰

---

419) 남산 : 원문의 종남(終南)은 원래 중국 섬서성(陝西省) 장안[長安: 현 서안(西安)]의 남쪽에 있는 종남산(終南山)을 가리키지만, 여기서는 서울의 남산을 뜻한다.

420) 설도 : 설도(薛濤)는 당(唐)나라 때의 여류시인이다. 원래 사대부가의 딸이었으나 기생이 되어 백거이(白居易) 등과 교유했는데, 특히 원진(元稹)과 친해서 그가 촉 땅으로 좌천된 뒤로는 성도(成都)의 완화계(浣花溪)에 가서 여생을 보냈다.

421) 매희 : 매희(妹喜)는 하(夏)나라 걸왕(桀王)의 비(妃)로, 매우 뛰어난 미색이었다. 걸왕은 매희와 밤낮으로 음주가무를 즐기느라 정사(政事)를 돌보지 않다가 은(殷)나라 탕왕(湯王)에게 쫓겨나 남소(南巢)의 산에서 그녀와 함께 죽었다. 매희와 다르다는 것은 춘향도 매희처럼 미모가 빼어나지만, 남자를 잘못된 길에 빠뜨릴 요물은 아니라는 말이다.

422) 검은 기장 술 : 고대에는 검은 기장에 울금향(鬱金香)을 섞어서 빚은 술을 제사 때 쓰거나 공이 있는 제후에게 내려주었다. 여기서는 좋은 술을 빚었다는 뜻이다.

423) 천원 …… 없으니 : 고향 생각이 간절하다는 말이다. 『시경(詩經)』 「위풍(衛風)」 <죽간(竹竿)>에 "천원은 왼쪽에 있고, 기수는 오른쪽에 있네. 여자가 시집가니, 부모형제가 멀리 있네[泉源在左 淇水在右, 女子有行, 遠父母兄弟]"라고 한 데서 온 말이다. 이 시는 시집간 여자가 작은 물줄기[泉源]가 기수(淇水)로 흘러가는 것을 보면서 친정인 위(衛)나라에 돌아가지 못하는 자기 신세를 한탄한 노래이다.

424) 눈썹 위에 점 : 관상학에서는 눈썹 위에 점이 있으면 총명하고 귀하게 되는 상이라고 한다.

425) 아미사 : 풍수에서 아미사(蛾眉砂)는 안산(案山)의 모양이 나비의 눈썹 같은 모양을 말하며, 여자 후손 중에 왕비가 난다고 한다.

426) 고축사 : 풍수에서 일자문성(一字文星)의 양끝에 화성체인 첨각(尖角)이 붙어있는 것으로, 길고 넓은 것을 '전고사(展誥砂)'라 하고, 작고 좁은 것을 '고축사(誥

선산 형국 좋다고들 사람들이 하례하네.　人賀先山山峛崺
의령 남씨 진사께서 여승가를 지었으니427)　宜春進士女僧歌
두미428)에서 언제429) 만나 가약을 맺었던가.　佳約何年逢杜渼
미친 맘에 호색한다 세간에서 조롱하고　狂心好色世或譏
뜻밖에도 참언하니 백비430)와 한가질세.　度外讒言同伯嚭
언젠가는 높은 벼슬 영의정에 오르리니　當來好爵領議政
변변찮은 초나라의 사훼431) 따윈 부럽잖네.　不羨區區楚司烜
성산이도 옥춘이도 모두 다 무색한데　星山玉春總無色

軸砂)'라 하는데, 정승 또는 부마(駙馬)가 난다고 한다.

427) 의령 …… 지었으니 : 원문의 의춘(宜春)은 경남 의령군(宜寧郡)의 고려 때 이름이다. 의령 남씨 진사는 남휘(南徽, 1671～1732)를 가리키는데, 여기서 '여승가'라고 한 <승가타령(僧家打令)>과 <송여승가(送女僧歌)>·<재송여승가(再送女僧歌)> 세 편을 지은 사람이다. 남휘는 정묘호란 때 자결한 남이흥(南以興, 1576~1627)의 증손인데, 여승을 유혹하여 첩으로 삼았다고 한다. 이 구절은 가사 '여승가'의 창작 시기와 작자를 언급한 것으로, 현재까지 알려진 자료 가운데 가장 이른 시기의 기록이다. 남정철(南正喆, 1724～1794)은 유진한의 종조부(從祖父)인 유광복(柳光復, 1665～1718)의 손녀사위이다. 그의 조부 남흘(南屹, 1657～1702)은 남이흥의 증손으로, 남휘의 재종형(再從兄)이다. 따라서 유진한은 <여승가>의 작가와 창작 경위, 가사의 내용에 대해서 분명히 알고 있었던 것으로 보인다.

428) 두미 : <승가타령>·<송여승가>에서 여승을 만난 곳이 '두미(斗尾)·월계(月溪)'이다. '두미'는 두미나루가 있던 곳으로, 현재의 남양주시 와부읍과 조안면의 경계에 해당하는데, 문헌에 따라 '두미(斗渼)'·'두미(豆尾)'·'두미(斗迷)'·'두미(斗彌)' 등으로 다양하게 적었다. 두미와 이웃한 '월계'는 '월계강'을 가리키는데, 북한강이 남한강과 만나는 현재의 양수리 부근의 북한강을 이르던 말이다.

429) 언제 : 고려대 도서관 소장 『악부(樂府)』에 수록되어 있는 <승가타령> 맨 끝에 계묘삼월(癸卯三月)이라 했는데, 이에 따르면 이 사건은 1723년(경종 3), 남휘가 52세 되던 해의 일이다.

430) 백비 : 백비(伯嚭)는 춘추시대 오(吳)나라의 간신이다. 월(越)나라의 뇌물을 받은 백비가 오왕(吳王) 부차(夫差)에게 월나라와 화친하고 제(齊)나라를 칠 것을 주장했다. 이를 오자서(伍子胥)가 극간하며 말리자 백비가 참소하여 자결하게 했는데, 10여 년 후에 오나라는 월왕(越王) 구천(句踐)에게 망했다.

431) 사훼 : 사훼씨(司烜氏)는 『주례(周禮)』의 「추관(秋官)」에 나오는 주(周)나라 때 벼슬 이름인데, 제사에 쓰일 물과 불을 맡았던 관직이다.

앵두 입술 입 맞추니 단술처럼 달콤하네.	嘗得櫻脣甘似酏
맑은 밤엔 동각에서 종과 북[432]으로 즐기고	淸宵東閣樂鍾鼓
긴긴 봄날 남원에서 질경이[433]를 캐리라.	遲日南園採芣苢
조운[434]은 어여뻐서 서로 따를 만하고	朝雲可愛還相隨
맹광[435]은 기꺼이 밭을 함께 일구리라.	孟光甘心共耘耔
약시비와 계집종은 부끄러워 죽을 지경	醫娥棉婢愧欲死
얼음 깔린 상 위 건듯 걸음도 사뿐사뿐.	檀屑氷床輕步躧
붉은 복사[436] 아직 꽃을 안 피웠다 칭찬하니	先稱絳桃花不發
주나라 시 강유사[437]를 다시 한 번 읊는구나.	更詠周詩江有汜

---

432) 종과 북 : 『시경(詩經)』「주남(周南)」 <관저(關雎)>에 "요조숙녀와 함께 종과 북을 치며 즐기리로다[窈窕淑女, 鍾鼓樂之]"라고 한 데서 온 말이다. 종과 북소리가 잘 어울리는 것과 같이 부부가 서로 화목하게 즐긴다는 뜻이다. 대본의 '청소(淸霄: 맑은 하늘)'은 '청소(淸宵)'의 잘못으로 보아 고쳐서 번역했다.

433) 질경이 : 『시경(詩經)』「주남(周南)」의 <부이(芣苢)>는 천하가 평화로워 부인들이 질경이를 캐면서 자식 둔 것을 즐거워하는 내용이다. 전체 3장 중 첫 장은 다음과 같다. "질경이를 뜯고 뜯어 쉬지 않고 뜯고 있네. 질경이를 뜯고 뜯네. 뜯어서 갖고 있네[采采芣苢, 薄言采之, 采采芣苢, 薄言有之]."

434) 조운 : 조운(朝雲)은 송(宋)나라 사람 소식(蘇軾)의 첩 이름이다. 원래 전당(錢塘)의 기생이었는데, 소동파가 전당에서 벼슬살이 할 때 첩으로 들였다. 그가 혜주(惠州)로 쫓겨갈 때, 다른 첩들은 모두 떠나보냈으나 조운만은 함께 데리고 갔다고 한다.

435) 맹광 : 맹광(孟光)은 후한(後漢) 때 사람인 양홍(梁鴻)의 아내로, 자(字)는 덕요(德耀)이다. 얼굴은 곱지 않았으나 부덕(婦德)이 훌륭했다고 한다.

436) 붉은 복사 : 한유(韓愈)에게 강도(絳桃)와 유지(柳枝)라는 애첩 둘이 있었는데, 유지가 도망갔다가 붙들려온 일이 있었다. 한유의 시 <진주초귀(鎭州初歸)>에서, "이별한 이후로 길거리의 양류는, 춘풍에 하늘거리며 날려고만 했는데, 작은 정원의 도리는 그대로 남아 있어, 낭군 오길 기다리며 꽃을 안 피우고 있었네[別來楊柳街頭樹, 擺弄春風只欲飛, 還有小園桃李在, 留花不發待郞歸]"라고 하고, 그 후부터는 강도만 총애했다고 한다. 여기서는 춘향이 강도(絳桃: 붉은 복사꽃)처럼 절개를 지켰다는 뜻이다.

437) 강유사 : 『시경(詩經)』「소남(召南)」 <강유사(江有汜)>에, "강에는 갈라진 물줄기가 있다[江有汜]"라고 하여, 강물[江水]로 적처(嫡妻)를 비유하고, 갈라진 물줄기[汜水]로 잉첩(媵妾)을 비유했다. 이는 정실(正室)과 첩(妾) 사이의 은

기이한 이야기는 노래로 읊음직하고 奇談秖可詠於歌
색다른 자취는 책에 실을 만하다네. 異蹟堪將繡之梓
시인이 이렇게 타령 사설 지었으니 騷翁爲作打鈴辭
호사가들 서로 전해 천년토록 이어지리. 好事相傳後千祀

유한림이 사씨 부인을 맞이하여 사당에 고한 노래[438] 140구, 양(陽)운으로 압운하여

【劉翰林迎謝夫人告祠堂歌 一百四十句, 押陽韻】

한림은 꿇어앉고 부인은 눈물지으니 翰林拜跪夫人泣
십 년간의 세상사가 상전벽해 같아라. 十年世事渾滄桑
호수와 산 천리 길을 가고 또 오던 날엔 湖山千里去來日
천지간 삼생이 다 이합하는 장이었네. 天地三生離合場
맑은 술 한 잔에 온갖 회포 들었으니 淸酤一盃萬端懷
글로는 다 못하고 말하자면 길다네. 文不盡言言之長
선친께서 생전에 소자를 사랑하시어 先君在時愛小子
정숙한 아가씨를 온세상에 구하셨네. 廣求人間貞淑娘
복희씨의 예법대로 사슴가죽[439] 보내려고 將成羲帝儷皮禮
태사의 관저장[440]을 외고 또 외웠다네. 每誦周后關雎章

혜와 의리를 말한 것인데, 여기서는 춘향이 처첩간의 질서와 의리를 지켜 화목했다는 뜻이다.

438) 고소설 <사씨남정기(謝氏南征記)>를 한시로 읊은 것이다. 김춘택(金春澤, 1670~1717)이 <사씨남정기>를 한문으로 번역한 <번언남정기(翻諺南征記)> 끝에 '영한사씨고묘문(迎還謝氏告廟文)'(4언 80구)을 붙였는데, 그 영향을 받아 지은 것으로 보인다. 이 대본에서 <유한림영사부인고사당가(劉翰林迎謝夫人告祠堂歌)> 바로 뒤에 이어지는 <은사동유시축서(銀寺同遊詩軸序)>가 서울대본에는 <춘향가> 앞에 있다. 서울대본에는 <춘향가>까지만 실려 있기 때문에 <유한림영사부인고사당가>부터는 수록되지 않았다.

439) 사슴가죽 : 원문의 여(儷)는 둘이라는 뜻으로, 암컷과 수컷 한 쌍의 사슴 가죽을 말하는데, 복희씨(伏羲氏)의 예제(禮制)에는 혼례(婚禮)의 예물로 사용했다고 한다. 적당한 혼처에 예물로 보내 혼약을 맺으려 했다는 말이다.

말도 많은 매파들이 날마다 오고 가며	紛紛媒妁日來往
송나라의 아무개요 제나라의 강씨라네.441)	宋是何人齊則姜
선조 잇고 후손 여는 모든 일이 지어미 몫	承先啓後納婦心
현숙한가 아닌가에 가문 홍망 달렸다네.	賢否之間興與亡
어느 누가 그 시절에 모습 제일 뛰어났나	人誰當世拔萃姿
나 역시도 그 때에는 미옥 같은 사내였네.	吾亦其時如玉郎
귀한 가문 중매꾼이 안 온 것은 아니지만	非無貴門信使來
여러 집에 화촉 밝힐 일을 허락 안했다네.	不許諸家華燭張
복사꽃442) 핀 소식을 주파443)에게 들었더니	夭桃信息聽朱婆
신성의 봄꽃 홀로 향기롭다444) 하더라.	報道新城春獨芳
급사445)의 가문이니 명망 높은 집안이요	家門給事最淸閥
자색은 선녀 같아 단장도 않는다네.	姿色天人絶美粧
평범한 여자 일은 못하는 게 하나 없고	尋常女工不盡方

---

440) 관저장 : 『시경(詩經)』「주남(周南)」 <관저(關雎)>는 본디 주(周)나라 문왕(文王)의 아내인 태사(太姒)의 부덕(婦德)을 노래한 것인데, 여기서는 현숙한 덕을 가진 배필을 찾기 위해 애썼다는 말이다.

441) 송나라의 …… 강씨라네 : 송(宋)나라의 자씨(子氏)와 제(齊)나라의 강씨(姜氏)는 모두 명문가의 딸을 뜻한다. 『시경(詩經)』「진풍(陳風)」 <형문(衡門)에서, "아내를 얻는데 어찌 꼭 제나라 강씨여야 하랴[豈其取妻, 必齊之姜]", "아내를 얻는데 어찌 꼭 송나라 자씨여야 하랴[豈其取妻, 必齊之子]"라고 한 데서 온 말이다.

442) 복사꽃 : 복사꽃[妖桃]은 배필감을 뜻한다. 앞의 주) 31 참조.

443) 주파 : 주파(朱婆)는 유연수의 아버지에게 부귀를 원하면 엄숭(嚴嵩)의 손녀가 좋겠지만, 어진 덕성(德性)을 가진 며느리를 얻으려 한다면 사씨[謝貞玉]가 가장 훌륭하다고 추천했던 매파이다. 대본의 '주자(朱姿)'는 '주파(朱婆)'의 잘못이므로 바로잡았다.

444) 신성의 …… 향기롭다 : 신성(新城)은 북경 바로 남쪽에 인접한 중국 하북성(河北省)에 있던 고을로, 사씨(謝氏)가 사는 곳이다. 신성에 사는 사씨가 매우 뛰어나다는 말이다.

445) 급사 : 사씨[謝貞玉]의 아버지는 황제에게 직간(直諫)하다가 유배지에서 죽은 급사(給事) 벼슬을 한 사담(謝潭)이다.

게다가 규중에는 상에 책이 놓였다네.	剩說閨中書在床
매파 말이 부모 뜻에 참으로 합당해도	媒言甚合父母意
그의 덕이 어떤지는 그래도 잘 몰랐는데	其德如何猶未詳
부친의 누이께서 시집가신 두씨 집446)에	家君之妹杜氏家
나래 치던 청조가 훨훨 날아 왔다 하네.	曰有翩翩青鳥翔
우화암의 한 여승이 하얀 장삼 걸치고서	花庵白衲一女僧
묘한 이치 깊고 깊어 바랑 메고 온 거라네.	妙理深深携鉢囊
관음보살 화상에다 아름다운 글귀를 써	觀音畵像錦繡語
두부인께 가져오니 먹빛이 찬란했네.447)	帶來娘娘華墨光
문재는 맹광448)이 한 발짝을 양보하고	文才孟光一頭讓
필력은 반소449)가 남은 빚이 있었다네.	筆力班昭餘債償
찬 하늘에 긴 대숲 그림 속의 사람450)은	寒天修竹畵中人
사씨의 전신이 여색451) 경계 한 거라네.	謝氏前身戒色荒

446) 두씨 집 : 유연수(劉延壽)의 고모가 홍로소경(鴻臚少卿) 두강(杜强)에게 시집갔는데, 두강은 일찍 세상을 떠났다.

447) 관음보살 …… 찬란했네 : 우화암(雨花庵)의 여승 묘희(妙喜)가 사씨에게 관음화상찬(觀音畵像讚)을 지어달라고 하여, 뛰어난 재주를 알 수 있었던 것을 말한다.

448) 맹광 : 맹광(孟光)에 대해서는 앞의 주) 435 참조

449) 반소 : 반소(班昭)는 후한(後漢) 후한(後漢) 때 사람인 반고(班固)의 여동생인데, 반고가 미처 마무리하지 못한 『한서(漢書)』의 「표(表)」와 「천문지(天文志)」를 보충해 넣었으므로, 후대에 재능 있는 여성을 비유하는 말로 쓰였다. 조세숙(曹世叔)의 아내이므로 높여서 조대가(曹大家)라고도 한다.

450) 찬 하늘과 …… 사람은 : 관음화상을 묘사한 것이다. 파도가 넘실대는 외딴 섬 속 대숲에 관음보살이 선재동자(善才童子)와 앉아 있는 그림 족자를 우화암(雨花庵)의 여승(女僧) 묘희(妙喜)가 가져가서 사씨의 관음찬(觀音贊)을 받았다. 사씨가 쓴 찬문을 보고 그 현숙한 덕을 흡족하게 생각하여 며느리로 삼게 된다.

451) 여색 : 여색[色荒]은 『서경(書經)』 「오자지가(五子之歌)」에 "안으로 여색에 빠지거나, 밖으로 사냥만 좋아하거나, 술과 풍악에 탐닉하거나, 고대광실(高臺廣室)을 짓고 담장을 아로새기거나, 이 중에 한 가지 일만 있어도 망하지 않는 경우가 없다[內作色荒, 外作禽荒, 甘酒嗜音, 峻宇彫牆, 有一於此, 未或不亡]"라고 한 데서 온 말이다.

여래의 찬문이 중매[452]가 되었으니	如來贊文作蹇脩
매파가 훌륭하여 달리 구할 필요 없네.	不必他求媒是良
친영 날 아침 해가 길일 온 걸 알리니	親迎旭朝迨其吉
봄날 매실[453] 가득 따서 광주리에 담았네.	春滿摽梅三實筐
시댁에 들어온 날 친척들이 하례하며	于歸之日九族賀
신부가 비범하다 모두 다들 말했다네.	咸曰新人出凡常
모든 말이 여자 행실에 벗어남이 없었고	言談莫非女子行
몸가짐엔 부부유별 어김없이 지켰네.	擧止無違夫婦綱
선친께서 유언으로 아들에게 이르셨네	先親末音訓子語
나는 이제 눈을 감고 북망산천 돌아가니	瞑目吾行歸北邙
집안의 모든 일을 네 처 말에 따르고	家間事事聽汝婦
허물을 짓지 말고 스스로 바로잡아라.	毋或生愆須自匡
꽃 침상에 몇 밤이나 봄꿈을 꾸었던가	花床春夢問幾夜
뒤늦게야 곰꿈[454] 꾸니 아들 낳을 길몽이라.	畹晩熊羆占吉祥

452) 중매 : 원문의 '건수(蹇脩)'는 복희씨(伏羲氏)의 신하라고 하는 전설상의 현자(賢者)이다. 굴원의 『초사(楚辭)』「이소(離騷)」에 "풍륭에게 구름을 타고, 복비가 어디 있나 살피게 했네. 띠에 있던 옥을 풀어 약속하고, 건수에게 중매를 잘하라 했네[吾令豐隆乘雲兮, 求宓妃之所在, 解佩纕以結言兮, 吾令蹇脩以爲理]"라고 한 데서, 중매하는 사람을 뜻하게 되었다.

453) 매실 : 『시경(詩經)』「소남(召南)」 <표유매(摽有梅)>에 "매실이 다 떨어지고 일곱 개가 남았네. 나를 찾을 임은 길일에 오세요. 매실이 다 떨어지고 세 개가 남았네. 나를 찾을 임은 오늘 바로 오세요. 매실이 다 떨어져 광주리에 담았네. 나를 찾을 임은 말씀만 하세요[摽有梅, 其實七兮, 求我庶士, 迨其吉兮. 摽有梅, 其實三兮, 求我庶士, 迨其今兮. 摽有梅, 頃筐塈之, 求我庶士, 迨其謂之]"라고 한 데서 온 말이다.

454) 곰꿈 : 꿈에 곰을 보면 아들을 낳는다는 것은, 『시경(詩經)』「소아(小雅)」 <사간(斯干)>에 "좋은 꿈이 무엇인가, 곰과 큰 곰 꿈에다가, 큰 뱀과 뱀 꿈이라네. 태인이 꿈을 점치니, 곰과 큰 곰의 꿈은, 아들을 낳을 상서요, 큰 뱀과 뱀의 꿈은, 딸을 낳을 상서로다[吉夢維何, 維熊維羆, 維虺維蛇, 大人占之, 維熊維羆, 男子之祥, 維虺維蛇, 女子之祥]"라고 한 데서 온 말이다.

주남의 나뭇가지 칡덩굴을 노래하며	周南樛木詠葛藟
별당을 들이라고 내게 거듭 권했네.[455]	勸我申申迎別房
교채란을 맞이하여 함께 살긴 했어도	招來彩鸞與同棲
요사스런 여우가 변한 건 줄 몰랐네.	化作妖狐知未嘗
부질없이 제 기린[456]을 얻는 것만 늦어져서	徒緣自家獲麟遲
저 사람의 봉추[457]가 자라는 걸 봐야 했네.	要見伊人雛鳳將
황천이 위에 있어 그 어짊에 감동하여	皇天在上感其賢
각수의 서광이 옥강에 어리었네.[458]	角宿祥光凝玉罡
사슴 몸에 사람 머리[459] 기이한 상서이니	麢身人首一奇瑞
천리마가 낳은 새끼 낳자마자 뛰어넘네.[460]	驥母生子能超驤
화기가 애애하여 투기를 더 아니하니	怡怡和氣益不妬
꽃과 달 침상에서 미인과 동락했네.	同樂嫦娥花月廂
거문고로 사람을 그르치던 백자당에서	琴聲誤人百子堂

---

455) 주남의 …… 권했네 : 『시경(詩經)』「주남(周南)」의 <규목(樛木)>에서 "아래로 늘어진 남산의 나뭇가지, 칡덩굴이 의지하고 얽혀 있구나[南有樛木, 葛藟纍之]"라고 한 데서 온 말이다. 나뭇가지는 문왕(文王)의 후비(后妃)를 가리키고, 칡덩굴은 후궁들을 가리키는데, 후비가 투기하지 않고 미천한 후궁들에게 두루 은혜를 베풀자, 후궁들이 그 덕에 감복하여 이렇게 노래했다고 한다. 여기서는 사씨가 투기하는 마음이 없어 유연수에게 첩을 들이라고 여러 차례 권유했다는 말이다.

456) 기린 : 기린(麒麟)은 사씨가 결혼한 지 십 년 만에 얻은 아들 '인아(麟兒)'를 가리킨다.

457) 봉추 : 교씨의 첫아들은 '장주(掌珠)'이고, 둘째아들이 '봉추(鳳雛)'이다.

458) 각수의 …… 어리었네 : 각수(角宿)는 28수(宿) 가운데 동방(東方)의 별인 창룡칠수(蒼龍七宿)의 첫 번째 별자리이고, 옥강(玉罡)은 천강(天罡), 즉 북두칠성의 자루[斗柄]에 해당하는 별이다. 서광이 북두칠성에 엉겼다는 말은, 제3회의 회목(回目) "정실은 곰꿈을 꾸고, 문객은 첩을 훔치다[正室夢熊, 門客竊妾]"를 뜻한다. 곰꿈에 대해서는 앞의 주) 454 참조.

459) 사슴 몸에 사람 머리 : 사씨가 낳은 인아(麟兒)를 가리킨다. 상서(祥瑞)를 알리는 상상속의 동물인 기린(麒麟)은 발굽이 말과 같고[馬蹄], 꼬리는 소와 같으며[牛尾], 몸은 사슴과 같다[麢身]고 한다.

460) 천리마가 …… 뛰어넘네 : 천리마의 새끼가 낳자마자 뛰어넘을 수 있다는 것은 인아(麟兒)가 비범한 아이라는 뜻이다.

경계하여 이른 말로 참소하는 혀 놀렸네.[461] 諷語飜成讒舌簧
사람 돼지 만든단 말 참으로 맹랑한데 丁寧人彘孟浪說
내 마음을 갉아먹어 수단을 부렸다네. 蠱我中心期以方
저주했단 거짓말을 그럴 거라 의심했고 無常魘詛亦然疑
소인이 낮은 담을 넘는 줄도 몰랐네. 不識宵人踰短墻
가인은 손에 있던 구슬 잃은 아픔[462]으로 佳人掌上失珠痛
난간머리 피 묻은 강보를 눈물로 적셨네. 淚濕欄頭紅血襁
아침 참소 저녁 아양 점점 깊이 빠져들어 朝讒暮訢轉沈溺
양대의 구름 비에 초양왕이 미혹됐네.[463] 雲雨陽臺迷楚襄
어렴풋한 안개 속에 섣달 눈 속 매화[464]는 依微霧中臘雪梅
누굴 위해 화원에서 그윽한 향 풍겼나. 爲誰花園浮暗香
동창 객점 옥지환은 말을 하지 못하니 東昌客店玉不言
죄도 없는 정숙한 처 결국 집을 쫓겨났네.[465] 無罪貞娘遂下堂

---

461) 거문고로 …… 놀렸네 : 백자당(百子堂)은 교씨의 거처이다. 사씨가 교씨에게 당 현종(唐玄宗)의 예상우의곡(霓裳羽衣曲) 같이 나라를 어지럽게 한 곡조나 설도(薛濤)와 앵앵(鶯鶯)처럼 실절(失節)한 여인의 노래를 연주하는 것이 좋지 않다고 충고했다. 이 일을 여태후(呂太后)가 척부인(戚夫人)의 사지를 잘라 '사람 돼지[人彘]'로 만든 것처럼 하겠다고 자신을 겁주었다고 교씨가 유연수에게 참소한 일을 말한다.

462) 손에 …… 아픔 : 손에 있던 구슬은 교씨의 첫아들 장주(掌珠)를 뜻한다. 동청(董靑)이 교씨의 시비(侍婢) 납매(臘梅)를 시켜서 낮잠을 자고 있던 장주를 눌러 죽이게 하고 사씨에게 그 죄를 덮어씌워 집에서 쫓겨나게 했다.

463) 양대의 …… 미혹됐네 : 송옥(宋玉)의 <고당부(高唐賦)>에 나오는 이야기를 차용한 것이다. 앞의 주) 346 참조.

464) 섣달 눈 속 매화 : '섣달 눈 속 매화[臘雪梅]'는 사씨의 시비 '설매(雪梅)'와 교씨의 시비 '납매(臘梅)'를 뜻하는데, 둘은 종매(從妹) 사이이다. 설매는 납매의 사주를 받고 사씨의 옥가락지를 훔쳐 내서 교씨의 계교를 도왔을 뿐만 아니라, 사씨가 장주(掌珠)를 눌러 죽이라고 시비 춘방을 사주했다고 모함했다.

465) 동창 …… 쫓겨났네 : 동청(董靑)의 사주를 받은 냉진(冷振)이 동창(東昌) 객점에서 만난 유연수를 속여 사씨를 모함한 것을 말한다. 유씨 집안에 대대로 내려오는 옥가락지가 사씨의 경대에 있었는데, 이것을 훔쳐다가 마치 사씨가 냉진에게

장미꽃은 흐드러져 앞길 가득 봄빛인데	薔蕪春色滿前路
길을 나서 석양에야 선산에 당도했네.	路出楸原低夕陽
시부모님 묘 앞에서 하늘 향해 통곡하니	呼天痛哭舅姑墓
사방천지 슬픈 바람 백양목[466]에 불어왔네.	四邊悲風來白楊
너무나도 원통해도 진실 밝힐 길이 없어	難明至寃質無處
오월에도 음산하여 서리 내릴 듯했다네.	五月陰陰天欲霜
아름다운 가르침엔 칠년 액운 분명하니	分明嘉訓七年厄
꿈속에서 돌아가신 시부모를 뵈었다네.	夢裡拜見先姑嫜
연기구름 대나무 숲 오천 리 머나먼 길	煙雲竹樹五千程
네 발길은 남녘으로 상수를 건너리라.	謂汝行行南渡湘
선산에서 도적 피해 강가 포구 향했건만	荒山避賊向江浦
나루터엔 배 없으니 누가 나를 건네주랴.	渡頭無船誰涉卬
계집종은 눈물짓고 늙은 종이 울부짖어도	丫鬟掩面老奴啼
너른 물결 먼 하늘에 아스라한 구름 뿐.	水濶天長雲杳茫
해도 저문 나루터에 조각배가 둥실둥실	飄飄一葉暮江頭
생강 팔고 돌아가는 장삼[467]이를 만났다네.	幸遇張三歸販薑
장사 땅이 어디더냐 갈 길이 멀다는데	長沙何在去路遠
허공엔 돛 펄럭이고 물결은 출렁이네.	風帆搖空波自揚
잠양[468]의 먼 물가에 잡초가 무성한 곳	涔陽極浦莽蒼邊

정표로 준 것처럼 속였다. 유연수는 사씨가 냉진과 간통한 것으로 의심하여 집에서 쫓아낸 것이다.

466) 백양목 : 백양나무는 버드나무와 비슷한 교목(喬木)으로, 옛날 무덤가에 이 나무를 심었다.

467) 장삼 : 통주(通州) 사람 장삼(張三)은 원래 유연수의 고모부인 홍로소경(鴻臚少卿) 두강(杜强) 집의 하인이었다. 이 때 두강은 이미 세상을 떠난 뒤였고, 장삼은 남방을 왕래하며 생강 장사를 했는데, 광서(廣西) 지방으로 가면서 장사(長沙)를 경유한다는 소식을 하인이 듣고 사씨에게 알렸던 것이다. 통주는 하북성(河北省) 통현(通縣)에 있던 고을로, 북경에서 남방으로 통하는 운하(運河)의 거점이었다.

468) 잠양 : 굴원(屈原)의 『초사(楚辭)』「구가(九歌)」에 “아득한 잠양의 물가 끝을

잎 진 나무 쓸쓸하고 가을 잎새 누렇네. 落木蕭蕭秋葉黃
그동안엔 조석으로 무얼 그리 부러워했나 其間朝暮羨何物
모래 위엔 원앙 한 쌍 함께 잠을 자고 있네. 沙上共宿雙鴛鴦
두추관[469]의 소식을 옆 배에서 들었더니 推官消息聽隣船
두부인은 지난밤에 옥황님께 조회했다네.[470] 杜母前宵朝玉皇
남행하던 처음 계획 참으로 낭패되니 南征初計實狼狽
두견새의 소릴 듣고 애끊어져 견딜쏘냐. 子規聲中堪斷腸
무리 잃고 빙빙 도는 저 기러기 가련하고 翱翔可憐失群鴈
진퇴양난 내 신세는 울을 받은 양[471]과 같네. 進退還同觸藩羊
해질녘에 돌아가다 배에서 내렸는데 斜陽歸路下船坐
노잣돈은 바닥나고 양식도 딱 떨어졌네. 况又盤纏時絶糧
은근한 정을 담아 깊은 밤에 밥을 짓던 慇懃三夜有情飯
추영이[472] 집 부엌의 솥 다시 보기 어려워라. 難再秋英廚下鐺
향기로운 마음으로 수중 귀신 되려 하니 香心欲作水中鬼
천고에 속절없이 물고기의 밥이 되리. 千古悠悠魚腹藏

바라보니, 큰 강물이 가로질러 신령스런 기운 드날리네[望涔陽兮極浦, 橫大江兮揚靈]"라고 한 데서 온 말이다. 잠양(涔陽)은 중국 장강(長江)의 지류인 한수(漢水) 이북, 잠수(涔水)의 북쪽에 있는 지명이다.

469) 두추관 : 두추관(杜推官)은 사씨 시고모의 아들 두억(杜億)이다.

470) 두부인은…… 조회했다네 : 두억(杜億)이 장사(長沙)의 추관(推官)이 되어 두부인(杜夫人)을 모시고 부임했다가 선정을 베푼 공으로 이미 성도지부(成都知府)로 자리를 옮겨 모친과 함께 떠났다는 소식을 들은 것이다.

471) 울을 받은 양 : 『주역(周易)』「대장괘(大壯卦)」에 "숫양이 울타리를 떠받아 물러가지도 못하고 나아가지도 못한다[羝羊觸藩, 不能退, 不能遂]"라고 한 데서 온 말이다. 사씨(謝氏)가 장사(長沙)로 가서 시고모인 두부인(杜夫人)에게 의탁하려던 계획이 중도에 어긋나자, 졸지에 갈 곳을 잃고 이러지도 저러지도 못하는 신세가 되었다는 뜻이다.

472) 추영이 : 임추영(林秋英)은 화용현(華容縣)에 사는 소녀로, 밤늦게 찾아간 사씨 일행에게 정성껏 식사를 대접했고, 사씨는 그 답례로 가락지를 선물했다. 나중에 추영이 묘희(妙喜)의 조카라는 사실과 인아(麟兒)를 보호했던 일이 밝혀지고, 추영은 사씨의 천거로 유연수의 첩이 되어 아들 셋을 낳는다.

어디선가 오신 스님 애써 그걸 말리시고	何來錫杖苦止之
군산의 구름 너머 언덕을 가리키네.[473]	持点君山雲外岡
뱃노래 세 가락에 배에 올라타게 하고	三聲棹歌使登船
눈 깜짝할 사이에 정신없이 빨리 가네.	一瞬之間行李忙
그윽하고 깊은 곳 깔끔한 수월암엔	幽深蕭灑水月庵
보살의 단청이 꽃비에 가렸다네.	菩薩丹青花雨障
관음화상 찬문 가득 수적이 남았으니	淋漓贊筆手跡留
그 시절이 생각나서 두 줄 눈물 흘렸네.	記憶當年雙涕滂
그 때 나는 행주[474]로 귀양가게 되었으니	于時而我謫幸刕
시로 사람 죄를 얽어[475] 몹시 황송하게 했네.	詩案構人多悚惶
조정에선 소인배를 하도 많이 만났기에	朝廷盖緣逢群小
가시나무도 달가워 봉황이 깃들었네.[476]	枳棘甘心棲鳳凰
천 년 전의 굴원과 한가지로 근심하니	千秋屈子一般愁
혜초를 엮어 차고 난초로 띠 만들었네.[477]	蕙以爲佩蘭爲纕

473) 군산의 …… 가리키네 : 동정호(洞庭湖)에 있는 군산(君山)의 수월암(水月庵)으로 향했다는 뜻이다. 대본의 '군산(群山)'은 '군산(君山)'으로 바로잡았는데, 상군(湘君)이 노닐었다 해서 붙은 이름으로, 상산(湘山)이라고도 한다.

474) 행주 : 원문의 '리(刕)'는 '주(州)'와 같다. 앞의 주) 249 참조.

475) 시로 사람 죄를 얽어 : 유연수가 지은 시가 황제와 엄숭(嚴嵩)을 비방한 것이라고 동청(董青)이 모함했던 것을 말한다. 이로 인해 유연수는 행주(幸州)로 유배되었다. 원문의 시안(詩案)은 시의 내용이 죄가 되는 안건, 즉 필화사건(筆禍事件)을 뜻한다.

476) 가시나무도 …… 깃들었네 : 후한(後漢) 때 고성령(考城令) 왕환(王渙)이 자신의 엄정하고 사나운 정사(政事)보다 정장(亭長)인 구람(仇覽)이 덕(德)으로 사람을 교화시키는 것에 감복하여 주부(主簿)로 삼았다가 돌려보내면서, "가시나무는 난봉이 깃들 곳이 아니니, 백 리 고을이 어찌 대현이 갈 길이리오[枳棘非鸞鳳所棲, 百里豈大賢之路]"라고 했던 데서 온 말이다.

477) 혜초를 …… 만들었네 : 혜초와 난초는 모두 향초(香草)인데, 옛날 은자(隱者)들이 향초의 잎을 엮어서 옷을 만들어 입었다는 데서 은거(隱居)하는 것, 또는 고결(高潔)한 지취(志趣)를 뜻하게 되었다. 굴원의 『초사(楚辭)』「이소(離騷)」에 "강리와 벽지를 몸에 걸치고, 가을 난초를 꿰어서 허리에 찬다[扈江離與辟芷兮,

남쪽 땅 습한 기운 괴로움을 못 이기고	蠻鄕瘴氣不勝苦
한 병이 깊이 들어 거의 죽게 되었다네.	一病將深身命喪
누런 갈대 참대나무 문을 닫고 누웠으니	黃蘆苦竹掩門臥
찌는 듯한 무더위에 바람마저 없었네.	火雲垂簷風不涼
신령일까 귀신일까 꿈속의 일들이여	疑神疑鬼夢裡事
흰옷 입은 여인이 감로수 병 건네주자	白衣甁中甘露漿
신령스런 샘물이 뜰 가운데 솟아나와	靈泉湧出小庭中
고황[478]에 든 풍토병이 깨끗하게 나았네.	瘴病全蘇膏與肓
금계가 움직여서 사면할 때 돌아오니[479]	金鷄時又放赦回
난 장차 무창에서 여생 보낼 맘 먹었네.[480]	終老吾將歸武昌
만고에 푸른 산은 적벽의 풍경이니	山靑萬古赤壁景
삼추 너른 바다 위에 장한의 배[481] 띄웠네.	海濶三秋張翰檣
농어국에 푸성귀[482]로 만년 보낼 계획하고	羹鱸菜蓴萬年計

紉秋蘭以爲佩]"라고 한 데서 온 말이다.

478) 고황 : 고황(膏肓)은 치료할 수 없는 깊은 병을 말한다. 춘추시대 진경공(晉景公)이 병이 들어 진(秦)의 명의를 불렀다. 의사가 도착하기 전에 경공이 꿈을 꾸니, 두 아이가 말하기를 "내일 명의가 우리를 처치할 것인데, 우리가 고(膏)의 밑과 황(肓)의 위로 들어가면 명의라도 어쩌지 못할 것이다."라고 하였다. 이튿날 명의가 진찰하고는 병이 고황에 깊이 숨어 고칠 수가 없다고 했다는 데서 온 말이다. 대본의 '골여맹(骨與盲)'은 '고여황(膏與肓)'의 오기(誤記)이기에 바로잡았다.

479) 금계가 …… 돌아오니 : 천자가 태자를 책봉한 후 대사령(大赦令)을 내려 유연수도 풀려났다는 말이다. '금계(金鷄)'는 별 이름으로, '천계성(天鷄星)'이라고도 하는데 이 별이 움직이면 반드시 사면령이 내린다고 한다. 사면 조서를 반포할 때는 금계를 대나무에 매달아서 북쪽 전문(殿門) 밖에다가 걸어 놓았다는 데서 '금계방사(金鷄放赦)'라는 말이 나왔다. 대본에는 '방혁(放赦)'으로 되어 있으나 '방사(放赦)'로 바로잡았다.

480) 무창에서 …… 맘먹었네 : 유연수는 원래 서울[北京] 사람이지만, 집으로 돌아갈 수 없어서 전답이 있는 무창(武昌)으로 돌아가려 했다.

481) 장한의 배 : 벼슬을 그만두고 고향에 돌아가기 위해 배를 탔다는 말이다. 진(晉)나라 사람 장한(張翰)이 가을바람을 맞고는 고향의 순채국[蓴羹]과 농어회[鱸膾]의 맛이 생각나서 벼슬을 그만두고 고향으로 돌아간 고사에서 온 말이다.

482) 농어국에 순채국 : 원문의 '갱로채순(羹鱸菜蓴)'은 순채국[蓴羹]과 농어회[鱸

오나라 땅 별장으로 옛 농장을 찾아가네.	別業吳中尋舊庄
찌는 구름 더운 바람에 말에서 내려 쉬니	蒸雲熱風下馬憩
푸른 물과 맑은 그늘이 길가에 있었네.	綠水淸陰當路傍
의기양양 관원 하나 어디에서 오는지	揚揚一官自何來
행인들을 물리는데 피할 틈이 없었네.	辟易行人走未遑
푸른 깃발 붉은 곤장 좌우에 늘어섰고	靑旗朱杖左右列
비단 수레 은 안장에 사치스런 차림일세.	繡轂銀鞍奢侈裝
푸른 준마 등 위에는 동청 놈이 앉았으니	靑騅背上董靑坐
하늘 높이 치켜든 턱 기세가 등등하네.	頤掛中天氣昻昻
지렁이처럼 숨을 쉬다 세월이 달라지니	干蚯鼻息轉日勢
청운의 뜻을 얻어 입신양명 자랑하네.	得意靑雲誇顯敭
똥똥하고 커다란 배 한나라 때 동탁 같고	便便大腹似漢卓
여러 해를 고기 먹어 고량진미 물린다네.	食肉年來兼飫粱
향기로운 바람이 태수 행차483) 뒤에 이니	香風浮動五馬後
칠보 장식 수레 속엔 붉은 비단 향낭일세.	七寶車中紅錦囊
먼지 날려 어둔 하늘 뒤덮으며 가는데	飛塵暗天擁護地
미인들 수십 명이 줄을 지어 따르네.	數十紅粧列成行
월나라의 비취색 비단이 나부끼고	輕盈越國翡翠錦
남전의 명월주 귀걸이가 아름답네.	窈窕藍田明月璫
수행하는 행색조차 외려 이와 같으니	從行行色尙如此
그 안이 더 휘황할 건 뻔히 알 수 있다네.	也知其中尤熒煌
휘장 반만 가리고 행인 물리고 지나가니	華幨半掩辟人去
길가에서 보던 사람 모두 허릴 굽히네.	路傍觀者皆趨蹌
교씨가 이럴 줄을 어찌 알 수 있었으랴	安知喬女乃若是

膾]를 뜻하는 '순갱노회(蓴羹鱸膾)'를 원용한 표현이다. 위의 주) 481 참조.

483) 태수 행차 : 한(漢)나라 때 태수가 말 다섯 필이 끄는 수레를 탔던 데서 유래하여, 오마(五馬)를 고을 수령의 별칭으로 쓴다.

수레가 지날 적에 구슬 소리 들었을 뿐.	但聞行軒珠佩鏘
앞길의 주막집에 서 있는 내 말 머리를	前程酒爐我馬頭
한 여인이 멀리서 바라보고 있었네.	有一女娘遙相望
우리 집 작은 뜰의 눈 속에 핀 매화[484]가	吾家小園雪中梅
여기에서 어인 일로 방황하고 있느냐.	此地如何立彷徨
만나자 하는 꼴이 죄를 지은 사람처럼	逢場狀若負罪人
처음부터 허둥지둥 너무나도 황망하네.	顚倒初筵太慌惘
집안의 안부를 물어보고 답할 적에	家中安否問答地
맘속 얘기 털어놓고 뺨에 가득 눈물일세.	吐盡胷懷淚盈眶
사씨의 억울함은 청천에 구름 걷히듯	靑天雲捲謝氏寃
지난 일이 밝혀지니 사람이 못 감추네.	往事昭昭人不臧
둘도 없는 흉한 도적 예측 못한 변고여서	無雙凶賊莫測變
그 때는 화의 기미 방비하지 못했네.	禍機當年嗟未防
누가 알랴 거문고 곡 담장의 꽃 흩날려서	誰知琴曲拂墻花
봄밭 싹에 해 끼치는 가라지가 될 줄을.[485]	反作春田害苗稂
흠결 없는 옥지환에 차마 못할 일을 했던	無瑕玉環不忍事
동창에서 함께 묵던 그 놈 성이 장가[486]였지.	倫與東州人姓蔣
흉한 꾀로 심지어는 아들까지 죽였으니	凶謀甚至殺愛子
장주는 다른 이가 해친 것이 아니라네.[487]	掌珠元非人所戕
천 가지로 행한 흉계 만 번 죽을 죄였으니	千般凶計萬死罪

484) 눈 속에 핀 매화 : 사씨(謝氏)의 시비(侍婢)였던 설매(雪梅)를 가리킨다.

485) 거문고 곡 …… 줄을 : 교씨가 연주하는 곡이 바람직하지 않다고 사씨가 교씨에게 충고한 일에서부터 온갖 참소와 비방이 난무하여 사씨는 집에서 쫓겨나고 집안은 풍비박산하게 된 것을 이제야 알게 되었다는 말이다. 앞의 주) 461 참조.

486) 장가 : 동청(董靑)의 사주를 받은 냉진(冷振)이 장진(蔣振)으로 이름을 바꾸고, 동창(東昌) 객점에서 만난 유연수를 속여 사씨가 음행(淫行)을 한 것처럼 모함한 일을 말한다. 대본의 동주(東洲)는 동주(東州)로 바로잡았다.

487) 흉한 …… 아니라네 : 앞의 주) 462 참조.

악독한 건 뱀과 같고 그 성질은 이리 같네. 其毒如虺其性狼
호타하[488] 얼음 위에 새들이 덮어줬나 滹沱氷上鳥覆否
아들 인아 얘기하니 마음이 찢어질 듯. 語到麟兒心若傷
아느냐 모르느냐 살았느냐 죽었느냐 無知有知死生間
으앙으앙 우는 소리 귓가에 들리는 듯. 在耳如聞其泣喤
그 년 비록 천첩이나 어찌 차마 할 짓이랴 渠雖賤妾是何忍
금수 같은 천한 행실 메추리와 까치[489] 같네. 禽獸之行鶉鵲彊
내 안사람 사씨를 어디에서 찾으려나 嗟呼謝婦見何處
내 우둔함 자책하네 바보로다 미쳤도다. 自責吾昏痴更狂
한 번 이별 하고나선 그 모습이 아득한데 音容杳杳一別後
먼 산은 푸르고 흐르는 물은 끝이 없네. 遠山蒼蒼流水泱
생사 소식 깜깜해도 물어볼 이 없더니 蒼茫生死問無人
광서 상선 차를 팔러 초 땅으로 돌아갈 때 廣西茶船歸楚商
사람들이 말하기를 일찌감치 여길 지나 云云是處早徑過
소복 입고 방황하다 어디론가 갔다 하네. 素衣何邊去徜徉
가슴 속에 열녀전을 품은 것이 분명하니 懷中應抱烈女傳
달 속에서 홀로 잠든 항아를 따랐으리.[490] 月裡倘隨孤眠嫦

---

488) 호타하 : 호타하(滹沱河)는 교씨가 시비 설매를 시켜 사씨의 아들 인아(麟兒)를 물속에 던지게 한 곳이다. 하지만 설매는 차마 인아를 죽일 수 없어서 갈대숲에 버렸고, 이를 형주의 장사꾼 완삼(阮三)이 우연히 발견하여 부잣집에 팔려고 했는데, 뜻대로 되지 않자 화용현(華容縣) 임추영(林秋英)의 집 울타리 밑에 다시 버렸다.

489) 메추리와 까치 : 『시경(詩經)』「용풍(鄘風)」<순지분분(鶉之奔奔)>에 "메추리는 짝을 지어 날고, 까치도 짝을 짓는데, 옳지 못한 그 사람을, 내가 형이라 해야 하나[鶉之奔奔, 鵲之彊彊, 人之無良, 我以爲兄]"라고 한 데서 온 말이다. 이 시는 위(衛)나라 사람들이 선강(宣姜)의 음란함을 풍자한 것이다. 여기서는 메추리가 일정한 둥지도 없이 떼 지어 날고, 까치가 울면 나그네가 오는 것처럼 교씨가 다른 사내와 놀아난 음란한 여인이라는 것이다.

490) 달 …… 따랐으리 : 사씨가 열녀의 행실을 본받아 자결했을 것이라고 생각했다는 말이다.

회사정에 올라가서 혼자서 배회하니	懷沙亭上獨徘徊
옥이 탔나 걱정되어 가슴 속에 불이 나네.	焚玉深憂胷火煬
기둥을 돌아보니 큰 글자[491]를 써 놨으니	回瞻柱面大書字
그리웠던 그 사람은 물에 빠져 죽었구나.	所懷伊人水中央
소리치며 크게 우니 물결도 슬피 울고	高聲大哭水爲咽
정자 앞에 넘어진 줄 알지도 못했다네.	不覺亭頭身仆僵
해하성의 성긴 비는 우미인초[492] 잠재우고	垓城踈雨草宿虞
마외역의 찬바람은 당명황 꽃[493] 지게 했네.	馬嵬凄風花落唐
처량하다 사람의 일 한창 때에 원귀 되니	凄凉人事妙年鬼
옥 같이 곧은 자품 나 때문에 죽은 걸세.	如玉貞姿由我殤
아황 여영 남은 눈물 피눈물의 자국이	皇英餘淚泣血痕
강 언덕에 얼룩진 대나무[494] 숲이 됐네.	惟有斑斑江岸篁
옥 같은 님 다시 일어나 올 수만 있다면	如令玉人更起來
달은 길이 둥글고 창포꽃이 피어나리.[495]	月團無虧花發菖

491) 큰 글자 : 사씨가 묘희(妙喜)에게 구출되기 전에, 자결하기로 결심하고 "모년모월 모일, 사정옥이 물에 빠져 죽다[某年某月某日, 謝氏貞玉投水死]"라고 회사정(懷沙亭) 기둥에 썼던 글을 가리킨다.

492) 우미인초 : 초(楚)나라 항우(項羽)가 오강(烏江)에서 자결하기 전날 밤, 한(漢)나라 군사에게 포위된 해하(垓下)에서 그의 애첩 우미인(虞美人)이 자결했는데, 그 무덤 위에 풀꽃이 피어났다 하여 꽃 이름을 우미인초(虞美人草: 개양귀비)라고 불렀다.

493) 당명황 꽃 : 당명황(唐明皇)의 꽃은 당현종(唐玄宗)의 총애를 받다가 안록산의 난 때 마외역(馬嵬驛)에서 죽은 양귀비(楊貴妃)를 뜻한다.

494) 얼룩진 대나무 : 아황(娥皇)과 여영(女英)은 요(堯)임금의 두 딸로, 순(舜)임금의 왕비가 되었다. 순임금이 남쪽으로 순수(巡狩)하다가 창오(蒼梧)의 들에서 죽자, 두 비가 상강(湘江)에서 슬피 울다가 물에 빠져 죽었는데, 이때 흘린 눈물방울이 대나무에 얼룩져서 소상반죽(瀟湘斑竹)이 되었다고 한다.

495) 달은 …… 피어나리 : 당(唐)나라 시인 장적(張籍)의 <백두음(白頭吟)>에 "창포꽃은 피어나고 달은 길이 둥그네[菖蒲花開月長滿]"라고 한 데서 온 말이다. 창포꽃은 고운 자태를 뽐내는 꽃이고, 달이 이지러지지 않고 계속 둥글다는 것은 충만한 상태가 지속된다는 뜻이므로, 충만하고 화려한 상태가 지속된다는 의미이다.

거친 제문 박한 제물 내 충심을 보이려고　荒詞薄奠泄衷心
주머니 속 엽전 다발 모두 다 털었다네.　傾我囊中錢一繦
해질녘에 저자에서 감귤 과일 사오고　賖來暮市橘柑果
강촌에서 제물을 준비하고 있었네.　料理江村椒荔觴
다정한 제문을 다 쓰지도 못했는데　多情誄文寫未了
문 밖에서 고함소리 느닷없이 들렸네.　門外喊聲奇遇當
둥지의 알 엎어놓고 그래도 부족해서　傾巢覆卵尙不足
또다시 흉도에게 창검 들려 보냈다네.　又送凶徒携劍槍
얼떨결에 도망쳐서 쥐처럼 숨었건만　蒼黃走避竄伏地
강물이 앞을 막아 물결 보며 애태웠네.　江水當前愁望洋
소관을 겨우 나선 오자서의 전대라도　昭關纔出子胥橐
초강에선 어부의 배 너무너무 더디구나.[496)]　楚江猶遲漁父艎
내 몸에는 날개 없어 날아갈 수 없으니　身無羽翼不能飛
내 목숨은 끓는 물에 들어가는 닭과 같네.　命與殘鷄臨火湯
마름 노래[497)] 한 곡조가 사람 살린 부처인 양　蘋歌一聲活人佛
일천 이랑 물결 위로 조각배가 떠서 오네.　片帆浮來千頃滄

---

496) 소관을 …… 더디구나 : 어떤 사례를 해도 아깝지 않지만 자신을 건네줄 배가 나타나지 않는다는 말이다. 자서(子胥)는 춘추시대 초(楚)나라 사람 오원(伍員)의 자(字)이다. 초나라 평왕(平王)이 아버지와 형을 죽인 후, 오자서가 오(吳)나라로 망명하려고 소관(昭關)에 이르자 현상금이 걸린 그를 잡으려 하였다. 친구인 동고공(東皐公)의 도움으로 소관을 나왔지만, 오자서의 앞에는 큰 강이 있고 추격병이 뒤를 쫓고 있었다. 이 때 한 어부가 나타나서 그를 건네주었는데, 강을 건넌 후 오자서가 자신이 차고 있던 보검을 풀어 사례로 주었으나, 어부는 그 칼을 받지 않았다.

497) 마름 노래 : 사씨와 묘희(妙喜) 등이 백빈주(白蘋洲)에 배를 대고 유연수를 기다리는 동안 여동(女童)들이 부르던 노래이다. <사씨남정기>에는 "녹수에 가을달이 밝으니, 남호에서 마름을 캐네[綠水明秋月, 南湖採白蘋]"라고 한 이백(李白)의 <녹수곡(綠水曲)>과, "강남에 봄날이 저무니, 물가에서 마름을 캐네[江南春日暮, 汀洲採白蘋]"라고 한 유운(柳惲)이 지은 <강남곡(江南曲)> 두 편이 나온다.

어느새 나를 실어 남쪽 강가에 배를 대니　　居然載我泊南岸
호수에는 바람마저 일어나지 않는다네.　　湖水爲之風不颺
돌아가는 뱃전에는 인기척이 은은하고　　船回隱隱若有人
밤하늘엔 견우 직녀 두 별 빛이 반짝이네.　　夜是牛女垂光芒
비구니가 한 낭자를 부축하여 나오는데　　尼姑扶出一娘子
얼굴을 쳐다보니 나의 예전 아내라네.　　顔面是我前糟糠
반가워서 손을 잡고 서글퍼서 통곡하니　　欣然握手惻然哭
넘실대는 물결 위에 흐른 눈물 쏟아지네.　　流淚如注波汪汪
사람인지 귀신인지 의심되어 물었더니　　疑人疑鬼問眞假
옷깃 여며 대답하는 목소리가 낭랑하네.　　斂衽對語聲琅琅
낙창공주 깨진 거울[498] 반 조각이 다시 붙고　　重圓樂昌破鏡半
연평진의 신검[499] 둘이 다시 만나 어울린 듯.　　復合延津神劍鋩
선실의 등불 아래 마주하니 꿈만 같아　　船燈相對若夢寐
가뭄에 단비가 쏟아진 것 같았다네.　　若旱如逢甘霈霶
옥과 돌이 뒤섞여서 아내 얼굴 반쪽 됐고　　娘顔半凋玉石混
강철처럼 굳센 간장 내겐 아직 남아 있네.　　我腸猶餘金鐵剛
산머리의 암자에 가 예불하고 돌아오니　　山頭小庵禮佛歸
강호를 떠돌던 몸 이제서야 고향 왔네.　　湖海萍蹤今故鄉
새봄 되니 제비가 와 옛집에 둥지 치고　　新春燕返舊堂棲
암수 서로 화답하며 그린 들보 위로 나네.　　雌和雄鳴飛畫樑
일가친척 다 모이니 고모님은 눈물짓고　　宗親咸集杜母泣
희비가 교차하니 정은 한량 없어라.　　悲喜交並情沒量

---

498) 깨진 거울 : '깨진 거울[破鏡]'은 진(陳)나라 때 서덕언(徐德言)이 진후주(陳後主)의 누이 낙창공주(樂昌公主)와 결혼했는데, 나라가 위태로워지자 동경(銅鏡)을 절반으로 쪼개어 한 조각을 공주에게 신표로 주며 다시 만날 기약을 하고 헤어졌다가 우여곡절 끝에 다시 만났다는 고사에서 온 말이다.

499) 연평진의 신검 : 앞의 파경(破鏡)과 이 고사는 모두 이별했던 부부가 다시 만난 것을 비유한 말이다. 앞의 주) 59 참조.

아 인아야 너만 홀로 어디로 간 것이냐	吁嗟麟也獨何去
이 세상이 다한대도 잊을 수가 없구나.	地老天荒難可忘
어질도다 부인이여 경계500)하지 아니하고	賢哉細君未吹虀
다시 임씨 중매하니 얼굴빛이 단정하네.501)	又媒林娘色容莊
새사람을 맞은 데서 잃은 아들 다시 찾고502)	新人迎處得舊子
부덕이 여전하니 저 하늘도 감동했네.	婦德猶存感彼蒼
이마의 뼈 튀어나와503) 선친 모습 닮았으니	頭邊峭骨類先人
꿈에서 본 뿔 하나가 진정 거짓 아니었네.	一角之夢眞非佯
전해오던 가락지504)는 이미 다시 돌아왔고	環惟舊物已還珠
기린은 과연 상서로워 농장지경505) 다시 봤네.	麟果奇祥重弄璋
바둑알을 쓸어 담듯 사람의 일 몇 줄 글로	棊龡人事十行文
돌아가신 부모님께 재배하고 고합니다.	再拜仰告先爺孃
집안에 다행히도 오늘 같은 날이 온 건	吾門何幸有今日
모두 다 알려주고 도와주신 덕입니다.	敎道無非宜祐彰
황릉묘 아래에서 길을 일러 주시더니	黃陵廟下爲指路
백빈주 강변에선 묶인 배를 재촉했네.	白蘋洲邊催繫航
풍상 겪고 남은 목숨 힘을 입어 죽지 않고	風霜殘命賴不死

500) 경계 : 원문의 '취해(吹虀)'는 "끓는 국에 덴 사람은 냉채도 불어 마시고, 화살에 상한 새는 굽은 나무를 보고도 놀란다[懲沸羹者吹冷虀, 傷弓之鳥驚曲木]"라는 말에서 유래하여, 주로 지나치게 경계하거나 두려워하는 것을 비유할 때 쓰인다.

501) 얼굴빛이 단정하네 : 『예기(禮記)』「옥조(玉藻)」에 나오는, 옛날 군자가 수신하고 처세할 때 가져야 할 아홉 가지 몸가짐[九容] 가운데 하나이다.

502) 새사람을 …… 찾고 : 사씨가 천거한 회용현(華容縣)의 임추영이 동생이라고 데려온 아이가 실은 호타하(滹沱河)에서 잃어버린 인아(麟兒)였다.

503) 이마의 뼈 튀어나와 : 사람 이마 위의 머리털 가장자리에 있는 툭 튀어나온 뼈를 서각(犀角)이라고 하는데, 관상학에서는 장래에 매우 귀하게 될 상으로 본다.

504) 가락지 : 냉진(冷振)이 동창(東昌) 객점에서 사씨를 모함할 때 썼던 가락지를 말한다. 앞의 주) 465 참조.

505) 농장지경 : 잃었던 아들 인아(麟兒)를 찾은 것이 마치 새로 아들을 낳은 것 같은 경사[弄璋之慶]라는 말이다.

어진 아내 귀한 아들 한 자리에 모였다네.	賢婦奇男團會相
이 몸이 이제 와선 조상님께 부끄러워	餘生到此愧先靈
중간에 천한 계집 곁에 둔 말 못하겠네.	忍說中年身近娼
정결하면 억울함을 씻게 됨을 알았으며	終知貞潔乃雪寃
흉음하면 되려 재앙 되는 줄을 깨달았네.	始覺凶淫還及殃
창녀 교씨 목을 매고 동가 도적[506] 참수되니	喬娼就縊董賊誅
신선의 손톱으로 가려운 등 긁은 듯하네.[507]	事如仙瓜爬背痒
금은으로 묘희 은혜 갚을 수가 있다면	金銀若報妙喜恩
우리 집안 모든 재산 털어줘도 무방하리.	我家傾財猶不妨
가사에다 이 일 전말 고이고이 수를 놓아	袈裟欲繡此顚末
대사에게 보내주어 상자 속에 두게 하리.	留與師尼藏佛箱
이제 다만 바라는 건 서로 이별 하지 않고	從今但願不相離
화목하고 건강하게 오래오래 사는 걸세.	宜室宜人壽且康

506) 동가 도적 : 동청(董靑)을 가리킨다.

507) 신선의 …… 듯하네 : 교채란과 동청의 죽음이 무척 후련하다는 뜻이다. 후한(後漢) 환제(桓帝) 때 채경(蔡經)이 마고선녀(麻姑仙女)의 손톱이 마치 새의 발톱처럼 긴 것을 보고, "등이 몹시 가려울 때 이 손톱으로 등을 긁으면 딱 좋겠다[背大癢時, 得此爪以爬背, 當佳]"라고 생각했다는 데서 온 말이다.

서 【序】

은석사에서 함께 노닐며 지은 시축의 서문508) 【銀寺同遊詩軸序】

금빛 모래가 깨끗하니 구슬이 더렵혀져 탄식할 일이 전혀 없고, 산에는 은빛 바위가 솟아 옥을 다듬을 만하다.509) 땅은 하늘이 감추어둔 곳이며, 사물은 사람으로 인해 아름다워진다. 옛날의 '하늘 향기'와 '계수나무'510)는 송공(宋公)이 영은산의 경치를 읊으면서 한 말이고, '옥 같은 샘물'과 '솔숲 길'511)은 두보(杜甫)가 도림사의 풍경을 노래할 때 나온 말이다. 하물며 향산512)과 백련사513)에서 시는 구로(九老)의 교제를 맺어 주었고, 맑은 바람 부는 대숲에서 숲은 칠현(七賢)의 흥을

508) 서울대본에는 이 글이 <춘향가> 앞에 있다.

509) 산에는 …… 만하다 : 은빛 바위가 산에 솟았다고 한 것은 모임을 열었던 은석사(銀石寺)가 있는 은석산(銀石山)을 두고 한 말이다. '옥을 다듬을 만하다[攻玉之資]'는 말은, 『시경(詩經)』「소아(小雅)」 <학명(鶴鳴)>에 "다른 산의 돌로도 옥을 다듬을 수 있다[他山之石, 可以攻玉]"라고 한 데서 왔다.

510) 하늘 향기와 계수나무 : 당(唐)나라 시인 송지문(宋之問)의 시 <영은사(靈隱寺)>에 "계수나무가 달 가운데 떨어지니, 하늘 향기가 구름 밖에 나부끼네[桂子月中落, 天香雲外飄]"라고 한 데서 온 말이다. 영은사(靈隱寺)는 중국 절강성(浙江省) 항주시(杭州市) 서호(西湖) 서북쪽 영은산(靈隱山)에 있는 절로, 326년에 인도의 승려 혜리(慧理)가 창건했다고 한다.

511) 옥 같은 샘물과 솔숲 길 : 두보(杜甫)의 <악록산도림이사행(嶽麓山道林二寺行)>에 "불탑(佛塔)과 건물은 웅장함과 화려함이 필적할 만하고, 향기로운 주방과 솔숲 길은 모두 다 서늘하네[塔劫宮牆壯麗敵, 香廚松道清涼俱]"라고 한 데서 온 말이다.

512) 향산 : 향산(香山)은 중국 하남성(河南省) 낙양시(洛陽市) 용문산(龍門山) 동쪽에 있다. 당나라 때 백거이(白居易)가 형부상서(刑部尚書) 벼슬을 그만둔 후, 이곳에 석루(石樓)를 짓고 친구 여덟 명과 함께 '구로회(九老會)'라는 시사(詩社)를 결성하고 술과 시를 즐기며 여생을 보냈다.

513) 백련사 : 백련사(白蓮社)는 동진(東晉)의 고승 혜원(惠遠)이 여산(廬山)의 동림사(東林寺)에서 당시의 유명한 사대부들과 정토종(淨土宗)의 승려들을 모아 염불결사(念佛結社)를 맺고 친밀하게 교유를 했던 것을 말한다.

일으켰으니, 이제 백세(百世)가 지나도 있을까말까 한 감회가 절절한 마당에, 어찌 한 번 만날 기약이 없겠는가.

지난번에 동갑내기 친구인 이대아(李大雅)가 죽계(竹溪)의 아름다운 놀이514)를 노래하며 시에서 일사(逸士)라고 칭하고, 난정첩515) 진본을 베껴 쓰며 왕희지516)의 필체를 공부했는데, 단풍이 붉게 들고 국화꽃이 노랗게 피면 술통을 들고517) 백련암(白蓮庵)에 모이자고 앞장섰으므로, 이른 눈 오는 새 달에 산사에서 모이기518)로 약속하였다. 다행히도 나를 멀리하지 않았기에, 용기를 내어 글로 사귀는 모임에 참석해서 한 번 만나고 싶었던519) 숙원을 이루었다. 스스로 용문(龍

---

514) 죽계의 아름다운 놀이 : 당(唐) 현종(玄宗) 때 이백(李白)이 공소보(孔巢父)·한준(韓準)·배정(裴政)·장숙명(張叔明)·도면(陶沔)과 함께 태안부(泰安府)의 조래산(徂徠山) 아래 죽계(竹溪)에 살면서 날마다 술 마시고 노래하곤 했는데, 사람들이 그들을 '죽계육일(竹溪六逸)'이라고 불렀다고 한다.

515) 난정첩 : 난정첩(蘭亭帖)은 353년 3월 3일에, 왕희지와 사안(謝安) 등 명사(名士) 42명이 산음(山陰) 난정(蘭亭)에서 수계(修禊)를 하고 시를 지은 것에 대해, 왕희지가 서문을 짓고 쓴 것을 말한다. 진본은 당 태종의 무덤에 함께 들어갔고, 신룡본(神龍本)·정무본(定武本) 등 모본(摹本)이 뒤에 전해졌다고 한다.

516) 왕희지 : 원문의 우군(右軍)은 진(晉)나라의 명필 왕희지(王羲之)가 우군장군(右軍將軍)을 지냈으므로 일컫는 말이다.

517) 술통을 들고 : 원문의 설합(挈榼)은 유령(劉伶)이 지은 <주덕송(酒德頌)>에 "머물러 있을 때는 크고 작은 술잔을 손에 쥐고, 움직일 때는 술통과 술병을 몸에 지녀서, 오직 술만을 일삼으니, 어찌 그 밖의 것을 알겠는가[止則操巵執觚, 動則挈榼提壺, 唯酒是務, 焉知其餘]"라고 술을 예찬한 데서 온 말이다. 유령은 죽림칠현(竹林七賢)의 한 사람으로, 특히 주호(酒豪)로 이름이 높았다.

518) 모이기로 : '모인다[盍簪]'는 것은 『주역(周易)』에 나오는 말로, 여러 친구들이 빨리 와서 모이는 것을 뜻한다. 『주역』 「예괘(豫卦)」 구사(九四)의 효사(爻辭)에 "구사는 자기 때문에 즐거워하므로 크게 얻는 것이 있으니, 의심하지 않으면 벗들이 모여들 것이다[九四, 由豫, 大有得, 勿疑, 朋盍簪]라고 했는데, 왕필(王弼)의 주(注)에 "합(盍)은 모임[合]이고, 잠(簪)은 빠르다[疾]는 뜻이므로, 여러 친구들이 빨리 와서 모이는 것을 이른다."라고 하였다.

519) 한 번 만나고 싶었던 : 원문의 '일식(一識)'은 이백(李白)이 형주자사(荊州刺史)인 한조종(韓朝宗)에게 보낸 편지 「여한형주서(與韓荊州書)」에 "살아서 만호후

門)에 오른 걸 기뻐하고, 세 번 웃은 기쁜 마음을 털어놓느라 호계(虎溪)를 지나간 것도 알지 못했다.[520] 손을 잡고 방에 들어가 지란(芝蘭)의 향기를 함께 쐬었고, 무릎을 맞대고 등불을 마주하여 훌륭한 벗을 만나야 유익함[521]을 알았다.

이에 학을 탄 선객[522]이 낙양의 구름길에서 돌아보며 웃고, 구계[523]의 향긋한 술을 싣고 산음의 눈 속에 배가 오니,[524] 옥산의 그림자는 무협의 봉우리 수보다 많았다.[525] 좋은 시를 읊으라고 재촉하며 금곡의 서 말 술[526]을 벌주로 마시게 했고, 각자 푸른 놀의 높은 기상[527]을 토로하면 백설의 고상한 노래[528]로 화답했다. 한 바탕 맑은

(萬戶侯)에 봉해지지 못하더라도, 오직 한번 한형주를 만나고 싶다[生不用封萬戶侯, 但願一識韓荊州]"라고 한 데서 온 말이다.

520) 세 번 …… 못했다 : 호계삼소(虎溪三笑)의 고사에 대해서는 앞의 주) 330 참조.

521) 훌륭한 …… 유익하다 : 원문의 '봉마(蓬麻)'는 '봉생마중(蓬生麻中)'의 준말인데, 『순자(荀子)』「권학(勸學)」에 "쑥이 삼밭에 나면 붙들어 세우지 않아도 절로 곧아진다[蓬生麻間, 不扶自直]"라고 한 데서 온 말이다. 사람이 훌륭한 벗이나 친지의 영향을 받아 바르게 되는 것을 뜻한다.

522) 학을 탄 선객 : 여기서는 주서(奏書)가 되어 막 한양으로 떠난 황성(黃械, 1719~1815)을 가리킨다. 앞에 실린 <은사수창(銀寺酬唱)>의 두 번째 수인 김양행(金養行, 1707~1755)의 시 끝에 이에 대한 언급이 있다. 황성에 대해서는 앞의 주) 297 참조.

523) 구계 : 구계(龜溪)는 이세열(李世烈, 1712~1786)의 호(號)이다. 앞의 주) 189 참조.

524) 산음의 …… 오니 : 앞의 주) 120 참조.

525) 무협의 …… 많았다 : 이 때 은석사에 모인 사람은 유진한을 포함하여 13명이었으므로, 무산(巫山) 열두 봉우리보다 많다고 한 것이다.

526) 금곡의 서 말 술 : 금곡(金谷)은 중국 하남성(河南省) 낙양시(洛陽市) 서북쪽에 있는 지명이다. 진(晉)나라 무제(武帝) 때 석숭(石崇)이 그곳에 동산을 만들어 놓고 벗들과 밤낮으로 연회를 베풀어 즐기면서 각자 시를 짓도록 하고, 짓지 못한 사람은 벌주 서 말을 마시게 했다고 한다.

527) 푸른 놀의 높은 기상 : 남조(南朝) 양(梁)나라 사람 강엄(江淹)의 <한부(恨賦)>에 "푸른 놀의 고상한 뜻이 맺혀, 긴긴 밤 해도 뜨지 않는 곳에 들어[鬱靑霞之奇意, 入脩夜之不暘]"라고 한 데서 온 말인데, 뜻이 높고 고상한 것을 의미한다.

528) 백설의 고상한 노래 : 백설가(白雪歌)에 대해서는 앞의 주) 331 참조.

이야기가 십 년 독서보다 더 나았고, 온 좌중이 아름다운 시를 읊으니 만호후(萬戶侯)에 봉해지는 것을 바라지 않았다.

호서인(湖西人)들이 그대에게 배우니, 사람들에게 전수하는 데 철인(哲人)이라 하리라(철지 김무행).[529] 눈 덮인 산에서 공을 만났는데 거듭 은혜를 베풀어 함께 왔네(공래 김중산).[530] 그대가 평소에 사부(詞賦)로 이름을 얻었으니 어찌 이 세상에서 버려지겠는가[531](군평 유후).[532] 선비가 도리를 따라 효도하고 우애하는 천성을 온전히 보존했으니, 참으로 인(仁)의 근본이라네(사순 권제성).[533] 우리의 도는 바른 신하에게 맡겨야 하니, 마땅히 세상을 경영할 방도에 힘쓰라(강보 황정).[534] 오늘에야 원례(元禮)의 말을 몰았으니,[535] 감히 이름을 나란히[536] 할 마음을 품으랴(사호 이세열).[537] 여기(餘技)인 글도 볼 만하고, 선대 유업인 시서를 모두 조술(祖述)하며 여남에 가서 저자에 숨었으니, 그대는 진

529) 김무행 : 철지(哲之) 김무행(金茂行, 1707~1755)에 대해서는 앞의 주) 298 참조. 김무행(金茂行)부터 유철한(柳徹漢)까지 시사(詩社)에 참석한 인물들의 인명(人名)·자호(字號)의 글자를 써서 각 인물을 언급했다.

530) 김중산 : 공래(公來) 김중산(金重山, 1707~1757)에 대해서는 앞의 주) 223 참조.

531) 세상에서 버려지겠는가 : 유후(柳逅, 1710~1775)의 자(字)인 군평(君平)은 한(漢)나라 때 은사(隱士)인 엄준(嚴遵)의 자(字)이기도 하다. 엄준은 일찍부터 벼슬을 포기하고 성도(成都)에 은거하면서 점을 치며 숨어 살았다고 한다. 여기서는 유후가 엄준처럼 뛰어난 재주를 품고도 초야에 묻혀 살지는 않을 것이라는 말이다.

532) 유후 : 군평(君平) 유후(柳逅, 1710~1775)에 대해서는 앞의 주) 312 참조.

533) 권제성 : 사순(士順) 권제성(權悌性)에 대해서는 앞의 주) 313 참조.

534) 황정 : 강보(剛甫) 황정(黃棖, 1711~1773)에 대해서는 앞의 주) 306 참조.

535) 원례(元禮)의 말을 몰았으니 : 원례(元禮)는 후한(後漢) 때의 고사(高士)인 이응(李膺)의 자(字)이다. 이응은 명성이 천하에 드높아서 천하의 선비들이 모두 그를 사모하였다. 그 당시 명사(名士)였던 순상(荀爽)이 이응을 찾아가 만나고, 그의 말을 모는 사람이 되고 집에 돌아가서 기뻐하여 말하기를, "오늘에야 이군(李君)의 어자(御者)가 될 수 있었다."라고 했던 데서 온 말이다.

536) 이름을 나란히 : 앞의 주) 250 참조.

537) 이세열 : 사호(士皥) 이세열(李世烈, 1712~1786)에 대해서는 앞의 주) 189 참조.

실로 병 속의 신선[538]일세(사정 남취흥).[539] 우리나라에 있으면서 집대성하였으니, 그대는 가히 시성(詩聖)이라 할 만하네(대집 유도성).[540] 옛사람의 붓을 움직여 정도(正道)로 간하니, 우리들의 빛이로다(광보 유도행).[541] 옛집의 문장으로 성가 높던 집안 명성을 이었으니, 그대 집안에 여경이 있으리라(여홍 김원경).[542] 천도(天道)를 몸에 익혔으되 묵묵하며, 좋은 때를 맞이하여 이른 나이에 이름을 얻었네(중묵 유도천).[543] 은하수까지 닿아 하늘에 문장을 이루었으니,[544] 이 때문에 아름다운 이름을 비로소 내리셨네[545](철부 유철한).[546]

눈 내린 달밤의 기막힌 경치를 완상하면서 글 잘하고 도가 있는 교제를 맺었고, 바둑판에서 적수를 만나니, 황학루(黃鶴樓)에서 기예를 겨루는 듯했으며, 갈대 피리의 맑은 소리를 들으면 마치 적벽에서 퉁소를 부는가 싶었다. 옥쟁반에 담긴 진수성찬에는 참으로 순수했던 구

---

538) 병 속의 신선 : 후한(後漢) 때 비장방(費長房)이 여남(汝南)에서 시연(市椽)의 직책을 맡고 있었는데, 시장에서 약을 파는 노인이 병 하나를 가게 머리에 두고 있다가, 저자가 파하면 병 속으로 들어가곤 했다. 장방(長房)이 이를 보고 이상하게 여겨서 그 노인을 찾아갔더니 다음날 아침에 오라고 했다. 이튿날 노인과 함께 그 병속으로 들어가 보니, 옥당(玉堂)이 화려하고 좋은 술과 안주가 가득하여 노인과 함께 실컷 마시고 나왔다는 고사에서 온 말이다.

539) 남취흥 : 사정(士禎) 남취흥(南就興, 1718~1780)에 대해서는 앞의 주) 150 참조.

540) 유도성 : 대집(大集) 유도성(柳道成)에 대해서는 앞의 주) 299 참조.

541) 유도행 : 광보(光甫) 유도행(柳道行, 1725~1789)에 대해서는 앞의 주) 305 참조.

542) 김원경 : 여홍(汝弘) 김원경(金遠慶)에 대해서는 앞의 주) 309 참조.

543) 유도천 : 중묵(仲默) 유도천(柳道天, 1727~1818)에 대해서는 앞의 주) 112 참조.

544) 은하수까지 …… 이루었으니 : 『시경(詩經)』「대아(大雅)」<역복(棫樸)>에 "밝은 저 은하수, 하늘에 문장을 이루었네[倬彼雲漢, 爲章于天]"라고 한 데서 온 말이다.

545) 아름다운 …… 내리셨네 : 굴원(屈原)의 『초사(楚辭)』「이소(離騷)」에 "아버지께서 내 초년 시절을 보고 헤아리시어, 비로소 내게 아름다운 이름을 내리셨으니[皇覽揆余于初度兮, 肇錫余以嘉名]"라고 한 데서 온 말이다.

546) 유철한 : 철부(徹夫) 유철한(柳徹漢, 1719~1794)에 대해서는 앞의 주) 302 참조.

품(九品)의 고례(古禮)가 가득했고, 절의 잿밥에선 가히 성대했던 삼대의 옛 모습을 볼 수 있었다. 양관곡에 보운[547]하고, 다시 한 잔 술로 이별했는데, 시가 권축(卷軸)을 이루어 가히 좌중의 정신을 전할 만하다.

여러 군왕들의 황금 부절[548]을 가져온 신선이 셋이었고(김중산 · 김무행 · 김원경), 모두 다 이태백이 독보적이라는 것을 인정했으며(이세열), 유수(柳宿)의 상서로운 별자리에 다섯이 모였고(유진한 · 유철한 · 유도성 · 유도행 · 유도천), 게다가 남극에까지 이어졌으며(남취홍), …… 이하 결(缺)[549]

界淨金沙, 素無穢珠之歎, 山聳銀石, 可爲攻玉之資, 地則天藏, 物以人美. 肆昔天香桂子, 宋公吟靈山之景光, 玉泉松途, 杜老詠道林之物色. 況復香山蓮社, 詩結九老之交, 淸風竹林, 酒引七賢之興, 玆切曠百世之感, 豈無會一日之期! 乃者, 庚友李大雅, 詠竹溪之勝遊, 詩稱逸士, 寫蘭亭之眞帖, 筆學右軍. 赤葉黃花, 倡蓮庵之挈榼, 早雪新月, 約蕭寺之盍簪. 幸蒙不我之遐, 勇赴以文之會, 遂一識之宿願. 自喜龍門之登, 討三笑之歡懷, 不覺虎溪之過. 携手入室, 共聞芝蘭之香, 促膝對燈, 爭見蓬麻之益. 於是鶴驂仙客, 回笑洛陽之雲程, 龜溪芳醪, 載來山陰之雪棹, 玉山對影, 數剩巫峽之重峯. 瓊韻催吟, 罰依金谷之大酒, 各吐靑霞之奇氣, 因和白雪之高歌. 淸話一場, 却勝十年之書讀, 佳詠四座, 不願萬戶之侯封. 湖學於子, 其傳人之云哲(金茂行哲之). 雪山得公, 以重惠然肯來(金重山公來). 君平見詞賦之稱, 安有今世之棄也(柳湹君平). 士順存孝悌之性, 實爲其仁之本歟(權悌性士順). 吾道托在直卿, 宜勉經世之術(黃根

547) 양관곡에 보운 : 앞에 실린 <보양관운작별(步陽關韻作別)>을 말한다. 앞의 주) 336 참조.

548) 황금 부절 : 원문의 금절(金節)은 사신의 상징인 황금 부절(符節)을 뜻하는데, 여기서는 성이 김씨인 세 사람을 비유하는 말로 썼다.

549) 대본과 서울대본 모두 여기까지만 실려 있다.

剛甫). 今日得御元禮, 敢懷齊名之心(李世烈士皥). 餘事之詞華可觀, 先業之詩書俱述, 就汝南而隱於市, 子眞是壺裡之仙(南就興士禎). 在吾東而集其成, 君可謂詩中之聖(柳道成大集). 行古人筆, 諫之正道, 吾黨其光(柳道行光甫). 襲舊家金鏗之大聲, 汝門餘慶(金遠慶汝弘). 體天道而黙, 會佳期, 早歲之成名(柳道天仲黙). 徹雲漢而成章, 是以嘉名之肇錫(柳徹漢徹夫). 翫雪月無價之景, 結文章有道之交, 逢敵手於楸枰, 却似黃樓之較藝, 聽淸音蘆管, 况疑赤壁之吹簫. 玉盤珍羞, 果滿純九品之古禮, 琳宮齋飯, 可見盛三代之舊儀. 韻步陽關, 更替一盃之餞, 詩成卷軸, 可傳四座之神. 諸君金節之羽客成三(金公來 · 金哲之 · 金汝弘), 共許李謫仙之獨步(李士皥), 柳宿之祥躔聚五(柳重伯 · 柳徹夫 · 柳大集 · 柳光甫 · 柳仲黙), 且連南極(南士禎) (缺)

제 문 【祭文】

동생[550]에 대한 제문 【祭舍弟文】

유세차 임인년(1782) 시월 십일(정축)에 형 진한(振漢)은 몇 줄 글로, 통곡하며 죽은 동생의 영연(靈筵)에 고하노라.

내일은 자네의 2주기 제사라네. 지난 경자년(1780) 가을, 자네의 병이 위독해졌을 때, 나는 수백 리 떨어진 곳에 있었기에 가보지 못했는데, 그대가 눈 감았다는 소식이 멀리서 왔을 때도 어루만지며 통곡하지도 못했네. 자네의 장례에는 기일이 있었지만 묘혈 앞에 가서 통곡하지 못했고, 자네의 1주기에도 역시 달려가 곡하지 못했다네. 금년 팔월 초하루에도 길을 떠났다가 도중에 병이 나서 돌아갔네. 이제 쇠약해 병든 몸을 이끌고 간신히 남쪽 땅까지 내려왔는데, 객지의 외로운 영혼은 늙은 형이 여기 온 줄을 아는가. 자네보다 열여섯 살이 많은 나도 아직 멀리까지 올 수 있는데, 나보다 열여섯 해 뒤에 난 자네가 어찌 나보다 먼저 갔는가.

자네가 정미년(1727) 봄에 태어났을 때, 내가 뛰어가 할아버지 진사공께 말씀드렸더니, 부한(扶漢)이라고 이름을 지으셨네. 그해 팔월에 자네가 걸음마를 하자, 할아버지께서는 생김새가 준수하고 이마가 볼록 튀어나온 것[551]을 아끼셔서, 항상 무릎 위에 앉히고 보시며, '우리 집안을 창대하게 할 사람은 이 아이가 틀림없다'고 늘 말씀하셨네. 글

---

550) 동생 : 유부한(柳扶漢, 1727~1780)의 자는 정구(鼎九), 호는 하곡(荷谷)이다. 『대록지(大麓誌)』에 풍도(風度)가 아름답고 기개가 있어 사우들이 귀하게 여겼다고 했다.

551) 이마가 볼록 튀어나온 것 : 관상학에서 장래에 매우 귀하게 될 상으로 본다. 앞의 주) 503 참조.

을 배울 때가 되자, 내가 글자를 가르쳤는데, 열다섯 살 때는 작시(作詩)의 구법(句法)이 호방(豪放)하고 웅건(雄健)하여 여러 종형제들보다 훨씬 뛰어났네. 사람들이 다들 남보다 먼저 과거에 급제할 것이고, 신수가 대길하다고들 했으니, 운수가 그리도 사나워 수와 복을 누리지 못할 거라고 어찌 생각이나 했겠는가. 말은 바르고 곧았으며, 마음이 넓고 컸지. 아! 하늘은 어찌하여 우리 동생의 몸을 곤궁케 하고, 운수를 막히게 하고, 수를 누리지 못하게 하고, 그 자식을 고아로 만들었단 말인가.

지난 기해년(1779) 겨울에, 자네가 학질로 신음하다가, '남쪽에 있는 력(櫟)[552]이의 집에 가서 따뜻한 데서 병을 조리하겠다'고 말하기에 내가 그러라고 했네. 경자년(1780) 봄에 내가 책을 품고 열 번 진나라에 갔어도 뜻을 얻지 못한[553] 막힌 운수 때문에 낙방하고 집에 돌아왔더니 침(琛)[554]이가 죽고, 연이어 림(琳)이 처[555]도 세상을 떠났네. 자네

---

552) 력(櫟) : 유력(柳櫟, 1741~1799)의 자는 맹명(孟明), 호는 용곡(龍谷)이다. 유진한의 둘째아들로 태어나, 족숙(族叔) 유지한(柳祉漢, 1715~1777)의 계자(系子)가 되어, 전라도 고산현(高山縣: 현 전북 완주군 고산면 일대)에 살았다. 1788년 유진한이 병들었을 때 약물을 보내온 것에 감동하여 지은 시가 이 책 권1에 실린 <병중견력아송약물(病中見櫟兒送藥物)>이다.

553) 책을 …… 못한 : 전국시대의 유세객(遊說客) 소진(蘇秦)이 진(秦)나라에 가서 벼슬을 하려고 진왕(秦王)에게 열 번이나 글을 올려 설득하려 했지만, 그의 말이 먹혀들지 않아서 벼슬을 얻지 못하고 돌아왔던 고사를 말한다. 당(唐)나라 사람 노선(盧僎)의 <도중구호(途中口號)>에 "옥을 품고 초나라에 세 번 조회하고, 책을 품고 열 번 진나라에 들어갔네[抱玉三朝楚, 懷書十上秦]"라고 한 데서 온 표현이다.

554) 침(琛) : 유침(柳琛, 1744~1780)의 자는 맹헌(孟獻), 호는 청계(淸溪)이다. 유진한의 셋째아들로, 1780년 3월에 세상을 떠났다.

555) 림(琳)이 처 : 유림(柳琳, 1760~1827)의 자는 계헌(季獻), 호는 인당(忍堂)이다. 태어난 해는 『고흥유씨세보(高興柳氏世譜)』에 따라 영조 경진년(1760)으로 적었다. 유진한의 넷째아들인데, 유림이 진흙 구덩이에 빠진 나무꾼 아이를 구해주었다는 소식을 듣고 지은 시가 이 책 권1에 실린 <문림자출견초아복니구즉시부

는 어찌 내 늘그막의 슬픈 마음을 위로하러 오지도 않고, 여름과 가을을 객지에서 보내다가, 시월에 갑자기 먼 길을 떠나버렸나.

선산[556] 근처 산기슭에 장사를 지내고, 자네 외아들[557]은 살림을 거둬 멀리 가서 자네 무덤 아래서 살고 있으니, 자네의 밝은 영혼이 여전히 말없이 도와주고 힘이 되어주겠지. 다만 남은 날이 많지 않은 늙은 이 형은 상복을 입은 조카를 떠나보냈으니, 저승과 이승이 다르다 해도, 한은 한가지라네. 자네 부인의 묘는 돌아가신 부모님의 산소 아래쪽에 있는데, 제수씨의 정령이 자네와 함께 아침저녁으로 문안드리지 못하는 것을 한스러워 할 걸세. 자네 아들은 글재주가 점점 성취되고 있으니, 그대 혼령을 위로할 만하다네. 그런데 내 어린 아들[558] 녀석은 더러 나아진 구석도 있지만, 가르치지 못할 성싶은 것이 한일세. 이제 한 잔 술을 영전에 올리네.

아! 슬프다. 우리 동생의 영혼은 여기에 강림할지어다.

기감음(聞琳子出見樵兒伏泥溝卽時扶起感吟)>이다. 유림의 부인 원주변씨(原州邊氏, 1758~1780)는 혈육을 남기지 못한 채 이해 2월에 세상을 떠났다.

556) 선산 : 유부한은 1780년 고산현(高山縣: 현 전북 완주군 고산면 일대)에서 세상을 떠나 그곳(완주군 비봉면: 고산면과 맞닿아 있다)에 묻혔고, 장남인 유박(柳璞, 1753~1793)도 그곳에서 살다가 후에 역시 고산에 묻혔다.

557) 외아들 : 유박(柳璞, 1753~1793)의 자는 공유(公猷), 호는 순당(順堂)이다. 『대록지(大鹿誌)』에는 문예에 능했다고 했다. 권3의 「제문(祭文)」【九】를 지었다.

558) 어린 아들 : 유진한의 막내아들 유금(柳琹, 1771~1835)을 가리킨다. 유금의 자는 순오(舜五), 호는 오천(梧泉)·석남(石南)이다. 이 책 권3에 실린 「행록(行錄)」을 지었으며, 족조(族祖) 유몽인(柳夢寅)의 산일(散佚)된 글을 수집, 편차하여 1832년에 『어우집(於于集)』을 간행하였다. 『어우집』 원집(原集) 권6에 그가 쓴 발문[新刊於于堂遺集跋]이 실려 있다. 목천읍지인 『대록지(大麓誌)』를 1817년에 중간(重刊)할 때 유사(有司)로 참여하기도 했다.

維歲次壬寅十月十日丁丑, 舍兄振漢, 以數行文字, 痛哭于亡弟靈筵之前曰: 明日卽君之再朞祀也, 往者庚子秋, 君之病甚劇, 吾在數百里之地, 不得往見, 而君之訃音遠到, 不得撫斂痛哭. 君之葬, 有期而不得臨壙痛哭, 君之初朞, 亦不得奔哭. 今秋八月初吉發行, 中路病作, 半途回還. 今則强扶衰病, 間關南來, 則客土孤魂, 其有知老兄之來斯耶? 多君之十六年者, 尙有遠來, 而後我之十六年者, 何乃先亡? 君生於丁未春, 吾趨告于祖考進士公, 則命名扶漢. 其年八月, 君能步行, 祖考愛君毛骨之俊秀犀角之豐盈, 常置膝上眼下, 每言'張大吾門者, 必此兒也.' 及其入學之時, 吾乃敎其文字, 至於十五歲, 作詩句法健快, 高出于諸從間, 人皆謂科名之先得, 身數之大吉也. 豈意命道之多窮, 壽福之不享耶? 言論正直, 心事濶大. 嗚呼! 蒼天何使吾弟, 窮於身, 窮於命, 嗇於壽, 孤其子也? 往在己亥冬, 君以瘧病呻吟, 南尋璨兒家, 就暖調病爲言, 吾許之矣. 至於庚子春, 吾以'懷書十上秦'之窮數, 落莫還家, 則琛兒病死, 琳婦繼逝. 君何不來慰我暮年悲懷, 而三夏九秋, 度了客中, 以至十月, 奄忽長逝乎? 葬於先山近麓, 君之獨子, 掇家遠去, 遇接于君之墓下, 君之不昧之靈, 尙必黙祐冥依. 而顧此無餘年之老伯, 離此服朞年之一侄, 幽明兩界恨一般. 君之亡室墳山, 在於先考妣之墓下, 嫂氏精靈, 恨不與君共定省於晨昏矣. 君之孤子, 才華漸至成就, 庶慰君之靈, 而吾之稚兒, 步驟或得, 敎誨似無, 我之恨也. 玆以一盃之酒, 奠于靈几. 嗚呼! 痛哉! 惟我弟之靈, 降格于玆焉.

만화집 권지삼

【晩華集 卷之三】

만 사 (1791년 11월 10일) 〖輓詞 (辛亥至月十日)〗

【一】 문성[1] 유도술[2] 〖文城 柳道述〗

나는 한유의 「송맹동야서」[3]를 보고 공의 부중(不中)이 높음을 알았다. 천지간에 있는 사물들은 불평(不平)하면 다 운다. 새는 이 때문에 봄에 울고, 천둥은 이 때문에 여름에 울며, 벌레는 이 때문에 가을에 울고, 바람은 이 때문에 겨울에 울며, 사람은 이 때문에 세상에서 우는 것이다. 맹교는 사람 중에서 불평함이 심해서 가장 잘 울었던 자이다. 아! 원화[4] 연간은 풍년이 들어 물산이 넉넉하던 때인데, 추운데 옷이 없고, 굶주려도 먹을 것이 없었으니, 그 불평함은 더 말할 나위 없다. 그런 데도 그 가난하고 한미한 가운데서 나온 것이 낮으면서도 청량하고, 세밀하면서도 막힘이 없었다. 교룡이 오르고 봉황이 나래치듯[5] 그 소리는 빠르고, 고래와 자라가 큰 종을 울리듯 웅장한 그 울

---

1) 문성 : 문성(文城)은 문화유씨(文化柳氏)의 관향인 문화(文化)의 별칭이다.
2) 유도술 : 유도술(柳道述, 1724~1798)의 본관은 문화(文化), 자는 조망(祖望)이다. 진사 유혼(柳混, 1693~1758)의 둘째아들이고, 유진한과 함께 은석시사(銀石詩社) 활동을 한 유도천(柳道天, 1727~1818)의 형이다.
3) 송맹동야서 : 동야(東野)는 당(唐)나라 때 시인 맹교(孟郊)의 자(字)이다. 맹교는 불우하고 가난한 시인의 대명사로 통하는데, 한유(韓愈)와 가까이 지냈으며, 북송(北宋)의 강서파(江西派)에 영향을 끼쳤고, 『맹동야시집(孟東野詩集)』 10권이 있다. 맹교가 율양현위(溧陽縣尉)라는 작은 벼슬을 얻어 떠날 적에 몹시 언짢아하는 기색이 있자, 한유(韓愈)가 그를 위로하려고 지은 글이 「송맹동야서(送孟東野序)」이다. 맹교는 율양현위를 얼마 안 있어 그만두고 돌아가서 일생을 불우하게 지냈다고 한다.
4) 원화 : 원화(元和)는 당(唐)나라 헌종(憲宗)의 연호로, 806년부터 820년까지 사용했다.
5) 교룡이 …… 나래치듯 : 한유(韓愈)의 <석고가(石鼓歌)>에 "날랜 칼로 쪼개고 끊으니 교룡과 악어가 살아있는 듯, 난새가 날고 봉황이 나래치니 여러 신선이 내려오고, 산호 짙푸른 나무에 가지 서로 엉킨 듯하구나[快劍砍斷生蛟鼉, 鸞翔鳳翥衆仙

림은 공활하여 강산을 북돋우고 천지에 널리 퍼졌다. 그러므로 당시 벼슬길에 분주하여 고기 먹고[6] 살찐 무리들과는 그 맑고 탁함과 높고 낮음을 함께 말할 수 없음이 분명하다. 이것이 맹교가 세상에 홀로 우뚝 선 까닭이고, 사람들이 맹교에게 가장 미치기 어렵다고 생각하는 이유이다.

공은 맹교보다 거의 천여 년 뒤에 태어나 그 울림을 이었으니, 공도 또한 불평한 사람이다. 세상 한 구석 조선 땅에서, 늘 뒤늦게 태어난 것을 한탄하며, 누렇게 색이 변한 염교 반 동이에 늘 이가 시릴까 걱정이었으므로, 닿는 곳마다 마음이 일어, 드러내어 소리가 된 것은 쓸쓸하고 적막한 데서 나오지 않은 것이 없었다. 이름이 팔도에 알려지고 명성은 한 시대를 뒤흔들었지만, 위로 한미했던 맹교와 백중지간이었으니, 이 어찌 조화옹과 조물주의 뜻이 아니겠는가. 기(氣)가 맑은 사람을 얻어, 벼슬하지 못하고 막혀 있는 가운데서도 크게 울려, 시단(詩壇)에서의 명성을 길이 누리게 하려고 한 것이 틀림없다. 이런 까닭에 "창오산의 고목"[7]이란 구절은 야랑[8]의 궁한 시마(詩魔)에서 나온

下, 珊瑚碧樹交枝柯]"라고 한 데서 온 말이다.

6) 고기 먹고 : 후한(後漢) 때 한 관상쟁이가 반초(班超)에게, "그대는 제비의 턱에 범의 머리라 날아서 고기를 먹는 상이니, 이는 곧 만리후에 봉해질 상이오[燕頷虎頭, 飛而食肉, 此萬里侯相也]"라고 했는데, 서역(西域)에 종군(從軍)하여 만년에 정원후(定遠侯)로 봉해졌던 데서 온 말이다. '고기를 먹는다'는 것은 고관(高官)의 많은 녹봉을 비유하는 말인데, 여기서는 호의호식하며 부귀영화를 누린다는 뜻이다.

7) 창오산의 고목 : 이백(李白)의 <양원음(梁園吟)>에 "옛날 신릉군은 호걸이요 귀인이었지만, 지금 신릉군의 무덤엔 사람들이 밭갈이 하고, 황성은 비어 푸른 산에 달만 비추고, 고목은 모두 다 창오의 구름 속에 들었다네[昔人豪貴信陵君, 今人耕種信陵墳, 荒城虛照碧山月, 古木盡入蒼梧雲]"라고 한 것을 말한다.

8) 야랑 : 이백(李白)은 만년에 영왕(永王) 이린(李璘)의 거병에 가담했는데, 거사가 실패하자 그도 체포되어 757년에 귀주성(貴州省)과 운남성(雲南省)·사천성(四川省)이 닿아 있는 야랑[夜郎: 지금의 귀주성(貴州省) 석천현(石阡縣)]으로 유배되었다.

것이며, "관산 달빛 속의 피리소리"[9]라는 구절은 가을날 찬 다듬이소리[10]에서 일어난 것이고, 우계의 아름다운 말들은 수산 유배지의 빽빽한 가시울타리에서 나왔으며,[11] "적벽의 안개와 놀"이라는 말은 남해[12]의 조각배에서 나왔다.

예로부터 잘 우는 것[善鳴]은 화려함에 있지 않고 근심걱정에서 나오는 것이니, 비유하자면 눈 속에 핀 파리한 매화가 비온 후에 핀 붉은 꽃보다 나은 것과 같다. 여기서 비로소 시인의 본모습은 불평에 있다는 것을 알 수 있다. 그러나 중(中)과 부중(不中)은 후대에 떠들기 좋아하는 사람들이 시와 상관없이 거칠게 하는 말일 뿐이니, 누가 감히 시 외의 거친 이야기로 시인의 본색에 대해 이러쿵저러쿵할 수 있겠는가. 나는 그러므로 공이 길이 가시는 길에 올리는 글에서 말한다. "공의 높음은 부중(不中)에 있으니, 공은 마음 편히 가시오, 공이여 마음 편히 가소서." 글이 끝났으니, 시로 뒤를 잇는다. 시는 이렇다.

---

9) 관산 달빛 속의 피리소리 : 당나라 시인 두보(杜甫)가 안녹산(安祿山)의 난리 때 지은 <세병마행(洗兵馬行)>에 나오는 "삼 년 동안 호적 소리 속에서 관산의 달을 바라보았고, 만국의 군사 앞에 초목이 바람에 흩날리네[三年笛裏關山月, 萬國兵前草木風]"라는 구절을 가리킨다.

10) 가을날 찬 다듬이소리 : 두보(杜甫)의 시 <추흥(秋興)>에 "겨울옷 짓느라 곳곳마다 마름질이 바쁜데, 백제성 높은 곳엔 다듬질 소리도 급하구나[寒衣處處催刀尺, 白帝城高急暮砧]"라고 한 것을 말한다.

11) 우계의 …… 나왔고 : '우계(愚溪)'와 '수산(囚山)'은 호남성(湖南省) 영주시(永州市)의 서남쪽에 있는 지명이다. 유종원(柳宗元)이 이곳에 유배되었을 때 여기에 있는 계곡의 이름을 '염계(冉溪)'에서 '우계'로 바꿨고, 산 이름은 '수산'이라고 하였다. '우계'는 유종원을 가리키는 말로도 쓰인다.

12) 남해 : <적벽부(赤壁賦)>는 필화(筆禍) 사건으로 죄를 얻어 호북성(湖北省) 황주(黃州)에 유배되었던 소동파가 1082년의 가을(7월)과 겨울(10월)에 황주성 밖의 적벽에서 놀다가 지은 것이다.

인간만사 중에서도 원통함은 못 참나니	人間萬事最難寃
원통하면 천년토록 뭇사람이 말한다네.	寃則千年衆有論
파수에 눈물 뿌려[13] 이름이 더 드러났고	淸灞淚霑名益顯
가을 무덤의 귀신 노래[14] 세인이 더 우러렀네.	秋墳鬼唱世尤尊
공이 일찍 현달하면 시의 문이 좁아질까 봐	公如早達偪詩戶
하늘이 곤궁케 해 예원에서 멀리 뒀네.	天欲長窮濶藝園
요즘에는 과거마저 귀하지가 않다 하니	世道今來科不貴
나은[15]과 함께 돌아간들 여한이 있으랴.	同歸羅隱恨何存

余於韓文公「送孟東野序」，得公不中之高矣．凡物之間於天地者，不平則皆鳴．鳥以是鳴春，雷以是鳴夏，虫以是鳴秋，風以是鳴冬，人以是鳴之於世．郊，人中之甚於不平而最善於鳴者也．噫！當元和歲豊物殷之時，寒不得衣，飢不得食，則其所不平，已無可言．而惟其發於窮寒之中者，或疏越而淸凉，或縝密而通暢．蛟騰鳳翥，其聲飄忽，鯨鏗鰲嗒，其

13) 파수에 눈물 뿌려 : 한유(韓愈)의 시 <현재유회(縣齋有懷)>에 "책을 품고 황도를 떠나니, 눈물을 머금고 파수(灞水)를 건너네[懷書出皇都, 銜淚渡淸灞]"라고 한 데서 온 말이다. 이 시는 한유가 795년에 박학굉사시(博學宏詞試)에 급제하였으나 등용되지 못하고 장안을 떠나 낙양(洛陽)으로 간 사실을 읊은 것이다. 파수는 섬서성(陜西省) 장안(長安) 동쪽에 있는 강인데, 강 위에 있는 파교(灞橋)는 예로부터 장안에서 동쪽으로 가는 사람을 송별하는 곳이었다고 한다. 유진한이 재주가 출중했음에도 불구하고 과거에 낙방했다는 말이다.

14) 가을 무덤의 귀신 노래 : 당(唐)나라 시인 이하(李賀)의 시 <추래(秋來)>에서, "가을 무덤에선 귀신도 포씨의 시를 읊조리니, 슬픈 피눈물은 천년 뒤에 푸른 옥이 되었네[秋墳鬼唱鮑家詩, 恨血千年土中碧]"라고 했는데, 남조(南朝) 송(宋)나라 사람 포조(鮑照)의 시 <대호리행(代蒿里行)>이 워낙 뛰어나서 귀신도 읊을 정도였다는 것이다. 여기서는 유진한의 시가 포조의 시처럼 뛰어났다는 말이다.

15) 나은 : 나은(羅隱, 833~909)은 중국 당나라 말기의 시인이다. 과거에 낙방하여 불운하였으나, 절도사의 막료로 있는 동안에 인정을 받아 저작좌랑(著作佐郎)·간의대부(諫議大夫)·급사중(給事中)의 벼슬을 지냈다. 어려서부터 문재(文才)가 있었으며, 특히 시에 뛰어나 이름이 높았다.

韻沉瀏, 鼓吹江山, 流行天地. 則視當時馳騖榮塗, 食肉肥身之輩, 其淸濁高下, 不可同年而語也, 明矣. 此郊之所以獨立於世, 而世之所以卓難於郊者也. 公生於郊幾千餘年之後, 能繼其鳴, 公亦不平中人也. 一隅靑丘, 每抱生晩之嘆, 半瓮黃虀, 常有齒酸之憂, 則其所觸遇感發, 發而成聲者, 無非寒寂中出來. 以至名通八路, 聲動一世, 上與寒郊同遊伯仲之間, 是豈非化翁造物之意! 必欲使得氣之淸者, 大鳴於癯素屛泠之中, 以長詞垣之聲價耶! 是故蒼梧古木之章, 發於夜郎之窮魔, 關山月笛之句, 起於白帝之寒砧, 愚溪錦繡之語, 出於囚山之叢棘, 赤壁烟霞之辭, 生於南海之芥舟. 從古善鳴, 不在綺紈, 在於憂患, 譬猶雪裏瘦梅, 顧唾雨後之紅花, 始知詩家本色積在不平. 而其中與不中, 後來粉華輩詩外麤論也, 誰敢以詩外麤論雌黃於詩家之本色耶! 余故送公長往之辭曰, 公之高在於不中, 公其浩歸, 公其浩歸. 文之終, 繼之以詩. 其詩曰,

人間萬事最難寃, 寃則千年衆有論.
淸濁淚霑名益顯, 秋墳鬼唱世尤尊.
公如早達爲詩戶, 天欲長窮潤藝園.
世道今來科不貴, 同歸羅隱恨何存.

【二】 우인 진사 전주 이인실[16] 〖友人 進士 全州 李仁實〗

하늘도 늙어서 모르는지	皇天老無知
재주를 내고도 안 썼다네.	生才不用世
대과 급제는 참으로 운수소관이나	大闡誠有數
소과 입격은 재주에 따르거늘	小成皆由藝

16) 이인실 : 이인실(李仁實, 1712~?)의 본관은 전주(全州), 호는 죽동(竹東)이다. 그는 유진한의 동갑내기 친구로, 권1에 실려 있는 <차구계이사호운(次龜溪李士皥韻)>에서 언급한 인물이다.

열두 번을 예조[17]에서 꺾인 건	十二南省屈
그저 시운 사나운 걸 탓할 밖에.	只緣時運替
문장에는 공의가 있으니	文章公議在
어떻게 득실을 논하리오.	何論得失際
재주 있어도 무명을 한탄함은	有才無名歎
예나 이제나 모두 한가지로다.	古今卽一例
공이 시월에 가셨단 말을 듣고	聞公十月死
나는 하염없이 눈물을 흘렸네.	垂我千行涕
팔십까지 살 거라 늘 기약하더니	常期八十達
금년에 가시게 될 줄 알았으리오.	那知今年逝
아 그대의 평생 조행(操行)	嗟君平生操
타고난 모습이 참 단아했지.	天姿眞愷悌
빼어난 기품은 죽림칠현 같았고	淸標竹林賢
온화한 풍도는 유하혜[18]와 같았네.	和風柳下惠
몸가짐은 동류 중에 발군이었고	容儀流輩超
품행으로 말세 풍속을 권면했네.	行誼末俗勵
나도 운수 나쁜 사람으로	予亦奇數人
공과 같은 해에 태어났네.	與公生一歲
본디부터 취미가 잘 맞았고	自是臭味好

17) 예조 : 원문의 남성(南省)은 예조(禮曹)의 별칭인데, 과거의 복시(覆試)를 주관했다. 예조에서 꺾였다는 것은 유진한이 충청감영에서 치른 초시(初試)에는 들었으나, 예조에서 치른 복시에는 번번이 낙방했다는 뜻이다.

18) 유하혜 : 유하혜(柳下惠)는 춘추시대 노(魯)나라 사람이다. 『맹자(孟子)』「만장하(萬章·下)」에 "유하혜(柳下惠)의 기풍을 들으면 비루(鄙陋)한 사람은 너그럽게 되고, 천박한 사람은 후덕하게 된다[聞柳下惠之風者, 鄙夫寬, 薄夫敦]"라고 하고, 이어 "백이는 성인(聖人)으로서 맑은 분이고, 이윤(伊尹)은 성인으로서 자임한 분이고, 유하혜는 성인으로서 온화한 분이고, 공자는 성인으로서 시중(時中)하신 분이다. 공자야말로 집대성한 분이다.[伯夷聖之淸者也, 伊尹聖之任者也, 柳下惠聖之和者也, 孔子聖之時者也, 孔子之謂集大成]"라고 하였다.

늘그막엔 금란계[19])를 맺었다네.	晩結金蘭契
시로 세상 울린 걸 늘 우러르며	每仰詩鳴世
재주 없음이 스스로 부끄러웠네.	自愧才不逮
지나간 을사년[20]) 구월에	乙巳季秋月
솔 아래 집[21])으로 공을 찾아갔네.	訪公松下第
백설루에서 시 얘기를 나누고	詩談白雪樓
황국 핀 섬돌에서 술을 마셨지.	酒趣黃花砌
명구의 한취가 넉넉했고	名區閑趣足
일신은 저절로 편안했네.	一身自康濟
머리 허연 늙은이 둘이서	白頭兩衰翁
무릎 치며 자세히 글을 논했지.[22])	擊節論文細
정담을 다하기도 전에	情話猶未盡
서산엔 해가 뉘엿뉘엿.	西岑窮日勢
손 맞잡고 후일을 기약하며	握手問後期
저물녘에 지팡이 끌고 문을 나섰네.	出門暮笻曳
훌륭한 선비를 하늘이 돕지 않아	善士天不祐
연이어 자식을 앞세웠지.[23])	屢經嬴博瘞

---

19) 금란계 : 『주역(周易)』「계사전 상(繫辭傳·上)」에서, "두 사람이 마음을 같이하면 그 단단함이 쇠도 자를 수 있다. 마음을 함께한 말은 그 향기가 난초와 같다[二人同心, 其利斷金, 同心之言, 其臭如蘭]"라고 한 데서 온 말이다. 훌륭한 사람이 풍기는 향기가 좋아서 서로 의기투합하여 친교를 맺었다는 뜻이다.

20) 을사년 : 1785년(정조 9)으로, 유진한이 74세 때이다.

21) 솔 아래 집 : 유도술(柳道述, 1724~1798)의 시에 화운한 권1의 <화유조망운(和柳祖望韻)>에서 유진한이 자신의 거처를 '송서(松墅)'라고 하였다.

22) 자세히 글을 논했지 : 두보(杜甫)의 시 <춘일억이백(春日憶李白)>에 "위수 북쪽엔 봄날의 나무요, 강 동쪽엔 해 저문 구름이로다. 어느 때나 한 동이 술을 두고, 다시 함께 글을 자세히 논해 볼까[渭北春天樹, 江東日暮雲, 何時一樽酒, 重與細論文]"라고 한 데서 온 말이다.

23) 자식을 앞세웠지 : 원문의 영(嬴)과 박(博)은 춘추시대 제(齊)나라의 지명인데, 오

늘 아들 여럿인 게 부럽더니만　每羨多男子
잇따라 가버릴 줄 알았으리오.　何意逝相繼
좋은 일엔 마귀가 장난질하고　順事魔爲戲
역경에선 이치를 알기 어렵네.　逆境理難諦
듣자니 병[24]이 깊다기에　傳聞沈二竪
늘 한번 가보려 했다네.　常擬躬一詣
쇠약해져 오래 출입 못해서였지　衰謝閉門久
길이 멀어 못 간 것은 아니었네.　非是路迢遞
그대 손자가 친구의 정을 알아　令抱知舊誼
부고하며 만사 지어 달라 하네.　告訃索輓製
단산[25]에는 채봉이 깃을 치고　丹山彩鳳閟
구고[26]에선 학이 외로이 우네.　九皐獨鶴唳
동녘을 바라보며 애사를 쓰노라니　東望寫哀詞
늙은이의 눈물이 두 소매를 적시네.　老淚沾兩袂
차가운 하늘 얼어붙은 눈길에　寒天氷雪程
처량히도 붉은 만장이 걸렸어라.　凄凉丹旐揭
그 옛날 전횡의 해로가[27]를　田橫古薤歌

(吳)나라 사람 계찰(季札)이 제나라에서 돌아오다가 큰아들이 죽자 이곳에 장사 지냈다고 한다. 여기서는 자식이 부모보다 먼저 죽은 것을 뜻하는데, 유진한의 셋째 아들 유침(柳琛, 1744~1780)과 장남 유집(柳㙫, 1731~1791)이 세상을 떠난 것을 두고 한 말이다.

24) 병 : 원문의 이수(二竪)는 '병마(病魔)'를 뜻한다. 진(晉)나라 경공(景公)이 병으로 누워 있을 때, 병마가 두 아이로 화신(化身)하여 왔다는 고사에서 온 말이다.

25) 단산 : 단산(丹山)은 봉황이 산다는 전설상의 산 이름이다.

26) 구고 : 구고(九皐)는 깊숙한 늪을 가리키는데, 『시경(詩經)』「소아(小雅)」<학명(鶴鳴)>에 "학이 구고에서 우니 소리가 하늘에 들린다[鶴鳴于九皐, 聲聞于天]"라고 한 데서 온 말이다. 이 시는 어진 사람이 깊이 은거하더라도 그 덕행(德行)이 알려져 임금까지 알게 된다는 것을 비유하고 있다. 여기서 유진한을 '외로이 울고 있는 학'에 비유한 것은 끝내 세상에 쓰이지 못했다는 뜻이다.

27) 해로가 : 해로가(薤露歌)는 한고조(漢高祖)에게 반기를 들었다가 패망한 전횡(田

읊조리니 해도 빛을 잃었네.	遙吟天日曀
어디서 다시 또 만날까	何處更得來
아득히 무덤이 닫히네.	冥漠夜臺閉

【三】 진사 분성 김경익[28) 〖進士 盆城 金景益〗

시단에 이름 높던 육십 년 세월 동안	詩壘高名六十年
괴화[29) 노란 가을마다 자주 이름 올렸건만	黃槐秋色幾登篇
붉은 만장에는 학생이란 두 글자 뿐	學生二字丹旐面
천리가 아득하니 뉘들 맘이 안 아프랴.	天理茫茫孰不憐
만화에 흐르는 물 맑고도 잔잔한데	晩華流水淸且漣
시냇가엔 어진 이가 팔십 년을 살았네.	溪上仁人八耋年
뜻밖에도 올 여름에 참혹한 일[30)을 겪어	豈意慘然今夏事
크나 큰 공의 복도 온전하게 못 누렸네.	使公遐福未全圓
지척에 살면서 금란계를 맺었는데	居是莽蒼契則蘭
십 년 동안 시와 술의 옛 즐거움 못 가졌네.	十年文酒阻前歡

橫)의 죽음을 두고, 그를 따르던 무리가 지은 만가(輓歌) 중에 "부추 위에 맺힌 이슬 어이 쉽게 마르나. 이슬은 말라도 내일이면 다시 내리지만, 사람은 죽어 한번 가면 언제나 돌아오나[薤上朝露何易晞, 露晞明朝更復落, 人死一去何時歸]"라고 한 것을 말한다. 여기서는 만가(輓歌)를 뜻한다.

28) 김경익 : 김경익(金景益)은 유진한의 셋째아들 유침(柳琛, 1744~1780)의 장인이다. 통덕랑 김치대(金致大)의 손자이며, 김관유(金寬儒)의 아들로, 분성부원군(盆城府院君) 김광유(金光有)의 후손이다. 뒤의 「제문(祭文)」【一】을 지은 사람이다.

29) 괴화 : 음력 7월이 되면 과거 시험이 있었는데, 이때 괴화(槐花)가 누렇게 피었으므로 당(唐)나라 때 속어에 "괴화가 누렇게 피면 과거 보는 선비가 바쁘다[槐花黃, 擧子忙]"라고 하였다.

30) 참혹한 일 : 이 해 4월에 장자 유집(柳㙫, 1731~1791)이 먼저 세상을 떠난 것을 말한다.

흰머리 된 내가 이제 유명간에 통곡하여　白頭今日幽明慟
또다시 후손들을 눈물 쏟게 하는구나.　更爲孤孫涕淚氿

【四】 삭녕 최헌교[31] 〖朔寧 崔憲敎〗

젊은 날에 문장으로 사림을 뒤흔드니　少日文章動士林
그 시절에 날린 명성 남금[32]만큼 높았네.　當時聲價重南金
청운의 꿈을 꿨던 과거 급제 소식 없어　青雲桂籍功名寂
흰 머리로 글방에서 병만 깊이 들었네.　白首書帷疾病深
상자에 남은 글은 허망히 약속을 저버렸고　篋裏遺篇空負約
전해온 가업은 이미 뜻을 어겼다네.　家中傳業已違心
이제부터 교분을 나눌 곳이 없어지니　交情自此論無處
통곡하고 동쪽 하늘 바라보며 시 부치네.　哭向東天寄短吟

【五】 우인 안동 김석겸[33] 〖友人 安東 金錫謙〗

지난밤 자줏빛 깃발이 남녘 향해 펄럭이더니　前宵紫旎向南飛
천사가 벗님 유공을 돌아오라 불렀다네.　天使招招柳友歸
두 줄 눈물 피가 되어 영박[34] 땅을 적셨고　雙淚血霑嬴博土

---

31) 최헌교 : 최헌교(崔憲敎, 1721～1794)의 본관은 삭녕(朔寧), 자는 숙경(叔經)이며, 초명은 배수(配洙)이다. 최제형(崔齊衡, 1699～1778)의 아들로, 진사 최경후(崔慶厚, 1656～1716)의 증손이며, 최동식(崔東式, 1562～1614)의 7대손이다. 유진한의 생가 조부인 유광익(柳光翼, 1661～1720)의 손녀, 즉 유경(柳璥)의 셋째딸이 시집간 최신교(崔信敎, 1725～1799)의 형이다.
32) 남금 : 남금(南金)은 중국 남방 형주(荊州)와 양주(楊州)에서 나는 질이 좋은 금으로, 값이 일반 황금의 두 배가 나갔다.
33) 김석겸 : 김석겸(金錫謙, 1721～?)의 본관은 안동(安東), 자는 대수(大受)이다. 통덕랑 김상기(金相器, 1639～1708)의 손자이며, 김봉조(金鳳朝, 1685～1763)의 아들로, 안렴사(安廉使) 김사렴(金士廉)의 후손이다.
34) 영박 : 자식이 죽어 묻은 곳이다. 앞의 주) 23 참조.

팔순에도 곤궁해서 위수[35] 가를 지켰네. 八旬窮抱渭濱磯
가련하다 병도 잦아 해마다 앓더니만 自憐疾病頻年發
반평생 드문 문장을 헛되이 저버렸네. 孤負文章半世稀
그저 학생이라 써넣고 만 짧은 만장이 秪以學生題短旐
우리들이 깊이깊이 바라던 게 아니라오. 此非吾黨所深希

시단의 대장은 진정 바로 그대였네 騷壇大將子眞是
묵병을 훈련시켜 귀신들을 놀래켰지. 訓鍊墨兵動鬼神
과거장의 격전에선 공을 이루지 못했으니 鏖戰莉圍功未遂
이야말로 하늘의 뜻 어찌 사람 탓이겠나. 此誠天也豈由人

본디 모습 단아했고 인자하고 어질어서 天姿端雅又慈良
공부할 때 여러 해를 공경하며 대했다네. 敬接多年肄業場
지금와선 모든 일이 한 조각의 꿈이 되고 萬事卽今成一夢
처량히도 매화에 걸린 달만 빈 집을 비추네. 凄凉梅月照虛堂

【六】 종제 철한[36] 〖從弟 喆漢〗

글을 함께 연마했던 육십 년 세월 동안 翰墨同硏六十霜

---

35) 위수 : 위수(渭水)는 강태공(姜太公)이 낚시질을 하며 때를 기다리던 곳으로, 80세에야 문왕(文王)을 만나서 등용되었다는 고사가 전한다. 유진한이 팔십 평생 뜻을 얻지 못했다는 뜻이다.

36) 종제 철한 : 유철한(柳喆漢, 1719~1794)의 본관은 고흥(高興), 자는 철보(喆甫), 호는 오오세(五吾濟)·어은(魚隱)이다. 그는 유광익(柳光翼, 1661~1720)의 셋째아들인 유적(柳頔, 1700~1771)의 장남이다. 유진한의 부친 유창(柳昌, 1689~1755)은 유광익의 둘째아들로 태어나 백부인 유광천(柳光天)의 계자(系子)가 되었기 때문에 이 책에서는 유철한을 종제라고 부르고 있다. 권2 끝부분에 실린 <은사동유시축서(銀寺同遊詩軸序>에서는 자를 철부(徹夫), 이름을 철한(徹漢)으로 쓰기도 했으나, 여기서는 『고흥유씨세보(高興柳氏世譜)』에 따라 표기했다.

밤낮으로 정담을 나누던 만화당이여.	晝宵情話晩華堂
어찌 다만 문장만이 이 세상을 울렸으랴	文章豈但鳴斯世
재행의 단아함은 왕께서도 아시리라.	才行端宜達聖王
젊어서는 과장에서 명성이 자자했건만	少也科聲喧藉藉
끝내 뜻을 못 이루고 빛바랜 걸 어이하랴.	終焉落魄奈蒼蒼
뜰에 선 난곡[37]에겐 여경이 있으리니	峙庭鸞鵠有餘慶
구천까지 길이 맺힌 한이 조금 위로되리.	稍慰泉臺至恨長

시단에 대장이 좌정하시면	騷壇坐大將
선비들 빽빽이 모여들었네.	多士集如林
마음가짐은 티 없는 옥 같았고	心事無瑕玉
집안 명성은 금[38]이에게 달렸네.	家聲在膝琹
물려줄[39] 건 읊조렸던 시들 뿐	靑氈留實唾

37) 난곡 : 난새와 고니[鸞鵠]는 모두 크고 상서로운 새이므로 자제가 훌륭하여 여경(餘慶)이 있을 것이라는 뜻이다. 한유(韓愈)의 <전중소감마군묘명(殿中少監馬君墓銘)>에 "물러나 소부(少傅)를 보매 푸른 대와 푸른 오동에 난새와 고니가 우뚝 선 듯하여, 능히 그 가업을 지킬 만한 사람이다[翠竹碧梧, 鸞鵠停峙, 能守其業者也]"라고 한 데서 온 말이다.

38) 금 : 유진한이 60세에 얻은 막내아들 유금(柳琹, 1771~1835)이 가문의 명성을 이을 것이라는 기대를 담은 말이다. 유진한의 다섯째아들인 유금의 자는 순오(舜五), 호는 오천(梧泉)·석남(石南)이다. 뒤에 실린 「행록(行錄)」을 지었으며, 족조(族祖) 유몽인(柳夢寅)의 산일(散佚)된 글을 수집, 편차하여 1832년에 『어우집(於于集)』을 간행하였다. 『어우집』 원집(原集) 권6에 그가 쓴 발문[新刊於于堂遺集跋]이 실려 있다. 목천읍지인 『대록지(大麓誌)』를 1817년에 중간(重刊)할 때 유사(有司)로 참여하기도 했다.

39) 물려줄 : 원문의 청전(靑氈)은 '청전구물(靑氈舊物)'의 준말로, 벼슬하는 집안에서 대대로 전해져 내려온 푸른 담요인데, 으뜸가는 선조의 유물이라는 뜻이다. 진(晉)나라 사람 왕헌지(王獻之)의 집에 도둑이 들었는데, 다른 물건을 훔칠 때에는 그가 가만히 누워 있다가 도둑이 푸른 털방석[靑氈]에 손을 대려 하자, "그 털방석은 우리 집안의 구물(舊物)이니 그냥 놔둘 수 없겠는가[靑氈我家舊物, 可特置之]"라고 하자, 도둑이 물건을 놓아 둔 채 도망쳤다는 고사에서 온 말이다.

오두막엔 황금상자[40]가 없다네.　白屋乏籯金
시인의 뼈 청산의 무덤 된다던　詩骨青山塚
자만시[41]가 가련하고 가련해라.　可憐自輓吟

공께서는 오복 중에 세 가지[42]를 얻었는데　公於五福得其三
불행히도 금년에 장남을 잃으셨네.[43]　不幸今年哭長男
가끔씩 연못가의 봄풀 꿈[44]을 꾸건마는　往往池塘春草夢
아 동생의 혼백은 먼 남녘[45]에 있어라.　嗚呼季魄遠州南

---

40) 황금상자 : 한(漢)나라 때 경학자(經學者)인 위현(韋賢)의 네 아들이 모두 훌륭하게 되었는데, 그중에서도 막내아들 현성(玄成)이 명경(明經)으로 승상(丞相)에까지 올랐으므로, 당시 속담에 "자식에게 바구니에 가득한 황금을 남겨 주는 것이 경서 한 권을 가르치는 것만 못하다[遺子黃金滿籯, 不如一經]"라고 했다는 데서 온 말이다. 가난한 선비의 집에서는 후손을 잘 가르치는 것 밖에 전해줄 만한 물건이 따로 없다는 말이다.

41) 자만시 : 유진한이 1788년 가을에 지은 <괴산감시방후감음(槐山監試榜後感吟)>에 "가련하다 시인의 뼈 청산의 무덤 되면, 원기 서려 봄바람에 풀도 나지 않으리라[自憐詩骨青山塚, 寃氣春風草不生]"라고 한 데서 가져온 구절이다.

42) 세 가지 : 유가(儒家)에서 말하는 오복(五福)은 홍범구주(洪範九疇)에 나오는 다섯 가지의 복, 즉 수(壽)·부(富)·강녕(康寧)·유호덕(攸好德)·고종명(考終命)을 말한다. 하지만 여기서는 수(壽)·부(富)·귀(貴)·강녕(康寧)·자손중다(子孫衆多) 가운데, 부·귀를 뺀 나머지 세 가지를 갖추었다는 뜻이다.

43) 장남을 잃으셨네 : 앞의 주) 23 참조.

44) 연못가의 봄풀 꿈 : 연못가 봄풀의 꿈이란 한창 소년 시절의 즐거웠던 일을 비유한 것이다. 주희(朱熹)의 <우성(偶成)>에 "소년은 늙기 쉽고 학업은 이루기 어려우니, 한 치의 시간도 가벼이 여겨서는 안 되리라. 연못가 봄풀의 꿈을 채 깨기도 전에 뜰 앞 오동잎엔 벌써 가을 소리가 들리네[少年易老學難成, 一寸光陰不可輕, 未覺池塘春草夢, 階前梧葉已秋聲]"라고 한 데서 온 말이다.

45) 남녘 : 유진한의 동생 유부한(柳扶漢, 1727~1780)은 고산현(高山縣: 현 전북 완주군 고산면 일대)에서 세상을 떠나 그곳에 묻혔다.

【七】 우인 남양 홍무[46)]〔友人 南陽 洪楙〕

몰랐네 이 어른이 오늘 이리 되실 줄을	豈知此老今如斯
듣자니 건강해서 시 지을 수 있다던데.	聞說康强能賦詩
만날 기회 적었어도 오래도록 정분 맺고	雖阻逢塲修宿契
늘 편지에 기대어서 그리는 맘 위로했네.	每凭便信慰相思
재명이 자자해도 흰머리를 상심하니	才名藉世傷頭白
영욕은 하늘의 뜻 모진 운명 어찌하랴.	榮屈關天奈數奇
한 시대를 풍미했던 문장 이미 다했으니	一代文章嗟已盡
울며 청산 바라보며 만사를 띄우노라.	靑山泣望寄哀詞

【八】 요산[47)] **이윤명**[48)] 〔遼山 李允命〕

그대의 일생을 어찌 잊을 수 있으랴	惟子平生豈可諼
모든 일을 깨쳐 주고 외려 말이 없구려.	提撕萬事反無言
글의 근원 넓고 멀어 와 배운 이 많았고	詞源濶遠多來學
돈후하고 순박해서 문을 열어 맞이했네.	履用敦純自闢門
향시 열 번[49)] 합격해도 뜻을 얻긴 어려웠고	鄕解卄回難得意
팔십까지 살았어도 성은[50)] 입지 못했다네.	喜延八耋未蒙恩

---

46) 홍무 : 홍무(洪楙, 1722~1795)의 본관은 남양(南陽), 자는 덕재(德哉)이다. 홍이조(洪履祚, 1697~1732)의 아들로 태어나 홍익조(洪益祚, 1694~1750)의 계자(系子)가 되었다. 남양군(南陽君) 홍진도(洪振道, 1584~1649)의 5대손이다.

47) 요산 : 요산(遼山)은 수안이씨의 관향(貫鄕)인 황해도 수안군(遂安郡)의 옛 이름이다.

48) 이윤명 : 이윤명(李允命, 1722~1800)의 본관은 수안(遂安), 자는 달천(達天), 호는 용암(容菴)이다. 이천봉(李天鳳, 1685~1748)의 아들이며, 세마(洗馬) 이원(李源)의 현손으로, 예제(禮制)에 밝았다고 한다.

49) 열 번 : 원문에는 스무 번을 뜻하는 '卄回'라고 했지만, 권3에 실린 「연보(年譜)」와 여타 기록에 따라 열 번으로 번역했다. 유진한은 생원·진사 시험인 소과(小科) 초시(初試)에 열 번이나 뽑혔으나, 회시(會試)에는 끝내 입격하지 못했다.

50) 성은 : 향천(鄕薦)을 세 번이나 받았음에도 불구하고, 유진한은 80세로 세상을 떠

저 하늘이 이 사람 한 위로하려 하신다면 彼蒼若慰斯人恨
묘좌 언덕 무덤 위에 풀이 먼저 돋게 하리.[51] 有草應先卯坐原

【九】 삼종제 수한[52] 〖三從弟 秀漢〗

청산에 묻힌 시골 지난날의 구슬픈 시 青山詩骨囊悲吟
자만시[53]는 일백 번을 단련한 쇠[54] 같았네. 自輓遺篇百鍊金
하늘을 감동시킬 정성에도 보답 없고 誠格蒼天無報應
백설가[55] 높은 노래 알아주는 이 없었네. 歌高白雪少知音
생전에 자식 잃어 신수는 기박해도 生前逆理奇身數
사후에 남긴 이름 사림에 자자하네. 死後留名藉士林
집에는 보금[56] 있어 가업을 전하였고 家有寶琹傳世業
한 시대 울렸으니 깊은 지원 위로되리. 鳴時足慰至寃深

집안의 항렬로 난 삼종제요 族行三從弟
나이가 열 살 위인 형님이라. 齒德十年兄
들고 날 땐 스승이자 벗이었는데 出入兼師友
이젠 모두 백발 서생 돼버렸구려. 俱爲白首生

날 때까지 수직(壽職)마저 받지 못했다.

51) 무덤 …… 하리 : 앞의 주) 41 참조.

52) 삼종제 수한 : 유수한(柳秀漢, 1722~1793)의 자는 수부(秀夫)이며, 유진한의 증조부 유비(柳芘, 1632~1711)의 동생인 유형(柳蘅, 1639~?)의 승손이다. 『대록지(大鹿誌)』에 문예(文藝)가 있다고 했다.

53) 자만시 : 앞의 주) 41 참조.

54) 일백 번을 단련한 쇠 : 소강절(邵康節)의 시에 "행동은 천균노를 만들 듯이, 갈고 다듬기는 백련금처럼[施爲欲作千勻弩, 磨礪當如百鍊金]"이라고 한 데서 온 말이다.

55) 백설가 : <백설가(白雪歌)>는 송옥(宋玉)의 「대초왕문(對楚王問)」에서 <양춘(陽春)>과 함께 고아한 악곡으로 거론되었다. 유진한이 높은 뜻과 재주를 품고 있었지만 세상이 알아주지 않았다는 말이다.

56) 보금 : 앞의 주) 38 참조.

【十】 고우 남원 윤원주[57) 〖故友 南原 尹元柱〗

백발 되어 산골짝에 우리 형을 묻으려니	白首溪山哭我兄
성근 연기 잎 진 나무 맘 가눌 길 없어라.	踈烟落木不堪情
세상에 바른 행실 진정한 군자였고	人間行誼眞君子
호좌의 문장가가 겨우 일개 학생일세.	湖左文章一學生
예조[58)에서 신진들만 가까이 하였기에	南省近多新進輩
대궐에선 노성한 이 이름조차 모른다네.	北宸難徹老成名
아 저승길에 조심조심 가시구려	嗟嗟愼去丹旌路
구천에는 큰아들이 마중 나와 있겠지요.	伯胤也應九地迎

하릴없이 산다는 건 예나 이제나 가련한데	古今寄贅儘堪憐
그대는 인자라서 팔십 수를 누렸도다.	仁者吾君八十年
넉넉한 복 드리워서 여경이 있으리니	裕祉垂垂餘慶在
시서 하는 집안에는 자손이 어질도다.	詩書家裏子孫賢

【十一】 척제 전 부사 김도환[59) 〖戚弟 前府使 金道煥〗

문장가가 팔십 년을 헛되이 늙었으니	文章虛老八旬期
하늘은 왜 우리 고을 운수를 쇠하게 하나.	天也其何邑運衰

57) 윤원주 : 윤원주(尹元柱, 1721~1803)의 본관은 남원(南原), 자는 자선(子善)이다. 통덕랑(通德郞) 윤헌(尹瀗, 1698~1768)의 아들이며, 한성주부(漢城主簿) 윤대명(尹大命, 1560~?)의 6대손으로, 1800년(순조 즉위년)에 수직(壽職)으로 동지중추부사(同知中樞府事)가 되었다. 『대록지(大麓誌)』에는 윤원주가 수신을 잘하여 덕행(德行)이 있었다고 했다. 목천현 이원동면(二遠東面) 석교리(石橋里), 지금의 천안시 병천면 구도리 구암마을에 남원윤씨가 세거했다.

58) 예조 : 앞의 주) 17 참조.

59) 김도환 : 김도환(金道煥, 1724~1793)의 본관은 강릉(江陵)이며, 자는 계장(季章)이다. 무겸선전관(武兼宣傳官) 김성구(金聖耉, 1690~1749)의 넷째아들이며, 서산군수를 지낸 김도혁(金道爀, 1713~1784)의 동생이다. 1765년(영조 41)

백옥이 먼지에 묻혀 사람에겐 한이 되고	白玉塵埋人有恨
청산에 무덤 생기니 세상에는 시가 없네.	青山墳起世無詩
뜰에 난 다섯 난초 세 이파리 남아[60] 있고	庭蘭五葉餘三葉
무성하던 문 앞 버들 윗가지[61]가 꺾였네.	門柳繁枝折上枝
듣건대 저승에선 한이 있나 살핀다니	地府曾聞寃業訟
끝없는 여경이 자손에게 미치리라.	綿綿後慶子孫遺

십 년이나 헤어졌던 우리 인척 형님을	十載相離我戚兄
구름 가 호수의 달 그 얼마나 그렸던가.	落雲湖月幾凝情
올가을에 다행히도 생전에 뵈었으니[62]	今秋幸接生前面
천고에 유명의 한 남기지는 않았네.	千古幽明恨不縈

【十二】 종제 달한[63] 〖從弟 達漢〗

호좌의 문장 하면 우리 종형이셨으니	湖左文章我從兄
단아한 용모와 태도 규성[64]의 정기였네.	端容雅範稟奎精
명성과 기품은 천금 같이 무거웠고	聲名器宇千金重
마음은 옥호 속의 얼음[65]처럼 맑았다네.	心事壺氷一段淸

무과에 급제하여, 군산첨사(群山僉使)·온성부사(穩城府使)·금위영천총(禁衛營千摠)을 지냈다. 유진한의 후배(後配)가 강릉김씨(江陵金氏)이기 때문에 척제라고 한 것이다.

60) 다섯 …… 남아 : 유진한의 다섯 아들 가운데 장남과 셋째아들이 먼저 세상을 떠나고 세 아들만 남은 것을 말한다. 앞의 주) 23 참조.

61) 맨 윗가지 : 목천에 살던 고흥유씨의 종손(宗孫)이었넌 유진한을 뜻한다.

62) 생전에 뵈었으니 : 권3 「행록(行錄)」 【21】에 유진한이 세상을 떠나기 전날 김도환이 병문안했다고 하였다.

63) 종제 달한 : 유달한(柳達漢, 1725~1804)의 자는 달부(達夫), 호는 경호(鏡湖)이다. 유진한의 부친 유창(柳琩, 1689~1755)의 친동생인 유적(柳廸, 1700~1771)의 차남이다.

64) 규성 : 규성(奎星)은 28수의 하나로, 문운(文運)을 관장하는 별이다.

65) 옥호 속의 얼음 : 남조(南朝) 송(宋)나라 사람인 포조(鮑照)의 시 <백두음(白頭

백설처럼 높은 노래[66] 강개함이 많았고　白雪高歌多慷慨
푸른 놀의 높은 기상[67] 한평생 울적했네.　青霞奇氣鬱平生
황천길을 가시는데 만장에는 두 글자[68] 뿐　丹旐二字黃泉路
대로[69]께서 어찌하여 소과마저 못하셨나.　大老如何未小成

사람들은 내 종형이 한을 품고 가셨대도　人言我從抱寃逝
난 그 한을 씻으실 날 있을 거라 생각하네.　我謂其寃雪有時
하늘이 계화 연화[70] 후손에게 주시리니　天以桂蓮將裕後
여러 손자 늘어섰고 아들은 특출나네.　諸孫羅列胤兒奇

지나간 을미년에 우리 아일 잃었는데　往年乙未哭吾兒
공께서 선산에다 묻게 허락 해주시고　公以墳山許葬時
아울러 영손[71]으로 양자 삼게 해주시니　兼諾令孫爲立後
뼈에 새긴 깊은 은혜 갚을 기약 없어라.　深恩銘骨報無期

吟)>에 "곧기는 붉은 거문고 줄 같고, 맑기는 옥호 속 얼음과 같네[直如朱絲繩, 淸如玉壺冰]"라고 한 데서 온 말로, 청정하고 고결한 품격을 뜻한다.

66) 백설처럼 높은 노래 : 백설처럼 높은 노래[白雪高歌]는 <백설가(白雪歌)>를 뜻한다. 앞의 주) 55 참조.

67) 푸른 놀의 높은 기상 : 강엄(江淹)의 <한부(恨賦)>에 "푸른 놀의 고상한 뜻을 품었네[鬱靑霞之奇意]"라고 한 구절에서 온 말이다. 고상하고 원대한 뜻을 품고 있었으나, 세상이 유진한의 재주를 알아주지 않았다는 말이다.

68) 두 글자 : 과거로 입신하지 못했기 때문에 만장에 학생(學生)이라고밖에 쓰지 못한 것을 안타까워한 것이다.

69) 대로 : 대로(大老)는 『맹자(孟子)』 「이루 상(離婁·上)」에 "백이(伯夷)와 태공(太公) 두 노인은 천하의 대로인데 문왕(文王)에게 돌아갔으니, 이는 천하의 아버지가 문왕에게 돌아간 것이다. 천하의 아버지가 돌아갔으니, 그 자제들이 문왕에게 돌아가지 않고 어디로 가겠는가[二老者, 天下之大老也, 而歸之, 是天下之父歸之也, 天下之父歸之, 其子焉往]"라고 한 데서 온 말로, 덕과 명망이 높은, 나라의 큰 어른을 가리킨다.

70) 계화 연화 : 문과(文科) 급제자에게 주는 계화(桂花)와 생원·진사과에 입격한 사람에게 주는 연화(蓮花)를 뜻한다.

71) 영손 : 유달한(柳達漢)의 아들 유각(柳珏, 1754~1775)이 요절하였는데, 후에 유

【十三】 척말 서원 이태섭72) 〖戚末 西原 李台燮〗

어려서부터 익히 들어 성함을 알았는데　兒童慣聽姓名知
공께서 실의하니 뉜들 아니 슬퍼하랴.　落魄於公孰不悲
시단의 거벽이라 일찍 회자 되었어도　巨擘詞垣曾膾炙
발자취는 사립문서 만년까지 지리했네.　閑蹤華戶晩棲遲
팔십을 넘기신 건 어질다는 징표건만　年躋八耋仁斯驗
맏아들을 잃었으니73) 이치 알기 어렵다네.　鬯失重雷理莫推
만장에 학생이라 겨우 참고 쓰고 나서　忍寫學生丹旐面
만사를 지으려니 눈물 줄줄 흐르네.　爲題哀誄淚交頤

각자 늙고 병이 들어 안부도 못 물어서　各緣衰病阻寒暄
한 번 가서 맘 터놓고 얘기하고 싶었건만　一造論襟每願言
갑자기 돌아가시어 영결이 돼버리니　大化居然成永訣
늦매화74)는 뜰 가에 져 흔적조차 없구나.　晩梅庭畔落無痕

진한의 셋째아들 유침(柳琛, 1744, 1780)의 셋째아들인 유영시(柳榮時, 1777~1830)로 후사를 이었다.

72) 이태섭 : 이태섭(李台燮, 1724~1793)의 본관은 청주(淸州), 자는 사협(士協)이다. 봉정랑(奉政郎) 이수인(李秀仁, 1641~1694)의 증손으로, 봉암(鳳岩) 채지홍(蔡之洪, 1683~1741)의 문인이다. 유진한의 재종조부(再從祖父) 유광서(柳光瑞, 1696~1767)의 사위인 이시태(李時泰)가 청주이씨(淸州李氏)이므로 척말(戚末)이라 자칭한 것이다. 옛 목천현(木川縣) 일원동면(一遠東面) 광덕리(廣德里), 현 천안시 동면 광덕리에 청주이씨들이 세거했는데, 이곳은 유진한이 살던 병천면 용두리에서는 약 7km 거리에 있다. 대본의 변(變)은 섭(燮)의 잘못이므로 바로잡았다.

73) 맏아들을 잃었으니 : 원문의 창(鬯)은 종묘의 제사에 쓰는 울창주(鬱鬯酒)인데, 사자(嗣子), 즉 세자(世子)가 주관한다. 여기서는 사가(私家)이므로 제사에 쓰는 술[祭酒]을 뜻한다. 중뢰(重雷)는 『주역(周易)』 64괘 중 진괘(震卦)인데, 장남(長男)을 의미한다. 제주(祭酒)가 장남을 잃었다는 것은 제사를 받들 맏아들이 세상을 떠났다는 뜻이다. 여기서는 유진한의 장남 유집(柳㻗, 1731~1791)이 이 해 4월 15일에 먼저 세상을 떠난 것을 두고 한 말이다.

74) 늦매화 : 늦매화는 '매옹(梅翁)'이라고 불린 유진한을 가리킨다.

【十四】 청주 한의윤[75)]〖淸州 韓義潤〗

천상의 백옥루가 어젯밤에 지어지니[76)]	天上玉樓昨夜成
만화촌 봉우리를 붉은 만장이 둘렀다네.	晩華峰色繞丹旌
푸른 파수 위에 뿌린 창려 눈물[77)] 한 더하고	恨添淸灞昌黎淚
서하에서 자식 잃고 눈 먼 자하[78)] 원 맺혔네.	寃結西河子夏明
이백[79)]은 외로운 달빛을 재촉했고[80)]	金粟前身孤月促
두보의 좋은 시구[81)] 모든 이를 놀래켰네.	杜陵佳句萬人驚

75) 한의윤 : 한의윤(韓義潤, 1722~?)의 본관은 청주(淸州), 자는 인숙(仁叔)이다. 옛 목천현(木川縣) 근동면(近東面) 반계리(磻溪里), 현 천안시 동면 화계리에 청주한씨로는 처음 자리를 잡은 한응기(韓應箕, 1550~1591)의 6대손이며, 통덕랑 한상겸(韓尙廉, 1637~1701)의 증손으로, 유진한의 매부인 한구윤(韓九潤, 1727~1766)의 삼종형(三從兄)이다.

76) 천상의 …… 지어지니 : 당(唐)나라 때의 천재 시인 이하(李賀)는 27세에 요절했는데, 그가 죽을 때 천상에서 붉은 옷을 입은 사람이 붉은 용을 타고 내려와서, "상제(上帝)가 백옥루를 완성하고, 지금 그대를 불러다가 기문(記文)을 짓도록 명하셨다."라고 하고 데려갔다는 전설에서 온 말이다.

77) 창려 눈물 : 창려(昌黎)는 한유의 호(號)이며, 이 구절은 그의 시 <현재유회(縣齋有懷)>에서 온 말이다. 앞의 주) 13 참조.

78) 눈 먼 자하 : 공자(孔子)의 제자 자하(子夏)가 서하(西河)에서 아들이 죽자 심하게 울다가 실명(失明)했다는 고사에서 온 말이다. 유진한도 자하처럼 자식을 먼저 잃는 아픔을 겪었다는 말이다.

79) 이백 : 원문의 '금속여래의 전신[金粟前身]'은 이백(李白)을 가리킨다. 이백의 시 <답호주가섭사마문백시하인(答湖州迦葉司馬問白是何人)>에 "청련거사는 귀양온 신선, 술집에 이름을 숨겨온 삼십 년, 호주사마는 어찌 묻는가, 금속여래가 바로 나의 후신이라오[靑蓮居士謫仙人, 酒肆藏名三十春, 湖州司馬何須問, 金粟如來是後身]"라고 한 데서 온 말이다. 금속(金粟)은 '금속여래(金粟如來)'의 준말로, 중생이 병들었으므로 자신도 어쩔 수 없이 병들었다면서 보살들에게 교화를 행한 유마힐(維摩詰)을 뜻한다.

80) 달빛을 재촉했고 : 이백이 채석강(采石江)에서 배를 타고 놀다가 물에 비친 달을 건지려고 취중에 물로 뛰어들었다가 익사했다는 전설에서 온 말이다.

81) 좋은 시구 : 두보(杜甫)의 시 <강상치수여해세료단술(江上値水如海勢聊短述)>에 "나는 성벽이 오로지 좋은 시구만 욕심내서, 사람들 놀랠 말 아니면 죽어도 그만두지 않네[爲人性癖耽佳句, 語不驚人死不休]"라고 한 데서 온 말이다. 앞의 구에 이어 유진한을 이백·두보와 같은 대 시인과 견준 것이다.

글재주를 못 펼치고 요대에 이름 올랐으니　　文章未闡瑤臺籍
무덤 위엔 천년토록 계화가 피리라.　　墳上千年桂必生

백전의 문장가가 산자락에 묻히니　　百戰文章一片山
재주 있고 운 없는 건 정녕 운수소관일세.　　有才無命數固關
준마여 서리 밟고 넘어짐[82]을 한치 마오　　良騏莫恨霜蹄蹶
그래도 시명은 이 세상에 가득하니.　　猶有詩名滿世間

【十五】 참의 안동 김이희[83] 〖叅議 安東 金履禧〗

유자후[84]의 천년 뒤에 후신이 있었으되　　子厚千秋有後身
팔십 년을 불우하게 풍진 속에 늙었다네.　　八旬坎坷老風塵
어찌 그저 문사라는 명성에만 그칠쏘냐　　聲名豈獨文章士
원래부터 바른 행실 단아하고 엄정했네.　　行誼元來雅飭人
재주는 청운의 뜻 펼치기에 족했으나　　才足靑雲能展布
하늘은 백발까지 가난 속에 살게 했네.　　天敎白髮耐窮貧

---

82) 서리 밟고 넘어짐 : 원문의 상제(霜蹄)는 준마(駿馬)의 발굽을 이른 것으로, 두보(杜甫)의 시 <취가행(醉歌行)>에 "옛사람이 활을 쏴서 버들잎 꿰뚫은 것처럼 진정 스스로를 알 테니, 준마가 잠시 발굽을 헛디뎠어도 실족한 건 아니라네[舊穿楊葉眞自知, 暫蹶霜蹄未爲失]"라고 한 데서 온 말이다.

83) 김이희 : 김이희(金履禧, 1727~1797)의 본관은 안동(安東), 자는 치응(穉膺), 호는 지래헌(知來軒)이다. 문충공(文忠公) 김상용(金尙容, 1561~1637)의 6대손이다. 1759년(영조 35) 식년문과에 급제하여, 사헌부·사간원·홍문관의 청요직(淸要職)을 두루 거쳐, 김해부사·성균관 대사성·사간원 대사간·사헌부 대사헌을 지냈다. 그는 유진한의 둘째아들 유력(柳㦡, 1741~1799)의 매부인 김이경(金履敬, 1749~1809)의 종형(從兄)이며, 유진한과 함께 은석시사(銀石詩社) 활동을 한 김양행(金養行, 1707~1755)의 재종질(再從姪)이다.

84) 유자후 : 유자후(柳子厚)는 당송팔대가(唐宋八大家)의 한 사람인 유종원(柳宗元, 773~819)을 가리키는데, 자후(子厚)는 그의 자(字)이다. 성이 같기 때문에 뒤에서 유진한을 그의 후신이라 한 것이다.

파수[85]를 건너던 때 흘린 눈물 알겠어라　　聊知渡灞當年淚
묘지에 하염없이 저녁비가 내릴 적에.　　不盡荒原暮雨辰

【十六】 척제 진사 화산 김종후[86] 〖戚弟 進士 花山 金宗厚〗

사물도 사람의 근심 따라 생겨나니　　物亦因人愁處生
옛사람 무덤 위엔 계화가 피리라.　　古人墳上桂花生
매옹은 시에다가 뭐라고 하셨던가　　梅翁詩上曾何語
원기 서려 봄바람에 풀도 나지 않으리라.[87]　　寃氣春風草不生

【十七】 진사 한산 이용서[88] 〖進士 韓山 李龍舒〗

잔잔한 개울에서 낙수 소리를 일찍 들어　　早聽潺溪洛水聲
어우당[89] 이후에 높은 이름을 날렸다네.　　於于以後擅高名

---

85) 파수 : 앞의 주) 13 참조.

86) 김종후 : 김종후(金宗厚, 1728~1793)의 본관은 안동(安東), 자는 덕이(德而), 호는 첨재(忝齋)이다. 유진한의 5대조 유활(柳活, 1576~1641)의 장인인 김계종(金繼宗, 1556~1614)의 6대손이며, 김계종의 둘째아들로 대제학을 지낸 김호(金昈, 1584~1631)의 5대손이다. 옛 청주목(淸州牧) 송정(松亭), 현 천안시 병천면 송정리에 살았으며, 1774년(영조 50) 증광시(增廣試)에 진사가 되었다. 『사마방목(司馬榜目)』과 『대록지(大麓誌)』, 이 책에서는 모두 '김종후(金宗厚)'라고 적었는데, 『안동김씨제학공파보(安東金氏提學公派譜)』와 천안시 병천면 송정리에 있는 묘비에는 '김종후(金宗垕)'로 썼다. 뒤의 「만사(輓詞)」【三十二】를 쓴 김붕환(金鵬煥, 1747~?)의 아버지이며, 뒤의 「만사(輓詞)」【二十七】을 지은 김종집(金宗㙫, 1740~1793)의 재종형이고, 「만사(輓詞)」【三十一】을 쓴 김종억(金宗檍, 1744~1815)의 10촌 형이다. 김붕환에 대해서는 주) 170, 김종집에 대해서는 주) 143, 김종억에 대해서는 주) 169 참조.

87) 원기 …… 않으리라 : 앞의 주) 41 참조.

88) 이용서 : 이용서(李龍舒, 1727~1797)의 본관은 한산(韓山)이다. 진사 이형운(李亨運, 1679~1753)의 손자로, 아계(鵝溪) 이산해(李山海, 1539~1609)의 후손이다. 1762년(영조 38)에 진사가 되었다.

89) 어우당 : 어우당(於于堂)은 영양군(瀛陽君) 유몽인(柳夢寅, 1559~1623)을 가리킨다. 그는 사간(司諫) 유충관(柳忠寬)의 손자이며, 진사 유탱(柳樘)의 아들로,

동성[90]에서 짝한 객은 그때 처음 만났어도	東城伴客方初面
파수[91]에서 시름하던 그 사람은 열 번째[92]라.	淸灞愁人第十行
지은 글[93]은 쓸쓸히도 상자 속에 들어가고	月露凋零歸篋笥
강산은 적막한데 명정만이 걸렸구나.	江山寂寞揭銘旌
그래도 하늘이 한 생애를 후히 주어	縱然天餉生平厚
신선 골짝에 소요하며 팔십을 채웠다네.	仙洞逍遙八耋贏

【十八】 진사 원주 원담[94] 〖進士 原州 元墰〗

팔십 년 한평생을 예원에서 노닐고도	八旬游藝送平生
자만시엔 어찌 그리 늙으신 걸 한탄했나.	自輓何須恨老生

유진한의 6대조인 홍성부원군(興城府院君) 유몽표(柳夢彪, 1543~1616)의 동생이다. 유몽인의 자는 응문(應文), 호는 어우당(於于堂)·간재(艮齋)·묵호자(默好子)이다. 1589년 증광문과(增廣文科)에 장원급제했으며, 임진왜란 때는 평양까지 선조(宣祖)를 호종(扈從)했고, 명나라 관원을 상대하는 외교적인 임무를 맡아 처리했다. 광해군 시절에는 북인(北人)에 가담했으나 인목대비 유폐(幽閉)에 찬성하지 않는다 하여 배척되었는데, 인조반정(1623) 후 현령 유응경이 광해군의 복위를 꾀한다고 무고하여 아들 유약(柳瀹)과 함께 처형되었다. 신원(伸寃)된 뒤 나라에서 의정(義貞)이라는 시호를 내리고 이조판서에 추증했다. 저서로는 야담집 『어우야담(於于野談)』과 시문집 『어우집(於于集)』이 있다.

90) 동성 : 북경(北京) 성내에 있던 다섯 성[五城] 가운데 하나인 동성(東城)을 가리키기도 하지만, 여기서는 당나라 수도였던 장안(長安) 동쪽에 있던 파교(灞橋)를 뜻한다. 앞의 주) 13 참조.

91) 파수 : 앞의 주) 13 참조.

92) 열 번째 : 유진한이 한양에서 치른 소과(小科) 회시(會試)에 열 번이나 낙방했다는 말이다.

93) 지은 글 : 원문의 '월로(月露)'는 시문(詩文)을 짓는 것이 달·이슬·바람·구름을 형용하는 데에 불과하다는 뜻에서, 음풍농월(吟風弄月)한 화려한 시문(詩文)을 가리키는데, 여기서는 유진한이 지은 글들이 주인을 잃고 상자 속에 갈무리된다는 말이다.

94) 원담 : 원담(元墰)의 본관은 원주(原州)이며, 유진한의 종제(從弟)인 유달한(柳達漢, 1725~1804)의 둘째아들 유완(柳琬, 1762~1823)의 장인이다. 유달한에 대해서는 앞의 주) 63, 유완에 대해서는 뒤의 주) 214 참조.

백세토록 무궁할 유고가 일천 수요	百世無窮千首稿
삼공과도 아니 바꿀 유생 한 분이었네.	三公不換一儒生
깊은 슬픔 거두나니 시든 난초 지고 나면	至哀可捨衰蘭委
여경이 형제[95]들과 자손[96]에게 있으리라.	餘慶連枝寶樹生
알고파라 시선은 어디에서 노니는지	欲識詩仙遊戲處
봄이 되면 원기 풀려 풀이 길게 자라리라.[97]	春消冤氣草長生

【十九】 진사 화산 김훈[98] 〖進士 花山 金塤〗

상계에서 높은 누각 백옥루를 새로 지어[99]	上有高樓白玉新
노래하게 천제께서 내려 보내 부르신[100] 날.	謳吟天帝下招辰
시라는 건 삼생 인연 있어야만 하는 일	詩應緣業三生事
운명이 기구해서 향시 열 번 했던 사람.	命是崎嶔十解人
한평생 연이 열매 못 맺었단 말[101] 괴롭거늘	苦說生平蓮未實

95) 형제 : 연지(連枝)는 같은 뿌리에서 나온 나뭇가지라는 뜻으로, 보통 형제간을 의미한다.

96) 자손 : 원문의 보수(寶樹)는 옥수(玉樹)와 같은 말로, 훌륭한 자손을 뜻한다. 진(晉)나라 때 큰 문벌을 이루었던 사안(謝安)이 아들과 조카들에게 "어찌하여 사람들은 자기 자제가 출중하기를 바라는가?"라고 묻자, 조카 사현(謝玄)이 "비유하자면 마치 지란(芝蘭)과 옥수(玉樹)가 자기 집 뜰에 자라기를 바라는 것과 같습니다[譬如芝蘭玉樹, 欲使其生於階庭耳]"라고 한 데서 유래한 말이다.

97) 봄이 …… 자라리라 : 앞의 주) 41 참조.

98) 김훈 : 김훈(金塤, 1736~1793)의 본관(本貫)은 안동(安東), 자는 여화(汝和)이다. 김유(金楺, 1682~1742)의 손자이며, 김윤성(金允成)의 아들로, 형조참의 김언침(金彦沈, 1514~1584)의 7대손이다. 천안에 살았고, 1773년(영조 49)에 진사가 되었다.

99) 백옥루를 새로 지어 : 앞의 주) 76 참조.

100) 노래하게 …… 부르신 : 소식(蘇軾)의 「조주한문공묘비(潮州韓文公廟碑)」에 "하늘에 사람이 없자 천제가 슬퍼하여, 노래하라며 내려가서 불러오게 무양을 보냈다[匀天無人帝悲傷, 謳吟下招遣巫陽]"라고 한 데서 온 말이다. 무양(巫陽)은 굴원(屈原)의 『초사(楚辭)』「초혼(招魂)」에 나오는 전설상의 신무(神巫)인데, 천제(天帝)의 명을 받고 땅에 내려와 죽은 이의 혼(魂)을 데리고 하늘로 올라간다고 한다.

무덤의 풀조차도 봄빛 아님[102]을 차마 보랴.　忍看塋域草難春
어우당[103] 할아버지를 천제 조정[104] 가서 뵈면　仙班拜謁於于祖
손자 역시 문궁[105] 탓에 뜻 못 폈다 하리라.　孫亦文窮屈未伸

과거 보고 돌아가다 속리산에 올라가서　秋圍歸路俗離山
죽장 짚고 망혜 신고 걸음걸음 한가했네.　竹杖芒鞋步步閑
화양동 깊은 골서 정담을 나누었고　情話華陽深洞裏
문장대 위에서는 시수를 달랬다네.　詩愁文壯上臺間
부평처럼 떠돌다가 만났던 일 꿈같은데　相逢萍水渾如夢
듣자하니 도화 같은 얼굴 여전하셨다네.　傳說桃花尙似顏
그 시절의 소년이 오늘은 백발 되어　前日少年今白髮
슬픈 만사 지으려니 눈물만 흐르네.　欲題哀輓淚潛潛

【二十】 광주 이상옥[106] 〖廣州 李尙玉〗

향시에 몇 번 들고 이름난 게 몇 번인가　幾番解額幾番名
호서에서 올린 성가 태산을 기울였네.　聲價湖西泰岳傾

---

101) 연이 …… 말 : 연(蓮)이 열매를 맺지 못했다는 말은 연방(蓮榜)에 들지 못했다는 말로, 소과(小科)에 입격(入格)하지 못했다는 뜻이다.

102) 무덤의 …… 아님 : 앞의 주) 41 참조.

103) 어우당 : 어우당(於于堂)은 유진한의 족조(族祖)인 유몽인(柳夢寅, 1559~1623)을 가리킨다. 앞의 주) 89 참조.

104) 천제 조정 : 원문의 선반(仙班)은 조정 백관의 반열을 뜻하는데, 여기서는 옥황상제의 조정을 가리킨다.

105) 문궁 : 문궁(文窮)은 실의(失意)한 문인이 스스로 글을 잘해서 곤궁하게 되었다고 여기는 것을 말한다. 한유(韓愈)의 「송궁문(送窮文)」에 "그 다음은 문궁(文窮)이니, 한 가지 능력만 추구하지 않고, 괴기한 표현을 일삼아 시국에 응용할 수 없고, 오직 스스로 즐길 뿐이다[又其次曰文窮, 不專一能, 怪怪奇奇, 不可時施, 祇以自嬉]"라고 한 데서 온 말이다. 유몽인과 유진한이 동병상련이라는 말이다.

106) 이상옥 : 이상옥(李尙玉, 1728~?)의 본관은 광주(廣州), 자는 사진(士珍)이다. 이덕원(李德源, 1677~1743)의 손자이며, 이경연(李景淵, 1704~1755)의 아들

내세에는 시로써 나업[107] 짝이 되리니	來劫以詩羅鄴配
조선 사람 전해 읊어 이 김과 나란하리.	東人傳誦李金幷
고운 꽃과 보통 꽃은 본래 자질이 다르고	閑葩浪蘂元殊品
우는 학과 귀뚜리[108]는 각자 뜻을 이뤘다네.	鳴鶴吟蛩各就成
하늘이 공에게만 야박하진 않았으니	始識天於公不薄
시단에서 백대토록 길이길이 살리라.	騷坍百代有長生

봄바람이 불던 날에 유화정서 만나서	春風邂逅柳花亭
객점 등불 돋워가며 새벽별을 맞았네.	挑盡店燈到曉星
세의 있다 전에 들어 족조[109] 말씀 나누었고	世誼曾聞談族祖
글에 이미 감복했고 풍모 또한 존경했네.	文章已服敬儀形
내 조카는 가르침 받다 어이 급히 돌아갔나	吾甥受誨歸何促

이다. 영의정 이준경(李浚慶, 1499~1572)의 형인 이윤경(李潤慶, 1498~1562)의 8대손이며, 정몽주(鄭夢周)·이색(李穡) 등과 교유했던 둔촌(遁村) 이집(李集, 1327~1387)의 후손이다. 안성(安城)에 살았다.

107) 나업 : 나업(羅鄴, 831?~896?)은 시로 이름났지만 과거에 급제하지 못했던 당나라 말기의 시인이다. 같은 절강성(浙江省) 출신인 나은(羅隱)·나규(羅虬)와 함께 '삼나(三羅)', 또는 '강동삼나(江東三羅)'라고 불린다. 훗날 당나라 말기의 시인 위장(韋莊, 836~910)이 맹교(孟郊)·이하(李賀) 등 뛰어난 재능을 가지고도 과거에 급제하지 못한 사람들에게 진사 급제를 추증해 달라고 하여 보궐습유(補闕拾遺)에 증직(贈職)해 주었다고 한다.

108) 학과 귀뚜리 : 학과 귀뚜라미가 모두 가을에 울기는 하지만, 그 우는 까닭은 서로 다르다는 말이다. 백로(白露)가 되어 이슬이 내리면 학은 소리를 내어 울면서 살기 좋은 다른 곳으로 옮겨 가라고 서로 경계한다고 한다.

109) 족조 : 이상옥(李尙玉)의 족조(族祖)인 이치만(李致晩, 1663~1698)을 가리킨다. 이치만의 자는 중일(重一)이며, 이건징(李建徵, 1623~1695)의 아들로, 유진한의 당숙(堂叔)인 유의(柳誼, 1687~?)의 장인이다. 유의는 유진한의 종조부(從祖父)인 유광복(柳光復, 1665~1718)의 아들이므로, 이치만의 딸이 유진한의 조부인 유광천(柳光天, 1658~1733)의 조카며느리가 된다. 이상옥의 종조부(從祖父)인 이항원(李恒源, 1694~?)이 그 종숙(從叔)인 이치만의 양자가 되었는데, 두 집안 사이에 세의(世誼)가 있다고 한 것은 이러한 관계를 두고 한 말이다.

아드님의 귀한 이름 갈수록 향기롭네. 賢胤嗣名去益馨
덩굴 풀은 원기[110]가 쌓인 줄도 모르고서 蔓草不知寃氣積
이월 외론 무덤 위에 저만 홀로 파릇파릇. 孤墳二月自靑靑

【二十一】 시생 여흥 민사조[111] 〖侍生 驪興 閔師祖〗

적선하신 신옹께서 후손에게 전하시니[112] 積善信翁裕後昆
흥양유씨 본래부터 지체 높은 가문이라. 興陽世閥是高門
여러 아들 둘러앉아 이에 복이 완전하고 群男繞膝仍完福
일덕[113]으로 수신하니 달존[114]이라 할 만하네. 一德修身亦達尊
관모 슬갑[115] 이어짐을 예로부터 선망하니 冠芾蟬嫣從古艶
포의로 뜻 못 편[116] 건 지금도 원통하네. 布衣蠖屈祗今寃

---

110) 원기 : 앞의 주) 41 참조.

111) 민사조 : 민사조(閔師祖)의 본관은 여흥(驪興)이며, 유진한의 장남 유집(柳𤦹)의 둘째딸과 결혼한 민항세(閔恒世)의 아버지로, 우찬성을 지낸 민형남(閔馨男, 1564～1659)의 후손이다.

112) 후손에게 전하시니 : 원문의 유후곤(裕後昆)은 '수유후곤(垂裕後昆)'을 줄인 말로, 훌륭한 도(道)를 후손에게 물려준다는 뜻이다. 『서경(書經)』 「중훼지고(仲虺之誥)」에 "의로 일을 바로잡고 예로 마음을 제어해야 후손에게 넉넉함을 남겨줄 수 있습니다[以義制事, 以禮制心, 垂裕後昆]"라고 한 데서 온 말이다.

113) 일덕 : 일덕(一德)은 '순일(純一)한 덕'을 뜻한다. 『서경(書經)』 「함유일덕(咸有一德)」에 "덕은 일정한 스승이 없고 선을 주로 하는 것이 스승이며, 선은 일정한 주인이 없고 덕이 순일한 데로 화합한다[德無常師, 主善爲師, 善無常主, 協于克一]"라고 한 데서 온 말이다.

114) 달존 : 달존(達尊)은 『맹자』의 공손추(公孫丑)에 "천하에 모두 존중하는 것이 세 가지가 있으니, 벼슬·연치·덕이다[天卜有達尊三, 爵一齒一德]"리고 한 데서 온 말이다.

115) 슬갑 : 원문의 '불(芾)'은 면복(冕服)의 슬갑(膝甲)으로, 고대에는 직급에 따라 슬갑의 색깔을 달리하였다. 슬갑은 무릎을 가리기 위하여 허리 아래로 늘어뜨리는 장방형의 천인데, 폐슬(蔽膝)이라고도 한다. 관모와 슬갑이 이어지기를 바란다는 것은 관직에 나아가는 자손이 많기를 바란다는 말이다.

116) 뜻 못 편 : 원문의 확굴(蠖屈)은 '용칩확굴(龍蟄蠖屈)'의 준말로, 자취를 감춰 몸을 보존하며 때를 기다리는 것을 말한다. 『주역(周易)』 「계사전 하(繫辭傳·下)」

유분[117]이 낙방하고 군평[118]은 세상 버려　　劉蕡不第君平棄
천추에 한 남기고 황천길이 닫혔네.　　遺恨千秋閉九原

온화한 외모에 따뜻한 그 마음　　溫然其貌藹然情
여기인 문장으로 또 크게 울렸네.　　餘事文章又大鳴
편안히 지내다가 팔십 되어 돌아가니　　安閑八耋終仙化
이름을 세상에 못 떨쳤다고 한하리오.　　何恨人間未闡名

공의 집안 혹심한 화 차마 말을 하리오　　酷禍公家那忍說
금년에 아들 잃고 또 이 길을 떠나다니.　　今年哭子又斯行
침문에서 외론 벗이 슬픔 견딜 수가 없어　　寢門不耐孤朋慟
멀리서 띄운 마음 구천까지 전해지리.　　泉下能傳遠寄情

만화의 옛 서실은 적막하기 그지없어　　晚華寂寞古書庵
지난 일을 생각하니 아픈 마음 가눌 길 없네.　　往事傷心不自堪
하얀 운삽[119] 붉은 만장 산골짝에 비 내리고　　素翣丹旌山澗雨
상여소리 구슬프니 눈물 먼저 주루룩.　　紼謳凄斷淚先含

에 "자벌레가 몸을 굽혀 움츠리는 것은 장차 몸을 펴기 위함이요, 용과 뱀이 숨는 것은 자신의 몸을 보전하기 위함이다[尺蠖之屈, 以求信也, 龍蛇之蟄, 以存身也]"라고 했다. 유진한이 과거에 급제하여 발신(發身)하지 못하고 자취를 감추고 몸을 보존하며 때를 기다리다 세상을 떠난 것을 안타까워한 것이다.

117) 유분 : 유분(劉蕡)은 당(唐)나라 문종 때 사람으로, 현량과(賢良科) 대책(對策)에서 환관의 횡포를 신랄하게 비판했는데, 시관(試官)이 환관을 두려워하여 낙방시켰다고 한다.

118) 군평 : 군평(君平)은 한(漢)나라 때의 은사(隱士)인 엄준(嚴遵)의 자(字)이다. 그는 일찍부터 벼슬을 포기하고 성도(成都)에 은거하면서 점을 치며 숨어 살았다고 한다. 유진한이 유분과 엄준 두 사람처럼 뛰어난 재주를 품고서도 초야에 묻혀 살았다는 뜻이다.

119) 운삽 : 삽(翣)은 발인(發靷) 때 상여의 앞뒤에 세우고 가는 제구로, 운삽(雲翣)과 불삽(黻翣)이 있다. 대부(大夫)는 불삽 2개와 운삽 2개를 썼고, 선비는 운삽만 2개를 썼다.

【二十二】 **족숙 준**[120)]〖族叔 遵〗

이 세상의 궁달은 하늘에 매였으니	世間窮達實由天
불우했던 한 평생을 어찌 한탄 하리오.	坎坷百年豈慨然
인자가 장수했다 입을 모아 칭송하고	仁者得年稱萬口
시로 맞설 이 없으니 일천 편도 넘는다네.	詩能敵貴剩千篇
어린애가 말 배우면 그 명성을 알았고	小兒學語聲名識
선비들은 글 논하며 체례 율격 전한다네.	多士論文體格傳
그래서 난 말하네 공은 죽지 않았다고	以此吾云公不死
어찌하여 구천에서 여한을 품겠는가.	何須餘恨抱重泉

【二十三】 **옥구 장우광**[121)]〖沃溝 張宇光〗

문성[122)]이 빛을 잃은 만화동 하늘이여	文星一晦晩華天
너무 빨리 지나버린 인간세상 팔십 년.	倏忽人間八十年
일찍부터 이름 높아 계화 꺾을[123)] 기약하다	妙歲高名期折桂

---

120) 족숙 준 : 유준(柳遵, 1732~1756)은 유진한의 재종조부(再從祖父)인 유광원(柳光元, 1696~1756)의 둘째아들로, 유관순(柳寬順, 1904~1920) 열사의 6대조이다. 유광원은 유광흥(柳光興, 1694~1760)의 동생인데, 유진한의 5대조 유활(柳活, 1576~1641)의 둘째아들인 유지목(柳之霂, 1614~?)의 손자이다. 『대록지(大鹿誌)』「효자」조에 그의 행적이 올라 있다.

121) 장우광 : 장우광(張宇光, ?~1799)의 본관은 옥구(沃溝), 자는 극보(極輔)이며, 초명(初名)은 태광(兌光)이다. 대사헌 장만성(張晩誠)의 증손으로, 장언위(張彦緯, 1695~1749)의 아들로 태어나 장언휘(張彦輝, 1700~1756)의 계자(系子)가 되었다. 유신한의 넷째아들 유림(柳琳, 1760~1827)의 재취부인 옥구장씨(沃溝張氏, 1761~1829)는 장우추(張宇樞, 1737~1821)의 딸인데, 장우광은 장우추의 사촌형이다. 『옥구장씨대동보(沃溝張氏大同譜)』에 장우광의 생년을 1761년(영조 신사)이라고 했으나, 그의 생가 형인 장진광(張震光, 1716~1791)과 동생인 장이광(張履光, 1734~1771)의 생년으로 보아 분명한 오기(誤記)이다.

122) 문성 : 문성(文星)은 문창성(文昌星) 또는 문곡성(文曲星)이라고도 하는데, 문운(文運)을 맡은 별이라고 한다.

노년까지 남은 한은 연실 캐지[124] 못함이라. 老來遺恨失鋤蓮
안빈낙도 호학한 건 안연과 한가지고 安貧好學同顔子
애주하고 시 읊은 건 이백과 나란했네. 愛酒吟詩等謫仙
불행히도 금년 봄에 아드님을 앞세우니 不幸今春先哭鯉
덕문의 잔혹한 화 어찌 그럴 수가 있나. 德門殘禍曷其然

우리 애[125]가 책 상자를 지고 가서 我兒曾負笈
가르침을 받은 지가 여러 해라. 承誨已多年
한 글자가 천금만큼 귀하고 一字千金重
깊은 정은 전보다 갑절일세. 深情有倍前

하얀 비[126]가 내리는 가을 산에 白雨秋山上
펄럭펄럭 붉은 만장 나부끼네. 煌煌丹旐翩
모습을 어디에서 뵈려나 風儀何處覯
눈물을 새 무덤에 뿌리네. 揮淚灑新阡

【二十四】 완산 이의헌 〖完山 李義憲〗

덕업과 문장을 온 세상이 인정했는데 德業文章世共推
재주와 운수를 왜 함께 갖지 못했을까. 如何才命未同期
온 나라를 시로 울려 명성이 컸건마는 詩鳴國盛名惟大
사는 곳이 천황[127]이니 운명도 참 기구해라. 境值天荒數豈奇

---

123) 계화 꺾을 : 계화를 꺾는다는 것은 대과(大科)에 급제해서 계방(桂榜)에 든다는 말이다. 젊어서부터 문명(文名)이 높아서 기대가 컸다는 뜻이다.
124) 연실 : 연실(蓮實)을 캔다는 말은 연방(蓮榜)에 드는 소과(小科) 입격을 뜻한다. 소과 입격도 못했던 것에 대한 안타까움을 나타낸 구절이다.
125) 애 : 장우광(張宇光)은 천안에 살았는데, 장태국(張泰國, 1757~?), 장태로(張泰魯, 1762~?), 장태제(張泰濟, 1777~?) 세 아들을 두었다.
126) 하얀 비 : 원문의 백우(白雨)는 소낙비를 뜻한다. 이백(李白)의 <숙하호(宿鰕湖)>에 “하얀 비가 찬 산에 비치니, 쭉쭉 뻗은 은대와 같구나[白雨映寒山, 森森

위수 가에서 낚시하던 나이가 되었는데　壽到渭濱垂釣歲
영박 땅에 아들 묻고[128] 병이 더욱 더쳤다네.　病添嬴博葬兒時
외로운 무덤에는 봄풀조차 안 난다니[129]　孤墳定不生春草
천년토록 서린 원기 조물주도 슬퍼하리.　寃氣千年造物悲

그 모습을 생각하면 맘이 더욱 슬퍼지니　緬想風儀倍愴神
우리 고을 고사가 이제는 더 없어라.　吾州高士更無人
한평생 듬뿍 받은 친척의 정 두터워서　平生最荷情私重
해질녘 만가 소리에 눈물로 수건 적시네.　薤露斜陽淚濕巾

【二十五】 완산 이의돈[130] 〖完山 李義敦〗

존사로 섬겼고 정분까지 맺었기에　事以尊師結以情
공께서 재덕을 타고난 걸 사모했네.　慕公才德自天成
유분[131]처럼 쌓인 한에 귀신들도 노래했고　積寃鬼唱劉蕡策

如銀竹]"라고 한 데서 온 말이다.

127) 천황 : 당(唐)나라 때 형주(荊州)에서 해마다 향시(鄕試)에 뽑힌 공생(貢生)을 서울로 보내도 대과(大科)에 급제한 사람이 나오지 않았으므로 천황(天荒)이라고 불렀는데, 사인(舍人) 유예(劉蛻)가 급제하자 천황을 깨뜨렸다는 의미에서 파천황(破天荒)이라고 일컬었다는 고사에서 온 말이다. 유진한이 열 번이나 향시에 들고도 생원·진사를 뽑는 소과(小科)에 끝내 입격하지 못한 것을 두고 한 말이다.

128) 아들 묻고 : 유진한이 팔십 세에 장남을 잃은 것을 두고 한 말이다. 앞의 주) 23 참조.

129) 외로운 …… 난다니 : 앞의 주) 41 참조.

130) 이의돈 : 이의돈(李義敦, 1736~1802)의 본관은 전주(全州), 자는 백상(伯尙)이다. 광평대군(廣平大君)의 13대손으로, 이정중(李精中, 1715~1750)의 아들이며, 순조(純祖) 때 좌승지·대사성을 지낸 이기연(李箕淵, 1766~1821)의 아버지이다. 이의돈의 동생인 이의태(李義泰, 1744~1816)는 이 책 권2에 실린 <만동덕이덕중(輓同德李德仲)>의 망자인 이신중(李信中, 1711~1816)의 계자(系子)가 되었다. 덕중(德仲)은 이신중의 자(字)이다.

131) 유분 : 당나라 때 사람인 유분(劉蕡)이 대책(對策)에서 당시 환관의 횡포를 비판했다가 억울하게 낙방했던 것처럼, 유진한도 과거 시험의 부정 때문에 낙방했다는

동자[132]같은 바른 행실 사람들이 칭송했네.	行誼人稱董子名
옥과 난초 다 꺾이니 역리 고통 슬프지만	玉折蘭摧悲逆理
자손들이 이어받아 명성 전해 기쁘다네.	孫承子繼喜傳聲
북산에는 만가 소리 나부끼는 붉은 만장	薤歌北隴丹旐拂
길가는 사람들도 학생 고인을 가여워하네.	行路猶憐故學生

장수하여 팔십을 넘겼으니	遐齡蹄八耋
한 이치 인자의 징표라네.	一理驗斯仁
그 누가 무양[133]을 보내왔나	誰遣巫陽至
하늘엔 또 어진 이가 있겠네.	勻天更有人
선조들의 돈독한 정을 감히 잊은	敢忘先誼篤
후손들의 소원함이 늘 아쉬웠네.	常恨後生踈
영구에 차마 영결하려니	忍向柩前訣
서풍에 눈물이 그치지 않아라.	西風淚不除

뜻이다. 뒤의 「행록(行錄)」【14】 참조. 유분에 대해서는 앞의 주) 117 참조.

132) 동자 : 동자(董子)는 한무제(漢武帝) 때의 대유(大儒)인 동중서(董仲舒)를 가리킨다.

133) 무양 : 무양(巫陽)은 전설상의 신무(神巫)인데, 죽은 이의 혼(魂)을 데리고 하늘로 올라간다고 한다. 앞의 주) 100 참조.

【二十六】 현감 춘성 남이범134) 〖縣監 春城 南履範〗

예로부터 능양에는 옥 안고 운 사람135) 많아	從古凌陽泣玉頻
이 사람도 과거에는 끝내 길이 막혔다네.	公車終見阨斯人
낙방한136) 사람에겐 해로가137)도 구슬픈데	薤歌凄斷孫山外
먼지 쌓인 상자에는 열 번 올린 글138) 남았네.	塵篋書餘十上秦
팔십 년을 한거하며 천진함을 간직했고	閑居八十葆天眞
호좌에서 문명으론 첫 손가락 꼽혔다네.	湖左文名第一人
곤궁했든 영달했건 죽고 나면 다름없어	窮達渾無身後異
학생의 무덤에도 풀은 역시 봄빛이리.	學生墳草亦能春

134) 남이범 : 남이범(南履範, 1743~?)의 본관은 의령(宜寧), 자는 우경(禹卿)이다. 남태주(南泰胄)의 아들인 남운로(南雲老, 1708~?)의 아들로 태어나 남태계(南泰堦)의 아들인 남기로(南綺老, 1723~?)의 양자가 되었다. 남태계는 남태기(南泰耆)의 동생이고, 남태회(南泰會)의 형이다. 1787년에 신창현감을 지냈고, 고창현감·영암군수 등을 역임하고, 좌찬성에 추증되었다. 유진한과 남태기·남태회·남강로(南絳老) 등 의령남씨(宜寧南氏) 집안 사람들과의 인연에 대해서는 권3 「행록(行錄)」【11】·【17】 참조.

135) 옥 안고 운 사람 : 재능을 지니고도 세상에 쓰이지 못하는 경우를 비유한 말이다. 춘추시대 사람 변화(卞和)가 형산(荊山)에서 박옥(璞玉)을 얻어 여왕(厲王)과 무왕(武王)에게 바쳤다가 두 발 뒤꿈치를 잘렸는데, 무왕(武王)이 즉위한 후 옥덩이를 안고 형산 아래서 사흘 밤낮을 슬피 울다가 비로소 문왕(文王)에게 옥으로 인정받았다는 고사에서 온 말이다.

136) 낙방한 : 손산(孫山)이라는 사람이 과거에서 최하등으로 합격했는데, 같이 응시한 사람의 아버지가 아들의 합격 여부를 묻자, "합격자 명단 끝이 제 이름이고, 댁의 아드님은 제 이름보다 밖에 있습니다[解名盡處是孫山, 賢郞更在孫山外]"라고 했다는 고사에서 온 말로, 과거에 낙방한 것을 뜻한다.

137) 해로가 : 해로가(薤露歌)는 만가(輓歌)이다. 앞의 주) 27 참조.

138) 열 번 올린 글 : 당(唐)나라 노선(盧僎)의 <도중구호(途中口號)>에 "옥을 품고 초나라에 세 번 조회하고, 글을 품고 열 번 진나라에 들어갔네[抱玉三朝楚, 懷書十上秦]"라고 한 데서 온 말이다. 전국시대(戰國時代)의 유세객(遊說客) 소진(蘇秦)이 진(秦)나라에 가서 벼슬을 하려고 진왕(秦王)에게 열 번이나 글을 올려 설득하려 했지만, 그의 말이 먹혀들지 않아서 벼슬을 얻지 못하고 돌아왔던 고사가 있다.

어우당[139]의 집안에 공 같은 이 그 누구랴	於于門戶似公誰
유자후[140]의 문장에 유중영[141]의 시였다네.	子厚文章仲郢詩
먹지 않고[142] 남겨두신 보답이 있으리니	不食應將留後報
집안 명성 이어나갈 어진 아들이 있다네.	家聲能繼有賢兒

【二十七】 척제 화산 김종집[143] 〖戚弟 花山 金宗㙫〗

높은 재주 단아한 지조로 속절없이 늙었으니	高才雅操竟虛老
이 세상 기쁨과 슬픔 어느 때에 물을까나.	陽界悲歡問幾時
아가위꽃[144] 먼저 지고 도로 홀로된 나무	原棣先飄還獨樹
난초 점점 줄어드니[145] 다북쑥 줄기 같네.	產蘭稍減尙蘩枝

---

139) 어우당 : 어우당(於于堂)은 유진한의 족조(族祖)인 유몽인(柳夢寅, 1559~1623)을 가리킨다. 앞의 주) 89 참조.

140) 유자후 : 원문의 자후(子厚)는 당나라 때의 문장가 유종원(柳宗元, 773~819)의 자(字)이다.

141) 유중영 : 중영(仲郢)은 당나라 때 간의대부(諫議大夫)를 지낸 유중영(柳仲郢)을 가리킨다. 유종원·유중영 두 사람이 유진한과 성이 같기 때문에 언급한 것이다.

142) 먹지 않고 : 『주역(周易)』「박괘(剝卦)」상구(上九)에 "마지막 남은 큰 과일은 먹지 않는다[碩果不食]"라고 한 데서 온 말로, 평생에 자기의 복을 다 누리지 않고 공덕을 쌓으면 후손에게 전해져서 자손이 대신 누린다는 뜻이다.

143) 김종집 : 김종집(金宗㙫, 1740~1793)의 본관은 안동(安東), 자는 득이(得以)이다. 호조참판에 추증된 김경직(金景稷, 1681~1765)의 아들로, 유진한의 5대조 유활(柳活, 1576~1641)의 장인인 김계종(金繼宗, 1556~1614)의 6대손이며, 김계종의 둘째아들로 대제학을 지낸 김호(金昈, 1584~1631)의 5대손이다. 뒤의 「만사(輓詞)」【三十一】을 쓴 김종억(金宗檍, 1744~1815)은 김호의 둘째아들인 통덕랑 김대로(金大老, 1620~1662)의 현손이고, 김종집은 김호(金昈)의 장자인 통덕랑 김대시(金大時, 1612~1640)의 현손이므로 두 사람은 10촌 형제 사이이다.

144) 아가위꽃 : 아가위나무의 꽃을 형제간의 우애에 비유한 『시경(詩經)』「소아(小雅)」<상체(常棣)>를 원용한 표현이다. 여기서 아가위꽃은 먼저 세상을 떠난 유진한의 동생 유부한(柳扶漢, 1727~1780)을 가리킨다.

145) 난초 점점 줄어드니 : 유진한의 다섯 아들 중 장남과 셋째아들이 먼저 세상을 떠난 것을 두고 한 말이다.

동이 두드리던[146] 옛 슬픔도 이제는 꿈만 같고　　叩盆舊慟今猶夢
금슬 좋은[147] 새 정에 맘이 다시 흡족하네.　　友瑟新情悅更怡
시선이 떠나신 후 무엇보다 한스런 건　　最是詩仙身後憾
추강에 채련[148]하잔 기약을 저버린 것.　　秋江孤負採蓮期

하늘이 선생에게 시로 세상 울리게 해　　天生夫子以詩鳴
열두 번 과장에서 홀로 이름 날렸다네.　　十二科場獨擅名
오호라 모든 일이 이젠 옛 일 되었으니　　嗚呼萬事今陳跡
달 밝은 가을 무덤에 학생을 조문하노라.　　碧月秋原吊學生

실버들도 뿌리는 같으니　　細柳同根柢
남지[149]에선 학이 명령[150] 되었네.　　南枝鶴化螟
먼 길은 유명간의 한을 남겨　　遠路幽明憾
근친길이 별 바라는 길[151]이 됐네.　　覲行反戴星

---

146) 동이 두드리던 : 동이를 두드리던 슬픔은 아내를 잃은 슬픔을 뜻하는데, 『장자(莊子)』「지락(至樂)」에, 장자(莊子)가 처상(妻喪)을 당했을 때 그의 친구 혜자(惠子)가 조문을 가서 보니, 두 다리를 죽 뻗고 앉아서 동이를 두드리며 노래를 부르고 있었다[鼓盆而歌]는 고사에서 온 말이다.

147) 금슬 좋은 : 원문의 우슬(友瑟)은 『시경(詩經)』「주남(周南)」<관저(關雎)>에 "요조숙녀를 거문고와 비파로 벗삼네[窈窕淑女, 琴瑟友之]"라고 한 데서 온 것으로 부부간에 화목하게 지내는 것을 말한다. 유진한은 초취부인 고령신씨(1711~1751)와 사별하고, 재취부인 강릉김씨(1735~1796)와 1753년에 혼인했다.

148) 채련 : 연방(蓮榜)에 드는 것, 즉 소과(小科)에 입격하는 것을 말한다.

149) 남지 : 남지(南枝)는 매화(梅花)를 나타내는 시어로도 쓰이지만, 이 시는 양자가 되어 간 유진한의 아들 유력(柳瓅, 1741~1799)을 두고 읊은 것이므로 여기서는 남쪽 고을, 즉 전라도 고산현(高山縣: 현 전북 완주군 고산면 일대)을 가리킨다. 유력의 자는 맹명(孟明), 호는 용곡(龍谷)이다. 유진한의 둘째아들로 태어나 족숙(族叔) 유지한(柳祉漢, 1715~1777)의 계자(系子)가 되어, 고산현에 살았다.

150) 명령 : 명령(螟蛉)은 양자(養子)를 뜻한다. 『시경(詩經)』「소아(小雅)」<소완(小宛)>에 "들녘에 콩 열렸더니 서민들이 거둬가네. 명령이 애벌레를 낳으니 나나니벌이 업어가네. 그대도 아들을 가르쳐서, 좋게 그대 닮게 하라[中原有菽, 庶民采之, 螟蛉有子, 蜾蠃負之, 教誨爾子, 式穀似之]"라고 한 데서 유래한 말이

매화에 걸린 달이 지팡이를 따라오고 梅月隨笻近
솔바람은 자리 쓸며 불어오네. 松風掃榻來
이웃하여 정담을 나누었던 同隣情話地
공이 가시니 더더욱 애달파라. 公去倍添哀

【二十八】 시생 화산 김가승[152)]〖侍生 花山 金可升〗

홍양의 문 앞 버들은 석양이 물들었고 門柳興陽已夕陽
학생의 붉은 명정이 검은 관을 가렸네. 學生丹旐掩玄堂
형산 박옥 열 번 올려[153)] 분한 눈물 삼켰고 十呈荊璞含寃淚
뜰의 난초 두 번 꺾여[154)] 마디마디 애끊었네. 再折庭蘭割寸腸
백옥 같은 마음가짐 진정한 모습이고 白玉持心眞動靜
청전[155)]으로 지킨 가업 옛 문장이었다네. 青氈守業古文章

다. 명령(螟蛉)은 뽕나무 벌레의 유충인데, 옛사람들은 나나니벌이 이 유충을 물어다가 양자로 삼아 길러서 나나니벌을 만든다고 믿었다고 한다.

151) 별 바라는 길 : 대성지행(戴星之行)은 부모의 부음(訃音)을 듣고 밤새워 가는 것을 말하는데, 여기서는 양자로 간 둘째아들 유력(柳瓅)이 때늦게 도착하여 임종하지 못한 데 대한 안타까움을 표현한 것이다.

152) 김가승 : 김가승(金可升, 1741~1795)의 본관은 안동(安東), 자는 덕문(德聞)이다. 김득여(金得礪, 1656~1714)의 손자이며, 김중산(金重山, 1707~1757)의 아들로, 김충갑(金忠甲, 1515~1575)의 5대손이다. 김중산은 유진한과 함께 은석시사(銀石詩社)를 결성했던 인물이다. 목천의 읍지(邑誌)인 『대록지(大麓誌)』「문예(文藝)」조에, 목천현감이었던 김광수(金光遂, 1699~1770)가 김가승이 지은 '안제시(雁帝詩)'를 보고 매일 관동(官童)에게 외우게 했을 만큼 문재를 인정받았다고 하였다. 김광수는 당시 서화고동(書畵古董) 감식가 및 수장가로 이름난 사람이었는데, 1763년 4월부터 1764년 12월까지 목천현감을 지냈다.

153) 형산 박옥 열 번 올려 : 초시에 열 번 뽑히고도 끝내 소과(小科)에 회시에 입격하지 못했다는 말이다.

154) 뜰의 난초 두 번 꺾여 : 아들 둘이 먼저 세상을 떠났다는 말이다. 앞의 주) 23 참조.

155) 청전 : 청전(青氈)은 '청전구물(青氈舊物)'의 준말로, 벼슬하는 집안에서 대대로 전해져 내려온 푸른 담요인데, 으뜸가는 선조의 유물이라는 뜻이다. 앞의 주) 39 참조.

가련하다 자만시는 매화 상자 속에 남아 可憐自輓留梅篋
마을길에 노래 전해 오열과 슬픔 이어지네. 村巷歌傳咽恨長

백발까지 빛 못 봐도 부지런히 공부하니 白首無功學業勤
사문을 저버린 걸 저 하늘도 후회하리. 上天應悔負斯文
원기 품고 있는 줄을 뒷사람이 알게 하려 後人欲識含寃地
야트막한 무덤에는 봄에 풀도 안 나리라.[156] 草不春生數尺墳

【二十九】 척재종제 의춘 남한귀[157] 〖戚再從弟 宜春 南漢龜〗

교리공[158]의 옛집에 상사공[159]의 집안이라 校理古家上舍門
문장의 유업은 어진 후손이 맡게 됐네. 文章遺業有賢孫
함께 살던 두터운 정 삼대[160]를 이어왔고 同居厚誼今三世

---

156) 봄에 풀도 안 나리라 : 앞의 주) 41 참조.
157) 남한귀 : 남한귀(南漢龜, 1742~1815)의 본관은 의령(宜寧), 자는 국서(國瑞)이다. 남세강(南世綱, 1675~1757)의 장남인 남취붕(南就鵬, 1700~1783)의 큰아들로, 덕행(德行)과 시(詩)로 이름을 얻었다. 남한귀의 조부인 남세강은 유진한의 대고모부(大姑母夫)이다.
158) 교리공 : 교리공(校理公)은 홍문관 교리(校理)를 지낸 유활(柳活, 1576~1641)을 가리킨다. 유활의 자는 원숙(源叔), 호는 태우(泰宇)·쌍간(雙磵)이다. 사섬부정(司贍副正)을 지내고 영의정에 추증된 유몽표(柳夢彪)의 셋째아들로, 유몽인(柳夢寅)의 조카이다. 그는 1606년 증광문과(增廣文科)에 급제하여, 홍문관 교리·이조정랑 등을 역임했고, 『선조수정실록(宣祖修正實錄)』 편찬에 참여했다. 유활은 유진한의 5대조로, 고흥유씨 검상공파(檢詳公派)의 파조(派祖)이다. 그는 목천에 처음으로 터를 잡은 입향조(入鄕祖)인데, 옛 청주목(淸州牧) 송정리(松亭里)에 살았던 김계종(金繼宗, 1556~1614)의 사위였기 때문이다. 송정은 당시에는 청주목 지역이었으나, 현재는 병천면 송정리로, 만화리에서 약 2km 거리에 있는 마을이다.
159) 상사공 : 상사(上舍)는 생원·진사를 뜻하는데, 유진한의 양가(養家) 조부(祖父) 유광천(柳光天, 1658~1733)은 생원(生員), 생가 조부 유광익(柳光翼, 1661~1720)은 진사(進士)였다.
160) 삼대 : 의령남씨(宜寧南氏)가 옛 목천현(木川縣) 이원동면(二遠東面) 만매촌(晩梅村)에 처음 터를 잡은 것은 남한귀의 조부인 남세강(南世綱, 1675~1757)

향시에선 높은 이름 이미 열 번 불렸다네. 初解高名已十番
백발이 되어서도 연방의 뜻 어긋나니[161] 白首蹉跎蓮榜志
청산은 적막한데 계화 핀 무덤 혼백이여. 青山寂寞桂墳魂
아드님이 성가 올려 선대 미덕을 이으리니 佳兒聲價承先美
훗날에 이 억울함 씻는 것을 지켜보리. 佇見他時雪此冤

팔십 년 평생 동안 세상 근심 없었으니 八十年來世慮無
마음은 담박하여 옥호 속 얼음[162] 비춘 듯. 襟懷淡泊照氷壺
한 맘으로 관조하던 진정한 군자였고 一心入靜眞君子
모든 일에 너그러운 분명한 장부였네. 萬事從寬是丈夫
불행히 금년 봄에 맏아들을 먼저 잃고 不幸今春先哭胤
올해 세상 버리실 줄 어떻게 알았으랴. 郍知此歲亦捐軀
고령이 되어서도 성상 은전 입지 못해 遐齡未及蒙恩典
붉은 만장 초라하니 복받친 눈물 흐르네. 草草丹旐感涕濡

창령[163]은 천추에 우뚝하고 倉嶺千秋屹
아우내[164]는 만고에 유장하네. 幷川萬古長

때였는데, 남세강은 유진한의 증조부인 유비(柳芘, 1632~1711)의 사위이다. 게다가 남한귀의 부친인 남취흥(南就興, 1718~1780)은 유진한의 벗이었으므로, 그 자신까지 삼대 째 인연이 계속되고 있다는 말이다.

161) 연방의 뜻 어긋나니 : 연방(蓮榜)에 드는 소과(小科) 입격도 하지 못했던 것에 대한 안타까움을 나타낸 구절이다.

162) 옥호 속 얼음 : 청정하고 고결한 품격을 뜻한다. 앞의 주) 65 참조.

163) 창령 : 창령(倉嶺)은 천안시 병천면 용두리 만화동에서 병천리 쪽으로 가는 야트막한 고개이다. 이 고개를 넘어 병천천을 건너야 병천면의 중심지인 아우내장터, 면사무소 등지로 갈 수 있다. 병천면 탑원리의 들녘을 '창평(倉坪)', 또는 '창뜰[창들]'이라고 하는데, 그 앞으로 아우내[幷川川]가 흐른다.

164) 아우내 : 아우내[幷川川]는 천안시 북면에서 발원한 산방천(山方川)과 병천면의 북쪽에서 발원하여 남쪽으로 흘러내린 광기천(廣基川)이 합수삼거리 부근에서 합쳐져 충북 청원군 강내면 석화리(石花里)에서 미호천(美湖川)에 합류한 후, 연기군 동면 합강리에서 금강(錦江)으로 흘러든다. 천안시 병천면과 수신면의 경

이름을 산천에 남겼으니　留名山水裏
이 땅은 문장을 품었어라.　此地藏文章

【三十】 종질 현165) 〖從姪 現〗

평생에 남은 일은 글을 하는 것이었고　平生餘事卽文章
효우하는 집안 명성 가업을 잘 계승했네.166)　孝友家聲肯構堂
시단에서 맺은 정은 사제간의 정과 같고　詩壘情如師弟誼
집안에선 연세 많은 아버지의 항렬일세.　吾門年卲父兄行
천 편167) 시가 청옥을 다듬을 걸 기다리니　千篇有待磨淸玉
한 이치168)를 못 믿는 건 하늘의 탓이라네.　一理難諶任彼蒼
오늘날 청산으로 영영 가시는 길에　是日靑山長逝路
학생의 붉은 만장이 사람 맘을 아프게 하네.　學生丹旐使人傷

아우님의 떠도는 넋과 맏아드님 혼백도　賢季覊魂長子魄
지하에서 하염없이 눈물을 흘리리라.　應從地下淚潸潸
문득 보니 팔십 년 동안의 일들이　遽然八十年間事
찬 비 오는 선영의 산자락이 돼버렸네.　寒雨先塋一片山

계가 된다.

165) 종질 현 : 유현(柳現, 1744~1808)의 자는 공집(公執), 호는 금암(錦岩)이다. 유진한의 생가 조부 유광익(柳光翼, 1661~1720)의 증손이며, 종제(從弟) 유철한(柳喆漢, 1719~1794)의 아들로, 시로 이름났다. 유철한에 대해서는 앞의 주) 36 참조.

166) 가업을 잘 계승했네 : 원문의 긍구당(肯構堂)은 '긍구긍당(肯構肯堂)'과 같은 말로, 선조의 유업(遺業)을 이어 완성한다는 뜻이다. 『서경(書經)』「대고(大誥)」에 "아버지가 집을 지으려고 모든 방법을 강구해 놓았는데, 아들이 집터를 닦으려고도 하지 않는다면, 나아가 집을 얽어 만들 수가 있겠는가[若考作室, 旣底法 厥子乃不肯堂, 矧肯構]"라고 한 데서 온 말이다.

167) 천 편 : 대본의 편(編)은 편(篇)의 잘못이므로 바로잡았다.

168) 이치 : 이치란 『논어(論語)』「옹야(雍也)」에 "어진 사람은 오래 산다[仁者壽]"라고 했던 것을 말한다. 여기서는 어진사람이 장수하지 못하는 것은 하늘이 제대

【三十一】 **척제 김종억**169) 〖戚弟 金宗檍〗

공의 재주와 덕망을 생각해보면	念公才與德
감히 털끝만큼도 밝힐 수 없네.	不敢一毫明
옛 정으론 친척이라 할지라도	敍舊雖親戚
날 깨우친 부형 같은 분이시네.	誨吾似父兄
시서는 전인의 수적이고	詩書前手跡
효우는 오래된 가풍일세.	孝友古家風
제일 한이 되는 것은 붉은 명정에	最恨丹旐面
팔순에도 학생이라 쓴 거라네.	八旬一學生

【三十二】 **척질 진사 김붕환**170) 〖戚姪 進士 金鵬煥〗

티 없이 맑으신 만화선이여	蕭灑晚花仙
베옷을 입고 사신 팔십 년 세월.	廲衣八十年
문장은 다 나에게 달렸어도	文章惟在我
궁달은 하늘 뜻이니 어쩌랴.	窮達奈關天
오두막집 북적대던 그 자리가	白屋繁華席
청산의 적막한 묘가 되었구나.	青山寂寞阡

로 살피지 못한 탓이므로 이치를 믿지 못하겠다는 말이다.

169) 김종억 : 김종억(金宗檍, 1744~1815)의 본관은 안동(安東), 자는 무중(茂仲)이다. 유진한과 함께 영회당(英會堂)을 세웠던 사일암(思一庵) 김운재(金運載, 1689~1756)의 손자이며, 김택(金澤, 1721~1756)의 아들이다. 김운재의 고조부인 김계종(金繼宗, 1556~1614)은 유진한의 5대조 유활(柳活, 1576~1641)의 장인이다. 앞의 「만사(輓詞)」【二十七】을 쓴 김종집(金宗㙫, 1740~1793)과는 10촌 형제간이다. 김종집에 대해서는 앞의 주) 143 참조.

170) 김붕환 : 김붕환(金鵬煥, 1747~?)의 본관은 안동(安東), 자는 익천(翼天)이다. 앞의 「만사(輓詞)」【十六】을 쓴 김종후(金宗厚, 1728~1793)의 장남으로 태어나, 김종식(金宗軾)의 계자(系子)가 되었다. 옛 청주목(淸州牧) 송정(松亭)에 살았으며, 1777년(정조 1)에 진사가 되었다. 김종후에 대해서는 앞의 주) 86 참조.

공은 비록 가셨어도 위로가 되리　公歸猶且慰
어진 후손에게 여경이 있으리니.　餘慶後昆賢

【三十三】 족질 욱171) 〖族姪 頊〗

저승에 돌아가면 뉘들 한이 없으랴만　人誰無憾反泉臺
오늘의 슬픔 안긴 공 같은 분 없었네.　未有如公是日哀
꿈에 청삼 입고서 한밤중에 길 떠나니　夢結靑衫中夜發
한이 깊어 푸른 풀은 구천을 맴돌리라.　寃深綠草九原廻
영주의 옛 버들172)은 봄에도 그늘이 없고　瀛洲古柳春無蔭
만화골 찬 매화173)는 눈발에 꺾이려 하네.　晩谷寒梅雪欲摧
심하도다 우리 집안 가운이 기박하여　甚矣吾家門祚薄
시단에 홀로 올라 구슬프게 배회하네.　獨登詞壘悵徘徊

【三十四】 족질 관174) 〖族姪 瓘〗

다행히도 몇 년 동안 모시며 따랐으니　年來杖屨幸追隨

171) 족질 욱 : 유욱(柳頊, 1770~1792)의 자는 계성(繼聖), 호는 희안당(希顔堂)이다. 그는 유진한의 5대조 유활(柳活)의 둘째아들 유지목(柳之霂, 1614~?)의 현손(玄孫)인 유통한(柳通漢, 1754~1820)의 아들이다. 유욱은 유진한의 재종조부(再從祖父)인 유광원(柳光元, 1696~1756)의 증손인데, 유광원은 유관순 열사의 7대조이다.

172) 영주의 옛 버들 : 영주(瀛洲)는 흥양(興陽: 고흥)의 옛 이름이므로, 영주의 옛 버들은 고흥유씨를 뜻한다.

173) 매화 : 매화는 '매옹(梅翁)'이라고 불린 유진한을 가리킨다.

174) 족질 관 : 유관(柳瓘, 1750~1815)의 자는 자동(子東)이다. 유진한의 5대조인 유활(柳活)의 백형(伯兄) 유숙(柳潚, 1564~1636)의 5대손인 유욱한(柳昱漢, 1723~1753)의 둘째아들로, 동몽교관(童蒙敎官)에 추증되었다. 그의 증손인 유중곤(柳重坤, 1810~1881)은 한말 의병장 유인석(柳麟錫, 1842~1915)의 생부이다. 유활은 흥성부원군(興城府院君)에 추증된 유몽표(柳夢彪, 1543~1616)의 셋째아들이다.

정으로는 집안 어른 학업에선 스승일세.	情是宗親學是師
백발에도 눈물 머금고 파수를 건너신[175] 건	白首淚含淸灞渡
이어받은 가업이 옛집의 시여서라네.	靑氈業繼古家詩
뜰 앞의 실하던 나무 잎이 모두 떨어졌고	庭前實樹經摧葉
가신 후에 좋은 글은 아이가 맡게 됐네.	身後瓊篇付有兒
세상에선 공 같은 분 다시 볼 수 없으리니	今世如公難復見
어찌하랴 저승길에 애사 지어 보낼 밖에.	奈何泉路送哀辭

팔십 년을 글만 하다 곤궁하게 마치시니	八十文章窮以卒
세상에는 공도가 없어 캄캄한 밤이라네.	世無公道夜沈沈
산은 깊고 달도 없고 해로가[176]만 구슬픈데	山深月隱薤歌咽
시단이 쓸쓸하니 어디에서 읊으리오.	冷落騷坍幾處吟

【三十五】 삼종제 문한[177] 〖三從弟 文漢〗

지성으로 닦은 행실 우리 공의 어짊이고	至誠砥行我公賢
여력으로 글에 힘써 선조 유업 계승했네.	餘力文章繼祖先
팔순까지 장수하며 어진 도를 실천했고	八耋延齡仁道踐
열 번 향시 합격하고도 학업을 닦았다네.	十圍發解學工硏
친족 화목 이끈 화기 봄바람이 일어나듯	敦親和氣春風動
벗 사귀는 깊은 교분 맑은 물이 흐르는 양.	取友深交淡水漣
삼장[178] 되는 자리에서 스승을 모셨다면	若遇師筵三丈講

175) 파수를 건너신 : 소과(小科) 회시(會試)에 낙방했다는 말이다. 앞의 주) 13 참조.
176) 해로가 : 해로가(薤露歌)는 만가(輓歌)이다. 앞의 주) 27 참조.
177) 삼종제 문한 : 유문한(柳文漢, 1737~1799)의 자는 사윤(士潤), 호는 화곡(華谷)이다. 유진한의 고조부 유지림(柳之霖)의 셋째아들인 유강(柳江, 1651~?)의 증손이다.
178) 삼장 : 삼장(三丈)은 『예기(禮記)』「곡례(曲禮)」에 "만일 음식 대접이나 하려고 청한 손이 아니거든, 자리를 펼 때에 자리와 자리의 사이를 한 길 정도가 되게 한

사과[179]를 인정하지 않을 수가 있었으랴. 寧無許與四科編
노년에 뜰 가에다 옥을 버려[180] 상심했고 暮年庭畔傷抛玉
가을날 강가에선 병든 연꽃[181] 탄식했네. 秋日江干歎病蓮
천겁에 묻힐 원혼 푸른 풀을 걱정했고[182] 千劫埋寃愁碧草
한 때에 지었던 시 저 하늘을 원망했네. 一時言志怨蒼天
눈과 귀에 남아 있어 꽃다운 이름 우러르고 在人耳目香名仰
상자에 둔 보배구슬[183] 뛰어난 솜씨 전하네. 留篋瓊琚逸韻傳
급제 한 번 못하신 채 공은 이미 떠나시고 一第竟蹉公已矣
되살릴 수 없는지라 뭇사람이 슬퍼하네. 九原難作衆悽然
푸른 삼나무 고택에서 빈 장막을 바라보며 蒼杉古宅瞻虛幔
자부[184]에 가 청반[185]에 선 신선됐나 생각하네. 紫府淸班想化仙
자손들이 빛이 나니 보답이 꼭 있을 테고 子姓榮光應有報
집안 명성 이어가면 그게 바로 청전[186]일세. 家聲能繼是靑氈

다[若非飮食之客, 則布席, 席間函丈]"라고 한 데서 유래하여 스승과 문인(門人) 사이를 뜻하는 '함장(函丈)'에서 온 말이다.

179) 사과 : 사과(四科)는 『논어(論語)』 선진편(先進篇)에서 공자의 제자들을 각자의 재능에 따라 분류한 네 분야, 즉 덕행(德行)·언어(言語)·정사(政事)·문학(文學)을 가리킨다. 유진한이 사과 중에서 적어도 하나는 인정받을 만한 자질을 갖췄다는 뜻이다.

180) 옥을 버려 : 아들이 먼저 세상을 떠났다는 말이다. 앞의 주) 23 참조.

181) 병든 연꽃 : 열매[蓮實]를 맺지 못한 병든 연꽃이라는 말이므로 소과에 입격하지 못한 유진한의 처지를 비유한 말이다.

182) 푸른 풀을 걱정했고 : 앞의 주) 41 참조.

183) 보배구슬 : 보배구슬은 훌륭한 시문(詩文)을 뜻하는데, 『시경(詩經)』 「위풍(衛風)」 <모과[木瓜]>에 "나에게 모과를 주기에 보배구슬로 갚는다[投我以木瓜, 報之以瓊琚]"라고 한 데서 온 말이다.

184) 자부 : 자부(紫府)는 도교에서 신선이 사는 곳, 즉 옥황상제가 사는 곳이다.

185) 청반 : 청반(淸班)은 학식과 문벌이 높은 사람에게 내리던 벼슬을 가리킨다. 여기서는 유진한이 옥황상제의 선관(仙官)이 되었으리라는 말이다.

186) 청전 : 앞의 주) 39 참조.

철인들이 모두 다 돌아가시니 哲人盡歸
일가들은 누구를 의지하리오. 宗黨安依
객창 가에 일어서서 旅窓起立
멀리 바라보며 눈물 뿌리네. 遙望涕揮

【三十六】 **재종제 남한혁**187) 〖再從弟 南漢爀〗

신세가 편안했던 팔십 년 세월 동안 身世安閑八十年
높은 누각 맑은 바람에 신선처럼 앉았더니 淸風高閣坐如仙
만사가 마음 아픈 이 밤 어떤 밤이기에 傷心萬事今何夕
차가운 옥패 소리 홀연 하늘로 올라가네. 玉珮寒聲忽上天

【三十七】 **척질 화산 김한항**188) 〖戚姪 花山 金漢恒〗

오동 샘은 흐느끼고 전나무 뜰 횅하니 桐泉咽咽檜庭空
팔십 년의 세월조차 한 조각 꿈같았네. 八十光陰一夢中
단아한 모습은 선사의 유업이요 愷悌容儀先士業
순량한 말씀은 옛사람의 풍모였네. 純良談話古人風
시단이 무거워도 문장으로 날렸는데 騷壇雖重文章擅

---

187) 남한혁 : 남한혁(南漢爀, 1748~1792)의 본관은 의령(宜寧), 자는 시회(時晦)이다. 남세강(南世綱)의 넷째아들 남취흥(南就興, 1718~1780)의 장남이다. 남세강은 유진한의 증조부인 유비(柳玭, 1632~1711)의 사위이고, 남취흥은 유진한과 함께 은석시사(銀石詩社) 활동을 했던 인물이다. 뒤의 「만사(輓詞)」【四十三】을 지은 남한묵(南漢黙, 1760~1828)의 친형이며, 앞의 「만사(輓詞)」【二十九】를 지은 남한귀(南漢龜, 1742~1815)의 사촌동생이다.

188) 김한항 : 김한항(金漢恒, 1750~1796)의 본관은 안동(安東), 자는 월여(月如)이다. 그는 유진한의 종매부(從妹夫) 김가진(金可晉, 1713~1779)의 넷째아들이다. 김가진은 이 책 권1에 실린 <체장흥몽견남사정최거원김장경종제문백감음(滯長興夢見南士禎崔巨源金長卿從弟文伯感吟)>에서 언급한 김장경(金長卿)이다. 김가진에 대해서는 권1의 주) 231 참조.

안탑[189)]이 무어라고 운수 그리 궁했던가. 鴈塔其何命數窮
청산에 묻힐 시골[190)] 자만시를 노래하니 詩骨靑山歌自輓
천 년이 지난대도 원기 품을 매옹이로다. 抱寃千載是梅翁

해동의 태학에는 서생들이 그 얼만데 海東太學幾書生
옥황께 글을 올려 하소연한 한 분일세. 奉案瑤皇訴一生
과거[191)]에 급제 못해 한 품은 이 누구던가 未捷名場誰抱恨
매화도 시들어버린 옛 마을의 유선생이시네. 殘梅古里柳先生

【三十八】 시생 완산 최중복[192)] 〚侍生 完山 崔重福〛

목천고을 동북쪽에 자리잡은 만화촌엔 木州東北晩華村
고택들이 쓸쓸한데 유독 문이 닫힌 집. 故宅蕭條獨掩門
조물주가 평생토록 장난을 너무 쳐서 造物平生惟戲劇
문장으로 괜히 늙혀 끝내 한을 품게 했네. 文章虛老必含寃
금란의 돈독한 정 선조 때에 시작됐고 金蘭好誼從先祖
혼인[193)]의 깊은 정은 후손들이 맺었다네. 瓜葛深情結後孫

---

189) 안탑 : 안탑(鴈塔)은 당(唐)나라 때 현장(玄奘)이 세운 자은사(慈恩寺)의 대안탑(大鴈塔)을 가리킨다. 당나라 중종(中宗) 말기부터 진사과(進士科)에 합격한 사람들에게 황제가 곡강(曲江) 가에서 잔치를 베풀어 주고 안탑에 그 이름을 적게 했다는 데서, 과거급제를 뜻하게 되었다. 여기서는 유진한이 시로 이름날 만한 재주를 가졌음에도 불구하고 진사도 되지 못했던 데 대한 안타까움을 표현한 것이다.
190) 청산에 묻힐 시골 : 앞의 주) 41 참조.
191) 과거 : 원문의 명장(名場)은 '명예와 이익만을 다투는 곳'이라는 부정적인 의미로도 쓰이지만, 명성을 서로 겨루는 장소란 뜻에서 과거 시험장을 이르기도 한다.
192) 최중복 : 최중복(崔重福, 1754~?)의 본관은 전주(전주), 자는 군필(君必)이다. 최진동(崔鎭東, 1691~1755)의 손자이며, 최기철(崔麒哲, 1728~?)의 아들로, 지제교(知製敎)를 지낸 최계훈(崔繼勳, 1601~1657)의 6대손이다. 유진한의 손자인 유영일(柳榮日, 1770~1831)의 장인이다. 유영일은 유진한의 셋째아들인 유침(柳琛, 1744~1780)의 아들이다.
193) 혼인 : 과갈(瓜葛)은 덩굴이 뻗어서 서로 얽힌 외와 칡으로, 집안의 혼인으로 맺

스승님께 가르침을 많이 받지도 못했는데　丈席無多承誨日
해 저무는 언덕에서 붉은 만장을 바라보네.　奄看丹旐夕陽原

【三十九】 조카 박[194)] 〖姪子 璞〗

문장과 덕행은 오래된 가풍이고　文章德行古來家
쇠로 만든 몽둥이로 옥을 쪼아 흠 없앴네.　金鑄大椎玉鍊瑕
이 세상의 빠른 세월 위수[195)]처럼 흘렀고　世上光陰流渭水
눈물 젖은 품속 책[196)]을 진의 수레에 실었네.　懷中書淚載秦車
뜰에 난 난초는 큰 잎[197)]이 먼저 졌고　庭蘭長葉先時委
무덤의 가녀린 계화 뒤늦게야 피었네.　墳桂殘葩竟晚華
자만시[198)]를 지으시자 귀신도 흐느꼈고　自輓詩成神鬼泣
봄풀도 안 난다니 사람들이 탄식하네.　不生春草使人嗟

장수하며 시를 짓는 낙을 누린 현자시여　壽德文章樂有賢
남북으로 떨어져서 십여 년을 살았다네.　相離南北十餘年
지하에 돌아가서 제 선친[199)]을 보시거든　泉臺歸見吾先考
홀로 남은 이 아들은 묘 지킨다 말해주오.　爲說孤兒守墓前

어진 관계를 뜻한다. 한(漢)나라 사람 채옹(蔡邕)의 「독단(獨斷)」이란 글에서 유래한 말이다.

194) 조카 박 : 유박(柳璞, 1753~1793)의 자는 공유(公猷), 호는 순당(順堂)이다. 유진한의 동생인 유부한(柳扶漢, 1727~1780)의 장남이다.

195) 위수 : 강태공(姜太公)이 위수(渭水) 가에서 낚시하며 때를 기다렸던 고사에서 온 말이다. 여기서는 유진한이 팔십이 되어서도 뜻을 펼칠 기회를 얻지 못했다는 뜻이다. 앞의 주) 35 참조.

196) 품속 책 : 소진(蘇秦)의 고사에서 온 말이다. 앞의 주) 138 참조.

197) 큰 잎 : 유진한의 장남 유집(柳㙫, 1731~1791)을 가리키는데, 이 해 4월에 유진한보다 먼저 세상을 떠났다.

198) 자만시 : 앞의 주) 41 참조.

199) 선친 : 유부한(柳扶漢, 1727~1780)은 1780년 고산현(高山縣: 현 전북 완주군 고산면 일대)에서 세상을 떠나 그곳(완주군 비봉면: 고산면과 맞닿아 있다)에 묻

【四十】 족제 영한[200] 〖族弟 永漢〗

만화 계곡[201] 물줄기는 근원이 맑고 맑아　　晩華溪水發源淸
두 줄기 시냇물[202]이 명성을 오대 전해왔네.　　雙磵流傳五代聲
어질고 선했음은 장수했으니 알 만하고　　仁善果知遐壽享
문장은 젊었을 때 이미 널리 알려졌네.　　文章已自早年鳴
이승에선 재주 아까워 묘 자리를 못 정하고　　人間才惜難侯廣
지하에선 한이 깊어 기구한 운명 헤아린다네.　　地下寃深薄命衡
다행히도 봄빛이 옥수[203]에 돌아오니　　猶幸春光回謝樹
집안의 훗날 영광 바라보게 되시리라.　　佇看門戶異時榮

혔는데, 유박도 그곳에서 살다가 후에 역시 고산현에 묻혔다. 뒤의 「제문(祭文)」 【9】 참조.

200) 족제 영한 : 유영한(柳永漢, ?~1831)의 자는 중휘(仲輝), 호는 오천(午川)이다. 유진한의 5대조 유활(柳活)의 둘째아들인 유지목(柳之霂, 1614~?)의 현손(玄孫)이며, 유광홍(柳光興, 1694~1760)의 외아들 유당(柳讜, 1725~1780)의 둘째아들이다. 1779년(정조 3)에 유진한이 황전(黃瑱)·김섭(金涉, 1730~1785)·이의일(李義一, 1734~1799) 등과 함께 북면(北面) 사창(社倉) 남쪽에

201) 만화 계곡 : 만화 계곡은 유진한을 뜻한다.

사마소(司馬所)를 중건하여 지역의 생원·진사들이 오가면서 유숙할 수 있도록 했는데, 1808년(순조 8)에 유영한(柳永漢)과 황유중(黃有中)이 재물을 모아 다시 옛터에 중건하였다고 한다. 유영한이 태어난 해를 『고흥유씨세보』에는 1766년(영조 병술)이라 했지만, 동생 유홍한(柳洪漢, 1764~1813)이 태어난 해와 권2 <만지동청룡대부(輓芝洞靑龍大父)>에서 유진한이 언급한 내용으로 보아, 형인 유명한(柳命漢, 1750~1820)이 태어난 1750년 이후 유광홍(1694~1760)이 세상을 떠난 1760년 이전에 태어난 것이 분명하다.

202) 두 줄기 시냇물 : 두 줄기 시냇물[雙磵]은 유진한의 5대조인 유활(柳活, 1576~1614)을 가리킨다. 앞의 주) 158 참조.

203) 옥수 : 원문의 '사씨 집안의 나무[謝樹]'는 '옥수(玉樹)', 즉 훌륭한 자손을 뜻한다. 앞의 주) 96 참조.

【四十一】 시생 화산 김현술[204] 〖侍生 花山 金顯述〗

원래부터 있지 않은 다른 무얼 바라리오	自然之外更何求
일천 수 지은 시가 만호후보다 나은[205] 것을.	千首詩傾萬戶侯
부귀는 원래부터 군자의 바람 아니었고	富貴元非君子願
공명은 모름지기 장부의 걱정 밖이라네.	功名須忘丈夫憂
장미 핀 옛 마을에서 공이 돌아가시니	薔薇古洞公仙化
먼 마을 인척 집에선 내가 눈물 흘리네.	瓜葛遙村我涕流
훌륭하고 어진 자손 유업을 잘 계승하여	佳子賢孫能繼業
고문에도 조만간에 경사가 이어지리라.	高門早晩慶悠悠

【四十二】 족질 징[206] 〖族姪 徵〗

한 번 하직 고한 뒤로 다시 뵙기 어렵더니	衣冠一別更難因
요즘 들어 꿈속에서 자주 얼굴 뵈었다네.	近日承顔夢裏頻
의리 중한 질항의 집안 조카이고	誼重姪行由胤從

---

204) 김현술 : 김현술(金顯述, 1759~1793)의 본관은 안동(安東), 자는 여회(汝晦)이다. 그는 여절교위(勵節校尉) 김도전(金道全, 1638~1664)의 현손이며, 김성신(金聖臣, 1687~1753)의 손자이고, 김지(金贄, 1718~1780)의 아들이다. 그는 유진한의 둘째아들인 유력(柳瓅, 1741~1799)의 처남으로, 「만사(輓詞)」【四十五】를 쓴 김정술(金鼎述, 1761~1793)의 사촌형이다.

205) 만호후보다 나은 : 당나라 사람 두목(杜牧)의 시 <등지주구봉루기장호(登池州九峰樓寄張祜)>에 "누가 우리 장공자와 같으랴, 천 수 시로 만호의 높은 벼슬을 가볍게 보는 분이거늘[誰人得似張公子, 千首詩輕萬戶侯]"이라고 한 데서 온 말이다.

206) 족질 징 : 유징(柳徵, 1756~1804)의 자는 군미(君美)이며, 유진한의 5대조인 유활(柳活)의 종형(從兄) 유광(柳洸, 1562~1620)의 5대손인 유이한(柳頤漢, 1730~1788)의 아들이다. 유광은 흥성부원군(興城府院君) 유몽표(柳夢彪, 1543~1616)의 형인 유몽사(柳夢獅, 1538~1610)의 장남이고, 유이한은 계부(季父) 유운(柳澐)의 양자가 된 유지한(柳祉漢, 1715~1777)의 친동생이다. 유지한은 유진한의 둘째아들 유력(柳瓅, 1641~1799)의 양부(養父)이다.

정이 깊은 부항의 일가 어른일세. 情深父黨是宗親
하늘은 왜 문사에게 복을 주지 아니하고 天何不福文章士
세상은 효우한 이를 끝내 궁하게 했을까. 世亦終窮孝友人
오늘부터 우리 집안엔 우러를 분이 없으니 自此吾門無所仰
통곡하며 만사 쓰다 눈물로 수건을 적시네. 哭題哀輓淚沾巾

장수하고 아들도 많으신데 壽復多男子
효도 끝을 못 보시니 한스럽네. 恨無孝各終
시가 있어 공은 죽지 않으시리니 有詩公不死
남긴 글이 상자 속에 가득하다네. 餘響滿篋中

【四十三】 재종제 남한묵207) 〖再從弟 南漢默〗

명문 후예 높은 가문 우리 공께 달렸으니 華胄高門系我公
글 잘하고 효우한 건 그 집안의 가풍일세. 文章孝友乃家風
사람들이 좋은 시를 서로 전해 명성 컸고 人傳佳句名仍大
세상에선 풍모와 덕 우러르고 받들었네. 世仰淸儀德又崇
늙어서도 공부하니 백발인 게 가련한데 老且勤工憐白髮
끝내 시운 어긋나니 하늘 뜻을 어이하랴. 終違時命奈蒼穹
이제 와선 모든 일이 모두 끝나 버렸어라 至今萬事皆休矣
곡 마치고 애사 쓰려니 눈물이 한이 없네. 哭盡哀辭淚不窮

---

207) 남한묵 : 남한묵(南漢默, 1760～1828)의 본관은 의령(宜寧), 자는 시현(時顯)이다. 남세강(南世綱, 1675～1757)의 넷째아들인 남취흥(南就興, 1718～1780)의 셋째아들이다. 남세강은 유진한의 증조부 유비(柳玭, 1632～1711)의 사위이며, 유진한의 대고모부이다. 앞의 「만사(輓詞)」【三十六】을 지은 남한혁(南漢爀, 1748～1792)의 친동생이며, 「만사(輓詞)」【二十九】를 지은 남한귀(南漢龜, 1742～1815)의 사촌동생이다.

【四十四】 파평 윤세철208) 〖坡平 尹世喆〗

오도를 빛내신 한 시대의 현자시고	吾道彬彬一代賢
게다가 공의 재예 더더욱 뛰어났네.	惟公才藝更超然
서하에서 통곡하니209) 백발이 더 슬프고	痛哭西河悲白首
낙양에서 얻은 공명 청년 시절 일이었네.	功名東洛任青年
팔십 수를 누린 모습 천고에 남으련만	八旬齒德儀千古
어젯밤엔 문성이 하늘에서 떨어졌네.	昨夜文星落九天
상자 가득 남은 시를 눈물지으며 살피려니	滿笈遺篇和淚閱
매화 핀 깊은 골에 괜스레 달만 밝네.	梅花深谷月空圓

【四十五】 시생 화산 김정술210) 〖侍生 花山 金鼎述〗

한 세상에 드문 문장 사모하고 우러르다	景仰文章一世稀
매헌에서 십 년 동안 스승으로 섬겼다네.211)	梅軒十載拜摳衣

---

208) 윤세철 : 윤세철(尹世喆, 1721~?)의 본관은 파평(坡平), 자는 덕수(德叟)이다. 통덕랑 윤정상(尹廷尙, 1672~1768)의 손자로, 예조좌랑 윤종신(尹宗臣, 1695~1724)의 아들이다.

209) 서하에서 통곡하니 : 유진한이 장남과 셋째아들을 먼저 잃었다는 말이다. 앞의 주) 23 참조.

210) 김정술 : 김정술(金鼎述, 1761~1793)의 본관은 안동(安東), 자는 여구(汝九)이다. 그는 여절교위(勵節校尉) 김도전(金道全, 1638~1664)의 현손이며, 김성신(金聖臣, 1687~1753)의 손자이고, 김찬(金贊, 1731~1806)의 아들이다. 김정술은 「만사(輓詞)」【四十一】을 쓴, 유진한의 둘째아들 유력(柳瓅, 1741~1799)의 처남인 김현술(金顯述, 1759~1793)의 사촌동생이다.

211) 스승으로 섬겼다네 : 원문의 '구의(摳衣)'는 어른 앞에서 걸을 때 옷자락을 밟아서 넘어지는 실례를 피하기 위해 옷깃을 두 손으로 약간 들어 올리는 것을 뜻하는데, 스승 앞에 나아가 강론을 듣는 것을 이르는 말로 쓰인다. 『예기(禮記)』「곡례 상(曲禮·上)」에 "신발을 밟지 말고, 자리를 넘어가지 말며, 옷자락을 치켜 올리고 구석을 따라 종종걸음으로 가서 앉고, 반드시 응대를 삼가서 해야 한다[毋踐屨, 毋踖席, 摳衣趨隅, 必愼唯諾]"라고 한 데서 온 말이다.

원기 서린 무덤에는 풀 안 난다[212] 하지 마오　　寃墳莫道無生草
보배로운 나무[213]는 광채를 반겨 맞으리라.　　寶樹欣迎必有輝

【四十六】 종질 완[214] 〖從姪 琬〗

친하기론 아버지요 공경함은 스승 같아　　親之如父敬如師
더벅머리 시절부터 내게 시를 가르치셨네.　　自我髫齡敎我詩
일곱 고을 여러 선비 다 같이 모이던 날　　七邑諸生團會日
한자리서 말씀 나누며 홀로 곁에 모시던 때.　　一堂私語獨陪時
글 논하다 강개하여 눈물을 머금었고　　論文慷慨因含淚
술잔을 마주하여 시 짓다가 고심했네.　　對酒沈吟又苦思
만사가 다 애통하다 지금 이리 통곡해도　　萬事嗚呼今慟哭
학생의 붉은 만장만이 상여를 전송하네.　　學生丹旐送靈輀

춘풍 같은 화기로 평생을 마쳤건만　　春風和氣了平生
세상의 남은 일론 소과도 못했다네.　　餘事人間未小成
친척들과 친구들이 높은 덕을 우러렀고　　親戚諸朋皆仰德
어린애와 아낙네도 그 이름을 알았다네.　　孩兒愚婦亦知名
장남[215]이 먼저 갔어도 환갑까진 살았고　　長男逆理猶中壽

---

212) 원기 …… 난다 : 앞의 주) 41 참조.
213) 보배로운 나무 : 원문의 보수(寶樹)는 옥수(玉樹)와 같은 말로, 훌륭한 자손을 뜻한다. 앞의 주) 96 참조.
214) 종질 완 : 유완(柳琬, 1762～1823)의 자는 공서(公瑞), 호는 송애(松崖)이다. 유진한의 생가 조부인 유광익(柳光翼, 1661～1720)의 증손으로, 종제(從弟) 유달한(柳達漢, 1725～1804)의 차남이며, 앞의 「만사(輓詞)」【十八】을 쓴 원담(元墰)의 사위이다. 원담(元墰)에 대해서는 앞의 주) 94 참조. 유진한의 부친 유창(柳韶, 1689～1755)은 유광익의 둘째아들로 태어나 백부인 유광천(柳光天)의 계자(系子)가 되었다.
215) 장남 : 장남 유집(柳䌖, 1731～1791)은 이 해 4월에 유진한보다 먼저 세상을 떠났다.

막내[216]가 명성 이어 아마 크게 울리리라. 季胤傳聲庶大鳴
천도로는 마땅히 여경이 있을 테니 天道也應餘慶有
공께서는 저승길에 한을 품지 마소서. 公無飮恨九原程

【四十七】 재종손 영진[217] 〖再從孫 榮進〗

거룩하시다 우리 종조여 韙哉吾從祖
덕망은 시보다 더하셨네. 有德勝其詩
친척들과 화목한 건 천성이었고 敦睦由天性
온화함은 노년까지 그대로셨네. 雍容到老時
온 집안이 존경하며 본받았고 一門多矜式
많은 이가 스승으로 모시려했네. 諸客願從師
재주가 커 끝끝내 못 쓰였고[218] 才大終難用
청운의 꿈은 기약대로 아니 됐네. 青雲失所期

지난날에 봄풀을 읊은 시는 往年春草韻
너무 슬퍼 말하지 못하겠네. 惻惻不能言
백설곡[219]은 안타깝게 끝났고 白雪嗟終曲

---

216) 막내 : 유진한이 60세에 얻은 막내아들 유금(柳琹, 1771~1835)에 대한 기대가 남달랐던 것으로 보인다. 앞의 주) 38 참조.

217) 재종손 영진 : 유영진(柳榮進, 1761~1796)의 자는 자현(子賢), 호는 사신재(四愼齋)이다. 그는 유진한의 종제(從弟)인 유장한(柳章漢, 1713~1783)의 손자로, 유준(柳晙, 1733~1803)의 큰아들이다. 따라서 항렬로는 재종조(再從祖)이지만, 시에서는 종조(從祖)라고 한 것이다. 『대록지(大麓誌)』에는 그가 문행(文行)이 있었다고 적었다. 유장한은 유진한의 생가 조부 유광익(柳光翼, 1661~1720)의 장남인 유경(柳畊, 1683~1768)의 아들이다.

218) 재주가 …… 못 쓰였고 : 두보(杜甫)의 <고백행(古柏行)>에 "지사나 은자는 원망하고 탄식하지 말지어다. 예로부터 재목이 크면 쓰이기가 어렵다오[志士幽人莫怨嗟, 古來材大難爲用]"라고 한 데서 온 말이다.

219) 백설곡 : 유진한이 고상한 뜻을 품고 있었다는 말이다. 앞의 주) 55 참조.

청산은 지원을 품었어라. 青山抱至寃
조화옹은 왜 그리도 야박할까 化翁何太薄
천리란 말하기가 어렵다네. 天理難明論
숙부가 집안 명성을 이을 테니 胤叔家聲繼
여경이 많기만을 바랄 뿐이네. 只希餘慶蓄

내 조부는 공보다 일 년이 아래신데 吾祖於公少一年
아 십 년 전에 먼저 세상을 떠나셨네. 嗚呼先哭十年前
향시에 나란히 뽑히신 게 언제던가 同叅鄕解曾何日
연 두 송이 놓친[220] 것이 천추의 한이 되네. 恨失千秋兩朶蓮

【四十八】 당성 홍주악 〖唐城 洪柱岳〗

오동나무 우물가 초당 앞에서 梧桐井上草堂前
나는 십오 년을 따르며 노닐었네. 小子從遊十五年
장수하고 아들 많아 인자신 걸 증험했건만 壽考多男仁有驗
글 잘해도 파수 건넌[221] 이치는 왜 그러한가. 文章渡灞理胡然
오늘부터 호좌에는 시단 거장이 사라지고 從今湖左無詞伯
내일이면 경루[222]에는 적선이 오르리라. 來日瓊樓上謫仙
세모의 찬 하늘 창평의 고개[223] 길에 歲暮天寒倉峴路
상엿줄도 못 잡고서 눈물 줄줄 흘리노라. 未能執紼淚漣漣

220) 연 …… 놓친 : 이 만시를 지은 유영진의 조부 유장하과 유진한이 나란히 소과 초시에 들었으나, 모두 회시에서 입격하지 못했다는 말이다. 뒤의 「제문(祭文)」 【五】 참조.
221) 파수 건넌 : 유진한이 뛰어난 글재주에도 불구하고 과거에 낙방했다는 말이다. 앞의 주) 13 참조.
222) 경루 : 경루(瓊樓)는 달 속에 선인(仙人)이 산다는, 구슬로 장식한 누각으로, '경루옥우(瓊樓玉宇)'·'옥우경루(玉宇瓊樓)'의 준말이다.
223) 창평의 고개 : 앞의 주) 163 참조.

글만 하며 팔십 년을 늙으셨으니	文章老八十
누구인들 마음아파 아니 하랴.	孰不爲憐之
마을에선 그 선함을 칭송했고	鄕黨稱其善
모든 이가 내 사부라 불렀다네.	人皆曰我師
삼생에 시로 한이 맺히셨으니	三生詩結恨
후대엔 경사 있어 마땅하리라.	後代慶宜推
스승님을 모실 길이 없기에	杖屨侍無處
바람결에 더더욱 통곡하네.	臨風倍哭私

【四十九】 시생 옥구 장태등 〖侍生 沃溝 張泰登〗

팔십이니 장수 했다 말하지들 마시구려	八耋休言享壽長
조선에는 오늘부터 규성224) 빛이 어두워지리.	吾東從此晦奎光
연 캘 계책225) 어긋난 게 천고의 한이었고	鋤蓮計誤寃千古
옥 품었단226) 이름 높아 온 고을에 진동했네.	懷玉名高動一鄕
효도하고 우애하니 다 군자로 우러렀고	孝友世皆君子仰
온화하고 선량하니 철인의 죽음 슬퍼하네.	温良爭惜哲人亡
너그러운 그 모습을 이제 어디 가서 보나	款款之態今何遘
가을 산에서 상엿줄 잡고 눈물로 옷 적시네.	執紼秋山淚滿裳

【五十】 척종손 화산 김기술227) 〖戚從孫 花山 金箕述〗

듣자니 두보를 시성이라 일컫는데	曾聞杜老聖於詩

224) 규성 : 규성(奎星)은 28수의 하나로, 문운(文運)을 관장하는 별이다.
225) 연 캘 계책 : 연방(蓮榜)에 드는 것, 곧 소과(小科)에 입격하고 싶은 마음을 말한다.
226) 옥 품었단 : 옥을 품었다는 것은 유진한이 뛰어난 재주가 있었다는 말이다.
227) 김기술 : 김기술(金箕述, 1765~1820)의 본관은 안동(安東)이며, 자는 군범(君範)이다. 그는 여절교위(勵節校尉) 김도전(金道全, 1638~1664)의 현손이며, 김언신(金彦臣, 1693~1762)의 손자이고, 김당(金讜, 1739~1781)의 아들이

심법이 전해져 할아버지 시가 됐네. 心法相傳大父詩
그 빛깔이 창연하고 그 뜻이 평온하니 其色蒼然其味穩
사람들아 알고프면 지으신 시 보시구려. 人如觀德可觀詩

공이 전에 고당에다 만화라는 편액 걸자 公昔高堂揭晩華
봄날 성의 복사 오얏 지나치는 꽃이 됐네. 春城桃李等閑華
어떻게 알았으랴 오늘 가을 강가에 安知今日秋江上
연꽃이 묻혀버려 끝내 피지 못할 줄을. 埋沒芳蓮竟未華

내 평생을 달래주신 공을 떠나보내는데 送公吾欲慰平生
이 세상을 학생으로 늙으신 걸 한하리오. 何恨人間老學生
시단 거장 높은 이름 일월처럼 높이 걸려 詞伯高名懸日月
천 년이 지나가도 썩지 않을 유선생이여. 千年不朽柳先生

【五十一】 진사 의춘 남제원228) 〖進士 宜春 南濟遠〗

고흥에선 영기를 길러내서 高興毓靈氣
혁혁한 공 보옥229)처럼 빛났네. 奕業曜球琳

다. 김기술의 부친인 김당이 유진한의 종제인 유달한(柳達漢, 1725~1804)의 사위이므로 척종손이라고 칭한 것이다. 그의 조부인 김언신이 김성신(金聖臣, 1687~1753)의 동생이므로 앞의 「만사(輓詞)」【四十一】을 쓴 김현술(金顯述, 1759~1793), 「만사(輓詞)」【四十五】를 쓴 김정술(金鼎述, 1761~1793)과는 육촌간이다. 김현술에 대해서는 앞의 주) 204, 김정술에 대해서는 앞의 주) 210, 유달한에 대해서는 앞의 주) 63 참조. 『안동김씨대동보(安東金氏大同譜)』에는 김공(金贛)으로 썼는데, 여기서는 『고흥유씨세보(高興柳氏世譜)』와 『안동김씨세보(安東金氏世譜)』에 따라 김당(金戇)으로 적었다.

228) 남제원 : 남제원(南濟遠)의 본관은 의령(宜寧)이며, 진사 남시양(南時養)의 아들로, 유진한의 종제(從弟)인 유달한(柳達漢, 1725~1804)의 사위이다. 유달한에 대해서는 앞의 주) 63 참조.

229) 보옥 : 『서경(書經)』 「우공(禹貢)」에 "그 공물은 구림과 낭간이라네[厥貢, 惟球琳琅玕]"라고 하였는데, 구림(球琳)은 옹주(雍州)에서 나는 아름다운 옥이다. 여기서는

나라에선 상서로움에 기댔고	惟倚邦家禎
사림에선 덕망을 기억하네.	士林懷德音
우리 공은 그 훌륭한 자손이니	趾美卽我公
단아함에 신령마저 감동했네.	愷悌神所歆
품은 옥을 바치려던 삼십 년간	獻玉三十載
대궐문은 꽉 막혀서 고요했네.	閶闔鬱沈沈
교목 숲에 저녁빛이 흐릿하니	喬林曖殘景
나도 몰래 옷깃에 눈물 젖네.	幽涕暗沾襟
먹지 않은[230] 보답이 있으리니	庶有不食報
지금부터 재주를 펼치리라.	闡發必于今
한 가지 이치가 여기 있어	一理卽在玆
훗날에 그 마음을 바라리라.	後代冀其心
소자는 조카사위가 되었기에	小子忝甥館
곧은 표치를 일찍부터 존경했네.	貞標夙敬欽
찬 냇물은 어이 빨리 흐르는지	寒川逝何極
해로가[231]에 슬픔 가눌 길이 없네.	薤歈愴不禁
절구소리[232] 그친 지도 오래이고	舂杵久已歇
마을의 모습 또한 쓸쓸하구나.	村容亦蕭森

고홍유씨의 선조들이 고려 말과 조선 초기에 나라에 세운 공이 크고 빛났다는 말이다.

230) 먹지 않은 : 앞의 주) 142 참조.

231) 해로가 : 해로가(薤露歌)는 만가(輓歌)이다. 앞의 주) 27 참조.

232) 절구소리 : 원문의 '용저(舂杵)'는 방아를 찧을 때 힘을 북돋우기 위하여 부르는 노래이다. 『사기(史記)』「상군열전(商君列傳)」에 "오고대부(五羖大夫)가 죽었을 때에는 진나라의 남녀들이 모두 눈물을 흘렸으며, 어린아이들은 가요를 부르지 않았고, 방아를 찧는 자들은 방아노래를 부르지 않았다. 이것이 오고대부의 덕이다[五羖大夫死, 秦國男女流涕, 童子不歌謠, 舂者不相杵. 此五羖大夫之德也]"라고 한 데서 온 말이다. 오고대부(五羖大夫)는 춘추시대 진(秦)나라의 재상 백리해(百里奚)를 가리키는데, 진나라의 목공(穆公)이 염소가죽 다섯 장으로 초나라에 대속(代贖)하고 백리해를 모셔 와 그에게 국정을 맡겼다는 데서 유래하였다. '절구소리가 그쳤다'는 것은 상(喪)을 당해 노래를 그치고 애도했다는 뜻이다.

제 문【祭文】

【一】

유세차 신해년(1791) 11월(초하루는 임신이다) 10일(신사), 고흥 유공이 황천으로 돌아가시기 하루 전 경진일에 분성[233] 김경익[234]은 병들어 나아가 곡하지 못하고, 몇 줄 글을 지어서 아들 배영(配永)을 시켜 영전에 대신 고합니다.

아! 슬프다. 금옥(金玉)처럼 점잖으신 공은 대대로 높은 벼슬을 해 온 집안에 태어나셨습니다. 언행이 순후하고 근실하여 고을에 명예가 가득하였고, 문장이 찬란하고 민첩하여 일찍이 문단에서 명성이 드러나셨습니다. 누항에서 단사표음하던 안연(顔淵)처럼 청빈하셨고, 석실[235]에 있는 책 같이 깨끗하셨습니다. 온화하여 사람을 인자하게 대하셨고, 신중하여 겸손하게 처신하셨습니다. 과거에서는 초시에 여러 번 으뜸으로 뽑히셨으니 재주가 어찌 뛰어나지 않았겠습니까만, 하늘의 뜻이 끝내 급제에는 인색하였으니, 운명이란 참으로 못 믿을 것입니다.

양가가 혼인을 맺은 후부터 늘 갈대가 옥수에 기댄[236] 것처럼 의지할 수 있어 다행으로 여겼습니다. 이십 년간 서로 따르며 훌륭한 말

---

233) 분성 : 분성(盆城)은 경남 김해시(金海市) 일대의 옛 지명이다.

234) 김경익 : 김경익(金景益)은 유진한의 셋째아들 유침(柳琛, 1744~1780)의 부인 김해김씨(金海金氏)의 아버지이다. 앞의 주) 28 참조.

235) 석실 : 석실(石室)은 한(漢)나라 때의 왕실 장서각이다.

236) 갈대가 옥수에 기댄 : 『세설신어(世說新語)』에 위(魏)나라 명제(明帝)가 황후의 동생인 모증(毛曾)과 황문시랑(黃門侍郎) 하후현(夏侯玄)을 같은 자리에 앉게 하자, 하후현이 자신의 초라함을 매우 부끄러워하였는데, 당시 사람들이 이를 두고 "갈대가 옥나무에 기댔다[蒹葭倚玉樹]"라고 했다는 고사가 있다. 여기서는 유진한을 옥수에, 김경익 자신을 갈대에 비유한 것이다.

씀을 재미나게 들었고, 하루라도 못 뵈면 잊지 못해 맑은 풍채를 생각했습니다. 하지만 이젠 다 끝난 일이지요. 머리는 희어지고 정겨운 사람을 다시는 볼 수 없으니, 산양의 피리소리[237]에 혼이 놀라고, 텅 빈 들보에 흐르는 달빛[238]에 눈물을 떨굽니다. 복이 넘쳐 아들이 많으시니 착한 사람에게는 뒤가 있다는 것을 알겠습니다. 연세 팔십을 넘기셨으니, 어진 사람은 반드시 장수한다는 증거겠지요.

상여를 붙들지도 못하니 한을 어찌합니까. 애사를 대신 고하려니 슬픔을 가눌 수 없습니다. 이에 한 잔 술을 올려 저승의 영령을 위로하오니, 공께서는 아시는지요. 아! 슬프도다. 흠향하소서.

維歲次辛亥十一月壬申朔初十日辛巳, 高興柳公大歸于玄扃前一日庚辰, 盆城金景益病未能進哭, 以數行之文, 使子配永替告于靈几之前曰: 嗚呼痛哉! 惟公金玉君子, 簪纓古家. 言行淳謹, 蔚有鄉黨之名譽, 文章華敏, 夙著藝苑之聲價. 顏巷簞瓢之淸貧, 石室圖書之蕭灑, 溫溫乎接人之仁, 恂恂乎處己也謙. 科聲累魁於發解, 才豈不優, 天意竟靳於成名, 命實難諶. 自從瓜葛之有托, 每幸蒹玉之相倚. 卄載相隨, 娓娓而聽高論, 一日不見, 耿耿而懷淸範. 已矣! 各頭白, 無由復眼靑, 魂驚山陽之笛聲, 淚下空樑之月色. 福流多男, 知善人之有後. 年躋八耋, 驗仁者之必壽. 靈輀莫攀, 恨如之何? 哀辭替告, 悲不自已. 玆陳一酌, 以慰重泉, 公其知也耶? 嗚呼痛哉! 尙饗.

---

237) 산양의 피리소리 : 진(晉)나라 때 죽림칠현 가운데 한 사람인 상수(向秀, 230~280)가 혜강(嵇康)·여안(呂安)과 산양(山陽) 땅에서 절친하게 지냈는데, 혜강이 죽은 뒤에 그곳을 지나다가 이웃집에서 들려오는 피리 소리를 듣고는 옛 추억을 생각하며 「사구부(思舊賦)」를 지었다고 한다. 여기에서 유래하여 '산양의 피리소리[山陽笛]'는 고인을 애도하고 옛일을 생각하는 것을 뜻하는 말로 쓰인다.

238) 텅 빈 …… 달빛 : 두보(杜甫)의 <몽이백(夢李白)> 시에 "지는 달빛이 빈 들보에 가득하니, 마치 그대 안색을 비춘 듯하네[落月滿空樑, 猶疑照顏色]"라고 한 데서 온 말이다.

【二】

종제 철한[239]은 감히 종형 유공의 영전에 밝게 고합니다.

아! 우리 형님의 재주는 뭇사람들보다 높았고, 스스로 선을 쌓았기에 친척들이 공경하고 고을사람들이 칭송했습니다. 공의 효성과 우애와 문장은 우리 선조들로부터 비롯된 것이었습니다. 우리 선조 사간공[240]부터 교리공[241]에 이르기까지 모두 대 · 소과에 급제하셨고, 공의 생 · 양조부[242]도 다 진사시에 입격하셨으며, 공의 외조부[243]도 일찍이 상사[244]셨습니다. 공의 뛰어난 재능으로 보면, 소과에 입격한 백패[245]는 집안 대대로 전해오는 청전[246]과 같았습니다. 그러나 열 번이나 초

---

239) 종제 철한 : 유철한(柳喆漢)에 대해서는 앞의 주) 36 참조.

240) 사간공 : 유진한의 8대조로, 사간(司諫)을 지낸 유충관(柳忠寬, 1497～1539)을 가리킨다. 유충관의 자는 홍중(弘仲)이며, 고흥부원군(高興府院君) 유탁(柳濯, 1311～1371)의 5대손으로, 군수(郡守) 유의(柳依, 1473～1529)의 아들이다. 벼슬은 승문원박사(承文院博士)·평사(評事)·금산군수(錦山郡守)·사간(司諫)을 지냈고, 도승지에 추증되었다.

241) 교리공 : 유진한의 5대조로, 홍문관 교리(校理)를 지낸 유활(柳活, 1576~1641)을 가리킨다. 앞의 주) 158 참조.

242) 생·양조부 : 유진한의 조부(祖父) 유광천(柳光天, 1658～1733)의 자는 덕응(德應), 호는 영주옹(瀛洲翁)이다. 그는 좌승지에 추증된 유비(柳芘, 1632～1711)의 장남으로, 58세이던 1715년 식년시에 생원이 되었고, 1767년에 호조참판에 추증되었다. 유진한의 친조부 유광익(柳光翼, 1661～1720)의 자는 군익(君翼), 호는 금호(錦湖)이다. 유비(柳芘)의 둘째아들이며, 유진한의 부친 유창(柳謂, 1689～1755)의 생부(生父)이다. 36세이던 1696년 식년시에 입격했고, 1767년에 호조참판에 추증되었다.

243) 외조부 : 유진한의 외조부 이시개(李始開, 1652～?)의 본관은 전주(全州), 자는 춘경(春卿)이다. 사예(司藝) 이이정(李以挺, 1610～?)의 손자이며, 통덕랑 이중석(李重奭, 1633～1702)의 아들이다. 남포현(藍浦縣, 현 충남 보령군 남포면 일대)에 살았고, 1690년 생원시에 입격했다.

244) 상사 : 상사(上舍)는 생원·진사를 뜻한다.

245) 백패 : 백패(白牌)는 소과(小科)에 입격한 생원(生員)과 진사(進士)에게 주던 합격증서이다. 대과(大科)에 급제하면 홍패(紅牌)를 주었다.

246) 청전 : 원문의 '청전물(靑氈物)'은 '청전구물(靑氈舊物)'의 준말로, 벼슬하는 집안

시에 들고도 끝내 온축한 것[247]을 펼칠 수 없었으니, 시험관은 어찌 공을 불쌍히 여기지 않아 공이 원통함을 품은 채 돌아가시게 했답니까. 그게 아니라면 조화옹이 노인에게 야박하여 공이 깊이 병들어 일어나지 못하게 한 것입니까. 하늘이 착한 사람에게 베풀어준다는 이치가 어찌 이리도 어긋난답니까!

공이 살아계시던 때가 생각납니다. 공의 동생 정구[248]가 남쪽 고을에서 세상을 떠나 남녘땅에 묻었는데, 정구 이야기가 나올 때면 노인이 소리 없이 눈물을 흘리시니, 저 또한 사촌의 정으로 슬픔을 참을 수 없었습니다. 공에게 위로가 될 만한 것은 공의 막내아들 금[249]이인데, 가문의 아름다운 자취를 이어받을 만한 재주가 있으니, 공이 먹지 않고[250] 남기신 데 대한 보답이 앞으로 자손이 창대케 하는 데 돌아갈 것입니다.

아! 공은 해소 천식으로 여러 해 고생하셨는데, 금년 가을부터는 안색이 초췌해지고 손발도 수척해지셨기에 가까운 친척들이 가끔 안부를 여쭈었습니다. 공의 둘째아들 력[251]이는 다른 집 양자가 되어 이백여 리 떨어진 고산[252]에 살고 있습니다. 공이 돌아가신 것은 시월

에 대대로 전해져 내려온 푸른 털방석을 뜻한다. 여기서는 과거에 급제해서 가문의 전통을 계승하리라는 기대를 한 몸에 받았다는 뜻이다. 앞의 주) 39 참조.

247) 온축한 것 : 대본의 "卒不能展布素蘊"은 "卒不能展布所蘊"의 잘못으로 보아 바로잡았다.

248) 정구 : 정구(鼎九)는 유진한의 동생 유부한(柳扶漢, 1727~1780)의 자(字)이다. 유부한은 1780년 고산현(高山縣: 전북 완주군 고산면 일대)에서 세상을 떠나 비봉면(현 전북 완주군 비봉면: 완주군 고산면과 맞닿아 있다)에 묻혔다. 뒤의 「제문(祭文)」【9】 참조.

249) 금 : 유금(柳琹, 1771~1835)에 대해서는 앞의 주) 38 참조.

250) 먹지 않고 : 평생에 자기의 복을 다 누리지 않고 공덕을 쌓으면 후손에게 전해져서 자손이 대신 누린다는 뜻이다. 앞의 주) 142 참조.

251) 력 : 유력(柳瓅, 1741~1799)에 대해서는 앞의 주) 149 참조.

252) 고산 : 고산(高山)은 전라도 고산현(高山縣), 지금의 전북 완주군 고산면 일대에

초이튿날이었는데, 조카 력이는 그날 저녁때가 지나서야 도착했습니다. 비록 그 말소리를 듣지는 못해도 얼굴은 서로 마주할 수 있었으니, 저승과 이승 사이에서도 지극한 슬픔과 깊은 원통함이 어찌 다할 수 있겠습니까.

상여가 길에 올라 내일이면 장사(葬事)인데, 오늘 길이 돌아가시면 언제 다시 오시렵니까. 이에 보잘 것 없는 말로 영결을 고합니다. 흠향하소서.

從弟喆漢敢昭告于從兄柳公之靈曰: 嗚呼! 吾兄才高於衆, 善積于躬, 親戚敬之, 鄕黨稱之. 公之孝友文章, 自是吾祖宗淵源也, 自吾先祖司諫公, 至校理公, 皆中大小科, 公之生養祖父, 俱中進士, 公之外祖, 亦曾上舍, 以公之才華, 小成白牌, 乃靑氈物也. 而十度初解, 卒不能展布所蘊, 何主司之不恤公而使公抱寃而長逝乎! 抑亦化翁之薄於老人而使公沈疾而不起耶! 天之報施善人之理, 何若是剌謬耶! 憶公在世之日. 公之弟鼎九卒於南州, 葬於南土, 有時語到鼎九, 老淚潸潸, 弟亦同堂之情, 能不於悒. 爲公所可慰者, 公之小子琹, 有趾美之才, 抑公不食之報, 將歸於子孫之昌大乎! 嗚呼! 公之患候, 以咳喘累歲呻吟, 而今年秋後, 則顔貌憔悴, 手脚消削, 故同堂至親, 種種問候. 公之次子瓅, 爲人後而在於高山二百餘里之地矣, 公之喪出於十月初二日, 而瓅侄之行, 其日夕後來到, 雖未能接其語音, 而顔貌則相對, 幽明之間, 至慟深寃, 庸有極乎! 嗚呼! 靈輀卽路, 堋日在明, 今日之長歸, 何時更返! 玆將蕪辭, 以陳永訣. 尙饗.

있었던 고을이다.

【三】

종제 달한[253]은 두 번 절하고 종형 유공의 영령께 울며 영결합니다.

아! 슬프도다. 우리 선조 교리공[254] 이후로는 우리 집안의 운수가 어찌 이리도 사납답니까. 우리 고조부[255]부터 공의 선대인[256]까지 대대로 문장으로 이름을 날리셨고, 문과에 여러 번 급제하셨습니다. 다만 공의 생·양조부[257]께서는 소과에만 입격하고 대과 급제는 끝내 놓치고 마셨습니다. 공 또한 불세출의 재주로 누대에 걸쳐 쌓아온 가업을 이어받으셨으니, 천리(天理)가 보답해 주어야 할 사람은 공이셨고, 선업(先業)을 마땅히 현양할 사람 또한 공이셨습니다. 그러나 일생토록 바라던 바를 이루지 못하고, 한 세상을 크게 울렸건만, 나이 팔십에 명성은 모두 헛된 것이 되고 말았습니다.

아! 슬프다. 우리 집안의 액운이 어찌 이리 심합니까. 액운이 극에 달하면 길운이 돌아오는 것은 천지의 이치이니, 하늘이 장차 소과·대과 급제를 공의 아들에게 주려는 것일까요, 손자에게 주려는 것일까요? 사람들은 모두 '하늘의 이치란 믿을 수 없다'고 하지만, 저는 홀로 하늘의 뜻이 있다고 말합니다. 공의 다섯째아들 금[258]이는 공이 예순

---

253) 종제 달한 : 유달한(柳達漢, 1725~1804)은 유진한의 부친 유창(柳諿, 1689~1755)의 친동생인 유적(柳迪, 1700~1771)의 차남이다. 앞의 주) 63 참조.

254) 교리공 : 교리공(校理公)은 유진한의 5대조로, 홍문관 교리(校理)를 지낸 유활(柳活, 1576~1641)을 가리킨다. 앞의 주) 158 참조.

255) 고조부 : 유지림(柳之霖, 1608~1671)의 자는 용여(用汝), 호는 사정(沙汀)이다. 의정부검상(議政府檢詳) 유활(柳活, 1576~1641)의 장남으로, 1767년(영조 43)에 좌승지에 추증되었다.

256) 선대인 : 유진한의 부친 유창(柳諿, 1689~1755)의 자는 성유(聖兪), 호는 양덕재(養德齋)이다. 유광익(柳光翼, 1671~1720)의 둘째아들로 태어나 백부인 유광천(柳光天, 1658~1733)의 계자(系子)가 되었다.

257) 생·양조부 : 앞의 주) 242 참조.

258) 금 : 유금(柳琹, 1771~1835)에 대해서는 앞의 주) 38 참조.

에야 얻었는데, 사람됨이 비범하고 재주가 출중합니다. 제가 하늘의 뜻이 있다고 하는 것은 이 아이 때문입니다. 이 아이를 이순의 나이에 낳게 하였으니 어찌 하늘의 뜻이 있는 게 아니겠습니까. 이 아이를 낳고 보니 재주가 비상한 것 또한 하늘의 뜻이 있는 게 아니겠습니까. 아! 하늘이 뜻이 있어 이 아이를 태어나게 했다면, 또한 반드시 복을 내리고, 경사가 있게 할 테니, 쌓아온 덕에 보답하고 한없는 원통함을 말끔히 씻게 할 것입니다. 공은 한을 품지 마시고 마음 놓고 가십시오. 흠향하소서.

從弟達漢, 再拜哭訣于從兄柳公之靈曰: 嗚呼哀哉! 粤我先祖校理公以後, 吾門之運否, 一何極也! 自我高祖考, 至公先考, 世擅文章, 累得大小科初解, 而惟公生養祖考, 只得小成, 竟失大科, 公又以不世之才, 繼承積累之業, 天理之所可報應者, 公也, 先業之所當顯揚者, 亦公也. 而一生志願未遂, 於大鳴之餘, 八耋聲名, 都歸於落莫之境. 嗚呼哀哉! 吾門之運否, 一何極也! 否極泰來, 天地之道也, 天將以蓮桂與公之子耶? 與公之孫耶? 人皆曰, '天理難諶.' 而吾獨謂天意有在, 惟公第五子棨, 公年耳順之所得也, 作人非凡, 才華出衆, 吾所謂天意之有在, 是也, 生是兒於耳順之年者, 其非天意之有在耶? 得是兒而有非常之才者, 亦非天意之有在耶? 嗚呼! 天其有意而生是兒, 則亦必錫之福, 與之慶, 以報積累之德, 而快雪無窮之寃也. 公無飮恨, 浩然而逝. 尙饗.

【四】

족제 명한[259]은 병 때문에 직접 나아가지 못하고, 대신 동생 영한[260]에게 삼가 변변찮은 제물로 유공의 영궤 앞에 밝게 고하게 합니다.

아! 슬프다. 공이 사셨던 팔십 년 동안 온 집안이 우러르고 이웃에서 향모하여 다들 일찍 과거에 급제하여 선대의 유업을 이을 것이라고 하였습니다. 여러 번 초시에 들었지만 회시에서는 낭패를 보셨는데, 지난 기해년(1779) 가을에 또 제 선친[261]과 나란히 합격하셨습니다. 겨우내 공부하며 날마다 서로 확인해 가며, 서울 회시를 손꼽아 함께 기약하셨습니다. 뜻밖에도 제 선친께서 별안간 병이 나셔서 경자년(1780) 2월 초하루에 갑자기 돌아가시자, 땅을 치고 하늘에 울부짖으니, 한없는 슬픔이 다른 사람들보다 훨씬 더하여 하늘을 우러러 목 놓아 울기만 했습니다. 돌아가신 형님만이라도 꼭 사마시에 입격해서 우리 집안 여러 대에 걸쳐 쌓인 한을 씻어주실 거라고 생각했는데, 끝내 뜻을 이루지 못하고 또 파수에 눈물을 뿌리셨으니,[262] 우리 고흥유씨 집안의 운수가 꽉 막힌 것이 어찌 그리도 심한가요.

그러나 공께서는 못난 저희들을 사랑하시어 그래도 버리지 않으셨고, 늘 글공부하라고 지성으로 가르치시며 가문의 명성을 이어야 한다고 하셨으므로 저희들은 친아버지처럼 우러렀습니다. 말년에는 숙환으로 여러 해 앓으시다가 끝내 소과(小科)에도 입격하지 못하신 채 올해

---

259) 족제 명한 : 유명한(柳命漢, 1750~1820)의 자는 백서(伯瑞)이며, 좌승지에 추증되었다. 유진한의 5대조인 유활(柳活, 1576~1641)의 둘째아들 유지목(柳之霂, 1614~?)의 현손(玄孫)이며, 유광흥(柳光興, 1694~1760)의 외아들인 유당(柳讜, 1725~1780)의 큰아들로, 유영한(柳永漢, ?~1831)의 형이다.

260) 동생 영한 : 유영한(柳永漢, ?~1831)에 대해서는 앞의 주) 200 참조.

261) 선친 : 유당(柳讜, 1725~1780)의 원래 이름은 열(說)이고, 자는 군약(君約)이며, 호는 용계(龍溪)이다. 사복시정(司僕寺正)에 추증되었다.

262) 파수에 눈물을 뿌리셨으니 : 과거에 낙방했다는 말이다. 앞의 주) 13 참조.

시월 초이틀에 돌아가셨습니다. 아! 누군들 공께서 갑자기 이렇게 되시리라 생각했겠습니까. 이에 거친 글 몇 줄에 슬픈 마음을 담아, 위로는 가문을 위해 슬퍼하고, 아래로는 제 사사로운 정으로 곡합니다.[263] 아! 슬프도다. 흠향하소서.

族弟命漢病未躬進, 代弟永漢, 謹以薄奠, 敢昭告于柳公靈几之前曰: 嗚呼哀哉! 公之生於世八十年, 一門依仰, 四隣向慕, 皆謂早年登科, 以承先業矣. 累中鄕解, 蹉跎會科, 粤在己亥秋, 又與家親聯名同榜. 三冬做工, 追日相確, 京城會行, 指日共期之際, 不意家親猝得奇病, 庚子二月初吉, 奄遭凶變, 叩叫罔涯之痛, 自倍他人, 號泣蒼蒼而已. 惟亡兄主公, 必捷蓮榜, 以雪吾宗累代積寃矣, 竟未遂意, 又洒灞淚, 惟我高興門戶之否塞, 何其孔酷也! 然公愛我不肖二三, 尙能不滅, 每以文字之業, 懇懇敎訓, 以繼家聲云云, 小子等仰若親父兄矣. 末乃以宿患, 累年沈綿, 終未小成, 今歲十月初二日長逝. 嗚呼痛哉! 孰謂公遽至於斯耶! 玆以荒蕪數行之文, 寓之哀懷, 上以爲一門之慟, 下以哭吾私. 嗚呼哀哉! 尙饗.

【五】

종질 준[264]은 감히 종숙부 유공의 영령께 고합니다.

인후한 성품과 청아한 자질, 문장과 행의(行義)에 우리 공같은 분이 없었습니다. 팔십 고령이시니 다만 어진 사람의 수를 누렸을 뿐,

263) 위로는 …… 곡합니다 : 소식(蘇軾)의 「제구양문충공문(祭歐陽文忠公文)」에 "위로는 천하를 위해 슬퍼하고, 아래로는 내 사사로운 일로 곡한다[蓋上以爲天下慟, 而下以哭吾私]"라고 한 것을 변용한 말이다.

264) 종질 준 : 유준(柳埈, 1733~1803)의 자는 헌지(獻之), 호는 명곡(明谷)이다. 유광익(柳光翼, 1661~1720)의 장남인 유경(柳璥, 1683~1768)의 큰아들 유장한(柳章漢, 1713~1783)의 첫째아들이며, 유영진(柳榮進, 1761~1796)의 아버지이다. 유영진에 대해서는 앞의 주) 217 참조.

열 번 초시에 들고도 회시에서는 끝내 쓸쓸히 돌아오고 마셨으니, 하늘이 착한 사람에게 보답한다는 이치는 결국 믿을 수 없는 것입니다.

아! 슬프다. 공은 제 선친보다 한 살 많으신데, 어려서부터 함께 공부하셨으니, 사촌이고 동창이어서 들고 날 때마다 서로 따라 정이 친형제와 같으셨습니다. 계묘년(1783)[265]에 선친께서 먼저 돌아가시자, 어버이를 여읜 외로운 신세인 제가 기대어 의지할 곳이 어디였겠습니까! 집안에서 연세 많고 덕이 높으신 분은 오직 공 한 분뿐이셨습니다. 종질인 저는 공을 아버지처럼 공경했고, 공께서는 저를 자식처럼 사랑해주셨으므로 주야로 곁에서 모시면서 즐겁게 정담을 나누었습니다. 공께서는 말년에 해소 천식을 여러 해 앓으셨기에 가끔 가서 문안을 여쭈었습니다. 공의 안색이 초췌해지고 손발이 야위신 것을 보면 속으로 걱정스러워 잠시도 마음을 놓을 수 없었습니다. 하지만 어찌 올 여름에 장남을 먼저 보내시고 슬픈 눈물로 가슴을 적실 줄 알았으며, 겨우 일곱 달 만에 또다시 공의 상을 당하여 집안에서 의지하고 우러르던 분이 끝내 이 지경에 이르실 줄 알았겠습니까!

아! 슬프다. 저희 할아버지[266]와 공의 아버님[267]이 모두 초시를 하셨고, 공과 제 선친[268]도 나란히 초시에 들었던 것은 우연한 일이 아

---

265) 계묘년 : 『고흥유씨세보(高興柳氏世譜)』에는 유장한(柳章漢)이 '정조 임인(1782)'에 세상을 떠났다고 했는데, 이 책의 생몰년 표기와 이 부분의 번역은 이 제문에 기술된 내용에 따랐다.

266) 할아버지 : 유경(柳璥, 1683~1768)의 자는 사직(士直), 호는 용호(龍湖)이다. 유진한의 생가 조부 유광익(柳光翼, 1661~1720)의 장남으로, 수직(壽職)으로 동지중추부사(同知中樞府事)가 되었다.

267) 공의 아버님 : 유진한의 아버지 유창(柳諿, 1689~1755)은 유준의 조부인 유경(柳璥, 1683~1768)의 친동생이다. 유창에 대해서는 앞의 주) 256 참조.

268) 선친 : 유장한(柳章漢, 1713~1783)의 자는 문백(文伯), 호는 덕암(德菴)이다. 유광익(柳光翼)의 손자이며, 유경(柳璥)의 장남으로, 유진한에게는 종제가 된다.

닌데, 모두 성균관[269]에 들어가지 못하셨으니, 그 한이 어찌 끝이 있겠습니까. 공에게 위로가 될 것은, 난초 세 줄기[270]가 뜰에 싹텄으니, 반드시 선대의 아름다운 발자취를 잇는 경사가 있을 것이며, 장차 자손이 창대하게 되리라는 것입니다.

오늘 길이 돌아가시면 다시 돌아오실 때가 없으리니, 이에 몇 줄 글로 영결하는 말씀을 올립니다. 영령이 지각이 있으시다면 강림하소서. 공은 아십니까, 모르십니까? 아! 슬프다. 흠향하소서.

從侄琔敢昭告于從叔柳公之靈曰: 仁厚其性, 淸雅其質, 文章行義, 莫吾公若也. 而八耋隆年, 只得仁壽, 十度會圍, 竟歸落莫, 天之報應善人之理, 終不可信也. 嗚呼哀哉! 公於吾先考, 年長一歲, 自幼同學, 同堂同硏, 出入相隨, 情若同氣. 歲在癸卯, 先考先逝, 小子之孤露零丁, 何處依賴! 一門中高年邵德, 惟公一也. 從侄之於公, 敬之如父, 公之於從侄, 愛之如子, 日夕侍坐, 情話怡悅. 公於末年, 以咳喘累年沈綿, 種種往候. 見公之顔貌憔悴, 手脚消鑠, 中心悶迫, 無時暫舒. 豈意今夏長男逆理, 哀淚垂臆, 而纔過七朔, 又哭公喪, 一門之依仰, 竟至於斯! 嗚呼哀哉! 侄之王考與公先考, 俱爲初解, 公與吾先考, 又爲同榜初解, 事非偶然, 而俱未登庠, 其恨庸有極乎? 爲公所可慰者, 三蘭茁庭, 必有趾美之慶, 將歸子孫之昌大乎. 今日之長歸, 無時更返, 玆以數行之文, 庸陳永訣之辭. 靈若有知, 庶幾降格. 公其知也耶, 公其不知也耶? 嗚呼哀哉! 尙饗.

---

269) 성균관 : 원문의 등상(登庠)은 상상(上庠)에 오른다는 말인데, 상상(上庠)은 태학, 즉 성균관(成均館)을 뜻한다. 생원시(生員試)와 진사시(進士試)에 입격하면 성균관에 들어갈 수 있었다. 성균관에 들어가지 못했다는 것은 소과(小科)에 입격하지 못했다는 말이다.

270) 난초 세 줄기 : 유진한의 다섯 아들 중 장남과 셋째아들이 먼저 세상을 떠나고 남은 세 아들을 말한다.

【六】

종질 성[271]은 감히 당숙부 유공의 영령께 고합니다.

공은 제 당숙이시고, 공의 배필이신 고령신씨는 제 이모[272]이시니, 제게 공은 다른 여러 종질들이 그저 종질이기만 한 것과는 다릅니다. 제 선친과 공은 사촌 형제이신 데다 동서간이시고, 동문수학하신 데다 함께 과거를 보셨으니, 평소 친족으로서의 사사로이 두터운 정분도 잊지 못할 것입니다.

아! 슬프다. 공의 초취부인은 불행히 일찍 돌아가셨고, 제 어머니와 아버지도 모두 세상을 떠나셔서 부모를 여읜 저는 의지할 곳이 없었습니다. 다만 밤낮으로 모시면서 마음을 위로할 수 있는 분은 공밖에 없었으므로 아버지처럼 여겼고, 또 공의 장남을 보면 이모를 뵙는 것 같았습니다. 뜻밖에도 이제 공의 큰아드님이 먼저 세상을 떠났고, 공도 장수하시다가 돌아가셨습니다.

아! 슬프다. 이제 공께서 길이 가시는 날은 제가 통곡하는 때입니다. 저희 집안의 화가 참혹하여 갑진년(1784)에 형[273]과 둘째 동생[274]이 세상을 떠났고, 그 다음해에 큰 조카[275]를 잃었으니, 하늘은 저희

---

271) 종질 성 : 유성(柳珹, 1749~1822)의 자는 자휘(子輝), 호는 임곡(林谷)이다. 유광익(柳光翼, 1661~1720)의 장남인 유경(柳璥)의 둘째아들 유강한(柳綱漢, 1718~1775)의 차남이다.

272) 이모 : 유진한의 초취부인 고령신씨(高靈申氏, 1711~1751)는 증(贈) 통훈사복정(通訓司僕正) 신왕(申瀇, 1673~1732)의 둘째 딸로, 아들 셋을 낳고 먼저 세상을 떠났고, 후에 재취부인 강릉김씨(江陵金氏)가 아들 둘을 더 낳았다. 유성(柳珹)의 어머니 고령신씨(高靈申氏, 1717~1767)는 신왕의 셋째 딸이다.

273) 형 : 유성(柳珹)의 형인 유함(柳瑊, 1745~1784)의 자는 공휘(公輝)이며, 유강한(柳綱漢)의 장남이다.

274) 동생 : 유성(柳珹)의 동생 유식(柳玵, 1753~1784)의 자는 숙휘(叔輝)이며, 유강한(柳綱漢)의 셋째아들이다.

275) 조카 : 유성(柳珹)의 조카 유영규(柳榮奎, 1764~1785)의 자는 취오(聚五)이며, 유성(柳珹)의 형인 유함(柳瑊)의 장남이다.

집안에 어찌 이리 재앙을 내리는 것입니까. 공께서 지하에 가시면 반드시 돌아가신 제 부모님을 만나실 테니, 여기 남은 외로운 인생의 망극한 슬픔을 전해주시겠습니까. 공의 평생소원을 이루지 못하셨으니, 말을 하려 들면 목이 메어 차마 할 수 없기에 보잘 것 없는 글로 대략 소회를 밝힙니다. 아! 흠향하소서.

從侄子瑊敢昭告于堂叔父柳公之靈曰: 公卽侄之堂父也, 公之配高靈申氏, 侄之姨母也. 侄之於公, 非若諸從侄之徒爲從侄也. 侄之先考與公, 同堂而又同甥舘, 同學而又同科圍, 宿昔情私之篤, 殆不能忘也. 嗚呼哀哉! 公之前配, 不幸早世, 侄之先妣先考, 俱爲別世, 小子之孤露, 無處依賴, 但日夕侍坐而慰心者, 惟以公, 視之如父, 又以公之長子, 視之如姨母矣. 不意今者, 公之長子逆理, 公又以遐壽考終. 嗚呼哀哉! 今公長往之日, 從侄慟哭之時也. 侄之家禍孔酷, 歲甲辰, 哭舍兄與仲弟, 越明年, 又哭長侄, 天於吾家, 何若是降割耶! 公歸泉下, 必逢侄之先考先妣, 傳此餘生零丁罔極之慟也耶. 公之平生志願之未遂, 言之則哽咽, 不忍提撕, 略陳蕪辭, 以叙所懷. 嗚呼! 尙饗.

【七】

손녀사위 권엄[276]은 삼가 보잘 것 없는 글과 변변찮은 제물로 돌아가신 학생 홍양 유공의 영령께 울며 고합니다.

아! 슬프다. 공은 팔십 수를 누리셨는데, 어려서부터 시로 세상에

---

276) 권엄 : 권엄(權儼, 1763~?)의 본관은 안동(安東)이며, 권교언(權喬彦, 1730~?)의 아들이다. 정유재란 때 고급사(告急使)로 명나라에 다녀온 길창군(吉昌君) 권협(權悏, 1542~1618)의 7대손으로, 유진한의 장남인 유집(柳㙫, 1731~1791)의 큰사위이다. 『안동권씨세보(安東權氏世譜)』에 자호(字號)를 밝혀 놓지 않아서 확인할 수 없지만, 권1에 실린 <기권랑인첨(寄權郎人瞻)>은 유진한과 권엄이 서로 주고받은 시인 듯하다.

이름을 날려 열 번 초시의 으뜸으로 뽑혔지만, 열 번 파수를 건너셨습니다.[277] 공의 시 가운데, "가련하다 시인의 뼈 청산의 무덤 되면, 원기 서려 봄바람에 풀도 나지 않으리라"[278]라고 한 것은, 공의 울분이 쌓인 데서 나온 것이어서, 다른 사람들도 듣고 슬픔을 이기지 못합니다. 공은 일생 동안 열심히 공부하시고 정성을 다하셨으므로 마땅히 젊은 나이에 성공하셨어야 할 터인데, 만년까지 끝내 좌절하신 것은 운명입니까, 하늘의 뜻입니까, 공의 운수가 기구해서일까요. 누군들 공을 위해 탄식하고 애석해하지 않겠습니까.

저는 높은 집안에 드나들며 사위가 되었고, 사제의 정분을 맺어 공의 시를 배우고, 공의 가르침에 감복하였습니다. 비록 그 만에 하나도 본받지 못했지만, 저는 평소 마음속으로 늘 탄복하였습니다. 그런데도 공은 생전에 여러 번 차마 눈뜨고 볼 수 없는 슬픔을 겪으셨습니다. 공의 장남인 제 장인이 금년 4월에 먼저 세상을 떠났고, 제 처인 공의 손녀는 지난 을사년(1785) 2월에 죽었으니, 어쩌다 역리(逆理)의 슬픔이 이 지경에 이르렀답니까! 공의 유한(遺恨)이 그저 과거급제의 영예를 얻지 못하신 것만은 아니었으니, 귀한 자녀를 먼저 잃으신 슬픔이 더 절절한 것이었습니다. 아! 슬프다. 공의 손녀는 혈육을 단 하나 남겼으니, 지하에서라도 큰아드님과 손녀가 평소처럼 슬하에 찾아뵙는다면, 아들 규석[279]이는 아프지 않고 조금 자랐다고 말씀해 주십시오.

아! 슬프다. 정은 한이 없어도 글은 끝이 있사오니, 영령이 아신다면 오셔서 이 제물을 흠향하소서.

---

277) 파수를 건너셨습니다 : 회시에 낙방했다는 말이다. 앞의 주) 13 참조.

278) 가련하다 … 않으리라 : 유진한이 1788년 가을에 지은 <괴산감시방후감음(槐山監試榜後感吟)>에서 가져온 구절이다. 앞의 주) 41 참조.

279) 규석 : 『안동권씨세보(安東權氏世譜)』에는 경헌(敬憲)으로 되어 있다. 권경헌(權敬憲, 1784～?)의 본관은 안동(安東), 자는 성일(聖一)이다.

孫婿權儼, 謹以荒辭菲薄, 哭告于故學生興陽柳公之靈曰: 嗚呼哀哉! 公之壽八旬, 而自早年以詩鳴於世, 十魁於槐圍, 十度於淸灞, 公有詩曰, '可憐詩骨靑山塚, 寃氣春風草不生.' 發於公積寃之中, 此他人聞而不勝悲者也. 公之一生, 篤於工, 誠於意, 宜其成功於靑年, 而終屈於晩來者, 命耶, 天耶, 此公之數奇而然耶! 人孰不爲公而歎惜之不已也哉! 小子出入高門, 忝子婿之列, 托師弟之誼, 學公之詩, 服公之訓. 雖不能模得其萬一, 而小子平日未嘗不歎服於中心者也. 然公之生前, 屢遭不忍見之慽. 公之長子, 儼之聘父公, 而先卒於今年之初夏, 儼之室人, 公之令孫女, 而已沒於乙巳之仲春, 何其逆理之至於此耶? 公之爲遺恨者, 非徒其科名之未成, 尤切於玉樹之先摧也. 嗚呼哀哉! 令孫女只有一骨肉, 泉臺之下, 如有伯胤公令孫女拜謁於膝下如平日, 則爲語遯兒圭錫, 無病稍長也. 嗚呼哀哉! 情無窮而辭有盡, 靈若有知, 庶來歆此.

【八】

처가의 종질 강릉 김계해[280]는 삼가 재배하고 흥양 유선생의 영궤 앞에 울며 고합니다.

아! 이치란 참으로 꼭 그런 것이 있고, 믿을 수 없는 것도 있습니다. 공의 어짊으로 장수를 누리셨으니, 이 어찌 이치의 필연이 아니겠습니까. 공의 문장으로도 소과에 입격하는 경사마저 얻지 못했으니, 어찌 이치를 믿을 수 없다는 것이 아니겠습니까. 아! 공은 어려서부터

280) 김계해 : 김계해(金啓海, 1752~1808)의 본관은 강릉(江陵), 자는 최량(最良)이다. 김상지(金尙址, 1694~1740)의 손자이며, 김태진(金泰鎭, 1724~1795)의 아들로, 이 책 권2에 실린 <만김계옥계심(輓金啓沃季心)>에 나오는 김계옥(金啓沃, 1747~1778)의 종제(從弟)이다. 김상지는 유진한의 장인 김상균(金尙均, 1695~1782)의 형이다. 김상균에 대해서는 권2의 주) 138 참조.

불세출의 재주를 가지고 일찍이 청운의 뜻을 품어 문장으로 향리를 뒤흔들었고, 명성은 서울까지도 알려졌으므로 충청 좌도의 유생들이 모두 사림의 종장(宗匠)이라고 칭송했습니다. 그러나 소과나 대과에서는 공의 문장으로도 쾌거를 이루기에는 외려 충분하지 않았습니다. 아! 어찌 그리 가운이 번창하지 못하고, 운수가 사나웠답니까. 수많은 과장(科場)에서 연이어 으뜸으로 뽑히고도, 회시에서는 열 번이나 거듭해서 파수에 눈물을 뿌리시고,[281] 심지어 유한이 되어 '무덤에 풀이 나지 않으리라'[282]고까지 읊으시어 사람들이 더 안타까워 눈물을 떨구게 하였습니다.

아! 공은 천성이 소박하고 온화하셨고 집안에는 법도가 있었으니, 일가끼리 화목한 가풍은 한 고을에 이르고, 효도하고 우애하는 기풍은 사방으로 퍼져 말 하나 행동 하나도 진선진미하지 않은 것이 없었습니다. 그래서 당대 친지들은 스스로 친구를 얻었음을 다행히 여겼고, 나라 안 선비들이 멀다 않고 와서 배웠습니다. 아들 다섯은 모두 반악[283] 같이 찬란하고 손자들이 번성하여 곽분양[284]이 누워 머리를 끄덕이는 것을 보는 듯했습니다.

아! 천도가 참혹하여 만년의 복이 온전치 않았으니, 중년에 자식을

---

281) 회시 …… 뿌리시고 : 유진한이 초시에 열 번 들었으나, 열 번 모두 회시에 낙방했다는 말이다. 앞의 주) 13 참조.

282) 무덤에 …… 않으리라 : 앞의 주) 41 참조.

283) 반악 : 진(晉)나라의 문장가 반악(潘岳)의 자는 안인(安仁)이다. 그의 미모에 반한 부녀자들이 그가 타고 가는 수레에 과일을 던져서 수레에 과일이 가득 쌓였다는 고사가 있으므로 미남의 대명사로도 쓴다.

284) 곽분양 : 곽분양(郭汾陽)은 안록산의 난을 평정하고, 토번(吐藩)을 무찔러 분양왕(汾陽王)에 봉해졌던 곽자의(郭子儀)를 가리킨다. 그는 당나라 최고의 공신으로서 영광을 누렸을 뿐만 아니라, 아들 여덟과 사위 일곱 명이 모두 입신 출세하여 장수와 번영의 상징이 된 인물이다. 여기서는 유진한이 아들 다섯과 손자 여덟을 두었기 때문에 한 말이다.

잃는 것도 참을 수 없는 일이지만, 금년 봄의 슬픔[285]은 너무도 망극한 것이었습니다. 아! 불초한 저는 더벅머리 시절부터 종형과 함께 문하에 노닐면서 특별히 분에 넘치는 사랑을 입어, 가르침의 고장에서 깨우침을 받고, 인자한 마을에서 한가로이 노닐었습니다. 정의(情誼)로는 처가의 조카라고 해도 친자식과 다름이 없었고, 십 년간 가르침을 받은 은혜는 백 년이 지나도 잊을 수 없다고 늘 말해왔습니다. 불행하게도 종형이 먼저 세상을 떠나고 저만 남았으니, 강론하는 자리에서 이끌어주시던 말씀을 마음속에 새겼어도 함께 이야기할 사람이 없었습니다. 그 뒤로 자주 가 뵙지 못한 것은 그저 부모님을 모시는 처지에 곁을 떠나기 어려웠기 때문이었을 뿐이니, 돌아간 종형과 함께 가르침을 받던 일을 생각할 때마다 저도 모르게 목이 메고 가슴이 먹먹했습니다.

아! 액운이 가면 길운이 오는 것은 하늘의 당연한 이치이고, 선을 쌓으면 여경이 있는 것은 자고로 변치 않는 도리입니다. 그러므로 공의 여러 아들이 공의 원통함을 씻어주지 않겠습니까. 삼가 보잘 것 없는 제물과 거칠고 조잡한 글로 감히 아룁니다. 삼가 바라건대 존령께서는 흠향하소서.

姻從侄江陵金啓海, 謹再拜, 哭告于興陽柳先生靈几之前曰: 嗚呼! 理固有必然者, 理亦有難諶者, 以公之仁, 旣享長久之壽, 則斯豈非理之必然者乎! 以公之文, 未得小成之慶, 則亦豈非理之難諶者乎! 嗚呼! 公早抱不世之才, 夙負靑雲之志, 詞華聳動於鄕閭, 聲價播誦於京洛, 湖左靑衿皆稱士林之宗匠. 而至若採蓮折桂, 在公之詞章, 猶未足以爲快也. 吁! 何家運未昌, 命道奇薄! 百戰荊圍, 連中魁元之名, 而十度會場, 累灑灞

285) 금년 봄의 슬픔 : 장남 유집(柳㙫)이 먼저 세상을 떠난 것을 말한다.

水之淚. 至於遺恨無地, 猶吟'墓草之不生', 則尤使人嗟惜而爲之墮淚者也. 嗚呼! 公天性素温, 門庭有則, 蓋其敦睦之風, 達於一鄕, 孝友之風, 播諸四境, 一言一事, 一動一靜, 莫不盡善盡美. 故一代親知, 自幸得友, 千里雅士, 不遠來學. 庭蘭列五, 盡是潘岳之文彩, 孫之蕃衍, 佇見汾陽之臥頷矣. 嗚呼! 天道孔酷, 晩福未全, 中年之慽, 是所不忍, 而今春之慟, 尤極罔涯耳. 咨余無似, 粤在髫齡, 與從兄同遊於門下, 特蒙過愛, 提撕乎敎誨之方, 優遊乎仁慈之鄕. 誼雖爲之姻侄, 而視無間於親子, 十年師受之恩, 每稱百歲之難諼矣. 不幸從兄先逝, 小子獨存, 丈席訓導之言, 雖銘在心中, 而無人說與者也. 自玆以後, 不得數拜於座下者, 只緣侍側之難離, 而每念與亡從兄承誨之事, 尤不覺哽咽而臆塞也. 嗚呼! 否往泰來, 乃天之常理, 積善餘慶, 自古之常道. 則公之僉胤, 亦豈無雪公之寃耶! 謹以菲薄之奠, 敢陳荒蕪之辭. 伏惟尊靈, 庶其歆哉.

【九】

조카 박[286]은 삼가 변변찮은 제수[287]로 재배하고 영궤 앞에 곡하며 아뢰니다.

아! 슬프다. 숙부라 하고 조카라 부르는 것은 누군들 그렇지 않겠습니까만, 우리 숙부[288]께서 제게 하신 것처럼 한 사람은 없을 것입니다. 숙부로서 아버지의 친함을 겸했고, 숙부이시면서 스승의 중함을 아울렀기에, 뜰을 가로질러 시와 예를 배웠고,[289] 옷깃을 들어 올려[290]

---

286) 조카 박 : 유박(柳璞, 1753~1793)은 유진한의 동생인 유부한(柳扶漢, 1727~1780)의 아들이다. 앞의 주) 194 참조.

287) 변변찮은 제수 : 원문의 계주(鷄酒)는 '척계두주(隻鷄斗酒)', 또는 '적계서주(炙鷄絮酒)'의 준말로, 변변찮은 제사 음식을 말한다.

288) 숙부 : 정확히는 백부(伯父)여야 옳지만, 원문에서 '숙질(叔侄)'의 글자 뜻을 살려서 쓴 의도에 따라 그대로 옮겼다. 아래도 이와 같다.

경서의 가르침을 받았습니다. 나갈 때면 독서하라 하시고, 들어오면 강론하라 명하시니, 현인이 계신 즐거움이 참으로 남달랐고, 조상을 욕되게 하지 말라는 훈계가 이에 절로 간절했습니다.

원수 같은 경자년(1780)에 선친이 객지에서 돌아가셨는데 끝내 고향에 모셔다가 장례를 치르지 못했습니다. 이듬해인 신축년(1781)에는 묘 옆에서 시묘살이를 하느라 그랬지만, 여태껏 우소(寓所)291)를 거두지 못한 것은 형편이 여의치 않아서였습니다. 늘 근심을 끼쳐드렸던 것은 병 때문이었으니, 항상 간호하느라 하룻밤에 열 번 일어나 살피시는292) 수고를 끼쳤던 것은 부모 여읜 외로운 몸이 너무도 못난 탓입니다. 금년 여름에 가 뵙고 추석에 다시 문안을 드렸더니, 비록 기력은 약해지셨지만 정신은 흐려지지 않으셨으므로 수복이 한없으시리라 생각하고 늘 그대로의 은혜를 입을 기회가 오시기를 축원하였습니다. 그런데 물러나올 때 손을 잡고 눈물을 머금으셨는데, 참으로 차마

---

289) 뜰을 …… 배웠고 : 가정에서 학문을 익혔다는 뜻이다. 공자(孔子)가 뜰을 지나가는 아들 리(鯉)를 불러 세우고 시(詩)와 예(禮)를 배워야 한다고 훈계한 고사에서 온 말이다.

290) 옷깃을 들어 올려 : 스승으로 모시고 글을 배웠다는 뜻이다. 앞의 주) 211 참조.

291) 우소 : 유박의 부친 유부한(柳扶漢, 1727~1780)은 1780년 고산현(高山縣: 현 전북 완주군 고산면 일대)에서 세상을 떠나 그곳(완주군 비봉면: 고산면과 맞닿아 있음)에 묻혔는데, 유박도 그곳에서 살다가 후에 역시 고산에 묻혔다.

292) 하룻밤에 …… 살피시는 : 후한(後漢) 광무제(光武帝) 때의 명신인 제오륜(第五倫)은 청백리로 이름이 났다. 어떤 사람이 "공에게도 사심이 있습니까[公有私乎]"라고 묻자, 그가 답하기를, "조카가 병이 들었을 때는 하룻밤에 열 번 가서 살펴봤는데, 다녀온 뒤에는 편히 잘 수 있었지만, 내 아들이 병들었을 때는 비록 가서 살피지는 않았지만 밤에 도무지 잠을 이룰 수 없었습니다. 이런 사람이 사심이 없다고 할 수 있겠습니까[吾兄子常病, 一夜十往, 退而安寢, 吾子有疾, 雖不省視而竟夕不眠. 若是者, 豈可謂無私乎]"라고 했다고 한다. 여기서 유래하여 '하룻밤에 열 번 일어난다[一夜十起]'는 것은 병자를 극진히 간호하는 것을 말한다. 제오륜은 제오(第五)가 성이고, 이름은 륜(倫), 자는 백어(伯魚)이다.

이별하지 못하는 마음에서 비롯된 것이었지요. 또 영영 이별이 되어버린 가르침을 받들자, 애달픈 나머지 사모하고 걱정하는 마음이 다른 때보다 훨씬 더했으니, 어찌 잠시라도 마음을 놓았겠습니까!

아! 슬프다. 금년 시월 초이틀은 공이 돌아가신 날입니다. 그 이틀 전인 구월 그믐날 밤에 급한 심부름꾼이 멀리서 도착해서 갑자기 병환이 더 깊어지셨다는 소식을 들었습니다. 그 때 저는 마침 밖에 나갔고, 둘째 종형293)은 경황없이 나서 병을 무릅쓰고 길에 올랐지만, 끝내 호복(呼復)하기 전에 도착하지 못하여 갑자기 유명간에 한을 만들고 말았습니다. 다른 사람의 양자가 되어 멀리 떨어져 사는 사람이라면 누군들 이런 변이 없겠습니까마는 우리 집안의 불행과 같은 경우는 없을 것입니다. 돌아가신 할아버지294)께서 증조부295)의 부음을 듣고 밤새워 가셨던 원통함이 먼저 제게 미쳤고, 또 종형에게까지 이르렀으니, 어찌 이렇듯 혹심할 수 있습니까. 정으로 보나 예로 보나 마땅히 달려가 곡해야 할 터인데, 염습하고 초빈(草殯)할 때는 기한에 댈 수 없어서 멀리서 성복(成服)하였습니다. 이제야 겨우 여막을 바라보니, 고향 땅 옛 마을은 눈 닿는 것마다 다 그대로인데, 사람은 그렇지가 않습니다. 선산의 산소에서 애달픈 마음이 더 간절하건만 혼길[魂路]은 벌써 열렸습니다. 관을 부여잡고 통곡하며, 상엿줄을 잡고 뒤를 따르니, 하늘을 우러르고 땅을 굽어보아도 눈물이 그치지 않습니다.

293) 둘째 종형 : 유진한의 둘째아들로, 족숙(族叔) 유지한(柳祉漢, 1715~1777)의 계자(系子)가 되었던 유력(柳瓅, 1741~1799)을 가리킨다. 앞의 주) 149 참조.
294) 할아버지 : 유창(柳諿, 1689~1755)에 대해서는 앞의 주) 256 참조. 유창은 유광익(柳光翼, 1661~1720)의 아들로, 백부인 유광천(柳光天)의 양자가 되기는 했지만, 만화동에 살았으므로 타향에 산 것은 아니었다. 여기서는 양자가 된 사람의 서글픔을 말하기 위해 언급한 것이다.
295) 증조부 : 유광익(柳光翼, 1661~1720)에 대해서는 앞의 주) 242 참조.

아! 슬프다. 공께서 평생 자부하시던 것이 많으니, 어찌 감히 글로 그 만에 하나라도 비슷하게 나타내겠습니까! 사람을 대하는 인품은 좋은 술에 취한[296] 듯했고, 사람을 가르치는 언행은 옥의 티를 갈아낸 듯했습니다. 두 줄기 시냇물[297]을 거슬러 올라 글의 근원은 콸콸 샘솟고, 늙은 전나무 같은 교목을 우러러 덕의 그늘이 푸르디푸르니, 모두들 집안을 창대하게 하시리라 여겼고, 또 마을의 영광이라고 했습니다. 문 앞 버드나무의 물은 선대(先代)부터 옷에 물들었고, 마을 매화의 향기는 지금부터 자리 위에 흩날릴 것입니다. 그러나 하늘이 덕을 갚지 않고, 세상이 공을 쓰지 않아 세월을 위수에서 흘려보내고[298] 끝내 잘 대접하는 예를 보지 못하셨습니다.[299] 과거시험 때마다 서울에서 곤욕을 당하시고는 또다시 글을 품고 눈물을 뿌리셨으니,[300] "공명

---

296) 좋은 술에 취한 : 삼국시대 오(吳)나라 사람인 정보(程普)가 평소 자신보다 나이 어린 주유(周瑜)를 모욕했는데, 나중에 그의 인품에 감복하여, "공근[주유의 자(字)]과 만나면, 마치 순주(醇酒)를 마신 것과 같아, 나도 모르게 취한다[與周公瑾交, 若飮醇醪, 不覺自醉]"라고 한 데서 온 말이다. 후대에 '좋은 술을 마신다[飮醇醪]'는 말은 너그럽고 후한 대접을 받아 기뻐하며 진실로 복종하는 것을 뜻하게 되었다.

297) 두 줄기 시냇물 : '두 줄기 시냇물[雙澗]'은 유진한의 5대조인 유활(柳活, 1576~1614)을 가리킨다. 유활의 호가 쌍간(雙澗)이다. 앞의 주) 158 참조.

298) 세월을 …… 흘려보내고 : 유진한이 팔십이 되도록 뜻을 펼칠 기회를 얻지 못했다는 뜻이다. 강태공이 80세까지 위수(渭水)에서 낚시하며 때를 기다렸던 고사에서 온 말이다.

299) 끝내 …… 못하셨습니다 : 『예기(禮記)』「왕제(王制)」에 "유우씨는 국로(國老)를 상상에서 접대하고, 서로(庶老)를 하상에서 대접했다[有虞氏養國老於上庠, 養庶老於下庠]"라고 한 데서 온 말이다. 국로(國老)는 고관이었다가 치사(致仕)한 노인들, 즉 국가의 원로를 뜻하고, 서로(庶老)는 벼슬하지 않은 사서인(士庶人) 가운데 나이 칠십 이상이 된 노인을 말한다. 상상(上庠)은 태학(太學)이다. 양로(養老)하는 뜻에서 고령인 사람에게 은전을 내렸는데, 유진한이 80세로 세상을 떠날 때까지 수직(壽職)도 받지 못했기 때문에 한 말이다.

300) 글을 …… 뿌리셨으니 : 소진(蘇秦)이 진왕(秦王)에게 열 번이나 글을 올려 설득하려 했지만, 끝내 벼슬을 얻지 못했던 고사에서 온 말이다. 앞의 주) 138 참조.

이라고는 보잘 것 없이 소과(小科)나 한 사람"이라는 구절은 끝내 허사가 된 길몽이 돼버렸고, "원기 서려 봄바람에 풀도 나지 않으리라"[301]라고 읊으신 것은 갑자기 스스로를 애도하는 슬픈 노래가 되고 말았습니다. 비록 길 가는 보통 사람들이라 할지라도 들으면 애달파서 눈물을 머금을 텐데, 하물며 조카의 정으로는 어떻겠습니까!

아! 슬프다. 시단(詩壇)의 북과 나팔은 오늘 이후로는 무심히 걸려 있을 것이고, 학해(學海)의 물결은 여기서부터 벌써 거꾸로 흐를 것[302]이니, 자손들과 후학들이 글 가운데 모르는 곳이 있고 의심스러운 일이 있으면 누구에게 자문하여 처리할 것이며, 또 어디에서 덕을 따라 배우고 학업에 대해 물어야 합니까![303] 공은 재주와 덕망을 갖추고도 그러셨는데, 하물며 후진의 노둔함으로 감히 바랄 바가 있겠습니까. 그러나 세 분 종형의 재주라면 천고의 원통함을 씻을 수 있을 것이니, 이로써 위안을 삼으십시오. 저승도 이승과 같아서 형제분이 상봉하신다면, 못난 저는 여전히 외로운 신세로, 선친을 고향으로 모시지 못하고 아직도 묘 앞에서 살면서 지금도 습병[304]으로 고생하느라 글공부는 발전이 없고, 아들도 낳지 못해 길 가운데서 울부짖는다고 말씀해

301) 원기 …… 않으리라 : 앞의 주) 41 참조.

302) 학해의 …… 것 : 한유(韓愈)의 「진학해(進學解)」에 "온갖 냇물을 막아 동쪽으로 흐르게 하고, 이미 엎어진 상황에서 미친 듯 흘러가는 물결을 되돌렸다[障百川而東之 廻狂瀾於旣倒]"라고 한 것을 변용한 표현이다. 유진한이 학문적으로 기여한 바가 컸다는 뜻이다.

303) 글 …… 합니까 : 한유(韓愈)의 「송온처사부하양군서(送溫處士赴河陽軍序)」에 "정사(政事)에 대해 모르는 경우가 있고, 일을 할 때 의심스러운 점이 있다 하더라도 누구에게 자문하여 처리할 것이며, …(중략)… 젊은 후진들은 어디에서 덕을 따라 배우고 학업에 대해 물어야 합니까?[政有所不通, 事有所可疑, 奚所諮而處焉, …(중략)… 小子後生, 於何考德而問業焉]"라고 한 데서 온 말이다.

304) 습병 : 습병(濕病)은 본래 습기(濕氣)로 인해 나는 병을 가리키지만, 여기서는 남쪽인 고산현(高山縣)에 살면서 생긴 병을 뜻한다.

주십시오.

글로는 마음을 다 드러낼 수 없고, 슬픈 마음을 가눌 길 없어, 소회를 대략 아뢰니다. 공의 영령이 어둡지 않으실 것이니[305] 흠향하소서.

侄子璞, 謹以鷄酒再拜, 哭告靈几之前曰: 嗚呼慟哉! 曰叔曰侄, 人孰不然, 未有如我叔父之於侄子也. 以叔而兼父之親, 以叔而兼師之重, 趍庭而學之以詩禮, 摳衣而受之以經訓, 出焉, 命之讀, 入焉, 命之講, 有賢之樂, 實異於他, 而無忝之戒, 自切於斯矣. 讐年庚子, 天崩於客地, 竟未返葬. 翌年辛丑, 廬居於墓側, 而尙未撤寓者, 拘於形勢. 而每貽一念之憂, 亦緣於疾病, 而常貽十起之勞, 孤露餘生, 不肖之甚者也. 今夏進拜, 仲秋更候, 則氣力雖衰, 精神不耗, 意謂壽福無疆, 每祝恩榮有梯. 而辭退時, 握手含淚, 實出於不忍別之意. 且承永爲訣之敎, 悽愴之餘, 慕慮之懷, 益倍他時, 何嘗暫弛于中! 嗚呼痛哉! 今十月初二日, 卽公遠諱之辰也. 其前二日, 九晦之夕, 急伻遠到, 忽承添患之報. 其時侄子適出, 而仲從兄驚惶之行, 扶病登途, 竟未及於呼復之前, 遽作幽明之恨. 繼其人後而各在南北者, 孰無此變, 未有如吾門之禍殃也. 先祖考戴星之寃, 先及於侄子, 又當於從兄, 何如是酷之甚也! 於情於禮, 卽當奔哭, 而於斂於殯, 未能及期, 遠外成服. 今纔望廬, 則桑梓古里, 觸目皆是, 而人事則非矣. 松楸古墓, 傷心益切, 而魂路則開矣. 撫棺而哭, 執紼而隨, 俯仰穹壤, 難盡者, 淚也. 嗚呼痛哉! 憶公之平生所負者, 多矣, 而何敢以紙筆髣髴於萬一乎! 接人之氣味, 如醉於醇醪, 敎人之言行, 如磨於圭玷. 泝雙澗之餘派, 詞源潑潑, 仰老檜之喬木, 德蔭蒼蒼, 皆謂門戶之大, 亦謂村閭之榮矣. 而門柳之汁, 自先以來, 幾染於衣上, 村梅之香,

305) 어둡지 않으실 것이니 : 대본의 '불미(不味)'는 '불매(不昧)'의 오기(誤記)이므로 바로잡았다.

自今以來, 必飄於茵上. 而天無報德, 世無用公, 年流渭水, 竟未見善養之禮. 時困秦京, 亦幾洒懷書之淚, 功名草草小成人之句, 末乃吉夢之虛事, 寃氣春風草不生之韻, 遽作自輓之哀辭. 雖尋常行路之人, 莫不聞而嗟惜爲之含淚, 況子侄之情乎! 嗚呼慟哉! 騷壇鼓角, 自今而閑掛, 學海波瀾, 自此而旣倒, 子侄後生, 文有所不通, 事有所可疑, 奚所咨而取焉, 亦何考德而問業焉! 以公之才德, 尙有然矣, 何況後進之魯鈍, 敢有所望乎! 然而三從之才, 可雪千古之寃, 以是爲慰也. 泉臺亦如人世, 而若有弟兄相見, 爲說'不肖一孤勢, 未返先人之柩, 尙在墓前, 而濕病尙苦, 文業未就, 亦無其後, 呼泣於中道也.' 文不足以盡情, 情不足以盡哀, 略陳所懷. 公靈不昧, 庶其歆格.

【十】

유세차 임자년(1792) 10월(초하루는 병인이다) 2일(정묘)은 근고(近故) 학생(學生) 홍양 유공이 돌아가신 지 일 년째 되는 날입니다. 그 하루 전 병인일에 상중(喪中)인 사말(査末) 조태헌[306]은 상복을 입고 있어서 가서 곡하지 못하고, 삼가 변변찮은 제물을 갖추고, 감히 거칠고 졸렬한 글을 지어서 아들 기복(基福)을 시켜 영연 앞에 슬픔을 고하게 합니다.

아! 슬프다. 공은 빙옥 같은 모습에 상설 같은 지조로, 문예는 임금의 계책을 빛낼 만했고, 행의(行義)는 혼탁하고 거센 세파에 맞설 만했으며, 언어는 거침없이 시비를 가렸고, 걸음걸이는 법도를 넘지 않았으니, 참으로 지금 세상에 드문 큰 선비셨습니다. 아름다운 시를 사림에서 외는 소리가 자자했고, 명성과 인망이 참으로 굉장했습니다.

306) 조태헌 : 조태헌(趙泰憲)의 본관은 순창(淳昌)이며, 유진한의 다섯째아들 유금(柳琹, 1771~1835)의 장인이다. 유금에 대해서는 앞의 주) 38 참조.

뜰에 가득한 아들들과 무릎에 앉은 손자들이 모두 주옥같이 찬란하니, 이웃에선 두 손 모아 축하하며 큰 복이 면면히 이어질 것이라 하였습니다. 그러나 재주는 있어도 운이 없었고, 화복[307]의 변화는 알 수가 없었습니다. 소과와 대과[308]에 끝내 급제하지 못하신 데다, 중간에 재난을 만나 서하에서 실명한[309] 아픔을 겪었으니, 사람들이 모두 자식을 먼저 묻으신 것[310]을 애달파하였습니다. 나이 오십[311]에도 문달(聞達)[312]하지 못하고 결국 그저 그런 속유들과 함께 자취 없이 사라지니, 하늘은 어찌하여 재주는 넘치도록 주고 운은 그리도 야박하게 주었답니까.

아! 슬프다. 공께서는 타고난 기질이 훌륭한 데다 섭양을 잘 해서 팔십[313]을 바라보는 연세에도 여전히 건강[314]하셨고, 움직임도 젊은이

---

307) 화복 : 원문의 '의복(倚伏)'은 화(禍)와 복(福)을 뜻한다. 『노자(老子)』에 "화 속에 복이 기대어 있고, 복 속에 화가 엎드려 있다[禍兮福之所倚, 福兮禍之所伏]"라고 한 데서 온 말이다.

308) 소과와 대과 : 원문의 연방(蓮榜)은 소과(小科)인 생원·진사과의 입격자 명단이고, 계적(桂籍)은 대과(大科)인 문과(文科) 급제자의 명단을 뜻한다.

309) 실명한 : 공자(孔子)의 제자 자하(子夏)가 서하(西河)에서 아들이 죽자 슬프게 울다가 실명(失明)했다는 고사에서 온 말이다. 여기서는 유진한의 장남과 셋째아들이 먼저 세상을 떠난 일을 말한다. 앞의 주) 23 참조.

310) 자식을 먼저 묻은 것 : 원문의 영(嬴)과 박(博)은 모두 춘추시대 제(齊)나라의 지명이다. 오(吳)나라 연릉(延陵)의 계자(季子)가 제나라에 사신 갔다가 돌아오는 길에 장남이 죽자 영(嬴)과 박(博) 사이에 묻었다는 데서 유래한 말이다. 원문의 엄감(掩坎)은 묘[墓穴]를 뜻한다.

311) 오십 : 원문의 '식비(識非)'는 나이 오십을 뜻한다. 춘추시대 위(衛)나라 대부(大夫)인 거백옥(蘧伯玉)이 "나이 오십에 49년 동안의 잘못을 깨달았다[年五十而知四十九年非]"라고 했다는 데서 유래하여 50세를 '지비(知非)'라고도 한다.

312) 문달 : 『논어(論語)』「자한(子罕)」에 "후생을 두려워할 만하니, 앞으로 오는 이들이 어찌 지금의 나만 못하다고 장담할 수 있겠는가. 그러나 사십 오십이 되도록 세상에 이름이 알려지지 않는 사람이라면 또한 두려워할 것이 없다[後生可畏, 焉知來者之不如今也. 四十五十而無聞焉, 斯亦不足畏也]"라고 한 데서 온 말이다.

313) 팔십 : 대본의 '연과기모(年過期耄)'에서 '모(耄: 다팔머리)'는 팔십을 뜻하는 '모

와 같으셨습니다. 천성이 읊조리는 것을 좋아하여 경물을 대하면 시구를 내놓으셨습니다. 사림에서 존경하고 우러렀으며, 친척들은 자랑스럽게 여기고 본받으려 하였으니, 이것으로 유명간에 쌓인 한을 조금이나마 위로받으실 수 있지 않겠습니까.

어리석은 저는 높은 도덕과 의리를 우러르다가 외람되게도 인척이 되어 때로 댁에 찾아뵈면, 겸허하고 크신 덕으로 성심[315]을 다해 대해주셨습니다. 갈대[316]처럼 보잘 것 없는 제가 옥수처럼 귀한 분께 기대려 했는데, 이제 공이 가고 안 계시니 저는 다시 누구를 의지하겠습니까! 공께서 돌아가시고, 계절[317]은 한 바퀴 돌아 일주기가 다 되었습니다. 슬픈 마음을 써내려가노라니 눈물이 샘솟듯 한데, 남은 술과 식은 산적[318]으로 어찌 그 마음을 다하겠습니까! 넋이 계신다면 제 작은 정성을 받아주십시오. 아! 슬프다. 흠향하소서.

(耄)'로 바로잡았다.

314) 건강 : 다섯 가지 감각 기관인 눈[眼], 귀[耳)], 코[鼻], 혀[舌], 피부[身]에 의[意]를 더해 '육관(六官)'이라고 총칭한 것으로 보인다.

315) 성심 : 원문의 '악토(握吐)'는 주공(周公)이 손님이 오면 밥을 먹을 때는 밥을 뱉고 목욕할 때는 머리를 움켜쥐고 나가서 손님을 맞아들였다는 고사에서 유래한 '토포악발(吐哺握發)'의 줄임말이다.

316) 갈대 : 앞의 주) 236 참조.

317) 계절 : 원문의 찬수(鑽燧)는 나무를 비벼대어 불씨를 얻는 것을 말하는데, 계절에 따라 다른 나무를 썼다.

318) 남은 술과 식은 산적 : 보통 '먹다 남은 술과 다 식은 고기구이'라는 뜻으로, 치욕을 당하는 것을 비유할 때 쓰이지만, 여기서는 변변찮은 제수(祭需)를 말한다. 두보(杜甫)의 시 <증위좌승(贈韋左丞)>에 "나귀 타고 삼십 년 동안, 장안의 봄을 나그네 신세로 살아왔으니, 아침이면 부잣집 문을 찾아가고, 저녁이면 살찐 말 뒤를 따랐는데, 남은 술과 식은 불고기에, 가는 곳마다 남몰래 서러웠네[騎驢三十載, 旅食京華春, 朝扣富兒門, 暮隨肥馬塵, 殘杯與冷炙, 到處潛悲辛]"라고 한 데서 온 말이다.

維歲次壬子十月丙寅初朔二日丁卯, 卽近故學生興陽柳公初朞日也, 前一日丙寅, 査末喪人趙泰憲, 身在衰麻, 不能往哭, 而謹具非薄之奠, 敢構荒拙之文, 使子基福告哀于靈筵前曰: 嗚呼! 惟公氷玉其姿, 霜雪之操, 文藝可以煥皇猷, 行義可以激頹波, 言語不拘於黑白之分, 步趍不越乎繩墨之間, 實是今世罕有之碩儒. 而瓊篇繡句, 士林喧誦, 聲望何其壯也. 盈庭置膝, 爛其珠玉, 而鄕隣攢祝, 謂綿遐福. 而有才無命, 倚伏無常, 蓮榜桂籍, 終未建幟. 中遭險釁, 而西河喪明, 人所共惜, 嬴博掩坎. 識非不達, 而卒與之俗儒凡士, 同歸泯沒, 天何畀才之豊, 而賦命之嗇也. 嗚呼! 公受氣所厚, 且善攝養, 年過期耄, 而六官不衰, 動止如少壯. 性好吟哦, 而遇景輒發. 士林尊仰之, 宗黨矜則之, 此可以小慰幽明之恨否. 惟余不佞, 仰其高義, 猥托婚姻, 時時趍拜於門屛, 而謙虛令德, 握吐款愊. 蒹葭玉樹, 庶幾相倚, 公今已矣, 吾復何恃! 自公觀化, 鑽燧已改, 初朞斯迫, 一寫哀臆, 有淚如泉, 殘盃冷炙, 詎堪其情! 不昧者存, 歆我微誠. 嗚呼哀哉! 尙饗.

행록【行錄】

막내아들 금[319] 지음【季子 琹 著】

【1】

선친의 어릴 적 휘(諱)는 정한(挺漢)이시다. 열 살이 넘어서도 배움의 길에 나아가지 못하자 할머니 윤씨[320]께서 답답하여 사랑 뒤쪽 창문 아래 가셔서 영주공[321]께 말씀드렸다. "진사의 성품이 너무 엄하시니 아이들이 두려워 감히 배우지 못합니다. 종손이 지금 열두 살인데 이렇게 배우게 하지 않으시면 집안을 어찌하실 요량이십니까? 그 아비[322]는 책방에서 늘 '상왈', '단왈'[323] 하며 밤낮을 보내고, 할아버지는 외당에서 항상 붓과 책으로만 세월을 보내면 이 아이는 장차 어쩌라는 것입니까?" 영주공이 대답하기를, "이 일은 부인께서 아실 바 아니오. 내게 방도가 있소."라고 하셨다. 이튿날 선친에게 세수하고 양치한 후 의대를 갖추고 앞마을에 가서 선비 김성집(金成集)을 모셔다가 스승[324]으로 모시고 배우게 하셨다. 이때가 계묘년(1723) 칠월 초하루이다.

---

319) 금 : 유금(柳琹, 1771~1835)에 대해서는 앞의 주) 38 참조.

320) 할머니 윤씨 : 유광천(柳光天, 1658~1733)의 부인 파평윤씨(坡平尹氏, 1659~1723)는 부사과(副司果) 윤기(尹璣)의 손녀이며, 충의위(忠義衛) 윤징구(尹徵龜)의 딸로, 윤순(尹淳)의 현손(玄孫)이다.

321) 영주공 : 유진한의 조부 유광천(柳光天, 1658~1733)에 대해서는 앞의 주) 242 참조.

322) 아비 : 유진한의 부친 유창(柳諿, 1689~1755)에 대해서는 앞의 주) 256 참조.

323) 상왈 단왈 : 『주역(周易)』 연구에 몰두했다는 말이다. 단(彖)과 상(象)은 공자(孔子)가 『주역(周易)』의 심오한 원리를 풀이한 십익(十翼) 가운데, 단전(彖傳)·상전(象傳)인데, 각각 상·하로 나뉘어 있다.

324) 스승 : 앞의 주) 211 참조.

先考兒諱挺漢. 年踰十歲, 尙未就學, 祖母尹氏悶之, 就舍廊後窓下, 告于瀛洲公曰: "進士性度太嚴, 故兒孫震慴, 不敢受學. 宗孫年今十二, 如是不學, 何以爲門戶計乎? 其父在冊房, 常以象曰篆曰, 送晝夜, 阿祖在外堂, 常以彤毫黃卷, 消歲月, 此兒將置之何地乎?" 瀛洲公對曰: "此非夫人所知, 自我有道理." 明日, 使先考盥漱衣帶, 往邀前村金斯文成集, 摳衣受學. 是癸卯七月初一日也.

【2】

김성집(金成集)은 면천[325] 사람으로, 곤궁하여 늙도록 낚시로 고기잡이를 했다. 만화촌에 이르러서도 늘 한수보(漢水洑)에서 고기를 잡아 생계를 꾸렸는데, 별당에 모시고 스승으로 받들었다. 맨 처음 『십구사략』을 배웠는데, 첫날 한 장을 배우고, 다음날 두 장을 배웠으며, 날마다 더하고 달마다 발전하니, 그 세찬 기세는 마치 홍수에 둑이 터진 듯했다. 일 년 만에 『사략』[326] 일곱 권과 『통감』[327] 열다섯 권, 『당음』[328]과 이백·두보가 남긴 시편들과 『시경』의 「국풍(國風)」, 굴원의

325) 면천 : 면천(沔川)은 옛 면천군(沔川郡), 현재의 충남 당진군(唐津郡) 면천면 일대이다.

326) 사략 : 송말(宋末)~원초(元初)의 인물인 증선지(曾先之)가 편집한 『십팔사략(十八史略)』을 가리킨다. 본래 2권이었으나 명(明)나라 초기에 진은(陳殷)이 음과 해석을 달아 7권으로 만들고 유염(劉剡)이 보주(補注)를 더해 간행한 것이 현행본이다.

327) 통감 : 송나라 휘종(徽宗) 때 강지(江贄)가 사마광(司馬光)의 『자치통감(資治通鑑)』에서 중요한 부분을 뽑아 50권 15책 분량으로 만든 『통감절요(通鑑節要)』를 가리킨다. 송 휘종이 강지에게 '소미선생(少微先生)'이라는 호를 내렸는데, 이 때문에 원문처럼 강지의 호를 덧붙여 '소미통감(少微通鑑)'이라고도 한다. 주자(朱子)의 정통론(正統論)에 영향을 받아 촉한(蜀漢)을 정통으로 보고, 위(魏)나라를 정통이 아닌 것으로 보기 때문에 조선시대에 많이 읽혔고, 초학자들의 교재로 널리 쓰였다.

328) 당음 : 『당음(唐音)』은 당(唐)나라 때의 시를 엄선하여 원(元)나라 사람 양사홍

「이소(離騷)」와 같은 시들을 다 읽었고, 열다섯 살이 되자 사서삼경과 『사기』·『한서』, 한유·유종원 등 제자서(諸子書)를 모두 읽었다. 과독(課讀)의 규칙은 일 년 삼백육십일 모두 밤낮으로 하는 것이었고, 공부하지 않는 날은 일 년에 단 나흘뿐이었다. 설날에는 세배를 했고, 대보름에는 연을 날렸으며, 단오에는 그네를 뛰었고, 추석에는 배불리 먹었다. 여름밤이면 늘 해질녘부터 『당음』 장편과 이백·두보 등 여러 사람들의 시를 외웠는데, 날이 새는 줄도 몰랐다. 늘 껍질을 벗긴 삼대를 화로에 넣어두었다가 의심나는 곳이 있으면 불을 입으로 불어 비춰보았다. 매번 뜰아래 우물가에서 쌀 이는 소리가 나는 걸 듣고서야 마을 아낙네들이 아침밥을 지으려는 줄 알고 비로소 선잠을 자다가 잠깐 사이에 날이 밝으면 다시 책을 펼쳤다. 학업에 열중하기가 상투를 들보에 매달고 허벅지를 송곳으로 찌르면서까지 졸음을 쫓았던 옛사람329)일지라도 이보다 더하지 않았다.

金成集沔川人也, 窮困年老漁釣, 至花村, 每於漢水洑漁釣以資生, 邀到別堂, 奉以爲師. 始學十九史略, 初日學一張, 次日學二張, 日益而月長, 沛然若決河, 周朞讀盡史略七卷, 少微通鑑十五卷, 唐音李杜遺響風騷之詩, 年及十五, 盡讀七書史漢韓柳諸子書. 其讀課之規, 一年三百六十日皆通晝達宵, 所不讀者, 一年只四箇日. 正朝則歲拜, 上元飛紙鳶, 端

(楊士弘)이 엮은 책이다. 전집(全集)이 전하던 이백(李白)·두보(杜甫)·한유(韓愈)의 시는 모두 제외했고, 당시시음(唐詩始音)·당시정음(唐詩正音)·당시유향(唐詩遺響)의 3부로 구성하였다. 이 책은 이전의 당시(唐詩) 선집을 체계적으로 집대성한 것으로, 당시(唐詩)의 전범(典範) 수립에 크게 기여하였다.

329) 옛사람 : 전국시대에 종횡책(縱橫策)을 주장한 유세가 소진(蘇秦)은 책을 읽다가 졸리면 잠을 깨기 위해 송곳으로 자기 허벅지를 찔러 피가 발뒤꿈치까지 흘러내렸고, 졸음을 참으려고 상투를 대들보에 매어 놓았을 정도로 독서에 열중했다고 한다.

午戱鞦韆, 秋夕腹果. 每夏夜則自黃昏誦唐音長篇李杜諸家詩, 不知夜之將曉. 常以麻骨揷爐中, 有疑處則吹火照之. 每聞庭下井欄有淅米聲, 知村婦將炊朝飯, 遂假寐, 霎時天明, 復開卷. 其學業之篤, 雖古人懸髮刺股, 無以過之.

【3】

선친이 열일곱 살 때 무신란(戊申亂)[330]을 만나 산골짜기로 피란하셨다. 집안에 사서삼경의 본문을 함께 베낀 책이 한 권 있었는데, 사정공[331]께서 작은 글씨로 써서 책자를 만드신 것이었다. 영주공[332]이 이 책 한 권을 가져가게 하시면서 단단히 타이르고 경계하셨다. "비록

330) 무신란 : 무신란(戊申亂)은 소론(少論)의 과격파들과 남인(南人)이 영조(英祖)와 노론(老論)을 제거하고 소현세자(昭顯世子)의 증손(曾孫)인 밀풍군 탄(坦)을 왕으로 추대하기 위해 1728년(영조 4)에 일으킨 난이다. 1728년 3월 초 안성과 양성에서 군사를 일으킨 이인좌(李麟佐)는 3월 15일 청주성(淸州城)을 함락한 후, 청안·목천·진천 등지를 점령하고 서울로 북상하였으나, 24일에 안성과 죽산에서 관군에게 패했고, 청주에 남은 세력도 창의군에게 무너졌다. 청주는 충청도의 병영이 있던 곳으로, 이곳을 점령해야 영·호남 군사가 모여 서울로 진격할 수 있고, 전력보강과 전열정비가 가능했기 때문에 제일 먼저 반란군의 점령대상이 되었던 것이다. 난이 진압된 후에 청주목(淸州牧)은 서원현(西原縣)으로 강등되었다. 당시 목천현은 청주목과 맞닿은 고을이었는데, 특히 유진한이 살았던 만화동은 두 고을의 경계에 위치해 있었다. 이 때 목천현감 윤취은(尹就殷)은 2월에 부임하여 3월에 난을 만나 내아(內衙)까지 불타자 순영(巡營)으로 도망하여 구원해 달라고 요청했는데, 고을을 지키지 못했다는 이유로 같은 해 6월 파직되었다.

331) 사정공 : 사정공(沙汀公)은 유진한의 고조부 유지림(柳之霖, 1608~1671)을 가리킨다. 유지림의 자는 용여(用汝), 호는 사정(沙汀)이다. 의정부검상(議政府檢詳) 유활(柳活, 1576~1641)의 장남으로, 1767년(영조 43)에 좌승지에 추증되었다. 그는 옛 청주목 사정리(沙汀里: 현 충북 청원군 옥산면 사정리)에 집을 짓고 말년을 보냈다. 이곳은 현재의 천안시 수신면 발산리(옛 청주목 수신면 지역)에서 사정리 고개를 넘으면 나오는데, 만화동에서 약 6km 거리에 있으며, 미호천(美湖川)으로 합류하는 병천천(幷川川)이 가까이에 흐른다.

332) 영주공 : 영주공(瀛洲公)은 유진한의 조부 유광천(柳光天, 1658~1733)을 가리킨다. 유광천에 대해서는 앞의 주) 242 참조.

난리 중이라 해도 글 읽는 것을 중단해서는 안 된다. 그래야 수신제가 치국평천하할 수 있느니라." 무두리 장각골[333]의 움막에서도 독서를 평소와 같이 하셨다.

난이 평정된 후 청주 산동[334]에 사는 신씨 댁에 장가들었다. 장인 신공(申公)[335]이 그 재주를 보려고 혼인 다음날 신방에서 책을 읽어보라 하였다. 신공과 부인은 대청에 앉아서 안석에 기대고 듣다가 매우 기뻐하며 말하기를, "신랑의 책 읽는 소리가 마치 옥을 깨치는 소리 같으니, 비록 순임금의 음악인 구소(九韶)라 해도 이보다는 낫지 못할 것이다."라고 하였다. 또 말하기를, "신혼에 입는 남색 중치막[336]을 겨를이 없어 미처 다 못 지었으니, 다 되기를 기다렸다가 입혀서 보내는 것이 좋겠소."라고 하였다. 결국 열사흘 동안 머물게 한 후에야 보내며 이르기를, "시속에 '신부집에 다시 가는 데[337] 날짜가 있으랴?'라고 하니, 이 순귀마[338]를 타고 내일 돌아오게."라고 하였으니, 그 아끼는 정 또한 예로부터 드문 것이었다.

---

333) 장각골 : 옛 목천현 이원동면(二遠東面)에 속한 곳으로, 현 천안시 병천면 용두리 장각골이다. 지령리(병천면 용두1리)의 동쪽에 있는 무두리[水入里: 병천면 용두2리] 왼쪽에 있는 골짜기로, 입구는 좁고 그 안쪽은 넓고 아늑하다.

334) 산동 : 산동(山東)은 청주 상당산(上黨山, 419m) 동쪽을 뜻하는데, 청원군 낭성면 관정리·추정리·호정리·귀래리와 청원군 미원면 등지에 고령신씨(高靈申氏)의 집성촌이 있었다. 유진한의 장인인 신왕(申瀇, 1673~1732)과 그 선대의 묘가 모두 미원면 용곡리에 있는 것으로 보아 처가가 미원면에 있었던 것으로 보인다. 유진한이 살았던 만화마을에서는 약 40km 거리에 있는 곳이다.

335) 신공 : 신왕(申瀇, 1673~1732)의 본관은 고령(高靈), 자는 인수(仁叟), 호는 석남(石南)이다. 증 호조참판 신득혼(申得渾, 1651~?)의 아들로, 신숙주(申叔舟, 1417~1475)의 7대손이며, 통훈사복정(通訓司僕正)에 추증되었다.

336) 중치막 : 벼슬하지 않는 선비가 소창옷 위에 덧입던 웃옷이다. 넓은 소매에 길이는 길고, 앞은 두 자락, 뒤는 한 자락이며 옆은 무가 없이 터져 있다.

337) 다시 가는데 : 원문의 재행(再行)은 결혼한 뒤에 신랑이 처음으로 신부의 집에 가는 것을 말한다.

338) 순귀마 : 순귀마(順歸馬)는 돌아오는 인편(人便)에 오는 말을 가리킨다.

先考年十七歲, 遭戊申亂, 避兵于山谷, 家有七書大文合謄者一卷, 卽沙汀公細字成書者, 瀛洲公以此一卷, 使負之背, 飭之曰: "雖亂離中, 不廢讀書, 然後可以修齊治平." 結幕于水入里長角洞, 亦課讀如平時. 亂平後, 委禽于山東申氏宅, 外舅申公欲觀其才, 叠盃翌日, 令讀書于新房, 申公與夫人坐廳, 憑几而聽之, 喜甚曰: "新郎讀書如碎玉聲, 雖九韶之樂, 無以加此." 乃曰: "新婚之藍中氅衣, 忙未造成, 待其成, 可服之而遣." 遂留之十三日, 乃送之, 又戒曰: "俗所謂'再行寧有日數乎?', 乘此順歸焉, 明日可還來." 其愛重之意, 亦罕古矣.

【4】

선친은 소싯적에 이미 글을 잘 지으셨지만, 당시에는 모두 옛 격식[339]을 숭상했으므로 도하(都下) 백일장에서 높은 등수에 들지 못했다. 이 때 진사 이사엄[340]이 독보적으로 시를 잘 지었으므로 공이 나아가 공부하였다. 이사엄은 함께 지내며 밤낮 하는 이야기가 모두 평소 과장(科場)에서의 득실과 동류들의 교졸(巧拙), 구어(句語)의 요긴한 것과 불필요한 것, 주제의 옳고 그름뿐이었다. 모두 팔 일 동안 시

339) 격식 : 원문의 포두(鋪頭)는 과시(科詩)·과부(科賦)의 격식 가운데 하나이다. 과시·과부에는 포두(鋪頭)·포서(鋪敍)·입제(入題)·회제(回題)·초항(初項)·재항(再項)·중두(中頭)·허두(虛頭)라는 격식(格式)이 있다. 그 중 포두(鋪頭)는 시(詩)의 넷째 구나 부(賦)의 다섯째 구를 가리키는 말이다.

340) 이사엄 : 이사엄(李思儼, 1701~?)의 본관은 한산(韓山), 자는 성약(聖若)이다. 수직(壽職)으로 절충장군(折衝將軍) 첨지중추부사(僉知中樞府事)가 된 이수겸(李秀謙, 1666~1747)의 아들로, 1732년(영조 8)에 진사가 되었다. 그는 이 책 권2 <만이규석천장(輓李奎錫天章)>의 망자(亡者)인 이규석(李奎錫, 1721~1746)의 아버지이다. 이사엄은 당시 청주목(淸州牧) 가좌동(跏坐洞), 현재의 충북 청원군 오창읍 가좌리에 살았는데, 유진한이 살았던 천안시 병천면 용두리 만화마을에서는 약 6km 거리인 곳이다.

두 수를 썼는데, 세 번째 수를 채 반도 못 지어서 이사엄이 말하기를, "시재(詩才)를 이미 갖추었으니, 이제 돌아가도 좋네."라고 하고, 곧 책을 덮고 짓는 것을 그만두었다.

집에 돌아온 지 며칠 만에 충청감사 조재호[341]가 백일장을 열어 선비들을 시험 보였는데, 선친이 장원이 되었다. 이사엄이 와서 우리 할아버지께 하례하며 말하기를, "아드님이 제게 온 지 여드레 만에 제 뱃속에 든 것을 다 뽑아가서 속이 비었으니, 술과 안주를 많이 차려 제 주린 위장을 채워주십시오."라고 하였다.

先考少時, 綴文已成就, 而當世所尙, 皆憶昔鋪頭, 故都白之場, 未參高等. 時李進士思儼善詩獨步, 公乃就而資益, 李開硏同做, 晝夜所言, 皆平日場中得失, 儕輩巧拙, 句語之緊歇, 命意之是非而已. 首尾八箇日, 課得二首詩, 第三首製未半, 李曰: "才已成矣, 今可歸矣." 仍掩卷而輟罷. 及歸數日, 錦伯趙載浩設場試士, 公爲壯元, 李來賀於吾王考曰: "賢胤來我所八日, 盡拔我腸肚而去, 腹中空虛, 多設酒饌, 以充我空乏之腸胃."

【5】

선친이 처음 감영에서 치른 시험에서 삼상(三上)[342]으로 장원하자,

---

341) 조재호 : 조재호(趙載浩, 1702~1762)의 본관은 풍양(豊壤), 자는 경대(景大), 호는 손재(損齋)이다. 그는 좌의정 풍릉부원군(豊陵府院君) 조문명(趙文命, 1680~1732)의 아들이며, 효순왕후(孝純王后)의 오빠로, 영의정 조현명(趙顯命, 1690~1752)의 조카이며, 김창업(金昌業, 1658~1721)의 외손이다. 조재호는 1745년(영조 21) 5월 공홍도관찰사(公洪道觀察使: 이 때는 충주·청주 등지가 반역을 일으킨 곳이라 하여 강등되었기 때문에 1735년에 충청도의 이름이 바뀌었다)가 되었다가 1746년(영조 22) 윤3월에 대사성에 제수되었다.

342) 삼상 : 삼상(三上)은 생원·진사과 답안을 채점할 때 부여한 점수 중 하나로, 일곱 번째에 해당한다. 생원·진사과는 상(上)·중(中)·하(下)·이상(二上)·이중(二中)·

벗들이 "유삼상(柳三上)"이라 부르며 놀렸는데, 잇따라 세 차례, 연이어 다섯 차례에 이르자 유삼상이란 호칭으로는 다시 부르지 않았다.

先考始捷監試壯元三上, 朋儕號之曰'柳三上', 以嘲戱, 及其連三榜連五榜, 柳三上之號, 更不稱矣.

【6】

선친은 평생토록 사람들의 장 · 단점을 말씀하지 않으셨는데, 고을의 어떤 사람이 남의 말을 잘못 듣고 말하기를, "유 아무개에게 배척당하였으니, 이 고을에서 살 수 없다. 내 장차 그를 욕보이리라."라고 하고, 소매를 걷어붙이고 말을 타고 성을 내며 왔다. 선친을 뵈었는데 안색이 온화하고 말씀이 공손하자 뉘우치고 깨달아 부끄러워하며 돌아가 말했다. "그 사람의 말이 망령된 것이니, 어찌 이런 말을 했겠는가?"

또 마을에 이득전(李得全)이란 사람이 있었다. 젊은 사람이 망령되고 막되었으므로 동회(洞會)에서 강신(講信)[343]할 때 여러 사람이 의논하여 죄를 주기로 하고 잡아다가 볼기를 치려고 하였다. 공이 말리면서, "매가 살에 닿으면 아프지 않겠습니까? 저 사람도 그 부모의 자식된 몸으로 이렇듯 여러 사람들에게 책망을 받고도 뉘우치고 깨닫지 않겠습니까?"라고 하셨다. 이득전은 이때부터 공손하고 조심성 있는 사람으로 변했고, 늘 사람들에게 말하기를, "만화(晩華) 유생원님은 어

이하(二下)·삼상(三上)·삼중(三中)·삼하(三下)·차상(次上)·차중(次中)·차하(次下)·갱(更)·외(外)의 14등으로 점수를 매겨서 삼하(三下) 이상을 뽑는 것이 관례였다.

343) 강신 : 강신(講信)은 향약(鄕約)이나 계(契)·향회(鄕會) 등의 성원들이 한 자리에 모여서 우의와 신의를 다짐하며 대화하는 것을 말한다.

진 분이오. 사람이 되어 어진 사람에게 책망을 당한다면 사람이 아니라 금수(禽獸)지요."라고 하였다.

마을의 욕심 많은 사람이 공의 밭을 침범하여 경작하였다. 농사짓던 하인이 와서 아뢰며 이치에 따라 못하게 해달라고 청하자, 공이 웃으며 말씀하셨다. "옛날 어떤 사람의 밭이 들판 가운데 있었는데, 사방에서 밭을 갈아 해마다 점점 침범하여 뺏어가서 결국 조금도 남지 않았지. 그 사람이 농사짓는 노비를 시켜 들판에서 큰 소리로 외치게 하기를, '우리 주인의 밭이 예전엔 여기 있었는데, 지금은 어디로 갔단 말인가?' 하니, 이웃 사람들이 부끄러워 경계를 측량하여 예전 밭두렁을 되살려 주었느니라. 너도 그 밭이 흔적도 없어질 때까지 기다렸다가 큰 소리로 한 번 외치면 족할 것이다." 이웃 사람이 삽으로 경계선의 물길을 손보면서 이 쪽 것을 줄이고 자기 쪽 것을 늘리니, 주위에서 못하게 하시라고 청했다. 공이 말하기를, "무슨 상관있겠나? 내 초석(礎石)까지 닿으면, 틀림없이 스스로 그치겠지."라고 하셨다.

어떤 고리백정이 집에 와서 대그릇과 키 여러 개를 고쳤다. 일을 마치자 공이 계집종을 불러 이르셨다. "저 사람에게 품삯을 주어 보내도록 해라." 일꾼이 뜰에 엎드려 손을 모으고 말했다. "소인은 세상에서 가장 천하여 하인배나 사삿집 천것들도 다들 이놈저놈이라 합니다. 그런데 공께서만 '저 사람'이라 불러주시고, 사람으로 보아 주셨습니다. 공의 인덕(仁德)은 성인과 같으십니다. 소인이 잠시 성인의 집안에서 일을 했다 하여 어찌 감히 품삯을 받을 수 있겠습니까?" 공이 굳이 받으라 하시니, 대문 밖에 나가 주춧돌 위에 두고 갔다. 이수욱(李壽郁)의 말에 따르면, 이득전은 평안우후 이현철[344]의 할아버지라고 한다.

344) 이현철 : 김경선(金景善, 1788~1853)이 1832년(순조 32)에 서장관(書狀官)으로 청나라에 갔다온 기록인 『연원직지(燕轅直指)』 권1, 11월 4일조에 평안우후

先考平生口不言人長短, 而鄕中某人誤聽人言, 乃曰: "見斥於柳某, 不可容於此鄕, 吾將辱之." 攘臂上馬, 怒氣而來, 及見先人, 顔色和而言語恭, 皆悔悟慚愧而還曰: "人言妄矣, 豈有此言?" 又洞民有李得全者, 年少妄悖, 洞會講信時, 諸議欲致罪, 拿伏而將笞之, 公止之曰: "笞到其膚, 寧不痛乎? 渠以父母遺體, 受此衆人之責, 豈不知悔悟乎?" 得全自此變爲恭謹之人, 每向人語曰: "晩華柳生員主仁人也, 人若見責於仁人, 非人也, 禽獸也." 洞中有頑民割耕於公之田, 耕奴來報, 請據理禁之, 公笑曰: "昔有人田在野中, 四疆耕犂, 歲漸犯割, 終至無餘, 其人使耕奴立於中野, 高叫曰: '吾主之田, 昔在此間, 今何去耶?' 四隣愧恨, 量界而復其舊疆. 汝亦待其田形無餘, 高叫一聲, 足矣." 又隣人鍤治接界水道, 損此益彼, 左右請禁之, 公曰: "何妨? 割到我礎石, 必自止." 有一楊水尺賤丁, 來補笠箕諸件, 補訖, 公呼婢子曰: "彼人工價, 可給而歸之." 丁乃伏于庭, 攢手曰: "小人乃天下下賤也, 下輩私賤, 皆呼之以這厮彼厮, 而公獨呼之以彼人, 視之以人類, 公之仁德, 聖人也. 小人暫役於聖人之家, 豈敢受工價乎?" 公勉使受之, 出大門外, 置之礎上而去. 李壽郁云, 李卽平安虞侯李顯喆之祖父也.

【7】

선친이 젊은 시절에 집안이 가난하여 늙으신 부모님의 끼니조차 이을 수 없자, 춘천[345] 선영 아래 조금 있던 땅을 팔아서 조석(朝夕)을 받들었으므로 한씨 할머니[346]의 묘위전[347]만 남았을 뿐이다. 내가

(平安虞侯) 이현철(李顯喆)이 나온다.

345) 춘천 : 춘천시 남면 가정리에 유진한의 6대조인 흥성부원군(興城府院君) 유몽표(柳夢彪, 1543~1616)의 묘와 고조모(高祖母) 청주한씨(淸州韓氏)의 묘가 있다.

346) 한씨 할머니 : 한씨 할머니는 유진한의 고조모(高祖母)인 증(贈) 숙부인(淑夫人) 청주한씨(淸州韓氏, 1606~1635)를 가리키는데, 한옥(韓玉, 1537~1629)의 둘

젊었을 때 성묘하러 춘천에 갔다가 고란[348]에 사는 족형 형[349]의 집에 들렀더니(자(字)가 중옥(仲玉)이다) 초면인 데도, 나를 보자 내 선친이 덕을 많이 쌓으셨다고 했다. 그의 노친은 연세가 팔십이 넘었는데, 내가 왔다는 이야기를 듣자 지팡이[350]를 짚고 나와서 말씀하셨다. "돌아가신 형님은 성인 같은 분이지. 지금 우리 집 앞에 있는 논 열세 마지기는 목천 댁의 땅이었어. 목천 형님이 그전에 이 땅을 팔아 쓰시려고 했네. 이 곳 부자가 이백여 냥을 치르고 문서를 작성하기로 했는데, 내가 돌아가신 형님께 말씀드렸지. '제게 이 땅이 있으면 궁한[351] 목숨을 보전할 수 있겠습니다만, 제 재산을 다 털어도 백 냥이 채 되지 않으니, 땅값에 부족한 걸 어찌할까요?' 돌아가신 형님이 말씀하시기를, '자네가 우리 선산을 지켜주니 두터운 정의(情誼)가 어디 천금뿐이겠는가? 내 마땅히 값을 내려 팔지.'라고 하시고는, 바로 단 백 냥에 파셨네. 이제 내가 해로하여 벌써 회혼례(回婚禮)도 지냈으니, 아들·손자들의 머리끝에서 발끝까지가 모두 돌아가신 형님의 덕일세. 지금 내 기와집과 재산은 다 돌아가신 형님이 내려주신 것이지. 나를 낳아준 분은 부모님이시지만, 나를 살리신 분은 돌아가신 형님이시네. 나는

째딸로, 한확(韓確, 1403~1456)의 5대손인 한광윤(韓匡胤, 1537~1632)의 손녀이다. 시아버지 유활(柳活, 1576~1641)과 남편인 유지림(柳之霖, 1608~1671)의 묘는 청주 오창(현 충북 청원군 오창읍 백현리)에 있는데, 숙부인의 묘만 춘천시 남면 가정리에 있다.

347) 묘위전 : 묘위전(墓位田)은 묘에 제사지내는 비용을 마련하기 위하여 경작하던 밭이다.

348) 고란 : 고란(皐蘭)은 고흥유씨 선산이 있는 강원도 춘천시 남면 가정리 서쪽에 있는 마을이다. 고란터 앞에 있던 고란터 나루에서 홍천강을 건너면 강원도 홍천군 서면에 닿는다.

349) 족형 형 : 유형(柳珩, 1748~1816)의 자는 중옥(仲玉)이다. 유진한의 6대조인 유몽표(柳夢彪, 1543~1616)의 장남 유숙(柳潚, 1564~1636)의 5대손인 유찬한(柳燦漢, 1716~1797)의 아들이다.

350) 지팡이 : 대본에는 '扶扙而出'이라고 하였으나, '扶杖而出'로 바로잡았다.

351) 궁한 : 대본에는 '可保躬命'이라고 한 것을 '可保窮命'으로 바로잡았다.

늘 자손들에게 목천 댁의 선산을 부모의 묘처럼 지키라고 이른다네." 내가 처음으로 그 곡절을 듣고 선친의 음덕이 사람을 깊이 감동시켰다는 것을 알았다. 내가 성묘하러 춘천에 십여 차례 갔는데, 고란 족형의 가산은 그 증손에게 전해지도록 줄지 않았고, 나를 대하는 정도 지친처럼 도타웠다.

先考少時家貧, 親老菽水莫繼, 春川墓下有若干庄土, 賣以供昕夕, 只有韓氏祖妣墓位田在焉. 余少時始省墓往春川, 入臯蘭族兄珩家字仲玉, 初面見余, 乃說余先考積德之多. 其老親年過八十, 聞余來, 扶杖而出曰: "先兄主聖人也, 今我門前水田十三斗落種, 卽木川宅之庄也. 木川兄主, 曾欲賣用此土, 此處富人, 納價二百餘金, 將成文, 吾告先兄主曰: '我若得此, 可保窮命, 整吾家産, 不滿百金, 其於價不足, 何?' 先兄主曰: '君守護我先山, 情誼之篤, 不翅千金. 吾當減価而賣之.' 遂以單百兩而許之. 今我偕老, 年過回婚. 我子若孫之頂踵髮膚, 先兄主之德也. 今我之瓦舍産業, 皆先兄主之賜也. 生我者父母, 濟我者先兄主也. 吾常戒吾子孫, 守護木川宅墳山, 與父母墓同." 余始聞其委折, 知先人陰德感人之深也. 余省楸往春川十有餘次, 見臯蘭族兄家産傳之其曾孫而不衰, 又待余情篤如至親.

【8】

선친께서 일찍이 회시(會試)를 보실 때 이웃 고을에 사는 시생 허아무개와는 함께 공부한 사이였나. 과서의 글세가 나오고 답안을 적으려 하는데, 허생이 벌써 호명하는 표지를 몰래 바꾸어 간계(奸計)를 행하려 하였다. 공은 시험 답안이 바뀐 것을 보시고도 안색을 바꾸지 않으신 채 천천히 말씀하셨다. "과거는 참으로 중요한 일인데, 혹시라도 비봉[352]에 빠지거나 잘못된 것이 있을까 걱정일세. 다시 봉투를 열어 살펴봐야겠네." 허생이 말하기를, "답안을 봉할 때 이미 여러 번 살피고 조심했으니, 어찌 잘못 쓴 것이 있겠습니까? 그때 저도 여러 번 살폈으니, 제발 뜯지 마십시오."라고 하였다. 공이 말씀하셨다. "일이 그렇긴 하네만, 모든 일은 주도면밀해야 하지." 손을 들어 봉한 것을 뜯으려 하시다가, 허생을 돌아보며 말씀하시길, "자네가 열어 보게. 나는 소변을 보고 오겠네."라고 하고는 우산 밖으로 나가셨다. 잠시 후 돌아오셨을 때 허생은 표지를 원래대로 다시 바꾸어 놓았다. 허생이 말했다. "어르신께서 꼭 뜯어보겠다고 하시면 제가 뜯겠습니다." 공이 말씀하시기를, "자네가 이미 이렇듯 틀림없다고 하니, 구태여 뜯을 필요는 없네."라고 하고는 답안을 써서 제출하셨다. 그 일처리가 온화하고 점잖아 자취를 드러내지 않고 사람들의 좋지 않은 것을 들춰내지 않는 것이 늘 이와 같으셨다.

先考嘗於會試場中, 與近鄕侍生許某者同接. 及題出而將寫試卷, 許生已潛換呼名之標紙, 欲售其奸. 公見試卷之換, 顔色不變, 乃徐言曰: "科事莫不重, 或恐秘封有脫誤. 更欲坼封而考察." 許生曰: "封卷之時, 旣累加審愼, 寧有誤書乎? 其時侍生亦再三考察, 固請勿坼." 公曰: "事則然矣. 凡事莫如周詳." 乃擧手欲坼之, 顧謂許曰: "子可坼矣. 吾欲便旋而來." 因出雨傘之外. 少頃而還, 則許復換標紙依舊矣. 許乃曰: "丈氏必欲坼見, 侍生當坼之." 公曰: "子旣如是無疑云, 則不必坼也." 遂書卷而納之. 其處事雍容, 不露形跡, 不摘發人之不善, 每如是.

---

352) 비봉 : 비봉(秘封)은 과거시험 답안지인 시권(試卷)에서 응시자의 신분과 나이, 본관 등을 적는 부분인 명지(名紙)가 보이지 않도록 접어서 풀로 붙이는 것을 말한다.

【9】

선친은 총명하고 기억력이 동류들보다 훨씬 뛰어나셨다. 공주 감영의 백일장에서 우등으로 뽑힌 것이 열여섯 차례나 되었다. 금강을 건너 돌아오는데 배에 탄 사람들이 다투어 말하기를, 누구누구 시의 첫 구는 이렇고, 넷째 구는 이렇고, 어떤 구절이 가작(佳作)이고, 어떤 구절이 놀랄만한 구절이라고 하면, 한 번 듣고 모두 기억하셨다. 배에 타면서부터 내릴 때까지 듣는 대로 기억하여 매번 백여 구가 되었다. 집에 돌아오면 사람들에게 이야기하셨는데, 사소한 것까지도 잊지 않으셨다.

先考聰明強記, 逈出儕友. 錦營白塲, 嵬等榜上, 凡十有六次. 歸渡錦江, 船上人爭說某也某也, 首句如是, 鋪頭如是, 某句佳作, 某句驚語, 一聞無不記. 自登船至下船, 聞而記之, 每百有餘句. 及歸家, 向人論說, 瑣瑣不忘.

【10】

선친이 고을의 글하는 선비들인 김양행[353]·유후[354]·이세열[355]·김중산[356]·유도성[357]·유도천[358]·권제성[359]·김원경[360]·황정[361]·황

353) 김양행 : 김양행(金養行, 1707~1755)의 본관은 안동(安東), 자는 철지(哲之), 호는 동수(桐叟)이다. 원래 이름은 무행(茂行)이었는데, 후에 개명하였다. 그의 부친인 절곡(節谷) 김시관(金時觀, 1677~1740)은 우의정 김상용(金尙容, 1561~1637)의 현손으로, 학행(學行)으로 지평(持平)에 추증되었다. 김양행은 일찌감치 과거 공부를 그만두고 학문에 전념했는데, 안정복(安鼎福, 1712~1791)으로부터 진정 학문하는 선비라는 높은 평가를 받았다고 한다.

354) 유후 : 유후(柳涯, 1710~1775)의 본관은 문화(文化), 자는 군평(君平), 호는 낙기와(樂棄窩)이다. 현감 유인수(柳仁壽, 1604~1669)의 증손이며, 유태서(柳泰瑞, 1674~1735)의 아들이다. 뒤에 나오는 유도성(柳道成)·유도천(柳道天) 형제의 종숙부(從叔父)이다.

355) 이세열 : 이세열(李世烈, 1712~1786)의 본관은 한산(韓山)이다. 사헌부 지평

성[362]·남취홍,[363] 그리고 종제 유철한[364]과 함께 은석산에 모여 시사

이만(李滿, 1660~1730)의 손자이며, 통덕랑 이용등(李龍登, 생몰년 미상)의 계자(系子)로, 생부는 이선등(李先登, 1691~1774)이다. 토정(土亭) 이지함(李之菡, 1517~1578)의 후손인데, 한산이씨로서는 처음으로 목천현(木川縣) 북면(北面) 백원(百原)에 터를 잡은 사람이다. 일찌감치 과거공부를 그만두고, 바둑과 술을 즐겼다고 한다. 대본의 이세희(李世熙)는 오기(誤記)이므로 바로잡았다.

356) 김중산 : 김중산(金重山, 1707~1757)의 본관은 안동(安東), 자는 공래(公來), 호는 무경(茂坰)이다. 김득여(金得礪, 1656~1714)의 아들이며, 부사과(副司果) 김득추(金得秋, 1636~1704)의 조카로, 명종(明宗) 때 안악군수(安岳郡守)를 지내다가 을사사화에 연좌되어 벼슬을 빼앗겼던 김충갑(金忠甲, 1515~1575)의 현손(玄孫)이다. 만년에는 삼성재(三省齋)를 짓고 지계산(志溪山)에 우거하였다.

357) 유도성 : 유도성(柳道成)의 본관은 문화(文化), 자는 대집(大集)이다. 진사 유혼(柳混, 1693~1758)의 장남이다.

358) 유도천 : 유도천(柳道天, 1727~1818)의 본관은 문화(文化), 자는 중묵(仲默), 호는 주은(酒隱)이다. 그는 진사 유혼(柳混, 1693~1758)의 셋째아들이며, 앞에 나온 유도성(柳道成)의 동생으로, 문집 『주은집(酒隱集)』을 남겼다고 한다. 그의 부인 강릉김씨(江陵金氏)가 김호균(金好均, 1708~1765)의 딸이므로 유진한의 종질(從姪) 유성(柳珹, 1749~1822)과 그는 동서간이다.

359) 권제성 : 권제성(權悌性)의 본관은 안동(安東), 자는 사순(士順)이다. 손자인 권중복(權中復, 1783 ~?)이 예산(禮山)에 살았고, 『대록지(大麓誌)』「문예(文藝)」조에 목천현(木川縣) 남면(南面) 신기(新基)에 우거(寓居)했다고 한 것으로 보아, 예산 출신으로 목천에 와 살았던 것으로 보인다.

360) 김원경 : 김원경(金遠慶)의 자는 여홍(汝弘)이다. 김항오(金恒五)의 아들이며, 김인경(金麟慶)의 형이다.

361) 황정 : 황정(黃棖, 1711~1773)의 본관은 창원(昌原), 자는 강보(剛甫)이다. 당진현감 황만(黃鏋, 1660~1739)의 손자이며, 생원 황붕하(黃鵬河, 1691~1726)의 장남이고, 설서(說書)를 지낸 황성(黃械, 1719~1815)의 형이다. 황정의 아들인 황인건(黃仁騫, 1738~1786)은 역천(櫟泉) 송명흠(宋明欽, 1705~1768)의 문인이다.

362) 황성 : 황성(黃械, 1719~1815)의 본관은 창원(昌原), 자는 성보(成甫)이다. 당진현감 황만(黃鏋, 1660~1739)의 손자이며, 생원 황붕하(黃鵬河, 1691~1726)의 둘째아들이고, 황정(黃棖, 1711~1773)의 동생이다. 1747년(영조 23) 식년 문과에 급제하여 세자시강원설서(世子侍講院說書)를 지냈다. 『창원황씨세보(昌原黃氏世譜)』에는 이름을 '황계(黃械)'로 적었으나, 『국조문과방목(國朝文科榜目)』에 따라 대본 그대로 두었다.

363) 남취홍 : 남취홍(南就興, 1718~1780)의 본관은 의령(宜寧), 자는 사정(士禎),

(詩社)365)를 결성하셨는데, 수창한 시축(詩軸)이 있다. 또한 일곱 고을의 인재들과 승천사366)에 모여 두 무리로 나누어 승부를 겨루셨다. 산 서쪽은 홍기한 · 조복경 · 이한일367) · 홍천368) 등이 한편이 되었고, 산 동쪽은 선친과 김중산 · 유도천 · 남취홍 · 김종후369) · 이언각370) 등이 한

호는 국봉(菊峰)이다. 지평(持平) 남명익(南溟翼, 1602~1645)의 증손이고, 직장(直長) 남언필(南彦弼, 1638~1710)의 손자이며, 진사 남세강(南世綱, 1675~1757)의 넷째아들이다. 『국서취묵(菊墅醉墨)』·『금지잡영(金池雜詠)』 등을 지었다고 한다.

364) 유철한 : 유철한(柳喆漢, 1719~1794)에 대해서는 앞의 주) 36 참조.

365) 시사 : 은석시사(銀石詩社)를 말하는데, 「연보(年譜)」에는 유진한이 47세이던 1758년(영조 34)의 일로 적었다. 그러나 이 때 참석했다는 인물 가운데 김양행(金養行, 1707~1755)과 김중산(金重山, 1707~1757)은 이미 세상을 떠난 뒤였기 때문에 맞지 않는다. 인명표기에 오류가 있거나, 시기를 잘못 밝힌 것이다. 이 책 권2에 실린 <은사수창(銀寺酬唱)>(12수)·<연구(聯句)>(12구)·<은사시축보연구운(銀寺詩軸步聯句韻)>·<은사차운(銀寺次韻)>(12수)·<보양관운작별(步陽關韻作別)>과 「은사동유시축서(銀寺同遊詩軸序)」가 이 때 지은 작품들이다. 만화동(晩華洞)에서 약 8km 거리인 충남 천안시 북면 은지리에 은석산(銀石山)이 있는데, 이 산에 은석사(銀石寺)가 있다.

366) 승천사 : 승천사(昇天寺)는 『여지도서(輿地圖書)』에는 '승천사(勝天寺)'로 표기했는데, 흑성산(黑城山) 서쪽 기슭의 승적골(僧敵-)에 승천사터가 있다. 흑성산은 현재의 천안시 목천읍 남화리에 있는데, 독립기념관 뒤에 있는 산이다. 「연보(年譜)」에는 승천사에서의 모임을 유진한이 48세이던 1759년(영조 35)의 일이라고 했는데, 이 때 참석했다는 인물 가운데 김중산(金重山, 1707~1757)은 이미 세상을 떠난 후이므로, 시기를 잘못 밝힌 것이다.

367) 이한일 : 이한일(李漢一, 1723~?)의 본관은 덕수(德水), 자는 중협(仲協)이다. 1750년(영조 26) 온양별시(溫陽別試) 문과에 급제하여, 홍문관 정자·사헌부 지평·사간원 정언·승정원 승지를 거쳐 대사간을 역임했다. 아산(牙山) 출신이다.

368) 홍천 : 홍천(洪儃, 1725~?)의 본관은 남양(南陽), 자는 효원(孝元)이며, 생원(生員) 홍일환(洪日煥)의 아들이다. 1753년(영조 29) 식년시에 진사가 되었으며, 천안(天安)에 살았다.

369) 김종후 : 김종후(金宗厚, 1728~1793)에 대해서는 앞의 주) 86 참조.

370) 이언각 : 이언각(李彦珏, 1729~?)의 본관은 전주(全州), 자는 계온(季溫)이며, 생원(生員) 이천구(李天球)의 아들이다. 1777년(정조 1년) 식년시에 진사가 되었고, 진천(鎭川)에 살았다.

편이 되어, 기와 북을 크게 벌여놓고 시령(詩令)을 서로 높이니, 지난 백 년 사이에 가장 멋스러운 일로 전해진다. 또 충청도내의 명사인 신광수371) · 이현급372) · 노명흠373) · 채득순374)과는 나이가 서로 비슷하고 정도 두터웠다. 늘 과장(科場)에서 만났는데, 의기(意氣)를 서로 인정하였으므로 온 세상 사람들이 마치 은하수에 한 배를 타고 가는 것처럼375) 우러러 보았다.

先考嘗與鄕黨文學之士金養行 · 柳湹 · 李世烈 · 金重山 · 柳道成 · 柳道

---

371) 신광수 : 신광수(申光洙, 1712～1775)의 본관은 고령(高靈), 자는 성연(聖淵), 호는 석북(石北)·오악산인(五嶽山人)이다. 첨지중추부사(僉知中樞府事) 신호(申澔)의 아들이다. 그의 집안은 남인(南人)이었으므로 벼슬길이 막혀 향리에서 시작(詩作)에 힘쓰며 채제공(蔡濟恭, 1720～1799)·이헌경(李獻慶)·이동운(李東運) 등과 교유하였다. 1750년(영조 26년)에 진사가 되어 선공봉사(繕工奉事)·돈녕주부(敦寧主簿)·연천현감(漣川縣監) 등을 지냈다. 1772년(영조 48) 61세 때 기로과(耆老科)에 장원하여 돈녕부도정(敦寧府都正)·우승지·영월부사를 역임하였다. 시명(詩名)을 떨쳤는데, 특히 과시(科詩)에 능했고, <등악양루탄관산융마(登岳陽樓歎關山戎馬)>·「관서악부(關西樂府)」가 유명하다.

372) 이현급 : 이현급(李賢汲, 1711～1770)의 본관은 광주(廣州), 자는 우정(禹井), 호는 국암(菊岩)이다. 안동진관병마동첨절제사(安東鎭管兵馬同僉節制使)를 지낸 이성지(李聖至, 1688～1750)의 아들로, 충주(忠州)에 살았다. 1738년(영조 14)에 진사가 되었고, 1745년(영조 21) 정시문과(庭試文科)에 급제했다. 대본에는 이현급(李賢級)이라고 썼으나, 오기(誤記)이므로 바로잡았다.

373) 노명흠 : 노명흠(盧命欽, 1713～1775)의 본관은 교하(交河), 자는 천약(天若)이다. 그는 1759년(영조 35) 식년시에 진사가 되었고, 청주(淸州)에 살았으며, 야담집 『동패낙송(東稗洛誦)』을 지었다.

374) 채득순 : 채득순(蔡得淳, 1717～?)의 본관은 평강(平康), 자는 중화(仲和)이다. 유학(幼學) 채이흠(蔡以欽)의 아들로, 충주(忠州)에 살았다. 1717년(숙종 43)에 진사가 되었는데, 문체(文體)로 일가를 이루었다는 평가를 받았다.

375) 은하수에 …… 것처럼 : 후한(後漢) 때의 명망가인 이응(李膺)이 곽태(郭泰)와 빈천(貧賤)을 잊고 낙양(洛陽)에서 서로 친하게 지냈다. 곽태가 고향으로 돌아가려고 하수(河水)를 건널 때, 전송하러 나온 사람들이 매우 많았는데, 곽태는 이응과 단 둘이서만 배를 타고 건넜다. 두 사람이 한 배를 타고 건너는 것을 보고 사람들이 모두 부러워하면서 '두 신선이 한 배를 타고 가는 것 같다'고 했다고 한다.

天·權悌性·金遠慶·黃棖·黃木+成·南就輿·及從弟柳喆漢會于銀石山，結詩社，有唱酬詩軸. 又與七邑多士，會昇天寺，分兩隊，較勝負. 山之西，洪箕漢·趙復慶·李漢一·洪僨等爲一隊，山之東，先考與金重山·柳道天·南就輿·金宗厚·李彦珏等爲一隊，大張旗鼓，以詩令相高，世傳爲百年間勝事. 又與道內名士申光洙·李賢汲·盧命欽·蔡得淳，年相若而情相篤，每遇諸場屋，以意氣相許，擧世仰之，如霄漢同舟.

【11】

선친이 젊은 시절에 남포[376]의 외가에서 오시다가 한낮에 천안군에 도착하셨는데, 군수가 백일장을 열어 선비들을 시험보이는 것을 보셨다. 글제가 걸린 지 이미 오래여서 시험이 거의 반 정도 지났는데도 들어가서 군수에게 청하셨다. "오늘 성대한 자리를 마련하셨는데, 제가 비록 지나는 나그네지만, 마치 재(齋)가 열린다는 말을 들은 중과 같습니다. 종이와 붓을 주신다면 서툰 글이나마 지어 올리겠습니다." 사또가 허락하니, 곧 한달음에 써서 바치셨다. 잠시 후 합격자를 불렀는데 그 중 으뜸이었다. 합격 축하연[377]에 참석하셨더니, 그때 군수였던

376) 남포 : 유진한의 외조부인 이시개(李始開, 1652~?)가 살던 곳이 남포현(藍浦縣, 현 충남 보령군 남포면 일대)이었다. 「연보(年譜)」에는 유진한이 31세이던 1742년(영조 18) 3월의 일이라고 했다.

377) 합격 축하연 : 원문에는 '호종지연(呼鍾之宴)'이라고 했다. 원래 과거 급제자들의 '신은연(新恩宴)'을 뜻하는 말이지만, 여기서는 백일장에 입상한 사람을 축하하는 잔치를 가리킨다. 유몽인(柳夢寅)의 『어우집후집(於于集後集)』 권4 「요영정기(耀榮亭記)」에 "마침 한양에서 급제자를 발표하고 유가(遊街)를 했는데, 사은숙배를 마치자 이웃 고을 문무관이 잔치를 베풀었다. 고례에 신은연과 보통 잔치는 방식이 달랐다. 빈료들은 문관은 사관선생이고, 무관은 삼청선생이다. 육품이 안 된 사람을 시선생(時先生)이라고 하고, 차례로 올라가며 대선생(大先生)·대대선생(大大先生)이 있다. 시선생(時先生)이 오면, 관직이 비록 낮더라도 반드시 재상보다 윗자리에 앉아서 큰 종을 잡고 신귀(神鬼: 새로 임명된 관원)를 불렀

판서 남태기[378]가 물었다. "그대가 목천에 산다고 하고, 또 성이 유씨이니 만화에 사는 유진사댁이 아니오?" "진사의 손자입니다"라고 답하셨다. "진사 형제는 모두 내 선친의 벗들이신데, 그대는 어느 진사의 손자요?" 라고 하니, "작은 진사의 손자인데 큰 진사의 손자가 되었습니다."[379]라고 답하셨다. 남군수가 말하기를, "그렇군요. 시(詩)하는 집안 손자의 재주가 또한 금세의 이태백이구려. 왜 평소에 한번 나를 찾지 않았소?"라고 하자, "성질이 본래 옹졸해서 그렇습니다."라고 답하셨다. 사또가 특별히 큰 술잔으로 권하며 말했다. "이건 호종례(呼鍾禮)가 아니라 친구를 만나는 예입니다." 그 아우인 판서 남태회[380]는 그때 한림이었는데,

---

으므로 '호종례(呼鍾禮)'라고 한다[適京師放榜遊街, 已肅旁邑文武官以宴之, 故例, 新恩宴與凡讌集異式, 其賓僚則文必四館先生, 武必三廳先生, 未六品者, 爲時先生, 循次以上, 有大先生, 有大大先生. 時先生至, 官雖卑, 必坐卿相之右, 把大鍾呼新鬼, 號呼鍾禮]"라고 하였다.

378) 남태기 : 남태기(南泰耆, 1699~1763)의 본관은 의령(宜寧), 자는 낙수(洛叟), 호는 죽리(竹裏), 시호는 정희(靖僖)이다. 의빈도사(儀賓都事) 남근명(南近明)의 둘째아들로 태어나서 큰아버지인 장원서봉사 남달명(南達明)의 양자가 되었다. 1732년(영조 8) 정시문과(庭試文科)에 급제하였고, 『속대전(續大典)』을 수찬하였으며, 1747년 승지로 통신부사(通信副使)가 되어 일본에 다녀왔다. 대사간, 황해도감사, 도총관, 병조·형조의 참판, 한성부좌·우윤 등을 거쳐 1762년 예조판서 겸 내의원제조가 되었으나, 동생 남태회(南泰會)로 인하여 대간의 지탄을 받아 사직하고 고향에 돌아가 제자들을 가르쳤다. 문장과 글씨에도 능했으며, 저서로는 『죽리집』이 있다.

379) 작은 진사의 … 되었습니다 : 유진한의 부친 유창(柳淐, 1689~1755)은 유광익(柳光翼, 1671~1720)의 둘째아들로 태어나 백부인 유광천(柳光天, 1658~1733)의 계자(系子)가 되었기 때문에 한 말이다. 유광천·유광익 두 사람은 좌승지에 추증된 유비(柳芘, 1632~1711)의 아들이다. 유광천·유광익에 대해서는 앞의 주) 242 참조. 이 책에서는 유광익은 '진사공(進士公)', 유광천은 '영주공(瀛洲公)'으로 부르고 있다.

380) 남태회 : 남태회(南泰會, 1706~1770)의 본관은 의령(宜寧), 자는 성제(聖際), 호는 자암(紫巖), 시호는 헌민(獻敏)이다. 의빈도사(儀賓都事) 남근명(南近明)의 셋째아들이다. 1736년(영조 12) 정시문과(庭試文科)에 급제하여 대사간·도승지·대사헌·형조판서·경기도관찰사·병조판서를 역임하고, 지중추부사와 동지의금부

마침 관아에 있다가 또 한 잔을 권하며 말했다. “이 잔은 교분을 맺는 예로 드립니다.” 신창현감 윤우[381]도 큰 잔으로 권하며 말하기를, “이게 바로 술로 벗을 사귀는 것이라오.”라고 하였다. 서로 수작하며 크게 취한 후에야 잔치를 끝내고 함께 관아에서 묵으셨다.

다음날 아침, 서로 손을 맞잡고 헤어질 때 군수가 말했다. “지금 우리 형제는 무인(武人)이나 마찬가지이니, 그대 같이 박학한 선비가 우리 형님을 만나게 되면 뜻이 서로 맞을 거요.” 그 후에 익산군수 남태보[382]를 찾아가셨는데, 그의 집이 미나리골[383] 길가에 있었다. 기둥 위의 춘첩시(春帖詩)를 보셨더니, 그 가운데 “종일토록 홍진에서 말발굽소리를 들으며, 성시(城市)가 산림인 듯 생각하네.”라는 시구가 있었는데, 격조가 매우 높았다. 환담을 몇 마디 나누기도 전에 놀랍고 기쁜 나머지 해가 저물도록 손을 맞잡고 이야기하셨다. 먼저 어우당[384]에 대해 이야기하고, 다음으로 태우공[385]을 거쳐 영주공[386]에 이르기까지 일가의 이야기처럼 환히 알고 있었다. 그 다음부터 간혹 서울에 가게 되면 남태보와 판서를 지낸 강세황[387], 최성대[388] · 박

사를 지냈다.

381) 윤우 : 윤우(尹堣)의 본관은 파평(坡平)이며, 윤광협(尹光協)의 아들이다.

382) 남태보 : 남태보(南泰普)는 의빈도사(儀賓都事) 남근명(南近明)의 장남이다. 벼슬은 군위현감(軍威縣監)·익산군수(益山郡守)·울산부사(蔚山府使)·첨지중추부사(僉知中樞府事)를 지냈다.

383) 미나리골 : 미나리골[芹洞]은 현재의 서울시 서대문구 미근동(渼芹洞)이다.

384) 어우당 : 『어우야담(於于野談)』을 지은 영양군(瀛陽君) 유몽인(柳夢寅, 1559~1623)을 가리키는데, 흥성부원군(興城府院君)에 추증된, 유진한의 6대조 유몽표(柳夢彪, 1543~1616)의 동생이다. 유몽인에 대해서는 앞의 주) 89 참조.

385) 태우공 : 유진한의 5대조인 유활(柳活, 1576~1641)에 대해서는 앞의 주) 158 참조.

386) 영주공 : 유광천(柳光天, 1658~1733)을 가리킨다. 앞의 주) 242 참조.

387) 강세황 : 강세황(姜世晃, 1712~1791)의 본관은 진주(晋州), 자는 광지(光之), 호는 표암(豹菴)·첨재(忝齋)·표옹(豹翁)·노죽(路竹)·산향재(山響齋)이며, 시호

형윤[389] · 이기숭[390]을 찾으셨다.

先考少時, 自藍浦外家而歸, 日午, 到天安郡, 見主倅設場試士, 懸題已久, 幾至半場中, 乃入請於主倅曰: "今日設盛擧, 吾雖過客, 殆若聞齋之僧. 若給紙筆, 則可以構呈拙辭." 主倅許之, 遂一筆書呈. 少焉, 擇場居魁. 遂叅呼鍾之宴, 主倅卽南判書泰耆也. 問曰: "子之居木川, 又是姓柳, 得非萬花柳進士之家耶?" 曰: "進士之孫也." 曰: "進士有兄弟, 皆吾先人之執友, 子爲何進士之孫耶?" 曰: "以小進士之孫, 爲大進士之孫." 南曰: "允矣. 詩家之孫才, 又今世之太白也. 何不於往常時一番訪我耶?" 曰: "性本疎拙故也." 主倅別勸一大鍾曰: "此非呼鍾之禮, 乃友人相會禮也." 其弟南判書泰會, 時以翰林, 適在衙中, 又勸以一盃曰: "此乃納交禮也." 新昌倅尹堣亦勸大盃曰: "此謂喪酒交朋也." 互相酬酌, 大醉而罷, 相與留宿于衙中. 翌朝握別時主倅曰: "今吾兄弟殆若武弁, 如子博學之士見吾伯氏, 則氣味相合矣." 其後往尋南益山泰普, 其家在芹洞路傍, 見柱上春帖詩, 有曰, '盡日紅塵聽馬蹄, 可想其城市山林.' 標致甚

는 헌정(憲靖)이다. 1776년(영조 52) 기로정시(耆老庭試) 문과에 장원급제하였고, 병조참의·한성부판윤(漢城府判尹) 등 관직을 두루 거쳤다. 시(詩)·서(書)·화(畵) 삼절(三絶)로 일컬어졌으며, 특히 한국적인 남종문인화풍을 정착시키는 데 공헌하였다.

388) 최성대 : 최성대(崔成大 : 1691~?)의 본관은 전주(全州), 자는 사집(士集), 호는 두기(杜機)이며, 정랑 최수경(崔守慶)의 아들이다. 1721년(경종 1)에 생원·진사과에 동시에 입격했고, 1732년(영조 8) 정시문과(庭試文科)에 급제하여, 세자시강원 설서를 거쳐 지평·장령을 지낸 뒤에 춘방대사간을 역임하였다. 시문에 뛰어나 김창흡(金昌翕, 1653~1722) 이후의 제일인자라 칭해졌다. 신유한(申維翰, 1681~1752)과 친교를 맺고 화답한 것이 많았다.

389) 박형윤 : 박형윤(朴亨潤, 1683~?)의 본관은 밀양(密陽), 자는 태중(泰仲)이다. 1723년(경종 3)에 문과에 급제하여 첨지중추부사(僉知中樞府事)를 지냈다.

390) 이기숭 : 이기숭(李基崇, 1741~1815)의 본관은 광주(廣州), 자는 덕조(德祖)이다. 1774년(영조 50) 진사과에 입격했고, 1801년(순조 1)에 문과에 급제하여 동부승지를 지냈다.

高. 叙舊未數語, 不勝驚喜, 移日握語. 先說於于公, 次及泰宇公, 下至瀛洲公, 歷歷如一家內事蹟. 自後或有戾洛, 惟往尋南益山·姜判書世晃·崔成大·朴亨潤·李基崇.

【12】

선친이 계유년(1753) 봄에 호남을 유람하며 산천 문물을 두루 보시고, 이듬해 봄에 집에 돌아와서 〈춘향가〉를 지으셨다가 당시 선비들의 놀림을 받으셨다.

先考癸酉春, 南遊湖南, 歷觀其山川文物, 其翌年春還家, 作春香歌一篇, 而卒被時儒之譏.

【13】

지난 계미년(1763)에 『소학(小學)』을 배강[391]하라는 영이 내렸다. 선친은 증광 초시에 들었으므로 회시까지는 날짜가 매우 촉박하였다. 은석사[392]에 올라가 『소학』을 읽었는데, 팔일 만에 다 외우고 회시를 보러 떠나셨다. 말 위에서도 소매에 넣어간 『소학』을 외우셨고, 객점

391) 배강 : 배강(背講)은 과거시험 가운데 강경(講經)을 시험하는 방법으로, 책을 보지 않고 물음에 답하는 것을 말한다. 여기서는 소과(小科) 복시(覆試)의 조흘강(照訖講)을 뜻한다. 조흘강은 소과와 대과(大科) 복시 응시자들이 치렀던 일종의 예비시험이다. 여기에 합격하는 것을 '월강(越講)'이라고 하며, 합격자들에게는 조흘첩(照訖帖)이라는 증서를 발부하여 다음 단계 시험에 녹명(錄名)할 때 증빙 문서로 쓰게 했다.

392) 은석사 : 은석사(銀石寺)는 목천 은석산(銀石山, 현 천안시 동남구 북면 은지리)에 있는 절이다. 이곳은 유진한이 젊은 시절 공부했던 곳인데, 여러 벗들과 함께 은석시사(銀石詩社)를 결성했던 곳이기도 하다. 앞의 「행록(行錄)」【10】 참조. 현재 있는 건물은 2009년에 지은 것이고, 수령 550년쯤 된 팽나무가 있을 뿐, 원래의 모습은 남아 있지 않다. 유진한이 살았던 만화리에서 약 8km 거리에 있다.

에서도 불을 밝히고 읽으셨으며, 성균관에 도착해서도 마찬가지로 하셨다. 한 곳에 머물던[393] 환수[394] 이생(李生)은 한산(韓山) 사람이었는데, 혹시나 배강에 떨어질까 염려하여 부탁하였다. "제가 선생을 위해 하재[395]에서 강경(講經) 잘하는 사람을 사두었습니다. 이 사람은 이런 일에 익숙해서 순통[396]은 걱정할 필요도 없습니다. 이 사람이 선생 대신 배강하도록 하시지요." 공이 말하기를, "선비는 굽은 길로도 나아가지 않는 법인데, 임금을 섬기겠다면서 먼저 임금을 속여서야 되겠는가?"라고 하시고, 마침내 자신이 들어가 배강하셨다.

이른 아침에 바깥에서 기다리다가 명단을 확인한 후 안에 들어가 이름이 불리기를 기다리셨다. 공의 이름은 잠자(箴字)[397]에 있었는데, 절자(切字) · 마자(磨字)[398]에 있던 유생들을 보니 연달아 낙강(落講)했

---

393) 한 집에 머물던 : 원문은 '동접(同接)'이다. 동접은 글방 학생들이나 과거(科擧)에 응하는 유생들이 모여 이룬 동아리를 말하는데, 여기서는 같은 숙소에 머문 사람을 뜻한다.

394) 환수 : 환수(換手)는 손을 바꾼다는 뜻인데, 여기서는 과거시험에 다른 사람을 시켜 대리시험을 치르게 하려는 사람을 말한다.

395) 하재 : 하재(下齋)는 조선시대 성균관에 있던 기숙사의 하나로, 동서 양재(兩齋) 각각 맨 아래쪽 2칸에 있었다. 이곳에는 경향 각지에서 뽑혀 온 사학(四學)의 승보생(陞補生)인 유학(幼學)들이 거처하였고, 상재(上齋) 또는 상사(上舍)에서는 생원(生員)·진사(進士)들이 머물렀다.

396) 순통 : 조선시대 강경(講經) 시험을 볼 때, 대체로 순(純)·통(通)·조(粗)·략(略)·불(不)의 다섯 등급, 또는 순통(純通)·순조(純粗)·순략(純略)·불통(不通)의 네 등급으로 성적을 매겼다. 순통은 이 가운데 성적이 우수한 자를 말한다. 전강(殿講) 등에서 순통에 해당하는 자에게는 지필묵이나 직부전시(直赴殿試) 등의 특전을 주었다.

397) 잠자 : 잠자(箴字)는 응시한 사람들에게 『천자문(千字文)』의 순서에 따라 번호를 부여한 것이다. '잠(箴)'은 46번째 구인 "벗을 사귈 때는 서로 분수에 맞는 사람끼리 사귀어야 하고, 서로 열심히 닦고 배워서 사람으로서의 도리를 지켜야 한다[交友投分, 切磨箴規]"라고 한 데 있다. 따라서 응시생 중 367번째 순서에 해당한다.

398) 절자·마자 : 절자(切字)와 마자(磨字)는 각각 365번째, 366번째로, 잠자(箴)의

다. 공은 '략(略)'으로 시험을 통과하셨다. 이에 앞서 '순통'인 유생은 모두 입시하여 시권(試卷)을 암송하라는 별도의 영이 있었는데, 이날 별감이 임금의 하교를 전하기를, "잠자(箴字) 이하의 유생은 '조(粗)'·'략(略)'을 불문하고 모두 입시하라."라고 하였다. 공은 이에 대궐 문 앞에서 대령하고 계셨는데, 날이 이미 저물었다. 서울의 유생들을 보니 태반이 대리시험을 치른 자들이었다. 답안을 암송하는 것은 다른 사람이 대신 들어갈 수 없었으므로 다들 급히 심부름꾼을 보내서 답안을 가져오게 하여 불을 밝히고 시권(試卷)을 읽었다. 시부(詩賦)뿐만 아니라 의의(疑義)까지도 창졸간에 외울 수 없었으므로, "아![吁]", "삼가 뜻을 밝힙니다[謹義]",[399] "답하옵니다[對]", "어허![於戱]" 하며 사방이 소란스러웠다.

공은 비록 시권을 가지고 계시지는 않았지만, 열여덟 구에서 한 자도 막히지 않았으므로 속으로 생각하셨다. '오색구름 영롱한 봉래산[400]에서 성덕(盛德)을 가까이 하리니 얼마나 다행하고 영광스러운가.' 옷깃을 여미고 앉으셨더니, 별감이 다시 전교하기를, "오늘은 밤이 벌써 깊었으니, 문밖에서 기다리는 유생들은 모두 물러가라."라고 하였다. 결국 반촌[401]의 주인집으로 돌아가서 저녁을 드시려는데 숟가락이 별안간 목구멍으로 빨려 들어갔다. 주위 사람들이 놀라서 말했다. "마음을 너무 쓰면 장에 열이 나서 불같은데, 찬 수저가 입에 닿자 자연히

바로 앞 순서에 해당한다. 위의 주) 397 참조.

399) 아 …… 밝힙니다 : 경서의 뜻을 밝히는 경의(經義)의 시작과 끝을 "우(吁). …… 근의(謹義)."의 형식으로 썼기 때문에 나온 말이다.

400) 오색 구름 영롱한 봉래산 : 원문은 '오운봉래(五雲蓬萊)'인데, 두보(杜甫)의 <선정전퇴조만출좌액(宣政殿退朝晚出左掖)>에 "봉래산 가까운 구름은 항상 오색을 띠고[雲近蓬萊常五色]"라고 한 것을 변용한 것이다.

401) 반촌 : 반촌(泮村)은 성균관(成均館) 부근의 동네를 일컫던 말이다.

빨아들여 그렇게 된 거야."라고 하며, 쑥에 불을 붙여 숟가락 자루를 데웠다. 세 번을 데워서야 숟가락이 따뜻해져서 떨어졌다. 마침내 따뜻한 물에 말아 나무 숟가락으로 먹어서야 넘기실 수 있었으니, 그 노심초사하신 것이 어떠셨겠는가!

같이 머물던 이생이 말하기를, "저는 노친을 모시고 있는 처지가 딱하고 절박하여, 한산에서 모시 이백 필을 가져다가 여기서 칠백 냥으로 바꾸었습니다. 바라건대 선생께서 유념하시어 제가 과거에서 결실을 맺게 해주시면 어떨지요?"라고 하자, 공이 말씀하셨다. "그대의 노친은 올해 마흔여섯이니, 나보다도 여섯 살이나 젊으시오. 우리 노친은 금년에 칠십 칠세이신데, 내 처지라고 해서 그대의 딱한 사정과 다르겠소? 이런 말이 나왔으니 그대와 같이 묵을 수 없소." 끝내 사절하시니, 이생이 크게 낙심하여 쓸쓸히 가버렸다.

往在癸未, 有小學背講之令. 先考叅增廣初試, 計會試日字甚迫. 上銀石寺, 讀小學, 八日而成誦, 因發會行. 馬上, 袖小學而誦, 旅店, 明燈而讀, 至泮邸, 亦如之. 同接換手李生者, 韓山人也, 或慮落講, 乃請曰: "吾爲先生地買得下齋生善講者, 此人素習於此, 必純通無慮, 願先生以此人代講." 公曰: "爲士子不可曲逕而進, 欲事君而先欺君, 可乎?" 遂親自入講. 早晨, 應外, 打點進, 至內, 點待呼名, 公之名簽在箴字, 見切磨字儒生, 相繼落講, 公乃越講得畧. 先是, 別令純通儒生皆入侍, 又講試卷. 是日也, 紅衣傳聖教曰: "自箴字以下儒生, 無論粗畧, 皆入侍." 公乃待令於闕門下, 日已昏矣. 見京儒等太半代講者, 至於試卷, 講不可代入, 皆急陰走伻人持試卷而來, 明燭讀卷, 非但詩賦, 至於義疑, 非倉卒間可誦, 曰吁, 曰謹義, 曰對於戱, 四面喧聒. 公雖不持試卷, 十八句無一字滯, 乃自心語曰: '五雲蓬萊, 昵近耿光, 何等榮幸.' 遂整襟斂衽而坐矣. 紅衣又傳敎曰: "今夜已深, 門外待令儒生, 皆令退去." 遂出泮主家, 就夕飯, 匙子忽引入喉中. 左右驚遑曰: "用心太過, 則膓熱如火, 冷匙到口, 自然引氣而入故也." 急用艾炙匙柄. 三炙, 匙溫而自落. 遂以飯和水, 用木箸呑下, 其勞心焦慮, 果何如耶! 翌日, 同接李生乃曰: "生以老親侍下, 情地悶迫, 自韓山輸苧布二百匹, 換七百金在此. 願先生留意, 使侍生科事着實, 如何?" 公曰: "子之老親, 今年四十六, 則少我者, 尙六歲. 吾之老親, 今年七十七歲, 吾情地, 獨不如子之情地乎? 斯言一發, 不可與子同接." 遂辭之, 李生憮然而去.

【14】

선친은 계미년(1763) 회시에 또 낙방하고 돌아오셨다. 그 때 정승 채제공[402]이 마침 상[403]을 당해서 호남에서 시묘살이를 하고 있었는데, 시인(詩人) 김용필[404]이 오자, 채제공이 물었다. "이번 회시에 입격한 사람 가운데 좋은 시가 있소?" 시제(詩題)는 '시를 지어 중산보를 보내며, 빨리 돌아오라 하다[作詩送仲山甫, 命式遄其歸]'[405]였다 김용필이 답하기를, "오직 한 사

402) 채제공 : 채제공(蔡濟恭, 1720~1799)의 본관은 평강(平康), 자는 백규(伯規), 호는 번암(樊巖)·번옹(樊翁), 시호는 문숙(文肅)이며, 홍주(洪州) 출신이다. 1743년(영조 19) 정시문과(庭試文科)에 급제하여 영의정을 지냈고, 저서로 『번암집(樊巖集)』이 있다.

403) 상 : 채제공은 1762년에 모친 연안이씨(延安李氏)의 상을 당했다.

404) 김용필 : 황윤석(黃胤錫, 1729~1791)의 시 <서증종산주인김용필(書贈鍾山主人金龍弼)>에 "남쪽나라 시 소리는 괴롭기 그지 없어, 능가산(楞伽山) 천 길 낭떠러지 그대와 나란하네[南國詩聲苦不低, 楞伽千仞與君齊]"라고 하였다.

405) 시를 …… 하다 : 주(周)나라 선왕(周宣)이 중산보를 시켜 제(齊)에 성을 쌓으러 가게 했는데, 대신이었던 윤길보(尹吉甫)가 시를 지어 전송했던 고사에서 취한 시제(詩題)이다. 『시경(詩經)』「대아(大雅)」<증민(烝民)>에 "중산보가 제나라로 나가니 그 돌아오길 빨리하리로다. 길보가 송시를 지으니 심장한 뜻이 청풍 같도다. 중산보가 길이 그리워하는지라 그의 마음을 위로하노라[仲山甫徂齊, 式遄其歸, 吉甫作誦, 穆如淸風, 仲山甫永懷, 以慰其心]"라고 하였다. 중산보(仲

람이 지은 시만 좋았습니다."라고 하며, 그 첫 구를 외워 주었다. "어느 달에 돌아와 용산의 수를 꿰매려나? 소매 부여잡고 그대의 오색실을 바라보네[曷月歸補龍山繡, 摻袖看公五色絲]." 채제공이 말하기를, "참 좋은 시지만, '간공(看公)' 두 글자는 마땅치 않은 듯하오."라고 하였다. 김용필이 말하기를, "그렇긴 합니다만, 이 두 글자가 아니면 구어를 맞출 수 없습니다. 시를 지은 사람이라고 그런 걸 몰랐겠습니까?"라고 하니, 채제공이 말했다. "그렇겠지."

선친의 외사촌인 이직(李稷)이 그 자리에 있었는데, 놀랍고 이상하여[406] 말했다. "이 시구는 바로 우리 고종사촌 유 아무개의 시인데, 일전에 벌써 강을 건너[407] 돌아갔습니다." 김용필이 말했다. "내가 성균관 대청지기의 집에서 봤더니, 이 시가 장원한 것이었고, 그 사람은 영남 사람이었소." 그러자 이직이 다시 제2·제3구를 외웠는데, 한 글자도 틀리지 않았다. 이에 채제공과 김용필이 다 개탄하면서 말했다. "이 일은 필시 봉미[408]를 가지고 농간을 부린 것이로구려." 회시에서 늘 떨어진 것이 대부분 이런 식이었으니, 그 억울하고 분한 것이 어떠셨겠는가!

또 갑오년(1774) 회시에서 천자(天字)[409]로 먼저 답안을 제출하셨

山甫)는 선왕(宣王) 때의 대신(大臣) 번후(樊侯)의 자(字)이다. 이 부분이 대본에는 본문처럼 되어 있는데, 협주(夾註)로 처리해야 마땅하므로 바로잡았다.

406) 놀랍고 이상하여 : 대본의 '경소왈(驚慅)'은 '경괴왈(驚怪)'의 오기(誤記)이므로 바로잡았다.

407) 강을 건너 : 원문은 "파수를 건너[渡灞]"인데, 한유(韓愈)의 시 <현재유회(縣齋有懷)>에 "책을 품고 황도를 떠나니, 눈물을 머금고 파수를 건너네[懷書出皇都, 銜淚渡清灞]"라고 한 데서 온 말이다. 앞의 주) 13 참조.

408) 봉미 : 봉미(封彌)는 과거(科擧)에 응시한 자가 답안지의 오른편 끝에다 성명, 생년월일, 주소, 사조(四祖 : 부·조부·증조부·외조부)를 기록한 뒤에 풀로 봉해서 제출하던 것을 말한다.

409) 천자(天字) : 답안을 제출한 순서에 따라 50명씩 끊어서 『천자문(千字文)』의 순

다. 방이 붙었을 때 시관(試官)이 기록한 책자에는 천자(天字)로 먼저 냈으며, 시는 '차상(次上)'이라고 하였는데, 다시 '차중(次中)'으로 고쳤다가, 또 다시 '차하(次下)'[410]라고 썼고, 또 끝에 '예비(預備)'라고 적었다. '예비'라고 쓴 곳이 한두 군데 있었는데, 시관이 대궐에 들어가서 비봉한 것을 뜯을 때 답안 가운데 격식에 맞지 않는 것[411]이 있거나, 비봉 중에 잘못 쓴 것이 있거나, 글 내용에서 탈이 생겼을 때는 예에 따라 천자(天字) 가운데 예비로 채워 넣었으며, 방이 나올 때마다 이런 예가 있었다. 그런데 그 때 역적 정후겸[412]이 한창 임금의 태산 같은 총애를 받고 있었는데, 이 회시에서 방(榜) 끝에 들었다. 비봉을 뜯을 때 첫머리에 정후겸의 이름이 없었는데, 위에서 계속 방을 내라 재촉하시니, 시관들이 모두 황겁하여 격식에 맞는지 여부도 따질 겨를이 없었다. 이런 까닭에 또 쓸쓸히 돌아서셨으니, 운명이요, 하늘의 뜻이었다.

先考於癸未會榜, 又落莫而歸. 其時蔡相濟恭, 方遭喪居廬湖南, 詩人金龍弼來, 蔡問曰: "今番會試入格, 有可聞詩乎?" 詩題'作詩送仲山甫, 命式遄其歸.' 金龍弼對曰: "只有一人詩最佳." 仍誦傳首句曰: "曷月歸補龍山黼,

---

서에 따라 '천자일호(天字壹號)', '천자이호(天字貳號)' … 식으로 번호를 매겼다. 원문에 '천자선정(天字先呈)'이라고 했으므로, 전체 응시자 가운데서 50명 이내에 제출했다는 뜻이다.

410) 차상 …… 차하 : 점점 점수가 낮아진 것이다. 앞의 주) 342 참조.

411) 격식에 맞지 않는 것 : 과시(科詩)·과부(科賦)의 체식(體式)에서 어긋나는 것을 말한다. 과시·과부의 격식에 대해서는 앞의 주) 339 참조.

412) 정후겸 : 정후겸(鄭厚謙, 1749~1776)의 본관은 연일(延日), 자는 백익(伯益)이다. 화완옹주(和緩翁主)의 남편인 일성위(日城尉) 정치달(鄭致達)의 양자이다. 영조의 총애를 바탕으로 당시 세도가였던 홍인한(洪麟漢)과 더불어 국정을 좌우하였으나, 정조가 즉위한 후 사사(賜死)되었다. 그런데 정후겸이 생원·진사 양과에 입격한 해는 1765년(영조 41)이고, 이듬해인 1766년에 문과에 급제하였으므로, 연대에 착오가 있는 것으로 보인다.

摻袖看公五色絲." 蔡曰: "儘是佳作, 但'看公'二字, 似不襯." 金曰: "然矣. 然非此二字, 則不成句語, 作之者, 豈不知其然?" 蔡曰: "然." 先人外從李稷在蔡座, 驚怪曰: "此句乃吾內從柳某之詩, 昨已渡灞而歸矣." 金曰: "吾於成均館大廳直家見此詩嵬捷, 其名嶺南人也." 仍復誦第二句第三之句, 無一字差錯. 於是蔡與金皆慨歎曰: "此必是幻弄封彌也." 蓋會試之每每見屈, 大抵多類此, 其寃憤何如耶? 又於甲午會試, 天字先呈. 榜出, 試官記錄冊則天字先呈詩次上, 更考次中, 又更書次下, 又尾錄預備. 預備云者一二所. 試官詣闕坼封時, 或有違格者, 或封內誤書者, 或紙面生頉者, 例以天字預備充之, 無榜無此例. 而其時鄭賊厚謙, 方天寵如山, 觀此會試, 參於榜末. 坼封之時, 匕頭無厚謙名, 自上連促出榜, 試官皆惶㤼, 不暇考察奚論違格與否乎. 以此之故, 又爲落莫, 命也, 天也.

【15】

갑신년(1764) 청안현[413]에서 열린 충청감영의 시험에서 상시관(上試官)인 김노순[414]이 삼중(三中)[415]과 삼하(三下)를 우등 시로 뽑았다. 혹시라도 빠진 이름이 있을까 염려하여 밤에 아전들에게 몰래 이름을 엿보게 하였더니, '삼중'을 받은 시는 우리 선친이 지으셨고, '삼하'를 얻은 시는 김종후[416]가 지은 것이었다. 다음날 합격자 방을 내려할

413) 청안현 : 청안현(淸安縣)은 1405년(태종 5)부터 1895년(고종 32)까지 있었던 행정구역으로, 현재의 충북 괴산군 청안면 일대이다.

414) 김노순 : 김노순(金魯淳, 1721~1789)의 본관은 안동(安東), 자는 증약(曾若)이다. 문충공 김상용(金尙容, 1561~1637)의 7대손으로, 증 이조참판 김이적(金履迪, 1699~1756)의 아들이다. 뒤에 나오는 김보순(金普淳, 1724~1777)의 형이다. 1764년(영조 40) 충량과(忠良科)에 장원급제했고, 강릉부사·대사간·대사헌·병조참판·동지의금부사 등을 지냈다.

415) 삼중 : 생원·진사과의 채점방법에 대해서는 앞의 주) 342 참조.

때, 상시관이 참시관(參試官)·부시관(副試官)에게 말했다. "이번에 우등으로 뽑힌 시는 틀림없이 도내에서 으뜸인 선비가 지었을 것이니, 내가 등급을 올려주려 하는데, 어떻소?" 참시와 부시가 모두 말하기를, "상시관의 고견이 참으로 옳습니다."라고 하였으므로, 전편에 비점을 더해서 삼중(三中)을 삼상(三上)으로 고치고, 삼하(三下)를 삼중(三中)으로 고쳤다. 비봉을 뜯었는데 선친의 성함이 보이자 모두 크게 기뻐하며 말했다. "이 사람은 나라 안에 이름난 선비이니, 우리의 안목이 귀신같다고 할 만하구려."

그 후 정해년(1767)에 목천에서 열린 감시(監試)에 김노순의 동생인 김보순[417]이 상시관이 되자, 김노순이 말했다. "내가 지난 번 호서좌도 시험에서 으뜸인 선비를 뽑았더니 유 아무개가 장원이 되었네. 과거 시험을 보이는 자네 능력이 어찌 나를 당할 수 있겠나?" 김보순이 말했다. "형님이 잘 했다고 자랑하셔도, 삼상(三上)이 높은 등급이었지요. 저라면 마땅히 이상(二上)으로 장원을 뽑을 것입니다. 유 아무개가 장원이 되는 걸 보시면, 시관(試官)으로서의 제 능력이 형님께 지지 않는다는 것을 분명히 아시게 될 것입니다." 합격자를 발표했는데, 인재들이 많이 빠져 있었다. 목천현감 신처권[418]은 글하는 선비였

---

416) 김종후 : 김종후(金宗厚, 1728~1793)에 대해서는 앞의 주) 86 참조.

417) 김보순 : 김보순(金普淳, 1724~1777)의 본관은 안동(安東), 자는 여박(汝博)이다. 문충공 김상용(金尙容, 1561~1637)의 7대손이며, 증 이조참판 김이적(金履迪, 1699~1756)의 아들로, 앞에 나온 김노순(金魯淳, 1721~1789)의 동생이다. 1759년(영조 35) 식년 문과에 급제하여 대사간을 지냈다. 대본에는 김보순을 김노순의 종제(從弟)라고 하였으나, 두 사람은 김이적의 장남과 차남이므로 바로잡아 번역했다.

418) 신처권 : 신처권(愼處權, 1712~1769)의 본관은 거창(居昌), 자는 성능(聖能)이다. 1750년(영조 26)에 진사과에 1등 5위로 입격했다. 1765년(영조 41) 1월 목천현감으로 도임하여 청원정(淸遠亭)을 개조하여 쌍청정(雙淸亭)을 만들었다. 재임 중인 1769년(영조 45) 9월 세상을 떠나, 목천현 북면(北面)에 묻혔다.

는데, 큰 소리로 이를 지적하였다. 김보순은 이내 부끄러워하며 신처권이 하자는 대로 따랐다. 신처권은 고을 아전 신복대에게 초구(初句)를 거둬들이게 하여 재주가 있는 사람을 하나도 빠뜨리지 않았다. 그런데 만화동(萬花洞)에서 온 사람들만 모두 시험 마지막 날 집으로 돌아가 버리고 방이 붙기를 기다리지 않았으므로 이 때의 방에서 빠지게 되었다. 김보순은 부끄럽고[419] 무안해졌고, 그 형[420]에게 한없이 책망을 들었다. 그 해에 돌아가신 할머니의 연세가 여든 하나셨는데, 눈물을 흘리며 말씀하셨다. "내 생전에는 과거에 급제하는 경사가 없겠구나." 이 말씀이 원근에 퍼져 나가자 성환찰방 신명철[421]이 말하기를, "이 일은 내 잘못이 아니라 상시관의 잘못이다."라고 하였다.

청주에서 열린 도회(都會)에 신명철이 다시 시관이 되었다. 충청병사 구병훈[422]이 신명철에게 말을 전했다. "지난 번 목천에서 열린 감시(監試)에서는 무슨 이유로 도내의 뛰어난 선비들이 빠졌단 말이오? 내 비록 무부(武夫)라고 해도 귀가 있으니 유 아무개의 이름은 들었소. 목천에서와 같은 일이 없기를 바라오." 또 길에 오가는 사람들이 서로 말하기를, "옛사람들이 '고영과 하순[423]은 이 땅의 명망 있는 사

---

419) 부끄럽고 : 대본의 '참보(慚報)'는 '참란(慚赧)'의 잘못이므로 바로잡았다.

420) 형 : 대본에는 종형(從兄)이라고 했느나, 김노순(金魯淳, 1721~1789)과 김보순(金普淳, 1724~?)은 친형제이므로 바로잡아 번역했다.

421) 신명철 : 신명철(辛命喆, 1716~?)의 본관은 영산(靈山)이며, 1750년(영조 26)에 문과(文科)에 급제하여 사헌부 지평(持平)을 지냈다.

422) 구병훈 : 구병훈(具秉勳)의 본관은 능성(綾城)이다. 충청수사(忠淸水使, 1757)·남양부사(南陽府使, 1763)·영변부사(寧邊府使, 1776) 등을 지냈다. 충청도의 병영이 청주에 있었는데, 1767년에는 구병훈이 충청 도내의 군권을 담당한 병마절도사였다. 구병훈은 유진한의 6대조인 유몽표(柳夢彪, 1543~1616)의 5대손 유집(柳諿, 1675~1719)의 사위이다.

423) 고영과 하순 : 고영(顧榮)과 하순(賀循)은 진대(晉代)의 인물로, 모두 오(吳)나라에서 벼슬살이를 하여 그 지역 사람들에게 명망이 있었다. 동진(東晉)의 원제(元

람이다.'라고 했는데, 도내에서 명망 있는 선비라면 유 아무개가 아니고 누구겠소?"라고 하였다. 마침내 장원으로 선친의 이름이 불리자 모든 사람들이 다 축하하였다. 비인현감 목만중424)이 지나다가 시험지를 보고 무릎을 치며 칭찬하기를 마지않았는데, 지금까지도 그 시가 전송되고 있다.

甲申年, 青安監試, 上試官金魯淳考選優等詩三中三下. 恐或失名, 夜令陪吏, 潛窺其名簽, 三中卽余先人, 三下卽金宗厚. 翌日, 將出榜, 上試謂參副試曰: "今此優等之詩, 必道內甲士之作, 吾欲加等陟之, 如何?" 叅副皆曰: "上試之高見, 甚當." 遂加批點滿篇, 改三中以三上, 三下以三中. 及坼封見先人名, 皆大喜曰: "此人卽東國盛名之士, 吾儕藻鑑, 可謂如神." 後丁亥, 木川監試, 金魯淳弟金普淳爲上試, 魯淳曰: "吾於去試湖左, 能擇甲士, 柳某爲壯元. 君之試鑑, 安能當我乎?" 普淳曰: "兄之誇能, 但三上高等, 我則當以二上爲壯元. 第見柳某之爲壯元, 快見試鑑之不讓於兄也." 及出榜, 多失人才. 本倅愼處權文章士也, 大言斥之, 金乃羞愧, 一聽愼指揮. 愼使鄕吏申福大收入初句, 不遺實才, 而獨萬花接, 皆於終場日還家, 不爲待榜, 故見漏於此榜. 金普淳慚赧無顔, 見責於其兄無已. 是年先祖妣時年八十一, 垂涕泣曰: "吾生前望斷於科慶也." 此言播于遠近, 成歡察訪辛命喆曰: "非我之失也, 上試之過也." 及乎清州都會, 辛又爲試官. 兵使具秉勳傳言於辛曰: "向者木川榜, 何故遺道內甲士乎? 我雖武夫, 亦有鼎鐺之耳, 聞柳某之名矣. 願無如木川榜."

帝) 사마예(司馬睿)가 강동(江東)의 건업(建業)에 도읍을 정하자 강동 사람들이 따르지 않았다. 이에 이 두 사람을 등용하여 강동의 인심을 얻었다고 한다.

424) 목만중 : 목만중(睦萬中, 1727~?)의 자는 공겸(公兼), 호는 여와(餘窩)이다. 벼슬은 태천현감(泰川縣監)·승지·대사간을 지냈다. 그가 현감을 지낸 비인현(庇仁縣)은 현재의 충남 서천군 비인면 일대이다.

又道路之人相與言, "古人謂'顧榮賀循, 此土之望, 此道之望士, 非柳某而誰耶?" 竟至揮場壯元, 擧場皆賀. 庇仁縣監睦萬中過見正草, 擊節稱賞不已, 至今皆傳誦其詩.

【16】

선친께서는 평생토록 까닭 없이 들고 나지 않으셨고, 또한 부호나 귀한 집안에는 가지 않으셨다. 그래서 서울 사람들이 유 아무개의 이름은 들어도 얼굴은 보기 어렵다고들 하였다. 신묘년(1771) 복시 때의 충청감사 민백분[425]도 전에 만난 적이 없었지만 평소 공의 이름은 들었으므로 높은 풍모가 어떤지 사람들에게 물었다. "그 사람 선대의 지체는 어떤가? 우리 집안과 혹시 세의(世誼)라도 있는가?" 그 사람이 말했다. "그 사람의 할아버지가 기사년(1689)에 인현왕후(仁顯王后)를 중전에서 폐위할 때 여양부원군[426] 댁을 지나면서 시를 짓기를, '화려한 시절 가버렸어라 언제나 돌아올까, 재상부의 높은 문은 굳게 닫혀 열리지 않네. 사람의 일도 천도(天道)를 따라 변하나니, 음(陰)이 다하고 나면 따사로운 봄날이 오리라[繁華已去幾時回, 相府高門閉不開, 人事

425) 민백분 : 민백분(閔百奮, 1723~1793)의 본관은 여흥(驪興), 자는 흥지(興之)이다. 증조부는 인현왕후(仁顯王后)의 아버지인 여양부원군(驪陽府院君) 민유중(閔維重)이며, 조부(祖父)는 민진후(閔鎭厚), 아버지는 민익수(閔翼洙)이다. 1770년(영조 46)에 문과에 급제하여 1771년 7월부터 1772년 2월까지, 1775년 6월부터 1776년 5월까지 두 차례에 걸쳐 충청도 관찰사를 지냈다. 손자인 민치록(閔致祿)이 명성황후(明成皇后)의 아버지이므로, 그는 명성황후의 증조부가 된다.

426) 여양부원군 : 여양부원군(驪陽府院君)은 숙종(肅宗)의 계비(繼妃)인 인현왕후(仁顯王后)의 아버지 민유중(閔維重, 1630~1687)을 가리킨다. 민유중의 본관은 여흥(驪興), 자는 지숙(持叔), 호는 둔촌(屯村)이며, 시호는 문정(文貞)이다. 강원도 관찰사 민광훈(閔光勳)의 막내아들이며, 대사헌 민시중(閔蓍重)과 좌의정 민정중(閔鼎重)의 동생이다.

也隨天道變, 窮陰將盡艶陽來].'라고 했는데, 이 시가 세상에 전해옵니다." 민백분이 하늘을 우러러 시를 읊으며 말하기를, "본래 친하지도 않으면서 이런 시를 지었으니 공론(公論)이었도다."라고 하며 주루룩 눈물을 흘렸다. 그 해에 선친께서 복시에 드셨으니, 아마도 대대로 쌓은 덕이 사람의 마음을 감동시켰기 때문인 듯하다.

先考平生未嘗無故出入, 又不到豪貴之家. 是故京洛之人, 指謂柳某之名可得聞, 身難得見. 辛卯覆試時, 錦伯閔百奮亦素昧, 平生聞公名, 亦何其高標, 問于人曰: "其人先閥何如耶? 與吾家或有世誼耶?" 人曰: "其人之祖父, 於己巳廢中殿時, 過驪陽之宅, 有詩曰: '繁華已去幾時回, 相府高門閉不開, 人事也隨天道變, 窮陰將盡艶陽來.' 此詩傳于世." 閔仰天諷誦曰: "素不親而爲此詩, 在公論也." 因泫然下涕. 其年先人叅覆試, 蓋緣世德之感人心也.

【17】

교리 남강로[427]는 우리 선친과는 일찍이 안면이 없었다. 영동(永同)에서 열린 감시(監試)에 시관이 되었다가, 합격자를 발표하려는데 선친의 이름이 없자 놀라서 여러 관원들에게 말했다. "유 아무개는 온 나라에 이름난 사람인데, 만약 이 합격자 명단에서 빠진다면 우리들의 수치요." 마침내 삼백여 장 봉미(封彌)를 다 찾게 하였으나 없자 말했다. "이 사람이 죽지 않았다면 틀림없이 병들어 누웠을 것이다." 선친

427) 남강로 : 남강로(南絳老, 1735~?)의 본관은 의령(宜寧), 자는 언호(彦皓)이며, 남태계(南泰堦)의 아들이다. 남태계는 의빈도사(儀賓都事) 남근명(南近明)의 셋째아들로 태어나 남취명(南就明)의 양자가 되었으므로, 남강로는 앞에 나온 남태보(南泰普)·남태기(南泰耆)·남태회(南泰會)의 조카이며, 뒤에 나오는 남이범(南履範)의 숙부(叔父)이다. 그는 1771년(영조 47) 문과에 장원급제하여 집의(執義)를 지냈다.

은 이 해에 복시를 보게 되셨으므로, 초시를 보러 감시(監試)에 가지 않으셨기 때문이었다.

南校理絳老, 與余先人未嘗知面, 爲永同監試試官, 出榜, 無余先人名, 乃瞿然自失, 謂諸官曰: "柳某通國之聞人, 若漏於此榜, 吾儕之恥也." 遂命搜三百張以上封彌, 無有, 乃曰: "此人非身死, 則必臥病也." 蓋先考是年得覆試, 初試不赴監試故也.

【18】

선친은 평생 굳고 깨끗한 성품으로 행실을 삼가셨으므로 호화롭고 귀한 집안에는 발걸음하지 않으셨다. 친구인 상사(上舍) 노명흠[428]이 와서 말했다. "내 주인인 상국(相國) 홍봉한[429]이 자네의 명성을 듣고 내게 소개해 달라고 하였네. 자네가 날 위해 홍상국을 만나주기 바라네."[430] 선친이 대답하셨다. "그 사람은 한 나라의 재상이고 나는 그저 초야의 한미한 선비일세. 청운(青雲)과 진흙탕처럼 길이 전혀 다르니, 나는 그 사람을 좇아 노닐고 싶지 않네." 끝내 사양하시자, 노명흠이 이 말씀을 홍봉한에게 전했다. 홍봉한이 말했다. "지금 세상 선비로서 나와 교분을 맺지 않겠다니, 뜻이 높긴 높군. 암혈(岩穴)에서 글만 읽다가 늙어죽는다 한들 어쩌겠나."

---

428) 노명흠 : 노명흠(盧命欽, 1713~1775)에 대해서는 앞의 주) 373 참조.

429) 홍봉한 : 홍봉한(洪鳳漢, 1713~1778)의 본관은 풍산(豊山), 자는 익여(翼汝), 호는 익익재(翼翼齋), 시호는 익정(翼靖)이다. 사도세자(思悼世子)의 장인이며, 정조(正祖)의 외조부이다. 1744년(영조 20)에 문과에 급제했고, 관직은 영의정에까지 올랐다.

430) 자네가 …… 바라네 : 「연보(年譜)」에는 유진한이 50세이던 1761년(영조 37)의 일이라고 하였다. 대본에는 '願子爲我過洪相國'이라고 했는데, 과(過)는 우(遇)의 오기(誤記)이므로 바로잡았다.

판서 심이지[431]가 충청감사가 되어 순시하다가 문 앞을 지나면서 길을 안내하던 사람에게 물었다. "유 아무개의 집은 어디 있나?" 비장인 김시원이 답하기를, "이 길가에 있습니다."라고 하자, 몸소 방문하였다. 선친이 문밖에 나와 맞으며 말씀하셨다. "상공은 한 도의 관찰사이시고, 평소 전혀 알지도 못하는 사이인데 어찌 이렇듯 왕림하셨습니까?" 심이지가 말하기를, "존함을 익히 들어 책에 나오는 사람처럼 사모하여 한번 뵈려한 지 오래되었습니다. 이제 이 문앞을 지나게 되었기에 감히 자리를 어지럽히게 되었습니다. 말세의 사람이 먼저 서유자[432]의 거처를 물었다는 것이니, 이상히[433] 여기지 마시오."라고 하고, 또 말했다. "금년 봄 회시에서 다시 낙방하시자 온 나라사람들이 다들 안타까워하였습니다. 공의 모습을 보니 많이 쇠약해지지는 않으신 듯하니 과거를 꼭 그만두실 필요는 없을 것 같습니다." 선친이 말씀하셨다. "평생 뜻을 둔 일이라 늙은 아낙네의 춤처럼 그만두지 못할까 걱정입니다." 심이지가 다시 물었다. "공도회[434]를 보실 겁니까?" 대

---

431) 심이지 : 심이지(沈頤之, 1735~1796)의 본관은 청송(靑松), 자는 양오(養吾)이다. 이조판서 심수(沈鏽)의 아들로, 1767년(영조 43) 중시(重試) 문과에 급제하여 경기감사·호조판서 등을 지냈다. 심이지가 순시하다 유진한의 집에 들른 때를 연보에는 1783년으로 적었으나 맞지 않는다. 그는 1780년(정조 4) 3월 27일 홍충도(洪忠道) 관찰사가 되었다가 같은 해 9월27일 파직되었기 때문이다. 『일성록』 1780년 6월 15일조에 홍충감사(洪忠監司) 심이지(沈頤之)가 당시 충청감영 아래 각 고을 수령들의 치적을 심사하여 보고한 계본(啓本)이 실려 있다. 당시 목천현감(木川縣監)이었던 황윤석(黃胤錫)에 대한 내용도 있는 것으로 보아, 이 일은 1780년 여름에 있었을 것으로 보인다.

432) 서유자 : 유자(孺子)는 후한(後漢) 때 사람 서치(徐穉)의 자(字)이다. 진번(陳蕃)이 예장(豫章: 지금의 강서성 남창현)의 태수가 되어 임지에 도착했는데, 관아에 들어가기 전에 먼저 그곳의 명망 있는 선비인 서치가 사는 곳을 묻고, 가서 만나보려 했다는 고사가 있다.

433) 이상히 : 대본의 '소아(慅訝)'는 '괴아(怪訝)'의 오기(誤記)이므로 바로잡았다.

434) 공도회 : 공도회(公都會)는 각도의 감사 및 개성·강화의 유수(留守) 등이 관내의

답하시기를, "요즘 향시(鄕試)의 시관 가운데는 안목이 낮은 사람들이 많습니다. 참으로 문과 출신과 음사(蔭仕) 출신에 구애되지 않고 시를 보는 눈이 밝은 사람을 택하신다면, 저 역시 어찌 뜻이 전혀 없기야 하겠습니까?"라고 하셨다. 음관(蔭官)인 원중거[435]가 문장이 세상에서 보기 드문 것을 가리키신 것이다. 심이지가 헤어질 때 다시 말했다. "매우 섭섭합니다. 그저 관풍루[436]에서 다시 만날 수 있길 바랍니다." 이는 내가 어렸을 때 곁에서 모시면서 보고 들은 일이다.

先考平生自守介潔, 跡不到貴游之門. 友人盧上舍命欽來言曰: "吾主人洪相國鳳漢聞子名聲, 要我紹介, 願子爲我遇洪相國." 對曰: "彼爲一國首相, 我乃草野寒士, 雲泥路懸, 吾不願從彼遊." 遂辭之, 盧以是傳于洪, 洪曰: "當今之世, 士之不欲交我者, 高則高矣, 其於老死岩穴, 何?" 沈判書頤之, 爲忠淸監司, 巡過門前, 問前陪曰: "柳某家何在?" 裨將金

유생을 대상으로 시행한 소과(小科) 초시(初試)를 말한다. 보통 6개월마다 교생(校生)을 선발하여 한곳에 모아 놓고 문관(文官) 3명을 파견하여 강론(講論)이나 제술(製述) 등을 실시한 뒤에 성적이 우수한 자를 계문(啓聞)하여 복시(覆試)에 응시할 자격을 부여하였다.

435) 원중거 : 원중거(元重擧, 1719~1790)의 본관은 원주(原州), 자는 자재(子才), 호는 현천(玄川)·손암(遜菴)·물천(勿川)이다. 그는 1750년(영조 26)에 생원이 되었으나, 10여 년간 실직(實職)을 제수 받지 못하다가 40세가 넘어서야 장흥고봉사(長興庫奉事)라는 종8품에 보임되었다. 이후 1763년(영조 39)에 계미통신사의 서기로 사행을 다녀왔고, 송라도찰방(松羅道察訪)·장원서주부(掌苑署主簿)를 지냈다. 이덕무(李德懋)·성대중(成大中)·박제가(朴齊家)·유득공(柳得恭)·홍대용(洪大容)·황윤석(黃胤錫)·남공철(南公轍) 등과 교유하였으며, 『해동읍지(海東邑誌)』의 편찬에 참여하였고, 1780년 6월 목천현감에 제수되어, 같은 해 12월까지 재임했다. 권1에 실린 <증별원사군중거자재체귀(贈別元使君重擧子才遞歸)>는 1780년 원중거가 목천현감을 그만두고 돌아갈 때 유진한이 작별을 아쉬워하며 지은 시이다.

436) 관풍루 : 관풍루(觀風樓)는 관아의 기둥에 붙였던 주련(柱聯)에 "백성들의 풍속을 살펴 규찰하고, 풍교(風敎)를 받들어 백성을 교화한다[觀風察俗, 承流宣化]"라고 썼던 데서 온 말이다. 여기서는 감시(監試)를 치를 관아를 가리킨다.

時元答曰: "在此路邊." 遂屈駕而訪, 先人出門迎曰: "相公卽一道方伯, 平生無半面之雅, 何爲而辱臨乎?" 曰: "飫聞高名, 如卷中人, 欲一識面者, 久矣. 今過此門前, 故敢溷席, 末古之人, 有先問徐孺子之居者, 無相怪訝." 乃曰: "今春又見屈會圍, 國人皆嗟惜, 見公年貌不甚衰, 想不必廢擧." 曰: "平生志業, 老婦之舞, 恐不免矣." 復問曰: "欲觀公都會否?" 對曰: "近來都會試官多肉眼. 苟不拘文蔭, 擇詩鑑之明, 生亦豈全然無意乎?" 蓋指蔭官元重擧, 文章罕世也. 洎臨別, 復曰: "悵甚, 只願再逢於觀風之樓." 余童子時, 傍侍覩聞.

【19】

선친은 성품이 고결하여 남을 찾아가는 것을 좋아하지 않으셨다. 판서 윤급[437]은 돌아가신 할머니의 가까운 친척이었다. 일찍이 할아버지의 명에 따라 찾아뵈었더니,[438] 윤판서가 한번 보자마자 기특히 여겨 사랑하였으나 역시 계속 가 뵙지는 않으셨다. 헌납 이종영,[439] 참판 이방영[440]은 가까운 친척인데, 어릴 적에 잠시 우리 집에 머물렀다. 돌아가신 할머니께서 보살피고 사랑하셔서 몸소 머리를 빗겨 주시

---

437) 윤급 : 윤급(尹汲, 1697~1770)의 본관은 해평(海平), 자는 경유(景孺), 호는 근암(近庵), 시호는 문정(文貞)이다. 판서 윤계(尹堦, 1622~1692)의 손자이며, 황해도 관찰사 윤세수(尹世綏, 1658~1714)의 아들로, 영의정 윤두수(尹斗壽, 1533~1601)의 5대손이다.

438) 찾아뵈었더니 : 『연보』에는 유진한이 24세이던 1735년(영조 11)의 일이라고 하였다.

439) 이종영 : 이종영(李宗榮, 1723~1781)의 본관은 전주(全州), 자는 인길(仁吉), 호는 청탄(聽灘)이다. 1759년(영조 35)에 동생 이방영(李邦榮)과 함께 문과에 급제했다. 관직은 사헌부 집의를 지냈고, 예조참판에 추증되었다.

440) 이방영 : 이방영(李邦榮, 1725~1802)의 본관은 전주(全州), 자는 군경(君慶), 호는 양한재(養閑齋)이며, 이종영(李宗榮)의 동생이다. 1759년(영조 35) 식년문과에 급제하여 예조참판을 지냈다.

고 목욕시켜 주셨으며, 선친은 가르쳐 주시고 형제처럼 귀여워하셨다. 선친이 만년에 회시를 보실 적에 여러 번 이참판댁에 가셨는데, 그 집안에서 친형처럼 공경하여 대접하였다. 그 조카인 판서 이정운[441] · 이익운[442], 정랑 한덕후[443]도 모두 존경하여 손수 과거 시험지를 만들어 드리기까지 했으나 일찍이 그 집에 가서 사례하신 적이 없으셨다.

先人性品高潔, 不喜叅尋. 尹判書汲卽先祖妣近戚也, 嘗以親教往拜, 尹一見奇愛之, 亦未嘗源源往拜. 李獻納宗榮, 李叅判邦榮, 以近戚, 兒時住接于余家, 先祖妣撫愛之, 親加梳沐, 先人教誨之, 憐若兄弟. 先人晩年會試時, 屢往于李叅判家, 其家敬待之如親哥哥. 其甥侄李判書鼎運 · 益運 · 韓正郎德厚, 亦皆敬重之, 至於手自裁試紙, 而亦未嘗往謝其家.

【20】

선친이 일찍이 말씀하셨다. "내가 젊었을 때 과거시험장에서는 일찍 내려고 다투는 습속이 없었고, 글제가 나온 후에는 꼼꼼하게 글제의 뜻을 생각하여 국면을 짰단다. 사람마다 모두 각자 재주를 다하느

---

441) 이정운 : 이정운(李鼎運, 1743~1800)의 본관은 연안(延安), 자는 공저(共著), 호는 오사(五沙)이며, 시호는 정민(貞敏)이다. 1769년(영조 45) 정시문과(庭試文科)에 급제하여, 검열·정언·지평 등을 거쳐 1781년(정조 5) 홍충도(洪忠道) 암행어사가 되었고, 1784년 서장관으로서 사은사(謝恩使) 박명원(朴明源) 등과 함께 청나라에 다녀왔다. 그 뒤 승지 등을 지내다가, 충청도 관찰사·함경도 관찰사를 거쳐 1800년(순조 즉위년) 형조판서가 되었다. 문명이 뛰어났다.

442) 이익운 : 이익운(李益運, 1748~1817)의 본관은 연안(延安), 자는 계수(季受), 호는 학록(鶴麓)이며, 시호는 정숙(靖肅)이다. 채제공(蔡濟恭, 1720~1799)의 문인으로, 1774년(영조 50) 식년문과에 급제하여 정언·승지 등을 거쳐, 예조판서를 지냈다.

443) 한덕후 : 한덕후(韓德厚, 1735~?)의 본관은 청주(淸州), 자는 근지(謹之), 호는 호암(湖庵)이며, 아버지는 한종호(韓宗浩, 1707~1795)이다. 1767년(영조 43) 정시문과(庭試文科)에 급제하여, 사간원 헌납·사헌부 집의·의주부윤·승지를 역임했다.

라 날이 저물어 불을 밝히는 것에 구애되지 않았어. 그래서 답안지를 낸 후에는 과장(科場)에 있던 사람 모두가 입에서 입으로 전해가며 외우면서 논평을 했지. '아무개가 장원이 되어야 마땅하고, 아무개는 2등·3등이 될 것이며, 아무개는 뜻대로 되지 않아 낙방하겠군.' 방이 나붙은 후에 보면 크게 다르지 않았느니라. 지금은 잠깐 사이에 답안지를 내버리고는 좋고 나쁜 걸 따지지도 않고, 그저 일찍 내는 걸 재주 있는 거라고 생각들 하지. 시험관의 눈은 고깃덩이라더냐, 뭐에 씌였다더냐? 게다가 세월이 흐를수록 폐해는 더 심해져서 청탁(請託)이 구름 모이듯 하고, 뇌물이 공공연히 행해지니, 말세의 과장(科場)은 불행함이 너무도 심하도다."

先考嘗言, 吾少時科場無早呈爭先習, 題出後, 細思題意, 局面排鋪. 人人俱各盡其才, 不拘日暮擧燭. 故納卷之後, 滿場皆傳誦評論曰: '某也當爲壯元, 某也當參第二第三, 某也失旨當屈.' 榜出後, 不甚相左. 今則片時納卷, 不論精麤, 只取早呈爲實才. 主司之眼, 肉也, 蠟也? 又世愈降而弊愈甚, 請囑雲集, 賄賂公行, 季世科場, 不幸極甚矣!

【21】

선친은 고을에서 존중을 받았으므로 비록 연배가 서로 비슷하더라도 서로 공경하였다. 선비 변지집은 수암(遂庵) 권상하[444]의 문인이었

444) 권상하 : 권상하(權尙夏, 1641~1721)의 본관은 안동(安東), 자는 치도(致道), 호는 수암(遂菴)·한수재(寒水齋), 시호는 문순(文純)이다. 집의 권격(權格)의 아들로, 송준길(宋浚吉)·송시열(宋時烈)의 문인이다. 송시열의 유언에 따라 충북 괴산 화양동(華陽洞)에 만동묘(萬東廟)를 세워 명나라 신종(神宗)과 의종(毅宗)을 제향하였다. 1703년 찬선(贊善)·진선(進善)·대사헌·이조판서·좌찬성·우의정·좌의정·판중추부사에 임명되었으나 사직소를 올려 나가지 않고 학문에만

는데, 희끗희끗한 머리에 야윈 얼굴로 지팡이를 짚고 와서 선친과 서로 절을 하였다. 서산군수를 지낸 김도혁[445]은 한 살 차이였지만 선친을 뵐 때마다 꼭 절을 했으며, 인척이 되자 반드시 형님이라고 불렀고, 일이 있으면 꼭 상의하여 동성(同姓) 가까운 친척 같았다. 그 동생인 온성부사 김도환[446]도 마찬가지였다. 선친이 팔십 세 때, 가래가 끓어 숨이 차고 몸이 쇠약해져서 숨이 끊어질 지경이셨는데, 온성부사 김공이 병문안을 오자 선친께서 처연하게 말씀하셨다. "그대가 곧 서울에 간다고 하니, 군경(君慶)을 보게 되면, 내가 유학[447]으로 늙어죽노라고 말해주게." 이튿날 세상을 떠나시니, 과장에서 원통함이 쌓여 돌아가실 즈음에 하신 말씀이 사람들을 눈물짓게 하였다. 군경은 참판 이방영[448]의 자(字)인데, 온성부사 김공과 같은 정척(情戚)이었기 때문이다.

先考見重於鄕黨, 雖年輩相等, 莫不相敬. 卞斯文至緝, 權遂庵之門弟, 白髮蒼顔, 杖屨而來, 與余先人相爲拜禮. 金瑞山道爀, 年差一歲, 每見先人, 必拜之, 修戚誼, 必稱兄主, 凡有事, 必相議, 如同姓至親. 其季金穩城道煥, 亦如此. 先考年八十, 以痰喘澌敗, 氣息將絶, 金穩城來候,

---

몰두했다. 청풍의 황강서원(黃岡書院) 등 10여 곳에 제향되었고, 저서로는 『한수재집(寒水齋集)』·『삼서집의(三書輯疑)』 등이 있다.

445) 김도혁 : 김도혁(金道爀, 1713~1784)의 본관은 강릉(江陵)이며, 원래 이름은 정룡(廷龍)이고, 자는 사장(士章)이다. 익위사세마(翊衛司洗馬) 김만중(金萬重, 1608~1676)의 현손(玄孫)이며, 무겸선전관(武兼宣傳官) 김성구(金聖耉, 1690~1749)의 큰아들이다. 대정현감(大靜縣監)·안의첨사(安義僉使)·진주영장(晋州營將)·서산군수(瑞山郡守)를 지냈다. 1819년(순조 19)에 내려진 효자 정려가 현재 천안시 병천면 도원리(桃源里)에 있다. 『대록지(大麓誌)』「효자(孝子)」조에 실려 있고, <구암전설(口岩傳說)>에도 등장하는 인물이다.

446) 김도환 : 김도환(金道煥, 1724~1793)에 대해서는 앞의 주) 59 참조.

447) 유학 : 유학(幼學)은 벼슬하지 않은 일반 유생(儒生)을 뜻한다.

448) 이방영 : 이방영(李邦榮, 1725~1802)에 대해서는 앞의 주) 440 참조.

先考悽然謂曰: "君方往京城云, 若見君慶, 言我幼學而老死." 翌日下世, 其積冤於科場, 臨沒之言, 令人下涕. 君慶參判李邦榮字也. 與金穩城同爲情戚故也.

【22】

선친께서 만년에 자만시[449]를 지으셨는데, 그 끝은 이렇다. "가련하다 시인의 뼈 청산의 무덤 되면, 원기 서려 봄바람에 풀도 나지 않으리라[自憐詩骨靑山塚, 冤氣春風草不生]." 원근에서 서로 전하여 읊으며 애석해 하였다. 진사 김종후가 그 시에 차운하여 지은 만사[450]에는, "사물도 사람의 근심 따라 생겨나니, 옛사람 무덤 위엔 계화가 피리라. 매옹은 시에다가 뭐라고 하셨던가, 원기 서려 봄바람에 풀도 나지 않으리라."라고 하였고, 진사 김훈의 만사[451]에는, "한평생 연(蓮)이 열매 못 맺었단 말 괴롭거늘, 무덤의 풀조차도 봄빛 아님을 차마 보랴."라고 하였으며, 신창현감을 지낸 남이범의 시[452]에는, "곤궁했든 영달했건 죽고 나면 다름없어, 학생의 무덤에도 풀은 역시 봄빛이리."라

---

449) 자만시 : 자만시(自輓詩)란 유진한이 1788년 가을에 지은 <괴산감시방후감음(槐山監試榜後感吟)>을 가리킨다.

450) 김종후가 …… 만사 : 앞의 권3 「만사(輓詞)」【十六】이다. 김종후(金宗厚, 1728~1793)에 대해서는 앞의 주) 86 참조.

451) 김훈의 만사 : 김훈(金塤, 1736~?)의 본관(本貫)은 안동(安東)이며, 유학(幼學) 김윤성(金允成)의 아들이다. 천안에 살았으며, 1773년(영조 49) 증광시(增廣試)에 진사가 되었다. 여기에 인용한 시는 앞의 권3 「만사(輓詞)」【十九】의 첫 번째 수의 경련(頸聯)이다.

452) 남이범의 시 : 남이범(南履範, 1743~?)은 세자시강원 보덕(輔德)을 지낸 남운로(南雲老)의 아들로 태어나 남태계(南泰堦)의 아들인 남기로(南綺老, 1723~?)의 양자가 되었다. 남태계는 남태기(南泰耆)의 동생이고, 남태회(南泰會)의 형이다. 1787년 신창현감을 지냈고, 고창현감·영암군수 등을 역임하고, 좌찬성에 추증되었다. 여기에 인용한 시는 앞의 권3 「만사(輓詞)」【二十六】의 두 번째 수 중 전구(轉句)와 결구(結句)이다.

고 하였고, 참판 김이희의 시[453]에는, "파수를 건너던 때 흘린 눈물 알겠어라, 묘지에 하염없이 저녁비가 내릴 적에."라고 하였다. 만사 수백 편이 모두 사람들의 눈물을 떨구게 하였다.

先考晩年有自挽詩, 尾曰: '自憐詩骨靑山塚, 寃氣春風草不生.' 遠近傳誦, 莫不嗟惜. 金進士宗厚, 次其韵爲輓曰: '物亦因人愁處生, 古人墳上桂花生, 梅翁詩上曾何語, 寃氣春風草不生.' 金進士埴輓曰: '苦說平生蓮未實, 忍看塋域草難春.' 南新昌履範詩曰: '窮達渾無身後異, 學生墳草亦能春.' 金叅判履禧詩曰: '聊知渡灞當年淚, 不盡荒原暮雨辰.' 諸輓詩數十百篇, 皆令人下淚.

【23】

선친의 삼년상을 치르는 동안[454]에 어떤 조정 관리가 빈소에 와서 매우 슬피 곡을 하고 내게 말했다. "상주는 저를 기억하지 못할 것이오. 저는 서울에 사는 세마(洗馬) 홍병용[455]이오. 어릴 적에 선대인께 수학했지요. 선대인의 바른 행실과 문장을 존경하고 복종하여, 그 후로 늘 마음에 새기고 있었습니다. 올 가을에 마침 영동(永同) 관아에서 노닐다가 며칠 전에 속리산에 유람하러 갔습니다. 문장대에 올랐다

---

453) 김이희의 시 : 김이희(金履禧, 1727~1797)의 본관은 안동(安東), 자는 치응(穉膺)이다. 문충공(文忠公) 김상용(金尙容, 1561~1637)의 6대손이며, 유진한과 함께 은석시사(銀石詩社) 활동을 한 김양행(金養行, 1707~1755)의 재종질(再從姪)이다. 김양행에 대해서는 앞의 주) 353 참조. 1759년(영조 35) 식년 문과에 급제하여 사헌부·사간원·홍문관의 청요직(淸要職)을 두루 거쳤다. 김해부사·성균관 대사성·사간원 대사간·사헌부 대사헌을 지냈다. 여기에 인용한 시는 앞의 권3 부록 「만사(輓詞)」【十五】의 미련(尾聯)이다.

454) 삼년상을 치르는 동안 : 「연보(年譜)」에는 1792년 가을의 일이라고 했다.

455) 홍병용 : 홍병용(洪秉容)의 본관은 남양(南陽)이며, 장악원(掌樂院) 주부(主簿)를 지낸 홍주영(洪疇泳)의 아들이다.

가 충청·경상도의 유람객들이 자기들끼리 말하는 것을 들었는데, '이 산이 삼남에서 가장 높은 봉우리지. 이름난 선비 중에 이 산만한 사람이 누굴까?'라고 하자, 다들 '목천의 유 아무개야말로 이 산만큼 이름이 높지. 다만 애석하게도 억울함을 품고 세상을 떠났지.'라고 말하더군요. 제가 놀랍고 슬퍼서 다시 물었더니, 여러 사람들이 '우리들도 이름을 들었을 뿐인데, 들리는 말에 세상을 떠난 지 벌써 일 년이 지났다고 합니다.'라고 하기에 속리산에서 바로 이곳으로 왔습니다. 삼십 년 전에 직접 가르침을 받았던지라, 이제 슬픔을 이길 수 없습니다."

先考喪三年之內, 有一朝官來哭於几筵甚哀, 謂余曰: "喪主必不記我, 我乃京居洪洗馬秉容也. 兒時受學于先丈, 敬服先丈之行誼文章, 自後心常銘佩矣. 今秋適遊永同官府, 日前遊俗離山, 登文壯臺, 聞湖嶺遊人自相語曰: '此山爲三南最高峰, 士之高名, 誰可與此山同者?' 皆曰: '木川柳某, 當與此山同高, 獨惜其寃屈卒.' 我驚怛而更詢, 則諸人曰: '吾等亦聞名而已, 傳言其別世已過朞矣.' 故我自俗離, 直來于此矣. 三十年前, 親承敎誨, 今不勝哀感云."

묘갈명 병서【墓碣銘 幷序】

만화당(晩華堂) 유공의 휘(諱)는 진한(振漢)이다. 팔십 년을 은거하며 의(義)를 행했으나 작록이 미치지 않았다. 그러나 사림이 그 사람됨을 기리고, 향리에선 그 덕에 복종하여, 오래되어도 사그라지지 않으니 어찌 공의 성덕이 사람을 깊이 감동시킨 것이 아니겠는가! 공의 육세손 제한(濟漢)[456]이 공의 가전(家傳)을 가지고 나[457]에게 묘도의 명(銘)을 써달라고 하기에 공경하여 받들어 읽어보았다.

공의 자는 중백(重伯)이고, 목천 만화리(萬花里)에서 자랐으므로 만화(晩華)를 그 당호(堂號)로 삼았다.[458] 그 선대는 고려조의 도첨의정승(都僉議政丞) 영밀공(英密公) 휘(諱) 청신(淸臣)[459]으로부터 비로소 현달하게 되었다. 2대를 지나 휘 탁(濯)[460]은 호가 성재(誠齋)인데, 공민

---

456) 육세손 제한(濟漢) : 유제한(柳濟漢, 1908~1998)의 자는 자경(子敬), 호는 정수재(正修齋)·덕천(悳川)이다. 그는 유진한의 장남인 유집(柳㙫, 1731~1791)의 5대손이며, 유봉석(柳鳳錫, 1876~1948)의 아들로, 조선어문학회 이사를 지냈다.

457) 나 : 유영선(柳永善, 1893~1961)의 본관은 고흥(高興), 자는 희경(禧卿), 호는 현곡(玄谷)으로, 전북 고창 출신이다. 전주 출신의 유학자 간재(艮齋) 전우(田愚, 1841~1922)의 제자로, 1924년 전우가 머물며 공부했던 곳(전북 고창군 고창읍 주곡리)에 현곡정사(玄谷精舍)를 건립했는데, 지금도 남아 있다. 문집으로 『현곡집(玄谷集)』이 있다.

458) 당호(堂號)로 삼았다 : 대본의 '顔其堂'에서 '안(顔)'은 '액(額)'의 잘못이므로 바로잡았다.

459) 청신(淸臣) : 유청신(柳淸臣, 1257~1329)의 원래 이름은 비(庇)이고, 호는 신암(信庵), 시호는 영밀(英密)이다. 1310년 도첨의정승(都僉議政丞)이 되고 고흥부원군(高興府院君)에 봉해졌다. 충남 천안시 광덕면 매당리에 사우(祠宇)인 충효사(忠孝祠)가 있다.

460) 탁(濯) : 유탁(柳濯, 1311~1371)의 자는 춘경(春卿), 호는 성재(誠齋), 시호는 충정(忠靖)이다. 유청신(柳淸臣)의 다섯째아들인 판밀직사사(判密直司事) 유유기(柳有奇)의 아들로, 도첨의정승(都僉議政丞)을 지냈고, 고흥부원군(高興

왕을 도와 일등 공훈으로 고흥부원군에 봉해졌고, 조선이 개국한 후 충정공(忠正公)이 추시(追諡)되었다. 또 그 아들 휘 습(濕)[461]은 예조전서(禮曹典書)를 거쳐 병조·형조·이조 삼조(三曹)의 전서(典書)를 역임하고, 세종조에 우군원수(右軍元帥)로서 대마도를 정벌하는 데 공을 세우고 병으로 치사했는데, 시호는 양정(襄靖)이다. 여러 대를 지나 휘 충관(忠寬)[462]은 승문원(承文院)에 뽑혔고, 사간원과 홍문관을 거쳤는데, 권흉(權凶)을 거슬러 외직에 보임되었다가 사간(司諫)에 올랐으며, 도승지에 추증되었고, 휘 탱(樘)[463]을 낳았다. 휘 탱은 주부(主簿)를 지냈고, 이조판서 흥영군(興瀛君)에 추증되었으며, 휘 몽표(夢彪)[464]를 낳았다. 휘 몽표는 부정(副正)을 지냈고, 영의정 흥성부원군(興城府院君)에 추증되었으며, 휘 활(活)[465]을 낳았다. 휘 활은 의정부검상(議政府儉詳)을 지낸 당시의 명신으로, 어우당(於于堂) 의정공(義貞公) 휘 몽인(夢寅)[466]의 조카이니, 공의 5대조이다. 증조의 휘는 비(芘)[467]이고, 호는

府院君)에 봉해졌다.

461) 습(濕) : 유습(柳濕, 1367~1439)은 유탁(柳濯)의 둘째아들로, 시호는 양정(襄靖)이다. 1419년 우군원수(右軍元帥)로 대마도 정벌에 공을 세운 후 벼슬을 그만두고 은거했다.

462) 충관(忠寬) : 유충관(柳忠寬, 1497~1539)의 자는 홍중(弘仲)이다. 유습(柳濕)의 현손(玄孫)이며, 군수(郡守) 유의(柳依, 1473~1529)의 아들로, 승문원박사(承文院博士)·평사(評事)·금산군수(錦山郡守)·사간(司諫)을 지냈고, 도승지에 추증되었다.

463) 탱(樘) : 유탱(柳樘, 1518~1567)의 자는 대지(大支)이다. 유충관(柳忠寬)의 아들로, 시흥도찰방(時興道察訪)·제용감주부(濟用監主簿)를 지냈고, 이조판서에 추증되었다.

464) 몽표(夢彪) : 유몽표(柳夢彪, 1543~1616)의 자는 응병(應炳)이다. 증 이조참판 유탱(柳樘, 1518~1567)의 둘째아들로, 선공감감역(繕工監監役) 유몽사(柳夢獅, 1538~1610)의 동생이며, 이조참판 유몽인(柳夢寅, 1559~1623)의 형이다.

465) 활(活) : 유활(柳活, 1576~1641)은 유몽표(柳夢彪)의 셋째아들이다. 앞의 주) 158 참조.

466) 몽인(夢寅) : 유몽인(柳夢寅, 1559~1623)에 대해서는 앞의 주) 89 참조.

매헌(梅軒)이며, 문학으로 세상에 이름을 날렸고, 좌승지에 추증되었다. 조부는 휘가 광천(光天)[468]이고, 호는 영주옹(瀛洲翁)이다. 인현왕후(仁顯王后)가 폐위되었을 때 포의(布衣)로서 상소에 앞장섰고, 후에 사마시에 입격했다. 아버지의 휘는 창(誯)[469]이며, 통덕랑으로, 호는 양덕재(養德齋)이다. 효행과 절의를 타고나서 아버지가 병들자 손가락의 피를 내어 수명을 연장시켰다. 어머니 전주이씨는 진사 시개(始開)[470]의 따님으로, 효행이 지극하고 현숙하였다.

공은 숙종 임진년(1712) 7월 1일에 태어났다. 총명함이 비길 데 없었고, 일찍부터 부친의 훈육을 받았다. 처음 배우기 시작할 때부터 과정을 엄히 세워 일 년 만에 『십구사략(十九史略)』과 『통감절요(通鑑節要)』 전부를 다 읽었다. 밤낮으로 읽고 외워 한시도 끊임이 없었으니, 그 학업에 전념하여 힘쓰기가 상투를 들보에 매달고 허벅지를 송곳으로 찌르면서까지 졸음을 쫓았던 옛사람[471]일지라도 이보다 더하지 않았다. 아침저녁으로 문안드리고, 겨울에는 따뜻하게 해드리고 여름에는 시원하게 해드렸으며, 새벽에 일어나 세수하고 양치하며 의대(衣帶)를 갖추는 것을 한결같이 『소학(小學)』에 따랐다. 열다섯 살이 되기 전에 문장을 닦았고, 경서와 사서, 백가서에 통달하였다. 십칠 세에

---

467) 비(芘) : 유비(柳芘, 1632~1711)의 자는 개세(蓋世), 호는 매헌(梅軒)이다. 의정부검상(議政府檢詳) 유활(柳活, 1576~1641)의 손자이며, 좌승지에 추증된 유지림(柳之霖, 1608~1671)의 장남으로, 좌승지에 추증되었다. 『대록지(大麓誌)』 「문예(文藝)」조에, 시에 뛰어나서 한유(韓愈)의 <남산시(南山詩)>에 화운(和韻)하여 읊은 칠언배율 160운이 당시에 널리 알려졌다고 하였다.

468) 광천(光天) : 유광천(柳光天, 1658~1733)에 대해서는 앞의 주) 242 참조.

469) 창(誯) : 유창(柳誯, 1689~1755)에 대해서는 앞의 주) 256 참조.

470) 시개(始開) : 이시개(李始開, 1652~?)에 대해서는 앞의 주) 243 참조.

471) 옛사람 : 전국시대(戰國時代)의 유세객(遊說客) 소진(蘇秦)을 가리킨다. 앞의 주) 329 참조.

산골짜기로 무신란(戊申亂)을 피할 때 영주공(瀛洲公)은 옛사람이 성이 포위되었을 때도 독서를 중단하지 않았던 일을 들어 단단히 경계하셨다. "이렇게 하는 것이 수신제가와 치국평천하의 근본이니라." 증조모 윤씨께서 공이 모시고 있을 때 일찍이 타이르셨다. "네 집안 선대 어른 중에는 세 분[472]이 호당에 들어가셨고, 일곱 분[473]이 홍문관에 들어가셨다. 내 친정에서는 삼대에 걸쳐 전랑(銓郞)이 나왔지. 너는 조상들을 생각하고 덕을 닦아서 낳아주신 분들을 욕되게 하지 말아야 한다." 공이 스스로 힘써 끝내 큰 선비가 되었으니, 여원명[474]이 '집안에 어진 아버지와 형이 없으면서도 성취할 수 있는 사람은 드물다.'[475]라고 한 말이 참으로 거짓이 아니다.

공은 본성이 어질고 후덕하며 청렴결백하여 다른 사람의 선악과 득실을 이야기하지 않았고, 봄볕 같은 화기가 가득하여 용모와 말 가운데 드러나서 자연히 고을의 어떤 사람도 감동시킬 수 있었다. 비록 허랑방탕하고 천한 무리라 해도 서로 말하기를, "유 아무개에게 배척

472) 세 분 : 호당(湖堂)에서 독서한 세 명은 유숙(柳潚, 1564~1636)·유활(柳活, 1576~1641)·유약(柳瀹, 1580~1623)이다. 유숙·유활은 유몽표(柳夢彪)의 아들이고, 유약은 유몽인(柳夢寅)의 아들이다.

473) 일곱 분 : 홍문관에 든 일곱 명은 유충관(柳忠寬, 1439~?)·유몽인(柳夢寅, 1559~1623)·유광(柳洸, 1562~1620)·유숙(柳潚, 1564~1636)·유역(柳湙, 1567~?)·유활(柳活, 1576~1641)·유약(柳瀹, 1580~1623)이다. 이 가운데 유광은 유탱(柳樘)의 장남인 유몽사(柳夢獅, 1538~1610)의 아들이고, 유역은 유탱의 차남인 유몽표(柳夢彪)의 아들이다.

474) 여원명 : 여원명(呂原明)은 송(宋)나라 철종(哲宗) 때의 학자이자 명신인 여희철(希哲)을 가리킨다. 원명(原明)은 그의 자(字)이고, 시호는 형공(滎公)이다.

475) 집안에 …… 드물다 : 『명심보감』 훈자편(訓子篇)에 "안으로는 어진 어버이와 형이 없고, 밖으로 엄한 스승과 벗이 없으면서 성공한 사람은 드물다[內無賢父兄, 外無嚴師友, 而能有成者, 鮮矣]"라고 한 데서 온 말이다. 여원명의 어머니인 노부인(魯夫人)은 자식을 엄하게 가르친 현모(賢母)로 이름났는데, 여기서는 조모 윤씨가 노부인 같은 현모(賢母)였다는 뜻이다.

을 당하면 이 세상에 살 수 없다."라고 하였다. 마을에 욕심 많은 농사꾼이 있어서 공의 밭을 침범하여 경작하였으므로 농사짓던 하인이 와서 아뢰자, 공이 웃으며 말했다. "옛적에 어떤 사람의 밭을 이웃 사람들이 점점 침범하여 조금도 남지 않게 되자, 그 사람이 농사짓던 노비를 시켜서 '우리 주인의 밭이 어디 가버렸나?' 하고 큰 소리로 외치게 했더니, 이웃들이 부끄러워서 경계를 측량하여 그 밭을 돌려주었느니라. 너도 조금도 남지 않을 때까지 기다렸다가 크게 한번 외치면 될 것이다." 집이 매우 가난하였으나 베푸는 데 인색하지 않았으므로 어떤 사람이 그 은혜를 칭송하기를, "나를 낳아주신 분은 부모지만, 나를 살게 해준 사람은 아무개 공이다."라고 하였다. 이는 그 음덕에 사람들이 복종한 일의 일단이다.

부모를 영화롭게 하려고 과거 공부를 하여 연이어 초시에 으뜸으로 뽑힌 적이 열 번이나 되었다. 그러나 편법으로 임금을 속이려 하지 않았으므로 끝내 시험관에게 뽑히지 못했으니, 운명이 아니었겠는가! 시명(詩名)이 세상에 진동했으니, 두보(杜甫)의 정률(正律)을 얻었고, 고을에서 글하는 선비들과 시사(詩社)를 만들어 수창(酬唱)하였다. 영회당[476]을 창건하여 학업에 힘쓰고 예절을 익히게 하였는데, 절목(節目)은 백록동규[477]를 따랐고, 책 만 권을 모아 후진을 길러내니 일대에서 모두 와서 성취한 사람이 많았다.

평소 성품이 깨끗하고 곧아서 스스로 행실을 삼가 권세가의 집에 발걸음하지 않았다. 당시 영의정이 사람을 시켜서 보자고 하였으나,

---

476) 영회당 : 현 충남 천안시 병천면 용두리에 영회당(英會堂) 터가 남아 있다. 『대록지(大麓誌)』「부 향숙(附·鄉塾)」에, 유진한·유광홍 등이 영회당을 세운 지 60년이 지난 1805년(순조 5)에 다시 건물을 중수했다는 기록이 전한다.

477) 백록동규 : '백록동서원학규(白鹿洞書院學規)'의 준말로, 주자(朱子)가 백록동서원을 복구하고 학생을 가르치면서 만든 규약을 말한다.

공이 사양하며 말했다. "저 사람은 한 나라의 으뜸가는 재상이고, 나는 초야의 한미한 선비요 청운(靑雲)과 진흙탕처럼 길이 현격하게 다르니, 나는 그 사람을 좇아 노닐고 싶지 않소." 그 재상이 미운 마음에 말하기를, "지금 세상 선비로서 나와 교분을 맺지 않겠다니, 뜻이 높긴 높군. 암혈(岩穴)에서 글만 읽다 늙어죽는다 한들 어쩌랴?"라고 했다고 한다. 판서 윤급(尹汲)은 공의 할머니의 가까운 친척이었지만, 일찍이 할아버지의 명을 받아 한 번 뵈었을 뿐이다. 이랬던 것이 끝내 과거에 급제하지 못하고 쌓아놓은 학식을 펼쳐보지 못한 까닭이었으나, 원망하거나 후회하는 마음이 없었다. 만년에 지은 시 가운데 자신의 만사(輓詞)에 "가련하다 시인의 뼈 청산의 무덤 되면, 원기 서려 봄바람에 풀도 나지 않으리라."라고 하자, 원근에서 서로 전하여 읊으며 애석해 하였다.

정조(正祖) 신해년(1791) 10월 2일에 세상을 떠났는데, 유고 십여 권이 집에 전해지며, 목천현 창평산[478] 선영 아래 묘천(卯阡)에 묻혔다. 친구들과 문하생 중 애도하는 글을 지은 사람이 수십 수백 명이었다. 배위(配位) 두 분이 있었다. 고령신씨(高靈申氏)는 왕(瀇)[479]의 따님으로 신묘년(1711)에 태어나서 신미년(1751) 11월 29일에 세상을 떠나 합장(合葬)되었는데, 아들 셋을 낳았다. 강릉김씨(江陵金氏)는 동지중추부사 일휘(日輝)[480]의 따님으로, 을묘년(1735)에 태어나 병진년

---

478) 창평산 : 창평(倉坪)은 충남 천안시 병천면 탑원리의 창뜰[창들]로, 앞으로 아우내[並川川]가 흐른다. 창평산은 병천면 용두리 만화마을 뒷산이다.

479) 왕 : 신왕(申瀇, 1673~1732)에 대해서는 앞의 주) 335 참조.

480) 일휘 : 대본에는 "일휘(日輝)"인데, 『강릉김씨한림공파대동보(江陵金氏翰林公派大同譜)』에는 김상균(金尙均, 1695~1782)으로 되어 있다. 김상균의 본관은 강릉(江陵), 자는 여휘(汝輝)이다. 그는 충무위부사직(忠武尉副司直) 김순(金珣)의 5대손으로, 수직(壽職)으로 첨지중추부사(僉知中樞府事)가 되었다.

(1796) 12월 1일에 세상을 떠났다. 묘는 창평의 갑좌(甲坐)에 있으며, 아들 둘을 낳았다.

장남 집(璂)[481]은 덕을 감추고 드러내지 않았으며, 둘째아들 력(瓅)[482]은 양자로 나갔다. 셋째 침(琛)[483]은 의(義)를 행하고 부모께 효도하며 형제간에 우애가 있었고, 넷째 림(琳)[484]과 다섯째 금(琹)[485]은 글로 세상에 이름났다. 장남의 계자(系子)인 영덕(榮德)[486]도 문장으로 대를 이었고, 딸들은 권엄[487]과 민항세[488]에게 시집갔다. 양자로 나간 둘째의 아들은 영복(榮復)[489]이고, 딸들은 심목영[490]과 정대주[491]에게 시집갔다. 셋째의 아들 영덕(榮德)은 큰집에 양자로 갔고, 영일(榮日)[492]은 사람들이 '백의처사(白衣處士)'라고 불렀으며, 영시(榮時)[493]

---

481) 집 : 유집(柳璂, 1731~1791)의 자는 맹윤(孟潤), 호는 신재(愼齋)이다.
482) 력 : 유력(柳瓅, 1741~1799)에 대해서는 앞의 주) 149 참조.
483) 침 : 유침(柳琛, 1744~1780)의 자는 맹헌(孟獻), 호는 청계(淸溪)이다.
484) 림 : 유림(柳琳, 1760~1827)의 자는 계헌(季獻), 호는 인당(忍堂)이다. 태어난 해를 「연보(年譜)」에는 1759년으로 적었는데, 여기서는 『고흥유씨세보(高興柳氏世譜)』에 따라 1760년(영조 경진)으로 표기했다. 유진한의 넷째아들인데, 그가 진흙 구덩이에 빠진 나무꾼 아이를 구해주었다는 소식을 듣고 유진한이 지은 시가 이 책 권1에 실린 <문림자출견초아복니구즉시부기감음(聞琳子出見樵兒伏泥溝卽時扶起感吟)>이다.
485) 금 : 유금(柳琹, 1771~1835)에 대해서는 앞의 주) 38 참조.
486) 영덕 : 유영덕(柳榮德, 1767~1832)의 자는 필수(必受), 호는 주암(周庵)이다. 그는 유진한의 셋째아들인 유침(柳琛, 1744~1780)의 장남으로 태어나, 백부인 유집(柳璂)의 계자(系子)가 되었다. 앞에 나온 유제한(柳濟漢, 1908~1998)의 고조부이다.
487) 권엄 : 권엄(權儼, 1763~?)에 대해서는 앞의 주) 276 참조.
488) 민항세 : 민항세(閔恒世)의 본관은 여흥(驪興)이며, 민사조(閔師祖)의 아들이다.
489) 영복 : 유영복(柳榮復, 1764~1801)의 자는 영지(榮之), 호는 극재(克齋)이다.
490) 심목영 : 심목영(沈穆永)의 본관은 청송(青松)이며, 진사 심화진(沈華鎭)의 아들이다.
491) 정대주 : 정대주(鄭大柱)의 본관은 연일(延日)이며, 부사(府使) 정응달(鄭凝達)의 아들이다.
492) 영일 : 유영일(柳榮日, 1770~1831)의 원래 이름은 영후(榮後), 자는 산립(山

는 양자로 갔다. 넷째의 아들은 영조(榮祖)[494] · 영교(榮敎)[495]이고, 딸은 김우성[496]에게 시집갔다. 다섯째의 아들 영무(榮茂)[497]는 성리학에 조예가 깊었고, 영재(榮栽)[498]는 양자로 나갔으며, 딸들은 이정운[499]과

立), 호는 백의(白衣)·태암(泰庵)·정평자(正平子)이다. 유진한의 셋째아들인 유침(柳琛, 1744~1780)의 둘째아들인데, 형과 동생이 모두 양자로 나갔다. 1860년(철종 11)에 민규(閔圭)가 유영일의 행장(行狀)을 지으면서 그의 충성심과 효행을 찬양하여 함께 지은 <충효가(忠孝歌)>라는 6연으로 된 경기체가(景幾體歌)가 전한다. 뒤에 실린 「연보(年譜)」의 1777년(정조 1)조와 1791년조에 그의 효행(孝行)에 대해 언급해 놓았다.

493) 영시 : 유영시(柳榮時, 1777~1830)의 원래 이름은 영래(榮來), 자는 태이(泰而), 호는 화계(花溪)이다. 유달한(柳達漢, 1725~1804)의 아들인 유각(柳珏, 1754~1775)의 계자(系子)가 되었다. 유달한은 유진한의 생가 조부 유광익(柳光翼)의 셋째아들인 유적(柳迪, 1700~1771)의 차남이다. 유영시가 양자로 가게 된 사연은 앞의 권3 「만사(輓詞)」【十二】의 셋째 수 참조.

494) 영조 : 유영조(柳榮祖, 1786~1837)의 자는 자구(子逑), 호는 경산(耕山)이다.

495) 영교 : 유영교(柳榮敎, 1803~1862)의 자는 경수(景修), 호는 초당재(草塘齋)이다.

496) 김우성 : 김우성(金禹性)의 본관은 청풍(淸風)이며, 수사(水使) 김규연(金圭淵)의 손자이고, 김동현(金東顯)의 아들이다.

497) 영무 : 유영무(柳榮茂, 1788~1871)의 자는 세현(世顯), 호는 팔일당(八一堂)·양파(陽坡)이다. 문집으로 『양파집(陽坡集)』을 남겼고, 가포(柯圃) 김지수(金芝秀, 1791~1856), 석남(石南) 한정이(韓正履, 1795~1857) 등과 함께 목천(木川) 8문장가로 꼽힌다. 아버지인 유금(柳琹, 1771~1835)과 함께 족조(族祖) 유몽인(柳夢寅)의 산일(散佚)된 글을 수집, 편차하여 1832년에 『어우집(於于集)』을 간행하였다. 『어우집』 후집(後集) 권6에 그가 쓴 「어우집후집후서(於于集後集後敍)」가 실려 있다.

498) 영재 : 유영재(柳榮栽, 1803~1849)의 자는 경현(景顯), 호는 서호(西湖)이다. 유진한의 다섯째아들 유금(柳琹, 1771~1835)의 둘째아들로 태어나, 유진한의 동생 유부한(柳扶漢, 1727~1780)의 장남인 유박(柳璞, 1753~1793)의 계자(系子)가 되었다.

499) 이정운 : 이정운(李正運, 1797~1853)의 본관은 청주(淸州), 자는 치형(穉亨), 호는 학청(學淸)이다. 돈녕부정(敦寧府正)을 지낸 이후인(李厚寅, 1665~1737)의 5대손이며, 이담(李紞, 1762~?)의 아들이다. 대본에는 이정운(李鼎運), 『고흥유씨세보(高興柳氏世譜)』에는 이정운(李貞運)이라고 하였으나, 『청주이씨대동보(淸州李氏大同譜)』에 따라 바로잡았다.

이항연[500]에게 시집갔다. 증손과 현손부터는 세대가 내려갈수록 더욱 창성하였으니, 선조가 쌓은 복덕이 다하지 않은 것이다.

아! 과거(科擧)의 폐단은 오래 전부터 있었던 일이니, 세상의 재주 있는 사람이 어찌 한할 바이겠는가! 그러나 과거가 아니면 도를 행할 위치에 나아갈 길이 없다. 그래서 한평생 몰두해도 끝내 안 되는 데도 열중하는 사람이 많은 것이다. 이것이 세상의 도가 날이 갈수록 떨어지고, 시속(時俗)에 숭상하는 것은 더욱 구차해지는 까닭이다.

공은 충의(忠義)를 행하고 문학하는 집안에 태어나서, 그 덕은 성군을 보필할 만했고, 그 문장은 임금의 계책을 빛내기에 족했다. 그러나 때를 얻지 못했기에, 세 번이나 천거[501]를 받았지만, 역시 성은을 입지 못했다. 결국 험한 바위틈에서 배고픔을 참으며 포의(布衣)로 늙어, 백성들에게 덕택이 미치게 하지 못하고, 홀로 자신의 몸을 닦아 선하게 하였다. 이것이 저 하늘에서 운명을 주관하는 신이 가장 한스러운 까닭이다. 다만 아름다운 명성에 사람들이 감복하여 후세에도 없어지지 않으리니, 맹자가 군자의 본성이 정해져 있다[502]고 한 것은 아마도 공을 두고 이른 말일 것이다. 아! 위대하도다. 명(銘)은 이러하다.

---

500) 이항연 : 이항연(李恒淵)의 본관은 전주(全州)이며, 이의호(李義浩)의 아들이다.

501) 천거 : 원문의 천섬(薦剡)은 지방 수령 등이 그 고을의 유능하고 평판 좋은 유생(儒生) 등을 중앙에 천거했던 향천(鄕薦)을 뜻한다. 「연보(年譜)」에 55세이던 1766년(영조 42), 62세이던 1773년(영조 49), 68세이던 1779년(정조 3) 세 번에 걸쳐 향천에 이름이 올랐다고 하였다.

502) 군자의 본성이 정해져 있다 : 『맹자(孟子)』「진심 상(盡心·上)」에 "군자의 본성은 크게 뜻을 펴더라도 더 보태지지 않고, 비록 곤궁하게 살더라도 줄어들지 않으니, 그 분수가 정해져 있기 때문이다[君子所性, 雖大行不加焉, 雖窮居不損焉, 分定故也]"라고 한 것을 말한다.

배움에 싫증내지 아니하고 가르침에 게으르지 않았네.
곤궁해도 줄어들지 아니하고
크게 뜻을 펴도 더해지지 아니함은
옛 성현이 남기신 지극한 가르침이라.
공의 문장과 품행은 집안 명성을 이을 만했으니
아 한때 뜻을 못 폈어도 그 이름 천추에 꽃다워라
나는 감히 그 득실이 어떤 줄 모르겠네.

신사년(1941) 7월에 족손 영선[503]이 삼가 짓다

墓碣銘 幷序

晚華堂柳公諱振漢. 隱居行義八十年, 爵祿不及門. 而士林頌其人, 鄕里服其德, 久猶不衰, 豈非公盛德之感人深者歟! 公之六世孫濟漢, 抱公家傳, 要永善銘其墓道, 敬受而讀之. 公字重伯, 生長木川之萬花里, 因以晚華額其堂. 其先自麗朝都僉議政丞英密公諱淸臣始顯. 再傳諱濯, 號誠齋, 相恭愍, 勳一等, 封高興府院君, 國朝追諡忠正公. 又其子諱濕, 禮曹典書, 轉兵刑吏三曹, 世宗朝以右軍元帥, 東征樹勳, 仍謝病致仕, 諡襄靖公. 累傳至諱忠寬, 選槐院, 歷薇院玉堂, 忤權凶補外, 陞司諫, 贈都承旨, 生諱榿, 主簿, 贈吏判興瀛君, 生諱夢彪, 副正, 贈領議政興城府院君, 生諱活, 議政府儉詳, 爲時名臣, 寔於于堂義貞公諱夢寅之從子, 而於公爲五世祖也. 曾祖諱芘, 號梅軒, 文學鳴世, 贈左承旨. 祖諱

503) 족손 영선 : 유영선(柳永善, 1893~1961)에 대해서는 앞의 주) 457 참조.

光天, 號瀛洲翁. 仁顯后遜位, 布衣倡疏, 後中司馬. 考諱詔, 通德郎, 號養德齋. 孝義天植, 父病血指延壽. 妣李氏出璿源, 進士始開女, 孝謹賢淑. 公以肅宗壬辰七月一日生. 聰明絶倫, 早襲庭訓. 始學嚴立程課, 周朞盡讀十九史, 少微通鑑全部, 晝讀夜誦, 無或一時間斷, 其攻苦專篤, 雖古人懸髮刺股, 無以過之. 定省溫凊, 盥漱衣帶, 一依小學. 成童前, 業文章, 通經史百家書. 十七歲避戊申亂于山谷, 瀛洲公擧古人圍城中不廢讀書, 而申戒曰: "此爲修齊治平之本." 曾王妣尹氏, 公逮顔侍奉而嘗有訓曰: "汝家先世三湖七玉署, 吾親家三世銓郎. 汝宜念祖修德, 毋忝所生也." 公遂激勵自勗, 卒成大儒, 呂原明所謂'內無賢父兄, 而能有成者, 鮮矣.' 信不誣也. 公素性仁厚廉潔, 不言人臧否得失, 而其藹然春和之氣, 動於容貌辭氣之間, 自能感動底人鄕中. 雖浮浪賤隷輩, 相言見斥於柳某者, 不可容於此世. 洞有頑氓, 割耕公田, 耕奴來報, 公笑曰: "昔有人田, 四鄰耕犂, 漸割無餘, 其人使耕奴高叫曰: '吾主之田, 何去耶?' 四鄰含愧, 量界而復其田. 汝亦待其無餘, 高叫一聲, 足矣." 家甚窶而施不吝, 有人頌惠者曰: "生我者父母, 活我者某公也." 此其陰德服人之一端也. 爲榮親業公車, 連魁監試, 至于十次, 不欲曲逕欺君, 終不售于有司, 無奈命也! 詩名動一世, 得老杜正律, 與鄕黨文學之士, 結詩社唱酬. 刱建英會堂, 隷業講禮, 節目依白鹿洞規, 貯書萬軸, 獎育後進, 一方畢至, 多所成就. 平生介潔, 自守跡不到權豪家. 當時首相, 使人要見, 公謝曰: "彼爲一國上相, 我乃草野寒士, 雲泥路懸, 吾不欲從之遊也." 厥相遂含嫌曰: "當今之士, 不欲交我者, 高則高矣. 奈老死岩穴何?" 云. 如尹判書汲, 公祖妣近戚, 嘗以親命一拜而已. 此所以終其身見屈而未得展布所蘊也, 然亦無怨悔意. 晚年有詩自輓曰: '自憐詩骨青山塚, 寃氣春風草不生.' 遠近傳誦, 莫不嗟惜. 以正祖辛亥十月二日卒, 遺稿十數卷傳于家, 葬于縣之倉坪山先兆下卯阡. 知舊門生誄輓者十百人.

二配, 高靈申氏, 父瀇, 辛卯生, 辛未十一月二十九日卒, 合兆, 生三男. 江陵金氏, 父同樞日輝, 乙卯生, 丙辰十二月一日卒, 墓倉坪甲坐, 生二男. 璂隱德不沽, 瓅出后. 琛行義孝友, 琳·琹文學名世. 長房系子榮德, 亦文章克世, 女權儼·閔恒世. 過房男榮復, 女沈穆永·鄭大柱. 三房男榮德出, 榮日世稱白衣處士, 榮時出后. 四房男榮祖·榮敎, 女金禹性. 五房男榮茂精於理學, 榮栽出后, 女李正運·李恒淵. 曾玄以下, 世益昌熾, 餘慶未艾也. 噫! 科擧之弊, 久矣, 世之英才何恨! 而非科擧則無由進於行道之位. 故一生埋頭而竟不得, 則熱中者, 多矣. 此所以世道之日下而俗尙之益渝也. 公生于忠義文學之家, 其德可以輔佐聖主, 其文足以黼黻王猷. 而不得於時, 三登薦剡, 亦未蒙天恩. 竟使樂飢巖岩, 布衣終老, 澤不加於民, 而獨善其身. 此爲至憾於彼蒼之司命者也. 惟有令譽服人, 不朽來世, 鄒輿氏所謂'君子所性之分定'者, 殆公之謂也. 於乎偉哉! 銘曰,

學不厭而敎不倦兮
窮居不損
大行不加
先聖賢之遺至訓兮
公能績文素行而世其家
吁嗟屈于一時而名芳千春兮
吾不敢知其得失如何也

重光大荒落秋七月, 族後孫永善謹撰

연 보 【年譜】

선생의 휘(諱)는 진한(振漢)[초휘(初諱)는 정한(挺漢)이다]이고, 자는 중백(重伯)이다. 성은 유씨(柳氏)이며, 본관은 흥양(興陽: 지금의 고흥)이다.

先生諱振漢初諱挺漢, 字重伯, 姓柳氏, 系出興陽今高興.

1세, 1712년(숙종 38, 임진) 【壬辰 肅宗三十八年】

7월 1일(임오)에 공이 충청도 목천 이동면 만화동[504] 집에서 태어났다.

공의 고조부 승지공[505]이 한양에서 청주 사정리[506]로 이사했는데, 증조부 매헌공[507]이 목천 만종산(萬宗山) 아래 분토골[粉土谷]에 집을 짓고, 꽃과 나무를 심고는 이름을 '만화동(萬花洞)'이라 하고 대대로 살았다.

七月一日(壬午), 公生于忠淸道木川二東面萬花洞第.

公高祖承旨公, 自漢師, 移居于淸州沙汀里, 曾祖梅軒公卜築于木川萬宗山下粉土谷, 植樹栽花, 仍名萬花洞, 乃爲世居.

2세, 1713년(숙종 39, 계사) 【癸巳 公二歲】

3세, 1714년(숙종 40, 갑오) 【甲午 公三歲】

---

504) 만화동 : 옛 목천현(木川縣) 이원동면(二遠東面)에 속한 곳으로, 현 천안시 병천면 용두리 만화마을이다.

505) 승지공 : 유진한의 고조부인 유지림(柳之霖, 1608~1671)에 대해서는 앞의 주) 331 참조.

506) 사정리 : 옛 청주목(淸州牧) 사정리(沙汀里), 현재의 충북 청원군 옥산면 사정리이다.

507) 매헌공 : 유진한의 증조부 유비(柳芘, 1632~1711)에 대해서는 앞의 주) 467 참조.

4세, 1715년(숙종 41, 을미) 【乙未 公四歲】

할아버지 영주공[508]이 사마시에 입격하였다.

영주공은 타고나기를 침착하고 진중하였으며, 기상이 단정하고 엄숙하고, 풍채가 깔끔하고 아름다웠으며, 목소리는 큰 종소리 같았다. 평생 단정하게 앉아서 의관을 바르게 하였으므로 거처하는 집안이 관아처럼 엄숙했다. 경서와 사서로 마음을 가라앉히고 정신을 수양하며, 늘 말하기를, "학문이란 밖에서 구할 필요가 없다. 몸과 마음을 깨끗하게 하고 언행을 삼가는 데 있을 뿐이다."라고 하고, 일에 따라 잘 살펴서 힘써 행했다. 기사년(1689, 숙종 15)에는 의기를 떨쳐 직간(直諫)하는 상소를 올렸다. 이로부터 두문불출하며 고서를 두루 섭렵하여 손수 책으로 만든 것이 이백여 권이나 되었는데, 글자마다 주옥같아서 조금도 흐트러짐이 없었다. 갑술년(1694, 숙종 20)에 인현왕후가 복위되자 매우 기뻐하며 말하기를, "온갖 음기를 다 쓸어버렸으니, 우리의 도(道)가 다시 밝아지리라."라고 하고 드디어 과거에 응시하였는데, 이때에 와서 사마시에 입격한 것이다.

아버지 양덕공[509]이 문과 초시에 들었다.

공은 효성이 지극하고 우애가 깊었으며, 글을 잘 지었다. 평생 글을 읽어 경서에 밝고 행실이 반듯했는데, 부친이 병이 들자 손가락의 피를 흘려 넣어 회복되게 하였다.

---

508) 영주공 : 유진한의 조부 유광천(柳光天, 1658~1733)에 대해서는 앞의 주) 242 참조.

509) 양덕공(養德公) : 유진한의 부친 유창(柳諿, 1689~1755)에 대해서는 앞의 주) 256 참조.

王考瀛洲公中司馬.

瀛洲公天姿凝重, 氣宇端嚴, 風儀粹美, 聲如洪鍾. 平生端坐, 必飭冠帶, 所處堂舍, 肅如官府. 潛頤經史, 常曰: "學問不必外求, 惟在修飭身心動靜"云. 爲隨事, 精察而力行之. 及己巳, 奮義抗疏. 自此杜門鏟跡, 博涉古書, 手自成書者, 爲二百餘卷, 字字珠玉, 無少放意. 甲戌母后復位, 大喜曰: "掃盡群陰, 吾道復明矣." 遂赴擧, 至是中司馬也.

皇考養德公爲文科初試.

公篤孝友, 善文詞, 平生讀書, 經明行修, 父病斷指回春.

5세, 1716년(숙종 42, 병신) 【丙申 公五歲】

6세, 1717년(숙종 43, 정유) 【丁酉 公六歲】

공은 총명함이 남달랐는데, 일찍이 부친의 가르침을 받아 아침 저녁으로 문안드리고, 겨울에는 따뜻하게 해드리고, 여름에는 시원하게 해드렸으며, 새벽에 일어나 세수하고 양치하며 의관을 갖추는 것을 한결같이 『소학(小學)』대로 하였으므로 덕성은 마치 노련하고 숙성한 선비 같았다.

어머니 이부인은 진사 이시개[510]의 따님이며, 여흥민씨 부사 민성중[511]의 외손이다. 본가는 양녕대군의 자손이고, 외가는 여양부

510) 이시개 : 이시개(李始開, 1652~?)에 대해서는 앞의 주) 243 참조.

511) 민성중 : 민성중(閔誠重, 1632~1683)의 본관은 여흥(驪興), 자는 중사(仲思)이다. 1669년(현종 10) 무과에 급제하여 죽산부사(竹山府使)를 지냈다. 정랑(正郞) 민여준(閔汝俊, 1539~1599)의 증손이며, 직장(直長) 민근(閔根)의 양자인 민광윤(閔光尹)의 차남이다. 여양부원군(驪陽府院君) 민유중(閔維重)의 조부(祖父)인 민기(閔機, 1568~1641)는 민여준의 아들로 태어나 백부(伯父)인 민여건(閔汝健, 1538~1585)의 양자가 되었다. 민성중의 2남 3녀 중 장녀가 이시개(李始開)와 결혼하여 유진한의 어머니 전주이씨를 낳았다.

원군[512]의 집안이었으므로, 법도 있는 명문가에서 보고 들은 것이 모두 부모에게 효도하고 형제간에 우애하며 삼가고 조심하는 일이었다. 성품도 단아하고 깨끗하여 모든 품행이 보통사람보다 훨씬 뛰어났고, 경서와 사서에 해박했으며, 자녀를 정도(正道)로 가르쳤다. 기제(忌祭)를 지낼 때마다 재계[513]에 정성을 다하였다. 기일 사흘 전에는 반드시 사내종들을 시켜 우물을 손보게 하였고, 계집종들에게는 옷을 빨게 하였다. 기일 하루 전에는 남자들을 제사 지낼 정침(正寢)에 모여 향을 피우고 고요히 앉아 있게 하였다. 부인은 제수를 몸소 살피면서 추위와 더위를 꺼리지 않았는데, 팔순이 되어서도 늘 그렇게 했다.

公聰明絶倫, 早襲庭訓, 定省溫凊, 盥漱衣帶, 一依小學, 德性若老成.

母李夫人, 進士全州始開女, 府使驪興閔誠重外孫. 本宗爲讓寧至德之孫, 外黨乃驪陽府院君之宅, 名門法家, 耳濡目染者, 皆孝悌謹飭之事. 性又端潔, 凡百行檢, 逈出尋常, 博通經史, 敎子義方. 每當忌祀, 誠極致齊, 前期三日, 必命男僕, 修治泉井. 又使女婢, 澣濯衣服. 前期一日, 令男子聚于正寢, 焚香靜坐. 夫人親監庶羞, 不憚寒暑, 到八耋常然.

512) 여양부원군 : 여양부원군(驪陽府院君) 민유중(閔維重, 1630~1687)에 대해서는 앞의 주) 426 참조.

513) 재계 : 재계[致齊]는 『예기(禮記)』 「제의(祭儀)」에 “안으로 치재하고 밖으로 산재한다. …… 재계한 지 삼일 만에 마침내 재계하며 위하던 조상을 보게 된다[致齊於內, 散齊於外. …… 齊三日, 乃見其所爲齊者]”라고 한 데서 온 말이다. 『격몽요결(擊蒙要訣)』에는 시제(時祭)는 산재(散齊) 4일, 치재(致齊) 3일, 기제(忌祭)일 경우에는 산재(散齊) 2일, 치재(致齊)를 1일 한다고 하였다.

7세, 1718년(숙종 44, 무술) 【戊戌 公七歲】

8세, 1719년(숙종 45, 기해) 【己亥 公八歲】

할머니 윤씨 부인은 충의위(忠義衛) 징구(徵龜)의 따님으로, 부녀자의 범절이 일찍이 드러났다. 늘 공을 경계하시기를, "네 집안 선대 어른 중에는 세 분[514]이 호당(湖堂)에 들어가셨고, 일곱 분[515]이 홍문관에 들어가셨다. 사대부 집안의 후손이 학문을 하지 못한다면 조상을 크게 욕보이는 것이니라."라고 하였다. 힘써 타이르고 가르치시기를 늘 이와 같이 하였다.

祖母尹夫人忠義衛徵龜女, 閨範夙著, 常申戒公曰: "汝家先世三湖七玉署, 吾親家三世銓郎. 士夫家後人, 若不能學問, 則忝先極矣." 其孜孜訓誨, 每如此.

9세, 1720년(숙종 46, 경자) 【庚子 公九歲】

친조부 진사공[516]의 상을 당했다.

진사공은 체구가 크고 훤칠한 데다 단정하고 깨끗했다. 효성과 우애를 타고나서, 아침저녁 문안에 정성을 다했고, 부모님의 병이 위중해지자 두 번이나 손가락의 피를 흘려 넣어 두 차례를 회복하게 하여 수명을 육 년 연장하게 하였다. 부모의 상을 당해 여막(廬幕)에서 지낼 때에도 위기지학(爲己之學)을 오롯이 하였으니, 『소학』으로 스스로를 단속하였다. 『주역』을 사십 년 동안 읽어 성명(性命)의 근원을 추구하고 보양(保養)하였다. 사마시에 입격하였고,

---

514) 세 분 : 앞의 주) 472 참조.
515) 일곱 분 : 앞의 주) 473 참조.
516) 진사공 : 유진한의 생가 조부 유광익(柳光翼, 1661~1720)에 대해서는 앞의 주) 242 참조.

매부인 진사 남세강[517]과 연명으로 상소하여 대보단[518]을 세울 것을 청했는데, 상소가 간명하고 사욕이 없다고 하여 입시하여 포장(褒奬)을 받았다. 후에 호조참판에 추증되었다.

哭本生王考進士公.

進士公魁梧端潔, 孝愛天植, 定省惟勤, 父母病劇, 兩次斷指, 再度回春, 延六年壽. 及丁憂廬墓, 學專爲己, 以小學律身, 讀易四十年, 窮頤性命之源. 中司馬, 與妹夫南進士世綱聯疏, 請建大報壇, 以書疏精粹, 入侍蒙褒. 後贈戶曹參判.

10세, 1721년(경종 1, 신축) 【辛丑 公十歲】

11세, 1722년(경종 2, 임인) 【壬寅 公十一歲】

12세, 1723년(경종 3, 계미) 【癸卯 公十二歲】

7월 1일에 사문 김성집(金成集)을 스승으로 모시고 학업을 시작했다.

과정을 엄격하게 정하여, 일 년만에 『사략』·『통감절요』·『당음』과 이백·두보의 시와 『시경』「국풍(國風)」과 굴원의 「이소(離騷)」를 다 읽었다. 낮에는 책을 읽고 밤이면 외워 한시도 끊임이 없었다.

---

517) 남세강 : 남세강(南世綱, 1675~1757)의 본관은 의령(宜寧), 자는 지경(持卿)이다. 장흥고(長興庫) 직장(直長)을 지낸 남언필(南彦弼)의 아들로, 1699년(숙종 25) 증광시(增廣試)에 생원(生員)이 되었다. 권1의 <차남진사세강중뢰석운(次南進士世綱重牢席韻)>이 그와 관련된 시이다.

518) 대보단 : 1704년(숙종 30) 예조판서 민진후(閔鎭厚, 1659~1720)의 발의로, 임진왜란 때 조선에 원병을 보냈던 명나라 신종(神宗)의 은혜를 추모하기 위해 쌓은 제단(祭壇)이다. 명나라가 망한 후, 병자호란 때 당한 남한산성에서의 치욕을 씻기 위해 절치부심하면서 대명절의(大明節義)를 부르짖던 무렵 청나라에 불복한다는 뜻이 내포된 것이다.

七月一日, 邀金斯文成集爲師, 始學.

嚴立程課, 周朞盡讀史畧, 少微通鑑全部, 唐音李杜遺響風騷之詩, 晝讀夜誦, 無或一時間斷.

13세, 1724년(경종 4, 갑진)【甲辰 公十三歲】

독서하였다.

여름밤이면 늘 해질녘부터 『당음』 장편과 이백·두보 등 여러 사람들의 시를 외웠는데, 날이 새는 줄도 몰랐다. 늘 껍질을 벗긴 삼대를 화로에 넣어두었다가 의심나는 곳이 있으면 불을 입으로 불어 비춰보았다. 매번 뜰아래 우물가에서 쌀 이는 소리가 나는 걸 듣고서야 마을 아낙네들이 아침밥을 지으려는 줄 알고 비로소 선잠을 자다가 잠깐 사이에 날이 밝으면 다시 책을 폈다. 독실하게 학업에만 집중하였으니 상투를 들보에 매달고 허벅지를 송곳으로 찌르면서까지 졸음을 쫓았던 옛사람[519]일지라도 이보다 더하지 않았다.

讀書.

每夏夜, 則自黃昏誦唐音長篇李杜諸家詩, 不知夜之將曉. 常以痲骨揷爐中, 有疑處則吹火照之. 每聞庭下井欄有淅米聲, 知村婦將炊朝飯, 遂假寐, 霎時天明, 復開卷. 其攻苦專篤, 雖古人懸髮刺股, 無以過之.

519) 옛사람 : 전국시대(戰國時代)의 유세객(遊說客) 소진(蘇秦)을 가리킨다. 앞의 주) 329 참조.

14세, 1725년(영조 1, 을사) 【乙巳 公十四歲】

제자서를 읽었다.

讀諸子書.

15세, 1726년(영조 2, 병오) 【丙午 公十五歲】

진사 초시가 되었다.

문장으로 세상에 이름났다.

爲進士初試.

文章鳴于世.

16세, 1727년(영조 3, 정미) 【丁未 公十六歲】

동생 부한[520]이 태어났다.

弟扶漢生.

17세, 1728년(영조 4, 무신) 【戊申 公十七歲】

봄에 이인좌(李麟佐)의 난을 겪었다.

영주공[521]이 단단히 경계하였다. "난리 중일지라도 글 읽는 것을 중단하지 않아야만 수신제가와 치국평천하를 할 수 있느니라." 마침내 무드리[水入里] 장각골[長角洞]에 움막을 짓고 평상시처럼 책을 읽었다.[522]

520) 부한 : 유부한(柳扶漢, 1727~1780)의 자는 정구(鼎九), 호는 하곡(荷谷)이다. 『대록지(大麓誌)』에 풍도(風度)가 아름답고 기개가 있어 사우들이 귀하게 여겼다고 했다.

521) 영주공 : 유진한의 조부 유광천(柳光天, 1658~1733)에 대해서는 앞의 주) 242 참조.

522) 앞의 「행록(行錄)」【3】 참조.

12월 5일에 부인 고령신씨[523]와 혼인했다. 통덕랑 왕(濎)의 따님이다.

장인 신공(申公)이 공의 재주를 보려고 혼인 이튿날에 신방에서 책을 읽게 하였다. 신공과 부인은 대청에 앉아서 안석에 기대고 듣다가 매우 기뻐하며 말하기를, "신랑의 책 읽는 소리가 마치 옥을 깨치는 소리 같으니, 비록 순임금의 음악인 구소(九韶)라 해도 이보다는 낫지 못할 것이다."라고 하며 매우 아끼고 소중히 여겼다.

春, 遭李麟佐亂.

瀛洲公申戒曰: "雖亂離中, 不廢讀書, 然後可以修齊治平." 遂結幕于水入里長角洞, 課讀如平時.

十二月五日, 聘夫人申氏. 通德郞高靈濎女.

申公欲觀公才, 巹盃翌日, 令讀書于新房, 申公與夫人坐廳, 憑几而聽之, 甚喜曰: "新郞讀書, 如碎玉聲, 雖九韶之樂, 無以加此." 甚愛重之.

18세, 1729년(영조 5, 기유) 【己酉 公十八歲】

진사 초시가 되었다.

爲進士初試.

19세, 1730년(영조 6, 경술) 【庚戌 公十九歲】

은석사[524]에서 독서하였다.

讀書于銀石寺.

---

523) 고령신씨 : 유진한의 초취부인 고령신씨(高靈申氏, 1711~1751)는 증(贈) 통훈사복정(通訓司僕正) 신왕(申濎, 1673~1732)의 둘째 딸로, 아들 셋을 낳고 먼저 세상을 떠났다.

524) 은석사 : 앞의 주) 392 참조.

20세, 1731년(영조 7, 신해) 【辛亥 公二十歲】

생원 초시에 합격했다.

장남 집[525]이 태어났다.

爲生員初試.

長子㙫生.

21세, 1732년(영조 8, 임자) 【壬子 公二十一歲】

친조모 이씨 부인[526]의 상을 당했다.

부인은 부덕(婦德)이 일찍이 드러나 안채가 화목하고 편안하며 한가로웠다. 비록 하인들이라 해도 꾸짖고 나무라지 않았고, 담소하는 모습은 봄바람이 부는 듯했다. 후에 정부인(貞夫人)에 추증되었다.

哭本生祖母李夫人.

夫人婦德夙著, 閨壼之內, 和靜安閑. 雖婢僕不可譴責, 言談笑貌, 春風之像. 後贈貞夫人.

22세, 1733년(영조 9, 계축) 【癸丑 公二十二歲】

할아버지 영주공[527]의 상을 당했다.

哭瀛洲公.

---

525) 집 : 유집(柳㙫, 1731~1791)에 대해서는 앞의 주) 481 참조.

526) 이씨 부인 : 유광익(柳光翼, 1661~1720)의 부인 한산이씨(韓山李氏, 1662~1732)는 대사간을 지낸 이영진(李榮震, 1579~1674)의 손녀이며, 통덕랑 이태형(李泰馨, 1630~1693)의 딸로, 목은(牧隱) 이색(李穡)의 후손이다.

527) 영주공 : 유광천(柳光天, 1658~1733)에 대해서는 앞의 주) 242 참조.

23세, 1734년(영조 10, 갑인) 【甲寅 公二十三歲】

진사 초시에 합격했다.

청주 산동[528]에 임시로 거처하였다.

爲進士初試.

僑居淸州山東.

24세, 1735년(영조 11, 을묘) 【乙卯 公二十四歲】

부친의 명을 받들어 판서 윤급[529]에게 가 뵈었다.

윤공은 할머니의 가까운 친척이었는데, 한번 보자마자 기특하게 여겨 사랑하셨으나, 계속 가 뵙지는 않았다.

奉親命, 往拜尹判書汲.

尹公祖母近親也, 一見奇愛之, 而未嘗源源往拜.

25세, 1736년(영조 12, 병진) 【丙辰 公二十五歲】

26세, 1737년(영조 13, 정사) 【丁巳 公二十六歲】

진사 초시에 장원하였다.

爲進士初試壯元.

27세, 1738년(영조 14, 무오) 【戊午 公二十七歲】

---

528) 산동 : 산동(山東)은 상당산(上黨山, 419m)의 동쪽을 뜻하는데, 유진한의 처가인 고령신씨(高靈申氏)의 집성촌이 있었던 현재의 청원군 낭성면 관정리·추정리·호정리·귀래리와 청원군 미원면 등지를 일컫던 말이다. 유진한의 장인인 신왕(申瀇, 1673~1732)과 그 선대의 묘가 모두 미원면 용곡리에 있는 것으로 보아 미원면에 살았던 것으로 보인다. 당시 청주목(淸州牧)이었던 이곳에 머물면서 글공부를 한 듯하다.

529) 윤급 : 앞의 주) 437 참조.

28세, 1739년(영조 15, 기미)【己未 公二十八歲】

29세, 1740년(영조 16, 경신)【庚申 公二十九歲】

생원 초시에 장원하였다.

爲生員初試壯元.

30세, 1741년(영조 17, 신유)【辛酉 公三十歲】

겨울에 만화동으로 돌아왔다.[530]

둘째아들 력[531]이 태어났다.

후에 족숙 지한[532]의 양자로 갔다.

冬, 還晩華洞.

二子瓅生.

後出系于族叔祉漢.

31세, 1742년(영조 18, 임술)【壬戌 公三十一歲】

3월에 남포[533]의 외가에서 돌아왔다.

한낮에 천안에 도착했는데, 군수가 백일장을 열어 선비들을 시험보이는 것을 보았다. 시험이 거의 반 정도 지났는데도 들어가서 종이와 붓을 달라 하여 한달음에 써서 바쳤는데, 으뜸으로 뽑혔다.

---

530) 1734년부터 처가가 있는 청주(淸州) 산동(山東)에 머물며 공부하다가 이 때 돌아온 듯하다.

531) 력 : 유력(柳瓅, 1741~1799)에 대해서는 앞의 주) 149 참조.

532) 족숙 지한 : 유지한(柳祉漢, 1715~1777)의 자는 치도(致度)이다. 유진한의 5대조인 유활(柳活)의 종형(從兄) 유광(柳洸, 1562~1620)의 5대손이다. 유수(柳遂, 1685~1756)의 아들로 태어나 계부(季父)인 유운(柳運, 1704~1772)의 양자가 되었다. 유광은 유몽표(柳夢彪, 1543~1616)의 형 유몽사(柳夢獅, 1538~1610)의 장남으로, 전라도 고산현(高山縣: 현 전북 완주군 고산면 일대)에 살았다.

533) 남포 : 옛 남포현(藍浦縣)으로, 현 충남 보령시 남포면 일대이다.

합격자를 축하하는 잔치에 참석했더니, 그때 군수는 판서 남태기[534]였는데, 만화동 유진사의 손자라는 것을 알고는 매우 기뻐하며 말하기를, "유진사 형제분은 모두 내 선친의 벗들이시오. 시인 집안 손자의 재주가 또한 금세의 이태백이구려."라고 하고, 특별히 큰 술잔으로 권하며 말했다. "이건 호종례[535]가 아니라 친구를 만나는 예입니다." 그 아우인 판서 남태회[536]는 그때 한림이었는데, 마침 관아에 있다가 또 한 잔을 권하며 말했다. "이 잔은 교분을 맺는 예로 드립니다." 신창현감 윤우도 큰 잔으로 권하며 말하기를, "이게 바로 술로 벗을 사귀는 것이라오."라고 하였다. 서로 수작하다가 함께 관아에서 묵었다.

三月, 公自藍浦外家歸.

日午, 到天安, 見主倅設場試士. 幾至半場中, 乃入請紙筆, 一筆書呈, 居魁. 遂參呼鍾之宴, 主倅卽南判書泰耆也, 問知萬花柳進士之孫, 大喜曰: "柳進士兄弟, 皆吾先人之執友也, 詩家之孫才, 又今世之太白也." 別勸一大鍾曰: "此非呼鍾之禮, 乃友人相會禮也." 其弟判書泰會, 時以翰林, 適在衙中, 又勸一盃曰: "此乃納交禮也." 新昌倅尹公堣亦勸大盃曰: "此爲宴酒交朋也." 互相酬酌, 因與留宿于衙中.

32세, 1743년(영조 19, 계해) 【癸亥 公三十二歲】

천리 밖 선비들도 다투어 와서 배우고자 하였다.

일곱 고을에서 모두 모여들어 가숙(家塾)에 다 들일 수 없을 정

534) 남태기 : 남태기(南泰耆, 1699~1763)에 대해서는 앞의 주) 378 참조.
535) 호종례 : 호종례(呼鍾禮)에 대해서는 앞의 주) 377 참조.
536) 남태회 : 남태회(南泰會, 1706~1770)에 대해서는 앞의 주) 380 참조.

도였다.

千里雅士, 爭來願學.

七郡咸聚, 家塾不能容.

33세, 1744년(영조 20, 갑자) 【甲子 公三十三歲】

진사 초시에 장원했다.

셋째아들 침[537]이 태어났다.

공은 성품이 고결하여 남을 찾아가는 것을 좋아하지 않았다.

간혹 서울에 가게 되면 익산군수를 지낸 남태보, 판서 강세황, 최성대 · 박형윤 · 이기숭 등과 참판 이방영, 판서 이정운, 정랑 한덕후를 찾았을 뿐이다.[538]

爲進士初試壯元.

三子琛生.

公品性高潔, 不喜条尋.

或有戾洛, 惟尋南益山泰普 · 姜判書世晃 · 崔成大 · 朴亨潤 · 李基崇諸公及門人李參判邦榮 · 李判書鼎運 · 韓正郞德厚而已.

34세, 1745년(영조 21, 을축) 【乙丑 公三十四歲】

35세, 1746년(영조 22, 병인) 【丙寅 公三十五歲】

진사 초시에 장원하였다.

공과 재종조부 지와공 유광홍[539]과 사일암 김운재,[540] 국봉 남취홍[541]과

537) 침 : 유침(柳琛, 1744~1780)에 대해서는 앞의 주) 483 참조.

538) 자세한 내용과 여기에 열거한 인물들에 대해서는 앞의 「행록(行錄)」【11】·【19】참조.

539) 유광홍 : 유광홍(柳光興, 1694~1760)의 자는 홍보(興甫), 호는 지와(芝窩)이다. 유활(柳活)의 3남 2녀 가운데 둘째아들인 부사과(副司果) 유지목(柳之霂, 1614~?)의 손자이다. 유진한은 유활의 큰아들로 좌승지에 추증된 유지림(柳之

함께 영회당[542]을 수리봉 아래에 세워 학업에 힘쓰고 예절을 익히게 하였다.

절목(節目)은 백록동규[543]를 따랐고, 책 만 권을 모아 후진을 길러냈는데, 일대에서 모두 와서 성취한 사람이 많았다.

爲進士初試壯元.

公與再從大父芝窩公(光輿)·思一庵金公運載·菊峯南公就興創建英會堂于秀理峯下, 肄業講禮.

節目, 依白鹿洞規, 貯書萬卷, 獎育後進, 一方畢集, 多所成就.

36세, 1747년(영조 23, 정묘)【丁卯 公三十六歲】

37세, 1748년(영조 24, 무진)【戊辰 公三十七歲】

집안이 가난하여 늙으신 부모님의 끼니조차 이을 수 없었으므로 춘천 고란에 있는 논을 이백 냥에 팔려 하였다.

명문(明文)을 작성하려 하는데, 숙부인(淑夫人) 한씨(韓氏)의 묘를 보살피고 있던 족질(族姪) 형(珩)이 부탁했다. "제가 이 땅을 사고 싶은데, 전 재산이 백 냥도 되지 않습니다.[544] 나머지가 부족한데 어찌할까요?" 공이 말하기를, "자네가 우리 선산을 지켜주니 두터운 정분이 어디 천금밖에 안 되겠는가?"라고 하고, 바로 단 백 냥

霖, 1608~1671)의 현손이다.

540) 김운재 : 김운재(金運載, 1689~1756)의 본관은 안동(安東), 자는 백화(伯和), 호는 사일암(思一庵)이다. 그는 대제학을 지낸 김호(金昈, 1584~1631)의 증손으로, 외암(畏庵) 이식(李栻, 1659~1729)의 제자이다. 김운재의 고조부 김계종(金繼宗, 1556~1614)은 유진한의 5대조 유활(柳活)의 장인이다.

541) 남취흥 : 남취흥(南就興, 1718~1780)에 대해서는 앞의 주) 363 참조.

542) 영회당 : 영회당(英會堂)에 대해서는 앞의 주) 476 참조.

543) 백록동규 : 앞의 주) 477 참조.

544) 전재산이 …… 않습니다 : 대본에는 '全家産不遇百金'이라고 했는데, '우(遇)'는 '과(過)'의 잘못이므로 바로잡았다.

에 팔기로 하였다. 그 사람이 느껴 울며 말했다. "저를 낳은 분은 부모님이시지만, 저를 살리신 분은 돌아가신 숙부님[545]이십니다."

7월에 보령 영보정[546] 아래 배를 띄우고 놀았다.

시를 지었는데, 사람들이 입에서 입으로 전하며 외웠다.

家貧, 親老菽水難繼, 春川皐蘭水田, 欲賣以二百金.

將成文, 族姪珩方守護韓淑夫人墓, 乃請曰: "吾欲買此地, 而全家產不過百金, 其餘不足, 何?" 公曰: "君守護我先山, 情誼之篤, 不翅千金." 遂以單百兩而許之, 其人感泣曰: "生我者父母, 濟我者叔主也云."

秋七月, 夜泛舟遊於保寧永保亭下.

有詩, 傳誦于世.

38세, 1749년(영조 25, 기사)【己巳 公三十八歲】

소과 초시[547]에 장원하였다.

爲小科初試壯元.

39세, 1750년(영조 26, 경오)【庚午 公三十九歲】

무경 김중산[548]·국봉 남취홍[549]과 함께 은석사에서 노닐었다.

---

545) 숙부님 : 「행록(行錄)」【7】에 이 일이 자세히 나와 있는데, 앞에서는 화자(話者)가 유형(柳珩, 1748~1816)의 아버지이므로 '돌아가신 형님[先兄主]'이라 하였고, 여기서는 화자가 유형이므로 '숙부님[叔主]'이라고 한 것이다.

546) 영보정 : 영보정(永保亭)은 충청수영성(忠淸水營城: 현 충남 보령시 오천면 소성리) 안에 있던 정자이다. 영보정에 대해서는 권1의 주) 86 참조. 권1에 실린 <보령영보정하선유(保寧永保亭下舡遊)>가 이 때 지은 시이다.

547) 소과 초시 : 대본에는 '문과초시(文科初試)'라고 했으나, 유진한은 소과에도 입격하지 못했기 때문에 바로잡았다.

548) 김중산 : 김중산(金重山, 1707~1757)에 대해서는 앞의 주) 356 참조.

549) 남취흥 : 남취흥(南就興, 1718~1780)에 대해서는 앞의 주) 363 참조.

서로 수창한 연구(聯句) 80구[550]는 참으로 만고에 드문 시였다.

與金茂堈重山 · 南菊峯就興同遊銀石寺.

互相酬唱, 聯句八十句, 實爲萬古奇詩也.

40세, 1751년(영조 27, 신미) 【辛未 公四十歲】

부인 신씨의 상을 당했다.

부인은 인자하고 효행이 지극하여 규방이 화목하였으나, 불행히 일찍 세상을 떠났다.

哭夫人申氏.

夫人仁慈孝謹, 閨門雍睦, 不幸早世.

41세, 1752년(영조 28, 임신) 【壬申 公四十一歲】

진사 초시에 장원하였다.

爲進士初試壯元.

42세, 1753년(영조 29, 계유) 【癸酉 公四十二歲】

2월 19일에 재취부인 김씨에게 장가들었다.

동지중추부사 일휘(日輝)[551]의 따님이다.

4월에 속리산과 계룡산을 유람하고, 이어 남으로 호남을 유람하여 산천과 문물을 두루 보았다.

二月十九日, 再聘夫人金氏.

同中樞日輝女.

四月, 遊俗離山及鷄龍山, 因南遊湖南, 周觀山川文物.

---

550) 80구 : 권2에 실린 <은사연구(銀寺聯句)>(30구)·<우연구(又聯句)>(30구)·<우연구(又聯句)>(20구)를 가리킨다.

551) 일휘 : 앞의 주) 480 참조.

43세, 1754년(영조 30, 갑술) 【甲戌 公四十三歲】

봄에 집으로 돌아왔다.

〈춘향가〉를 지었다.

春, 還家.

作春香歌一篇.

44세, 1755년(영조 31, 을해) 【乙亥 公四十四歲】

7월 27일에 아버지 양덕공[552]의 상을 당했다.

七月二十七日, 丁養德公憂.

45세, 1756년(영조 32, 병자) 【丙子 公四十五歲】

시묘살이를 했다.

居廬.

46세, 1757년(영조 33, 정축) 【丁丑 公四十六歲】

9월에 탈상(脫喪)했다.

九月, 服闋.

47세, 1758년(영조 34, 무인) 【戊寅 公四十七歲】

고을의 글하는 선비들인 김양행 · 김중산 · 유후 · 권제성 · 황정 · 이세열[553] · 남취홍 · 종제 유철한 · 유도성 · 김원경 · 유도행[554] · 유도

552) 양덕공 : 유진한의 부친 유창(柳菖, 1689~1755)에 대해서는 앞의 주) 256 참조.

553) 이세열 : 대본의 이세희(李世熙)는 이세열(李世烈)의 오기(誤記)이므로 바로잡았다.

554) 유도행 : 유도행(柳道行, 1725~1789)의 본관은 문화(文化), 자는 광보(光甫), 호는 석계(石溪)이다. 『문화유씨세보(文化柳氏世譜)』에는 광의(匡誼)라는 이름으로 실려 있다. 부친 유온(柳溫, 1701~1756)은 원래 유도술(柳道述, 1724~1798)·유도천(柳道天, 1727~1818) 형제의 아버지인 유혼(柳混, 1693~

천 등 여러 사람들과 은산시사[555]를 결성하여 시문을 수창하니, 시풍이 크게 진작되었다.

與邑中文學之士金養行 · 金重山 · 柳湦 · 權悌性 · 黃棖 · 李世烈 · 南就興 · 從弟喆漢 · 柳道成 · 金遠慶 · 柳道行 · 柳道天諸公, 結銀山詩社, 以詩文相唱酬, 丕振詩風.

48세, 1759년(영조 35, 기묘) 【己卯 公四十八歲】

일곱 고을의 문사들과 흑성산 승천사(昇天寺)에 모여 두 무리로 나누어 승부를 겨루었다.[556]

산 동쪽은 공과 김중산 · 남취홍 · 유도천 · 이언각 · 김종후 등이 한편이 되었다. 산 서쪽은 조복경 · 이한일 · 홍천 · 홍기한 등이 한편이 되어, 기와 북을 크게 벌여놓고 시령(詩令)을 서로 높이니, 지난 백년 사이에 가장 멋스러운 일로 전해진다. 또 충청도내의 명사인 신광수 · 이현급 · 노명흠 · 채득순과는 나이가 서로 비슷하고 정도 두터웠다. 의기(意氣)를 서로 인정하였으므로 온 세상이 마치 은하수에 한 배를 타고 가는 것처럼 우러러 보았다.

넷째아들 림[557]이 태어났다.

1758)의 동생인데, 유응서(柳應瑞, 1680~1700)의 계자(系子)가 되었다. 김양행(金養行, 1707~1755) 이하 여기에 열거한 다른 인물들에 대해서는 앞의 주) 353~364 참조.

555) 은산시사 : 은석시사(銀石詩社)를 말한다. 앞의 「행록(行錄)」【10】 참조. 그러나 이 때 참석했다는 인물 가운데 김양행(金養行, 1707~1755)과 김중산(金重山, 1707~1757)은 이미 세상을 떠난 뒤였기 때문에 맞지 않는다. 아래 1759년조의 승천사(昇天寺)에서의 모임에 대한 기술도 역시 인명표기에 오류가 있거나, 시기를 잘못 밝힌 것이다.

556) 자세한 내용과 여기에 등장하는 인물에 대해서는 앞의 「행록(行錄)」【10】 참조.

557) 림 : 유림(柳琳, 1760~1827)에 대해서는 앞의 주) 484 참조.

與七邑文士數百人, 會黑城山昇天寺, 分兩隊, 較勝負.

山之東, 公及金重山·南就興·柳道天·李彦珏·金宗厚諸公爲一隊, 山之西, 趙復慶·李漢一·洪僖·洪箕漢諸公爲一隊, 大張鼓角, 以促詩令相高, 世傳以爲百年盛事. 又與道內名士申光洙·李賢汲·盧命欽·蔡得淳諸公, 年相若而情同篤. 意氣相許, 擧世仰之, 如霄漢同舟.

四子琳生.

49세, 1760년(영조 36, 경진)【庚辰 公四十九歲】

재종조부 지와공(芝窩公)[558]의 상을 당했다.

공은 효성으로 부모를 섬기고, 예로 몸을 지켰다. 아침저녁으로 사당에 참배하였는데, 늙어서도 그만두지 않았다. 역학(易學)에 조예가 깊었다. 시문을 잘 지었는데, 지은 글이 많아 사문(斯文)에 이바지하였다. 두 번 고을의 추천[州薦]을 받았고, 아홉 번 향시에 뽑혔다.

哭芝窩公.

公事親以孝, 守身以禮, 昕夕拜廟, 至老不廢. 深於易學, 且善詩文, 所著論多, 裨益斯文. 再登州薦, 九度鄕解.

50세, 1761년(영조 37, 신사)【辛巳 公五十歲】

상국(相國) 홍봉한이 상사(上舍) 노명흠을 시켜 보자고 하였다.[559]

공이 사양하며 말하기를, "그 사람은 한 나라의 으뜸가는 재상이고 나는 그저 초야의 한미한 선비일세. 청운(青雲)과 진흙탕처럼

---

558) 지와공 : 지와(芝窩) 유광홍(柳光興, 1694~1760)에 대해서는 앞의 주) 539 참조.
559) 자세한 내용과 여기에 등장하는 인물에 대해서는 앞의 「행록(行錄)」【18】 참조.

길이 현격하게 다르니, 나는 그 사람을 좇아 노닐고 싶지 않네."라고 하였다. 홍봉한이 노하여 말했다. "지금 세상 선비로서 나와 교분을 맺지 않겠다니, 뜻이 높긴 높군. 암혈(岩穴)에서 글만 읽다가 늙어죽는다 한들 어쩌겠나?"

洪相國鳳漢遣盧上舍命欽要見.

公謝曰: "彼爲一國首相, 我乃草野寒士, 雲泥路懸, 吾不欲從之遊也." 洪相遂含嫌曰: "當今之士, 不欲交我者, 高則高矣. 奈老死岩穴, 何云."

51세, 1762년(영조 38, 임오) 【壬午 公五十一歲】

진사 초시에 장원하였다.

爲進士初試壯元.

52세, 1763년(영조 39, 계미) 【癸未 公五十二歲】

이 때 『소학(小學)』을 배강(背講)하라는 영이 내렸다.560)

날짜가 매우 촉박하여 은석사(銀石寺)에 올라가 『소학』을 읽었는데, 팔일 만에 다 외우고 길을 떠났다. 한 곳에 머물던 이생(李生)은 한산(韓山) 사람이었는데, 혹시나 배강에 떨어질까 염려하여 부탁하였다. "제가 선생을 위해 하재(下齋)에서 강경(講經) 잘하는 사람을 사두었습니다. 이 사람이 선생 대신 배강하도록 하시지요." 공이 말하기를, "선비는 굽은 길로도 나아가지 않는 법인데, 임금을 섬기겠다면서 먼저 임금을 속여서야 되겠는가?"라고 하고, 마침내 자신이 들어가 배강하였다. 공은 시권(試卷)에서 한 자도 막히지 않았으므로 기뻐하며 속으로 생각하였다. "오색구름 영롱한 봉

560) 자세한 내용은 앞의 「행록(行錄)」【13】 참조.

래산에서 성덕(盛德)을 가까이 하리니, 얼마나 다행하고 영광스러운가." 옷깃을 여미고 앉았더니, 별감이 다시 전교하기를, "오늘은 밤이 벌써 깊었으니, 문밖에서 기다리는 유생들은 모두 물러가라."라고 하였다. 결국 반촌(泮村)의 주인집으로 돌아가서 저녁을 먹으려는데 숟가락이 별안간 목구멍으로 빨려 들어갔다. 주위 사람들이 놀라서 쑥에 불을 붙여 숟가락 자루를 데웠다. 세 번을 데워서야 숟가락이 따뜻해져서 떨어졌다. 마침내 따뜻한 물에 말아 나무 숟가락으로 먹어서야 넘길 수 있었다. 이튿날 같이 머물던 이생이 또 말하기를, "제가 한산에서 모시 이백 필을 가져와서 칠백 냥으로 바꾸었습니다. 선생께서 생각해 주시기 바랍니다."라고 하였으나, 공은 끝내 거절했다.

이 해에 또 증광시가 있었으나 낙방하고 돌아왔다.561)

이 때 정승 채제공이 상을 당하여 호남에서 시묘살이를 하고 있었는데, 시인 김용필이 오자, 채제공이 물었다. "이번 회시에 합격한 사람 가운데 좋은 시가 있었소?" 김용필이 답하기를, "한 사람이 지은 시만 제일 좋았습니다."라고 하며, 그 첫 구를 외워 주었다. "어느 달에 돌아와 용산의 수를 꿰매려나? 소매 부여잡고 그대의 오색실을 바라보네." 채제공이 말하기를, "참 좋은 작품이오."라고 하였다. 선친의 외사촌인 이직(李稷)이 놀랍고 이상하여 말했다. "이 시구는 바로 우리 고종사촌 유 아무개의 시인데, 일전에 벌써 강을 건너 돌아갔습니다." 김용필이 말했다. "내가 성균관에서 봤더니, 이 시가 장원한 것이었고, 그 사람은 영남 사람이었소." 그러자 이직이 다시 제2·제3구를 외웠는데, 한 글자도 틀리지 않았다. 이

561) 자세한 내용과 여기에 등장하는 인물에 대해서는 앞의 「행록(行錄)」【14】 참조.

에 채제공과 김용필이 다 개탄하면서 말했다. "이 일은 필시 봉미(封彌)를 가지고 농간을 부린 것이로구려." 회시에서 늘 떨어진 것이 대부분 이런 식이었으니, 그 억울하고 분한 것이 어떠했겠는가!

時有小學背講之令.

日字甚迫, 上銀石寺, 讀小學, 八日而成誦, 發行. 同接李生者, 韓山人也, 或慮落講, 乃請曰: "吾爲先生買得下齋生善講者. 願以此人代講." 公曰: "士子不可曲逕而進, 欲事君而先欺君, 可乎?" 遂親自入講. 又講試卷無一字滯, 乃自心喜曰: '五雲蓬萊, 昵近耿光, 何等榮幸?' 遂整襟斂衽而坐, 紅衣傳敎曰: "今夜已深, 待令儒生, 皆令退去." 遂出泮家, 就夕飯, 匙子忽引入喉中. 左右驚遑, 急用艾炙匙柄. 三炙, 匙溫而自落. 遂以飯和水, 用木箸, 呑下. 翌日, 李生又曰: "生自韓山輸苧布二百匹, 換七百金. 願先生留意." 公遂拒絶.

是年又有增廣科, 而又落莫而歸.

時蔡相濟恭方丁憂, 居廬于湖南, 詩人金龍弼來, 蔡相問曰: "今番會試, 有可聞詩乎?" 詩題'送仲山甫命式遄其歸', 金對曰: "只有一詩最佳." 仍誦首句曰: '曷月歸補龍山黼, 摻袖看公五色絲." 蔡相曰: "儘是佳作." 公外從李稷驚怪曰: "此句乃吾內從柳某之詩, 昨已渡灞矣." 金曰: "吾於成均館大廳見此詩嵬捷, 其名嶺南人也." 仍復誦第二句第三句, 無一字錯. 於是蔡與金皆慨然曰: "此必是幻弄封彌也." 蓋會試之每每見屈, 多類此, 其寃憤何如也?

53세, 1764년(영조 40, 갑신) 【甲申 公五十三歲】

청안(淸安)에서 열린 충청감영의 시험에서 장원했다.[562]

이 때 상시관(上試官)인 김노순이 삼중(三中)과 삼하(三下)를 우등한 시로 뽑았다. 합격자를 발표하려할 때, 상시관이 참시관·부시관에게 말했다. "이번에 우등으로 뽑힌 시는 틀림없이 도내에서 으뜸인 선비가 지었을 것이니, 내가 등급을 올려주려 하는데, 어떻소?" 참시(參試)와 부시(副試)가 모두 말하기를, "상시관의 고견이 참으로 옳습니다."라고 하였으므로, 전편에 비점을 더해서 삼중(三中)을 삼상(三上)으로 고치고, 삼하(三下)를 삼중(三中)으로 고쳤다. 비봉을 뜯었는데 삼상(三上)은 공의 이름이고, 삼중(三中)은 김종후의 이름인 것을 보고 모두 크게 기뻐하며 말했다. "이 사람들은 온 나라에 이름난 선비이니, 우리의 안목이 귀신같다고 할 만하구려."

손자 영복[563]이 태어났다.

爲淸安監試壯元.

時上試官金魯淳考選優等詩三中三下, 將出榜, 上試謂叅副試曰: "今此優等之詩, 必道內甲士之作, 吾欲加等陟之, 如何?" 叅副皆曰: "上試之高見甚當." 遂加批點滿篇, 改三中以三上, 三下以三中. 及坼封, 見三上公名, 三中金宗厚名, 皆大喜曰: "此人卽東國盛名之士, 吾儕藻鑑, 可謂如神云."

孫榮復生.

54세, 1765년(영조 41, 을유) 【乙酉 公五十四歲】

55세, 1766년(영조 42, 병오) 【丙戌 公五十五歲】

고을의 추천을 받았다.

陞州薦.

---

562) 자세한 내용과 여기에 나온 인물에 대해서는 앞의 「행록(行錄)」【15】 참조.

563) 영복 : 유영복(柳榮復, 1764~1801)은 족숙(族叔) 유지한(柳祉漢, 1715~1777)에게 양자로 간 유력(柳櫟, 1741~1799)의 아들이다. 앞의 주) 489 참조.

56세, 1767년(영조 43, 정해)【丁亥 公五十六歲】

목천(木川)에서 감시(監試)를 치렀다.[564]

김노순의 동생[565]인 김보순이 상시관이 되자, 김노순이 말했다. "내가 지난 번 호서좌도 시험에서 으뜸인 선비를 뽑았더니 유 아무개가 장원이 되었네. 시관(試官)으로서의 자네 능력이 어찌 나를 당할 수 있겠나?" 김보순이 말했다. "형님이 잘 하셨다고 자랑하셔도, 삼상(三上)이 높은 등급이었지요. 저라면 마땅히 이상(二上)으로 장원을 뽑을 것입니다. 다만 유 아무개가 장원이 되는 걸 보시면, 시험을 주관하는 제 능력이 형님께 지지 않는다는 것을 분명히 보시게 될 것입니다." 합격자를 발표했는데, 인재들이 많이 빠져 있었다. 목천현감 신처권은 글하는 선비였는데, 큰 소리로 이를 지적하였으므로 김보순이 부끄러워하였다.

청주에서 도회(都會)가 열렸다.[566]

충청병사 구병훈이 신명철에게 말을 전했다. "도내에서 명망 있는 선비라면 유 아무개가 아니고 누구겠소? 내 비록 무부(武夫)라고 해도 귀가 있으니 유 아무개의 이름은 들었소. 목천에서와 같은 일이 없기를 바라오." 마침내 장원으로 공의 이름이 불리자 모든 사람들이 다 축하하였다. 비인현감 목만중이 지나다가 시험지를 보고 무릎을 치며 칭찬하기를 마지않았는데, 지금까지도 그 시가 전송되고 있다.

11월 12일에 모친상을 당했다.

---

564) 자세한 내용과 여기에 나온 인물에 대해서는 앞의 「행록(行錄)」【15】 참조.

565) 동생 : 대본에는 '종제(從弟)'라고 했으나 친동생이므로 바로잡아 번역했다. 앞의 주) 417 참조.

566) 자세한 내용과 여기에 등장하는 인물에 대해서는 앞의 「행록(行錄)」【15】 참조.

손자 영덕[567]이 태어났다.

큰아버지 용호공[568]이 가선대부 동지중추부사에 제수되었다.

고조부 사정공[569]은 좌승지에 추증되었고, 증조부 매헌공[570]은 좌승지에, 할아버지 진사공[571]은 호조참판에 추증되었다.

木川監試.

金魯淳弟金普淳爲上試, 魯淳曰: "吾於去試湖左, 能擇甲士, 柳某爲壯元, 君之試鑑, 安能當我乎?" 普淳曰: "兄之誇能, 但三上高等, 我則當以二上爲壯元, 第見柳某之爲壯元, 快見試鑑之不讓於兄也." 及出榜, 多失人才, 本倅愼處權, 文章士也, 大言斥之, 金乃羞愧.

淸州都會.

兵使具秉勳傳言於試官辛命喆曰: "道內望士, 非柳某誰也? 我雖武夫, 亦有鼎鐺之耳, 聞柳某之名矣. 願無如木川之榜焉." 竟至擢場壯元, 擧場皆賀. 庇仁縣監睦萬中過見正草, 擊節稱賞不已, 其詩傳誦于世.

十一月十二日, 丁母夫人憂.

孫榮德生.

伯父龍湖公拜嘉善大夫同知中樞府事.

高祖沙汀公贈左承旨, 曾祖梅軒公贈左承旨, 王考進士公贈戶曹參判.

---

567) 영덕 : 유영덕(柳榮德, 1767~1832)은 유진한의 셋째아들 유침(柳琛, 1744~1780)의 장남으로 태어나 후에 유진한의 장남 유집(柳㻻, 1731~1791)의 계자(系子)가 되었다. 앞의 주) 486 참조.

568) 용호공 : 유광익(柳光翼, 1671~1720)의 장남 유경(柳璥, 1683~1768)의 자는 사직(士直), 호는 용호(龍湖)이다. 이 때 85세로 수직(壽職)을 받은 것이다.

569) 사정공 : 유진한의 고조부 유지림(柳之霖, 1608~1671)에 대해서는 앞의 주) 331 참조. 대본의(寺正公)은 사정공(沙汀公)의 잘못이므로 바로잡았다.

570) 매헌공 : 유진한의 증조부 유비(柳芘, 1632~1711)에 대해서는 앞의 주) 467 참조.

571) 진사공 : 유진한의 생가 조부 진사공(進士公) 유광익(柳光翼, 1661~1720)에 대해

57세, 1768년(영조 44, 무자) 【戊子 公五十七歲】

모친상에 시묘살이를 했다.

居廬.

58세, 1769년(영조 45, 기축) 【己丑 公五十八歲】

모친상에 시묘살이를 했다.

居廬.

59세, 1770년(영조 46, 경인) 【庚寅 公五十九歲】

손자 영일[572]이 태어났다.

孫榮日生.

60세, 1771년(영조 47, 신묘) 【辛卯 公六十歲】

공주에서 초시[573]를 치렀다.

이 때 충청감사 민백분이 공의 이름을 듣고 어떤 사람에게 물었다. "그 사람 선대(先代)에 혹시 우리 집안과 세의(世誼)가 있는가?" 그 사람이 말했다. "그 사람의 할아버지 영주공(瀛洲公)이 기사년(1689)에 인현왕후(仁顯王后)를 중전에서 폐위할 때 포의(布衣)로서 피눈물로 직간(直諫)하는 상소를 올렸습니다. 국법으로 금하던 시절에 여양부원군(驪陽府院君) 댁을 지나면서 시를 지었는데,

서는 앞의 주) 242 참조.

572) 영일 : 유영일(柳榮日, 1770~1831)은 유진한의 셋째아들 유침(柳琛)의 둘째아들이다. 앞의 주) 492 참조.

573) 초시 : 소과(小科)인 생원·진사과의 복시(覆試)는 초시에 입격한 사람들을 서울에 모아 치렀다. 대본에서 '공주복시(公州覆試)'라고 한 것은 감영(監營)에서 치른 초시의 잘못이므로 바로잡았다. 자세한 내용과 여기에 등장하는 인물에 대해서는 앞의 「행록(行錄)」【16】 참조.

‘화려한 시절 가버렸어라 언제나 돌아올까, 재상부의 높은 문은 굳게 닫혀 열리지 않네. 사람의 일도 천도(天道)를 따라 변하나니, 음(陰)이 다하고 나면 따사로운 봄날이 오리라.’라고 했는데, 이 시가 세상에 전해옵니다.” 민백분이 하늘을 우러러 시를 읊으며 주루룩 눈물을 흘렸다. 공이 복시(覆試)를 치르게 된것은 아마도 대대로 쌓은 덕이 사람의 마음을 감동시켰기 때문인 듯하다.

교리 남강로는 우리 선친과는 일찍이 안면이 없었다. 영동(永同)에서 열린 감시(監試)에 시관이 되었다가, 합격자를 발표하려는데 선친의 이름이 없자 놀라서 여러 관원들에게 말했다. “유 아무개는 온 나라에 이름난 사람인데, 만약 이 합격자 명단에서 빠진다면 우리들의 수치요.” 마침내 삼백여 장 봉미(封彌)를 다 찾게 하였으나 없자 말했다. “이 사람이 죽지 않았다면 틀림없이 병들어 누웠을 것이다.” 공은 이 해에 복시를 보게 되셨으므로, 초시를 보러 감시에 가지 않으셨기 때문이었다.

다섯째아들 금[574]이 태어났다.

公州初試.

時錦伯閔百奮聞公高名, 問于人曰: “其人先閥, 或與我家有世誼耶?” 曰: “其人之祖父瀛洲公, 於己巳廢中殿時, 布衣瀝血抗疏. 因國禁未徹, 過驪陽之宅, 有詩曰: ‘繁華已去幾時回, 相府高門閉不開, 人事也隨天道變, 窮陰將盡艶陽來.’ 此詩傳于世.” 閔公仰天諷誦, 泫然下涕. 公叅覆試, 蓋緣世德之感人心也.

南校理絳老未嘗知面, 爲永同監試試官, 出榜, 無公名, 乃瞿然自

574) 금 : 유금(柳琹, 1771~1835)은 유진한의 막내아들로, 앞의 「행록(行錄)」을 지었다. 앞의 주) 38 참조.

失, 謂諸官曰: "柳某通國之聞人, 若漏於此榜, 吾儕之耻也." 遂命搜三百餘封彌, 無有, 乃曰: "此人非身死, 則必臥病也." 蓋公得覆試, 初試不赴監試故也.

五子棐生.

61세, 1772년(영조 48, 임진) 【壬辰 公六十一歲】

62세, 1773년(영조 49, 계사) 【癸巳 公六十二歲】

고을의 추천을 두 번째 받았다.

再陞州薦.

63세, 1774년(영조 50, 갑오) 【甲午 公六十三歲】

생원 초시에 장원하였다.

회시[575]에서 답안을 천자(天字)로 먼저 냈는데, 시험관이 차상(次上)으로 적었다. 그런데 이 때 역적 정후겸(鄭厚謙)이 한창 임금의 태산 같은 총애를 받고 있었는데, 이 회시에서 방 끝에 들었다. 비봉을 뜯을 때 첫머리에 정후겸의 이름이 없자, 위에서 계속 재촉하시니, 시관들이 모두 황겁하여 격식에 맞는지 여부도 따질 겨를이 없었다. 이런 까닭에 또 쓸쓸히 돌아섰으니, 운명이고 재수요, 하늘의 뜻이었다.

爲生員初試壯元.

會試, 天字先呈, 試官記錄次上. 而此時鄭賊厚謙方天寵如山, 叅於榜末. 坼封之時, 匕頭無厚謙名, 自上連促, 試官皆惶㤼, 不暇考察奚論違格與否. 以此之故, 又爲落莫, 命也, 數也, 天也.

575) 회시 : 앞의 「행록(行錄)」【14】 참조.

64세, 1775년(영조 51, 을미) 【乙未 公六十四歲】

65세, 1776년(영조 52, 병신) 【丙申 公六十五歲】

복시를 치렀다.

초시에서 장원했다.

爲覆試.

初試壯元.

66세, 1777년(정조 1, 정유) 【丁酉 公六十六歲】

전의현감 정고 홍건[576]·국봉 남취홍[577]과 함께 삼성당(三省堂)에서 열린 향사례에 참석했다.[578]

손자 영시[579]가 태어났다.

손자 영일[580]이 이 때 여덟 살이었는데, 아버지가 병들자 손가락에서 피를 내어 삼년을 더 살게 했다. 또 어머니가 병이 나자, 맛있는 음식을 드시게 할 생각으로 한 자나 눈이 쌓인 산을 올라가서 꿩을 쫓아 다녔으나 잡지 못했는데, 산 꿩이 제 발로 부엌으로 날아들었다. 그 어머니가 말하기를, "산 짐승이 저절로 들어왔으니, 어찌 해칠 수 있겠느냐?"라고 하자, 어머니가 시키는 대로 놓아 주었다. 그 이튿날 사창(社倉)[581]에 사는 정포수가 꿩을 가지고 와서

---

576) 홍건 : 홍건(洪楗, 1726~1805)의 본관은 남양(南陽)이며, 영의정 홍언필(洪彦弼, 1476~1549)의 9대손이고, 영의정 홍섬(洪暹, 1504년~1585)의 8대손이다.

577) 남취홍 : 남취흥(南就興, 1718~1780)에 대해서는 앞의 주) 363 참조.

578) 권1에 실린 <삼성당 향사례에>가 이 때 지은 시이다. 이 시의 원래 제목은 "삼성당에서 향사례를 할 때, 내가 국봉을 찾아갔더니, 전의현감 홍건과 아차산의 과재 이휴가 나와서 함께 마시고, 절구를 지어 서로 화답했다(三省堂鄕射時, 予訪菊峰, 則全義倅洪楗, 與峨嵯山課齋李休, 出來同飮, 因賦絶句酬和)"이다.

579) 영시 : 유영시(柳榮時, 1777~1830)에 대해서는 앞의 주) 493 참조.

580) 영일 : 유영일(柳榮日, 1770~1831)에 대해서는 앞의 주) 492 참조.

581) 사창 : 사창(社倉)은 옛 목천현 북면 사창리(社倉里), 현 천안시 북면 명덕리(命

고하기를, "간밤 꿈에 한 노인이 말씀하시기를, '만화촌(晩華村)에 사는 효자 유 아무개의 지극한 효성에 하늘이 감동했다.'고 하시고, 제게 꿩을 잡아 바치라 하셨습니다."라고 하므로, 약에 섞어 올렸더니 회복되었다.

與全義倅貞皐洪公樾 · 南菊峯同叅三省堂鄕射.

孫榮時生.

孫榮日時年八歲, 父病, 裂指, 回春三年, 又母病, 有鷸鸐爲念, 踏尺雪上山, 逐雉不得, 生雉自飛入廚, 母曰: "生物自入, 何忍害之?" 承命放之. 其翌, 社倉居鄭砲手執雉來告曰: "夜夢一老言'晩華村柳孝兒某, 誠孝感天.' 命余捉雉獻之." 和藥以進, 回春.

67세, 1778년(정조 2, 무술) 【戊戌 公六十七歲】

국봉 남취홍, 정고 홍건과 함께 비암사582)를 유람했다.

與南菊峯 · 洪貞皐同遊碑岩寺.

68세, 1779년(정조 3, 기해) 【己亥 公六十八歲】

진사 초시에 장원했다.

고을의 추천을 세 번째 받았다.

순암 안정복583)이 엮은 읍지에 화운하는 시584)를 지었다.

德里)이다.

582) 비암사 : 비암사(碑岩寺)는 충남 연기군 전의면 다방리 비암골에 있는, 백제 때 창건해서 도선(道詵)이 중창했다는 절이다. 옛 전의현(全義縣)에서 공주목(公州牧)으로 통하던 비암치(碑岩峙)로 오르는 길목 옆에 있었다. 비암사에 대해서는 권1 주) 255 참조. 권1에 실린 <화남국봉여금지쉬회화운(和南菊峰與金池倅會話韻)> 6수가 이 때 지은 시이다.

583) 안정복 : 안정복(安鼎福, 1712~1791)의 본관은 광주(廣州), 자는 백순(百順), 호는 순암(順菴)·한산병은(漢山病隱)·우이자(虞夷子)·상헌(橡軒)이며, 시호는

안정복은 익찬(翊贊)으로, 목천현감에 제수되었는데, 공의 문장을 우러렀다. 목천 백일장의 글제를 "객사에는 파릇파릇 버들 빛깔이 새롭네."로 내서 여러 선비들에게 공의 집안이 문단에서 빛남을 칭송하게 했다. 방역소[585]를 설치했고, 읍지[586]를 편찬했으며, 영세불망비[587]가 있다. 공과 태어난 해와 세상을 떠난 해가 다 같으니, 기이한 일이다.

고을의 문사인 황전[588]·김섭[589]·이의일[590] 등과 사마소[591]를 중건하여,

문숙(文肅)이다. 1776년(영조 52) 9월부터 1779년 4월까지 목천현감을 지냈다.

584) 읍지에 화운하는 시 : 권1에 실린 <봉화안순암정복읍지운(奉和安順菴鼎福邑誌韻)>이다. 안정복이 편찬한 목천읍지인 『대록지(大麓誌)』의 「인물(人物)」·「문예(文藝)」·「제영(題詠)」·「효자(孝子)」·「고사(古事)」 등에 유진한의 5대조 유활(柳活)부터 유진한에 이르기까지 고흥유씨 집안 사람들의 행적이 자세히 들어 있다.

585) 방역소 : 방역(防役)은 백성들에게 부역 대신 돈이나 곡식을 내게 하는 것을 뜻하는데, 「순암선생연보(順菴先生年譜)」에 따르면, 안정복이 방역소(防役所)를 설치한 것은 1777년(정조 1) 1월의 일이다.

586) 읍지 : 「순암선생연보(順菴先生年譜)」에는 안정복이 68세이던 1779년(정조 3)에 『대록지(大麓誌)』를 편찬했다고 적었는데, 이 해 4월에 벼슬을 그만두기 직전의 일이다. 원래 있던 읍지는 1권이었는데, 볼 만한 것이 없어서 『동국여지승람(東國輿地勝覽)』의 체제를 따라 만들었다고 「대록지서(大麓誌序)」에서 밝혔다.

587) 영세불망비 : 1781(정조 5)에 고을 백성들이 거사비(去思碑)를 복구정(伏龜亭)에 세웠던 것을 말하는 것이다.

588) 황전 : 황전(黃瑱)의 본관은 회덕(懷德), 호는 장천(長泉)으로, 운교(雲橋) 황필후(黃必厚)의 손자이다. 황필후는 유진한의 조부인 유광천(柳光天)의 지기(知己)였고, 황필후의 증조부인 황덕기(黃德基)는 후천(朽淺) 황종해(黃宗海, 1579~1642)의 숙부이다. 황전이 김섭(金涉)과 함께 승천사(升天寺)에서 노닐면서 지은 시가 『대록지(大麓誌)』에 실려 있다.

589) 김섭 : 김섭(金涉, 1730~1785)의 본관은 안동(安東), 자는 여즙(汝楫), 호는 삼수당(三秀堂)이다. 유진한의 5대조인 유활(柳活)의 장인 김계종(金繼宗, 1556~1614)의 현손이며, 통덕랑 김대로(金大老, 1620~1662)의 증손이고, 김화재(金華載, 1692~1740)의 아들이다. 유진한과 함께 영회당(英會堂)을 세웠던 백부(伯父) 사일암(思一庵) 김운재(金運載, 1689~1756)에게 수학하여 문장에 능했다. 김운재에 대해서는 앞의 주) 540 참조. 이 책 권2에 실린 <만김척여즙섭(輓金戚汝楫涉)>은 김섭이 세상을 떠났을 때 유진한이 지은 만사(輓詞)이다.

지역의 생원·진사들이 오가면서 유숙하는 곳으로 삼았다.

爲進士初試壯元.

三陞州薦.

和順庵安公鼎福邑誌韻.

安公以翊贊, 除木川縣監, 欽仰公之文章. 木川白日場出題曰: '客舍靑靑柳色新.' 令諸儒稱頌公家之彬彬文苑. 設防役所, 修邑誌, 有永世不忘碑. 與公生年同而卒年亦同, 異哉!

與邑內文士黃瑱·金涉·李義一諸公重建司馬所, 以爲境內生員進士往來留宿之所.

69세, 1780년(정조 4, 경자) 【庚子 公六十九歲】

3월에 셋째아들 침[592]이 죽었다.

10월에 동생 부한[593]이 세상을 떠났다.

제문[594]을 지었다.

국봉 남취홍[595]이 세상을 떠났다.

---

590) 이의일 : 이의일(李義一, 1734~1799)의 본관은 전주(全州), 자는 성보(聖甫)이며, 원래 이름은 상윤(商尹)이다. 광평대군(廣平大君)의 13대손으로, 진사 이득하(李得夏, 1648~1719)의 증손이다. 생부는 이득하의 장남 이명준(李命駿, 1675~1725)의 아들인 이회중(李晦中, 1700~1744)으로, 숙부인 이영중(李英中, 1710~1748)의 계자(系子)가 되었다. 유진한의 매부인 이언중(李言中, 1721~?)의 종질(從姪)이다.

591) 사마소 : 『목천현지(木川縣志)』「공해(公廨)」조에 따르면, 이 때 사마소(司馬所)를 중건한 곳은 사창(社倉) 남쪽인데, 그 후 1808년(순조 8)에 유진한의 족제(族弟) 유영한(柳永漢)과 황유중(黃有中)이 재물을 모아 다시 한 번 옛터에 중건하였다고 한다.

592) 침 : 유침(柳琛, 1744~1780)에 대해서는 앞의 주) 483 참조.

593) 부한 : 유부한(柳扶漢, 1727~1780)에 대해서는 앞의 주) 520 참조.

594) 제문 : 권2 끝에 실린 「제사제문(祭舍弟文)」이다.

595) 남취홍 : 남취홍(南就興, 1718~1780)에 대해서는 앞의 주) 363 참조.

남공은 글을 잘 지었고, 지조와 절개가 있었다.

12월에 목천현감 자재(子才) 원중거[596]가 교체되어 돌아갔다.

시[597]를 지어 이별을 아쉬워했다.

三月, 哭三子琛.

十月, 哭弟扶漢.

有祭文.

哭南菊峯.

南公能文章, 有志節.

十二月, 本縣倅元公重擧(子才)遞歸.

以詩惜別.

70세, 1781년(정조 5, 신축) 【辛丑 公七十歲】

71세, 1782년(정조 6, 임인) 【壬寅 公七十一歲】

생원 초시가 되었다.

爲生員初試.

72세, 1783년(정조 7, 계묘) 【癸卯 公七十二歲】

충청감사 심이지[598]가 방문하였다.[599]

"존함을 익히 들어 책에 나오는 사람처럼 사모하여 한번 뵈려한 지 오래되었습니다. 이제 다행히 자리를 함께하게 되었습니다. 말세의 사람이 먼저 서유자[600]의 거처를 물었다고 합니다."라고 하였다.

596) 원중거 : 원중거(元重擧, 1719~1790)에 대해서는 앞의 주) 435 참조. 대본에는 원중거의 자(字)를 재자(才子)로 잘못 적었으므로 바로잡았다.

597) 시 : 권1에 실린 <증별원사군중거자재체귀(贈別元使君重擧子才遞歸)>가 이때 지은 시이다.

598) 심이지 : 심이지(沈頤之, 1735~1796)에 대해서는 앞의 주) 431 참조.

599) 자세한 내용에 대해서는 앞의 「행록(行錄)」【18】참조.

忠淸監司沈公頤之來訪.

曰: "饒聞高名, 如卷中人, 欲一識面者, 久矣, 今幸溷席. 末古之人, 有先問徐孺子之居者云."

73세, 1784년(정조 8, 갑진) 【甲辰 公七十三歲】

서산군수를 지낸 김도혁[601]이 세상을 떠났다.

김공은 나이가 한 살 차이였지만, 공을 뵐 때마다 반드시 절을 했다. 인척이 되고나자 꼭 형님이라고 불렀고, 일이 있으면 반드시 상의하여 사촌형제 같았다. 그 동생 온성부사 김도환[602]도 마찬가지였다.

哭瑞山郡守金公道爀.

金公年差一歲, 而每見公, 必拜之. 修戚誼, 必稱兄主, 凡有事, 必相議, 如同堂至親. 其弟穩城府使道煥, 亦如此.

74세, 1785년(정조 9, 을사) 【乙巳 公七十四歲】

진사 초시가 되었다.

6월에 동갑 친구인 죽동 이인실,[603] 승지를 지낸 석북 신광수,[604] 구은 이세열[605]과 함께 복구정에서 노닐며 시[606]를 수창했다.

증손자 성[607]이 태어났다.

---

600) 서유자 : 앞의 주) 432 참조.
601) 김도혁 : 김도혁(金道爀, 1713~1784)에 대해서는 앞의 주) 445 참조.
602) 김도환 : 김도환(金道煥, 1724~1793)에 대해서는 앞의 주) 59 참조.
603) 이인실 : 이인실(李仁實, 1712~?)의 본관은 전주(全州), 호는 죽동(竹東)이며, 유진한의 동갑 친구이다. 권1에 실려 있는 <차구계이사호운(次龜溪李士皥韻)>에서 언급됐고, 앞의 권3 「만사(輓詞)」【2】를 지은 사람이다.
604) 신광수 : 신광수(申光洙, 1712~1775)에 대해서는 앞의 주) 371 참조.
605) 이세열 : 이세열(李世烈, 1712~1786)에 대해서는 앞의 주) 355 참조.
606) 시 : 권1에 실린 <차구계이사호운(次龜溪李士皥韻)>이 이 때 지은 시이다.

爲進士初試.

六月, 與同庚友竹東李公仁實 · 石北申承旨光洙 · 龜隱李公世烈同遊伏龜亭, 酬唱.

曾孫晟生.

75세, 1786년(정조 10, 병오) 〖丙午 公七十五歲〗

손자 영조[608]가 태어났다.

孫榮祖生.

76세, 1787년(정조 11, 정미) 〖丁未 公七十六歲〗

구은 이공[609]이 세상을 떠났다.

이공은 글을 잘 지었고, 풍채가 아름다웠다. 과거 공부를 접고 바둑과 술로 스스로 즐겼다.

哭李龜隱.

李公善文章, 美風度, 廢擧業, 碁酒自娛.

77세, 1788년(정조 12, 무신) 〖戊申 公七十七歲〗

손자 영무[610]가 태어났다.

증손자 승[611]이 태어났다.

---

607) 성 : 유성(柳晟, 1785~1847)의 자는 인서(仁瑞), 호는 졸은(拙隱)이다. 유지한(柳祉漢, 1715~1777)의 증손으로, 양자로 간 유진한의 둘째아들 유력(柳瓅, 1741~1799)의 손자이며, 유영복(柳榮復, 1764~1801)의 아들이다.

608) 영조 : 유영조(柳榮祖, 1786~1837)는 유진한의 넷째아들 유림(柳琳)의 장남이다. 앞의 주) 494 참조.

609) 이공 : 이세열(李世烈, 1712~1786)에 대해서는 앞의 주) 355 참조.

610) 영무 : 유영무(柳榮茂, 1788~1871)는 유진한의 다섯째아들 유금(柳琹, 1771~1835)의 아들이다. 앞의 주) 497 참조.

611) 승 : 유승(柳昇, 1788~?)의 자는 일여(日汝), 호는 용은(龍隱)이다. 유지한(柳

孫榮茂生.

曾孫昇生.

78세, 1789년(정조 13, 기유)〖己酉 公七十八歲〗

79세, 1790년(정조 14, 경술)〖庚戌 公七十九歲〗

80세, 1791년(정조 15, 신해)〖辛亥 公八十歲〗

4월에 장남 집612)이 죽었다.

손자 영일613)이 그 어머니가 병들자 변의 맛을 보고, 손가락에서 피를 내었다.

회복하여 22년을 더 살게 했다.

10월 2일에 세상을 떠났다.

四月, 哭長子璅.

孫榮日, 母病, 嘗糞斷指.

回春二十二年之壽.

十月二日, 考終.

1792년(정조 16, 임자)〖壬子 公歿後二年〗

가을에 세마(洗馬) 홍병용614)이 와서 조문했다.

그가 말했다. "어릴 적에 선생께 수학하며 선생의 바른 행실과 문장을 존경하고 복종하여, 늘 마음에 새기고 있었습니다. 올 가을에 마침 속리산에 유람하러 갔다가 문장대에 올랐습니다. 충청·경상도

祉漢, 1715~1777)의 증손으로, 양자로 간 유진한의 둘째아들 유력(柳瓅, 1741~1799)의 손자이며, 유영복(柳榮復, 1764~1801)의 아들이다.

612) 집 : 유집(柳璅, 1731~1791)에 대해서는 앞의 주) 481 참조.

613) 영일 : 유영일(柳榮日, 1770~1831)에 대해서는 앞의 주) 492 참조.

614) 홍병용 : 홍병용(洪秉容)에 대해서는 앞의 주) 455 참조.

의 유람객들이 자기들끼리 말하는 것을 들었는데, '이 산이 삼남에서 가장 높은 봉우리지. 이름난 선비 중에 이 산만한 사람이 누굴까?'라고 하자, '목천의 유 아무개야말로 이 산만큼 이름이 높지. 다만 애석하게도 한을 품고 세상을 떠났지.'라고 다들 말했습니다. 제가 놀랍고 슬퍼서 속리산에서 바로 이곳으로 왔습니다. 삼십 년 전에 직접 가르침을 받았던지라, 이제 슬픔을 이길 수 없습니다."

秋, 洪洗馬秉容來吊.

曰: "兒時受業于先生, 服先生之行誼文章, 心常銘佩矣. 今秋, 適遊俗離山, 登文壯臺, 聞湖嶺遊人自相語曰: '此山爲三南最高峯, 士之高名, 誰可與此山同者?' 皆曰: '木川柳某當與此山同高, 獨惜其寃屈卒.' 我驚怛, 自俗離直來, 三十年前, 親承敎誨, 今不勝哀感云."

1989년 (기사) 【己巳】

문집이 간행되었다.

刊文集

柳振漢 世系

柳英—崇濟—光—明旦—昱—升茂—淸臣—有奇—濯—濕—漬—好池—依—忠寬—樘

- 樘
  - 夢獅
    - 洸—之豪
      - 贇—台興
        - 謐—祉漢(出)
        - 謹—祉漢(系)—瓅(系)—榮復
          - 晟
          - 昇
      - 蘊
    - 澈
    - 潗
  - 夢彪
    - 潚—于墀
      - 菀—繼興—誨—燦漢—珩
      - 葆—胤興—耆—寅漢
    - 浹—于埠—荇—敏興—諄—雲漢—璟
      - 榮五
        - 岬—重善—**麟錫**(系)
        - 黿(出)
      - 榮九—黿(系)—**重教**
    - 活—之霖—芘
      - 光天
        - 諿(系)
          - **振漢**
            - 瑧
              - 榮德—灃基—重益—鳳錫(系)—**濟漢**
              - 女—權儼
              - 女—閔恒世
            - 瓅(出)
            - 琛
              - 榮德(出)
              - **榮日**—一基—重九
                - 晩錫
                - 友錫
                - 鳳錫(出)
                - 鼎錫
              - 榮時(出)
            - 琳
              - 榮祖
              - 榮敎
              - 女—金禹性
            - **栞**
              - **榮茂**
              - 榮戩(出)
              - 女—李貞運
              - 女—李恒淵
          - 扶漢
            - 璞—榮戩(系)
            - 璧—榮範
          - 女—李言中
          - 女—韓九潤
        - 女—李錫堅—李運河
      - 光益
        - 諴
          - 章漢—琰—榮進
          - 綱漢
            - 珹—榮奎
            - 玹
            - 女—趙鎭常
          - 女—朴鼎新
          - 女—金可晉
          - 女—崔信敎

```
│    │   │  │      │ 諿(出)
│    │   │  │      └諿—┬喆漢—現
│    │   │  │          └達漢┬珏—榮時(系)
│    │   │  ├光復            ├琓
│    │   │  ├光台            └女—南濟遠
│    │   │  └女—南世綱—南就興┬南漢爀
│    │   衡—光奎—訥—秀漢      └南漢默
│    │   茳—光壁—誾—文漢
│    │   └芳—光升—諭—一漢
│    ├之霖—莢┬光興┬讜┬命漢
│    │  (系)│    │   ├永漢
│    │      │    │   └洪漢
│    │      │    └女—趙愼衡
│    │      ├光元—譠—起漢—瑩—榮稷—潤基—重權—寬順
│    │      └光樞
│    └之霦—莢(出)
夢熊—潫
└夢寅┬淪
     ├潙
     └潟
```

晩華集 收錄 作品 目錄

번호	창작시기	제목	首	詩體	元韻 / 輓詞 / 祭文		비고
					작자	首	
1		杜鵑花	1	五絶			以下 권1
2	1746.3	三月朔講	1	五絶			
3		偶吟	2	七律/七絶			
4	1747.12	次芝洞除夕韻	2	五律	柳光輿	2	
5	1748.2	戊辰仲春發程向春川	1	五律			춘천행
6	1748	午訪韓戚家	1	七律			춘천행
7	1748	暮投沙地村	1	五律			춘천행
8	1748	夜宿土山朝踰夏嶺	1	五律			춘천행
9	1748	利川邑訪李固城家	1	五絶			춘천행
10	1748	夜宿梨湖	1	七律			춘천행
11	1748	夜宿屈業朝濟洪川灘	3	七絶			춘천행
12	1748	午日秣馬洪灘	2	七絶/五絶			춘천행
13		硯滴	1	七絶			
14		過鷗汀見石佛有感	2	七絶			
15		登望海山	2	七絶			
16		和趙進士尙熊夢醒齋韻	1	七律	趙尙熊	1	
17		和趙進士韻	1	七律	趙尙熊	2	
18		又次韻	1	五絶	趙尙熊	1	
19		將往銀寺與諸友會話	5	七律(2)/五律 /七絶(2)			
20	1748.7	保寧永保亭下舡遊	1	七絶			
21		寄張之孫	1	七絶			
22	1749.1.18	己巳上元後三日堂上甲宴韻	1	七絶			
23	1751	室人以腹脹積月呻吟試藥祝詞	1	七律			
24	1752.3.16	次南進士世綱重牢席韻	1	七律			
25	1753	俗離山	1	七律			속리산여행
26	1753	東臺	1	七絶			속리산여행
27	1753	金剛窟	1	七絶			속리산여행
28	1753	中獅子庵	1	七絶			속리산여행

번호	창작시기	제목	首	詩體	元韻 / 輓詞 / 祭文		비고
					작자	首	
29	1753	文壯臺	1	七絶			속리산여행
30	1753	福泉	1	七絶			속리산여행
31	1753	甘露水	1	五絶			속리산여행
32	1753	太平臺	1	七絶			속리산여행
33	1753	脫骨菴	1	七絶			속리산여행
34	1753	東觀音	1	七絶			속리산여행
35	1753	淸溪山城	1	七絶			속리산여행
36	1753	黃嶺	1	七絶			속리산여행
37	1753	咸陵旅舍	1	七絶			속리산여행
38	1753	咸陵東軒	1	七絶			속리산여행
39	1753	和申進士遁齋壁上吟	1	七律			속리산여행
40	1753	長沙	1	七絶			속리산여행
41	1753	籠巖	1	七絶			속리산여행
42	1753	熊嶺	1	七絶			속리산여행
43	1753	松面	1	五絶			속리산여행
44	1753	巴串	1	七絶			속리산여행
45	1753	盤石	1	五絶			속리산여행
46	1753	鳴岩	1	五絶			속리산여행
47	1753	鶴巢臺臥龍岩	1	五絶			속리산여행
48	1753	訪李興陽	1	七絶			속리산여행
49	1753	最勝亭	1	七絶			속리산여행
50	1753	與崔載浩巨源遊鷄龍酬唱 東穴峴	2	七律/七絶	崔載浩	2	계룡산여행
51	1753	制勝樓次韻	2	七律/五絶	崔載浩	2	계룡산여행
52	1753	踰板峙	2	五絶/七絶	崔載浩	1	계룡산여행
53	1753	題夕鼓面	1	五絶	崔載浩	1	계룡산여행
54	1753	神院寺	1	七絶	崔載浩	1	계룡산여행
55	1753	雲藏菴	1	七絶	崔載浩	1	계룡산여행
56	1753	古王菴	1	七絶	崔載浩	1	계룡산여행
57	1753	山腰石屛	1	七絶	崔載浩	1	계룡산여행
58	1753	馬鳴菴	1	七絶	崔載浩	1	계룡산여행
59	1753	鷄山上峯	1	七律	崔載浩	1	계룡산여행
60	1753	龍湫	1	七絶	崔載浩	1	계룡산여행

번호	창작시기	제목	首	詩體	元韻 / 輓詞 / 祭文		비고
					작자	首	
61	1753	東鶴寺	1	七絶	崔載浩	1	계룡산여행
62	1753	過三岐	1	七絶	崔載浩	1	계룡산여행
63	1753	獨樂亭次壁上韻	2	七律/五絶	崔載浩	1	계룡산여행
64	1753	渡錦江見築城吟	1	七絶			호남여행
65	1753	踰板峙見靈圭師義兵將碑閣感吟	1	七絶			호남여행
66	1753	夕到恩津	1	五律			호남여행
67	1753	登南原廣寒樓	1	五絶			호남여행
68	1753	烏鵲橋	1	七絶			호남여행
69	1753	瀛洲閣	1	五絶			호남여행
70	1753	到寶城天鳳山鳳岬寺	1	七律			호남여행
71	1753	寄寶城城南安先達	1	七絶			호남여행
72	1753	到長興寶林寺入宿淸風樓	2	七律			호남여행
73	1753	感懷	2	七絶/七律			호남여행
74	1753	閱律譜揮洒紙筆以寫旅懷	1	七絶			호남여행
75	1753	靑鶴寮白鶴寮淸風寮明月寮	2	七絶/五絶			호남여행
76	1753	滯長興府感吟	8	七律(4)/七絶 /五絶(3)			호남여행
77	1753	逢日林山僧問湖南寺刹	1	七律			호남여행
78	1753	旅窓遣懷	1	七律			호남여행
79	1753	良苦吟	1	七律			호남여행
80	1753	夜坐寫懷	2	七律			호남여행
81	1753	憶興陽英密公遺墟	1	七絶			호남여행
82	1753	和羅州同姓韻	1	七絶		1	호남여행
83	1753	滯長興夢見南士禎·崔巨源·金長卿·從弟文伯感吟	1	七絶			호남여행
84	1753	寄城南鄭晋士	1	七律			호남여행
85	1754	送日林寺致遠和尙	2	七絶			호남여행
86	1771.4	次趙端川重牢宴韻	2	七律			
87	1777	三省堂鄕射時, 予訪菊峰, 則全義倅洪楗, 與峨嵯山課齋李休, 出來同飮, 因賦絶句酬和	1	五絶	南就興 洪楗 李休	3	
88	1778.겨울	和南菊峰與金池倅會話韻	6	五律(2)/七絶 /七律(3)	柳喆漢	1	
89		和柳祖望韻	1	七律	柳道述	1	

번호	창작시기	제목	首	詩體	元韻 / 輓詞 / 祭文		비고
					작자	首	
90	1779	奉和安順菴鼎福邑誌韻	1	七律			
91	1780.12	贈別元使君重擧子才遞歸	1	七絶			
92	1781.10	辛丑十月, 春川族從柳寅漢陽元來謁英密公先祖祠宇, 仍叅初丁祀, 事來訪晩華, 數日情話, 轉往豊世, 重修族譜, 留至臘月, 寄示五絶十五, 忘拙和送.	15	五絶	柳寅漢	15	
93	1782.1	寄權郎人瞻	1	七律	醉軒 權儼	2	
94	1784	甲辰冬春帖	1	七律			
95	1779	次菊峰韻	1	七律			
96	1785.6	次龜溪李士皥韻	1	五律	李世烈	1	
97	1780.10 前	自嘲	1	七律			
98	1780.10 前	解嘲	1	七律			
99		聞琳子出見樵兒伏泥溝, 卽時扶起, 感吟	1	七律			
100	1788	三月三十日, 過幷川偶題	1	七絶			
101	1788.가을	槐山監試榜後感吟	1	七絶			
102		病中見瓅兒送藥物	1	七律			
103		贈石隅金僉知時元送眼鏡	1	五絶			
104	1788.겨울	病中遣懷	1	七絶			
105		偶吟	1	七律			
106		晩華軒	1	七律			
107	1746.겨울	輓李奎錫天章	1	七排			以下 권2
108	1752.봄	輓亡室高靈申氏	1	七排			
109	1760	輓芝洞靑龍大父	1	七排			
110		輓趙進士夢醒齋丈	1	七排			
111	1769.1	輓韓汝涵	3	七律(2)/五排			
112	1771.봄	輓同德李德仲	2	七律/七絶			
113	1775	輓崔君瑞	2	七律/五絶			
114		和柳仲默道天寄示韻, 仍爲輓詞	2	七律/七絶	柳道天	2	
115	1778.겨울	輓海村洪聖采	1	七律			
116	1786.봄	輓金戚汝楫涉	2	七律/七絶			1785.12.12.卒
117		輓李永述	1	七律			
118	1778.4	輓金啓沃季心	2	七律/七絶			

번호	창작시기	제목	首	詩體	元韻 / 輓詞 / 祭文		비고
					작자	首	
119	1779.8	輓德村郭丈三悔堂	1	七律			
120	1779.8	代德村金僉知輓三悔堂	1	七律			代作
121	1779.8	代淸安叔主輓三悔堂	1	七律			代作
122	1780	輓南菊峰就輿	2	七律/七絶			
123	1781.겨울	輓栢田金善汝	2	七律			1781.10.27.卒
124		輓李益采	1	七律			
125	1784.봄	輓金瑞山道爀士章	2	七律/七絶			1784.1.30.卒
126	1784.봄	輓檜村李載馥	1	七律			1784.2.8.卒
127	1784	輓南漢爀大夫人	1	七排			
128	1787.9	輓李友士皥世烈	2	七律			
129	1787	輓長保金都事德元	2	七律/七絶			
130		輓嚴村洪毁老仁瑞	2	七絶			
131		輓曺戚光玉	1	五排			
132	1780.10 前	輓慕逸李査	1	七律	柳扶漢	1	
133	1788.10	輓李主簿啓源	2	七絶			
134	1790.봄	輓羅友致和聖中	2	七律/七絶			1790.1.8.卒
135	1750	銀寺聯句	1	5언 30구	金重山 南就輿		
136	1750	又聯句	1	5언 30구	金重山 南就輿		
137	1750	又聯句	1	5언 20구	金重山 南就輿		
138	1755.4 前	銀寺酬唱	1	七律	李世烈 外	11	
139	1755.4 前	聯句	1	5언 12구	金養行 外	11	
140	1755.4 前	銀寺詩軸步聯句韻	1	五排			
141	1755.4 前	銀寺次韻	1	五律	南就輿 外	11	
142	1755.4 前	步陽關韻作別	1	七絶			
143	1754.봄	春香歌	1	七排 200운			
144		劉翰林迎謝夫人告祠堂歌	1	七排 140운			
145	1755.4 前	銀寺同遊詩軸序	1				
14	1782.10.10	祭舍弟文	1				
147	1791.11.10				柳道述	1	輓詞以下권3
148	1791.11.10				李仁實	1	輓詞
149	1791.11.10				金景益	3	輓詞

번호	창작시기	제목	首	詩體	元韻 / 輓詞 / 祭文		비고
					작자	首	
150	1791.11.10				崔憲敎	1	輓詞
151	1791.11.10				金錫謙	3	輓詞
152	1791.11.10				柳喆漢	3	輓詞
153	1791.11.10				洪橵	1	輓詞
154	1791.11.10				李允命	1	輓詞
155	1791.11.10				柳秀漢	2	輓詞
156	1791.11.10				尹元柱	2	輓詞
157	1791.11.10				金道煥	2	輓詞
158	1791.11.10				柳達漢	3	輓詞
159	1791.11.10				李台燮	2	輓詞
160	1791.11.10				韓義潤	2	輓詞
161	1791.11.10				金履禧	1	輓詞
162	1791.11.10				金宗厚	1	輓詞
163	1791.11.10				李龍舒	1	輓詞
164	1791.11.10				元墰	1	輓詞
165	1791.11.10				金塤	2	輓詞
166	1791.11.10				李尙玉	2	輓詞
167	1791.11.10				閔師祖	4	輓詞
168	1791.11.10				柳譐	1	輓詞
169	1791.11.10				張宇光	3	輓詞
170	1791.11.10				李義憲	2	輓詞
171	1791.11.10				李義敦	2	輓詞
172	1791.11.10				南履範	3	輓詞
173	1791.11.10				金宗㒞	4	輓詞
174	1791.11.10				金可升	2	輓詞
175	1791.11.10				南漢龜	3	輓詞
176	1791.11.10				柳現	2	輓詞
177	1791.11.10				金宗檍	1	輓詞
178	1791.11.10				金鵬煥	1	輓詞
179	1791.11.10				柳頊	1	輓詞
180	1791.11.10				柳瓘	2	輓詞
181	1791.11.10				柳文漢	2	輓詞

번호	창작시기	제목	首	詩體	元韻 / 輓詞 / 祭文		비고
					작자	首	
182	1791.11.10				南漢爀	1	輓詞
183	1791.11.10				金漢恒	2	輓詞
184	1791.11.10				崔重福	1	輓詞
185	1791.11.10				柳璞	2	輓詞
186	1791.11.10				柳永漢	1	輓詞
187	1791.11.10				金顯逑	1	輓詞
188	1791.11.10				柳徵	2	輓詞
189	1791.11.10				南漢默	1	輓詞
190	1791.11.10				尹世喆	1	輓詞
191	1791.11.10				金鼎述	1	輓詞
192	1791.11.10				柳琬	2	輓詞
193	1791.11.10				柳榮進	3	輓詞
194	1791.11.10				洪柱岳	2	輓詞
195	1791.11.10				張泰登	1	輓詞
196	1791.11.10				金箕述	3	輓詞
197	1791.11.10				南濟遠	1	輓詞
198	1791.11.9				金景益	1	祭文
199	1791.11.10				柳喆漢	1	祭文
200	1791.11.10				柳達漢	1	祭文
201	1791.11.10				柳命漢	1	祭文
202	1791.11.10				柳琰	1	祭文
203	1791.11.10				柳珹	1	祭文
204	1791.11.10				權儼	1	祭文
205	1791.11.10				金啓海	1	祭文
206	1791.11.10				柳璞	1	祭文
207	1792.10.1				趙泰憲	1	祭文
208		行錄			柳琹		行錄
209		年譜					年譜

찾아보기

인명

지명